O mundo como vontade
e como representação

FUNDAÇÃO EDITORA DA UNESP

Presidente do Conselho Curador
Mário Sérgio Vasconcelos

Diretor-Presidente
Jézio Hernani Bomfim Gutierre

Superintendente Administrativo e Financeiro
William de Souza Agostinho

Conselho Editorial Acadêmico
Danilo Rothberg
Luis Fernando Ayerbe
Marcelo Takeshi Yamashita
Maria Cristina Pereira Lima
Milton Terumitsu Sogabe
Newton La Scala Júnior
Pedro Angelo Pagni
Renata Junqueira de Souza
Sandra Aparecida Ferreira
Valéria dos Santos Guimarães

Editores-Adjuntos
Anderson Nobara
Leandro Rodrigues

ARTHUR SCHOPENHAUER

O mundo como vontade e como representação

Primeiro Tomo

Quatro livros, seguidos de um apêndice
que contém a crítica da filosofia kantiana

Tradução, Apresentação, Notas e Índices
Jair Barboza

2ª edição revista

editora unesp

© 2013 Editora Unesp

Título original: *Die Welt als Wille und Vorstellung*

Direitos de publicação reservados à:
Fundação Editora da Unesp (FEU)
Praça da Sé, 108
01001-900 – São Paulo – SP
Tel.: (0xx11) 3242-7171
Fax: (0xx11) 3242-7172
www.editoraunesp.com.br
www.livrariaunesp.com.br
atendimento.editora@unesp.br

CIP-Brasil. Catalogação na publicação
Sindicato Nacional dos Editores de Livros, RJ

S561m
t.1
2. ed.

Schopenhauer, Arthur, 1788-1860
   O mundo como vontade e como representação, 1º tomo / Arthur Schopenhauer; tradução, apresentação, notas e índices de Jair Barboza. – 2.ed. – São Paulo: Editora Unesp, 2015.

   Tradução de: *Die Welt als Wille und Vorstellung*
   "Quatro livros, seguidos de um apêndice que contém a crítica da filosofia kantiana"
   ISBN 978-85-393-0562-9

   1. Kant, Immanuel, 1724-1804. 2. Teoria do conhecimento. 3. Vontade. 4. Ideia (Filosofia). 5. Ética. 6. Teologia filosófica. 7. Filosofia alemã. I. Barboza, Jair, 1966-. II. Título.

15-20156   CDD: 193
                                            CDU: 1(43)

Editora afiliada:

Asociación de Editoriales Universitarias
de América Latina y el Caribe

Associação Brasileira de
Editoras Universitárias

Ob nicht Natur zuletzt sich ergründe?[1]

Goethe

---

1 "Não pode a natureza finalmente sondar a si mesma?" (N. T.)

Sumário

Nota do tradutor à segunda edição brasileira . *IX*

Apresentação . *XIII*

Prefácio à primeira edição . *XXV*

Prefácio à segunda edição . *XXXIII*

Prefácio à terceira edição . *XLV*

Livro primeiro
Do mundo como representação . *1*
  Primeira consideração
  A representação submetida ao princípio de razão:
  o objeto da experiência e da ciência

Livro segundo
Do mundo como vontade . *109*
  Primeira consideração
  A objetivação da vontade

Livro terceiro
Do mundo como representação . *193*
  Segunda consideração
  A representação independente do princípio de razão:
  a Ideia platônica: o objeto da arte

Arthur Schopenhauer

Livro quarto
Do mundo como vontade . *311*

    Segunda consideração
    Alcançando o conhecimento de si, afirmação
    ou negação da Vontade de vida

Apêndice
Crítica da filosofia kantiana . *479*

Índice onomástico . *619*

Índice de assuntos . *623*

Nota do tradutor à segunda edição brasileira

Passaram-se cerca de dez anos desde a primeira edição em língua portuguesa deste tomo I da obra magna de Schopenhauer. Surpreendeu-me, e surpreende-me, o sucesso que esta tradução alcançou, tanto no meio acadêmico quanto leigo. Enquanto está a caminho a minha versão do tomo II, entrementes vem a lume a presente segunda edição, com revisões que aprimoram o texto anterior.

A revisão aqui feita consiste basicamente em: α. alterações no fraseado, com algumas mudanças de vírgula, ponto, ponto e vírgula etc., em vista de aproximar ainda mais o texto em português do ritmo original schopenhaueriano; β. adoção da transliteração de termos sânscritos que é a mais aceita entre os estudiosos,[1] com o que, por exemplo, o termo "Buda" é agora grafado "Buddha" (Iluminado), "Bodhisatva" é agora grafado "Bodhisattva" (o Buddha em despertar antes de tornar-se de fato Buddha), "Maia" é "māyā" (ilusão, irrealidade, o universo transitório), "Brama" é "Brahmā" (uma das três maiores divindades do brahmanismo, ao lado de Vishnu e Śiva); γ. algumas correções de passagens latinas e gregas, bem como a colocação de diacríticos nas citações gregas; δ. em termos conceituais, alterei a tradução do termo *Erscheinung*, que na primeira edição foi vertido por fenômeno, para *aparência/aparecimento*, para assim demarcar o intentado distanciamento crítico de Schopenhauer em relação ao pensamento de Kant. Pois, se por um lado, *Erscheinung* em alemão é

---

1 A este respeito, baseei-me principalmente em *The Principal Upanishads*, trad. Swami Nikhilananda (New York: Dover, 2003); e *Bhagavad Gītā*, trad. Michael von Brück (Frankfurt: Verlag der Weltreligionen, 2007).

um termo comum, e é usado, por exemplo, quando se fala sobre *"die Erscheinung eines Kometen"* ("o aparecimento de um cometa"), valendo também para tudo aquilo que está oculto e de algum modo vem a lume, isto é, aparece, *erscheint*; por outro lado, o termo fenômeno como empregado por Kant vem da língua grega, é aquilo que aparece empiricamente, e opõe-se a outro termo kantiano de origem grega, númeno (inteligível), que seria a coisa em si do que aparece e é ali pensada. Todavia, em Schopenhauer, há irrealidade, no sentido de *Schein*, ilusão, de tudo o que me aparece, ou seja, o mundo real é considerado pelo autor como "minha representação", isto é, uma visão pelo véu de māyā do meu aparelho cognitivo: tratar-se-ia de um mundo que não possui a mesma consistência que o mundo fenomênico de Kant, para quem temos de atribuir realidade aos fenômenos que aparecem, pois do contrário teríamos de supor uma aparência, *Erscheinung*, sem nada que aparecesse. Kant, pois, refere com *Erscheinung*, em sua língua fenômeno, algo consistente; mas é justamente essa consistência que Schopenhauer nega, comparando o mundo que me aparece — mera representação submetida ao princípio de razão — ao sonho de uma sombra, ao mundo visto pelo véu de māyā. Em § 28 há uma passagem ilustrativa, quando o autor explica a sua noção de objeto empírico, ao escrever lado a lado *"Erscheinung* (aparência), *Phänomen* (fenômeno), *in Kants Sprache"*: ou seja, o termo *Erscheinung* é empregado na acepção de aparência, já na releitura do *Phänomen*, "fenômeno na língua de Kant". Ademais, quando quer de fato empregar o termo fenômeno, num sentido de acontecimento consistente, Schopenhauer refere o termo *Phänomen* a acontecimentos marcantes da sua metafísica, como, por exemplo, na expressão *"die Phänomene der Heiligkeit und Selbstverleugnung"* ("os fenômenos da santidade e autoabnegação").

No que se refere às resistências relacionadas à recepção da filosofia de Schopenhauer nos meios acadêmicos brasileiros, mencionadas na apresentação de 2004 que se segue a esta nota, ali elenquei a sua crítica à faculdade de razão, o irracional (a vontade) como princípio (matriz) do mundo, o estilo literário do autor. Mantenho essa posição, e noto que, curiosamente, o filósofo ganha cada vez mais leitores justamente por sua postura de desconfiança diante da tradição racionalista de pensamento (e seu estilo científico). Porém, gostaria de acrescentar uma quarta resistência: o seu orientalismo, que o leva a procurar em textos sagrados do hinduísmo passagens que se harmonizam com sua visão de mundo. Trata-se, em tempos de uma razão instrumental que se compraz em destruir a natureza e os animais, e que portanto aponta para a bancarrota do projeto cartesiano e iluminista de domínio técnico do entorno ambiental, de um forte contraposicionamento que feriu ainda mais o narcisismo de muitos acadêmicos e cientistas cegamente confiantes na faculdade de razão.

***

Agradeço a todos os leitores que contribuíram com as suas críticas bem intencionadas para a melhoria deste texto. Sem eles o mesmo não teria ganhado uma versão mais bem cuidada, com máxima fidelidade ao original, sem abdicar, entretanto, da sonoridade e do ritmo da língua portuguesa.

Jair Barboza
Florianópolis, março de 2015.

Apresentação
Um livro que embriaga

I

Nietzsche relata que seu encontro com *O mundo como vontade e como representação*, obra máxima de Schopenhauer, se deu ao entrar num antiquário em Leipzig, ano de 1865, e ter sua atenção chamada para o livro ali exposto. Comprou-o e teve a sua vida mudada para sempre. Ao iniciar a leitura, não mais conseguiu se desapegar das páginas. Sentia-se embriagado com as revelações ali feitas. Encontrara o seu "primeiro e único educador", que tinha escrito aquele livro para ele e lhe falava intimamente numa linguagem perfeitamente clara. Sua confiança naquela forma de pensamento foi completa.

II

O que Nietzsche diz traduz boa parte da experiência de desconcerto e deslumbramento vivida por muitos leitores de *O mundo como vontade e como representação*, publicado em 1818 com data de 1819. Eu mesmo, ao final da minha graduação em Filosofia na Universidade de São Paulo (USP), casualmente remexendo nas prateleiras da biblioteca da Faculdade de Educação, descobri uma edição em francês da obra, tradução de A. Burdeau. Era noite, não tinha nada a fazer no câmpus universitário, nem em meu alojamento estudantil. Pus-me a ler o exemplar encontrado. O tempo passou num átimo, e a noite com seus fantasmas foi esquecida. Era difícil largar o livro. A biblioteca ia fechar e tinha de voltar para o meu barulhento quarto, à beira de uma movimentada avenida. Mas a obra não me saía da mente, a ponto de não ouvir mais o barulho dos escapamentos. Fiquei ansioso pelo dia seguinte. E assim, durante quatro dias seguidos de leitura, levei a termo a última página da obra. Tempos depois compreendi perfeitamente o relato de Nietzsche. Dali em diante havia descoberto não só o filósofo "educador" com quem queria dialogar sobre a filosofia, mas um autor que precisava verter para a "última flor do Lácio", e propiciar assim ao público de língua portuguesa uma das prosas mais agradáveis da língua alemã. Só que não sabia alemão. Que fazer? Matriculei-me num curso do Goethe-Institut São Paulo. Dessa forma, imitando Borges, aprendi alemão com o intuito de ler no original e de traduzir Schopenhauer.

Depois do mestrado e doutorado concluídos, nesse ínterim uma estada de três anos na Alemanha (Frankfurt e Göttingen) como bolsista do Deutscher Akademischer Austauschdienst (DAAD, Serviço Alemão de Intercâmbio Acadêmico), iniciei em 2001 a presente versão. Agora, em 2004, tenho o prazer de oferecer ao público de língua portuguesa uma das obras filosóficas mais marcantes do pensamento ocidental, imprescindível para o vislumbre do horizonte em que se movem as chamadas filosofias do impulso com sua reflexão sobre o irracional e o inconsciente, bem como a crítica a esse irracional que também passa por uma crítica da razão, esta que não mais define o homem como uma substância essencialmente pensante. Nesse sentido, desmascara-se o narcisismo racional do homem, pois ele não só se vê despido da primazia de uma razão legisladora que o conduz a um bom *télos*, mas também descobre o fundo sem fundamento da própria natureza. Um fundo volitivo, insaciável, desejante, sem objetivo final definido, o que torna a existência absurda em sua ânsia de viver e obter satisfação de desejos. Uma existência que é comparável a um negócio que não cobre os custos do investimento, pois ao fim sobrevém, como recompensa aos esforços, a morte. A bancarrota é certa. Para enegrecer mais ainda esse cenário, a vontade, coisa em si das aparências do mundo, é uma autodiscórdia, crava os dentes na própria carne, o que se espelha no mundo diante de nós como a luta de todos contra todos. "Toda vida é sofrimento." E mesmo que os desejos sejam satisfeitos e levem ao alívio do sofrer, contra cada desejo satisfeito existem dez que não o são; e o desejo satisfeito sempre volta ao

O mundo como vontade e como representação

fim da fila, exigindo nova satisfação, com o que a ilusão se renova. Se os desejos são satisfeitos muito rapidamente, sobrevém o tédio; se demoram, sobrevém a necessidade angustiosa. O primeiro é mais comum às classes sociais ricas; esta última, às classes sociais pobres. Paliativos contra tal estado de coisas são sobretudo os narcóticos e as viagens de turista. Em ambos os casos o homem tenta fugir de si mesmo, da própria condição, do seu "maior delito" – ter nascido. A razão é impotente para mudar esse estado de coisas; Schopenhauer a aponta como secundária em relação ao querer cósmico, é um mero momento dele, e nisso o filósofo revoluciona a tradição, para a qual o querer era um momento do racional, como Descartes exemplarmente indica em suas *Meditações metafísicas*. O homem, assim, perde a proteção da faculdade racional, e os demônios do mundo são revelados, vê-se nitidamente o inferno do sofrimento e da irrazão, comprovados pelas guerras e violências em seus aspectos mais tenebrosos.

O pano de fundo da filosofia schopenhaueriana, como se vê, é o pessimismo metafísico. Este, entretanto, não impede uma espécie de otimismo prático, proporcionado pela eficiência da sabedoria de vida em nos desviar de males. Otimismo no qual, em certa medida, pode-se incluir a alegria da fruição estética da natureza e da arte, autêntico bálsamo para a existência fundamentalmente sofredora do ser humano. Foi esse o papel conferido pelo autor ao belo, que por instantes nos resgata do sofrimento, por conseguinte o lugar da estética em sua filosofia, o que a levou a ser primeiro recebida e assimilada com entusiasmo por artistas. Uma fortuna receptiva que se deu também no Brasil, como o demonstram os seus dois leitores mais famosos, Machado de Assis e Augusto dos Anjos, que não apenas o citam nominalmente em crônicas e poemas, mas também se aproximam várias vezes em suas obras, conscientemente, de sua cosmovisão, num diálogo que muitas vezes confunde as fronteiras da literatura com as da filosofia. Quem leu *O mundo* e *Quincas Borba* ou *Memórias póstumas de Brás Cubas*, de Machado de Assis, concordará que, em muitos momentos, há ali um diálogo rico e original da literatura com a filosofia. Quanto a Augusto dos Anjos, há um poema seu intitulado "O meu Nirvana", referência ao nirvāna schopenhaueriano da negação da vontade ocasionado pela intuição da Ideia;

XV

outro momento, o da poesia "Monólogo de uma sombra", elogia o papel balsâmico da arte, tema da estética de *O mundo*.

Nos meios acadêmicos a recepção de Schopenhauer se deu com reticências. Isso se deve em grande parte, a meu ver, a três fatores: sua crítica à razão (as universidades costumam ter grande apreço às formas de pensamento que indicam a razão como princípio do mundo, pois isso significa a entronização do homem como coroa da criação, o que lhe salvaguarda sua dignidade de pessoa e seu pretenso poder em face da natureza e dos animais); o irracional como princípio do mundo (gera desconforto ao nosso narcisismo saber que há algo em nós que não é nós mesmos, um fundo abismal e insondável que nos tem em vez de nós o termos); e, talvez para surpresa de muitos, o estilo literário de Schopenhauer, de agradável leitura (isso gera desconfiança em face do rigor conceitual e da profundidade de pensamento; aliás, o filósofo já se antecipava respondendo que um lago suíço, límpido, parece raso, mas uma prospecção dele revela as suas profundidades).

Indicar, porém, um princípio irracional do mundo e mostrar o papel secundário da razão na natureza humana não significa ser irracionalista; ao contrário, identificar o inimigo pode conduzir a estratégias de combate, que a própria razão fornece quando vislumbra o todo da vida e o conhecimento conduz à redenção e negação desse próprio irracional, como no caso da ascese ou do nirvāna buddhista. Ademais, a sabedoria de vida nos ajuda a enfrentar com prudência a eclosão do irracional na vida prática cotidiana. Já o estilo claro, em contraste com a tradição alemã de filosofia e próximo da britânica, apenas evidencia a honestidade intelectual de pensar e expor com clareza, em vez de esconder-se em obscuridades estilísticas que não significam, necessariamente, profundeza de pensamento; ao contrário, na maioria das vezes significa ausência dela.

O insucesso de Schopenhauer nos meios acadêmicos se prefigurou na época em que ele leu suas preleções na Universidade de Berlim, em 1820, ofuscadas totalmente pelas de Hegel, a tal ponto que teve de desistir da carreira universitária, mas não de uma perseguição filosófica estilístico- -conceitual àquele que disse que "todo racional é real, todo real é racional", o que constitui um modo de ver o mundo situado no antípoda de Schopenhauer. Entretanto, fora dos muros acadêmicos, o pensamento do filósofo de

XVI

O mundo como vontade e como representação

Frankfurt já repercutia nas concepções de *A origem da tragédia*, de Nietzsche, no par conceitual apolíneo (princípio de razão: espaço + tempo + causalidade: formas bem definidas da obra de arte, o belo, e das coisas do mundo) e dionisíaco (vontade: o caótico e a embriaguez da criação: a música, a dança) de Nietzsche, bem como, em tal filosofia, o posterior conceito de Vontade de poder, cunhado a partir da leitura do conceito de vontade schopenhaueriano; E. von Hartmann empreende uma tentativa estranha de unificá-lo com Schelling e Hegel; e a psicanálise de Freud absorve por completo a teoria dos impulsos inconscientes, do papel nuclear da sexualidade na vida humana, do retorno ao inorgânico etc. de *O mundo*. Nos meios acadêmicos franceses o autor passa despercebido e até hoje ainda se encontra envolvido em penumbra. O mesmo não se dá na Alemanha, para o que em muito contribuiu sua recepção pela Escola de Frankfurt. Quanto à Inglaterra, graças ao domínio da filosofia analítica, o destino de qualquer filosofia continental é quase sempre a má compreensão e consequente assimilação falha, se bem que em referência a Schopenhauer tenhamos lá a exceção de B. Magge. Ora, como o Brasil tem uma tradição filosófica acadêmico-uspiana marcadamente francesa, era natural que, num primeiro momento, também importássemos de lá a penumbra a envolver o pensamento schopenhaueriano. Isso começa a mudar com uma tese doutoral defendida na Alemanha, de Muriel Maia, e publicada em 1991 pela Vozes, *A outra face do nada*. Em 1994 vem a lume pela Edusp/Fapesp, baseada em tese doutoral defendida no Brasil, de Maria Lúcia Cacciola, *Schopenhauer e a questão do dogmatismo*. A partir daí os estudos schopenhauerianos ganham significativo incremento entre nós, a ponto de bianualmente realizar-se numa cidade brasileira um colóquio em torno do pensamento do autor de *O mundo*, fórum privilegiado para discutir as mais diversas e instigantes temáticas filosóficas, não só relacionadas a Schopenhauer, mas também a um espectro de autores e temas que de algum modo permitem a prática da autêntica filosofia (que, como ensinava o velho e bom Platão, é essencialmente *diálogo*).

Como se nota pelo impacto nos autores antes citados, Schopenhauer, de fato, está na base do pensamento contemporâneo. Ora, se ele abre o horizonte para as filosofias do impulso como a de Nietzsche e a psicanálise de Freud, então em vez de dizer que os pilares do pensamento contemporâneo

XVII

são Nietzsche, Freud e Marx, como o quer Foucault, talvez mais acertado seria dizer que esses pilares são Schopenhauer e Marx. Sem o primeiro a filosofia da vontade de poder e a psicanálise seriam impensáveis. Há na base desse edifício do saber contemporâneo dois grandes desmascaradores da condição humana, um no plano econômico, que envolve a luta de classes, outro no plano metafísico-imanente, que envolve a autodiscórdia essencial do em si, a vontade cega e irracional, que se espelha em luta de todos contra todos. Os dois diagnosticam o que há de mais real do mundo como um mal radical – que se exprime em luta de classes ou de indivíduos, na exploração e uso violento do semelhante sob diversas formas – e não estão contentes com ele: elogiam a sua supressão/superação (*Aufhebung*), um pela via da revolução política, que conduziria a um reino da liberdade, outro pela via da supressão da individualidade, a viragem individual, que é a negação da vontade, liberdade no místico. E aqui entra em cena outro aspecto de peso do pensamento de Schopenhauer: foi o primeiro filósofo do Ocidente a propor uma intersecção visceral entre a filosofia oriental (buddhismo, pensamento vedanta) e a filosofia ocidental de inspiração platônico-kantiana. Embora reivindicasse para si um "pensamento único" e este se tenha desenhado desde a juventude, ainda assim, quando da elaboração da sua obra máxima, em Dresden, o autor teve contato com a literatura filosófica oriental em que é exposta a doutrina de que, por trás dos acontecimentos, turvados por um véu de māyā, encontra-se a realidade última e verdadeira das coisas, alheia ao tempo e à mudança. Realidade essa sem começo e fim, idêntica e inalterável, a tudo animando. Essa concepção reaparece justamente na noção de vontade cósmica (e Ideias platônicas, arquétipos eternos e imutáveis da natureza, "atos originários" do em si volitivo) una e indivisível, coisa em si imperecível da pluralidade das aparências ilusórias regidas pelo chamado princípio de razão, forma de conhecimento do entendimento ou cérebro, já radicada neste e que permite ao indivíduo conhecer tão somente as aparências das coisas, não a natureza íntima delas, portanto o seu véu de māyā propriamente dito. Quanto ao papel do buddhismo em seu pensamento, é desempenhado especialmente no livro IV de *O mundo*, ou seja, na metafísica da ética, que trata da ação humana não apenas no domínio de sua significação usual que leva o egoísmo ou a malvadeza a darem as cartas nos relacionamentos humanos, mas sobretudo daquela ação praticada por ascetas e santos, que negam a vontade e os sofrimentos do mundo, redimindo-o, instalando assim uma contradição na aparência. É como se o asceta quisesse um não querer; seu corpo ainda afirma aquilo que intimamente ele já negou. Nesse instante, a negação da vontade é referida ao nada.

III

Este primeiro tomo de *O mundo como vontade e como representação* se subdivide em quatro livros. Dois elegem o tema da representação e dois o tema da vontade. Cada um assume um ponto de vista diferente da consideração. O primeiro, sobre o mundo da "representação submetida ao princípio de razão", aborda as aparências da realidade dadas no espaço, no tempo e na causalidade (princípio de razão do devir), tendo-se aí "o objeto da experiência e da ciência"; examina como se constroem as imagens do mundo, as intuições empíricas em nosso entendimento e qual o papel da nossa faculdade de conhecimento nessa tarefa; é prestado um tributo à epistemologia kantiana e aos ensinamentos vedantas, no sentido de que o véu de māyā de nossa mente só permite conhecer aparências transitórias, não a coisa em si, pois o tempo, "forma arquetípica" da finitude, torna tudo aquilo que nos aparece perecível, um rio heraclitiano no qual não podemos entrar duas vezes, pois já somos outros e as águas mudaram. É aí que se apresenta a angustiante condição humana de ser para a morte, com o nosso corpo orgânico. Mas como não há males que não trazem um bem, tudo isso inspira ao filosofar, e a morte é declarada a musa da filosofia. O corpo animal, "objeto imediato do conhecimento", ponto de partida para a apreensão cognitiva do mundo, é posto no centro da teoria do conhecimento. Eis aí um dado importante para a construção de uma metafísica imanente pós-Kant e sua crítica aos dogmatismos metafísicos, ocupados com indemonstráveis objetos transcendentes, além da experiência dos sentidos (Deus, mundo, liberdade, imortalidade da alma).

XIX

No livro II se encontra a primeira consideração sobre o mundo "como vontade", no aspecto da sua "objetivação". Surge aí a teoria dos "atos originários" da vontade, as Ideias platônicas, arquétipos imutáveis e eternos, que Schopenhauer interpreta como espécies da natureza. O filósofo, a partir novamente do corpo humano, agora considerado uma "objetidade da vontade", encontra uma via de acesso privilegiado ao íntimo dos corpos do mundo, pois o investigador inspeciona a sua subjetividade e intelige que os movimentos por motivo do seu corpo têm por mola impulsora o querer interior. Apreende, de dentro, a causalidade (motivos), isto é, a própria natureza volitiva. Em seguida, analogicamente, estende esse achado por intelecção a todos os corpos do mundo e chega por conclusão analógica, guiado pelo sentimento, ao conceito de Vontade de vida como coisa em si universal que se objetiva em aparências. A objetivação da vontade traz consigo a autodiscórdia originária dela, que se espelha na guerra de todos os indivíduos pela matéria constante do mundo, com o fim de exporem, afirmarem a sua espécie. Isso gera sofrimento e dor em toda parte onde há vida. Tais reflexões levam a um pessimismo metafísico.

O livro III trata da *metafísica do belo* e retoma a consideração do mundo "como representação", porém agora "independente do princípio de razão". As Ideias platônicas, espécies da natureza expostas em aparências e apreendidas pelo princípio de razão turvadamente – e aqui se tem no tempo uma "imagem móvel da eternidade" –, podem ser intuídas límpida e puramente por meio da intuição estética. Tem-se o "objeto da arte", tema privilegiado de um livro que tanto impactou artistas plásticos, poetas, romancistas, músicos, escultores. A contemplação estética é elevada a um estado de forma de conhecimento do mundo que compete com as ciências e as supera, se se leva em conta a satisfação e alegria metafísica que proporciona. Compreendemos o mundo ao ler uma bela poesia, ao ver uma bela estátua grega ou romana, ao fruirmos um belo Rafael ou Vermeer, ao ouvirmos um Brahms ou Beethoven, ao nos perdermos num belo panorama marítimo ou montanhoso. O espectador se funde à natureza, e desaparece, nesse momento beatífico, a diferença entre eu e qualquer coisa exterior a mim: tem-se uma visão que transpassa o véu de māyā e a pluralidade dos indivíduos. A verdade é revelada pela beleza. Retomando um antigo mote platônico, o belo, o verdadeiro e o bom vão juntos.

A contemplação estética é um bálsamo em meio às durezas da vida, espécie de hora de recreio que nos dá um descanso da seriedade da existência. "Séria é a vida, jovial é a arte", diz Schiller.

O livro IV retoma a consideração do mundo "como vontade", porém agora trata do momento decisivo de sua "afirmação ou negação". Examina as ações humanas e seu sentido. É uma *metafísica da ética*. Chegando ao conhecimento de si, a vontade cósmica, num ato de liberdade no mundo da necessidade fenomênica, e iluminada pelo conhecimento do todo da vida, de seus conflitos e sofrimentos em toda parte, decide se continua a querer esta vida sofredora ou se renuncia a ela: no primeiro caso se tem, no ápice, a figura do herói; no segundo, a figura do asceta. Aqui o buddhismo entra em cena, pois o ato de negação da vontade é chamado por Schopenhauer de nirvāna. Num mundo parecido ao inferno e de tormentos por todos os lados, o santo vê a humanidade sofredora, confunde-se compassivamente com ela e desiste da vida: efetua a grande viragem, sabe que a única saída, a grande saúde é o nada. Mas tal estado não é de tristeza, como se poderia pensar num primeiro instante, e sim de alegria interior, bem-aventurança. O asceta sabe que com a negação do querer nega, ao mesmo tempo, a fonte dos sofrimentos. É um momento em que o pensamento de Schopenhauer desemboca no misticismo, no silêncio em face do grande acontecimento do mundo, pois a linguagem só pode mostrar tais acontecimentos, indicar biografias de santos, sem poder esgotar o sentido deles. Algo dramático para alguém, o filósofo, que lida primariamente com a linguagem no ofício de expressar-se sobre a condição humana e do cosmo. O sentido do mundo não é apreensível pela linguagem (como já não era o acesso à coisa em si, feito pelo sentimento interno da causalidade corporal). Paradoxalmente, é no silêncio que melhor se apreende (sente) o sentido daquilo que pode ser claramente dito. É no silêncio que se apreende o *quê* do *como* do mundo. Semelhante limite da expressão linguística é sintomaticamente indicado na "palavra" final de Schopenhauer, grafada no último termo do livro IV de sua obra, e destacada de todo o corpo do texto por um travessão, "– *Nichts*" – nada.

Seja pela teoria do conhecimento, metafísica da natureza, metafísica do belo ou metafísica da ética, o autor pretende sempre ter à mão uma porta de entrada ao conteúdo de seu "pensamento único". Uma parte se refere à outra e é por ela pressuposta. Apresenta uma "coesão orgânica", isto é, "uma tal em que cada parte tanto conserva o todo quanto é por ele conservada, nenhuma é a primeira ou a última, o todo ganha em clareza mediante cada parte, e a menor parte não pode ser plenamente compreendida sem que o todo já o tenha sido previamente" (prefácio à primeira edição). A prosa clara e bem ritmada (repetições) do filósofo até nos permite começar a leitura de sua obra por qualquer um dos seus quatro livros, mas, didaticamente, convém seguir a ordem por ele escolhida.

IV

O leitor tem aqui a primeira versão integral – com três prefácios, *corpus* da obra e a crítica da filosofia kantiana – diretamente da língua alemã para a portuguesa, do tomo I de *O mundo como vontade e como representação*. Antes já havíamos sido agraciados com a competente tradução da crítica da filosofia kantiana por Maria Lúcia Cacciola e revista por Rubens Torres Filho, editada num volume da coleção "Os Pensadores", mesmo volume que trazia a tradução de Wolfgang Leo Maar do livro terceiro. Tais traduções em muitos momentos foram consultadas na solução de passagens difíceis e obscuras do texto original, auxílio também fornecido pela versão inglesa de E. J. Payne (Nova York: Dover, 1969).

O presente volume traz a paginação original indicada por duas barras verticais inclinadas no texto. As páginas em branco originais têm a numeração omitida. Trata-se só de uma aproximação possível dessa paginação, pois o fraseado em português não permite a colocação exata dos números. Baseei-me para tal trabalho na edição *Schopenhauers Sämtliche Werke* (Munique: Piper Verlag 1911-1926, Bd. I), de Paul Deussen (eminente orientalista, fundador e primeiro presidente da Sociedade Schopenhauer da Alemanha), mesma edição que foi a base de minha tradução. Trata-se do último formato autorizado pelo filósofo em setembro de 1859 (data do terceiro prefácio de *O mundo*), um ano antes de morrer (21 de setembro de 1860). Seguindo

O mundo como vontade e como representação

também a vontade dele, as palavras destacadas no texto vão em VERSALETE, em vez de itálico, como é usual hoje em dia. Neste sentido, consultamos a edição de Ludger Lütkehaus (que acompanha no principal a de Deussen) por Haffmans Verlag (Zurich: 1988, Bd. I), que também serviu de apoio, mediante o seu *Beibuch*, para as versões das passagens em grego e latim. As minhas notas, em algarismos arábicos, são indicadas por (N. T.), para diferenciá-las das notas de Schopenhauer, indicadas com asterisco, em conformidade com o original.

Nesta primeira versão esmerei-me para ser fiel à letra e ao espírito do texto, respeitando ao mesmo tempo o ritmo e a sonoridade da língua portuguesa, tão diferentes da alemã. O ofício de traduzir textos filosóficos, ainda mais um clássico, é inglório: os justos méritos são todos do autor do texto e as críticas são todas para o tradutor; mas uma tradução errada pode comprometer toda a recepção de uma filosofia em língua estrangeira, o que me consola, pelo cuidado exigido de mim e que me liga ao leitor pela confiança deste no que está lendo, um sentimento que me acompanhou por todo o trabalho. A minha tradução nem tem o estilo "transcriativo" de Odorico Mendes, nem se prende totalmente à letra do texto. Ela deseja em verdade igualar em qualidade o belo modelo, tanto no rigor conceitual quanto na beleza do fraseado sem sotaques, a nós legado em filosofia por Rubens Torres Filho. Outra tarefa inglória, pois de antemão sabia da impossibilidade de realização de tal desejo. No entanto, essa percepção serviu para eu moderar as minhas pretensões e assim descobrir, por aproximação e distanciamento, um contraste com meu mestre, que desembocou num estilo que procura ser maximamente fiel ao original alemão e sem sotaques, sem temer ousar na solução de passagens difíceis e complexas, cabíveis na sintaxe e no léxico da língua portuguesa, cuja origem latina sem dúvida oferece um leque de possibilidades expressivas extremamente rigoroso.

As críticas e sugestões por parte dos leitores, tradutores, filósofos ou amantes da literatura em geral serão bem-vindas e levadas em conta numa futura revisão. Para isto a exigência que faço é que sejam bem-intencionadas. O meu e-mail: jbarboza@gmx.net.

XXIII

Agradeço ao corpo docente do departamento de filosofia da PUCPR, em especial aos amigos do mestrado em Filosofia, que me aturam com sua gentileza desde quando lá cheguei; esta tradução já estava em curso, e a esperaram com curiosidade. Também agradeço a Laura Moosburger pela leitura dos três prefácios e dos três primeiros livros e as daí advindas sugestões ao fraseado em português.

Por fim, agradecimento especial a Jézio Gutierre, editor da Fundação Editora da Unesp, que desde o início, quando propus este empreendimento tradutório, aceitou-o com alegria.

Jair Barboza
Água Verde, em Curitiba, dezembro de 2004.

// *Prefácio à primeira edição*

A maneira como este livro deve ser lido, para assim poder ser compreendido, eis o que aqui me propus indicar. – O que deve ser comunicado por ele é um pensamento único. Contudo, apesar de todos os esforços, não pude encontrar caminho mais breve para comunicá-lo do que todo este livro. – Considero tal pensamento como aquele que por muito tempo se procurou sob o nome de filosofia e cuja descoberta é considerada pelas pessoas versadas em história tão impossível quanto a da pedra filosofal, embora Plínio já dissesse: *Quam multa fieri non posse, priusquam sint facta, judicantur? (Hist. nat., 7, 1)*.[1]

Quando se leva em conta os diferentes lados desse pensamento único a ser comunicado, ele se mostra como aquilo que se nomeou seja Metafísica, seja Ética, seja Estética. E naturalmente ele tinha de ser tudo isso, caso fosse o que, como já mencionado, o considero.

Um SISTEMA DE PENSAMENTOS tem sempre de possuir uma coesão arquitetônica, ou seja, uma tal em que uma // parte sustenta continuamente a outra, e esta, por sua vez, não sustenta aquela, em que a pedra fundamental sustenta todas as partes, sem no entanto ser por elas sustentada, em que o topo é sustentado, sem no entanto sustentar. Ao contrário, UM PENSAMENTO ÚNICO, por mais abrangente que seja, guarda a mais perfeita unidade. Se, todavia, em vista de sua comunicação, é decomposto em partes, então a coesão destas tem de ser, por sua vez, orgânica, isto é, uma tal em que cada parte tanto conserva o todo quanto é por ele conservada, nenhuma é a pri-

---

1 "Quantas coisas são consideradas impossíveis, antes que sejam realizadas?" (N. T.)

meira ou a última, o todo ganha em clareza mediante cada parte, e a menor parte não pode ser plenamente compreendida sem que o todo já o tenha sido previamente. – Um livro tem de ter, entrementes, uma primeira e uma última linha; nesse sentido, permanece sempre bastante dessemelhante a um organismo, por mais que se assemelhe a este em seu conteúdo. Consequentemente, forma e estofo estarão aqui em contradição.

Sob tais circunstâncias, resulta facilmente que para penetrar na exposição destes pensamentos há apenas um conselho: LER O LIVRO DUAS VEZES, e em verdade a primeira vez com muita paciência, haurível da crença voluntária e espontânea de que o começo pressupõe o fim quase tanto quanto o fim, o começo, e, precisamente dessa forma, cada parte anterior pressupõe quase tanto a posterior quanto esta aquela. Digo "quase", pois de modo algum é absolutamente assim, e o que foi possível fazer para priorizar aquilo que, para ser entendido, tinha menos necessidade daquilo que se seguia, e para priorizar aquilo que em geral podia contribuir para a maior compreensibilidade e clareza, foi honesta e escrupulosamente feito: e até poderia tê-lo conseguido em certo grau, se o leitor, o que é bastante natural, durante a leitura pensasse não só no que é imediatamente lido, mas também nas suas possíveis consequências, permitindo que às // muitas contradições das opiniões da época – presumivelmente as do leitor também – juntem-se ainda muitas outras contradições antecipadas e imaginárias, de modo que o que é mero mal-entendido, embora não seja reconhecido como tal, tem de sofrer desaprovação vivaz, pois, apesar de a clareza laboriosamente alcançada da exposição e a nitidez da expressão não permitirem dúvida sobre o sentido imediato do que foi dito, não podem, todavia, exprimir ao mesmo tempo sua vinculação com o restante. Por isso a primeira leitura exige, como dito, paciência, haurível da confiança de que na segunda leitura muito, ou tudo, será visto sob uma luz inteiramente nova. Ademais, o sério empenho em favor da compreensibilidade plena e até mesmo fácil num tema tão difícil tem de justificar aqui e ali a ocorrência de repetições. A construção orgânica, não encadeada, do todo tornou necessário em alguns momentos tratar duas vezes do mesmo tema. Justamente essa construção e intercoesão de todas as partes impossibilitaram a divisão em capítulos e parágrafos, do contrário tão apreciável por mim, e obrigaram-me a satisfazer-me com quatro divisões principais, por assim dizer quatro pontos de vista de um pensamento único. Em cada um desses quatro livros é preciso sobretudo estar atento para não perder de vista, no meio dos detalhes que necessariamente terão de ser tratados, o pensamento capital ao qual pertencem, e o progresso de toda a exposição. – Aqui, então, é feita a primeira e, igual às seguintes, imperativa exigência ao leitor impolido (ao filósofo, porque o leitor mesmo também é um filósofo).

A segunda exigência é que, antes do livro, leia-se a sua introdução, embora esta não esteja contida nele, mas foi publicada cinco anos antes com **X** o // título *Sobre a quádrupla raiz do princípio de razão suficiente, um ensaio filosófico*. – Sem familiaridade com esta introdução e propedêutica é completamente impossível a compreensão propriamente dita do presente escrito; o conteúdo daquele ensaio é aqui em toda parte tão pressuposto, como se estivesse incluído no livro. De resto, se aquele ensaio não tivesse precedido a esta obra em alguns anos, com certeza não estaria antecedendo-a como sua introdução, mas seria incorporado ao primeiro livro, que agora, na medida em que lhe falta o que naquele ensaio se encontra, mostra certa imperfeição por conta das lacunas que têm de ser sempre preenchidas com referências ao mencionado ensaio. No entanto, era tão contra a minha vontade copiar-me, ou com muito suor colocar de novo em outras palavras o que já foi dito de modo suficiente, que preferi este caminho, embora até pudesse fornecer aqui uma exposição melhor do conteúdo do ensaio, sobretudo depurando os conceitos oriundos da minha então excessiva ocupação com a filosofia kantiana, tais como categorias, sentidos externo e interno e coisas semelhantes. Tais conceitos estão lá apenas porque eu ainda não os havia examinado a fundo; são, por conseguinte, apenas algo acessório e por inteiro exterior à coisa principal. O leitor, então, mediante o conhecimento mais íntimo do presente escrito, fará automaticamente em seus pensamentos a correção de passagens do ensaio. – Mas só quando, através daquele ensaio, reconhecer-se completamente o que é o princípio de razão e o seu significado, até onde vai ou não a sua validade, que esse princípio não precede todas as coisas, que o mundo inteiro não existe só como sua consequência e em conformidade com ele, por assim dizer como seu corolário, mas, antes, **XI** tal princípio é apenas // a forma na qual o objeto, qualquer que seja o seu

XXVII

tipo, é sempre condicionado pelo sujeito, é em toda parte conhecido, na medida em que o sujeito é um indivíduo cognoscente — só assim torna-se possível penetrar no método filosófico aqui seguido pela primeira vez, completamente diferente de todos os precedentes.

Porém, a mesma aversão de me copiar literalmente ou de dizer o mesmo pela segunda vez em outras e piores palavras, depois de ter antecipado as melhores, ocasionou uma segunda lacuna no primeiro livro da presente obra, pois omiti tudo aquilo que se encontra no primeiro capítulo do meu ensaio *Sobre a visão e as cores*, e que, do contrário, teria encontrado aqui literalmente o seu lugar. Assim, será aqui pressuposta também a familiaridade com esse pequeno escrito mais juvenil.

Por fim, a terceira exigência ao leitor poderia ser pressuposta tacitamente, pois não é outra senão a familiaridade com o acontecimento mais importante que ocorreu ao longo dos últimos dois mil anos na filosofia, que se deu tão perto de nós, a saber, os escritos capitais de Kant. O efeito que eles provocam nos espíritos para os quais de fato falam é comparável, como já foi dito em outras ocasiões, à operação de catarata em um cego: e, se quisermos prosseguir com a comparação, então o meu objetivo aqui é o de colocar nas mãos daqueles que obtiveram sucesso na operação um par de óculos de catarata, para cujo uso a operação mesma é a condição mais necessária. — Contudo, por mais que o meu ponto de partida seja o que o grande Kant realizou, o estudo sério dos seus escritos fez-me descobrir erros significativos neles, os quais tive de separar e expor como repreensíveis, // para assim poder pressupor e empregar, purificado deles, o verdadeiro e maravilhoso da sua doutrina. Todavia, para não interromper e confundir a minha própria exposição com uma polêmica constante contra Kant, reservei para esta um apêndice especial. Assim como, seguindo o já dito, a minha obra pressupõe familiaridade com a filosofia kantiana, também pressupõe familiaridade com esse apêndice. Levando tal dado em consideração seria aconselhável ler primeiro o apêndice, tanto mais que o seu conteúdo possui relação estreita com o primeiro livro da presente obra. Por outro lado, em razão da natureza da coisa, é inevitável que também o apêndice se refira, aqui e ali, à obra mesma: daí se segue que, assim como a parte principal desta, ele tem de ser lido duas vezes.

XXVIII

O mundo como vontade e como representação

A filosofia de KANT, portanto, é a única cuja íntima familiaridade é requerida para o que aqui será exposto. – Se, no entanto, o leitor já frequentou a escola do divino PLATÃO, estará ainda mais preparado e receptivo para me ouvir. Mas se, além disso, iniciou-se no pensamento dos VEDAS, cujo acesso permitido pelos *Upanishads*, aos meus olhos, é a grande vantagem que este século ainda jovem tem a mostrar aos anteriores, pois penso que a influência da literatura sânscrita não será menos impactante que o renascimento da literatura grega no século XV, se recebeu e assimilou o espírito da milenar sabedoria indiana, então estará preparado da melhor maneira possível para ouvir o que tenho a dizer. Não lhe soará, como a muitos, estranho ou mesmo hostil; pois até gostaria de afirmar, caso não soe muito orgulhoso, que cada **XIII** // aforismo isolado e disperso que constitui os *Upanishads* pode ser deduzido como consequência do pensamento comunicado por mim, embora este, inversamente, de modo algum esteja lá contido.

* * *

Todavia, a maioria dos leitores já deve estar impaciente e talvez até irrompendo em repreensões, por algum tempo contidas com dificuldade, por eu submeter ao público um livro sob condições e exigências das quais as duas primeiras são arrogantes, totalmente imodestas, e isso num tempo em que na Alemanha é anualmente tornada comum pelas editoras uma enorme abundância de pensamentos próprios em cerca de três mil obras ricas em conteúdo, originais e de todo indispensáveis, bem como em incontáveis periódicos ou mesmo jornais. Num tempo em que especialmente não há a menor falta de filósofos muito profundos e originais e só na Alemanha vivem simultaneamente mais deles do que os inúmeros séculos sucessivos tiveram a mostrar; como, então, perguntaria o leitor indignado, é possível ler até o fim um livro tão filigranoso e cheio de exigências?

Ora, como não tenho nada a expressar contra tais reprimendas, espero pelo menos receber a gratidão de tais leitores por tê-los alertado, a tempo, para não perderem hora alguma com um livro cuja leitura, sem o preenchimento das exigências feitas, não pode ser frutífera e, por conseguinte, deve ser deixado de lado, pois, pode-se apostar, nada lhe dirá, mas antes será

XIV sempre apenas *paucorum hominum*,[2] e portanto // tem de esperar sereno e modestamente por aqueles poucos cujo modo de pensar incomum o acharão fruível. De fato, fora as dificuldades e esforços que exige do leitor, num tempo culto cujo saber atingiu o ponto magnífico no qual o paradoxal e o falso são uma coisa só, como poderia alguém suportar a labuta de em quase todas as páginas lidar com pensamentos que contradizem diretamente o que ele mesmo tomou como verdadeiro e para sempre estabelecido? Ademais, muitos sentir-se-ão desapontados ao não encontrar nenhuma referência àquilo que justamente acreditam procurar aqui, visto que o modo de especular desses muitos coincide com o do grande filósofo ainda vivo,[*] autor de muitos livros verdadeiramente patéticos, eivados de observações que tomam por pensamentos inatos do espírito humano tudo o que aprendeu e aprovou antes de seus quinze anos de idade. Ora, quem poderia suportar tudo isso? Eis por que o meu conselho é simplesmente deixar o livro de lado.

Porém, temo que ainda assim não serei perdoado. O leitor que chegou até o prefácio, este que o rejeita, tendo pagado em dinheiro vivo pelo livro, pode agora perguntar como será indenizado. — Meu último refúgio, então, é lembrar-lhe que sabe usar de diversas maneiras um livro não lido. Este livro pode, como muitos outros, preencher uma lacuna em sua biblioteca, na qual, juntinho a outros, com certeza parecerá muito bonito. Ou ainda poderá colocá-lo na cômoda ou mesa de chá da sua amada. Por fim, com certeza o melhor de tudo e que eu em especial aconselho, pode fazer uma resenha dele.

XV // Bem, depois de me ter permitido a galhofa, tolerável em alguns momentos sérios dessa vida tão ambígua, ofereço meu livro com seriedade, com a confiança de que, cedo ou tarde, alcançará as pessoas às quais unicamente pode ser endereçado. De resto, permaneço sereno com o fato de que lhe pertence o mesmo destino que pertence à verdade em todos os ramos do conhecimento, sobretudo no mais importante deles, ou seja, à verdade é permitida apenas uma celebração breve da vitória, a saber, entre

---

2 "Para uma minoria." (N. T.)

* F. H. Jacobi.

XXX

O mundo como vontade e como representação

os dois longos períodos em que é condenada como paradoxal e desprezada como trivial. A primeira dessas sortes costuma ir ao encontro do autor da verdade. — Mas a vida é breve e a verdade vive longamente, fazendo efeito na distância: digamos a verdade.

Escrito em Dresden em agosto de 1818.

// *Prefácio à segunda edição*

Não aos contemporâneos nem aos compatriotas, mas à humanidade entrego a minha obra, agora completa, na confiança de que ela não lhe será sem valor, mesmo que este, como sói ocorrer com tudo o que é bom, seja reconhecido apenas muito tardiamente. Pois apenas para a humanidade, não para a geração que agora passa ocupada com a ilusão do presente, é que a minha cabeça, quase contra a minha vontade, entregou-se a um trabalho incessante durante toda uma vida. A falta de reconhecimento durante todo esse tempo não me fez duvidar do valor do meu trabalho; continuamente vi o falso, o ruim, por fim o absurdo e o disparate* merecerem admiração geral e honra e pensei que aqueles capazes de reconhecer o autêntico e o correto não seriam tão raros que teríamos de procurar em vão em torno de nós uns vinte anos por eles, e que aqueles capazes de produzir boas obras não seriam tão poucos que tais obras depois constituiriam uma exceção // na transitoriedade das coisas terrenas; do contrário perderíamos a esperança reconfortante da posteridade, necessária para fortificar cada um que se coloca um grande fim. – Quem pratica e leva a sério uma coisa que não conduz a vantagens materiais não pode esperar a simpatia dos contemporâneos. Na maioria das vezes verá, entrementes, que a aparência de tal coisa se faz valer no mundo e goza o seu dia: e isso está em ordem. Contudo, a coisa real tem de ser considerada nela mesma, do contrário não será encontrada, pois, em toda parte, qualquer interesse ameaça a intelecção. Em conformidade com isso, como o atesta sempre a história da literatura, toda obra prenhe

---

* A filosofia hegeliana.

Arthur Schopenhauer

de valor precisa de longo tempo para ganhar a sua autoridade, sobretudo se for de gênero instrutivo, não de entretenimento; nesse meio-tempo o falso brilha. Pois unir a coisa com a aparência da coisa é difícil, quando não impossível. Mas justamente esse é o curso deste mundo de carências e necessidades, ou seja, que tudo tem de lhes servir e estar submetido: o mundo não é constituído de tal modo que um empenho nobre e sublime, como aquele em favor da luz e da verdade, siga o seu próprio caminho, sem obstáculos, existindo por si mesmo. Mas, até quando algo assim se faz valer e, por aí, o seu conceito é introduzido, logo os interesses materiais, os fins pessoais se apossam dele, para torná-lo um instrumento ou uma máscara próprios. Em conformidade com isso, após Kant ter devolvido à filosofia o seu prestígio, ela de imediato teve de se tornar, a partir de cima, instrumento de fins estatais e, a partir de baixo, de fins pessoais; embora, diga-se, neste caso não se trata dela, mas de sua sósia. Uma tal situação não nos deve surpreender, pois a inacreditável maioria dos seres humanos, de acordo com a sua natureza, só é capaz de fins materiais; // sim, não pode **XVIII** conceber outros. Por conseguinte, o empenho pela verdade é demasiado excêntrico para que possamos esperar que todos, muitos ou alguns tomem parte dele. Caso se observe uma atividade notável e um esforço geral em matéria de filosofia (como hoje na Alemanha), traduzidos em discursos e escritos, pode-se todavia com certeza supor que o verdadeiro *primum mobile*,[1] a mola impulsora secreta de tal movimento, a despeito de todos os semblantes e afirmações, é só de natureza real, não ideal, vale dizer, o que se tem em vista são interesses pessoais, burocráticos, eclesiásticos, estatais, em uma palavra, materiais; por consequência, meros fins partidários colocam em vigoroso movimento as tantas penas de pretensos filósofos. Portanto, interesses, não intelecções,[2] são a estrela-guia de tais tumultuadores, a verdade sendo a última coisa ali pensada. Ela não encontra partidários: antes, pode percorrer de maneira tão calma e insuspeita o seu caminho no meio do tumulto filosófico como pôde fazê-lo durante a

---

1 "Primeiro motor." (N. T.)

2 Jogo de palavras entre *Absichten* e *Einsichten*; o *Ab* de *Ab-sicht* (intenção, interesse) negando uma *Sicht* (visão), afirmada pelo *Ein* de *Ein-sicht* (intelecção). (N. T.)

XXXIV

O mundo como vontade e como representação

noite invernal do século mais obscuro, envolta na mais rígida fé da Igreja, quando apenas como doutrina secreta era comunicada a poucos adeptos, ou confiada somente ao pergaminho. Sim, gostaria de dizer: época alguma poderia ser mais desfavorável à filosofia do que aquela na qual é maltratada, de um lado, escandalosamente como instrumento de Estado, e de outro, como meio de sobrevivência. Ou alguém acredita que, em meio a tal agitação e tumulto, a verdade, da qual ninguém se ocupa, virá a lume? A verdade não é uma huri[3] que se joga ao pescoço de quem não a deseja; antes, é uma donzela tão difícil que mesmo quem tudo lhe sacrifica ainda não pode estar certo do seu favor.

Se por um lado os governos transformam a filosofia num meio para seus fins estatais, por outro os eruditos veem no professorado filosófico **XIX** um ofício que os nutre como qualquer outro; // portanto, acotovelam-se em torno do governo sob a proteção da boa maneira de pensar, vale dizer, a intenção de servir àqueles fins. E cumprem a palavra. Não a verdade, nem a clareza, nem Platão, nem Aristóteles, mas os fins para os quais foram contratados são a sua estrela-guia, que também se tornam de imediato o critério do verdadeiro, do valioso, do digno de consideração, bem como do seu contrário. O que, portanto, não corresponde aos mencionados fins, mesmo que seja algo de suma importância e extraordinário em seu domínio de saber, é condenado, ou, quando parece perigoso, sufocado com desprezo unânime. Observe-se a indignação em uníssono contra o panteísmo: qual alma cândida acreditará que isso provém de convicção? – Pergunte-se: que restaria em geral à filosofia, decaída a ganha-pão, senão degenerar-se em sofística? Justamente porque se trata de coisa inevitável e a regra "canto a canção de quem me dá o pão de cada dia" valeu em todos os tempos, o ganhar dinheiro com a filosofia foi para os antigos a marca registrada do sofista. – Ademais, já que em toda parte deste mundo nada se espera, nada se exige e obtém por dinheiro a não ser mediocridade, temos de nos resignar com este fato também aqui. Em conformidade com isso, vemos em todas as universidades alemãs a adorada mediocridade esforçar-se por instituir

---

3 "Huris", belas virgens que, segundo o Alcorão, desposarão no paraíso os fiéis muçulmanos. (N. T.)

XXXV

uma filosofia sequer existente, usando suas próprias fontes, e no entanto aceitando medida e alvo prescritos; – um espetáculo diante do qual a zombaria quase seria cruel.

Enquanto há muito tempo a filosofia teve de servir sempre como meio, de um lado para fins públicos, de outro para fins privados, eu, ao contrário, persegui imperturbável por mais de trinta anos a minha sina intelectual. E o fiz precisamente porque tinha de fazê-lo, não podendo ser de outra maneira, por conta de um impulso instintivo, todavia apoiado na confiança de que aquilo que é pensado de modo verdadeiro e que lança luz na obscuridade será em algum momento apreendido por outro espírito pensante, // impressionando-o, alegrando-o e consolando-o. A um semelhante espírito falamos, como antes espíritos semelhantes já nos falaram e, assim, tornaram-se nosso consolo na desolação da vida. Entretanto, a obra caminha por conta própria, por si mesma. E, coisa estranha, só as meditações filosóficas que alguém pensou e investigou para si mesmo tornam-se depois também um benefício para outrem, em vez daquelas que eram originariamente destinadas aos outros. As primeiras trazem o selo da honestidade perfeita, porque ninguém procura enganar a si, nem se alimentar com nozes ocas. Neste contexto, caem por terra toda sofística e palavrório inútil, e, em consequência, cada período escrito num jato compensa a sua leitura. Em conformidade com o dito, meus escritos carregam a marca da honestidade e sinceridade de uma maneira tão nítida em sua face que lhes permite distinguir-se explicitamente daqueles dos três famosos sofistas do período pós-kantiano: o leitor sempre me encontrará no ponto de vista da REFLEXÃO, isto é, da deliberação racional, nunca no ponto de vista da INSPIRAÇÃO chamado intuição intelectual,[4] ou do pensamento absoluto,[5] cujos nomes mais corretos são: vazio intelectual e charlatanismo. – Trabalhando, portanto, com espírito honesto e sincero, enquanto o falso e o ruim se propagavam fazendo-se valer de maneira geral, sim, vendo o vazio intelectual* e o charlatanismo** na mais alta consideração, há muito tempo renunciei à aprovação dos meus

---

4 Referência ao conceito nuclear da filosofia de Fichte e de Schelling. (N. T.)

5 Referência ao conceito hegeliano de espírito absoluto. (N. T.)

* Fichte e Schelling.

** Hegel.

O mundo como vontade e como representação

contemporâneos. É impossível a uma contemporaneidade que durante vinte anos exaltou Hegel, esse Caliban espiritual, como o maior dos filósofos, de maneira tão sonora que toda a Europa ouviu, encetar o desejo de aplauso àquele que descobriu semelhante farsa; uma tal contemporaneidade não possui mais coroas de glória para outorgar: sua aprovação prostituiu-se e sua censura // não significa coisa alguma. Falo sério aqui, e a prova é que, se tivesse de aspirar à aprovação dos meus contemporâneos, teria de riscar umas vinte passagens que contradizem por completo todas as suas visões, sim, que em parte têm de ser ofensivas a eles. Contudo, cometeria um delito contra mim mesmo se sacrificasse uma única sílaba sequer em favor daquela aprovação. Minha estrela-guia foi de modo sério a verdade: seguindo-a, precisei aspirar apenas à minha aprovação, completamente distanciado de uma época que se rebaixou tão profundamente em relação a todos os esforços espirituais elevados, para não falar de uma literatura nacional degradada, na qual a arte de unir palavras pomposas com sentimentos grosseiros atingiu o seu apogeu. Obviamente não posso escapar dos erros e das fraquezas necessariamente inerentes à minha natureza, como a qualquer outra; entretanto, não os multiplicarei com acomodações indignas.

Naquilo que diz respeito a esta segunda edição, alegra-me, antes de tudo, o fato de que, após vinte e cinco anos, nada nela encontro que devesse ser retirado; que, pois, as minhas convicções fundamentais se confirmaram, pelo menos para mim. As alterações no primeiro tomo,[6] que contém unicamente o texto da primeira edição, não tocam de modo algum no essencial, mas concernem em parte a objetos secundários; em sua maioria consistem em acréscimos breves introduzidos aqui e ali em vista de um melhor esclarecimento. Apenas a crítica da filosofia kantiana recebeu correções significativas e acréscimos pormenorizados, que não podiam ser trazidos num livro suplementar, como os quatro livros que expõem a minha própria doutrina num segundo tomo, no qual para cada um dos livros do primeiro tomo encontra-se um outro correspondente. Nestes casos escolhi a forma do aumento e da melhoria, visto que os vinte e cinco anos transcorridos

---

6 Ou seja, o volume I (o presente) dos dois que compõem a obra principal do filósofo, enriquecida com uma série de suplementos em 1844. (N. T.)

XXXVII

desde a composição do primeiro tomo produziram na minha maneira de exposição e no tom da sua apresentação uma mudança tão marcante que não se poderia amalgamar, num todo, o conteúdo do segundo // tomo com o do primeiro sem que em tal fusão ambos sofressem. Por consequência, ofereço as duas obras separadas e nada mudei da primeira exposição, mesmo lá onde eu, agora, amiúde me expressaria de maneira completamente diferente. Em verdade, quis estar em guarda para não corromper o trabalho dos meus anos juvenis com críticas rigoristas da idade avançada. O que, nesse sentido, seria para corrigir far-se-á por si mesmo no espírito do leitor com a ajuda do segundo tomo. Ambos possuem, no sentido pleno do termo, uma relação de complementaridade um com o outro, na medida em que esta se baseia no fato de uma idade da vida do ser humano, em termos intelectuais, ser justamente o complemento da outra. Por isso se verá que não apenas cada tomo contém aquilo que o outro não contém, mas também que o mérito de um reside precisamente naquilo que falta ao outro. Se, portanto, a primeira metade da minha obra possui em relação à segunda a vantagem daquilo que somente o fervor da juventude e a energia da primeira concepção podem atribuir, ao contrário, a segunda metade excederá a primeira pela maturidade e completa elaboração dos pensamentos, já que estas são frutos extraídos unicamente de um longo decurso de vida e dedicado trabalho. Pois, quando tinha a força para conceber originariamente o pensamento fundamental do meu sistema e de imediato segui-lo em suas quatro ramificações, destas retornando à unidade do seu tronco e, em seguida, expondo o todo de maneira clara, ainda não podia estar na condição de elaborar todas essas partes do sistema com o acabamento, a riqueza e a completude que só uma meditação de muitos anos sobre isso o permite e que é exigida para explicitar e comprovar o sistema mediante inumeráveis fatos, apoiá-lo nas mais diversas provas, iluminá-lo nitidamente de todos os lados, colocar os diferentes pontos de vista em novo contraste, separar de forma pura os variados materiais e os apresentar numa ordem sistemática. Por isso, embora fosse // mais agradável ao leitor ter toda a minha obra numa única peça, em vez de, como agora, em duas metades para serem trazidas juntas em seu uso, queira ele pensar que para isso seria exigido de minha parte a realização num único período de vida daquilo que apenas em dois períodos é possível, na medida em que, para tanto, teria de possuir numa só e mesma idade as qualidades divididas pela natureza em dois períodos de vida completamente diferentes. Assim, a necessidade de realizar a minha obra em duas metades que se complementam é comparável àquela em consequência da qual se obtém uma lente objetiva acromática: como é impossível obtê-la a partir de uma peça, ela é produzida de uma lente côncava de *flint* e uma lente convexa de *crown*, cuja combinação resulta no que se intencionou. Por outro lado, todavia, o leitor encontrará algumas compensações, pelo desagradável uso simultâneo de dois tomos, na variedade e no alívio que traz o tratamento do mesmo objeto pela mesma cabeça, no mesmo espírito, porém em anos bem diferentes. Entrementes, para o leitor que ainda não está familiarizado com a minha filosofia, é indispensável ler antes o primeiro tomo, sem recorrer aos suplementos, usando estes apenas numa segunda leitura; do contrário, ser-lhe-ia muito difícil conceber a coerência do sistema que só o primeiro tomo apresenta, enquanto as principais doutrinas são fundamentadas mais pormenorizadamente e desenvolvidas por completo no segundo tomo. Mesmo quem não se decida por uma segunda leitura do primeiro tomo fará melhor em ler o segundo por si mesmo só depois daquele, na mesma sequência de capítulos, que certamente estão numa conexão não muito estreita uns com os outros, mas cujas lacunas serão completamente preenchidas pela lembrança do primeiro tomo, caso o leitor o tenha compreendido bem. Ademais, ele encontrará em toda parte **XXIV** referências às passagens correspondentes do primeiro tomo; // para este fim, eu numerei, na segunda edição do primeiro tomo, as seções que na primeira edição estavam separadas apenas por linhas.

Já no prefácio da primeira edição observei que a minha filosofia parte da kantiana e, por conseguinte, pressupõe um conhecimento bem fundamentado dela. Isso eu repito aqui. Pois a doutrina de Kant produz em cada cabeça que a apreendeu uma profunda e tão intensa transformação que é comparável a um renascimento espiritual. Apenas ela permite remover o realismo inato resultante da determinação originária do intelecto, para o que Berkeley e Malebranche não são suficientes, pois permanecem demasiadamente no universal, enquanto Kant vai ao particular e em verdade de uma maneira que não conhece nem antecessores nem terá imitadores. O efeito

XXXIX

exercido por Kant é tão característico, e, por assim dizer, imediato sobre o espírito, que este sofre uma desilusão profunda, e em seguida mira todas as coisas sob nova luz. Só com isso estará o leitor receptivo às soluções mais positivas que tenho a oferecer. Quem, entretanto, não domina a filosofia kantiana está, por assim dizer, em estado de inocência, não importa o que tenha praticado, ou seja, permaneceu naquele realismo natural e pueril no qual todos nascemos e que capacita para todas as coisas possíveis, menos para a filosofia; em consequência, em seu realismo natural está para a filo-sofia kantiana como a pessoa menor de idade está para a emancipada. Que tal verdade soe paradoxal hoje em dia, o que de modo algum foi o caso nos primeiros trinta anos após a publicação da crítica da razão, procede do fato de, desde então, ter surgido uma geração que realmente não conhece Kant, ou o conhece de uma leitura rápida e impaciente, ou de um relato de segunda mão, e isso porque, em consequência de uma orientação ruim, perde seu tempo com filosofemas ordinários, com cabeças vulgares ou mesmo sofistas cabeças de

XXV vento // que foram irresponsavelmente recomendados. Daí a confusão dos primeiros conceitos e em geral a indizível rudeza e ausência de graça que assomam do invólucro do preciosismo e da pretensão presentes nos ensaios filosóficos da geração assim educada. Mas incorre num erro incurável aquele que acredita poder conhecer algo da filosofia kantiana a partir das apresen-tações dos outros. Antes, tenho de alertar seriamente sobre tais relações, sobretudo as do tempo recente; de fato, nestes últimos anos caíram-me nas mãos escritos de hegelianos sobre a filosofia kantiana que efetivamente se aproximam da fábula. Como poderiam cabeças corrompidas e pertur-badas já na primeira juventude pelo sem sentido da hegelharia acompanhar as investigações profundas de Kant? Acostumaram-se desde cedo a tomar o palavrório mais vazio por pensamentos filosóficos, os sofismas mais pobres por sagacidade e o disparate mais besta por dialética, com o que, mediante a aceitação da combinação alucinada de palavras, na qual o espírito em vão se martiriza e esgota para pensar algo, as suas cabeças desorganizaram-se. Eles não precisam de crítica alguma da razão, nem de filosofia: primeiro precisam de uma *medicina mentis*[7] como catártico, algo assim como um

---

7 "Remédio para a mente." (N. T.)

petit cours de senscommunologie, * em seguida temos de esperar e ver se entre eles ainda há alguém capaz de filosofar. — A doutrina kantiana, portanto, não pode ser procurada em parte alguma a não ser em suas obras: estas são sempre instrutivas, mesmo quando erram e falham. Em consequência de sua originalidade, vale para ele o que propriamente vale no grau mais elevado para todos os filósofos autênticos: só se pode conhecê-los a partir de seus escritos, não do relato de outrem. Pois os pensamentos desses espíritos extraordinários não podem sofrer a filtragem de uma cabeça ordinária. Nascidos atrás das testas claras, elevadas, belamente configuradas, sob as quais brilham olhos dardejantes, // perdem toda força, vida e identidade quando transportados para os cômodos estreitos e teto rebaixado do crânio apertado, contraído, afundado, do qual emanam olhares opacos dirigidos a fins pessoais. Sim, pode-se dizer que tais tipos de cabeça produzem efeito semelhante ao de espelhos curvos, nos quais tudo se desfigura e deforma, perde a simetria de sua beleza, e que apresentam uma caricatura. Apenas de seus autores mesmos pode-se receber pensamentos filosóficos: por conseguinte, quem se sente impelido para a filosofia tem de buscar os seus mestres imortais na serena santidade de suas obras. Os capítulos principais de cada um desses filósofos autênticos fornecerão cem vezes mais intelecção de suas doutrinas do que os comentários esforçados e entediantes feitos por cabeças comuns sobre os mesmos, que na maioria das vezes se encontram profundamente enraizados na filosofia da moda, ou na própria opinião predileta. É surpreendente como decididamente o público prefere essas apresentações de segunda mão. De fato, parece que a afinidade eletiva faz efeito aí; em razão dela a natureza ordinária é atraída pela sua semelhante e, por consequência, preferirá ouvir a sua igual àquilo que um grande espírito falou. Talvez isso se baseie no mesmo princípio da instrução recíproca, segundo o qual crianças aprendem melhor de outras crianças.

* * *

Ainda uma palavra aos professores de filosofia. — A sagacidade, o tato sensível e fino com o qual imediatamente reconheceram a minha filosofia

---

* "Breve curso de senso comum".

como algo completamente heterogêneo aos seus planos, até mesmo perigoso, ou, para falar de modo popular, algo que não cabia em seu balaio, bem como a política segura e astuta pela qual // encontraram o único procedimento correto contra ela, a perfeita unanimidade com que se entregaram a isso, por fim a determinação com que permaneceram fiéis a tais intentos — eis o que sempre tive de admirar. Semelhante conduta, que se recomenda por conta de sua facilidade, consiste reconhecidamente no completo ignorar e, daí, na segregação — conforme a maliciosa expressão de Goethe, que significa propriamente o cerceamento do que é importante e significativo. A eficácia desse método silencioso é elevada mediante o barulho de corifeus com o qual é festejado reciprocamente o nascimento das crianças espirituais daqueles de mesma opinião, obrigando o público a fixar-se nos gestos imponentes com os quais as saudações mútuas são aí feitas. Quem poderia desconhecer a finalidade desse procedimento? Decerto não pode haver objeção contra o princípio *primum vivere, deinde philosophari*.[8] Os senhores querem viver e em verdade viver da FILOSOFIA: alojam-se NESTA, com mulher e filho, e, a despeito do *povera e nuda vai filosofia*[9] de Petrarca, conseguiram o que queriam. Porém, a minha filosofia não veio a lume para que se possa viver dela. Falta-lhe o requisito básico exigido para uma bem paga filosofia de cátedra, a citar, uma teologia especulativa, a qual justamente — apesar da severa crítica de Kant à razão — deve e tem de ser o tema capital desta filosofia que tem a tarefa de sempre discursar sobre coisas que ela absolutamente não pode saber. A minha filosofia não estatui uma vez sequer a fábula, tão astutamente concebida pelos professores de filosofia e tão indispensável para eles, de uma razão que conhece, intui, apreende imediata e absolutamente, e que se precisa apenas impor no princípio aos leitores para, por assim dizer, galoparem da maneira mais agradável possível no domínio além da possibilidade de toda experiência, para sempre barrado por Kant ao nosso conhecimento; // domínio esse no qual são encontrados de súbito revelados, e belamente ordenados, precisamente os dogmas fundamentais do moderno, judaizado, otimista cristianismo. Que tem a ver a minha filosofia,

---

8 "Primeiro viver, depois filosofar." (N. T.)
9 "Filosofia, vais pobre e nua." (N. T.)

O mundo como vontade e como representação

deficiente nesses requisitos básicos, pobre nas considerações e meios em vista da subsistência, que possui por estrela-guia somente a verdade nua, não remunerada, muitas vezes ingrata e perseguida, sem desviar a vista para a esquerda ou para a direita, que tem a ver minha filosofia com aquela *alma mater*,[10] a boa e alimentícia filosofia universitária, que, fatigada com centenas de interesses e milhares de precauções, prossegue seu caminho cautelosamente, tendo diante dos olhos a todo momento o temor do soberano, a vontade do ministério, os preceitos da religião oficial, os desejos do editor, a conveniência dos estudantes, a boa camaradagem dos colegas, o curso da política do dia, os humores passageiros do público e muito, muito mais? Ou que tem a ver a minha investigação silenciosa e séria da verdade com os tumultos da cátedra e os bancos de sala de aula, cuja mola impulsora mais íntima são sempre os fins pessoais? Antes, esses dois tipos de filosofia são heterogêneos desde o fundamento. Daí não existir comigo compromisso algum nem camaradagem. Ninguém encontrará em mim vantagem alguma, a não ser aquele que procura a verdade; portanto, nenhum dos partidários da corrente filosófica do dia, pois todos perseguem interesses pessoais; eu, ao contrário, tenho a oferecer simplesmente intelecções, que não combinam com nenhum daqueles interesses, pois não são talhadas para isso. Para que a minha filosofia ocupasse as cátedras, os tempos teriam de ser completamente outros. — Seria realmente algo notável que uma tal filosofia, da qual absolutamente não se pode viver, ganhasse luz e ar, até mesmo estima universal! Eis o que tem de ser impedido, e para isto todos têm de estar contra um homem. Mas não é um jogo fácil, esse disputar e refutar: também é perigoso, // porque chama a atenção do público para a coisa, público este que, pela leitura dos meus escritos, poderia ter o gosto estragado para as lucubrações dos professores de filosofia. Pois quem saboreou o sério perde o gosto para a brincadeira, sobretudo se esta for tediosa. Eis por que o sistema do silêncio que foi tão unanimemente adotado é o único sistema correto, e posso apenas aconselhar que nele se permaneça e prossiga, tanto quanto ele render, até que o ignorar signifique ignorância: então ainda haverá tempo para ceder. Entrementes, cada um está livre para aqui e ali colher algo em

---

10 "Mãe que alimenta." (N. T.)

XLIII

vista do próprio uso, caso a superfluidade de pensamentos em casa não seja opressiva. Com isso o sistema do silêncio e do ignorar pode valer por mais uma boa temporada, pelo menos no espaço de tempo em que eu viva, com o que muito se ganha. Se vez ou outra uma voz indiscreta se deixa ouvir, logo será abafada pelas aulas sonoras dos professores, que, com gestos pomposos, sabem entreter o público com coisas inteiramente outras. Aconselho, contudo, estrita observância da unanimidade da conduta e, em especial, vigilância dos jovens, que por vezes são perigosamente indiscretos. Mesmo assim não posso garantir que o louvável procedimento será sempre infalível, muito menos posso ser responsabilizado pelo resultado final. Em todo caso é um bom expediente para o controle do público, de resto bom e dócil. Se em todos os tempos vemos juntos os Górgias e Hípias bem no topo, e embora o absurdo via de regra predomine, parecendo impossível que através do coro dos encantadores e encantados ouça-se a voz de um indivíduo; — ainda assim, em todos os tempos, as genuínas obras vão fazendo aos poucos, silenciosamente, o seu efeito próprio e poderoso, e, como num milagre, vê-se finalmente o seu soerguimento a partir do tumulto, seme-

XXX lhante a // um aeróstato que, do denso espaço atmosférico da Terra, eleva-se às alturas mais puras, onde, uma vez chegando, permanece, e ninguém mais pode fazê-lo descer.

Escrito em Frankfurt am Main em fevereiro de 1844.

// Prefácio à terceira edição

O verdadeiro e o genuíno facilmente encontrariam lugar no mundo caso aqueles que são incapazes de produzi-lo não conspirassem para impedi-lo. Tal circunstância já impediu e retardou, quando não sufocou, que muito de bom para o mundo viesse a lume. Para mim, a consequência disso foi que, embora contasse só trinta anos quando publiquei a primeira edição desta obra, não pude vivenciar esta terceira antes dos setenta e dois anos. Todavia, encontro consolo nas palavras de PETRARCA: *si quis, tota die currens, pervenit ad vesperam, satis est* (*De vera sapientia*, p.140).[1] Se por fim cheguei e tenho a satisfação, no ocaso de meu decurso de vida, de ver o começo da minha influência, é com a esperança de que ela, conforme uma antiga regra, durará em proporção direta à demora com que começou.

Nesta terceira edição o leitor não sentirá falta de nada daquilo que a segunda contém; antes receberá consideravelmente mais, na medida em que, por conta dos acréscimos, em tipo igual, possui 136 páginas a mais que a segunda.

// Sete anos após o aparecimento da segunda edição publiquei dois tomos intitulados *Parerga e paralipomena*. Aquilo contido nesta última palavra são acréscimos à exposição sistemática da minha filosofia que encontrariam o seu lugar mais apropriado nos presentes tomos: contudo, tinha então de colocá-los onde podia, pois era bastante duvidoso se viveria para ver esta terceira edição. Tais acréscimos são encontrados no segundo tomo dos mencionados *Parerga* e facilmente se os reconhecerá nas epígrafes dos capítulos.

Frankfurt am Main em setembro de 1859.

---

1 "Se alguém que anda durante todo o dia chega na noite, é o suficiente." (N. T.)

Livro primeiro
Do mundo como representação

Primeira consideração
*A representação submetida ao princípio de razão:
o objeto da experiência e da ciência*

Sors de l'enfance, ami, réveille-toi![1]
Jean-Jacques Rousseau.

---

1 "Sai de tua infância, amigo, acorda!" (N. T.)

§ 1

13 // "O mundo é minha representação": – esta é uma verdade que vale em relação a cada ser que vive e conhece, embora apenas o ser humano possa trazê-la à consciência refletida e abstrata: e se de fato o faz, então nele surge a clarividência filosófica. Torna-se-lhe claro e certo que não conhece Sol algum nem Terra alguma, mas sempre apenas um olho que vê um Sol, uma mão que toca uma Terra; que o mundo que o cerca existe apenas como representação, isto é, tão somente em relação a outrem, aquele que representa, que é ele mesmo. – Se alguma verdade pode ser expressa *a priori*, é essa; pois é a enunciação da forma de toda experiência possível e imaginável, mais universal que qualquer outra forma, mais universal que tempo, espaço e causalidade, pois todas estas já a pressupõem; e se cada uma destas formas, conhecidas por todos nós como figuras particulares do princípio de razão, somente valem para uma classe específica de representações, já a divisão em sujeito e objeto, ao contrário, é a forma comum de todas as classes, unicamente sob a qual é em geral possível pensar qualquer tipo de representação, abstrata ou intuitiva, pura ou empírica. Verdade alguma é, portanto, mais certa, mais independente de todas as outras e menos necessitada de uma prova do que esta: o que existe para o conhecimento, portanto o mundo inteiro, é // apenas objeto em relação ao sujeito, intuição de quem intui, numa palavra, representação. Naturalmente isso vale tanto para o presente quanto para o passado e o futuro, tanto para o próximo quanto para o distante, pois é aplicável até mesmo ao tempo, bem como ao espaço, unicamente nos quais

14

3

tudo se diferencia. Tudo o que pertence e pode pertencer ao mundo está inevitavelmente investido desse estar-condicionado pelo sujeito, existindo apenas para este. O mundo é representação.

Nova essa verdade não é. Ela já se encontrava nas considerações céticas das quais partiu Descartes. Berkeley, no entanto, foi o primeiro que a expressou decididamente e prestou assim um serviço imortal à filosofia, embora o restante de sua doutrina não possa sustentar-se. O primeiro erro de Kant foi o menosprezo desse princípio, como é apontado no apêndice desta obra. – O quão cedo essa verdade fundamental foi conhecida pelos sábios da Índia, na medida em que aparece como o princípio básico da filosofia védica atribuída a VYASA, testemunha-o W. Jones no último de seus ensaios, *On the philosophy of the Asiatics; Asiatic researches, v.IV, p.164*: *the fundamental tenet of the Vedanta school consisted not in denying the existence of matter, that is of solidity, impenetrability, and extended figure (to deny which would be lunacy), but in correcting the popular notion of it, and in contending that it has no essence independent of mental perception; that existence and perceptibility are convertible terms.*[2] Tais palavras exprimem suficientemente a compatibilidade entre realidade empírica e idealidade transcendental.

Portanto, apenas do lado indicado, apenas na medida em que é representação, consideramos o mundo neste primeiro livro. Todavia, // que semelhante consideração, sem prejuízo de sua verdade, seja unilateral, consequentemente produzida por uma abstração arbitrária, anuncia-se a cada um pela resistência interior com a qual aceita o mundo como sua mera representação. Aceitação a que, por outro lado, nunca pode furtar-se. A unilateralidade dessa consideração, entretanto, o próximo livro complementará mediante uma verdade – não tão imediatamente certa quanto a verdade da qual partimos – à qual só a investigação mais aprofundada, a abstração mais difícil, a separação do diferente e a unificação do idêntico podem conduzir: tal verdade, que tem de ser deveras séria e grave para cada

---

2 "O dogma fundamental da escola védica consiste não em negar a existência da matéria, vale dizer, da solidez, impenetrabilidade e extensão (o que seria insensatez), mas em corrigir a noção popular dela e em afirmar que a matéria não possui essência alguma independente da percepção mental, visto que existência e perceptibilidade são termos intercambiáveis." (N. T.)

O mundo como vontade e como representação

um, quando não terrível, e que cada um justamente pode e tem de dizer, soa: "O mundo é minha vontade". —

Até lá, contudo, portanto neste primeiro livro, é necessário considerar firmemente o lado do mundo do qual partimos, o lado da cognoscibilidade, e, por conseguinte, considerar sem resistência todos os objetos existentes, até mesmo o próprio corpo (como logo a seguir explicitaremos), apenas como representações, e não designá-los de outro modo senão simples representações. Aquilo do que se faz aqui abstração, como espero que mais tarde se tornará certo a cada um, é sempre a VONTADE, única que constitui o outro lado do mundo. Pois assim como este é, de um lado, inteiramente REPRESENTAÇÃO, é, de outro, inteiramente VONTADE. Uma realidade que não fosse nenhuma dessas duas, mas um objeto em si (como a coisa em si de Kant, que infelizmente degenerou em suas mãos), é uma não coisa fantasmagórica, cuja aceitação é um fogo fátuo da filosofia.

§ 2

Aquele que tudo conhece mas não é conhecido por ninguém é o SUJEITO. Este é, por conseguinte, o sustentáculo do mundo, a condição universal e sempre pressuposta de tudo o que aparece, de todo objeto, pois tudo o que existe, existe para o sujeito. Cada um encontra-se a si mesmo como esse sujeito, todavia, somente na medida em que conhece, não na medida em que é objeto de conhecimento. Objeto, contudo, já é o seu corpo, que, desse ponto de vista, também denominamos representação. Pois o corpo é objeto entre // objetos e está submetido à lei deles, embora seja objeto imediato.* Ele encontra-se, como todos os objetos da intuição, nas formas de todo conhecer, no tempo e no espaço, mediante os quais se dá a pluralidade. O sujeito, entretanto, aquele que conhece e nunca é conhecido, não se encontra nessas formas, que, antes, já o pressupõem: ao sujeito, portanto, não cabe pluralidade nem seu oposto, unidade. Nunca o conhecemos, mas ele é justamente o que conhece onde quer que haja conhecimento.

---

* *Sobre a quádrupla raiz do princípio de razão suficiente*, 2. ed., § 22.

Portanto, o mundo como representação, único aspecto no qual agora o consideramos, possui duas metades essenciais, necessárias e inseparáveis. Uma é o OBJETO, cuja forma é espaço e tempo, e, mediante estes, pluralidade. A outra, entretanto, o sujeito, não se encontra no espaço nem no tempo, pois está inteiro e indiviso em cada ser que representa; por conseguinte, um único ser que representa, com o objeto, complementa o mundo como representação tão integralmente quanto um milhão de seres que representam: mas se aquele único ser desaparecesse, então o mundo como representação não mais existiria. Tais metades são, em consequência, inseparáveis, mesmo para o pensamento: porque cada uma delas possui significação e existência apenas por e para a outra; cada uma existe com a outra e desaparece com ela. Elas limitam-se reciprocamente: onde começa o objeto, termina o sujeito. A reciprocidade desse limite mostra-se precisamente no fato de as formas essenciais e universais de todo objeto – tempo, espaço e causalidade – também poderem ser encontradas e completamente conhecidas partindo-se do sujeito, sem o conhecimento do objeto, isto é, na linguagem de Kant, residem *a priori* em nossa consciência. Ter descoberto isso é um dos méritos capitais de Kant, e um dos maiores. Afirmo, ademais, que o princípio de razão é a expressão comum para todas essas formas do objeto das quais estamos conscientes *a priori*, e que, portanto, tudo o que conhecemos *a priori* nada é senão exatamente o conteúdo do mencionado princípio e do que dele pode ser deduzido: princípio no qual está propriamente expresso todo o nosso conhecimento certo *a priori*. No meu ensaio sobre o princípio de razão mostrei detalhadamente como todo

I 7   // objeto possível está submetido a esse princípio, ou seja, como todo objeto encontra-se em relação necessária com outros objetos, de um lado sendo determinado, de outro determinando; isso vai tão longe que a existência inteira de todos os objetos, na qualidade de objetos, representações e nada mais, reporta-se de volta, sem exceção, àquela relação necessária de um com o outro, consiste apenas nela e, portanto, é completamente relativa. Adiante retomarei o assunto. Mostrei ainda que, conforme as classes nas quais os objetos são agrupados segundo a sua possibilidade, aquela relação necessária expressa em geral pelo princípio de razão aparece em outras figuras, pelo que de novo a partição correta dessas classes se confirma. Pressuponho aqui constantemente como conhecido e sempre presente ao leitor tudo o que foi dito naquele ensaio, pois, se lá já não houvesse sido dito, teria aqui o seu lugar necessário.

§ 3

A diferença principal entre todas as nossas representações é entre a intuitiva e a abstrata. Esta última constitui apenas UMA classe de representações, os conceitos, que são sobre a face da Terra propriedade exclusiva do ser humano, cuja capacidade para formá-los o distingue dos animais, e desde sempre foi nomeada RAZÃO.* Mais adiante consideraremos tais representações abstratas por si mesmas; antes, porém, falaremos exclusivamente das REPRESENTAÇÕES INTUITIVAS. Estas compreendem todo o mundo visível, ou a experiência inteira, incluindo as suas condições de possibilidade. Trata-se, como dito, de uma descoberta muito importante de Kant o fato de justamente essas condições de possibilidade, formas do mundo visível, isto é, o que é mais universal em sua percepção, o elemento comum a todas as suas aparências, tempo e espaço, poderem ser não apenas pensados *in abstracto* por si e separados do seu conteúdo, mas também intuídos imediatamente. Intuição esta que não é como um fantasma, derivado // da experiência repetida, mas tão independente desta que, ao contrário, a experiência tem antes de ser pensada como dependente dessa intuição, visto que as propriedades do espaço e do tempo, como a intuição *a priori* as conhece, valem para toda experiência possível, como leis com as quais tudo tem de concordar. Eis por que, no meu ensaio sobre o princípio de razão, considerei o tempo e o espaço, na medida em que são intuídos puramente e vazios de conteúdo, uma classe especial e autônoma de representações. De extrema importância é a propriedade descoberta por Kant de justamente essas formas universais da intuição serem intuíveis por si, independentes da experiência, e cognoscíveis

---

* Unicamente Kant tornou confuso este conceito. Para uma discussão remeto ao apêndice deste livro, bem como aos "Problemas fundamentais da ética", *Fundamento da moral*, § 6, p.148-54, I. ed.

segundo sua inteira conformidade a leis, nisto baseando-se a matemática com a sua infalibilidade. Contudo, uma propriedade não menos digna de consideração das mesmas é que o princípio de razão, que determina tanto a experiência como lei de causalidade e motivação, quanto o pensamento como lei de fundamentação dos juízos, assume aqui uma figura inteiramente peculiar, à qual dei o nome de PRINCÍPIO DE RAZÃO DO SER,[3] e que no tempo é a sequência dos seus momentos, e no espaço é a posição das suas partes que se determinam reciprocamente ao infinito.

Quem compreendeu distintamente, a partir do mencionado ensaio introdutório, a identidade perfeita do conteúdo do princípio de razão, em meio à diversidade de suas figuras, também ficará convencido do quão importante é precisamente o conhecimento da mais simples de suas formas – que identificamos no TEMPO – para a intelecção de sua essência mais íntima. Assim como no tempo cada momento só existe na medida em que aniquila o momento precedente, seu pai, para por sua vez ser de novo rapidamente aniquilado; assim como passado e futuro (independentes das consequências de seu conteúdo) são tão nulos quanto qualquer sonho, o presente, entretanto, é somente o limite sem extensão e contínuo entre ambos – assim também reconheceremos a mesma nulidade em todas as outras formas do princípio de razão, convencendo-nos de que, do mesmo modo que o tempo, também o espaço e, como este, tudo que se encontra simultaneamente nele e no tempo, portanto tudo o que resulta de causas e motivos, tem apenas

19 existência relativa, // existe apenas por e para um outro que se lhe assemelha,

---

3 O princípio de razão – *nihil est sine ratione cur potius sit, quam non sit*, "nada é sem uma razão para ser assim e não de outro modo" –, que se aplica à totalidade das aparências, possui, segundo Schopenhauer, quatro raízes. Daí o tema do seu doutorado, *Sobre a quádrupla raiz do princípio de razão suficiente*. As suas raízes são: 1) "princípio de razão do devir": a ele estão submetidas as representações da realidade, isto é, da experiência possível; 2) "princípio de razão do conhecer": a ele estão submetidas as representações de representações, isto é, os conceitos; 3) "princípio de razão do ser" (aqui mencionado): a ele está submetida a parte formal das representações, isto é, as intuições das formas do sentido externo e interno dadas *a priori*, o espaço e o tempo; 4) "princípio de razão do agir": a ele está submetido o sujeito do querer, isto é, o seu agir conforme a lei de motivação. (N. T.)

isto é, por sua vez também relativo. O essencial dessa visão é antigo: Heráclito lamentava por ela o fluxo eterno das coisas; Platão desvalorizava o seu objeto como aquilo que sempre vem a ser sem nunca ser; Espinosa nomeou tal fluxo meros acidentes da substância única, existente e permanente; Kant contrapôs o assim conhecido, como mera aparência, à coisa em si; por fim, a sabedoria milenar dos indianos diz: "Trata-se de māyā, o véu da ilusão, que envolve os olhos dos mortais, deixando-lhes ver um mundo do qual não se pode falar que é nem que não é, pois assemelha-se ao sonho, ou ao reflexo do Sol sobre a areia tomado à distância pelo andarilho como água, ou ao pedaço de corda no chão que ele toma como uma serpente". (Tais comparações são encontradas repetidas vezes em inumeráveis passagens dos *Vedas* e dos *Purānas*.) O que todos estes pensam e dizem nada é senão a coisa que agora também estamos considerando: o mundo como representação, submetido ao princípio de razão.

§ 4

Quem reconheceu a figura do princípio de razão que aparece no tempo puro como tal, e na qual se baseia toda numeração e cálculo, também reconheceu toda a essência do tempo. Este nada mais é senão justamente aquela figura do princípio de razão, e não possui nenhuma outra propriedade. Sucessão é toda a essência do tempo. – Quem, ademais, reconheceu o princípio de razão tal qual ele rege o mero espaço puramente intuído esgotou com isso toda a essência do espaço, visto que este é, por completo, meramente a possibilidade das determinações recíprocas das suas partes, o que se chama POSIÇÃO. A consideração pormenorizada dessa possibilidade, bem como a formulação dos resultados daí advindos em conceitos abstratos para conveniente aplicação, constitui o conteúdo de toda a geometria. – Do mesmo modo, quem reconheceu a figura do princípio de razão que rege o conteúdo

I 10 daquelas formas // (tempo e espaço), assim como a sua perceptibilidade, isto é, a matéria, portanto a lei de causalidade, também reconheceu a essência inteira da matéria como tal, pois esta é por completo apenas causalidade, do que cada um se convence tão logo reflita sobre isso. O ser da matéria é o seu fazer-efeito:[4] nenhum outro ser lhe é possível nem sequer pensável. Apenas como fazendo efeito ela preenche o espaço e o tempo: sua ação sobre o objeto imediato[5] (ele mesmo matéria) condiciona a intuição, na qual unicamente a matéria existe. A consequência da ação de qualquer objeto material sobre um outro só é conhecida na medida em que este último age agora diferentemente de antes sobre o objeto imediato, e consiste apenas nisso. Causa e efeito, portanto, são a essência inteira da matéria: seu ser é seu fazer-efeito. (Detalhes sobre o assunto se encontram no ensaio *Sobre o princípio de razão*, § 21, p.77.) Por conseguinte, o continente de qualquer coisa material é, de maneira bastante acertada, nomeado WIRKLICHKEIT, efetividade na língua alemã,* palavra muito mais expressiva que *Realität*.[6] Aquilo sobre o que a matéria faz efeito é de novo sempre matéria: eis por que todo o seu ser e essência consiste apenas na mudança regular que UMA de suas partes produz na outra, e é por conseguinte completamente relativo, conforme uma relação que é válida só no interior de seus limites, portanto exatamente como o tempo, exatamente como o espaço.

Tempo e espaço, cada um por si, são também representáveis intuitivamente sem a matéria; esta, contudo, não o é sem eles. A forma, que é inseparável da matéria, pressupõe o ESPAÇO; e o fazer-efeito da matéria, no qual consiste toda a sua existência, concerne sempre a uma mudança, portanto a uma determinação do TEMPO. Contudo, tempo e espaço não são apenas, cada um por si, pressupostos por ela, mas a essência dela é constituída pela união de ambos, exatamente porque a matéria, como mostrado, reside no fazer-efeito, na causalidade. Eis por que todas as inumeráveis aparências e

---

4 No original *Wirken*. Cf. mais adiante o termo *Wirklichkeit*, efetividade, realidade efetiva. (N. T.)

5 O corpo animal. (N. T.)

* *Mira in quibusdam rebus verborum est, et consuetudo sermonis antiqui quaedam efficacissimis notis signat* ("A adequação das palavras para expressar certas coisas é impressionante, e o uso da linguagem pelos antigos exprime muitas coisas da maneira mais apropriada") (Sêneca, *Epist.* 81).

6 Como se vê, a língua alemã possui dois termos para realidade, o de uso corrente *Wirklichkeit*, efetividade, realidade efetiva, e o de origem latina *Realität*. *Wirklichkeit* é mais apropriado justamente porque deriva de *wirken*, fazer efeito. A realidade efetiva, *Wirklichkeit*, pois, é um fazer efeito, *wirken*, do sujeito que conhece. (N. T.)

O mundo como vontade e como representação

estados pensáveis poderiam coexistir no espaço infinito, sem se limitarem, ou também se seguirem uns aos outros no tempo infinito, sem interferência mútua. Daí então que uma relação de dependência recíproca entre tais aparências e estados, e uma regra // que determinasse essa relação, não seria de modo algum necessária, nem sequer aplicável. Por consequência, se em cada coexistência no espaço e em cada mudança no tempo – enquanto estas duas formas continuassem por si mesmas, sem conexão uma com a outra, o seu curso e a sua persistência – não houvesse causalidade alguma, e visto que esta constitui a essência propriamente dita da matéria, então não haveria matéria alguma. – No entanto, a lei de causalidade adquire a sua significação e necessidade unicamente pelo fato de a essência da mudança não consistir apenas na alteração de estados em si, mas antes no fato de NO MESMO LUGAR do espaço haver agora UM estado, em seguida OUTRO e, NUM ÚNICO e mesmo tempo determinado, haver AQUI este estado, LÁ outro. Só essa limitação recíproca do tempo e do espaço fornece a uma regra, segundo a qual a mudança tem de ocorrer, significação e ao mesmo tempo necessidade. Aquilo que é determinado pela lei de causalidade não é, portanto, a sucessão de estados no mero tempo, mas essa sucessão em referência a um determinado espaço; não a existência de estados num lugar qualquer, mas neste lugar e num determinado tempo. A mudança, isto é, a alteração ocorrida segundo a lei causal, concerne, portanto, sempre a uma determinada parte do espaço e a uma determinada parte do tempo, SIMULTANEAMENTE e em união. Em conformidade com isso, a causalidade une espaço e tempo. Vimos que a essência inteira da matéria consiste no fazer-efeito, portanto na causalidade; logo, também nesta têm de estar unidos o espaço e o tempo, vale dizer, a causalidade tem de portar em si propriedades do espaço e do tempo simultaneamente, por mais que estes se contradigam. Aquilo que em cada um é por si impossível, ela tem de unir em si, portanto o fluxo contínuo do tempo com a permanência rígida e imutável do espaço; quanto à indivisibilidade infinita, ela a possui de ambos. De acordo com isso, encontramos que a matéria envolve, primeiramente, a SIMULTANEIDADE, que não poderia se dar no mero tempo, que não conhece coexistência alguma, nem no mero espaço, que não conhece nenhum antes, depois ou agora. Mas o que constitui propriamente a essência da efetividade é a SIMULTANEIDADE de muitos estados, pois só mediante a simultaneidade é possível a DURAÇÃO, já que esta só é cognoscível no contraste daquilo que passa // com algo que ao mesmo tempo permanece. Todavia, também só por meio daquilo que permanece na alteração é que a alteração adquire, agora, o caráter de MUDANÇA, isto é, a modificação da qualidade e da forma a despeito da permanência da SUBSTÂNCIA, vale dizer, da MATÉRIA.* No mero espaço o mundo seria rígido e imóvel: nenhuma sucessão, nenhuma mudança, nenhum fazer-efeito; com a supressão do fazer-efeito também seria suprimida a representação da matéria. No mero tempo, por sua vez, tudo seria fugidio: nenhuma permanência, nenhuma coexistência e, por conseguinte, nada de simultâneo, portanto nenhuma duração; logo, também nenhuma matéria. Apenas pela união de tempo e espaço é que resulta a matéria, vale dizer, a possibilidade da simultaneidade e, com isso, da duração; e mediante esta, a permanência da substância a despeito da mudança de seus estados.** Tendo a sua essência na união de tempo e espaço, a matéria porta, sem exceção, a marca de ambos. Ela certifica sua origem a partir do espaço, em parte, pela forma que lhe é inseparável; em especial, entretanto (visto que a alteração pertence unicamente ao tempo, e neste somente, e por si, nada é permanente), mediante sua permanência (substância), cuja certeza *a priori* se deduz por completo do espaço.*** A origem da matéria a partir do tempo, todavia, manifesta-se na qualidade (acidente), sem a qual não aparece, e que é sempre causalidade, fazer-efeito sobre outra matéria, portanto mudança (um conceito temporal). A legalidade desse fazer-efeito, no entanto, relaciona-se sempre ao espaço e ao tempo simultaneamente, e justamente apenas aí possui significação. Qual estado tem de entrar em cena NESTE TEMPO E NESTE LUGAR é a determinação à qual exclusivamente se estende a legislação da causalidade. Nesta derivação das determinações fundamentais da matéria a partir das formas conscientes *a priori* do nosso conhecer baseia-se o reconhecimento de certas propriedades *a priori* da

---

* Que matéria e substância sejam idênticas, é desenvolvido em detalhes no apêndice.

** Isso o mostra também o fundamento da explicação kantiana da matéria, "que ela é o elemento móvel no espaço", pois o movimento consiste apenas na união de espaço e tempo.

*** Não do conhecimento do tempo, como Kant quer, o que é explicado no apêndice.

O mundo como vontade e como representação

I 13 matéria, a citar, preenchimento do espaço, isto é, impenetrabilidade, // vale dizer, eficácia, bem como extensão, divisibilidade infinita, permanência, ou seja, indestrutibilidade e, por fim, mobilidade. A gravidade, ao contrário, apesar de sua universalidade, deve ser computada entre os conhecimentos *a posteriori*, apesar de KANT, nos seus *Princípios metafísicos da ciência da natureza*, p.71 (Ed. Rosenkranz, p.372), tratá-la como cognoscível *a priori*.

Mas, do mesmo modo que o objeto só existe para o sujeito como sua representação, também cada classe especial de representações existe só para uma igualmente especial disposição do sujeito, que se nomeia faculdade de conhecimento. O correlato subjetivo do tempo e espaço neles mesmos, como formas vazias, Kant denominou sensibilidade pura, expressão que pode ser conservada, pois Kant abriu aqui o caminho, embora tal expressão não seja apropriada, visto que a sensibilidade já pressupõe a matéria. O correlato subjetivo da matéria, ou causalidade, pois ambas são uma coisa só, é o ENTENDIMENTO, que não é nada além disso. Conhecer a causalidade é sua função exclusiva, sua única força, e se trata de uma poderosíssima força, abarcando muito, de uso multifacetado e, não obstante, inconfundível em sua identidade no meio de todas as suas aplicações. Por sua vez, toda causalidade, portanto toda matéria, logo a efetividade inteira, existe só para o entendimento, através do entendimento, no entendimento. A primeira e mais simples aplicação, sempre presente, do entendimento é a intuição do mundo efetivo: este nada é absolutamente senão conhecimento da causa a partir do efeito: por conseguinte, toda intuição é intelectual. Todavia, jamais se poderia chegar a tal intuição se algum tipo de efeito não fosse conhecido imediatamente, servindo assim como ponto de partida. Este, contudo, é o efeito sobre os corpos animais. Nesse sentido, tais corpos são os OBJETOS IMEDIATOS do sujeito: a intuição de todos os outros objetos é intermediada por eles. As mudanças que cada corpo animal sofre são imediatamente conhecidas, isto é, sentidas, e, na medida em que esse efeito é de imediato relacionado à sua causa, origina-se a intuição desta última como um OBJETO. Tal relação não é uma conclusão em conceitos abstratos, não ocorre por reflexão, nem com arbítrio, mas é imediata, necessária, certa. Trata-se do modo de conhecimento do ENTENDIMENTO PURO, sem o qual não haveria intuição, mas restaria apenas uma consciência abafada, vegetal,

Arthur Schopenhauer

I 14 das mudanças do // objeto imediato, que se seguiriam completamente insignificantes umas às outras caso não tivessem um sentido como dor ou prazer para a vontade. Ora, assim como o nascer do Sol faz surgir o mundo visível, também o entendimento transforma de UM SÓ golpe, mediante sua função exclusiva e simples, a sensação abafada que nada diz em intuição. O que o olho, o ouvido e a mão sentem não é intuição: são meros dados. Só quando o entendimento passa do efeito à causa é que o mundo aparece como intuição, estendido no espaço, alterando-se segundo a figura, permanecendo em todo o tempo segundo a matéria, pois o entendimento une espaço e tempo na representação da MATÉRIA, isto é, eficácia. Este mundo como representação, da mesma forma que se dá apenas pelo entendimento, existe também só para o entendimento. No primeiro capítulo do meu ensaio *Sobre a visão e as cores* já havia explanado como o entendimento, a partir dos dados que os sentidos fornecem, produz a intuição e como, mediante a comparação das impressões do mesmo objeto recebidas pelos diferentes sentidos, a criança aprende a intuir; como justamente só assim se dá o esclarecimento de tantos fenômenos dos sentidos, tais como a visão singular com dois olhos, a visão dupla no estrabismo, o ver simultâneo de objetos apesar de eles situarem-se um atrás do outro em distâncias desiguais, e tantas outras ilusões produzidas por uma mudança súbita nos órgãos do sentido. De maneira muito mais detalhada e fundamentada, todavia, tratei desse tema tão importante na segunda edição do ensaio *Sobre o princípio de razão*, § 21. Tudo o que foi ali dito encontraria aqui o seu lugar necessário e, portanto, teria de ser propriamente repetido. Porém, como tenho quase tanta aversão em me copiar quanto em copiar os outros, e não estou em condições de expor o tema aqui melhor do que lá foi feito, remeto o leitor ao referido ensaio, em vez de aqui repeti-lo, pressupondo-o portanto como conhecido.

O aprendizado da visão por parte de crianças e por parte de cegos de nascença que foram operados; a visão singular do que é sentido de maneira dupla com dois olhos; a visão e o tato duplo quando os órgãos dos sentidos são deslocados de sua posição normal; o aparecimento endireitado dos obje-
I 15 tos apesar de sua imagem encontrar-se invertida no olho; // a atribuição das cores (que é meramente uma função interna, uma distribuição polarizada da atividade do olho) aos objetos exteriores; e, finalmente, também o este-

reoscópio – tudo são provas firmes e irrefutáveis de que toda INTUIÇÃO não é somente sensual, mas também intelectual, ou seja, puro CONHECIMENTO PELO ENTENDIMENTO DA CAUSA A PARTIR DO EFEITO; por consequência pressupõe a lei de causalidade, de cujo conhecimento depende toda intuição, logo, toda experiência segundo sua possibilidade primária e completa; mas o contrário não vale, ou seja, o conhecimento da lei de causalidade depender da experiência – justamente o que caracterizou o ceticismo humiano, que recebe aqui sua refutação pela primeira vez. Pois a independência do conhecimento da causalidade de toda experiência, isto é, sua aprioridade, só pode ser evidenciada a partir da dependência de toda experiência dela, o que, por seu turno, só pode ser demonstrado da maneira aqui indicada, e desenvolvida nas passagens antes citadas, ou seja, que o conhecimento da causalidade já está contido na intuição em geral, cujo domínio é igual em extensão ao da experiência, e portanto que o conhecimento da causalidade consiste por completo em sua referência *a priori* à experiência, é por esta pressuposto como condição, em vez de a pressupor. Todavia, isso não pode ser demonstrado da maneira ensaiada por Kant, e por mim criticada no ensaio *Sobre o princípio de razão*, § 23.

<h2 style="text-align:center">§ 5</h2>

Contudo, guardemo-nos do grande mal-entendido de que, por ser a intuição intermediada pelo conhecimento da causalidade, existe uma relação de causa e efeito entre sujeito e objeto; antes, tal relação só tem lugar, sempre, entre objeto imediato e mediato, sempre, pois, apenas entre objetos. Precisamente sobre aquela falsa pressuposição assenta-se a tola controvérsia acerca da realidade do mundo exterior, na qual se confrontam dogmatismo (que entra em cena ora como realismo, ora como idealismo) e ceticismo. O realismo põe o objeto como causa, e localiza o efeito no sujeito. O idealismo fichtiano faz do objeto um efeito do sujeito. Como, entretanto – no que // nunca é demais insistir –, entre sujeito e objeto não há relação alguma segundo o princípio de razão, segue-se que nem uma nem outra das duas afirmações pode ser comprovada, e o ceticismo faz ataques vitoriosos a ambas. De fato, visto que a lei de causalidade já precede como sua condição a intuição e a experiência, e, assim, não pode ser aprendida desta (como o queria Hume), segue-se também que sujeito e objeto já precedem como primeira condição a qualquer experiência, logo também precedem ao princípio de razão em geral, já que este é apenas a forma de todo objeto, a maneira universal de sua aparição: o objeto, não obstante, já pressupõe sempre o sujeito, por isso entre os dois não pode haver relação alguma de fundamento e consequência. Meu ensaio sobre o princípio de razão intenta expor justamente isto: que o conteúdo do princípio de razão é a forma essencial de todo objeto e precede a ele como tal, ou seja, é a maneira universal de todo ser-objeto: mas, desse modo, o objeto pressupõe em toda parte o sujeito como seu correlato necessário: sujeito que permanece sempre fora do domínio de validade do referido princípio. A controvérsia sobre a realidade do mundo exterior baseia-se exatamente sobre a falsa extensão da validade do princípio de razão ao sujeito; partindo desse mal-entendido, a controvérsia tornou-se ininteligível em seus próprios termos. De um lado, o dogmatismo realista, ao considerar a representação como efeito do objeto, quer separar representação e objeto (que no fundo são uma única e mesma coisa) e assumir uma causa completamente diferente da representação, um objeto em si independente do sujeito: algo no todo impensável: pois, precisamente como objeto, este já pressupõe sempre de novo o sujeito e permanece, por isso, sempre apenas uma representação sua. Usando a mesma falsa assunção, ao dogmatismo realista contrapõe-se o ceticismo, defendendo que na representação se tem todas as vezes apenas o efeito, nunca a causa, portanto conhece-se apenas o FAZER-EFEITO, jamais o SER dos objetos, que esse fazer-efeito não poderia ter semelhança alguma com o ser, e que os objetos mesmos foram em geral falsamente considerados existentes, já que o ceticismo argumenta que a lei de causalidade é primeiro derivada da experiência, cuja realidade no entanto deve agora novamente

I 17 assentar na lei de causalidade. — Em face desses procedimentos, // ambas as doutrinas teriam de notar primeiro que objeto e representação são uma única e mesma coisa; segundo, que o SER dos objetos intuíveis é precisamente o seu FAZER-EFEITO, exatamente neste consistindo a efetividade das coisas; assim, exigir a existência do objeto exteriormente à representação do sujeito, bem como um ser da coisa efetiva diferente de seu fazer-efeito, não tem sentido algum e constitui uma contradição. Eis por que o conhecimento da maneira de fazer efeito de um objeto intuído o esgota como objeto mesmo, isto é, como representação, fora da qual nada resta dele para o conhecimento. Neste sentido, o mundo intuído no espaço e no tempo e que dá sinal de si como causalidade pura é perfeitamente real, sendo no todo aquilo que anuncia de si — e ele se anuncia por completo e francamente como representação, ligada conforme a lei de causalidade. Trata-se da realidade empírica do mundo. Por sua vez, a causalidade existe apenas no entendimento e para o entendimento; daí todo o mundo que faz-efeito, isto é, efetivo, ser sempre como tal condicionado pelo entendimento, nada sendo sem ele. Porém, não exclusivamente por esse motivo, mas já porque em geral objeto algum se deixa pensar isento de contradição, sem o sujeito, temos de negar absolutamente ao dogmático a sua explanação da realidade do mundo exterior como algo independente do sujeito. O mundo inteiro dos objetos é e permanece representação, e precisamente por isso é, sem exceção e em toda a eternidade, condicionado pelo sujeito, ou seja, possui idealidade transcendental. Desta perspectiva não é uma mentira nem uma ilusão: ele se oferece como é, como representação, e em verdade como uma série de representações cujo vínculo comum é o princípio de razão. Assim, o mundo, como tal, é compreensível para o entendimento saudável, mesmo em sua significação mais íntima, e lhe fala uma linguagem perfeitamente clara. Meramente ao espírito pervertido por sofismas pode ocorrer disputar acerca da sua realidade, o que todas as vezes ocorre pelo uso incorreto do princípio de razão, que de fato liga todas as representações entre si, não importa o seu tipo, mas de modo algum as liga com o sujeito, ou com algo que não seria sujeito nem objeto, mas mero fundamento do objeto; um absurdo, visto que apenas objetos podem ser fundamento e, em verdade,

I 18 sempre de outros objetos. — Caso se investigue mais a fundo a // origem dessa polêmica acerca da realidade do mundo exterior, então se encontrará que, além daquele falso uso do princípio de razão naquilo que se encontra fora de seu domínio, ainda há uma confusão especial envolvendo as suas figuras. Noutros termos, a figura que ele tem exclusivamente em referência aos conceitos ou representações abstratas é aplicada às representações intuitivas, aos objetos reais, e, assim, exige-se um fundamento de conhecer para objetos que não podem ter outro senão um fundamento de devir.[7] As representações abstratas, os conceitos ligados em juízos, são regidas com certeza pelo princípio de razão, na medida em que cada uma delas tem seu valor, sua validade, sua existência inteira, aqui denominada VERDADE, única e exclusivamente mediante a relação do juízo com algo fora dele, seu fundamento de conhecimento, ao qual, portanto, sempre tem de ser referida. Os objetos reais, as representações intuitivas, ao contrário, são regidos pelo princípio de razão não como princípio de razão do CONHECER, mas do DEVIR, ou seja, como lei de causalidade; todos os objetos pagam o seu tributo ao princípio de razão do devir pelo fato de terem VINDO A SER, isto é, terem surgido como efeito de uma causa: não é válida nem faz sentido algum a exigência aqui de um fundamento de conhecimento; tal exigência é apropriada apenas para uma classe completamente diferente de objetos. Em função disso, o mundo intuitivo, pelo tempo em que se permanece nele, não desperta escrúpulo nem dúvida no contemplador: aqui não há erro nem verdade, que são confinados no domínio abstrato da reflexão. Aqui o mundo abre-se aos sentidos e ao entendimento com ingênua verdade, como aquilo que é, como representação intuitiva que se desenvolve legalmente pelo vínculo da causalidade.

A questão acerca da realidade do mundo exterior, tal qual a consideramos até agora, sempre se originou de um engano da razão consigo mesma alçado a confusão geral, de modo que a questão só podia ser respondida mediante o esclarecimento do seu conteúdo. Após o exame da essência inteira do princípio de razão, da relação entre sujeito e objeto e da índole propriamente dita da intuição sensível, a questão tinha de ser suprimida, justamente porque **I 19** não lhe restou mais // significação alguma. Só que a questão possui ainda uma outra origem, por inteiro diferente da puramente especulativa até agora mencionada, uma origem propriamente empírica, embora sempre suscitada de um ponto de vista especulativo; dessa perspectiva, adquire um sentido muito mais compreensível que o anterior, que é o seguinte: temos sonhos; não seria toda a vida um sonho? Ou, dito de maneira mais precisa:

---

7 Cf. minha nota em § 3. (N. T.)

há um critério seguro para distinguir o sonho da realidade, os fantasmas dos objetos reais? A alegação de que o sonho possui vivacidade e clareza menores que a intuição efetiva não merece ser levada em conta, pois ninguém ainda teve os dois juntos um do outro para poder efetuar a comparação; mas se pode apenas comparar a LEMBRANÇA do sonho com a realidade presente. – Kant soluciona assim a questão: "A conexão das representações entre si conforme a lei de causalidade diferencia a vida do sonho". Porém, também no sonho, todas as coisas conectam-se conforme o princípio de razão em todas as suas figuras, e tal conexão é quebrada meramente entre a vida e o sonho, e entre os sonhos isolados. A resposta de Kant, pois, só poderia soar assim: o sonho LONGO (a vida) é completamente conectado nele mesmo conforme o princípio de razão, mas não é conectado com os sonhos BRE-VES, embora cada um destes, neles mesmos, possua similarmente a mesma conectividade: entre estes e aquele, por conseguinte, rompe-se a ponte e ambos se diferenciam. – Não obstante, estabelecer segundo esse critério uma investigação sobre se algo aconteceu ou foi sonhado seria muito difícil e amiúde impossível, pois de modo algum estamos em condições de seguir a conexão causal membro a membro entre cada momento presente até o acontecimento vivenciado, e nem por isso podemos considerá-los como sonhados. Daí normalmente não utilizarmos na vida real esse tipo de inves-tigação para diferenciar o sonho da realidade. O único critério seguro para diferenciar o sonho da realidade não é outro senão o inteiramente empírico do despertar, através do qual, com certeza, a conexão causal entre os acon-tecimentos sonhados e os da vida desperta são // sensível e expressamente rompidos. Uma prova esplêndida disso fornece a observação que Hobbes faz no *Leviatã*, capítulo 2, a citar: que facilmente tomamos os sonhos por realidade quando, sem intencioná-lo, dormimos vestidos, e mais ainda quando, além disso, algum projeto ou negócio absorve todos os nossos pensamentos e nos ocupa tanto no sonho quanto no despertar: nesses casos, o despertar é quase tão pouco notado quanto o adormecer; sonho e realidade fluem conjuntamente, confundindo-se. Resta então, obviamente, apenas a aplicação do critério kantiano: mas se, depois, como muitas vezes é o caso, a conexão causal com o presente, ou a ausência dessa conexão, não pode absolutamente ser estabelecida, segue-se que para sempre fica indecidido se um evento ocorreu ou foi sonhado. — Aqui, de fato, é trazido bastante próximo de nós o parentesco íntimo entre a vida e o sonho: não queremos nos envergonhar em admiti-lo, após ele ter sido reconhecido e expresso por muitos espíritos magnânimos. Os *Vedas* e *Purānas* não conhecem melhor comparação para todo o conhecimento do mundo efetivo (que eles chamam tecido de *māyā*) do que o sonho. Platão fala repetidas vezes que as pessoas vivem apenas em sonho, unicamente o filósofo empenha-se em acordar. Píndaro diz (II. ς 135): σκιᾶς ὄναρ ἄνθρωπος (*umbrae somnium homo*);[8] e Sófocles:

> Ὁρῶ γὰρ ἡμᾶς οὐδὲν ὄντα ἄλλο, πλὴν
> Εἴδωλ', ὅσσιπερ ζῶμεν, ἢ κούφην σκιάν.
>
> (*Ajax* 125)
>
> (*Nos enim, quicunque vivimus, nihil aliud esse comperio, quam simulacra et levem umbram.*)[9]

Ao lado dos quais Shakespeare posta-se da maneira mais apreciável:

> *We are such stuff*
> *As dreams are made of, and our little life*
> *Is rounded with a sleep.*[10]
>
> (*Temp. A. 4, sc.* I)

I 21 // Por fim, Calderón estava tão profundamente imbuído dessa visão que procurou expressá-la num, por assim dizer, drama metafísico, intitulado *A vida é sonho.*

Após essas muitas passagens poéticas seja-me permitido expressar uma comparação. A vida e os sonhos são folhas de um mesmo livro. A leitura das folhas em ordem coerente se chama vida real. Quando, porém, finda

---

8 "O homem é o sonho de uma sombra." (N. T.)

9 "Vejo que nós, viventes, nada somos senão simulacros, sombras fugidias." (N. T.)

10 "Somos feitos do mesmo estofo que os sonhos, e a nossa breve vida faz fronteira com um sono." (N. T.)

O mundo como vontade e como representação

o tempo habitual de leitura (o dia) e chega o momento de repouso, ainda folheamos com frequência descontraídos, sem ordem coerente, ora uma folha aqui, ora outra ali: muitas vezes viramos uma folha já lida, outras, uma desconhecida, mas sempre são folhas do mesmo livro. Uma folha lida assim isoladamente se encontra de fato fora do ordenamento da leitura consistente e sequencial; todavia, não temos aí algo de muito discrepante, caso se pense que também o todo da leitura consistente e sequencial começa e termina do mesmo modo, ou seja, arbitrariamente, e, por isso, pode ser vista simplesmente como uma folha isolada, embora maior.

Os sonhos isolados distinguem-se da vida real pelo fato de não intervirem na conexão da experiência que sempre transcorre com constância pela vida, e o despertar indica tal diferença; todavia, se a vida real possui essa conexão porque a conexão é a forma da experiência, resta dizer que o sonho também possui em si uma conexão. Assim, caso se tome o ponto de vista do julgamento exterior a ambos, então não se encontra em sua essência nenhuma diferença mais determinada, e somos obrigados a conceder aos poetas que a vida é um longo sonho.

Se retornarmos dessa origem inteiramente independente, empírica, da questão acerca da realidade do mundo exterior para a sua origem especulativa, encontraremos, como vimos, que ela se apoia em primeiro lugar na falsa aplicação do princípio de razão entre sujeito e objeto e, em seguida, de novo na confusão de suas figuras, na medida em que, de fato, o princípio de razão do conhecer é transportado a um domínio onde o que vale é o princípio de razão do devir: contudo, dificilmente essa questão teria ocupado de maneira tão contínua os filósofos se fosse completamente destituída de conteúdo **I 22** verdadeiro // e em seu núcleo não residisse um pensamento correto e um sentido como sua origem mais própria; tem-se então de admitir que, só quando entraram na reflexão e se procurou exprimi-los é que assumiram aquelas forma e polêmica confusas, incompreensíveis nelas mesmas. Assim o penso. A expressão pura, que não se conseguiu encontrar, do sentido mais profundo daquela questão é: Que é este mundo intuitivo tirante o fato de ser minha representação? Por acaso é aquilo de que estou consciente só como representação, ou é como o meu próprio corpo, do qual estou duplamente consciente, de um lado como REPRESENTAÇÃO, de outro como

VONTADE? – A explanação distinta e a resposta afirmativa dessa questão constituirão o conteúdo do segundo livro desta obra, e as consequências daí advindas formam a parte restante do presente escrito.

§ 6

Entrementes, estamos considerando tudo neste primeiro livro apenas como representação, como objeto para o sujeito: o nosso próprio corpo, a partir do qual surge em cada um a intuição do mundo, vemo-lo também como qualquer objeto real, ou seja, só do lado da cognoscibilidade, logo, ele nos é somente uma representação. Em verdade, a consciência de cada um, que já se insurgia contra a explanação dos outros objetos como simples representações, resiste ainda mais, caso o próprio corpo deva ser meramente representação: isso se deve ao fato de que a coisa em si, ao aparecer a cada um como seu próprio corpo, é conhecida imediatamente, porém, quando se objetiva nos outros objetos da intuição só é conhecida de maneira mediata. Contudo, o desenvolvimento de nossa investigação torna necessária essa abstração, esse modo unilateral de consideração, essa ruptura violenta do que coexiste essencialmente: em função disso, aquela resistência tem de ser temporariamente refreada e acalmada pela expectativa de que as considerações seguintes vão complementar a unilateralidade das presentes, em favor do conhecimento pleno da essência do mundo.

Aqui, portanto, o corpo nos é objeto imediato, isto é, aquela representa-
I 23 ção que constitui para o sujeito o ponto de partida do conhecimento, // na medida em que ela mesma, com suas mudanças conhecidas imediatamente, precede a aplicação da lei de causalidade e assim fornece a esta os primeiros dados. Toda a essência da matéria consiste, como foi mostrado, em seu fazer-efeito. Causa e efeito, entretanto, existem apenas para o entendimento, que nada é senão o seu correlato subjetivo. Mas o entendimento nunca seria usado caso não houvesse algo mais de onde ele partisse. E este algo é simplesmente a sensação dos sentidos, a consciência imediata das mudanças do corpo, em virtude da qual este é objeto imediato. Logo, a possibilidade de conhecer o mundo intuitivo baseia-se em duas condições: a primeira, PARA

O mundo como vontade e como representação

EXPRESSÁ-LO DE MANEIRA OBJETIVA, é a capacidade dos corpos de fazerem efeito uns sobre os outros, de produzirem mudanças entre si: sem essa propriedade universal, intuição alguma seria possível, mesmo mediante a sensibilidade dos corpos animais; se, todavia, quisermos EXPRESSAR DE MANEIRA SUBJETIVA essa mesma condição, então diremos que o entendimento, antes de tudo, torna a intuição possível, pois apenas dele procede a lei de causalidade, logo, a possibilidade de causa e efeito, que também vale apenas para ele; em consequência, o mundo intuitivo existe apenas para e pelo entendimento. A segunda condição, entretanto, é a sensibilidade do corpo animal, ou a propriedade de certos corpos de serem objetos imediatos do sujeito. As simples mudanças que os órgãos dos sentidos sofrem de fora, mediante ações que são aptos a receber, já devem ser nomeadas representações, se semelhantes ações não despertarem dor nem prazer, ou seja, não possuírem significado imediato algum para a vontade, e, não obstante, forem percebidas, portanto existirem apenas para o CONHECIMENTO: nesse sentido, digo que o corpo é CONHECIDO imediatamente, é OBJETO IMEDIATO. Todavia, aqui não se deve tomar o conceito de objeto no sentido estrito do termo, pois, por meio desse conhecimento imediato do corpo, que precede o uso do entendimento e é mera sensação dos sentidos, o corpo mesmo não se dá propriamente como OBJETO, mas, antes, os corpos que fazem efeito sobre ele; já que todo conhecimento de um objeto propriamente dito, ou seja, de uma representação intuível no espaço, existe apenas para e pelo entendimento, // logo, não antes, mas somente após o seu uso. Portanto, o corpo como objeto propriamente dito, ou seja, como representação intuível no espaço, só é conhecido, justamente como os demais objetos, apenas de maneira mediata, pela aplicação da lei de causalidade na ação de uma de suas partes sobre as outras, logo, na medida em que o olho vê o corpo, a mão o toca. Por meio do simples sentimento geral não conhecemos a figura do nosso corpo, mas o fazemos apenas pelo conhecimento, apenas na representação, isto é, no cérebro, no qual o nosso corpo primeiramente se expõe como algo extenso, formado de membros, vale dizer, como um organismo: um cego de nascença recebe essa representação só gradualmente, pelos dados que o tato lhe fornece; um cego sem mãos nunca conheceria sua figura ou, quando muito, a iria inferir e construir gradualmente a partir da ação de outros corpos sobre si. É com essa restrição que se deve entender o que dizemos quando nomeamos o corpo um objeto imediato.

Do que foi dito se segue que todos os corpos animais são objetos imediatos, isto é, pontos de partida da intuição do mundo para o sujeito, que tudo conhece e, justamente por isso, nunca é conhecido. Por conseguinte, o CONHECER, junto com o movimento por motivos condicionado pelo conhecimento, é o CARÁTER FUNDAMENTAL DA ANIMALIDADE, assim como o movimento por estímulos é o caráter da planta: o inorgânico, todavia, não possui outro movimento senão o produzido por causas no sentido estrito do termo. Todo esse assunto foi exposto detalhadamente no meu ensaio *Sobre o princípio de razão*, 2ª edição, § 20, e na minha ética, primeiro ensaio, III, bem como em *Sobre a visão e as cores*, § I, textos aos quais remeto.

Do exposto se infere que todos os animais possuem entendimento, mesmo os mais imperfeitos, pois todos conhecem objetos, e este conhecimento determina, como motivo, os seus movimentos. – O entendimento é o mesmo em todos os animais e em todos os seres humanos, possui sempre e em toda parte a mesma forma simples: conhecimento da causalidade, passagem do efeito à causa e desta ao efeito, e nada mais. Porém o grau de acuidade do entendimento e a extensão de sua esfera cognitiva são extremamente diversos, variados e se escalonam em diferentes graus, desde o mais baixo, que conhece apenas a relação causal entre os // objetos imediato e mediato – e, por conseguinte, é suficiente apenas para a passagem da ação que o corpo sofre à sua causa, intuindo esta como objeto no espaço –, até os graus mais elevados de conhecimento da conexão causal dos objetos meramente mediatos entre si, que atinge até a compreensão das mais complexas cadeias de causa e efeito na natureza. Pois também esta última modalidade de conhecimento pertence sempre ao entendimento, não à razão, cujos conceitos abstratos podem servir apenas para recolher aquela compreensão imediata, fixá-la e combiná-la, jamais produzi-la. Cada força e lei natural, não importa onde se exteriorize, tem de primeiro ser conhecida imediatamente e apreendida intuitivamente pelo entendimento, antes de aparecer *in abstracto* na consciência refletida para a razão. Uma apreensão intuitiva e imediata do entendimento foi a descoberta da lei de gravitação por R. Hookes, bem como a remissão de tantos e importantes

O mundo como vontade e como representação

fenômenos a essa lei, o que logo foi confirmado pelos cálculos de Newton; também desse tipo foi a descoberta de Lavoisier do oxigênio e do seu papel significativo na natureza; bem como a descoberta de Goethe da origem das cores físicas. Todas essas descobertas são simplesmente um regresso imediato e correto do efeito à causa, seguido do conhecimento rápido da identidade da força natural que se exterioriza em todas as causas análogas: tal intelecção em seu todo é uma expressão, diferente apenas segundo o grau, da única e mesma função do entendimento, pela qual também um animal intui, como objeto no espaço, a causa que faz efeito sobre o seu corpo. Por conseguinte, todas essas grandes descobertas são, semelhantes à intuição ou a qualquer expressão do entendimento, intelecções imediatas e como tais a obra de um momento, um *apperçu*, uma súbita apreensão, não o produto de longas cadeias dedutivas *in abstracto*. Estas últimas, ao contrário, servem para a razão fixar em conceitos abstratos o conhecimento imediato do entendimento, isto é, torná-lo claro, vale dizer, pô-lo na condição de os outros interpretarem e descobrirem o seu sentido. – Aquela acuidade do entendimento em apreender as relações causais dos objetos indiretamente conhecidos encontra a sua aplicação // não apenas na ciência da natureza (cujas descobertas em seu conjunto devem ser atribuídas a tal acuidade), mas também na vida prática, onde se chama PRUDÊNCIA; enquanto na aplicação científica seria mais apropriadamente chamada argúcia, penetração, sagacidade. Tomada em seu sentido mais exato a PRUDÊNCIA indica exclusivamente o entendimento a serviço da vontade. Não obstante, os limites de tais conceitos nunca podem ser traçados rigidamente, visto que se trata de uma única e mesma função do entendimento que já é ativo em qualquer animal quando da intuição dos objetos no espaço. Função esta que, no seu maior grau de acuidade, investiga corretamente nas aparências da natureza a causa desconhecida do efeito dado e, assim, fornece à razão o estofo para o pensamento de regras universais e leis da natureza; certas vezes, mediante a aplicação de causas conhecidas para alcançar efeitos intencionados, inventa máquinas complicadas e engenhosas; ou, aplicada à motivação, vê através de, tece intrigas ardilosas, maquinações ou também manipula seres humanos com os motivos para os quais são receptivos, colocando-os em movimento segundo o seu bel-prazer, como máquinas munidas de rodas e alavancas, e os conduzem ao fim desejado. — Carência de entendimento se chama, no sentido estrito do termo, ESTUPIDEZ e significa precisamente OBTUSIDADE NA APLICAÇÃO DA LEI DE CAUSALIDADE, incapacidade para a apreensão imediata da cadeia de causa e efeito, ou de motivo e ação. Um estúpido não reconhece a conexão das aparências naturais, mesmo onde estas entram em cena conectadas por si mesmas ou são intencionalmente controladas, isto é, produzidas por máquinas — por isso acredita candidamente em magias e milagres. Um estúpido não nota que pessoas diferentes, aparentemente independentes umas das outras, na verdade agem conjuntamente de maneira concertada: daí deixar-se com facilidade mistificar ou intrigar; não nota os motivos secretos dos conselhos que lhe são dados nem dos juízos proferidos etc. Sempre lhe falta apenas uma coisa: acuidade, rapidez, facilidade na aplicação da lei de causalidade, isto é, faculdade de entendimento. — O caso mais significativo, e, no contexto aqui considerado, bastante instrutivo, de estupidez que conheci foi o de um rapaz no todo imbecil, com cerca de onze anos, internado num manicômio, que até possuía faculdade de razão, I 27 // pois falava e compreendia, mas em termos de entendimento situava-se abaixo de muitos animais: todas as vezes que eu chegava, ele detinha-se na consideração duma lente de óculo que eu trazia pendurada no pescoço e na qual apareciam refletidas a janela do quarto e a copa da árvore atrás desta: todas as vezes, ele era sempre assaltado de grande admiração e alegria, nunca se cansando de observar a lente com espanto, visto que não entendia a causalidade absolutamente imediata do reflexo da luz.

Se nos seres humanos os graus de acuidade do entendimento são bastante variados, nas diferentes espécies de animais são mais ainda. Em todas, mesmo as mais próximas das plantas, existe tanto entendimento quanto é exigido para a passagem do efeito no objeto imediato para o objeto mediado como causa, portanto para a intuição, apreensão de um objeto, pois justamente isso os torna animais, na medida em que lhes dá a possibilidade de movimento segundo motivos e, daí, a procura e obtenção de alimentos. As plantas, em vez disso, têm apenas movimento por estímulos, e elas ou têm de esperar a sua influência imediata, ou definham, sem poder procurá-los ou agarrá-los. Nos animais mais perfeitos admiramos a sua sagacidade, como nos cães, elefantes, macacos, raposas, cuja inteligência Büffon descreveu

O mundo como vontade e como representação

com tanta maestria. Em semelhantes bichos mais inteligentes podemos avaliar de maneira bem precisa o quanto o entendimento pode realizar sem a ajuda da razão, ou seja, sem o conhecimento abstrato por conceitos: em nós mesmos não o reconhecemos com facilidade, porque em nosso caso entendimento e razão sempre se apoiam mutuamente. Em consequência, muitas vezes encontramos nos animais as exteriorizações do entendimento ora acima, ora abaixo de nossa expectativa. Por um lado, surpreende-nos a sagacidade daquele elefante que, após ter atravessado várias pontes em sua jornada pela Europa, recusou-se certa vez a entrar numa, embora visse sobre ela o cortejo de homens e cavalos, porque a mesma lhe parecia muito levemente construída para o seu peso; por outro lado, igualmente nos admira que os inteligentes orangotangos não alimentem com madeira o fogo antes encontrado que os aquece: uma prova de que isso já exige ponderação, impossível sem conceitos // abstratos. Que o conhecimento de causa e efeito, como forma universal do entendimento, também seja inerente *a priori* aos animais é inteiramente certo graças ao fato de que tal conhecimento lhes é, como para nós, a condição prévia de toda intuição do mundo exterior: caso ainda se queira uma prova especial disso, então se considere, por exemplo, como até mesmo um filhote de cão não se aventura a pular da mesa, por mais que deseje, porque prevê o efeito da gravidade de seu corpo, sem, contudo, conhecer este caso especial a partir da experiência. Todavia, no exame do entendimento dos animais, temos de tomar cuidado para não lhe atribuir o que é manifestação do instinto, característica que lhe é completamente alheia, bem como à razão; instinto aquele que, no entanto, frequentemente faz efeito análogo ao da atividade combinada destes dois poderes. A explicitação deste tema, todavia, não cabe no momento presente da exposição, mas encontrará o seu lugar no segundo livro, quando considerarmos a harmonia ou a chamada teleologia da natureza; ademais, o capítulo 27 dos suplementos também é dedicado ao assunto.

Carência de entendimento é ESTUPIDEZ; carência no emprego da RAZÃO em termos práticos reconheceremos mais tarde como INSENSATEZ, e carência de FACULDADE DE JUÍZO como SIMPLORIEDADE; por fim, carência parcial ou completa de MEMÓRIA como LOUCURA. Porém, consideraremos cada um desses temas em seu devido lugar. — Aquilo conhecido corretamente através da RAZÃO é VERDADE, vale dizer, um juízo abstrato com fundamento suficiente (cf. o ensaio *Sobre o princípio de razão*, § 29 et seq.): aquilo conhecido corretamente através do ENTENDIMENTO é REALIDADE, ou seja, a passagem correta do efeito, no objeto imediato, para a sua causa. À VERDADE se opõe o ERRO como engano da RAZÃO, à REALIDADE se opõe a ILUSÃO como engano do ENTENDIMENTO. O detalhamento de tudo isso pode ser lido no primeiro capítulo do meu ensaio sobre a visão e as cores. — A ILUSÃO se dá quando um único e mesmo efeito pode ser produzido por duas causas completamente diferentes, sendo uma bastante frequente, a outra, rara: o entendimento, que não possui dado algum para distinguir qual das duas causas faz efeito, visto que este é o mesmo, pressupõe todas as vezes a causa habitual; ora, I 29 como a sua // atividade não é reflexiva nem discursiva, mas direta e imediata, a causa falsa posta-se diante de nós como objeto intuído, justamente a falsa aparência. No ensaio recém-indicado mostrei como nascem dessa maneira a visão e o tato duplos quando os órgãos dos sentidos são trazidos a uma posição inabitual: com o que justamente forneci uma prova incontestável de que a intuição existe apenas por e para o entendimento. Exemplos de tais enganos do entendimento, ou ilusões, são, ainda, o bastão de aparência quebrada ao ser submerso na água; a imagem nos espelhos esféricos, que aparece um pouco atrás nas superfícies convexas, e bem adiante nas superfícies côncavas; bem como o aparente tamanho maior da Lua no horizonte comparado com o seu tamanho no zênite, algo que não é efeito óptico, visto que, como o micrômetro demonstra, o olho apreende a Lua no zênite até num ângulo visual maior do que no horizonte: é o entendimento que, por causa do brilho fraco da Lua e de todas as estrelas no horizonte, assume uma distância maior delas, avaliando-as como objetos terrestres conforme a perspectiva atmosférica, de modo que a Lua é tomada no horizonte como muito maior que no zênite, assim como a abóbada celeste é considerada mais estendida no horizonte, logo, achatada. A mesma falsa aplicação da perspectiva atmosférica nos faz supor montanhas muito altas, das quais apenas o pico nos é visível no ar puro e transparente, bem mais próximas do que de fato estão, para desvantagem da sua altura: por exemplo, o Mont Blanc visto de Salenche. — Todas essas ilusões enganosas posicionam-se como intuições imediatas diante de nós, impossíveis de serem eliminadas

O mundo como vontade e como representação

pelo razoamento. Este pode apenas prevenir o erro, isto é, o juízo sem fundamento suficiente, substituindo este por um juízo verdadeiro, por exemplo, permitindo conhecer *in abstracto* que a causa do brilho mais fraco da Lua e das estrelas não é a distância maior, mas o ar mais denso no horizonte. Porém, a ilusão permanece em todos os casos indicados, apesar dos conhecimentos abstratos, pois o entendimento está plena e completamente separado da razão (faculdade de conhecimento que coube exclusivamente ao ser humano), e tanto no ser humano quanto no animal o entendimento é irracional. A // razão sempre pode apenas SABER; unicamente ao entendimento, livre de toda influência da razão, é permitido intuir.

I 30

§ 7

O seguinte ainda precisa ser observado no que se refere ao conjunto de nossa consideração feita até agora. Nela não partimos do objeto nem do sujeito, mas da REPRESENTAÇÃO, que já contém e pressupõe os dois; pois a divisão em sujeito e objeto é a forma primária, mais universal e essencial da representação. Esta forma nela mesma foi a primeira considerada por nós (embora aqui sempre remetendo, no principal, ao ensaio introdutório), em seguida as outras formas que lhe são subordinadas, tempo, espaço e causalidade, que concernem apenas ao OBJETO; entretanto, como estas são essenciais ao objeto COMO TAL, que, por sua vez, é essencial ao sujeito COMO TAL, também podem ser encontradas a partir do sujeito, isto é, conhecidas *a priori*; neste sentido, podem ser vistas como o limite comum entre sujeito e objeto. Todas, no entanto, deixam-se referir a uma expressão comum, o princípio de razão, como mostrado detalhadamente no ensaio introdutório.

Tal procedimento diferencia por inteiro o nosso modo de consideração de todas as filosofias tentadas até agora, que partiram ou do sujeito ou do objeto e, por conseguinte, procuraram explicar um a partir do outro, na verdade segundo o princípio de razão, de cuja jurisdição eliminamos a relação entre sujeito e objeto, deixando-o valer apenas para o objeto. — A filosofia da identidade, nascida em nosso tempo e por todos conhecida, poderia não ser compreendida sob a citada oposição, na medida em que não torna o sujeito nem o objeto o seu ponto de partida propriamente dito, mas um terceiro, o absoluto, cognoscível por intuição racional,[11] que não é sujeito nem objeto, mas o indiferenciado. Embora a ausência completa de qualquer intuição racional me impeça de falar da mencionada indiferenciação e do absoluto, todavia, na medida em que tenho acesso a todos os protocolos

I 31 dos // contempladores racionais,[12] também acessíveis a nós profanos, tenho de observar que a dita filosofia não pode ser excluída do anteriormente estabelecido par de erros antitéticos, já que, apesar da identidade entre sujeito e objeto (que não é pensada, mas apenas intelectualmente intuída, ou experienciada por imersão nela), a referida filosofia une em si os dois erros quando se decompõe em duas escolas, a citar: o idealismo transcendental, que é a doutrina do eu de Fichte, que, em conformidade com o princípio de razão, faz o objeto ser produzido ou tecido fio a fio a partir do sujeito; e a filosofia da natureza, que, semelhantemente, faz o sujeito surgir aos poucos a partir do objeto mediante o uso de um método denominado construção, que me é pouco claro, mas o suficiente para bem notar que se trata de um progresso conforme o princípio de razão em várias figuras. Renuncio à profunda sabedoria contida nesta construção. Ora, como me é vedada por completo a intuição racional, todos os procedimentos que a pressupõem têm de ser para mim um livro com sete selos. A coisa vai tão longe que (e isso é estranho confessar), no contato com aquelas doutrinas de profunda sabedoria, sempre me dá a impressão de ouvir somente horríveis discursos vazios e extremamente tediosos.

Os sistemas que partem do objeto sempre tiveram o mundo intuitivo inteiro, e sua ordenação, como problema; contudo, o objeto que tomam como ponto de partida nem sempre é este mundo, ou seu elemento fundamental, a matéria: antes, é possível fazer uma classificação de tais sistemas conforme as quatro classes de objetos possíveis estabelecidas no meu ensaio introdutório. Assim, pode-se dizer que, da primeira daquelas classes, ou do mundo real, partiram Tales e os jônicos, Demócrito, Epicuro, Giordano

---

11 No original alemão *Vernunft-Anschauung. Vernunf* = razão, *Anschauung* = intuição. (N. T.)

12 No original alemão *Vernunft-Anschauer. Vernunft* = razão, *Anschauer* = contemplador, aquele que intui. (N. T.)

Bruno e os materialistas franceses; da segunda, ou dos conceitos abstratos, Espinosa (vale dizer, do conceito de substância, meramente abstrato e que existe unicamente em sua definição) e, anteriormente, os eleatas; da terceira classe, vale dizer, do tempo, e por conseguinte dos números, os pitagóricos e a filosofia chinesa do *I Ching*; por fim, da quarta classe, isto é, do ato da vontade motivado pelo conhecimento, partiram os escolásticos, que ensinavam uma // criação a partir do nada mediante o ato da vontade de um ser pessoal extramundano.

O procedimento objetivo pode ser desenvolvido mais consequentemente e levado o mais longe possível quando se dá como materialismo propriamente dito. Este pressupõe a matéria, junto com o tempo e o espaço, como subsistindo absolutamente e salta por sobre a relação com o sujeito, unicamente no qual tudo isso decerto existe. O materialismo assume a lei de causalidade como fio condutor e com ela quer progredir tomando-a como uma ordenação de coisas a subsistir por si, *veritas aeterna*;[13] em consequência, salta por sobre o entendimento, unicamente no qual e para o qual existe a causalidade. Então, tenta encontrar o primeiro e mais simples estado da matéria para, em seguida, desenvolver todos os outros a partir dele, ascendendo do mero mecanismo ao quimismo, à polaridade, à vegetação, à animalidade. Ora, supondo-se que tudo isso assim ocorresse, o último elo da cadeia seria a sensibilidade animal, o conhecimento, que, portanto, entraria agora em cena como uma mera modificação da matéria, um estado produzido a partir desta pela causalidade. Se com representações intuitivas seguíssemos o materialismo até este ponto, então, ao chegar no ápice, seríamos subitamente assaltados pelo riso inextinguível dos deuses do Olimpo, na medida em que, como despertando de um sonho, perceberíamos de repente que seu último resultado, laboriosamente produzido, o conhecimento, já era pressuposto como condição absolutamente necessária no primeiríssimo ponto de partida, e a mera matéria que imaginávamos pensar no materialismo, de fato não a tínhamos pensado mas tão somente no sujeito que a representa, no olho que a vê, na mão que a sente, no entendimento que a conhece. Assim,

---

13 "Verdade eterna." (N. T.)

desvelar-se-ia a inesperada e enorme *petitio principii*,[14] pois subitamente se mostraria o último elo como o ponto fixo do qual o primeiro já pendia, e a cadeia formaria um círculo. O materialista assemelha-se ao Barão de Münchhausen, que, debatendo-se na água e montado em seu cavalo, puxa este para cima com as pernas e levanta a si mesmo pela ponta da peruca estendida ao alto. Daí que a absurdidade fundamental do materialismo consiste em partir do OBJETIVO, em tomar algo OBJETIVO por fundamento último de explicação, seja a MATÉRIA como // ela é apenas PENSADA *in abstracto*, seja já revestida de forma e dada empiricamente, portanto o ESTOFO, como os elementos químicos fundamentais e as suas combinações elementares. Procedendo assim, considera a matéria como existente em si e absolutamente, para dela fazer surgir a natureza orgânica e, ao fim, o sujeito que conhece, e assim explica a este de maneira completa; – quando, em verdade, todo objetivo, já como tal, é condicionado de maneira variada pelo sujeito que conhece e pelas suas formas cognitivas, pressupondo-os; logo, caso se abstraia o sujeito, desaparece por completo o que é objetivo. O materialismo é, portanto, a tentativa de explicitar-nos o que é dado imediatamente a partir do que é dado mediatamente. Tudo o que é objetivo, extenso, que faz efeito, portanto tudo o que é material – o materialismo considera como fundamento sólido das suas explicações, de modo que uma redução àquilo não deixa nada mais a desejar (sobretudo se o resultado forem choques e contrachoques). Porém, no meu entendimento, tudo isso é dado de maneira inteiramente mediata e condicionada, portanto tem subsistência meramente relativa, pois passou pela maquinaria e fabricação do cérebro, por conseguinte, entrou em suas formas: tempo, espaço e causalidade: apenas devido às quais se expôs como extenso no espaço e fazendo efeito no tempo. De algo dado dessa maneira o materialismo pretende explicar inclusive o que é dado imediatamente, a representação na qual tudo existe e, ao fim, até mesmo a vontade, a partir da qual, antes, todas aquelas forças fundamentais, que se exteriorizam pelo fio condutor das causas (portanto legalmente), devem na verdade ser explicadas. – À afirmação de que o conhe-

---

14 "Petição de princípio." (N. T.)

cimento é modificação da matéria contrapõe-se sempre com igual direito a afirmação contrária de que toda matéria é apenas modificação do conhecer do sujeito, como representação do mesmo. Não obstante, o fim e ideal de qualquer ciência da natureza é, no fundo, um materialismo desenvolvido até as suas últimas consequências. Todavia, este é por nós aqui reconhecido como manifestamente impossível, o que confirma uma outra verdade, que resultará da nossa consideração posterior, de que toda ciência no sentido próprio do termo, compreendida como conhecimento sistemático guiado pelo fio condutor do princípio de razão, nunca alcança um alvo final, nem pode fornecer uma explicação completa e suficiente, // porque jamais toca a essência mais íntima do mundo, jamais vai além da representação; antes, basicamente, somente conhece a relação de uma representação com outra.

Qualquer ciência parte sempre de dois dados básicos: um deles, sem exceção, é o princípio de razão numa de suas figuras, como órganon; outro é o objeto específico de cada ciência, como problema. Assim, por exemplo, a geometria tem o espaço como problema e o princípio de razão do ser no espaço como o seu órganon; a aritmética tem o tempo como problema e o princípio de razão do ser no tempo como o seu órganon; a lógica tem a ligação dos conceitos enquanto tal como problema e o princípio de razão do conhecer como o seu órganon; a história tem os fatos humanos ocorridos em seu conjunto como problema e a lei de motivação como o seu órganon; a ciência da natureza, por sua vez, tem a matéria como problema e a lei de causalidade como o seu órganon: logo, seu objetivo e fim último é, pelo fio condutor da causalidade, reduzir um ao outro todos os possíveis estados da matéria e, ao fim, a um único estado, e novamente derivar todos os possíveis estados da matéria uns dos outros para, finalmente, derivá-los de um único estado. Dois estados da matéria se dão como extremos contrários da ciência natural: um é aquele no qual a matéria é o menos possível objeto imediato, outro é aquele no qual ela é o máximo possível objeto imediato do sujeito: noutros termos, de um lado a matéria morta e bruta, estofo primário fundamental, de outro o organismo humano. O primeiro é investigado pela ciência da natureza enquanto química, o segundo pela ciência da natureza enquanto fisiologia. Mas até agora os dois extremos não foram atingidos, e só entre os dois é que se ganhou alguma coisa. Também as perspectivas futuras são sem esperança. Os químicos, sob a pressuposição de que a divisão qualitativa da matéria não pode ir ao infinito como a sua divisão quantitativa, procuram sempre limitar o número dos elementos fundamentais, agora em cerca de 60: se chegassem a apenas dois, obteriam um modo de reduzi-los a apenas um, pois a lei de homogeneidade conduz à pressuposição de um estado químico primário da matéria que precederia a todos os outros, que como tais não essenciais a ela enquanto tal, mas apenas a suas formas contingenciais e qualidades. Por outro lado, é difícil entender como esse estado primário poderia alguma vez sofrer uma mudança química se não houvesse um segundo estado para fazer efeito sobre ele. Com isso, no domínio químico, apresenta-se o mesmo tipo de // embaraço com o qual se deparou Epicuro no domínio mecânico, ao ter de explicar como um primeiro átomo partiu da direção originária de seu movimento: sim, essa contradição que se desenvolve inteiramente por si mesma, impossível de ser evitada e resolvida, poderia ser considerada de maneira bastante apropriada uma ANTINOMIA química: contradição que, assim como se apresenta aqui no primeiro dos dois procurados extremos da ciência da natureza, também se mostra no segundo como sua contrapartida correspondente. – Há também pouca esperança de alcançar esse outro extremo da ciência da natureza, pois se reconhece cada vez mais que nunca algo químico pôde ser reduzido a algo mecânico, nem algo orgânico a algo químico ou elétrico. Aqueles, porém, que tentam hoje em dia percorrer de novo o caminho desse antigo erro logo serão obrigados, como todos os seus predecessores, a retornar calados e envergonhados. O assunto será objeto de exame detalhado no segundo livro. As dificuldades aqui mencionadas apenas de passagem confrontam a ciência da natureza em seu próprio domínio. A ciência da natureza considerada como filosofia seria materialismo, o qual, contudo, como vimos, porta desde o nascimento a morte no coração, porque salta por sobre o sujeito e as formas do conhecer, que de fato já são pressupostos tanto na matéria mais bruta, de onde o materialismo desejaria principiar, quanto no organismo, onde o materialismo desejaria chegar. Pois "nenhum objeto sem sujeito" é a proposição que torna para sempre todo materialismo impossível. Sóis e planetas sem um olho que os veja e um entendimento que os conheça, até se pode dizê-los em palavras, mas estas são para a representação um *sideroxylon*.[15] Por outro lado, a lei de causalidade e a consideração e investigação da natureza que dela se seguem conduzem-nos necessariamente à afirmação segura de que, no tempo, qualquer estado da matéria mais complexamente organizado deve ter sido precedido de um mais simples, vale dizer, que os animais existiram antes dos seres humanos, os peixes antes dos animais, as plantas antes destes e o inorgânico antes de qualquer orgânico; por consequência, a massa originária passou por uma longa série de mudanças antes que o primeiro olho pudesse abrir-se. E no entanto a existência daquele mundo inteiro permanece sempre dependente desse primeiro olho que se abriu, tenha ele pertencido até mesmo a um inseto: // pois tal olho é o intermediador necessário do conhecimento, para o qual e no qual unicamente existe o mundo, que sem o conhecimento não pode ser concebido uma vez sequer: pois o mundo é absolutamente representação e precisa, enquanto tal, do sujeito que conhece como sustentáculo de sua existência: sim, toda aquela longa série temporal cheia de inumeráveis mudanças mediante as quais a matéria ascendeu de forma em forma até a existência do primeiro animal cognoscente, todo esse tempo, ele mesmo, só pode ser pensado unicamente na identidade de uma consciência; ele é sucessão de representações dessa consciência, forma de seu conhecimento, e na ausência dessa identidade, o tempo perde toda sua significação e nada é. Assim, vemos de um lado a existência de todo o mundo necessariamente dependente do primeiro ser que conhece, por mais imperfeito que seja; de outro, vemos esse primeiro animal cognoscente também necessariamente dependente de uma longa cadeia de causas e efeitos que o precede, na qual aparece como um membro diminuto. Essas duas visões contraditórias, pelas quais somos, de fato, conduzidos com igual necessidade, poderiam decerto ser denominadas uma ANTINOMIA da nossa faculdade de conhecimento, antinomia esta posicionada como contrapartida daquela encontrada no primeiro extremo da ciência da natureza; em contraste, a quádrupla anti-nomia de Kant será demonstrada, na crítica da sua filosofia em apêndice a este livro, como um blefe. — Todavia, a contradição que por último se apre-

---

15 "Ferro-madeira", neologismo de Schopenhauer, feito a partir de duas palavras gregas, para expressar uma contradição. (N. T.)

senta necessariamente a nós encontra sua solução no fato de, para falar na linguagem de Kant, o tempo, o espaço e a causalidade não pertencerem à coisa em si, mas exclusivamente à sua aparência, da qual são as formas, o que na minha linguagem soa: o mundo objetivo como representação não é o único, mas apenas um lado do mundo, por assim dizer o seu lado exterior: o mundo ainda possui um outro lado completamente diferente, a sua essência mais íntima, o seu núcleo, justamente a coisa em si: este lado nós o consideraremos no livro seguinte, nomeando-o vontade, conforme a mais imediata de suas objetivações. Porém, o mundo como representação, único considerado aqui, surge apenas com a abertura do primeiro olho, sem cujo médium do conhecimento não pode existir: portanto não existia anteriormente. Ora, sem esse olho, isto é, // fora do conhecimento, também não havia antes tempo algum. Isso, todavia, não significa que o tempo tenha começado, mas antes todo começo está nele: porém, como o tempo é a forma mais universal da cognoscibilidade, à qual têm de se adaptar todas as aparências por intermédio da cópula da causalidade, o tempo também está ali presente (com sua completa infinitude em ambas as direções) com o primeiro conhecimento. A aparência que preenche esse primeiro presente tem de simultaneamente ser conhecida como ligada causalmente e dependendo de uma série de aparências que se estendem infinitamente no passado, que é tanto condicionado pelo primeiro presente quanto este o é pelo passado; assim, também o passado, do qual descende o primeiro presente, depende do sujeito que conhece e sem este nada é; contudo, a necessidade também leva a que o primeiro presente não se apresente como se fosse o primeiro, ou seja, sem passado algum como mãe e o começo do tempo, mas, antes, apresente-se, segundo o princípio de razão de ser no tempo, como consequência do passado; do mesmo modo como a aparência que preenche esse primeiro presente se apresenta, segundo a lei de causalidade, como efeito de estados prévios que preenchem o passado. — Quem aprecia interpretações mitológicas pode considerar como descrição do momento aqui exposto de aparecimento do tempo (destituído de começo) o nascimento de Cronos (Κρόνος), o mais jovem dos titãs, que, tendo castrado o seu pai, cessa as produções cruas do céu e da terra, com o que a raça de deuses e homens povoa agora o cenário.

O mundo como vontade e como representação

Semelhante exposição, à qual chegamos após seguir o mais consequente dos sistemas filosóficos que partem do objeto, o materialismo, serve simultaneamente para tornar intuível a dependência recíproca e inevitável, numa oposição insuperável, entre sujeito e objeto; conhecimento que, por sua vez, leva à procura da essência mais íntima do mundo, a coisa em si, não mais num desses dois elementos da representação, mas antes em algo completamente diferente, não investido dessa oposição originária, essencial e, portanto, indissolúvel.

Ao explicitado procedimento que parte do objeto para daí fazer originar-se o sujeito, // opõe-se o procedimento que parte do sujeito, e deste quer extrair o objeto. O primeiro procedimento foi comum e universal em toda filosofia até agora; o segundo, ao contrário, é encontrado propriamente em apenas um único exemplo, em verdade bastante novo, o da filosofia aparente de J. G. Fichte, que neste sentido tem de ser notada. Por menos valor autêntico e conteúdo interior que ela possua em si, e em geral é tão somente uma sofística, ainda assim pôde ser transmitida com gestos de seriedade a mais profunda, com tom o mais espalhafatoso, fervor o mais vivo, sendo defendida em polêmicas sonoras contra adversários fracos, com o que pôde ao fim brilhar e parecer alguma coisa. Mas, ao mencionado filósofo, como a todos aqueles que se adaptam às circunstâncias, faltou por completo a seriedade autêntica de quem persegue a sua meta de olhos postos na verdade, imperturbável às influências externas. Não poderia ser diferente. De fato, o filósofo se torna filósofo por uma perplexidade da qual tenta subtrair-se e que é o θαυμάζειν de Platão, que este descreve como μάλα φιλοσοφικὸν πάθος.[16] O que separa o filósofo inautêntico do autêntico é o fato de, para este, a perplexidade provir da visão do mundo mesmo, enquanto para o primeiro provém simplesmente de um livro, de um sistema já existente: este de fato foi o caso de Fichte, pois ele se tornou filósofo apenas com a coisa em si de Kant, sem a qual muito provavelmente teria escolhido profissão bem diferente, com muito mais sucesso, já que possui expressivo talento retórico.[17] Caso, todavia, tivesse

---

16 "Espanto – um sentimento filosófico por excelência." (N. T.)

17 Schopenhauer mesmo teve a oportunidade de ouvir a retórica de Fichte pessoalmente, já que foi seu aluno na Universidade de Berlim, nos anos de 1811-12. (N. T.)

descido um pouco mais fundo no significado do livro que o tornou filósofo – a *Crítica da razão pura* de Kant –, teria entendido que o espírito de sua doutrina capital é este: o princípio de razão, ao contrário do que pretende toda a filosofia escolástica, não é uma *veritas aeterna*, ou seja, não possui validade incondicionada antes, fora e acima do mundo, mas somente validade relativa e condicionada, restrita à aparência, podendo aparecer ou como nexo necessário do espaço e do tempo, ou como lei de causalidade, ou como lei do fundamento de conhecimento; por conseguinte, a essência íntima do mundo, a coisa em si, jamais pode ser encontrada pelo fio condutor do princípio de razão, mas tudo a que este conduz é sempre dependente e relativo, sempre apenas aparência, // não coisa em si; além disso, o princípio de razão jamais diz respeito ao sujeito, mas é tão somente a forma dos objetos, que justamente por isso não são coisas em si: nesse sentido, quando o sujeito é dado, também é dado de imediato o objeto, e vice-versa, de forma que não se pode adicionar o objeto ao sujeito, nem este àquele, como se adicionássemos a consequência ao fundamento. Mas nada disso teve o mínimo impacto sobre Fichte: a única coisa que o interessava no assunto era PARTIR DO SUJEITO – o que Kant escolheu, com o objetivo de mostrar como partir do objeto, algo que se fizera até então, era falso e transformou o objeto numa coisa em si. Fichte, entretanto, tomou esse partir do sujeito como crucial e, como todos os imitadores, pensou que, ao exagerar Kant, conseguiria superá-lo, repetindo nessa direção os erros cometidos pelo dogmatismo anterior na direção oposta, e que justamente deram azo à crítica de Kant; assim, no principal, nada mudou com Fichte e o antigo erro fundamental, a assunção de uma relação de fundamento e consequência entre objeto e sujeito, permaneceu exatamente o mesmo: o princípio de razão, por conseguinte, exatamente como outrora, conservou validade incondicionada, e a coisa em si, em vez de, como anteriormente, ser posta no objeto, foi agora posta no sujeito do conhecer; com o que o caráter completamente relativo de ambos – a mostrar que a coisa em si, essência íntima do mundo, não pode ser procurada no objeto nem no sujeito, mas fora deles e de qualquer outra existência relativa – permaneceu ignorado. E, como se Kant jamais tivesse existido, o princípio de razão ainda é, em Fichte, aquilo que foi em todos os escolásticos, uma *aeterna veritas*. E, assim como por sobre os deuses dos antigos ainda reinava o destino eterno, também por sobre o Deus dos escolásticos ainda reinavam aquelas *aeternae veritates*, ou seja, as verdades metafísicas, matemáticas e metalógicas, sendo que entre alguns ainda havia a validade da lei moral. Tais *veritates*, por sua vez, não dependiam de nada: por intermédio de sua necessidade existiam tanto Deus quanto o mundo. Em Fichte, em conformidade com o princípio de razão como uma tal *veritas aeterna*, o eu é fundamento do mundo ou do não eu, do objeto, que é justamente sua consequência, seu artefato. Fichte

I 40 não tomou cuidado para verificar ou controlar o referido princípio. Se eu // tivesse de indicar a figura do princípio de razão que serve de fio condutor para Fichte fazer o não eu ser produzido a partir do eu, como uma teia feita pela aranha, indicaria o princípio de razão do ser no espaço: só relacionadas a esta figura é que adquirem algum sentido e significado aquelas sofríveis deduções de como o eu, de si, produz e fabrica o não eu, conteúdo do livro mais sem sentido e tedioso jamais escrito. — A filosofia fichtiana, de resto indigna de menção, nos é interessante aqui apenas como real oposição tardiamente surgida ao velho materialismo, que foi a mais consequente filosofia que parte do objeto, como a fichtiana foi a mais consequente que parte do sujeito. Do mesmo modo como foi imperceptível ao materialismo que este, ao pôr o mais simples objeto, já tinha posto de imediato o sujeito, também foi imperceptível a Fichte que, ao pôr o sujeito (não importa como o queira intitular), já tinha posto o objeto, porque sujeito algum é pensável sem objeto; mas também lhe foi imperceptível que toda dedução *a priori*, sim, toda demonstração em geral apoia-se sobre uma necessidade, que, por seu turno, apoia-se exclusivamente sobre o princípio de razão, visto que "ser necessário" e "seguir-se de um fundamento suficiente" são conceitos intercambiáveis;* foi-lhe, pois, imperceptível que o princípio de razão nada mais é senão a forma universal do objeto enquanto tal, portanto já pressupõe o objeto, logo, não vale antes e exteriormente a ele, como se pudesse produzi-lo e engendrá-lo segundo a sua legalidade. O procedimento que parte do sujeito comete, de modo geral, o mesmo erro que o procedimento exposto anteriormente que parte do objeto, vale dizer, assumir de antemão o que depois deduz, ou seja, o correlato necessário do seu ponto de partida.

---

* Acerca disso cf. *A quádrupla raiz do princípio de razão suficiente*, 2. ed., § 49.

De ambos esses erros opostos diferencia-se o nosso procedimento *toto genere*,[18] na medida em que não partimos do objeto nem do sujeito, mas da REPRESENTAÇÃO como primeiro fato da consciência, cuja forma primária fundamental e mais essencial é a divisão em sujeito e objeto, a forma do objeto sendo o princípio de razão em suas // diversas figuras, cada uma das quais a reger tão precisamente sua classe de representações, que, como mostrado, com o conhecimento de cada figura também se conhece a essência da classe inteira, já que esta (como representação) nada mais é senão aquela figura mesma: assim, o tempo nada mais é senão o fundamento de ser no tempo, isto é, a sucessão; o espaço nada mais é senão o princípio de razão no espaço, portanto a situação; a matéria nada mais é senão causalidade; o conceito (como logo mostraremos) nada mais é senão a referência ao fundamento do conhecimento. Essa relatividade completa e sem exceção do mundo como representação, tanto em sua forma mais universal (sujeito e objeto) quanto na forma subordinada a esta (princípio de razão), indica, como dito, que a essência mais íntima do mundo deve ser procurada num lado completamente diferente do mundo, TOTALMENTE DIFERENTE DA REPRESENTAÇÃO, o que o próximo livro estabelecerá mediante um fato imediatamente certo a cada ser que vive.

Antes, porém, ainda se faz preciso considerar aquela classe de representações, pertencente exclusivamente ao ser humano, cujo estofo são os CONCEITOS e cujo correlato subjetivo é a RAZÃO, como o correlato subjetivo das representações consideradas até agora eram a sensibilidade e o entendimento, também pertencentes aos animais.*

§ 8

Como da luz direta do Sol à luz emprestada e refletida da Lua, passaremos agora da representação intuitiva, imediata, autossuficiente e que se garante

---

18 "Em gênero inteiro; no todo; inteiramente." (N. T.)

  * A estes sete primeiros capítulos correspondem os quatro primeiros capítulos do primeiro livro dos suplementos.

a si mesma à reflexão, isto é, aos conceitos abstratos e discursivos da razão, que têm seu conteúdo apenas a partir do e em referência ao conhecimento intuitivo. Durante o tempo em que nos mantemos intuindo de modo puro, tudo é claro, firme e certo. Inexistem perguntas, dúvidas, erros: não se quer ir além, não se pode ir além; sentimos calma no intuir, satisfação no presente. A intuição se basta a si mesma; // por conseguinte, tudo o que se origina puramente dela e a ela permanece fiel, como a autêntica obra de arte, nunca pode ser falso ou contradito pelo tempo: pois lá não há opinião alguma, mas a coisa mesma. No entanto, junto com o conhecimento abstrato, com a razão, dúvida e erro entram em cena no domínio teórico, cuidado e remorso no domínio prático. Se na representação intuitiva a ILUSÃO distorce por momentos a realidade, na representação abstrata o ERRO pode imperar por séculos, impondo seu jugo férreo a povos inteiros, sufocando as mais nobres disposições, e mesmo quem não é por ele enganado é acorrentado por seus escravos ludibriados. O erro é o inimigo contra o qual os mais sábios espíritos de todos os tempos travaram uma batalha desigual e apenas o que nela conquistaram se tornou patrimônio da humanidade. Por consequência, é aconselhável agora dedicar atenção ao erro, já que vamos pisar em solo no qual se encontra o seu domínio. Embora tenha sido dito diversas vezes que devemos perseguir a verdade mesmo quando não se vê nenhuma utilidade nela, visto que esta utilidade pode ser indireta e aparecer quando menos se a espera, penso ter de acrescentar aqui que devemos estar do mesmo modo empenhados em descobrir e erradicar qualquer erro, ainda que não antevejamos nele prejuízo algum, porque também o prejuízo pode ser indireto e aparecer quando menos se o espera: todo erro traz veneno em seu interior. Se o espírito, o conhecimento, é o que faz do ser humano o senhor da Terra, então não há erros inocentes, muito menos erros respeitáveis e sagrados. E, para consolo daqueles que, de algum modo e em alguma ocasião, despendem força e vida no nobre e difícil combate contra o erro, não posso eximir-me de acrescentar: quando a verdade ainda não existe, o erro pode jogar o seu jogo, como as corujas e morcegos o fazem à noite; porém, pode-se até esperar que as corujas e os morcegos empurrem de volta o Sol para o leste, mas não que a verdade conhecida e expressa de maneira clara, plena, seja de novo reprimida,[19] e o antigo erro de novo ocupe, imperturbável, o seu amplo espaço. Eis aí a força da verdade, cuja vitória é dura e trabalhosa mas, uma vez alcançada, é definitiva.

I 43 //

Tirante as representações até agora consideradas, vale dizer, as que conforme a sua composição remontam a tempo, espaço e matéria (se as vemos em referência ao objeto) ou a sensibilidade e entendimento, isto é, conhecimento da causalidade (se as vemos em referência ao sujeito), apareceu ainda, no ser humano somente, entre todos os habitantes da Terra, uma outra faculdade de conhecimento; despontou uma consciência completamente nova, que muito apropriadamente e com precisão infalível se denominou REFLEXÃO. Porque, de fato, esta é um reflexo, algo derivado do conhecimento intuitivo e que, todavia, assumiu uma natureza e uma índole fundamentalmente diferentes, sem as formas do conhecimento intuitivo. Também o princípio de razão que rege todos os objetos adquiriu aqui uma figura completamente outra. Essa nova consciência, extremamente poderosa, reflexo abstrato de todo intuitivo em conceitos não intuitivos da razão, é a única coisa que confere ao ser humano aquela clarividência que tão decisivamente diferencia a sua consciência da dos animais e faz o seu modo de vida tão diferente do de seus irmãos irracionais. De imediato o ser humano os supera em poder e sofrimento. Os animais vivem exclusivamente no presente; já o ser humano vive simultaneamente no futuro e no passado. Os animais satisfazem as necessidades do momento; já o ser humano se serve de engenhosos preparativos para cuidar do seu futuro, sim, para cuidar até do tempo em que não pode viver. Os animais sucumbem por completo à impressão do momento, ao efeito do motivo intuitivo; já o ser humano é determinado por conceitos abstratos independentes do momento presente. Eis por que o ser humano executa planos ponderados e age conforme máximas, sem observância do meio que o cerca e das impressões casuais do momento; por isso pode, por exemplo, fazer fria-

---

19 No original alemão *verdrängt*, cuja substantivação leva a *Verdrängung*, "recalque", "repressão". Reprimir e repressão são termos registrados na língua portuguesa já na segunda metade do século XVIII. São termos caros à psicanálise freudiana e cuja antecipação se verifica, com notável parentesco teórico, em Schopenhauer. Para isso, veja-se mais adiante a teoria da loucura, livro terceiro, § 36. (N. T.)

mente preparativos artificiais para a própria morte, pode dissimular até à inescrutabilidade e levar consigo seu mistério ao túmulo; possui, por fim, uma escolha real entre diversos motivos, pois apenas *in abstracto* é que estes podem, ao ser encontrados simultaneamente na consciência, trazer consigo o conhecimento de que um exclui o outro e, assim, permitir a comparação do poder relativo que cada um exerce sobre a vontade, com o que o motivo preponderante, assumindo as rédeas, // é a decisão ponderada da vontade, que dá assim sinais inconfundíveis de sua índole. O animal, ao contrário, é determinado pela impressão atual: apenas o temor da pressão do momento presente pode restringir seu apetite, até o ponto de o temor se tornar hábito e, como tal, determiná-lo: tem-se aí o adestramento. O animal sente e intui; o ser humano, além disso, PENSA e SABE. Ambos QUEREM. Enquanto o animal comunica sua sensação e disposição por gestos e sons, o ser humano comunica seus pensamentos aos outros mediante a linguagem, ou os oculta por ela. Linguagem que é o primeiro produto e instrumento necessário da razão: por isso, em grego e italiano, linguagem e razão são indicadas com a mesma palavra: ὁ λόγος, *il discorso*. *Vernunft*, razão, vem de *Vernehmen*, inteligir, que não é sinônimo de *Hören*, ouvir, mas antes significa a interiorização de pensamentos comunicados por palavras. Somente com a ajuda da linguagem a razão traz a bom termo suas mais importantes realizações, como a ação concordante de muitos indivíduos, a cooperação planejada de muitos milhares de pessoas, a civilização, o Estado, sem contar a ciência, a manutenção de experiências anteriores, a combinação de elementos comuns num único conceito, a comunicação da verdade, a propagação do erro, o pensamento e a ficção, os dogmas e as superstições. O animal conhece a morte tão somente na morte; já o ser humano aproxima-se dela a cada hora com inteira consciência e isso torna a vida às vezes questionável, mesmo para quem ainda não reconheceu no todo mesmo da vida o seu caráter de contínua aniquilação. Principalmente devido à morte é que o ser humano possui filosofias e religiões, embora seja incerto se aquilo que com justeza apreciamos acima de tudo na ação de alguém, isto é, a retidão voluntária e a nobreza de caráter, alguma vez tenha sido fruto de alguma daquelas duas. Por outro lado, como produtos certos, exclusivos da filosofia e da religião e que são criações da razão, temos as opiniões mais estranhas e aventureiras dos filósofos de diversas escolas e as práticas mais raras, às vezes cruéis, dos padres de diferentes religiões.

I 45 É uma opinião unânime de todos os tempos e povos que todas essas // exteriorizações tão variadas e amplas brotam de um princípio comum, daquela especial faculdade do espírito que distingue o ser humano do animal, chamada RAZÃO, ὁ λόγος, τὸ λογιστικόν, τὸ λόγιμον, *ratio*. Todos os seres humanos conseguem reconhecer muito bem as exteriorizações dessa faculdade e dizem o que é e o que não é racional justamente ali onde a razão entra em cena, em oposição a outras capacidades e atributos do ser humano, e, finalmente, o que, devido à carência dela, não se pode esperar nem do animal mais inteligente. Os filósofos de todos os tempos também falam em geral de modo unânime acerca desse conhecimento universal da razão e, ademais, enfatizam algumas das suas muitas exteriorizações específicas, como o freio dos afetos e das paixões, a capacidade de tirar conclusões e estabelecer princípios universais, até mesmo aqueles que podem ser estabelecidos anteriormente a qualquer experiência. Todavia, suas explanações da essência propriamente dita da razão são oscilantes, vagas, carentes de acuidade na determinação, sem unidade e ponto de convergência, acentuando ora esta, ora aquela exteriorização, fazendo assim com que as explanações divirjam umas das outras. Acresce a isso que muitos partem da oposição entre razão e revelação, algo completamente estranho à filosofia e que serve apenas para aumentar as confusões. É notável como até agora nenhum filósofo remeteu de maneira rigorosa todas aquelas variadas exteriorizações da razão a uma única e simples função, reconhecível em todas elas e pela qual todas seriam explicitadas, e que por conseguinte constituiria a essência íntima propriamente dita da razão. É certo, o insigne Locke no *Essay on human understanding*, livro 2, cap. II, § 10 e 11, considera muito corretamente como caráter distintivo do ser humano em relação ao animal os conceitos universais abstratos, e Leibniz o repete, em concordância completa, nos *Nouveaux essais sur l'entendement humain*, livro 2, cap. II, § 10 e 11. Só que, quando Locke, no livro 4, cap. 17, § 2 e 3, passa à explicação propriamente dita da razão, perde de vista por completo aquele simples e básico caráter dela e incorre também em colocações oscilantes, indeterminadas, incompletas sobre as exteriorizações

I 46 derivadas e parciais da razão. Até // Leibniz, nas passagens correspondentes

O mundo como vontade e como representação

de sua obra, procede no todo do mesmo modo, porém com mais confusão e sem clareza. O quão Kant tornou obscuro e falso o conceito da essência da razão, discuti-lo-ei detalhadamente no apêndice deste livro. Quem quiser, nesse sentido, dar-se ao trabalho de percorrer a massa de escritos filosóficos que foram publicados desde Kant reconhecerá que, assim como as falhas do príncipe são expiadas pelo povo inteiro, os erros dos grandes espíritos espalham sua influência nefasta por gerações inteiras, às vezes por séculos, sim, aumentando e proliferando, por fim degenerando em monstruosidades: daí se conclui que, nos termos de Berkeley: *Few men think; yet all will have opinions.*[20]

Da mesma forma que o entendimento possui só UMA função, o conhecimento imediato da relação de causa e efeito, a intuição do mundo efetivo; e assim como a inteligência, a sagacidade e o dom da descoberta, que, por mais variados que sejam os seus usos, manifestamente nada mais são que exteriorizações daquela única função; também a razão possui apenas UMA função: formação de conceitos; desta única função explicam-se bastante facilmente por si mesmos todos aqueles fenômenos anteriormente mencionados que diferenciam a vida do ser humano da dos animais; e é em referência ao emprego ou não emprego dessa função que se interpreta absolutamente tudo o que em geral e em qualquer tempo se denominou racional e não racional.*

§ 9

Os conceitos formam uma classe especial de representações que existem apenas no espírito do ser humano e são diferentes *toto genere* das representações intuitivas consideradas até agora. Por isso jamais podemos alcançar um conhecimento intuitivo e absolutamente evidente da sua essência, mas tão somente um conhecimento // abstrato e discursivo. Seria, pois, absurdo exigir que os conceitos fossem comprovados pela experiência (na medida em que esta é compreendida como o mundo exterior real, que justamente é

---

20 "Poucos homens pensam, embora todos queiram ter opiniões." (N. T.)

 * Comparem-se com este capítulo os § 26 e 27 da segunda edição do ensaio sobre o princípio de razão.

representação intuitiva) ou que devessem ser trazidos perante os olhos ou a fantasia, como objetos intuíveis. Os conceitos podem ser apenas pensados, não intuídos, e tão somente os efeitos que o ser humano produz por eles são objetos da experiência propriamente dita. É o caso da linguagem, da ação planejada e refletida, da ciência e de tudo o que delas resulta. A fala, como objeto da experiência exterior, manifestamente não é outra coisa senão um telégrafo bastante aperfeiçoado que comunica sinais arbitrários com grande rapidez e nuances as mais sutis. Que significam, porém, semelhantes sinais? Como são interpretados? Por acaso, quando alguém fala, traduzimos o seu discurso instantaneamente em imagens da fantasia que voam e se movimentam diante de nós com rapidez relâmpago, encadeadas, transformadas e matizadas de acordo com a torrente das palavras e as suas flexões gramaticais? Que tumulto, então, não ocorreria em nossa cabeça durante a audição de um discurso ou a leitura de um livro! Mas de modo algum se passa dessa forma. O sentido da fala é imediatamente intelectualizado, concebido e determinado de maneira precisa, sem que, via de regra, fantasmas se imiscuam. É a razão que fala para a razão, sem sair de seu domínio, e o que ela comunica e recebe são conceitos abstratos, representações não intuitivas, as quais, apesar de formadas uma vez para sempre e em número relativamente pequeno, abarcam, compreendem e representam todos os incontáveis objetos do mundo efetivo. Somente isso explica por que um animal nunca pode falar e inteligir, embora possua o instrumento da linguagem e também as representações intuitivas: justamente porque as palavras designam aquela classe de representações inteiramente peculiar (cujo correlato subjetivo é a razão) que não possuem nenhum sentido e referência para os animais. Desse modo, a linguagem, como qualquer outro fenômeno que creditamos à razão e como tudo o que diferencia o ser humano do animal, pode ser explicada

I 48 por esta única e simples fonte: os conceitos, // representações abstratas e universais, não individuais, não intuitivas no tempo e no espaço. Apenas em casos isolados passamos dos conceitos à intuição, formando fantasmas como intuitivos REPRESENTANTES DOS CONCEITOS, aos quais, todavia, nunca são adequados. Isto mereceu abordagem especial no meu ensaio *Sobre o princípio de razão*, § 28, pelo que me dispenso aqui de repetição: com o que foi ali dito, compare-se o que escreveram Hume no décimo segundo dos seus *Philosophical essays*, p.244, e Herder em sua *Metacrítica* (de resto um livro ruim), parte I, p.274. – A Ideia platônica, possível pela união de fantasia e razão, constituirá o tema principal do terceiro livro do presente escrito.

Embora, pois, os conceitos sejam desde o fundamento diferentes das representações intuitivas, ainda assim se encontram numa relação necessária com estas, sem as quais nada seriam; relação que, por conseguinte, constitui toda a sua essência e existência. A reflexão é necessariamente cópia, embora de tipo inteiramente especial, é repetição do mundo intuitivo primariamente figurado num estofo completamente heterogêneo. Por isso os conceitos podem ser denominados de maneira bastante apropriada representações de representações. O princípio de razão também possui aqui uma figura própria; e, assim como a figura pela qual ele rege uma classe de representações também sempre constitui e esgota a essência completa dela, na medida em que são representações; e, assim como (já o vimos) o tempo é absolutamente sucessão e nada mais, o espaço é absolutamente situação e nada mais, a matéria é absolutamente causalidade e nada mais; – assim também a essência completa dos conceitos, ou da classe de representações abstratas, reside exclusivamente na relação que o princípio de razão exprime nelas: ora, como tal relação é a do fundamento de conhecimento, segue-se que a representação abstrata possui sua essência, inteira e exclusivamente, em sua relação com uma outra representação que é seu fundamento de conhecimento. Esta última pode ser de novo um conceito, ou representação abstrata, que por sua vez também pode ter um semelhante fundamento de conhecimento; mas não ao infinito, pois a série de fundamentos de conhecimento tem de findar num conceito que tem seu fundamento no conhecimento intuitivo. Em verdade, o mundo todo da reflexão estriba

I 49 sobre o mundo // intuitivo como seu fundamento de conhecimento. Eis por que a classe das representações abstratas possui como distintivo em relação à classe das representações intuitivas o fato de nestas o princípio de razão sempre exigir apenas uma referência a outra representação da MESMA classe, enquanto naquelas exige, ao fim, uma referência a uma representação de OUTRA classe.

Aqueles conceitos que, como especificado, referem-se ao conhecimento intuitivo apenas indiretamente, pela intermediação de um ou muitos outros conceitos, denominaram-se de preferência *abstracta*; ao contrário, aqueles que possuem seu fundamento imediatamente no mundo intuitivo denominaram-se *concreta*. No entanto, esta última denominação combina muito inapropriadamente com os conceitos por ela descritos, visto que também estes sempre ainda são *abstracta* e de modo algum representações intuitivas. Tais denominações procedem de uma consciência muito obscura da diferença aí indicada; podem, no entanto, ser conservadas com o significado referido. Exemplos do primeiro tipo, portanto *abstracta* em sentido estrito, são conceitos como "relação, virtude, investigação, princípio" etc.; exemplos do último tipo, ou os inapropriadamente chamados *concreta*, são os conceitos de "humano, pedra, cavalo" etc. Se não fosse uma comparação muito figurada e brincalhona, poder-se-ia de maneira muito acertada denominar os últimos conceitos o andar térreo e os primeiros, os andares superiores do edifício da reflexão.*

Não é uma característica essencial do conceito, como muitas vezes se diz, que ele abranja muito em si, ou seja, que muitas outras representações intuitivas, ou mesmo abstratas, estejam para ele na relação do fundamento de conhecimento, isto é, sejam pensadas por ele. Eis aí uma sua característica secundária e derivada, que, embora exista sempre potencialmente, não tem de se dar sempre, e provém de o conceito ser representação de uma representação, isto é, possuir sua essência inteira e exclusivamente em sua referência a outra representação; ora, como ele não é essa representação mesma, a qual muitas vezes pertence a uma classe completamente diferente de representações, // vale dizer, intuitivas, que podem ter determinações temporais, espaciais e em geral muitas outras relações que não são pensadas de maneira alguma no conceito, segue-se que muitas representações, diferindo apenas inessencialmente nos detalhes, são pensadas pelo mesmo conceito, isto é, podem ser nele subsumidas. Só que essa "validade para muitas coisas" não é uma característica essencial, mas meramente acidental do conceito. Pode haver conceitos mediante os quais um único objeto real é pensado. Tais conceitos, entretanto, são representações abstratas e universais e de modo algum particulares e intuitivas. Desse tipo, por exemplo, é o con-

---

* Cf. os capítulos 5 e 6 do segundo tomo.

ceito que alguém faz de uma cidade determinada, porém conhecida só pela geografia: embora apenas essa cidade seja aí pensada, o seu conceito poderia possivelmente servir para muitas outras cidades que se diferenciam apenas em certos aspectos. Logo, um conceito possui universalidade não porque é abstraído de muitos objetos; mas, ao contrário, porque a universalidade, ou seja, a indeterminação em relação ao particular, é essencial ao conceito como representação abstrata da razão, justamente por isso diversas coisas podem ser pensadas mediante o mesmo conceito.

Do que foi dito se segue que cada conceito, justamente porque é representação abstrata e não intuitiva, e, precisamente por isso, não absolutamente determinada, possui aquilo que se denomina uma extensão ou esfera, mesmo no caso em que exista apenas um único objeto real que lhe corresponde. Frequentemente observamos que a esfera de um conceito tem algo em comum com as esferas de outros conceitos, ou seja, o que é pensado em um conceito é parcialmente o mesmo que é pensado em outro, e vice-versa. Todavia, se forem conceitos diferentes, cada um, ou pelo menos um deles, contém algo que o outro não possui: tal é a relação do sujeito com o seu predicado. Reconhecer essa relação se chama JULGAR. A exposição de tais esferas por meio de figuras espaciais é um pensamento deveras feliz. Isso ocorreu primeiro a Gottfried Plouquet, que se serviu de quadrados; Lambert, depois dele, serviu-se de simples linhas superpostas: Euler foi quem primeiro levou o procedimento a bom termo usando círculos. Em que se baseia, em última instância, essa analogia exata entre as relações dos conceitos e aquelas das

I 51 // figuras espaciais? Eis uma questão que não sei responder. Para a lógica, contudo, é uma circunstância bastante favorável que todas as relações de conceitos, até mesmo segundo a sua possibilidade, ou seja, *a priori*, possam ser expostas intuitivamente por essas figuras, da seguinte maneira:

1) As esferas de dois conceitos são completamente iguais: por exemplo, os conceitos de necessidade e de consequência a partir de um fundamento suficiente; da mesma forma os conceitos de *Ruminantia* e de *Bisulca* (ruminantes e bissulcos); também os de vertebrados e animais de sangue quente (embora aqui se pudesse objetar algo por causa dos anelídeos). Trata-se de conceitos intercambiáveis, expostos por um único círculo, a significar tanto um quanto o outro conceito.

2) A esfera de um conceito inclui no todo a esfera de outro conceito:

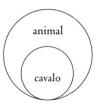

3) Uma esfera contém duas ou diversas outras esferas, que se excluem e ao mesmo tempo estão contidas na primeira esfera:

4) Duas esferas contêm, cada uma, parte da outra:

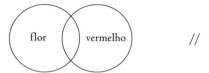

5) Duas esferas estão contidas numa terceira; mas não a preenchem:

Este último caso vale para todos os conceitos cujas esferas não se comunicam imediatamente, porém uma terceira esfera, frequentemente muito mais extensa, as contém.

O mundo como vontade e como representação

Todas as combinações de conceitos podem ser remetidas a tais casos, podendo-se daí deduzir toda a teoria dos juízos, com sua conversão, contraposição, reciprocidade, disjunção (conforme a terceira figura); do mesmo modo as propriedades dos juízos, sobre as quais Kant baseou suas pretensas categorias do entendimento, com exceção da forma hipotética, a qual é a combinação não mais de meros conceitos mas de juízos, e da modalidade (da qual o apêndice trata expressamente, bem como de cada propriedade dos juízos que estão no fundamento das categorias). Ainda se pode observar sobre as mencionadas possíveis combinações o fato de poderem também ser combinadas entre si de maneira diversa, por exemplo, a quarta figura com a segunda. Apenas se uma esfera, que contém no todo ou em parte uma segunda, é de novo contida no todo por uma terceira é que esta combinação expõe o silogismo da primeira figura, ou seja, a síntese de juízos pela qual se reconhece que um conceito contido no todo ou em parte em um segundo está também contido num terceiro, que por sua vez contém o segundo; ou também o contrário disso, a negação, cuja exposição pictórica só pode naturalmente consistir em duas esferas combinadas que não estão encerradas numa terceira. Quando muitas esferas se arranjam dessa manei-

I 53 ra, nasce uma longa cadeia de // silogismos. — Semelhante esquematismo dos conceitos, já relativamente bem abordado em muitos manuais, pode servir de fundamento tanto para a teoria dos juízos quanto para toda a silogística; com o que o ensinamento destes se torna bastante fácil e sem complicações, pois todas as suas regras são vistas, deduzidas e explicitadas a partir da origem. Porém, não é necessário carregar a memória com essas regras, porque a lógica nunca pode ter para a filosofia um uso prático, mas apenas um interesse teórico. De fato, embora se possa dizer que a lógica está para o pensamento racional como o baixo contínuo está para a música, e, também, em termos menos precisos, que a ética está para a virtude como a estética está para a arte — tem-se de notar, todavia, que nunca um artista veio a sê-lo pelo estudo da estética, muito menos um caráter nobre pelo estudo da ética; que, muito antes de Rameau, já se compunha música correta e belamente, e, ainda, que não é preciso conscientizar-se do baixo contínuo para notar as desarmonias: da mesma forma, não se precisa saber lógica para evitar ser enganado por falsas conclusões. Todavia, tem de ser concedido que o baixo contínuo, embora não seja de grande utilidade para o julgamento de uma composição musical, o é para o seu exercício: também a estética, e mesmo a ética, podem ter o seu uso prático, embora em grau muito menor e em geral apenas negativamente; portanto, também não se lhes deve negar todo valor prático. Mas à lógica nada disso pode ser concedido, pois ela é meramente o saber *in abstracto* daquilo que cada um sabe *in concreto*. Logo, tão pouco quanto se precisa dela para não concordar com um falso raciocínio, tão pouco se recorre à ajuda de suas regras para fazer um raciocínio correto, e até o mais erudito dos lógicos a põe completamente de lado em seus pensamentos reais. As seguintes observações explicam por quê. Cada ciência consiste num sistema de verdades universais, por conseguinte abstratas: leis e regras em referência a alguma classe de objetos. O caso particular que depois é subsumido a essas leis é, a cada vez, determinado em conformidade com aquele saber geral, que vale sempre, visto que a aplicação do universal é infinitamente mais fácil do que sempre começar a investigar cada caso particular quando este ocorre: // em verdade, o conhecimento abstrato e universal, uma vez adquirido, sempre está mais à mão do que a investigação empírica do caso particular. Com a lógica é justamente o contrário. Ela é o saber universal do modo como a razão procede, saber que é obtido quando a razão observa a si mesma por abstração de qualquer conteúdo e expressa o resultado na forma de regras. Tal procedimento é necessário e essencial à razão: em caso algum ela se desvia dele quando é abandonada e entregue a si mesma. Nesse sentido é mais fácil e mais seguro deixá-la, em cada caso particular, proceder segundo a sua essência, em vez de fazer pairar diante dela o saber abstraído desse procedimento na figura de uma lei estranha e imposta de fora. Mais fácil: porque, embora em todas as outras ciências a regra universal seja mais acessível do que a investigação do caso particular tomado em si mesmo, ao usar a razão, ao contrário, o procedimento necessário da mesma num dado caso sempre é mais acessível do que a regra geral abstraída desse caso, porque o que em nós pensa já é a razão mesma. Mais seguro: porque é muito mais fácil a ocorrência de um erro num saber abstrato ou em sua aplicação do que apresentar-se um procedimento da razão que contradiga a sua essência e natureza. Daí provém o seguinte fato raro: enquanto nas outras ciências a regra confirma a verdade do caso particular, na lógica se dá o contrário, e o caso particular tem sempre de confirmar a regra: e também o mais experiente dos lógicos, se observar que num caso particular concluiu outra coisa do que a regra enunciava, procurará antes um erro na regra, e não na conclusão efetivamente feita por ele. Querer fazer uso prático da lógica seria o mesmo que pretender deduzir com indizível esforço, a partir de regras universais, aquilo que conhecemos no particular com grande certeza: seria como querer consultar a mecânica para realizar os próprios movimentos, ou a fisiologia para fazer a digestão: quem ensina a lógica para fins práticos assemelha-se àquele que tenta ensinar um castor a construir a sua casa. — Apesar de não ter uso prático, a lógica tem de ser preservada, porque possui interesse filosófico como saber especial da // organização e atividade da razão. Por ser disciplina autônoma, acabada e perfeita, que subsiste por si mesma, em si contida, é legítimo tratá-la cientificamente e independente de todas as demais ciências, bem como ensiná-la nas universidades: mas quanto a seu valor próprio, ela o adquire da sua conexão com a filosofia como um todo, na consideração que esta faz do conhecimento, em especial do conhecimento racional ou abstrato. Em conformidade com isso, o ensinamento da lógica não deveria ser tanto na forma de uma ciência dirigida a algo prático, não deveria ser o estabelecimento de simples regras secas para a reta conversão de juízos e inferências etc., mas antes deveria ser direcionado para o conhecimento da essência da razão e dos conceitos e para uma consideração detalhada do princípio de razão do conhecer: pois a lógica é meramente uma paráfrase deste, e em verdade apenas para o caso de o fundamento que fornece a verdade aos juízos não ser empírico ou metafísico, mas lógico ou metalógico. Em adição ao princípio de razão do conhecer devem-se mencionar as três restantes leis fundamentais do pensamento ou juízos de verdade metalógica, tão intimamente aparentadas a ele; daí origina-se passo a passo a técnica inteira da razão. A essência do pensamento propriamente dito, ou seja, do juízo e do silogismo, pode ser exposta a partir da ligação das esferas de conceitos, conforme a maneira do esquema espacial anteriormente mencionada e, disso tudo, podem-se deduzir por construção as regras do ajuizamento e do silogismo. O único uso prático que se pode fazer da lógica é demonstrar ao adversário de uma disputa não apenas as suas conclusões efetivamente falsas, mas também as falsamente intentadas, chamando-as pelo seu nome técnico. Esse distanciamento da lógica em relação ao uso prático e a acentuação de sua conexão com toda a filosofia, como capítulo desta, não deveria restringir o seu conhecimento mais do que o é agora: pois hoje em dia quem não quiser permanecer tosco nos principais assuntos e ser computado na massa obtusa imersa na insensatez tem de estudar filosofia especulativa: porque o nosso século XIX é um século filosófico, o que não significa que ele tenha // filosofia ou a filosofia seja dominante nele, mas antes que está maduro para ela e, exatamente por isso, sente a sua necessidade: tem-se aí um sinal de uma elevada formação, até mesmo um ponto fixo na escala da cultura dos tempos.*

Por menos uso prático que a lógica tenha, não se deve negar que foi inventada para fins práticos. Explico assim o seu nascimento. Quando, entre os eleatas, megáricos e sofistas, o prazer pela disputa cresceu a tal ponto de quase chegar à mania, eles sentiram a necessidade de um procedimento metódico para servir de guia em meio à confusão na qual caíam em quase todas as disputas, em vista do que se procurou uma dialética científica. A primeira coisa a ser observada foi que cada partido disputante tinha de estar sempre de acordo sobre um princípio, ao qual eram referidos os pontos pendentes da disputa. O começo do procedimento metódico consistia em enunciar formalmente os princípios assim assentes e os colocar acima da investigação. Tais princípios concerniam, primeiramente, apenas ao material da investigação. Depois percebeu-se que também a maneira de retornar à verdade assente e como se procurava deduzir afirmações a partir dela seguia certas formas e leis, sobre as quais, apesar da ausência de acordo prévio, havia concordância. Observou-se que isso tinha de ser o processo próprio e

---

* Cf. os capítulos 9 e 10 do segundo tomo.

O mundo como vontade e como representação

essencial da razão mesma, o elemento formal da investigação. Embora aqui não houvesse dúvida e desacordo, alguma cabeça sistemática propensa ao pedantismo teve o pensamento de que esse procedimento formal poderia ser um belo arremate da dialética metódica se essa parte formal de toda a disputa, procedimento sempre conforme à lei da razão consigo mesma, fosse expressa em princípios abstratos postos acima da investigação (precisamente como as proposições assentes concernindo à parte material da investigação) enquanto // cânone fixo da disputa mesma, ao qual sempre se teria novamente de observar e referir. Na medida em que, dessa maneira, se queria reconhecer conscientemente como lei e expressar formalmente aquilo que até então se seguia tacitamente ou se praticava de maneira instintiva, foram-se descobrindo gradualmente formulações mais ou menos perfeitas para os princípios fundamentais da lógica, como o princípio de contradição, de razão suficiente, do terceiro excluído, o *dictum de omni et nullo*,[21] bem como as regras especiais da silogística, como, por exemplo, *ex meris particularibus aut negativis nihil sequitur, a rationato ad rationem non valet consequentia* etc.[22] Que tudo isso só aconteceu muito lenta e trabalhosamente, e antes de Aristóteles as coisas eram imperfeitas, pode-se, em parte, notá-lo na maneira prolixa e tediosa com que verdades lógicas são trazidas a lume em muitos diálogos platônicos e, melhor ainda, no relato de Sexto Empírico sobre as controvérsias dos megáricos acerca das mais fáceis e simples leis lógicas e o tipo de esforço que despendiam para trazê-las a lume (*Sext. Emp.*, *Adv. Math.*, *L. 8*, p.122 et seq.). Aristóteles, no entanto, reuniu, ordenou, corrigiu o que foi antes encontrado e o trouxe a um nível incomparavelmente superior de perfeição. Observando-se dessa maneira como o curso da cultura grega preparou e permitiu que chegasse a bom termo o trabalho de Aristóteles, estaremos pouco inclinados a acreditar na afirmação de escritores persas, que JONES nos relata (bastante influenciado pela afirmação), a saber, que Kallistenes encontrara entre os indianos uma lógica acabada e a enviou ao

---

21 "O que é dito sobre tudo e sobre coisa alguma." (N. T.)

22 "De premissas particulares ou negativas nada se segue, da consequência ao fundamento não há conclusão." (N. T.)

seu tio Aristóteles (*Asiatic researches*, v.4, p.163). – É fácil entender por que na triste Idade Média, para o espírito escolástico, enredado em fórmulas e palavras, zeloso na mania das disputas devido à falta de todo conhecimento real, a lógica de Aristóteles tenha sido muito bem-vinda; é fácil entender por que tal lógica, mesmo mutilada em sua forma arábica, foi ardorosamente adotada e logo se elevou ao centro do saber. Apesar de a sua autoridade ter declinado desde então, ela se conservou, todavia, até agora com o seu crédito de ciência autônoma e prática, extremamente necessária: mesmo em nossos dias a // filosofia kantiana, que em sua pedra de toque provém em verdade da lógica, despertou novo interesse por ela; de fato, como meio para o conhecimento da essência da razão, a lógica merece semelhante interesse.

Se as conclusões estritamente corretas só se fazem pela observância rigorosa da relação das esferas conceituais e só quando uma esfera está perfeitamente contida numa segunda, e esta, por sua vez, por completo numa terceira, e assim é que se reconhece que também a primeira está contida por completo na terceira; já a ARTE DE PERSUASÃO, ao contrário, baseia-se numa consideração superficial das relações das esferas de conceito, determinando-as de maneira parcial segundo as próprias intenções, sobretudo porque, quando a esfera do conceito considerado se encontra apenas em parte numa segunda esfera e em parte numa terceira completamente diferente, a primeira esfera é declarada contida por inteiro na segunda, ou contida por inteiro na terceira, conforme o que se intenta. Por exemplo, quando se fala de paixão, pode-se muito bem subsumi-la sob o conceito de força maior, de mais poderoso dos agentes do mundo, ou sob o conceito de não racional, e este, por sua vez, sob o conceito de impotência, fraqueza. Pode-se empregar renovadamente esse procedimento em cada um dos conceitos ao qual conduz o discurso. Quase sempre a esfera de um conceito é compartilhada por diversas outras, cada uma das quais encerrando em si parte do domínio da primeira, até mesmo abrangendo muito mais: dessas últimas esferas, contudo, ilumina-se apenas aquela na qual se quer subsumir o primeiro conceito, deixando as demais inobservadas ou ocultas. Sobre esse artifício baseiam-se propriamente todas as artes de persuasão e todos os sofismas

O mundo como vontade e como representação

mais sutis, pois os sofismas lógicos, como o *mentiens, velatus, cornutus*[23] etc., são manifestamente demasiado grosseiros para aplicação real. Pelo que eu saiba, ninguém antes remeteu a natureza da sofística e da arte de persuasão a esse fundamento último de sua possibilidade, nem o comprovou segundo a índole própria dos conceitos, isto é, conforme o modo de conhecimento da razão. Em função disso, e como minha exposição conduziu a tal fim, gostaria de explicitar o tema, por mais fácil que ele pareça, por meio do diagrama que se segue, // que procura mostrar como as esferas conceituais se cortam reciprocamente de maneira variada e permitem passarmos arbitrariamente de um conceito a outro na direção que se queira. Mas espero que ninguém seja conduzido pelo diagrama a atribuir maior importância a essa pequena e provisória explicitação do que ela de fato pode ter. Como exemplo ilustrativo escolhi o conceito de VIAGEM. Sua esfera corta o domínio de quatro outras, cada uma das quais podendo ser atravessada pela pessoa que persuade como ela bem entende: tais esferas, por seu turno, cortam outras esferas, às vezes simultaneamente duas ou mais, pelas quais a pessoa que persuade escolhe arbitrariamente seu caminho, sempre como se fosse o único possível, até que por fim chega ao bem ou ao mal, dependendo da sua intenção original. Para ir de uma esfera a outra importa sempre manter a direção desde o centro (o conceito principal dado) até a periferia, sem retroceder. Uma tal sofística pode vestir a roupagem do discurso corrente ou a estrita forma silogística, de acordo com o que se desconfie ser o lado fraco do ouvinte. No fundo, a maioria das demonstrações científicas e, em especial, das filosóficas não vai além disso: do contrário, como seria possível que tantas coisas, em diferentes épocas, tivessem sido não apenas entendidas erroneamente (pois o erro mesmo possui uma origem diferente), mas demonstradas e comprovadas, para mais tarde serem reconhecidas como fundamentalmente falsas, como, por exemplo, a filosofia de Leibniz e Wolff, a astronomia de Ptolomeu, a química de Stahl, a teoria das cores de Newton etc. etc.?*

---

23 "O mentiroso, o velado, o chifrudo" (termos do megárico Eubulides). (N. T.)

* Cf. o capítulo 11 do segundo tomo.

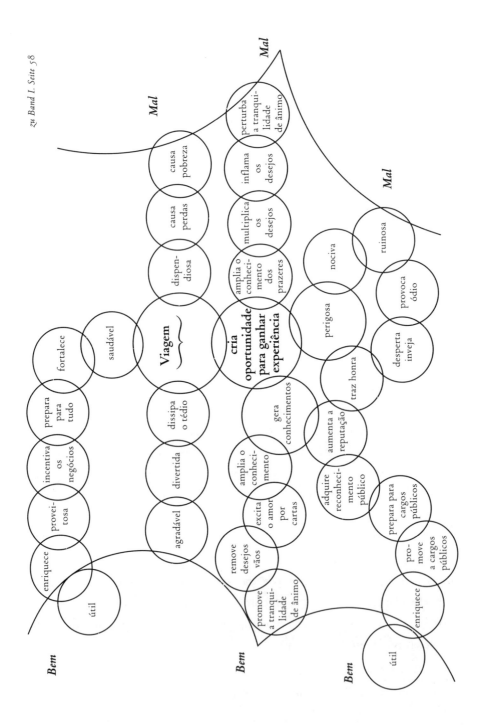

O mundo como vontade e como representação

§ 10

Tudo isso nos aproxima cada vez mais da questão de como devemos alcançar a CERTEZA, como devemos FUNDAMENTAR OS JUÍZOS, e em que se baseiam o SABER e a ciência,[24] que, junto com a linguagem e a ação deliberada, constituem o terceiro grande privilégio conferido ao ser humano pela razão.

A razão é de natureza feminina: só pode dar depois de ter recebido. Abandonada a si mesma possui apenas as formas destituídas de conteúdo com que opera. // Conhecimento racional perfeitamente puro só há os dos quatro princípios aos quais atribuí verdade metalógica, portanto, os princípios de identidade, de contradição, do terceiro excluído e de razão suficiente do conhecer. Pois até mesmo o restante da lógica não é conhecimento racional perfeitamente puro, visto que pressupõe relações e combinações de esferas conceituais: conceitos em geral, todavia, só existem depois das representações intuitivas prévias, em relação às quais se constitui toda a essência deles; aqueles conceitos, por conseguinte, já pressupõem as representações intuitivas. Por outro lado, na medida em que essa pressuposição não se estende ao conteúdo determinado dos conceitos, mas somente a uma existência em geral deles, a lógica, tomada em seu conjunto, pode sim ser vista como uma ciência pura da razão. Em todas as demais ciências a razão adquire o seu conteúdo a partir das representações intuitivas: na matemática, a partir das relações do espaço e do tempo conhecidas intuitivamente antes de qualquer experiência; na ciência pura da natureza, isto é, naquilo que sabemos sobre o curso da natureza antes de qualquer experiência, o conteúdo científico provém do entendimento puro, ou seja, do conhecimento *a priori* da lei de causalidade, de sua ligação com as intuições puras do espaço e do tempo. Em todas as outras ciências, tudo aquilo que não foi extraído das fontes já mencionadas pertence à experiência. SABER em geral significa: ter determinados juízos em poder do próprio espírito para reprodução arbitrária, juízos estes que têm algum tipo de fundamento suficiente do conhecer exterior a si mesmos, isto é, são VERDADEIROS. Assim, apenas o conheci-

---

24 A língua alemã permite aqui um jogo de palavras entre *Wissen* e *Wissenschaft*, pois saber, *Wissen*, está embutido na palavra ciência, *Wissenschaft*. (N. T.)

mento abstrato é saber; e, desde que este é condicionado pela razão, não podemos propriamente dizer que os animais SABEM algo, embora tenham conhecimento intuitivo, e, em medida correspondente, também recordação e até mesmo fantasia, como comprovam os seus sonhos. Atribuímos aos animais consciência, conceito este que, embora seja derivado de saber,[25] coincide com o de representação em geral, não importa o seu tipo. Eis por que atribuímos vida às plantas, mas não consciência. — SABER, numa palavra, é a consciência abstrata, o ter fixo em conceitos da razão aquilo que foi conhecido em geral de outra maneira.

§ 11

I 61   // Nesse sentido, o oposto propriamente dito do SABER é o SENTIMEN-TO, oposição que merece aqui a sua explicitação. A palavra SENTIMENTO designa um conceito de conteúdo completamente NEGATIVO, noutros termos, designa algo presente na consciência que NÃO É CONCEITO NEM É CONHECIMENTO ABSTRATO DA RAZÃO: não importa o que isso seja, sempre cai sob a rubrica do conceito de SENTIMENTO, cuja esfera é extraordinariamente ampla e, por conseguinte, abrange as coisas mais heterogêneas que só entendemos como se agrupam quando reconhecemos que coincidem unicamente neste aspecto negativo: NÃO SEREM CONCEITOS ABSTRATOS. Pois os elementos mais diversos, sim, mais hostis, residem placidamente um ao lado do outro naquele conceito, como, por exemplo, o sentimento religioso, o sentimento de volúpia, o sentimento moral, o sentimento corporal enquanto tato e dor, o sentimento das cores, dos tons e de sua harmonia e desarmonia, o sentimento de ódio, repugnância, autossatisfação, honra, vergonha, justo e injusto, o sentimento da verdade, estético, de força e fraqueza, saúde, amizade, amor etc. etc. Entre eles não se encontra nenhum traço comum a não ser a qualidade negativa de não serem conhecimento abstrato da razão; porém, isso salta da maneira mais nítida aos olhos quando

---

25 Em português o termo consciência também carrega o termo ciência, a saber: cons--ciência. (N. T.)

O mundo como vontade e como representação

até mesmo o conhecimento abstrato *a priori* das relações espaciais, assim como o nosso conhecimento do puro entendimento, é subsumido naquele conceito ou em geral quando se diz de qualquer conhecimento, de qualquer verdade, da qual se está consciente apenas intuitivamente, porém ainda não formulada em conceitos abstratos, que se a SENTE. Para explicitar isso quero mencionar alguns exemplos extraídos de livros publicados recentemente, visto que são provas cabais da minha explanação. Lembro-me de ter lido no introito de uma tradução de Euclides que devemos permitir aos que se iniciam na geometria fazer primeiro o desenho das figuras antes de as demonstrar, pois assim SENTEM a verdade geométrica antes de a demonstração lhes evidenciar o conhecimento completo. – Do mesmo modo, na *Kritik der Sittenlehre* de F. Schleiermacher fala-se de sentimento lógico // e matemático (p.339), também do sentimento da igualdade ou diferença entre duas fórmulas (p.342); ainda, na *Geschichte der Philosophie* de Tennemanns, tomo I, p.361, lê-se: "SENTIMOS que os sofismas não eram raciocínios corretos, todavia não pudemos descobrir o erro". – Enquanto o conceito de SENTIMENTO não for considerado do seu correto ponto de vista e não se reconhecer a sua característica negativa como essencial, ele tem de dar azo a contínuas confusões e disputas, devido à extraordinária extensão da sua esfera e ao seu conteúdo meramente negativo, totalmente unilateral e limitado. Como a língua alemã ainda possui a palavra sinônima EMPFINDUNG, "sensação", seria útil reservá-la, como subespécie, para os sentimentos corporais. A origem do conceito de sentimento (conceito este desproporcional em comparação a qualquer outro) sem dúvida alguma é a seguinte. Todos os conceitos, e apenas conceitos, são denotados por palavras; eles existem exclusivamente para a razão e dela procedem: com os conceitos, portanto, já se está num ponto de vista unilateral. Deste, porém, o que é próximo aparece de maneira distinta e é tomado positivamente; já as coisas distantes confluem umas nas outras e logo são levadas em conta só negativamente. Nesse sentido, cada nação chama todas as outras de estrangeiras; os gregos chamavam os outros povos de bárbaros; os ingleses chamam tudo o que não é da Inglaterra ou inglês de *continente* ou *continental*; os fiéis chamam todos os demais de heréticos ou pagãos; o nobre chama os que não o são de *roturiers*;[26] para o estudante todos os outros são filisteus, e assim por diante. A mesma unilateralidade, até se pode dizer ignorância por orgulho, deve ser imputada, por mais estranho que soe, à razão mesma, na medida em que esta engloba sob o ÚNICO conceito de SENTIMENTO qualquer modificação da consciência que não pertence imediatamente ao SEU modo de representação, isto é, que NÃO É CONCEITO ABSTRATO. Ora, como até agora o seu próprio procedimento não lhe veio a ser claro mediante o profundo exame de si, ela teve de expiar a culpa mediante confusões e erros cometidos em seu próprio domínio; até mesmo uma faculdade especial para o sentimento foi forjada e teorias acerca dele foram construídas.

§ 12

I 63 // SABER, cujo oposto contraditório, o conceito de sentimento, explicitei anteriormente, é, como disse, qualquer conhecimento abstrato, ou seja, qualquer conhecimento racional. No entanto, visto que a razão reconduz perante o conhecimento sempre apenas o que foi recebido de outro modo, ela não amplia propriamente dizendo o nosso conhecer, mas meramente lhe confere outra forma. Noutros termos, o que foi conhecido intuitivamente, *in concreto*, a razão permite que se conheça abstrata e universalmente. Isso é mais importante do que à primeira vista aparenta quando é expresso, pois toda conservação segura, toda comunicabilidade e uso frutífero, garantido, do conhecimento no domínio prático depende de ele ter-se tornado um saber, um conhecimento abstrato. O conhecimento intuitivo vale somente no caso particular, aplica-se sempre ao que há de mais próximo, permanece neste, pois a sensibilidade e o entendimento só podem conceber UM objeto por vez. Por conseguinte, toda atividade contínua, coordenada, planificada tem de provir de princípios, portanto de um saber abstrato, e ser levada a bom termo em conformidade com este saber. Assim, por exemplo, o conhecimento que o entendimento tem da relação de causa e efeito é muito mais perfeito, profundo e exaustivo do que é possível pensá-lo *in abstracto*:

---

26 "Plebeus." (N. T.)

unicamente o entendimento conhece de maneira intuitiva, imediata, perfeita o modo de fazer efeito de uma grua, de uma roldana, de uma roda de engrenagem, ou como uma abóbada repousa em si mesma etc.; mas é justamente por conta dessa característica que o conhecimento intuitivo tem de referir-se só ao que se encontra imediatamente presente, que o simples entendimento não basta para a construção de máquinas e edifícios: antes, a razão aqui tem de entrar em cena, substituindo as intuições por conceitos abstratos, os quais são tomados como guias da atividade; e, se tais conceitos são corretos, o êxito é alcançado. Reconhecemos igualmente na pura intuição, de maneira perfeita, a natureza e legalidade de uma parábola, de uma hipérbole, de uma espiral, mas, para fazer uma aplicação segura desse conhecimento na realidade efetiva, ele tem antes de se tornar saber abstrato, com o que decerto perde em intuitividade, porém, em compensação, ganha em segurança e determinidade próprios ao saber abstrato. Assim, o // cálculo diferencial de modo algum amplia o nosso conhecimento das curvas, nada contém além do que estava contido na intuição delas; contudo, muda o tipo de conhecimento, transforma-o de intuitivo em abstrato, acarretando assim grandes êxitos na aplicação prática. Pode-se aqui introduzir na discussão uma outra peculiaridade da nossa faculdade de conhecimento que não foi mencionada antes porque a diferença entre conhecimento intuitivo e abstrato não fora completamente clarificada. Trata-se do fato de as relações espaciais não poderem ser transmitidas enquanto tais imediatamente para o conhecimento abstrato, mas para tal são apropriadas apenas as grandezas temporais, ou seja, os números. Unicamente os números podem ser exprimidos em conceitos abstratos a lhes corresponderem exatamente, mas não as grandezas espaciais. O conceito mil difere do conceito dez de maneira tão precisa quanto diferem estas duas grandezas temporais na intuição: quando pensamos em mil, pensamos num múltiplo determinado de dez, no qual podemos decompor o mil na intuição do tempo como bem quisermos, isto é, podemos contá-lo. Porém, entre o conceito abstrato de uma milha e o de um pé, sem representação intuitiva alguma de ambos e sem a ajuda do número, não há diferença exata alguma que corresponda a tais grandezas. Nas duas é pensada apenas uma grandeza espacial em geral e, se ambas devem ser suficientemente diferenciadas, de fato tem-se de recorrer à ajuda da intuição espacial e portanto abandonar o domínio do conhecimento abstrato, ou tem-se de PENSAR a diferença em números. Caso se queira ter conhecimento abstrato das relações espaciais, estas têm de primeiro ser reduzidas a relações temporais, isto é, a números: por isso só a aritmética, não a geometria, é teoria universal das grandezas. A geometria tem de ser traduzida em aritmética se quiser adquirir comunicabilidade, determinidade exata e aplicabilidade no domínio prático. Até podemos pensar uma relação espacial, nela mesma, também *in abstracto*, por exemplo, "o seno aumenta com o ângulo"; mas quando a grandeza dessa relação tem de ser fornecida, precisa-se do número. Essa necessidade própria do espaço de, com suas três dimensões, ter de ser traduzido em tempo – o qual tem apenas uma dimensão –, // caso se queira ter um conhecimento abstrato das relações espaciais, isto é, um SABER, e não uma simples intuição, é o que faz a matemática tão difícil. O que se torna bastante claro quando comparamos a intuição das curvas com o seu cálculo analítico, ou as tabelas de logaritmos das funções trigonométricas com a intuição das relações variáveis das partes do triângulo expressas nessas tabelas: que combinação incrível de algarismos, que quantidade extremamente laboriosa de cálculos não seria exigida para expressar *in abstracto* o que a intuição apreende aqui de uma só vez, perfeitamente, com precisão infalível, ou seja, a diminuição do cosseno à medida que o seno cresce, o cosseno de um ângulo como sendo o seno de outro, a relação inversa de crescimento e diminuição de dois ângulos etc.: pense-se como o tempo tem de autoatormentar-se com sua ÚNICA dimensão para reproduzir as três dimensões do espaço! Todavia, era algo necessário caso quiséssemos ter relações de espaço expressas em conceitos abstratos visando à aplicação: as primeiras não poderiam se dar imediatamente em conceitos abstratos, mas apenas pela intermediação da pura grandeza temporal, o número, único que se adapta imediatamente ao conhecimento abstrato. Ainda é digno de nota o seguinte. Assim como o espaço é bastante apropriado para a intuição, permitindo que se percebam facilmente por meio de suas três dimensões até mesmo relações complicadas que se furtam ao conhecimento abstrato, o tempo, ao contrário, combina facilmente com conceitos abstratos, no entanto é pouco apropriado para a intuição: nossa intuição dos números em seu elemento próprio, o mero tempo sem adição

O mundo como vontade e como representação

do espaço, vai quando muito até dez; para além disto temos somente conceitos abstratos, não mais conhecimento intuitivo dos números: por sua vez, ligamos a todos os numerais e sinais algébricos conceitos abstratos bem determinados.

Observe-se incidentalmente aqui que muitos espíritos só encontram plena satisfação naquilo que foi conhecido por intuição. Eles, assim, procuram o fundamento e a consequência de ser no espaço, isto é, expostos intuitivamente: uma demonstração euclidiana ou uma solução aritmética de um problema espacial nada lhes diz. Outros espíritos, ao contrário, // exigem conceitos abstratos, únicas coisas válidas para aplicação e comunicação: possuem, dessa forma, paciência e memória para princípios abstratos, para fórmulas, demonstrações em longas cadeias de raciocínio, para cálculos cujos símbolos substituem complicadas abstrações. Semelhantes espíritos procuram determinação; já os primeiros, intuitividade. A diferença é característica.

O saber, o conhecimento abstrato, tem o seu maior valor na comunicabilidade, em poder ser fixado e conservado: só assim torna-se tão importante e indispensável na prática. Alguém pode, no entendimento apenas, ter um conhecimento intuitivo e imediato da conexão causal das mudanças e dos movimentos dos corpos naturais, encontrando nisso plena satisfação; porém, para a sua comunicação, faz-se preciso antes fixar o assim conhecido em conceitos. Na vida prática é suficiente o conhecimento do primeiro tipo, desde que a pessoa o coloque em execução inteiramente por si mesma, e em verdade numa ação executável pelo tempo em que o conhecimento intuitivo seja vivaz; porém, tal conhecimento não será suficiente se a pessoa precisa da ajuda alheia, ou até mesmo de uma ação própria que ocorra em tempos distintos, e que, conseguintemente, exige um plano ponderado. Nesse sentido, um experiente jogador de bilhar pode ter apenas no entendimento, só para a intuição imediata, um conhecimento completo das leis de choque dos corpos elásticos entre si, o que lhe é inteiramente suficiente; em contrapartida, apenas quem é versado em mecânica tem o saber propriamente dito daquelas leis, isto é, um conhecimento *in abstracto* delas. Mesmo na construção de máquinas, o simples conhecimento intuitivo do entendimento é suficiente se o seu inventor as monta por si mesmo, como frequentemente se vê no caso de talentosos artífices sem ciência alguma: em compensação, quando são necessárias várias pessoas numa atividade coordenada por diversos períodos com o fim de executar uma operação mecânica ou construir uma máquina, ou erguer um edifício, quem a conduz tem de ter esboçado o plano *in abstracto*, e apenas com a ajuda da razão essa atividade cooperativa é possível. Notável, entretanto, é que no primeiro tipo de atividade, na qual uma única pessoa deve executar algo em ação ininterrupta, o saber, o uso da // razão, da reflexão, por muitas vezes pode até mesmo atrapalhar, como, por exemplo, nos jogos de bilhar, na esgrima, no manejo de um instrumento, no canto: aqui o conhecimento intuitivo tem de conduzir imediatamente a atividade: se esta é intermediada pela reflexão, a coisa torna-se incerta, porque a atenção é dividida e confunde a pessoa. Por isso pessoas selvagens e toscas, muito pouco habituadas a pensar, realizam diversos exercícios corporais, lutam contra feras, manejam arcos e coisas semelhantes, com uma segurança e rapidez nunca alcançável por um europeu que reflete, justamente porque a ponderação torna o europeu indeciso e hesitante, já que busca, por exemplo, o ponto ou o momento medial entre dois falsos extremos equidistantes: o ser humano natural, ao contrário, encontra-os imediatamente, sem refletir sobre desvios surgidos à sua frente. Do mesmo modo, em nada me ajuda conseguir fornecer *in abstracto*, segundo graus e minutos, o ângulo em que devo aplicar a navalha de barbear na minha pele se não o conheço intuitivamente, isto é, se não tenho a navalha sob controle. Igualmente perturbadora é a aplicação da razão na compreensão da fisionomia: pois também esta tem de se dar imediatamente pelo entendimento: diz-se que a expressão do rosto, o significado das feições, deixa-se apenas SENTIR, vale dizer, é refratária aos conceitos abstratos. Cada pessoa tem a sua imediata e intuitiva fisiognomonia e patognomonia: embora uns possam conhecer mais claramente que outros essa *signatura rerum*.[27] Não está ao nosso alcance ensinar e aprender *in abstracto* uma fisiognomonia porque as nuances são aqui tão sutis que conceito algum tem flexibilidade para lhes corresponder. Consequentemente, o saber abstrato está para tais nuances como uma imagem de mosaico está para um quadro de VAN DER WERF ou DENNER: assim como, por mais bem executado e primoroso que seja um

---

27 "Assinatura da natureza." Também título de uma obra do místico Jakob Böhme. (N. T.)

mosaico, sempre permanecem espaços entre as suas pedras, impossibilitando a transição contínua de uma cor a outra, assim também os conceitos, com sua fixidez e limites acurados, por mais detalhados que sejam em sua determinação, mostram-se incapazes de alcançar as modificações sutis do que é intuível – que é justamente o ponto de que se trata quando tomamos a fisiognomonia como exemplo.*

I 68 // Essa mesma característica dos conceitos que os torna semelhantes às pedras de um mosaico e em virtude da qual a intuição sempre lhes permanece assintótica é também o fundamento para, na arte, nada de bom ser realizado com eles. Caso o cantor ou o *virtuose* realize o seu recital por reflexão, este permanece morto. O mesmo vale para compositores, pintores, sim, para poetas: o conceito sempre é infrutífero na arte; apenas a parte técnica desta pode ser por ele conduzida: o domínio do conceito é a ciência. No terceiro livro investigaremos mais detalhadamente como toda obra de arte autêntica nasce do conhecimento intuitivo, nunca do conceito. – Até mesmo no que se refere ao nosso comportamento, às maneiras pessoais no trato com os outros, o conceito é apenas de valor negativo, para conter o extravasamento grosseiro do egoísmo e da bestialidade, com o que a cortesia faz seu elogiável trabalho; porém, o atrativo, o gracioso, o cativante do comportamento, o amigável e amável não podem proceder dele, do contrário:

fühlt man Absicht und man ist verstimmt.[28]

---

* Por isso sou da opinião de que a fisiognomonia não pode avançar com muita segurança, a não ser até o estabelecimento de algumas regras muito gerais, como por exemplo estas: na testa e nos olhos pode-se ler o que há de intelectual numa pessoa, já na boca e na metade inferior da face o que há de ético, as manifestações da vontade; – testa e olhos explicitam-se reciprocamente: tomados isoladamente são apenas parcialmente compreensíveis; – o gênio nunca o é sem uma testa alta, larga, belamente arqueada, mas a recíproca amiúde não é verdadeira; – de uma aparência espirituosa pode-se inferir uma natureza espiritual tanto mais seguramente quanto mais feia for a face, e de uma aparência estúpida pode-se inferir a estupidez tanto mais seguramente quanto mais bela for a face; porque a beleza, como adequação ao tipo da espécie, também já porta em e por si mesma uma expressão de clareza espiritual, ao contrário do que ocorre com a fealdade etc.

28 "Sentimos a intenção e nos indispomos" (Goethe). (N. T.)

Toda dissimulação é obra da reflexão; no entanto, não pode durar continuamente por tempo indeterminado: *memo potest personam diu ferre fictam*,[29] diz Sêneca no livro *De clementia*: na maioria das vezes é reconhecida e o seu efeito torna-se ineficaz. A razão é necessária nas grandes exigências da vida quando se precisa de prontas decisões, atitudes audazes, apreensões rápidas e firmes; contudo, se ela predomina, confundindo e obstando a descoberta intuitiva e imediata do que é correto pelo puro entendimento, dificultando ao mesmo tempo a apreensão do que é oportuno, então produz indecisão e facilmente arruína tudo.

I 69 // Por fim, também a virtude e a santidade não nascem da reflexão, mas da profundeza íntima da vontade e da sua relação com o conhecimento. A explicitação disso pertence a outro lugar completamente diferente deste escrito; aqui, porém, permito-me observar que os dogmas que se relacionam com o ético podem até ser os mesmos na faculdade de razão de nações inteiras, porém a conduta de cada indivíduo pode ser outra, e vice-versa; a conduta transcorre, como se diz, conforme o SENTIMENTO, isto é, não segundo conceitos, mas segundo o conteúdo ético. Os dogmas ocupam a razão ociosa; enquanto a conduta segue o seu caminho, em última instância, independentemente deles, a maioria das vezes não conforme máximas abstratas, mas conforme máximas indizíveis, cuja expressão é a pessoa inteira mesma. Assim, por mais diferentes que sejam os dogmas religiosos dos povos, o bom feito é acompanhado entre eles de contentamento indizível, e o mau feito, de um remorso sem fim: o primeiro não admite zombaria alguma; do último, padre algum pode nos absolver. Todavia, não se deve negar que, na observância de uma vida virtuosa, o emprego da razão é necessário, embora ela não seja a fonte da virtude, mas sua função é subordinada, ou seja, manter as decisões tomadas, providenciar máximas para resistência contra fraquezas do momento e para conservação da conduta. Ao fim, a razão tem o mesmo papel na arte, onde ela também em nada contribui para o principal, porém apoia a execução, justamente porque o gênio não está sempre desperto e, não obstante, a obra deve ser consumada em todas as suas partes, formando um todo.*

---

29 "Ninguém pode usar uma máscara por muito tempo." (N. T.)

* Cf. o capítulo 7 do segundo tomo.

O mundo como vontade e como representação

§ 13

Todas as considerações precedentes, tanto em relação à utilidade quanto à desvantagem da aplicação da razão, servem para tornar claro que, embora o saber abstrato seja reflexo da representação intuitiva e se baseie nesta, de modo algum é congruente com ela a ponto de em toda parte poder substituí-la: // antes, nunca lhe corresponde inteiramente; por conseguinte, como vimos, muitas das realizações humanas só podem ser efetivadas com a ajuda da razão e de um procedimento deliberado; outras, porém, só podem ser bem efetivadas sem a sua aplicação. — Ora, é exatamente a incongruência entre o conhecimento intuitivo e o abstrato, em virtude da qual este está para aquele como um trabalho de mosaico está para a pintura, o fundamento de um fenômeno notável que, tanto quanto a razão, é exclusividade da natureza humana, não tendo recebido até agora, apesar de renovadas tentativas, nenhuma explicação aceitável: trata-se do RISO. Não podemos, por conta dessa sua origem, furtarmo-nos neste lugar a uma sua explicação, embora novamente se dê uma interrupção do curso de nossa exposição. De fato, o RISO origina-se sempre e sem exceção da incongruência subitamente percebida entre um conceito e os objetos reais que foram por ele pensados em algum tipo de relação, sendo o riso ele mesmo exatamente a expressão de semelhante incongruência. Esta aparece muitas vezes quando dois ou mais objetos reais são pensados por UM conceito, e a identidade do conceito é transmitida a eles; todavia, uma completa diferença dos objetos noutros aspectos torna evidente que o conceito só lhes era adequado de um único ponto de vista. Porém, muitas vezes é um único objeto real cuja incongruência com o conceito, ao qual foi corretamente subsumido em um de seus aspectos, é subitamente sentida. Quanto mais correta, de um lado, é a subsunção de tais realidades ao conceito e, de outro, quanto maior e mais flagrante é a sua inadequação com ele, tanto mais vigoroso é o efeito do risível que se origina dessa oposição. Todo riso, portanto, nasce na ocasião de uma subsunção paradoxal e, por conseguinte, inesperada; sendo indiferente se é expressa por palavras ou atos. Essa é, resumidamente, a explanação correta do risível.

Não me deterei aqui mencionando anedotas e exemplos com o fim de exemplificar a minha explicação, pois se trata de algo tão simples e acessível que dispensa tal procedimento. Como prova do que foi dito, que o leitor leve em conta qualquer situação risível que lhe ocorra. Todavia, a nossa explicação é ao mesmo tempo confirmada e elucidada pelo // desdobramento de dois tipos possíveis de risível, nos quais este se divide, e que procedem justamente daquela explicação, a saber: ou no conhecimento estão presentes dois ou mais objetos reais bem diferentes, representações intuitivas, identificadas arbitrariamente pela unidade de um conceito que as engloba – caso em que se tem o DITO ESPIRITUOSO –, ou, ao contrário, o conceito primeiro se encontra no conhecimento e se vai dele para a realidade e para o fazer-efeito sobre ela, isto é, para o agir, e assim objetos que noutros aspectos são fundamentalmente diferentes, porém pensados naquele conceito, são vistos e tratados da mesma maneira, até que a sua grande diferença entre em cena, para surpresa e admiração de quem age – caso em que se tem o DISPARATE CÔMICO. Em conformidade com isso, todo risível é ou um caso de dito espirituoso, ou de uma ação disparatada, dependendo de se ter partido desde a discrepância dos objetos para a identidade do conceito, ou vice-versa: o primeiro caso é sempre voluntário, o último sempre involuntário e imposto de fora. Inverter de modo aparente esse ponto de vista e mascarar o dito espirituoso com o disparate cômico é a arte do bobo da corte e do palhaço: tais personagens, plenamente conscientes da diversidade dos objetos, une-os com secreto dito espirituoso num conceito e, partindo deste, obtêm da diversidade ulteriormente encontrada entre os objetos aquela surpresa que eles mesmos haviam preparado. – Infere-se desta curta, porém suficiente teoria do risível que, tirante o último caso do fazedor de brincadeiras, o dito espirituoso sempre deve mostrar-se em palavras; o disparate cômico, entretanto, na maioria das vezes em ações, embora também em palavras quando apenas a intenção é expressa sem efetivamente ser consumada, ou quando é expressa só em simples juízos e opiniões.

Ao disparate cômico pertence também o PEDANTISMO. Este se origina do fato de se possuir pouca confiança no próprio entendimento e, em virtude disso, não se permite ao entendimento reconhecer de imediato, num caso particular, o que é conveniente; consequentemente, o entendimento fica

O mundo como vontade e como representação

por inteiro sob a tutela da razão, recorrendo a esta em todas as oportuni-
dades, ou seja, sempre parte de conceitos universais, regras, máximas e quer
apegar-se a eles rigidamente na vida, na arte, sim, na conduta ética. A forma,
a maneira de expressão e o modo de falar aderem ao pedantismo, // substituindo por este o ser das coisas. De imediato se mostra aí a incongruência
do conceito com a realidade, mostra-se como o primeiro nunca desce ao
particular e como sua universalidade e rígida determinidade nunca podem
combinar com as finas nuances e modificações variadas da efetividade. O
pedante, por conseguinte, com suas máximas universais, quase sempre é
apanhado de surpresa na vida, mostra-se imprudente, destituído de gosto,
incompetente; na arte, para a qual o conceito é infrutífero, produz abortos
maneiristas, rígidos e sem vida. Até mesmo em termos éticos o propósito
de agir justa e nobremente não pode sempre ser conduzido por máximas
abstratas, visto que em muitos casos a natureza infinitamente nuançada
das circunstâncias torna necessária uma escolha do que é justo a proceder
imediatamente do caráter, enquanto o emprego de máximas meramente
abstratas produz em parte falsos resultados, porque as máximas se aplicam
apenas parcialmente, em parte não podem ser levadas a bom termo, porque
são alheias ao caráter individual de quem age, que não pode ser negado
inteiramente – daí, portanto, resultando inconsequências. Não podemos
eximir completamente Kant da censura de ter dado azo ao pedantismo moral, já que torna condição do valor moral de uma ação o fato de esta ocorrer
a partir de puras máximas abstratas, racionais, sem nenhuma inclinação ou
afeto momentâneo; censura que também é o sentido do epigrama de Schiller
Gewissenskrupel.[30] – Quando, especialmente em assuntos políticos, fala-se de
doutrinários, teóricos, eruditos etc., com isso se pensa nos pedantes, quer
dizer, naqueles que conhecem as coisas somente *in abstracto*, não *in concreto*.
A abstração consiste em pensar ignorando-se os precisos detalhes: mas são
justamente estes que mais importam na prática.

---

30 "Escrúpulo de consciência", que soa: *Gerne dien' ich den Freunden, doch thu' ich es leider mit
Neigung, / Und so wurmt es mir oft, dass ich nicht tugenhaft bin.* (De bom grado sirvo aos
amigos, mas infelizmente o faço com inclinação, / E então amiúde corrói-me o interior,
visto que não sou virtuoso.) (N. T.)

Para completude da teoria do risível, deve-se ainda mencionar um tipo bastardo de dito espirituoso, o jogo de palavras, *calembourg, pun*, ao qual pode ser acrescentado o duplo sentido, *l'équivoque*, cuja aplicação principal é a obscenidade (chiste sujo). Assim como o dito espirituoso comprime dois objetos bem diferentes num mesmo conceito, semelhantemente o jogo de palavras, fazendo uso do acaso, junta dois conceitos diferentes numa única palavra, com o que se dá // novamente o mesmo contraste, embora de maneira muito mais pálida e superficial, porque não nasceu do ser das coisas, mas sim do acaso da nomenclatura. No dito espirituoso a identidade está no conceito, a diferença na efetividade; no jogo de palavras, entretanto, a diferença está nos conceitos e a identidade na efetividade, à qual pertence a sonoridade das palavras. Seria uma comparação afetada caso se falasse que o jogo de palavras está para o dito espirituoso como a parábola do cone superior invertido está para a do inferior. O mal-entendido de palavras, entretanto, ou *quid pro quo*, é o *calembourg* involuntário e guarda com este a mesma proporção que o disparate cômico com o dito espirituoso: eis por que quem não ouve bem, tanto quanto o bufão, é objeto de riso, e autores ruins de comédias precisam daquele, em vez deste, para provocar o riso.

Considerei aqui o riso apenas do seu lado psíquico: no que se refere ao seu lado físico, remeto à discussão no meu *Parerga*, tomo II, cap. 6, § 96, p.134 (primeira edição).*

§ 14

Após essas variadas considerações — pelas quais espero ter tornado bastante claras a diferença e a relação entre o modo de conhecimento da razão, o saber, o conceito, e o conhecimento imediato na pura intuição sensível, matemática e apreendida pelo entendimento, além de ter explicitado episodicamente o sentimento e o riso (a que fomos conduzidos quase que inevitavelmente pela consideração daquela relação notável de nossos modos de conhecimento) —, retorno doravante à explanação da ciência

---

* Cf. capítulo 8 do segundo tomo.

O mundo como vontade e como representação

como a terceira vantagem conferida pela razão ao ser humano, ao lado da linguagem e da ação planejada. A consideração geral da ciência que aqui se impõe concernirá em parte à sua forma, em parte à fundação dos seus juízos e, por fim, também ao seu conteúdo.

I 74 // Vimos que, excetuando-se o fundamento da lógica pura, toda ciência em geral não encontra a sua origem na razão mesma, mas, originando-se noutro local como conhecimento intuitivo, estabelece-se na razão, assumindo aí um modo de conhecimento inteiramente outro, ou seja, o abstrato. Todo SABER, isto é, todo conhecimento elevado *in abstracto* à consciência, está para a CIÊNCIA propriamente dita como um fragmento está para o todo.[31] Qualquer ser humano obtém pela experiência, pela consideração do particular que se lhe apresenta, um saber sobre muitas e variadas coisas: contudo, somente quem se atribuiu a tarefa de obter conhecimento total *in abstracto* sobre uma classe de objetos trabalha em favor da ciência. Exclusivamente pelo conceito é possível isolar essa classe de objetos; eis por que no ápice de qualquer ciência encontra-se um conceito, com o qual cada parte é pensada a partir do conjunto das coisas, e desta parte a ciência promete um conhecimento completo e *in abstracto*: como no caso do conceito de relações espaciais, da ação dos corpos inorgânicos entre si, da constituição das plantas e dos animais, das mudanças sucessivas na superfície da Terra, das mudanças da espécie humana como um todo, da formação de uma linguagem etc. Se a ciência quisesse obter o conhecimento de seu objeto pela investigação particular de cada coisa pensada no conceito, até gradualmente conseguir conhecer o todo, então, em parte, nenhuma memória humana seria suficiente para tal tarefa; em parte, certeza alguma de plena completude seria alcançada. Daí a ciência servir-se da especificidade das esferas conceituais anteriormente explicitada de uma conter a outra e se dirigir principalmente às esferas mais amplas, intrínsecas ao conceito de seu objeto: na medida em que determina as relações das esferas entre si, tudo o que é nelas pensado é também determinado em geral pela ciência, que, por exclusões, pode determinar cada vez mais exatamente esferas conceituais

---

31 Sobre o jogo de palavras entre *Wissen*, saber, e *Wissenschaft*, ciência, cf. a minha primeira nota ao § 10. (N. T.)

sempre mais precisas. Com isso é possível a uma ciência compreender por completo o seu objeto. Tal caminho cognitivo do universal para o particular distingue a ciência do saber comum; conseguintemente, a forma sistemática é uma marca característica, essencial da ciência. A ligação das esferas // mais universais de conceito em cada ciência, isto é, o conhecimento de seus princípios superiores, é condição absolutamente necessária do aprendizado científico: o quão mais longe deseja-se ir dos princípios superiores aos princípios particulares é uma questão de escolha que altera não o fundamental, mas a extensão daquele aprendizado. – O número dos princípios superiores aos quais se subordinam todos os demais é bastante variado, conforme as diversas ciências, de tal forma que numas há mais subordinação, noutras mais coordenação; com isso, as primeiras exigem mais faculdade de juízo, as outras, mais memória. Já os escolásticos* sabiam que, devido ao fato de a conclusão exigir duas premissas, ciência alguma pode ser derivada de um único e não mais dedutível princípio superior, mas tem de possuir vários princípios, ao menos dois. As ciências propriamente classificatórias: zoologia, botânica, também a física e a química (na medida em que reduzem todo fazer-efeito inorgânico a poucas forças fundamentais), têm o maior número de subordinações; a história, ao contrário, propriamente dizendo, não possui subordinação alguma, pois o universal nela consiste apenas na visão panorâmica dos principais períodos, dos quais, porém, não se podem deduzir eventos particulares — os quais estão subordinados aos principais períodos só segundo o tempo e coordenados segundo o conceito: consequentemente, a história, tomada em sentido estrito, é sem dúvida um saber, mas não uma ciência. Na matemática euclidiana os axiomas são os únicos princípios superiores indemonstráveis, aos quais se subordinam estrita e gradualmente todas as demonstrações; todavia, semelhante tratamento não é essencial à matemática e, de fato, cada teorema inicia uma nova construção espacial independente das anteriores que pode ser conhecida por si mesma, de modo inteiramente independente destas, através da pura intuição do espaço, na qual a mais complicada construção é evidente de maneira tão imediata quanto o axioma mesmo. Mais adiante

---

* SUAREZ, *Disput. Metaphysicae*, disp. III, sect. 3, tit. 3.

retornaremos ao assunto. Entrementes, podemos dizer que cada princípio matemático sempre permanece uma verdade universal válida para inumeráveis casos particulares, sendo também essencial à matemática uma sequência gradual dos princípios simples para os mais complexos, estes podendo ser remetidos àqueles: portanto, em todos os aspectos, a matemática é uma ciência. – A // perfeição de uma ciência enquanto tal, ou seja, segundo a forma, reside no maior número possível de princípios subordinados e no menor possível de princípios coordenados. O talento científico em geral, pois, é a capacidade de subordinar as esferas conceituais segundo as suas diversas determinações para que, como Platão repetidas vezes recomenda, a ciência não seja formada de algo universal e uma enorme variedade de casos particulares justapostos imediatamente sob ele, mas que o conhecimento desça gradualmente do mais universal ao particular, passando por conceitos intermédios e divisões feitas com determinações cada vez mais precisas. De acordo com a expressão de Kant, isso significa satisfazer igualmente às leis de homogeneidade e de especificação. Precisamente porque a perfeição científica consiste nisso, segue-se que o fim da ciência não é a certeza máxima, pois esta pode ser igualmente encontrada até mesmo no conhecimento singular mais isolado, mas a facilitação do saber mediante a sua forma e, assim, a possibilidade aberta para a completude do saber. Portanto, dizer, como ocorre correntemente, que a cientificidade do conhecimento reside na sua maior certeza é uma opinião equivocada, como também é falsa a afirmação daí proveniente de que só a matemática e a lógica seriam ciências no sentido estrito do termo, visto que somente nestas, devido à sua completa aprioridade, tem-se a certeza irrefutável do conhecimento. Esta última vantagem, de fato, não lhes pode ser negada, contudo não lhes confere direito especial à cientificidade, que não está na segurança, mas na forma sistemática do conhecimento, fundada na descensão gradual do universal ao particular. – Esse caminho de conhecimento, próprio às ciências, de descer do universal ao particular, torna necessário que por ele muita coisa seja fundamentada por dedução a partir de princípios precedentes, logo, por demonstrações, o que ocasionou o velho erro de que só aquilo que é demonstrado é completamente verdadeiro, e cada verdade exigiria uma demonstração; antes, ao contrário, cada demonstração precisa de uma verdade indemonstrável que em última instância sustenta a ela ou à sua demonstração: por consequência, é preferível uma verdade fundada imediatamente a uma fundada por demonstração, // como é preferível a água que brota da fonte àquela do aqueduto. A intuição, tanto pura e *a priori*, igual à que funda a matemática, quanto empírica e *a posteriori*, igual à que funda todas as outras ciências, é a fonte de toda verdade e o fundamento de qualquer ciência (com única exceção da lógica, baseada não no conhecimento intuitivo, mas no conhecimento imediato que a razão tem das próprias leis). Não os juízos demonstrados, muito menos as suas demonstrações, mas os juízos hauridos e fundamentados imediatamente na intuição, em vez de qualquer demonstração, são na ciência o que o Sol é para o mundo: pois destes juízos provém toda luz, a qual, refletida, faz os outros juízos iluminarem-se novamente. Fundamentar imediatamente na intuição a verdade de tais primeiros juízos, destacar tais pedras-base da ciência a partir da imensa multidão das coisas reais, é a obra da FACULDADE DE JUÍZO, este poder de transmitir correta e exatamente para a consciência abstrata o que foi conhecido intuitivamente. Com isso, a faculdade de juízo é a intermediária entre o entendimento e a razão, e apenas quando ela, num indivíduo, distingue-se e ultrapassa com seu poder a medida comum é que se pode efetivamente fazer progresso nas ciências: por sua vez, deduzir proposições de proposições, demonstrar, concluir é algo acessível a todos, desde que tenha razão saudável. Ao contrário, recolher e fixar o que foi conhecido intuitivamente em conceitos apropriados para a reflexão, de tal modo que, de um lado, aquilo comum a muitos objetos reais seja pensado por UM conceito e, de outro, o diferente deles seja pensado por outros tantos conceitos, e, assim, o diferente, apesar de uma concordância parcial, seja pensado e conhecido como diferente, e o idêntico, apesar de uma diferença parcial, seja pensado e conhecido como idêntico, conforme o fim e o aspecto que convenha a cada caso: eis em tudo isso uma tarefa da FACULDADE DE JUÍZO. A carência desta se chama SIMPLORIEDADE. O simplório por vezes desconhece a diferença relativa ou parcial do que é num certo aspecto idêntico, por vezes desconhece a identidade do que é relativa ou parcialmente diferente. Ademais, no que se refere a essa explanação da faculdade de juízo, pode-se ainda empregar a bipartição kantiana da mesma em reflexionante e determinante, conforme se transite dos objetos intuitivos para o conceito, ou deste para aqueles; em ambos os casos // a faculdade de juízo sempre faz a intermediação entre o conhecimento intuitivo do entendimento e o reflexivo da razão. – Não existe verdade alguma que possa ser deduzida única e exclusivamente por silogismos; a necessidade de fundamentá-la apenas em silogismos é sempre relativa, sim, subjetiva. Ora, como todas as demonstrações são silogísticas, não é preciso primeiro procurar demonstração para uma nova verdade, mas uma evidência imediata; só pelo tempo em que esta se encontra ausente é que a demonstração pode ser provisoriamente fornecida. Nenhuma ciência pode ser absolutamente demonstrável, tampouco quanto um edifício pode sustentar-se no ar: todas as suas demonstrações têm de ser remetidas a algo intuitivo, por conseguinte não mais demonstrável. Pois o mundo inteiro da reflexão repousa e se enraíza no mundo intuitivo. Toda evidência última, isto é, originária, é INTUITIVA, o que a palavra já o indica.[32] Em conformidade com isso, a evidência é ou empírica ou fundada sobre a intuição *a priori* das condições da experiência possível: em ambos os casos, portanto, produz sempre conhecimento imanente, não transcendente. Qualquer conceito adquire valor e existência exclusivamente em sua referência (embora esta possa ser bastante indireta) a uma representação intuitiva: o que vale para os conceitos vale também para os juízos construídos a partir deles e para todas as ciências. Consequentemente, em algum momento tem de ser possível que cada verdade encontrada por via silogística e comunicada por demonstrações também seja conhecida imediatamente, sem demonstrações e sem silogismos. Decerto isso é bem mais difícil com os muitos princípios matemáticos complicados, aos quais chegamos somente mediante cadeias de conclusões: por exemplo, o cálculo das cordas e das tangentes de todos os arcos a partir do teorema de Pitágoras: porém, mesmo tal verdade também não pode repousar essencial e exclusivamente sobre princípios abstratos, e as relações es-

---

32 Aqui Schopenhauer aproxima o termo de origem latina, grafado em alemão *Evidenz*, "visibilidade, clareza, transparência", dos termos alemães *Anschauung* e *Anschaulich*, "intuição" e "intuitivo", que vêm do verbo *anschauen*, "ver", "olhar": *Anschauung*, pois, indica algo que pode ser diretamente visto, que é visível, evidente. (N. T.)

paciais que estão em sua base têm de ser de tal modo evidenciadas *a priori* para a pura intuição que sua definição abstrata termina por ser fundamentada imediatamente. Em breve trataremos detalhadamente das demonstrações na matemática.

Frequentemente se fala, em tom elevado, de certas ciências repousarem totalmente em conclusões a partir de premissas certas, com o que seriam inabalavelmente verdadeiras. Entretanto, através de puras cadeias lógicas de conclusões, por mais verdadeiras que sejam suas premissas, // nada mais se alcança senão uma elucidação e pormenorização daquilo que já estava contido por inteiro nas premissas: portanto, apenas se expõe *explicite*[33] aquilo que lá mesmo já se entendia *implicite*.[34] Quando se fala de tais famosas ciências, pensa-se em especial nas matemáticas, principalmente a astronomia. A certeza desta, todavia, origina-se do fato de ter por fundamento a intuição pura *a priori*, portanto infalível, do espaço, bem como de nela se seguirem todas as relações espaciais umas das outras com uma necessidade (princípio de razão do ser) que lhes confere certeza *a priori*, permitindo que sejam deduzidas com segurança umas das outras. A essas determinações matemáticas acrescenta-se uma única força natural, a gravidade, que faz efeito na proporção direta da massa e do quadrado da distância, e, ainda, a lei exata e *a priori* de inércia (posto que derivada da lei de causalidade) junto com o *datum*[35] empírico do movimento impresso de uma vez por todas em cada massa. Eis o material inteiro da astronomia que, tanto pela sua simplicidade quanto pela sua segurança, conduz a resultados definitivos e muito interessantes, fazendo jus à grandeza e importância de seus temas. Por exemplo, se conheço a massa de um planeta e a distância de seu satélite posso concluir com certeza o período de translação do último conforme a segunda lei de Kepler: o fundamento dessa lei, entretanto, é que a essa distância apenas essa velocidade determinada é capaz de manter o satélite orbitando em torno do seu planeta, impedindo que caia nele. — Portanto, apenas baseando-se em semelhantes fundamentos geométricos, isto é, por meio

---

33 "Explicitamente." (N. T.)

34 "Implicitamente." (N. T.)

35 "Dado." (N. T.)

de uma intuição *a priori* junto com a aplicação de uma lei natural, é possível avançar com silogismos, que aqui, por assim dizer, são meras pontes de UMA concepção intuitiva a outra; o mesmo não ocorre com os simples e puros silogismos da via exclusivamente lógica. A origem das primeiras verdades astronômicas fundamentais, contudo, é de fato a indução, ou seja, a visão sumária, num juízo fundamentado correta e imediatamente, do que foi dado em muitas intuições: de tal juízo são formadas hipóteses, cuja confirmação pela experiência (como indução que se aproxima da completude) fornece a prova daquele primeiro juízo. Por exemplo, o movimento aparente dos planetas é conhecido empiricamente: // depois de muitas hipóteses falsas sobre a relação espacial desse movimento (órbita planetária), a hipótese verdadeira foi finalmente encontrada, bem como as leis que o movimento segue (as leis de Kepler). Por fim, também foi encontrada a causa destas leis (gravitação universal); e foi a concordância empiricamente conhecida de todos os casos observados com o conjunto inteiro das hipóteses e suas consequências – portanto a indução – que forneceu a certeza completa. A descoberta da hipótese foi tarefa da faculdade de juízo, que apreendeu de maneira correta os fatos dados e os expressou adequadamente; a indução, entretanto, vale dizer, a intuição repetida, confirmou sua verdade. Porém, mesmo imediatamente, por uma única intuição empírica, essa hipótese poderia ser fundamentada, caso pudéssemos percorrer livremente o espaço cósmico e tivéssemos olhos telescópicos. Em consequência, também aqui os silogismos não são a fonte essencial e única do conhecimento, mas, de fato, apenas um expediente de ajuda.

Finalmente, queremos ainda observar, com o fim de estabelecer um terceiro exemplo diferente, que também as chamadas verdades metafísicas, como Kant as estabelece nos princípios metafísicos da ciência da natureza, não devem sua evidência a demonstrações. O que é certo *a priori* conhecemos imediatamente: temos a consciência disto com a maior necessidade porque isto é a forma de todo conhecimento. Por exemplo, que a matéria permanece, isto é, que não pode nascer nem perecer, sabemo-lo imediatamente como verdade negativa: pois nossa pura intuição do espaço e do tempo dá a possibilidade do movimento; o entendimento dá, com a lei de causalidade, a possibilidade da mudança de forma e qualidade: no entanto, faltam-nos as formas de representabilidade de uma origem e desaparecimento da matéria. Aquela verdade foi evidente para todos, em todos os tempos e em toda parte, nunca tendo sido seriamente contestada; o que não seria o caso se o seu fundamento de conhecimento fosse somente a demonstração laboriosa e hesitante de Kant. Ademais (o que será tratado em detalhe no apêndice deste livro), considero falsa a demonstração kantiana e mostrei anteriormente que a permanência da matéria é dedutível não do papel que cabe ao tempo na possibilidade da experiência, mas do papel que cabe ao espaço. A fundamentação propriamente dita das verdades que, nesse sentido, são chamadas // metafísicas, ou seja, expressões abstratas das formas necessárias e universais do conhecimento, não pode residir em princípios abstratos, mas exclusivamente na consciência imediata das formas da representação: algo enunciado *a priori* em asserções apodíticas livres de refutação. Todavia, caso se queira fornecer uma demonstração das verdades metafísicas, esta só pode consistir em mostrar que o que tem de ser demonstrado já está parcialmente contido ou pressuposto por outra verdade indubitável: assim, por exemplo, mostrei que toda intuição empírica já implica o emprego da lei de causalidade, cujo conhecimento, portanto, é condição de toda experiência e, por isso, não é primeiro dado e condicionado por esta, como Hume afirmava. — Em geral, demonstrações são destinadas não tanto aos que estudam, mas antes aos que querem disputar. Estes negam obstinadamente a intelecção imediatamente fundamentada: mas só a verdade pode ser consequente em todas as direções; temos, portanto, de mostrar a tais pessoas que elas admitem indiretamente sob UMA figura o que negam diretamente sob outra, portanto a conexão lógica necessária entre o que é negado e o que é admitido.

Ademais, é consequência da forma científica, isto é, da subordinação em marcha ascendente de todo particular a um universal, que a verdade de muitas proposições seja fundamentada apenas logicamente, ou seja, por sua dependência de outras proposições, logo, por silogismos que aparecem ao mesmo tempo como demonstrações. No entanto, não se deve esquecer que toda essa forma é apenas um meio de facilitação do conhecimento, não uma via para a certeza maior. É mais fácil conhecer a constituição de um

O mundo como vontade e como representação

animal pela espécie a que pertence e assim ascender pelo *genus* à família, à ordem, à classe a que pertence, que investigar por si mesmo esse animal em cada ocasião; porém, a verdade de qualquer proposição deduzida por silogismos é sempre condicionada e, ao fim, dependente de outra verdade que repousa não em silogismos, mas na intuição. Se esta última estivesse sempre ao alcance da mão, como a dedução por silogismos, seria preferível em todos os aspectos, pois toda dedução a partir de conceitos está sujeita a muitos enganos, já que, como mostrado anteriormente, as suas esferas se interceptam por muitos meios e a determinação de // seu conteúdo é frequentemente incerta, do que dão exemplos as tantas demonstrações de doutrinas falsas e os sofismas de todo tipo. — Os silogismos são absolutamente certos segundo a forma, porém muito incertos no que tange à sua matéria, os conceitos; em parte porque as esferas destes amiúde não são determinadas de modo suficientemente preciso, em parte porque se interceptam de maneira tão variada que uma esfera se encontra parcialmente contida em muitas outras, podendo-se, portanto, transitar arbitrariamente dela para uma outra e assim sucessivamente, como já expusemos. Em outras palavras: o *terminus minor*[36] e também o *medius*[37] podem ser sempre subordinados a conceitos diferentes, dos quais escolhe-se ao sabor do acaso o *terminus major*[38] e o *medius*,[39] com o que, então, a conclusão apresenta-se diferenciada. — Como resultado, em toda parte a evidência imediata é de longe preferível à verdade demonstrada, que é para ser aceita apenas onde a primeira é muito remota, não quando a evidência imediata se encontra tão ou mais perto do que a verdade demonstrada. Por isso, vimos antes que, quando (na lógica) o conhecimento imediato está mais próximo de nós em cada caso particular do que o conhecimento científico, orientamos o nosso raciocínio sempre segundo o conhecimento imediato das leis do pensamento, deixando a lógica de lado.*

---

36 "Termo menor." (N. T.)

37 "Médio." (N. T.)

38 "Termo maior." (N. T.)

39 "Médio." (N. T.)

 * Cf. capítulo 12 do segundo tomo.

Arthur Schopenhauer

§ 15

Se com a nossa convicção de que a intuição é a fonte primária de qualquer evidência, e que somente a referência imediata ou intermediada a ela é a verdade absoluta, e, ainda, que o caminho mais breve para esta é sempre o mais seguro, já que toda intermediação por conceitos acarreta muitos enganos; — se, ia dizer, com essa convicção, dirigimo-nos à MATEMÁTICA tal como ela foi cientificamente estabelecida por Euclides, e permaneceu no seu conjunto até os dias de hoje, então é difícil não achar estranha e até mesmo pervertida a via por ela seguida. De nossa parte exigimos a remissão de cada fundamentação lógica a uma fundamentação intuitiva; a matemática euclidiana, ao contrário, empenha-se com grande afinco, em todo lugar, em descartar deliberadamente a evidência intuitiva // sempre ao alcance da mão, substituindo-a por uma evidência lógica. Procedimento parecido ao de alguém que corta as pernas para andar de muletas, ou ao do príncipe do *Triumph der Empfindsamkeit* que foge da natureza realmente bela para regozijar-se numa decoração de teatro que a imita. — Aqui tenho de recordar o que disse no sexto capítulo do meu ensaio sobre o princípio de razão, supondo-o fresco e presente na memória do leitor, de maneira que, agora, complemento as minhas observações sem de novo ocupar-me com a diferença entre a mera razão de conhecimento de uma verdade matemática, que pode ser dada logicamente, e a razão de ser, que é a conexão só conhecida intuitivamente das partes do espaço e do tempo, intelecção que é a única a fornecer satisfação verdadeira e conhecimento sólido, enquanto a mera razão de conhecimento sempre permanece na superfície, e em verdade é um saber que pode nos dizer QUE algo é, mas não POR QUE algo é. Euclides seguiu este último caminho, para clara desvantagem da ciência. Assim, por exemplo, quando de início ele deveria mostrar definitivamente que no triângulo os lados e os ângulos se determinam reciprocamente e são fundamento e consequência uns dos outros, segundo a forma que o princípio de razão tem no mero espaço, que aí fornece, como em toda parte, a necessidade de uma coisa ser como é, porque outra coisa completamente diferente dela é como é — em vez disso, ou seja, de nos dar uma intelecção fundamental da essência do triângulo, simplesmente formula algumas proposições desconectadas e escolhidas

O mundo como vontade e como representação

arbitrariamente acerca dessa figura, fornecendo dela um fundamento de conhecimento lógico por meio de uma demonstração laboriosa conduzida segundo o princípio de contradição. Em vez de adquirirmos um conhecimento exaustivo dessas relações espaciais, temos delas apenas alguns resultados comunicados arbitrariamente, estando-se assim na mesma condição de uma pessoa a quem se mostrou os diferentes efeitos de uma máquina engenhosa, sendo-lhe todavia vedado o acesso ao seu mecanismo interior e modo de funcionamento. Que tudo o que foi demonstrado por Euclides seja realmente assim, tem-se de admitir ao sermos compelidos pelo princípio de contradição: entretanto, POR QUE é assim, isso não sabemos. Quase temos a sensação desconfortável // parecida àquela produzida por um truque; e, de fato, a maioria das demonstrações de Euclides aproxima-se espantosamente de um truque. A verdade é frequentemente introduzida pela porta dos fundos, pois resulta *per accidens*[40] de alguma circunstância acessória. Muitas vezes uma demonstração apagógica fecha todas as portas, uma atrás da outra, deixando só uma aberta, pela qual, única e exclusivamente por este motivo, deve-se entrar. Outras vezes, como no teorema de Pitágoras, linhas são traçadas sem se saber ao certo por que: depois se nota que eram laços estendidos para capturar desprevenida a concordância do aprendiz, o qual, atônito, tem de admitir o que, em seu foro íntimo, permanece completamente inconcebível, tanto mais que pode estudar a matemática euclidiana inteira sem ganhar uma intelecção propriamente dita das leis das relações espaciais, mas apenas aprende de memória alguns de seus resultados. Esse conhecimento propriamente empírico e nada científico assemelha-se ao do médico que conhece a doença e o medicamento, mas não a relação entre os dois. Tudo isso, entretanto, é consequência da rejeição caprichosa do modo próprio de fundamentação e evidência de um tipo de conhecer, substituindo-o forçadamente por outro estranho à sua essência. Entretanto, a maneira como tudo isso foi conduzido por Euclides mereceu toda a admiração que os séculos lhe dedicaram, indo tão longe a ponto de seu método de tratamento da matemática ter sido declarado modelo de todas as exposições científicas, segundo o qual se procurou modelar

---

40 "Por acidente." (N. T.)

as demais ciências; mais tarde, entretanto, afastaram-se desse modelo, sem se saber ao certo por quê. Aos nossos olhos, no entanto, aquele método de Euclides só pode aparecer na matemática como uma muito brilhante perversidade. Em cada grande erro, na vida ou na ciência, que é praticado metódica e intencionalmente com o consentimento geral, é sempre possível demonstrar a sua razão na filosofia predominante de seu tempo. — Os eleatas foram os primeiros a descobrir a diferença, mais frequentemente a oposição, entre o intuído, φαινόμενον, e o pensado, νοούμενον,* usando-a de diversas maneiras em // seus filosofemas e sofismas. Mais tarde foram seguidos por megáricos, dialéticos, sofistas, neoacadêmicos e céticos, os quais chamaram a atenção para a ilusão, isto é, o engano dos sentidos, ou, antes, do entendimento, que converte os dados sensórios em intuição, com o que frequentes vezes vemos coisas cuja realidade é com certeza negada pela razão: por exemplo, o bastão quebrado na água e coisas semelhantes. Notou-se que a intuição sensível não é incondicionalmente confiável, concluindo-se precipitadamente que só o pensamento lógico-racional funda a verdade, embora Platão (em *Parmênides*), mediante exemplos (no modo usado ulteriormente por Sexto Empírico), mostrasse aos megáricos, pirrônicos e neoacadêmicos como, por seu turno, também silogismos e conceitos conduzem a erros, sim, produzem paralogismos e sofismas que se originam muito mais facilmente e são muito mais difíceis de resolver do que a ilusão da intuição sensível. Todavia, o racionalismo, nascido em oposição ao empirismo, ganhou a batalha e, em conformidade com o racionalismo, Euclides trabalhou a matemática, alicerçando sobre a evidência intuitiva (φαινόμενον) somente os axiomas, deixando todo o resto apoiado em silogismos (νοούμενον). Seu método predominou por séculos e permaneceu pelo tempo em que a intuição pura *a priori* não foi distinguida da intuição empírica. Em verdade, já Proclos, comentador de Euclides, parece ter conhecido por completo essa distinção, como o mostram passagens desse comentador que Kepler traduziu para o latim em seu livro *De harmonia mundi*: porém, Proclos deu pouca atenção ao assunto, tratou-o muito isoladamente, fez-lhe

---

* Não se deve pensar aqui no mau uso feito por Kant dessas expressões gregas, o que é criticado no apêndice desta obra.

pouco-caso e não chegou a conclusão alguma. Só dois milênios mais tarde é que a doutrina de Kant, destinada a produzir tão grandes mudanças em todo saber, pensamento e prática dos povos europeus, também pôde provocar semelhantes mudanças na matemática. Pois, somente após termos aprendido deste grande espírito que as intuições do espaço e do tempo são completamente diferentes das empíricas, bem como independentes de quaisquer impressões dos sentidos, pois em verdade aquelas primeiras condicionam a estas, em vez de serem por elas condicionadas, isto é, são *a priori* e, por conseguinte, isentas por inteiro das ilusões dos sentidos, só após isso, ia dizer, é que pudemos notar como o método lógico de Euclides

I 86 tratar a matemática é uma // precaução inútil, muletas para pernas sãs. Esse procedimento assemelha-se ao do andarilho que, à noite, ao confundir um caminho iluminado e seguro com um curso d'água, guarda-se de penetrá-lo, prosseguindo sempre pela margem, saltando aqui e ali, contente por não afundar os pés na suposta água. Só agora podemos afirmar com segurança que aquilo que necessariamente se anuncia pela intuição de uma figura não provém da figura talvez desenhada imperfeitamente sobre o papel, também não provém do conceito abstrato ali pensado, mas imediatamente da forma de todo conhecimento, da qual estamos conscientes *a priori*: tal forma é em toda parte o princípio de razão, que, aqui, como forma da intuição, isto é, o espaço, assume a figura do princípio de razão do ser, cuja evidência e validade são tão grandes e imediatas quanto as do princípio de razão do conhecimento, isto é, a certeza lógica. Portanto, não precisamos nem devemos, para assim confiar somente nesta última, abandonar o domínio próprio da matemática e confirmá-la em outro domínio que lhe é completamente estranho, vale dizer, o dos conceitos. Se nos mantivermos no solo próprio da matemática alcançaremos a grande vantagem de nela termos a coincidência entre saber QUE algo é assim e saber POR QUE algo é assim — enquanto o método euclidiano separa por completo os dois momentos e permite conhecer apenas o primeiro. Aristóteles, todavia, fala de maneira admirável em *Analyt. post.* I, 27: Ἀκριβεστέρα δ'ἐπιστήμη ἐπιστήμης καὶ προτέρα, ἥτε τοῦ ὅτι καὶ τοῦ διότι ἡ αὐτή, ἀλλὰ μὴ χωρὶς τοῦ ὅτι, τῆς τοῦ διότι. (*Subtilior autem et praestantior ea est scientia, qua quod aliquid sit, et cur sit una simulque intelligimus,* *non separatim quod, et cur sit.*)⁴¹ Na física apenas estamos satisfeitos quando o conhecimento de QUE algo é assim vincula-se ao conhecimento de POR QUE algo é assim: que o mercúrio no tubo de Torricelli se eleve a 28 polegadas, eis um saber pobre se não adicionarmos que a sua altura é mantida pelo contrapeso do ar. Mas será que na matemática deve satisfazer-nos a *qualitas occulta*⁴² do círculo de que os segmentos de duas cordas que se intersectam sempre formam retângulos iguais? Que isso seja dessa forma é demonstrado por Euclides na 35ª proposição do terceiro livro; porém, não se sabe por quê. Do mesmo modo, o teorema de Pitágoras nos ensina a conhecer // uma *qualitas occulta* do triângulo retângulo: a demonstração de Euclides, astuta e até mesmo capciosa, abandona-nos no por que, enquanto a figura simples a seguir, já conhecida, fornece de um só golpe muito mais intelecção e sólido convencimento íntimo daquela necessidade e da dependência daquela propriedade do ângulo reto do que é fornecido na demonstração euclidiana.

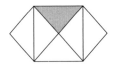

Também no caso dos catetos desiguais tem-se de chegar a uma semelhante convicção intuitiva, como em geral em qualquer possível verdade geométrica, pois o descobrimento desta principiou todas as vezes com uma tal necessidade intuitiva e somente depois a demonstração foi adicionada: portanto, quando da descoberta de uma verdade geométrica, precisa-se apenas de uma análise do processo de pensamento para conhecer intuitivamente a sua necessidade. É em geral o método analítico o que desejo para a exposição da matemática, em vez do sintético usado por Euclides. Não obstante, em se tratando de verdades matemáticas complicadas, o método analítico possui enormes dificuldades, porém não insuperáveis. Na Alemanha começa esporadicamente a mudar a exposição da matemática e o

---

41 "Mais certa e excelente é a ciência que ensina simultaneamente *que* algo é e *por que* algo é, em vez daquela que ensina separadamente *que* algo é e *por que* algo é." (N. T.)
42 "Qualidade oculta." (N. T.)

caminho analítico é percorrido mais vezes. Da maneira mais decisiva o fez o Sr. Kosak, professor de matemática e física no Ginásio de Nordhausen, ao adicionar ao programa do exame escolar de 6 de abril de 1852 um ensaio detalhado para tratar a geometria segundo os meus princípios.

Na melhoria dos métodos matemáticos é preciso antes de tudo eliminar o preconceito de que a verdade demonstrada possui alguma vantagem sobre a verdade conhecida intuitivamente; ou a verdade lógica baseada no princípio de contradição possui alguma vantagem sobre a verdade metafísica, que é imediatamente evidente e à qual também pertence a intuição pura do espaço.

I 88 // O que há de mais certo, no entanto inexplicável, em toda parte é o conteúdo do princípio de razão; pois este princípio, em suas diversas figuras, indica a forma geral de todas as nossas representações e de todos os nossos conhecimentos. Toda explanação é remissão a ele, é o demonstrar em caso particular da conexão de representações por ele expressa em geral. Nesse sentido, é o princípio de toda explanação; por conseguinte, não é passível de uma, nem dela necessita, visto que toda explanação já o pressupõe e só mediante ele adquire significação. Nenhuma de suas figuras tem prerrogativa sobre as outras: ele é igualmente certo e indemonstrável como princípio de razão do ser, ou do devir, ou do agir, ou do conhecer. A relação entre fundamento e consequência em qualquer uma de suas figuras é necessária e, em geral, é a origem e única significação do conceito de necessidade. Não há outra necessidade senão a da consequência se o fundamento for dado, e inexiste fundamento que não produza a necessidade da consequência. Tão certo quanto que do fundamento de conhecimento expresso nas premissas se segue a consequência dada na conclusão também é que o fundamento de ser no espaço condiciona a consequência no espaço: se conheço intuitivamente a relação entre fundamento e consequência, a certeza é tão grande quanto a de qualquer certeza lógica. Cada teorema geométrico expressa tão bem uma tal relação quanto um dos doze axiomas: o teorema geométrico é uma verdade metafísica e, como tal, tão imediatamente certo quanto o princípio de contradição mesmo, que é uma verdade metalógica e fundamento universal de toda demonstração lógica. Quem nega a necessidade intuitivamente exposta das relações espaciais de um teorema pode com igual direito negar os axiomas, ou negar a conclusão como consequência das premissas, sim, pode até mesmo negar o princípio de contradição: pois tudo isso são coisas igualmente indemonstráveis, imediatamente evidentes e conhecidas *a priori*. Assim, alguém que quisesse deduzir a necessidade das relações espaciais, intuitivamente conhecida, só por uma demonstração lógica baseada no princípio de contradição assemelhar-se-ia ao estrangeiro que quisesse partilhar um feudo // com o seu suserano imediato. Isso, entretanto, é o que Euclides fez. Somente seus axiomas são baseados na evidência imediata: todas as verdades geométricas que se seguem são demonstradas logicamente, isto é, sob a pressuposição daqueles axiomas e a partir da concordância com as assunções feitas no teorema, ou com um teorema anterior, ou também a partir da contradição que nasceria com o oposto do teorema e as assunções, com os axiomas, com os teoremas anteriores ou até consigo mesmo. Porém, os axiomas mesmos não possuem mais evidência do que qualquer outra proposição geométrica, só mais simplicidade, devido ao seu menor conteúdo.

Se um delinquente é capturado, suas declarações são registradas num protocolo, a fim de verificar a sua concordância e julgar a sua veracidade. Não obstante, isso é apenas um expediente de ajuda, o qual não se leva muito a sério, caso se possa por si mesmo investigar imediatamente a verdade de cada uma de suas declarações, mesmo porque a pessoa em questão pode mentir de maneira consequente desde o início. Aquele primeiro método, entretanto, foi o seguido por Euclides para investigar o espaço. Ele até que começou com a pressuposição correta de que a natureza, em toda parte, portanto também em sua forma fundamental, o espaço, tem de ser consequente e, por isso, como as partes do espaço estão entre si numa relação de fundamento e consequência, nenhuma determinação espacial pode ser diferente do que é sem entrar em contradição com todas as outras. Mas esse é um desvio bem penoso e insatisfatório, que prefere o conhecimento mediato ao imediato (que é do mesmo modo certo), separando, para grande desvantagem da ciência, o conhecimento de QUE algo é do conhecimento de POR QUE algo é; e que, por fim, impede por completo ao aprendiz a intelecção das leis do espaço, sim, desacostuma-o à reta investigação do fundamento e da conexão íntima das coisas, incentivando-o a satisfazer-

O mundo como vontade e como representação

-se com um simples saber histórico de QUE algo é assim. O exercício de argúcia tão incessantemente elogiado nesse método consiste em o aluno praticar inferências, isto é, em empregar o princípio de contradição; e, mais especialmente, em fatigar a sua memória para manter todos os dados cuja concordância deve ser comparada.

I 90   // Ademais, é digno de nota que esse método de demonstração foi empregado apenas na geometria, não na aritmética, pois nesta a verdade é de fato iluminada exclusivamente pela intuição, que consiste aqui no simples contar. Visto que a intuição dos números é possível EXCLUSIVAMENTE NO TEMPO e, por conseguinte, não pode ser representada por algum esquema sensível, como a figura geométrica, desaparece na aritmética a suspeita de que a intuição seria apenas empírica e, por isso, submetida à ilusão; suspeita que foi a única capaz de introduzir na geometria o método lógico de demonstração. Ora, como o tempo possui somente uma dimensão, contar é a única operação aritmética, à qual todas as outras devem ser reduzidas. E esse contar não é outra coisa senão intuição *a priori*, à qual não hesitamos em fazer referência, e só mediante a qual o restante, cada contagem ou cada equação é em última instância verificada. Não se demonstra, por exemplo, que

$$\frac{7 + 9 \times 8 - 2}{3} = 42$$

mas faz-se referência à pura intuição no tempo, o contar; faz-se, portanto, de cada proposição isolada um axioma. Em vez das demonstrações que saturam a geometria, o conteúdo inteiro da aritmética e da álgebra, ao contrário, é um mero método para abreviação no contar. Nossa intuição imediata dos números no tempo não alcança, como indicado anteriormente, além de dez: para além disso um conceito abstrato de número, fixado por uma palavra, já tem de tomar o lugar da intuição, que, consequentemente, não é mais consumada de maneira efetiva, mas é apenas designada de forma bastante determinada. Não obstante, graças à importante ajuda da ordenação numérica, que permite aos grandes números sempre serem representados pelo repetido uso dos números pequenos, é possível uma evidência intuitiva de cada contagem, mesmo lá onde é feito tanto uso da abstração que não apenas os números, mas grandezas indeterminadas e operações inteiras, são pensados meramente *in abstracto*, e são nesse sentido indicados, como em $\sqrt{r^{-b}}$, onde nada é efetuado, mas somente sugerido.

Com o mesmo direito e segurança, como na aritmética, poder-se-ia fundamentar a verdade na geometria exclusivamente por pura intuição *a priori*. De fato, é apenas essa necessidade conhecida intuitivamente conforme o princípio de razão do ser // que confere à geometria a sua grande evidência — sobre a qual se baseia a certeza de suas proposições na consciência de cada um —, e não a muleta desnecessária da prova lógica; esta, sempre alheia ao assunto, na maioria das vezes é esquecida, sem desvantagem da convicção de cada um, e poderia perfeitamente ser deixada de lado sem diminuição da evidência geométrica, completamente independente de prova, que demonstra sempre apenas o que de antemão mediante outro modo de conhecimento já se conhecia com inteira convicção: nesse sentido, a prova lógica assemelha-se a um soldado covarde que desfere novo golpe no inimigo abatido por outrem, para então gabar-se de tê-lo abatido.*

Em conformidade com tudo isso, espero que não reste dúvida alguma de que a evidência matemática, que se tornou modelo e símbolo de toda evidência, não repousa, segundo o seu ser, em provas, mas na intuição imediata, a qual, portanto, como em toda parte, é o fundamento último e a fonte de toda verdade. Todavia, a intuição que funda a matemática possui uma grande vantagem sobre as outras — e, portanto, sobre a empírica —, a saber, o fato de ser *a priori*, logo, independente da experiência, que sempre só pode ser dada de maneira parcial e sucessiva. Tudo naquela intuição se encontra

---

* ESPINOSA, que sempre se vangloriava de proceder *more geométrico* [de modo geométrico], fê-lo de fato muito mais do que suspeitava. Pois aquilo que lhe era de maneira certa e posto a partir de uma concepção imediata, intuitiva da essência do mundo, ele o procurava demonstrar logicamente, independente daquele conhecimento. O resultado intencionado e de antemão já conhecido, ele o alcançava apenas tomando como ponto de partida conceitos estabelecidos arbitrariamente (*substantia* [substância], *causa sui* [causa de si] etc.), permitindo-se no curso das suas provas todas as arbitrariedades oportunamente ensejadas pela natureza das amplas esferas conceituais. O verdadeiro e esplêndido de sua doutrina, por conseguinte, é inteiramente independente de provas, justamente como na geometria. Cf. capítulo 13 do segundo tomo.

igualmente próximo, podendo-se ao bel-prazer partir do fundamento ou da consequência, o que confere à matemática uma inquestionável veracidade, pois nela a consequência é conhecida a partir do fundamento, conhecimento este que é o único a possuir necessidade: por exemplo, a igualdade dos lados é conhecida // como fundamentada na igualdade dos ângulos; por outro lado, toda intuição empírica, e grande parte da experiência, vai exclusivamente da consequência ao fundamento. Todavia, esta maneira de conhecer não é infalível, posto que a necessidade convém unicamente à consequência, desde que um fundamento seja dado, e não ao conhecimento do fundamento a partir da consequência, já que a mesma consequência pode originar-se de diferentes fundamentos. Este último tipo de conhecimento é sempre apenas indução, ou seja, a partir de várias consequências que apontam para um fundamento, este é tomado como certo; porém, como todos os casos nunca podem se encontrar juntos, a verdade aqui também nunca é incondicionalmente certa. Ora, qualquer conhecimento por intuição sensível e a maior parte da experiência possuem unicamente este tipo de verdade. A afecção de um sentido ocasiona uma conclusão do entendimento, do efeito à causa; mas, como nunca é certa a conclusão que retorna do fundamentado ao fundamento, torna-se então possível e muitas vezes real a ilusão enquanto engano dos sentidos (como dito antes). Só quando mais de um ou todos os cinco sentidos recebem afecções que apontam para a mesma causa é que diminui muito a possibilidade da ilusão, contudo esta ainda existe, visto que em certos casos (por exemplo, mediante falsas moedas) toda a sensibilidade é enganada. No mesmo caso inclui-se qualquer conhecimento empírico, por conseguinte toda a ciência da natureza, excetuando-se sua parte pura (metafísica, segundo Kant). Aqui, igualmente, as causas são conhecidas a partir dos efeitos; conseguintemente toda a doutrina da natureza repousa sobre hipóteses, que amiúde são falsas e, então, cedem gradativamente seu lugar a outras mais corretas. Apenas nos experimentos montados intencionalmente é que o conhecimento vai da causa ao efeito, portanto segue o caminho mais seguro: mas mesmo os experimentos só são feitos em decorrência de hipóteses. Por isso, nenhum ramo das ciências naturais, por exemplo, a física, a astronomia, a fisiologia, pôde ser descoberto de uma só vez, como foi possível com a matemática e a lógica, mas precisou e precisa de experiências completas e comparadas de muitos séculos. Somente a repetida confirmação empírica leva a indução, sobre a qual se baseia a hipótese, a aproximar-se o máximo da completude, que na prática toma o lugar da certeza, e o fato de que uma hipótese se originou por indução é considerado tão pouco prejudicial à hipótese quanto o é a incomensurabilidade das linhas // retas e curvas na aplicação da geometria, ou a exatidão perfeita nunca alcançada do logaritmo na aritmética: pois assim como a quadratura do círculo e o logaritmo podem ser levados por infinitas frações à exatidão, assim também, pelas múltiplas experiências, a indução (isto é, o conhecimento do fundamento a partir da consequência) pode ser aproximada, embora não tão infinitamente perto da evidência matemática (isto é, do conhecimento da consequência a partir do fundamento), mas perto o suficiente desta para que a possibilidade de engano seja desprezível. No entanto, esta possibilidade ainda existe: por exemplo, uma inferência indutiva também é aquela que vai de incontáveis casos a todos os casos, ou seja, vai em verdade ao fundamento desconhecido do qual todos dependem. Qual inferência desse tipo parece mais segura senão a de que todos os seres humanos possuem o coração do lado esquerdo? Não obstante, há exceções raríssimas de pessoas cujo coração se localiza do lado direito. – A intuição sensível e as ciências experimentais têm portanto o mesmo tipo de evidência. A vantagem que a matemática, a pura ciência da natureza e a lógica têm como conhecimento *a priori* em comparação com as demais ciências reside meramente no fato de que a parte formal do conhecimento, sobre a qual se funda toda apriorididade, é dada no todo de uma só vez, com o que aqui se pode ir sempre do fundamento à consequência; lá, entretanto, vai-se na maioria das vezes apenas da consequência ao fundamento. De resto, a lei de causalidade, ou o princípio de razão do devir, que guia o conhecimento empírico, é em si tão certa quanto todas as outras figuras do princípio de razão seguidas *a priori* pelas demais ciências anteriormente mencionadas. – Provas lógicas a partir de conceitos ou silogismos têm a vantagem de ir do fundamento à consequência, exatamente como o conhecimento mediante intuição *a priori*, com o que em si mesmas, isto é, segundo a forma, são infalíveis. Isso em muito contribuiu para que as provas adquirissem tanto prestígio. Porém, a infalibilidade delas é relativa: apenas efetuam uma subsunção sob os princípios superiores da ciência. São estes, contudo, que contêm o fundo inteiro de verdade da ciência e não precisam ser novamente provados, mas têm de se fundamentar na intuição, que, naquelas mencionadas poucas ciências *a priori*, é pura; do contrário, entretanto, é sempre intuição empírica e apenas por indução // é elevada ao universal. Portanto, se nas ciências experimentais o particular também é provado a partir do universal, este, por seu turno, adquire sua verdade só do particular, e é portanto apenas um armazém de provisões, não um solo autoprodutivo.

É o suficiente sobre a fundação da verdade. — Muitas explanações foram tentadas sobre a origem e a possibilidade do ERRO desde que Platão apresentou a solução alegórica referindo um pombal onde se agarra um pombo indesejado etc. (*Teeteto*, p.167 et seq.). A vaga e indeterminada explanação de Kant sobre a origem do erro, por meio do diagrama do movimento diagonal, encontra-se na *Crítica da razão pura*, p.294 da primeira e p.350 da quinta edição. — Ora, visto que a verdade é a relação de um juízo com o seu fundamento de conhecimento, resta o seguinte problema: como quem julga pode de fato acreditar ter um tal fundamento sem no entanto o ter, noutros termos, como é possível o engano da razão? Penso que essa possibilidade é inteiramente análoga à da ilusão ou engano do entendimento anteriormente explanada. Na minha concepção (o que justifica precisamente aqui o lugar desta explanação), TODO ERRO É UMA CONCLUSÃO DA CONSEQUÊNCIA AO FUNDAMENTO, conclusão válida quando se sabe que a consequência só pode ter aquele fundamento e absolutamente nenhum outro; do contrário, não é válida. Quem erra está supondo para a consequência um fundamento que ela absolutamente não possui, caso em que há realmente carência de entendimento, isto é, de capacidade para o conhecimento imediato da ligação entre causa e efeito; ou então, e isto é mais comum, quem erra determina a consequência de um fundamento de fato possível, porém ainda adiciona à premissa maior da sua conclusão da consequência ao fundamento que a subentendida consequência se origina TODAS AS VEZES apenas do fundamento indicado. O que o justifica a fazer isso só pode ser uma indução completa, a qual, contudo, é pressuposta sem que se a tenha consumado: aquele TODAS AS VEZES, portanto, é um conceito muito amplo e deveria ser substituído por ÀS VEZES ou NA MAIORIA DAS VEZES; com o que a conclusão se mostraria problemática e como tal não seria errônea. Se quem erra procede dessa forma, isso se deve à sua precipitação, ou a um conhecimento bastante limitado das possibilidades, desconhecendo assim a // necessidade da indução que está sendo feita. O erro, portanto, é inteiramente análogo à ilusão. Ambos são conclusões da consequência ao fundamento: a ilusão é sempre produzida segundo a lei de causalidade e o mero entendimento, logo, imediatamente na intuição mesma, e o erro é sempre produzido segundo todas as figuras do princípio de razão, na razão, por conseguinte, no pensamento em sentido estrito, mais frequentemente, entretanto, segundo a lei de causalidade – como os exemplos a seguir comprovam e que podem ser considerados tipos, representantes de três espécies de erro. I) A ilusão dos sentidos (engano do entendimento) ocasiona o erro (engano da razão); por exemplo, quando uma pintura se parece com um autorrelevo e é efetivamente tomada como tal, isso ocorre por meio de uma conclusão a partir da seguinte premissa maior: "Se o cinza-escuro passa gradativamente por todas as nuances até o branco, então TODAS AS VEZES a causa é a luz que ilumina desigualmente as partes elevadas e baixas, *ergo*[43]." – 2) "Se falta dinheiro em minha caixa, então TODAS AS VEZES a causa é o meu criado ter uma cópia da chave, *ergo*." – 3) "Se a imagem do Sol refratada pelo prisma, isto é, desviada para cima ou para baixo, aparece agora como oblonga e colorida em vez de redonda e branca como antes, então todas as vezes a causa é que na luz há raios homogêneos diferentemente coloridos e ao mesmo tempo com diferentes índices de refração, os quais, dispersados por esta, mostram agora uma imagem oblonga e ao mesmo tempo diferentemente colorida: *ergo – bibamus!*"[44] – a semelhante conclusão inferida de uma premissa maior amiúde falsamente generalizada, hipotética e nascida da suposição de um único fundamento à consequência deve ser remetido todo erro; apenas alguns erros de cálculo, os quais justamente não são erros em sentido estrito, mas meros equívocos, devem ser excluídos: a operação que os conceitos de números indicavam não foi realizada na pura intuição, na contagem, mas por outra operação.

---

43 "Logo." (N. T.)

44 "Logo, deixem-nos beber!" (De uma poesia de Goethe). (N. T.)

O mundo como vontade e como representação

No que tange ao CONTEÚDO das ciências em geral, trata-se, propriamente dizendo, sempre da relação das aparências do mundo entre si conforme o princípio de razão; segue-se ali o fio condutor do "por quê?", uma questão cuja validade e significação provêm apenas do referido princípio. Estabelecer essa relação é aquilo que se chama EXPLANAÇÃO. Esta, pois, mostra sempre que duas representações se relacionam // segundo a figura do princípio de razão que rege a sua classe. Se a explanação consegue isso, então não se pode mais perguntar *por quê?*, pois a relação demonstrada é aquela que absolutamente não pode ser representada de outra maneira, ou seja, ela é a forma de todo conhecimento. Por isso não se pergunta por que $2 + 2 = 4$, ou por que a igualdade dos ângulos de um triângulo determina a igualdade dos lados, ou por que de alguma causa dada se segue o seu efeito, ou por que da verdade das premissas se esclarece a da conclusão. Toda explanação que não remete a uma relação da qual não se pode mais exigir um *por quê?* se detém numa *qualitas occulta* aceita: é o caso de toda força natural. Nesta se detém, em última instância, qualquer explanação das ciências da natureza, portanto em algo completamente obscuro: por conseguinte, a ciência da natureza tem de deixar inexplicável tanto a essência íntima de uma pedra quanto a de um ser humano e não pode dar conta da gravidade, da coesão, das qualidades químicas etc. que se exteriorizam na pedra, nem do conhecimento e da ação do ser humano. Assim, por exemplo, a gravidade é uma *qualitas occulta* que escapa ao pensamento, por consequência não deriva da forma do conhecimento como algo necessário: o mesmo não ocorre com a lei de inércia, que, como tal, se segue da lei de causalidade: eis por que uma remissão a esta é uma explanação por inteiro suficiente. Duas coisas são absolutamente inexplanáveis, isto é, não remissíveis à relação expressa pelo princípio de razão: em primeiro lugar, o próprio princípio de razão em todas as suas figuras, porque ele é o princípio de toda explanação, somente em referência ao qual ela possui significado; em segundo lugar, aquilo que não se alcança por ele e a partir do que, entretanto, provém o originário de todas as aparências: a coisa em si, cujo conhecimento de modo algum está submetido ao referido princípio. A coisa em si tem de aqui permanecer incompreensível. Só no livro seguinte (no qual levaremos de novo em consideração as possíveis realizações das ciências) é que ela se torna compreensível. Há um ponto em

que não só a ciência da natureza, mas qualquer ciência, abandona as coisas
I 97 onde elas estão, // já que não apenas a explanação científica, mas o próprio
princípio desta, o de razão, não consegue ir além; e é exatamente aí que a
filosofia retoma as rédeas e considera as coisas segundo um modo específico,
inteiramente diferente do científico. — No ensaio *Sobre o princípio de razão*,
§ 51, mostrei como nas diversas ciências uma ou outra figura desse princípio
é o principal fio condutor: de fato, talvez a partição mais acertada das ciências possa ser feita de acordo com tais figuras. No entanto, toda explanação
dada conforme aquele fio condutor é, como dito, sempre relativa: explana-se
as coisas em suas relações recíprocas, porém sempre resta algo inexplicável
e pressuposto: é o caso, por exemplo, do espaço e do tempo na matemática; da matéria, das qualidades, das forças originárias e das leis naturais na
mecânica, física e química; da diversidade das espécies e da vida mesma na
botânica e zoologia; do gênero humano com todas as suas características de
pensamento e querer na história escrita; — em todos esses domínios é usada
a cada vez uma figura apropriada do princípio de razão. — A FILOSOFIA tem
como peculiaridade o fato de nada nela ser tomado como pressuposto, mas
tudo lhe ser em igual medida estranho e problemático, não apenas as relações
das aparências, mas também elas mesmas, sim, o próprio princípio de razão,
ao qual as outras ciências se contentam em remeter todas as coisas; porém,
na filosofia, nada seria ganho com tal remissão, já que cada membro de uma
série é tão estranho para ela quanto os demais; além disso, esse tipo mesmo
de concatenação lhe é tão problemático quanto aquilo que é ligado por ela;
tão problemático após a ligação quanto antes dela. Pois, como mostrado,
mesmo o que as ciências pressupõem como fundamento e limite de suas
explanações é justamente o verdadeiro problema da filosofia, que, consequentemente, principia lá onde as ciências se detêm. Provas não podem ser
seu fundamento, já que elas deduzem princípios desconhecidos de outros
conhecidos: mas, para a filosofia, tudo é desconhecido e estranho. Não pode
haver princípio algum em consequência do qual o mundo, com todas as suas
aparências, primeiro existiria: em virtude disso, não é possível uma filosofia,
I 98 como Espinosa ansiava, dedutível // demonstrativamente *ex firmis principiis*.[45]

---

45 "A partir de princípios fixos." (N. T.)

A filosofia é também o saber mais universal, cujos primeiros princípios não podem ser derivados de outro mais universal. O princípio de contradição estabelece apenas a concordância entre os conceitos, sem no entanto fornecer conceitos. O princípio de razão explica as ligações das aparências, não as aparências mesmas. Portanto, a filosofia não pode daí partir em busca de uma *causa efficiens*[46] ou de uma *causa finalis*[47] do mundo inteiro. A minha filosofia de modo algum investiga DE ONDE veio o mundo nem PARA QUE existe; mas apenas o QUÊ ele é. O *por que* está aqui subordinado ao *que*, pois o primeiro já pertence ao mundo e surge exclusivamente mediante a forma das aparências, o princípio de razão, e só assim tem significação e validade. Poder-se-ia até dizer que cada um, sem ajuda de ninguém, sabe o *que* é o mundo; de fato, cada um é o próprio sujeito do conhecimento, cuja representação é o mundo (e isso é um princípio verdadeiro, não importa quão longe se vá). Mas tal conhecimento é intuitivo, é conhecimento *in concreto*: reproduzi-lo *in abstracto*, ou seja, elevar as intuições sucessivas que se modificam, bem como tudo o que o vasto conceito de SENTIMENTO abrange e meramente indica como saber negativo, não abstrato, obscuro, a um saber permanente – eis a tarefa da filosofia. Esta, por conseguinte, tem de ser uma expressão *in abstracto* da essência do mundo, tanto em seu todo quanto em suas partes. Todavia, para não se perder numa multidão infindável de juízos particulares, ela tem de servir-se da abstração e pensar todo particular, e suas diferenças, no universal: eis por que ela em parte separa, em parte une, e assim vê de modo sumário toda a diversidade do mundo em geral, conforme a sua essência, e a transmite como saber em poucos conceitos abstratos. Contudo, por meio de tais conceitos, nos quais a filosofia fixa a essência do mundo, tanto o inteiramente particular quanto o universal têm de ser conhecidos; portanto, o conhecimento de ambos tem de ser ligado da maneira mais precisa: com isso, a capacidade para a filosofia consiste justamente naquilo apontado por Platão, isto é, o conhecimento do uno no múltiplo e do múltiplo no uno. Em consequência, a filosofia será uma soma de juízos bastante universais, cujo fundamento de conhecimento é

---

46 "Causa eficiente." (N. T.)
47 "Causa final." (N. T.)

imediatamente o mundo mesmo em sua completude, sem nada excluir; // portanto, tudo o que se encontra na consciência humana: a filosofia será uma REPETIÇÃO COMPLETA, POR ASSIM DIZER UM ESPELHAMENTO, DO MUNDO EM CONCEITOS ABSTRATOS, possível exclusivamente pela união do essencialmente idêntico em UM conceito, e separação do diferente em outro. Semelhante tarefa lhe era atribuída por Bacon de Verulam, quando disse: *ea demum vera est philosophia, quae mundi ipsius voces fidelissime reddit, et veluti dictante mundo conscripta est, et nihil aliud est, quam ejusdem simulacrum et reflectio, neque addit quidquam de proprio, sed tantum iterat et resonat* (*De augm. scient.*, L. 2, c. 13).[48] Nós, todavia, tomamos isso num sentido muito mais universal do que aquele que Bacon poderia ter pensado.

A concordância que todas as partes e todos os lados do mundo guardam entre si, justamente por pertencerem a um todo, também tem de ser novamente encontrada naquela cópia abstrata do mundo. Assim, naquela soma de juízos, cada um deles pode em certa medida ser deduzido do outro e sempre reciprocamente. No entanto, têm de primeiro existir; logo, previamente estarem lá como fundamentados *in concreto* pelo conhecimento do mundo, e tanto mais que qualquer fundamentação imediata é mais segura que a mediata. Sua mútua harmonia – em virtude da qual concorrem até para a unidade de um pensamento ÚNICO –, que nasce da harmonia e unidade do mundo intuitivo mesmo, que é seu fundamento comum de conhecimento, não será usada como algo de originário para sua fundamentação, mas apenas acrescido como confirmação de sua verdade. – Mas essa tarefa só se tornará perfeitamente clara quando da sua consecução.*

§ 16

Após as considerações sobre a razão enquanto faculdade especial e exclusiva do ser humano e sobre aqueles fenômenos e realizações próprios da

---

48 "A filosofia só é verdadeira quando reproduz o mais fielmente possível as palavras do mundo e como que escreve conforme ao seu ditado, de tal maneira que não passa de um *simulacro e reflexo* do mundo, nada lhe acrescentando, mas somente repetindo e ecoando." (N. T.)

* Cf. capítulo 17 do segundo tomo.

O mundo como vontade e como representação

I 100 natureza humana, falta ainda falar da // razão na medida em que conduz a ação das pessoas, podendo, portanto, nesse aspecto ser denominada PRÁTICA. Porém, o que aqui será mencionado encontra em grande parte o seu lugar em outro contexto, a saber, no apêndice deste livro, em que se contesta a existência da chamada razão prática de Kant, que ele (certamente por comodidade) expõe como fonte imediata de todas as virtudes e sede de um DEVER absoluto (ou seja, caído do céu). A refutação minuciosa desde os fundamentos desse princípio kantiano da moral foi por mim ulteriormente realizada nos *Dois problemas fundamentais da ética.* — Em função disso, tenho aqui muito pouco a falar sobre a real influência da razão, no sentido autêntico deste conceito, sobre o agir. Já no início de nossa consideração acerca dessa faculdade observamos, em termos gerais, como a ação e o comportamento do ser humano diferenciam-se bastante da ação e do comportamento animal, e como semelhante diferença deve ser vista somente como consequência da presença de conceitos abstratos na consciência. A influência destes sobre a nossa existência inteira é tão determinante e significativa que, em certo sentido, pode-se dizer que estamos para os animais, assim como os animais que veem estão para os destituídos de olhos (certas larvas, vermes, zoófitos): só pelo tato é que estes animais conhecem o que lhes está imediatamente presente no espaço, ou seja, chega-lhes ao contato; os animais que veem, ao contrário, conhecem um amplo círculo do que está próximo e distante. Da mesma forma, a ausência de razão confina os animais às representações intuitivas que lhes são imediatamente presentes no tempo, ou seja, objetos reais: o ser humano, ao contrário, em virtude do conhecimento *in abstracto*, abrange, ao lado do presente efetivo e próximo, ainda o passado inteiro e o futuro, junto com o vasto reino das possibilidades: divisamos livremente a vida em todos os lados, para além do presente e da realidade efetiva. Assim, em certa medida, a razão é para o conhecimento interior no tempo o que o olho é para o conhecimento sensível no espaço. E do mesmo modo que a visibilidade dos objetos só tem valor e significação desde que indique a sua palpabilidade, assim também todo o valor do conhecimento abstrato reside sempre na sua referência ao conhecimento intuitivo. Eis por que o ser humano natural sempre atribui

I 101 mais valor àquilo que foi conhecido // imediata e intuitivamente do que

99

aos conceitos abstratos, meramente pensados: ele prefere o conhecimento empírico ao lógico. O contrário pensam as pessoas que vivem mais nas palavras que nos atos, que enxergaram mais no papel e nos livros que no mundo efetivo, e que, na sua forma mais degenerada, tornam-se pedantes e apegados à letra. Daí se torna concebível como Leibniz e Wolf, junto aos seus seguidores, puderam errar tanto a ponto de afirmarem, seguindo o exemplo de Duns Skotus, que o conhecimento intuitivo não passa de um conhecimento abstrato confuso! Em honra de Espinosa seja dito que seu senso de correção fazia com que explicasse todo conceito geral como tendo se originado da confusão do que foi conhecido intuitivamente (*Eth. II, prop. 40, Schol. 1*). – Daquele modo pervertido de pensar também resultou, na matemática, o desprezo por sua evidência propriamente dita, para fazer valer apenas a evidência lógica; também resultou que, em geral, todo conhecimento não abstrato seja concebido sob o amplo conceito de sentimento, merecedor de pouca consideração, e que, por fim, a ética kantiana afirme que a pura e boa vontade despertada imediatamente pelo conhecimento das circunstâncias e que conduz à ação justa e benevolente é mero sentimento, o que o faz tomá-la como destituída de valor e mérito; ao contrário, só as ações derivadas de máximas abstratas são por ele reconhecidas como dotadas de valor moral.

A visão panorâmica e multifacetada da vida em seu todo, que o ser humano adquire pela razão e constitui vantagem em face dos animais, é também comparável ao esboço de uma miniatura geométrica, descolorida, abstrata do seu caminho de vida; com isso, ele está para os animais como o navegante – com suas cartas marítimas, compasso e quadrante, que conhece com precisão a sua rota a cada posição no mar – está para a tripulação leiga que vê somente ondas e céu. Por isso é digno de consideração, sim, espantoso como o ser humano, ao lado de sua vida *in concreto*, sempre leva uma segunda vida *in abstracto*. Na primeira está sujeito a todas as tempestades da realidade efetiva e à influência do presente, tendo de se esforçar, sofrer, morrer como o animal. Sua vida *in abstracto*, entretanto, tal qual se dá à sua percepção racional, é o calmo reflexo da vida *in concreto* do mundo em que vive, sendo justamente aquele mencionado esboço de miniatura. I 102 Aqui, no // domínio da calma ponderação, aquilo que antes o assaltava por inteiro, movimentando-o apaixonadamente, aparece-lhe agora como algo frio, descolorido e alheio ao momento: aqui ele é um mero observador e espectador. Esse recolher-se do ser humano na reflexão o faz parecer um ator que, depois do seu desempenho e até que entre novamente em cena, ocupa um lugar na plateia entre os espectadores, de onde, sereno, assiste à sucessão dos acontecimentos, mesmo que seja a preparação de sua morte (na peça); depois, porém, volta ao palco e age e sofre como tem de fazê-lo. A partir dessa dupla vida provém aquela serenidade do ser humano tão diferente da ausência de pensamento do animal, e com a qual alguém, depois de ponderação prévia, decisão calculada ou conhecida necessidade, suporta ou pratica com sangue-frio aquilo que para si é da maior, amiúde da mais terrível significação: o suicídio, a execução, o duelo, os empreendimentos arriscados de todo tipo e em geral as coisas contra as quais se insurge toda a sua natureza animal. Por aí se vê em que medida a razão domina a nossa natureza animal e exclama ao forte: σιδήρειόν νύ τοι ἦτορ! (*ferreum certe tibi cor!*) (*Il. 24, 521*).[49] Aqui podemos de fato dizer que a razão se exterioriza de maneira PRÁTICA: portanto, em qualquer lugar onde a conduta é conduzida pela faculdade racional, em qualquer lugar onde os motivos são conceitos abstratos e o determinante não são representações intuitivas, singulares, nem a impressão do momento que conduz o animal: ali se mostra a RAZÃO PRÁTICA. Que, todavia, tudo isso seja por inteiro diferente e independente do valor moral da ação, que a ação racional e a virtuosa são duas coisas completamente diferentes, que a razão se encontra unida tanto à grande maldade quanto à grande bondade e que o seu auxílio confere grande eficácia tanto à primeira quanto à segunda, que a razão está igualmente preparada e disponível para executar metodicamente e de maneira consequente tanto os propósitos nobres quanto os vis, tanto a máxima inteligente quanto a imprudente, em consequência de sua natureza feminina, receptiva, retentiva, que não produz por si mesma – tudo isso foi tratado de maneira pormenorizada e ilustrado com exemplos no apêndice desta obra. O dito nele encontraria aqui o seu lugar apropriado; porém, em virtude da polêmica contra a pretensa razão

---

49 "Decerto tens um coração de ferro!" (N. T.)

I 103 prática de // Kant, teve de lá ser abordado, pelo que remeto o leitor a esse apêndice.

O desenvolvimento perfeito da RAZÃO PRÁTICA, no verdadeiro e autêntico sentido do termo, o ápice a que o ser humano pode chegar mediante o simples uso da razão, com o que a sua diferença do animal se mostra da maneira mais nítida, foi exposto, enquanto ideal, na figura do SÁBIO ESTOICO. Pois a ética estoica não é originária e essencialmente uma doutrina da virtude, mas mera instrução para uma vida racional, cujo fim e objetivo é a felicidade mediante a tranquilidade de ânimo. A conduta virtuosa encontra-se ali como que *per accidens*,[50] como meio, não como fim. Eis por que a ética estoica, segundo toda a sua essência e o seu ponto de vista, é fundamentalmente diferente dos sistemas éticos orientados imediatamente para a virtude, como o são as doutrinas dos *Vedas*, de Platão, do cristianismo e de Kant. O objetivo da ética estoica é a felicidade: τέλος τὸ εὐδαιμονεῖν (*virtutes omnes finem habere beatitudinem*),[51] lê-se na exposição de Stoa feita por Estobeu (*Ecl., L. II, c. 7, p.114*, e também *p.138*). A ética estoica ensina que a felicidade certa só se encontra na paz interior e tranquilidade espiritual (ἀταραξία), por sua vez só alcançáveis pela virtude: precisamente isso significa a expressão: a virtude é o bom supremo. Se gradativamente o objetivo foi esquecido em favor dos meios e a virtude foi recomendada de modo que revele um interesse completamente outro que o da própria felicidade, já que contraria a esta; então se trata de uma daquelas inconsequências pelas quais, em qualquer sistema, o imediatamente conhecido ou, como se diz, a verdade sentida é deixada de lado, fazendo violência à lógica das conclusões; é o que se vê claramente, por exemplo, na ética de Espinosa, que deduz uma doutrina pura da virtude por evidentes sofismas a partir do egoístico *suum utile quaerere*.[52] Segundo o que foi dito, o espírito da ética estoica, tal qual o concebo, encontra-se no pensamento de se a grande prerrogativa do homem, a razão, e o que desta provém e que tanto facilita mediatamente o fardo de sua vida por ações planejadas, não seria também capaz de eliminar imediatamente e por com-

---

50 "Por acidente." (N. T.)
51 "O fim de toda virtude é a felicidade." (N. T.)
52 "Procurar a própria vantagem." (N. T.)

O mundo como vontade e como representação

I 104 pleto, ou algo próximo disso, por intermédio do mero conhecimento, os //
sofrimentos e tormentos de todo tipo que preenchem a vida. Os estoicos
consideram incompatível com a prerrogativa da razão que, ao sermos dela
dotados, e por ela concebendo e abarcando uma infinitude de coisas e estados, ainda sejamos passíveis – em relação ao presente e às circunstâncias de
que se compõem os poucos anos de uma vida tão curta, fugidia e incerta –
a tão veementes dores, a tão grandes angústias e sofrimentos provindos
do ímpeto tempestuoso da cobiça e da aversão; pensaram, assim, que o emprego apropriado da razão deveria ter em vista a elevação do ser humano
por sobre tudo isso, tornando-o invulnerável. Eis por que Antístenes diz:
Δεῖ κτᾶσθαι νοῦν ἢ βρόχον (*aut mentem parandam, aut laqueum*) (*Plut. De stoic.
repugn., c. 14*),[53] ou seja, a vida é tão cheia de tormentos e atribulações que
ou se os supera por pensamentos equilibrados ou se tem de abandoná-la.
Perceberam que a privação e o sofrimento não se originam imediata e necessariamente de não ter; mas antes de querer ter e não ter; portanto, esse
querer ter é a condição necessária pela qual exclusivamente o não ter se
torna privação e provoca dor. Οὐ πενία λύπην ἐργάζεταί, ἀλλὰ ἐπιθυμία (*non
paupertas dolorem efficit, sed cupiditas*) (*Epict. fragm. 25*).[54] Reconheceram ainda
por experiência que é a esperança, a expectativa, o que atiça e alimenta o
desejo; consequentemente, nem os muitos e inevitáveis males comuns a
todos, nem os bens inalcançáveis são aquilo que inquieta e atormenta; mas
só o algo de mais ou de menos insignificante daquilo que se pode alcançar
ou evitar; sim, reconheceram que não apenas o absolutamente, mas também o relativamente, inalcançável, ou inevitável, deixa-nos completamente
tranquilos; por isso os males, uma vez acrescidos à nossa individualidade,
ou os bens que necessariamente lhe têm de permanecer negados, são considerados com indiferença e, em consequência dessa peculiaridade humana,
cada desejo logo se extingue; portanto, não pode provocar mais dor alguma
caso nenhuma esperança o alimente. De tudo o que foi dito resulta que
toda felicidade só pode basear-se na proporção existente entre as nossas
I 105 aspirações e // o que recebemos: é indiferente quão grandes ou pequenas

---

53 "Deve-se preparar a mente ou uma corda." (N. T.)
54 "Não é a miséria que causa dor, mas a cobiça." (N. T.)

sejam as duas grandezas dessa proporção, que pode ser produzida tanto pela diminuição da primeira grandeza quanto pelo aumento da segunda: no mesmo sentido, todo sofrimento propriamente dito provém da desproporção entre o que por nós é exigido e aquilo que nos é dado; desproporção esta, entretanto, que manifestamente só se encontra no conhecimento* e poderia ser inteiramente eliminada por uma melhor intelecção. Eis por que Crisipo diz: δεῖ ζῆν κατ' ἐμπειρίαν τῶν φύσει συμβαινόντων (*Stob. Ecl., L. II, c. 7, p.134*),[55] ou seja, deve-se viver com apropriado conhecimento sobre o curso das coisas no mundo. Todas as vezes que alguém perde o controle, ou sucumbe aos golpes da infelicidade, ou se entrega à cólera, ou se desencoraja mostra justamente que concebe as coisas de maneira diferente do que esperava, logo, que estava errado e não conhecia o mundo nem a vida, não sabia como a natureza inanimada, pelo acaso, assim como a natureza animada, por intenções conflitantes, e também por crueldade, cruza a cada passo a vontade individual: portanto, não usou a razão para chegar a um conhecimento universal da índole da vida ou então lhe faltava a faculdade de juízo; pois não conseguia reconhecer no particular aquilo que conhecia em geral, surpreendendo-se, com o que a pessoa fica fora de si.** Assim, toda alegria vivaz é também um erro, uma ilusão, já que nenhum desejo realizado pode nos satisfazer duradouramente e, ainda, porque toda posse e felicidade só podem ser concedidas pelo acaso, por tempo indeterminado, conseguintemente podem ser retiradas na hora seguinte. Toda dor, por seu turno, baseia-se no desaparecimento de uma tal ilusão: alegria e dor, por-

---

* *Omnes perturbationes judicio censent fieri et opinione.* [Dizem que todas as perturbações se originam de opiniões e juízos.] *Cic. Tusc.,* 4, 6. Ταράσσει τοὺς ἀνθρώπους οὐ τὰ πράγματα, ἀλλὰ τὰ περὶ τῶν πραγμάτων δόγματα. (*Perturbant homines non res ipsae, sed de rebus opiniones.*) [Não as coisas mesmas perturbam os homens, mas as opiniões que têm sobre elas.] *Epictet.,* c. V.

55 "Temos de viver de acordo com a experiência do que comumente ocorre na natureza." (N. T.)

** Τοῦτο γάρ ἐστι τὸ αἴτιον τοῖς ἀνρώποις πάντων τῶν κακῶν τὸ τάς προλήψεις τάς κοινὰς μὴ δύνασαι ἐαρμόζειν ταῖς ἐπὶ μέρους. (*Haec est causa mortalibus omnium malorum, non posse communes notiones aptare singularibus.*) [A causa de todos os males dos homens está em sua incapacidade de aplicar os conceitos universais nos casos particulares.] *Epict. dissert.,* III, 26.

O mundo como vontade e como representação

I 106 tanto, nascem de um // conhecimento falho; o sábio, no entanto, sempre permanece distante do júbilo ou da dor e nenhum acontecimento perturba a sua ἀταραξία.[56]

EPICTETO, em conformidade com o espírito e objetivo de Stoa,[57] começa e constantemente retorna a um pensamento que considerava como o núcleo da sua sabedoria: que devemos ponderar cuidadosamente e diferenciar o que depende de nós do que não depende de nós, e nunca contar com este último fator; com o que confiantemente livramo-nos de toda dor, sofrimento e angústia. Aquilo, entretanto, que depende de nós é exclusivamente a vontade: e aqui se dá gradualmente uma transição para a doutrina da virtude, ao se notar que, assim como o mundo exterior e independente de nós determina a felicidade ou a infelicidade, assim também o contentamento íntimo ou o descontentamento conosco mesmos provêm da vontade. Ulteriormente foi questionado se os termos *bonum et malum* deveriam ser atribuídos àquele primeiro par ou ao último. Isso obviamente era arbitrário, objeto de escolha, e não alterava em nada as coisas; porém, estoicos, peripatéticos e epicuristas polemizaram incessantemente sobre o tema, comprazendo-se na comparação inadmissível entre essas duas grandezas completamente incomensuráveis, daí inferindo sentenças opostas e paradoxais que eles atiravam na cara uns dos outros. Uma interessante compilação dessas sentenças, fornecida pelo lado estoico, encontra-se nos *Paradoxa* de Cícero.

ZENÃO, o fundador, parece que originariamente seguiu um caminho algo diferente. Seu ponto de partida foi o de que, para alcançar o bom supremo, isto é, a beatitude pela tranquilidade de ânimo, deve-se viver em concórdia consigo mesmo. Ὁμολογουμένως ζῆν· τοῦτο δ᾽ ἔστι καθ᾽ ἕνα λόγον καὶ σύμφωνον ζῆν. (*Consonanter vivere: hoc est secundum unam rationem et concordem sibi vivere. Stob. Ecl. eth., L. II, c. 7, p.132.*) Também: Ἀρετὴν διάθεσιν εἶναι ψυχῆς σύμφωνον ἑαυτῇ περὶ ὅλον τὸν βίον. (*Virtutem esse animi affectionem secum per totam vitam consentientem, ibid., p.104.*)[58] Porém, isso só era possível

---

56 "Ataraxia." (N. T.)

57 Do grego Στοά, ou seja, pórtico. (N. T.)

58 "Viver em consonância, isto é, segundo um único princípio e em harmonia consigo mesmo." "A virtude consiste na harmonia do espírito consigo mesmo durante toda a vida." (N. T.)

se alguém determinasse a si de maneira inteiramente RACIONAL em conformidade com conceitos, e não segundo impressões e humores cambiáveis; ora, como apenas as máximas das nossas ações, não as consequências ou circunstâncias exteriores, é que se encontram em nosso poder, então para que sempre permaneçamos // consequentes é mister tomar como fins apenas as máximas, não as circunstâncias exteriores; com o que a doutrina da virtude é reintroduzida.

Contudo, já aos seguidores imediatos de Zenão o seu princípio moral – viver em harmonia – parecia demasiado formal, vazio de conteúdo. Deram-lhe, por isso, um conteúdo material, mediante o acréscimo: "viver em harmonia com a natureza" (ὁμολογουμένος τῇ φύσει ζῆν), que, como Estobeu observa, *loc. cit.*, foi primeiro adicionado por CLEANTES e serviu para muitas divagações, em virtude da ampla esfera dos conceitos e ao sentido vago da expressão. Pois CLEANTES pensava toda a natureza em geral, enquanto CRISIPO pensava a natureza humana em particular (*Diog. Laërt.*, 7, 89). Ora, a única coisa que estava em conformidade com a natureza humana devia ser a virtude, assim como às naturezas animais a satisfação de impulsos animais, com o que forçosamente a ética foi de novo unida à doutrina da virtude e deveria ser fundada pela física a qualquer preço. Pois os estoicos buscavam em toda parte a unidade de princípio; e entre eles tampouco Deus e o mundo eram dois princípios distintos.

A ética estoica, tomada em seu conjunto, é de fato uma tentativa bastante apreciável e digna de atenção para usar a grande prerrogativa do ser humano, a razão, em favor de um fim importante e salutar, a saber, elevá-lo por sobre os sofrimentos e as dores aos quais cada vida está exposta, mediante o preceito:

> *Qua ratione queas traducere leniter aevum:*
> *Ne te semper inops agitet vexetque cupido,*
> *Ne pavor et rerum mediocriter utilium spes,*[59]

---

59 "Que por essa razão possas levar a vida de modo frugal / Não permitindo que a cobiça sedenta te vexe / Muito menos temor e esperança por coisas pouco úteis." (N. T.)

O mundo como vontade e como representação

tornando-o partícipe em alto grau da dignidade que lhe cabe como ser racional, em contraste com os animais (de fato, pode-se decerto falar de dignidade neste sentido; não em outro). – Essa minha visão da ética estoica me levou aqui a falar sobre ela no lugar em que exponho aquilo que a RAZÃO é o que pode realizar. Porém, por mais que aquele fim, pelo emprego da razão e de uma ética meramente racional, seja em certo grau alcançável e embora a experiência mostre que os caracteres mais felizes são os racionais, que comumente e de maneira geral são chamados filósofos práticos – com razão, pois, enquanto o filósofo propriamente dito, // o teórico, transfere a vida para o conceito, os filósofos práticos transferem o conceito à vida –, ainda assim falta muito para que algo perfeito seja trazido a bom termo por essa via, e, assim, de fato, a razão, corretamente empregada, possa livrar--nos de todo fardo e sofrimento da vida e conduzir-nos à bem-aventurança. Antes, verifica-se uma completa contradição em querer viver sem sofrer, contradição que também se anuncia com frequência na expressão corrente "vida feliz": isso o compreenderá quem seguir e apreender toda a minha exposição. Essa contradição manifesta-se naquela ética da razão pura já pelo fato de o estoico ser forçado a incluir em seu preceito para uma vida feliz (pois a isto se refere sempre a sua ética) uma recomendação de suicídio (assim como entre os déspotas orientais também encontramos entre seus valiosos ornamentos e objetos um precioso frasco de veneno) para o caso de os sofrimentos do corpo, impossíveis de ser filosoficamente eliminados por princípios e silogismos, serem tão intensos e incuráveis que o fim único da bem-aventurança é obstado e nada resta para escapar ao sofrimento senão a morte, que, como qualquer outro medicamento, pode ser tomada com indiferença. Aqui se manifesta uma vigorosa oposição entre a ética estoica e todas as outras mencionadas anteriormente, que fazem da virtude em si, imediatamente, um fim, mesmo no meio do sofrimento mais duro, e não querem que, para escapar dele, o ser humano atente contra a vida; contudo, nenhuma destas éticas conseguiu expressar o fundamento verdadeiro da rejeição ao suicídio, mas apenas colecionaram de maneira laboriosa fundamentos ilusórios de todo tipo: no quarto livro desta obra apresentaremos esse fundamento em conexão com a nossa consideração. A oposição acima, no entanto, exibe e confirma justamente a diferença essencial encontrada entre o princípio fundamental de Stoa, que propriamente dizendo é apenas uma espécie de eudemonismo, e as mencionadas doutrinas, embora elas amiúde coincidam nos resultados e tenham certo parentesco. A contradição íntima acima mencionada, entretanto, que impregna a ética estoica até mesmo em seus pensamentos mais básicos, mostra-se ainda no fato de que os estoicos nunca conseguiram apresentar o seu ideal, o sábio estoico, como **I 109** uma figura // viva e com verdade poética interior, mas ele permaneceu um boneco de madeira com o qual não se pôde fazer nada e ele mesmo não sabe o que fazer com a sua sabedoria, com a sua tranquilidade perfeita, com o seu contentamento, com a sua beatitude, que contradizem tão frontalmente a essência da humanidade, que não nos permite de modo algum fazer a representação intuitiva dele. E como contrastam com ele os penitentes voluntários que ultrapassam o mundo e que a sabedoria indiana nos apresenta e efetivamente produziu, ou mesmo o salvador do cristianismo, aquela figura resplandecente, cheia de vida profunda e de magnânima verdade poética do mais alto significado, mas que, com virtude perfeita, santidade e sublimidade, encontramos perante nós em estado de supremo sofrimento.*

---

* Cf. capítulo 16 do segundo tomo.

I 111

// Livro segundo
Do mundo como vontade

—⁓—

Primeira consideração
A objetivação da vontade

Nos habitat, non tartara, sed nec sidera coeli:
Spiritus, in nobis qui viget, illa facit.[1]

---

1 "Em nós ele habita, não no mundo subterrâneo, nem nas estrelas celestes: o espírito, que em nós vive, a tudo isso anima" (Agrippa von Nettesheim, *Epistulae, V, 14*). (N. T.)

§ 17

I 113 // Consideramos no primeiro livro a representação apenas enquanto tal, portanto somente segundo sua forma geral. No que concerne à representação abstrata, o conceito, este também foi conhecido segundo seu conteúdo, na medida em que possui substância e significação exclusivamente em sua referência à representação intuitiva, sem a qual seria privado de valor e consistência. Dirigindo agora nossa atenção inteiramente à representação intuitiva, lograremos conhecer o seu conteúdo, as suas determinações mais precisas e as figuras que exibem para nós. Será de especial importância obtermos um esclarecimento sobre a significação própria dessas imagens, para que elas – como teria de ser se a sua significação fosse, ao contrário, apenas sentida – não passem diante de nós por completo estranhas e insignificantes, mas, ao contrário, falem-nos diretamente, sejam entendidas e ganhem um interesse que absorva todo o nosso ser.

Ao dirigirmos o nosso olhar para a matemática, para a ciência da natureza, para a filosofia, cada uma delas nos deixa esperançosos por obtermos uma parte do desejado esclarecimento. – Contudo, em primeiro lugar, encontramos a filosofia como um monstro de inumeráveis cabeças, cada uma falando sua própria língua. Certamente nem todas discordam entre si sobre o ponto aqui tratado, o sentido da representação intuitiva, pois, à exceção **I 114** dos céticos e idealistas, // todos falam de fato concordando no principal sobre um OBJETO que se encontra no FUNDAMENTO da representação; tal objeto, segundo a sua essência e o seu ser, é completamente diferente da

Arthur Schopenhauer

representação, porém em todos os outros aspectos tão semelhante a ela quanto um ovo é semelhante a outro. Isso, todavia, em nada nos ajuda: pois não conseguimos diferenciar tal objeto da representação; ao contrário, pensamos que os dois são uma única e mesma coisa, que todo objeto pressupõe sempre e eternamente um sujeito e, por isso, permanece representação; também reconhecemos que o ser-objeto pertence à forma mais geral da representação, precisamente a divisão em sujeito e objeto; além do mais, o princípio de razão, ao qual se faz referência aqui, é apenas forma da representação, isto é, a ligação regular de uma representação com outra, em vez de ser a ligação de toda a série (finita ou sem fim) das representações com algo que não mais seria representação, portanto não mais podendo ser representado. – Mas sobre céticos e idealistas já falamos antes quando da explicação da controvérsia acerca da realidade do mundo exterior.

Se procurarmos na matemática o desejado conhecimento detalhado da representação intuitiva que nos é conhecida de modo geral apenas segundo a forma, verificaremos que essa ciência discorre sobre representações só na medida em que preenchem o tempo e o espaço, isto é, na medida em que são quantidades. A matemática fornece da maneira mais precisa o quão muito e o quão grande: no entanto, estes são sempre relativos, isto é, a comparação de uma representação com outras e em verdade apenas do ponto de vista unilateral da quantidade; de modo que por aí não obtemos a informação crucial que procuramos.

Se, por fim, olharmos para o vasto domínio da ciência da natureza, repartido em diversos campos, podemos, em primeiro lugar, destacar duas divisões principais. A ciência da natureza é ou descrição de figuras, que denomino MORFOLOGIA, ou explanação de mudanças, que denomino ETIOLOGIA. A morfologia considera as formas permanentes; a etiologia, a matéria que muda segundo a lei de sua transição de uma forma a outra. A morfologia é aquilo que inapropriadamente se denomina // história natural em todo o seu perímetro: em especial, como botânica e zoologia, nos ensina a conhecer, em meio à mudança incessante dos indivíduos, diversas figuras orgânicas permanentes, determinadas de modo fixo e que constituem grande parte do conteúdo da representação intuitiva: essas figuras são classificadas, separadas, unidas, ordenadas pela história natural segundo

O mundo como vontade e como representação

sistemas naturais e artificiais, depois são subsumidas em conceitos, o que torna possível uma visão panorâmica e um conhecimento do todo. Em seguida é também demonstrada uma analogia infinitamente nuançada no todo e nas partes, a qual atravessa todas essas figuras (*unité de plan*)[2] e em virtude da qual assemelham-se a diferentes variações sobre um tema não especificado. A passagem da matéria para essas figuras, ou seja, o nascimento dos indivíduos, não é um assunto de privilegiada consideração, visto que todo indivíduo provém por procriação de um outro semelhante a ele, procriação que, em toda parte misteriosa, até agora se furtou ao claro conhecimento: o pouco que se conhece disso encontra o seu lugar na fisiologia, que já pertence à ciência etiológica da natureza. A esta também tende a mineralogia, que no seu tema principal, em especial lá onde se torna geologia, pertence à morfologia. Etiologia em sentido estrito são todos os ramos da ciência da natureza que têm por tema principal, em toda parte, o conhecimento de causa e efeito: ensinam como, em conformidade com uma regra infalível, a UM estado da matéria se segue necessariamente outro bem definido; como uma mudança determinada necessariamente produz e condiciona uma outra determinada, cuja prova se chama EXPLANAÇÃO. Aqui se incluem sobretudo a mecânica, a física, a química, a fisiologia.

Caso nos dediquemos ao aprendizado das ciências, logo perceberemos que a informação capital procurada não é fornecida pela etiologia nem pela morfologia. Esta última nos apresenta figuras inumeráveis, infinitamente variadas, aparentadas por uma inegável semelhança de família, para nós representações, mas que por essa via permanecem eternamente estranhas, e que, se consideradas apenas nesses moldes, colocam-se diante de nós como hieróglifos indecifráveis. — A etiologia, ao contrário, nos ensina que, segundo a lei de causa e efeito, este determinado estado da matéria produz aquele // outro e com isso o explica, cumprindo assim a sua tarefa; não obstante, no fundo somente demonstra a ordenação regular segundo a qual os estados aparecem no espaço e no tempo, ao ensinar para todos os casos qual aparência tem de necessariamente emergir neste tempo, neste lugar, portanto determina, segundo uma lei de conteúdo determinado ensinado

---

2 "Unidade de plano." (N. T.)

Arthur Schopenhauer

pela experiência, sua posição no espaço e no tempo, cuja necessidade e forma universal, todavia, nos são conhecidas independentemente da experiência. Mas não recebemos por aí a mínima informação sobre a essência íntima de nenhuma daquelas aparências: essência que é denominada FORÇA NATURAL e se encontra fora do âmbito da explanação etiológica, que chama de LEI NATURAL a constância inalterável de entrada em cena da exteriorização de uma força, sempre que suas condições conhecidas sejam dadas. Semelhante lei natural, com as condições de entrada em cena num determinado lugar, num determinado tempo da exteriorização da força, é tudo o que a etiologia conhece e pode conhecer. A força mesma que se exterioriza, a essência íntima das aparências que emergem conforme aquelas leis, permanece um eterno mistério, algo completamente estranho e desconhecido, tanto no que se refere à aparência mais simples quanto à mais complexa. Pois, embora a etiologia tenha alcançado mais perfeitamente o seu objetivo na mecânica, mais imperfeitamente na fisiologia, ainda assim a força em virtude da qual uma pedra cai na terra ou um corpo rechaça outro não é menos estranha e misteriosa em sua essência íntima do que a força que produz os movimentos e o crescimento de um animal. A mecânica pressupõe matéria, gravidade, impenetrabilidade, transmissão de movimento pelo choque, rigidez etc. como insondáveis, chamando-os de forças naturais, e de lei natural a sua aparição necessária e regular sob certas condições; só em seguida principia a sua explanação, que consiste em indicar de maneira fiel, matematicamente precisa, como, onde, quando cada força se exteriorizou, remetendo toda aparência encontrada a uma dessas forças. Assim também o fazem física, química e fisiologia em seus domínios, com a diferença de pressuporem mais e realizarem menos. De acordo com tudo isso, até mesmo a mais perfeita explanação etiológica de toda a natureza nada mais seria, propriamente dizendo, // do que um catálogo de forças inexplicáveis, uma indicação segura da regra segundo a qual as suas aparências emergem, se sucedem e dão lugar umas às outras no espaço e no tempo: porém, teriam de deixar sempre inexplicável a essência íntima das forças que assim aparecem, porque a lei observada pela etiologia restringe-se às aparências e à sua ordenação, não indo além disso. Assim, a explanação etiológica é comparável ao corte de um mármore que mostra variados sulcos um ao lado do outro, mas não permite conhecer o curso de cada um deles do interior à superfície do bloco; ou, se me for permitida uma comparação burlesca, em virtude de sua plasticidade, – em face da etiologia de toda a natureza o investigador filosófico teria de se sentir como alguém que, sem saber, entrasse numa sociedade por inteiro desconhecida, cujos membros lhe apresentariam seguidamente seus respectivos parentes e amigos, tornando-os suficientemente familiares: ele mesmo, entretanto, todas as vezes que se alegrasse com a pessoa apresentada, teria sempre nos lábios a pergunta: "Diabos, como vim parar no meio de toda essa gente?".

Portanto, também a etiologia nunca pode fornecer a desejada informação que nos conduziria para além daquelas aparências que conhecemos como nossas representações; pois, depois de todas as suas explanações, eles ainda permanecem completamente estranhos, meras representações cuja significação não compreendemos. A conexão causal dá apenas a regra e a ordem relativa de seu aparecimento no espaço e no tempo, sem nos permitir conhecer mais concretamente aquilo que aparece. Ademais, a lei de causalidade vale somente para representações, para objetos de uma determinada classe, sob cuja pressuposição unicamente possui significado: portanto, igual a tais objetos, existe só em relação ao sujeito, logo, condicionalmente, pelo que é conhecida tanto *a priori*, quando se parte do sujeito, quanto *a posteriori*, quando se parte do objeto (como Kant ensina).

Porém, o que agora nos impele à investigação é justamente não mais estarmos satisfeitos em saber que possuímos tais e tais representações,

I 118 conectadas conforme estas e aquelas leis, cuja // expressão geral é sempre o princípio de razão. Queremos conhecer a significação dessas representações: perguntamos se este mundo não é nada além de representação; caso em que teria de desfilar diante de nós como um sonho inessencial ou um fantasma vaporoso, sem merecer nossa atenção; ou se de fato é algo outro, algo a mais, e qual a sua natureza. Decerto aquilo pelo que perguntamos é algo, em conformidade com a sua essência, totalmente diferente da representação, tendo, pois, de subtrair-se por completo às suas formas e leis; nesse sentido, não se pode alcançá-lo a partir da representação, seguindo o fio condutor das leis que meramente ligam objetos, representações entre si, que são as figuras do princípio de razão.

Vemos, pois, que DE FORA jamais se chega à essência das coisas: por mais que se investigue, obtêm-se tão somente imagens e nomes. Assemelhamo-nos a alguém girando em torno de um castelo, debalde procurando sua entrada e que de vez em quando desenha a sua fachada. No entanto, este foi o caminho seguido por todos os filósofos que me antecederam.

§ 18

De fato, a busca pela significação do mundo que está diante de mim simplesmente como minha representação, ou a transição dele, como mera representação do sujeito que conhece, para o que ainda possa ser além disso, nunca seria encontrada se o investigador, ele mesmo, nada mais fosse senão puro sujeito que conhece (cabeça de anjo alada destituída de corpo). Contudo, o investigador mesmo se enraíza neste mundo, encontra-se nele como INDIVÍDUO, isto é, seu conhecimento, sustentáculo condicionante do mundo inteiro como representação, é no todo intermediado por um corpo, cujas afecções, como se mostrou, são para o entendimento o ponto de partida da intuição do mundo. Este corpo é para o puro sujeito que conhece enquanto tal uma representação como qualquer outra, um objeto entre objetos: os movimentos e ações do corpo lhe seriam tão estranhos e incompreensíveis quanto as mudanças de todos os outros objetos // intuíveis se a significação deles não lhe fosse decifrada de um modo inteiramente diferente. Pois senão veria sua ação seguir-se a motivos dados com a constância de uma lei natural justamente como as mudanças dos outros objetos a partir de causas, estímulos e motivos, sem compreender mais intimamente a influência dos motivos do que compreende a ligação de qualquer outro efeito com sua causa a aparecer diante de si. Ele, então, conforme o gosto, nomearia a essência íntima e incompreensível daquelas exteriorizações e ações de seu corpo justamente uma força, uma qualidade ou um caráter, porém sem obter dessas coisas nenhuma intelecção mais profunda. Mas tudo isso não é assim: antes, a palavra do enigma é dada ao sujeito do conhecimento que aparece como indivíduo: e tal palavra recebe o nome de VONTADE. Esta, e somente esta, fornece-lhe a chave para a sua

O mundo como vontade e como representação

própria aparência, manifesta a significação, mostra-lhe a engrenagem interior do seu ser, do seu agir, dos seus movimentos. Ao sujeito do conhecimento, que por meio de sua identidade com o corpo entra em cena como indivíduo, este corpo é dado de duas maneiras completamente diferentes: uma vez como representação na intuição do entendimento, como objeto entre objetos e submetido às leis destes; outra vez de maneira completamente outra, a saber, como aquilo conhecido imediatamente por cada um e indicado pela palavra VONTADE. Todo ato verdadeiro de sua vontade é simultânea e inevitavelmente também um movimento de seu corpo: ele não pode realmente querer o ato sem ao mesmo tempo perceber que este aparece como movimento corporal. O ato da vontade e a ação do corpo não são dois estados diferentes conhecidos objetivamente e vinculados pelo nexo da causalidade, nem se encontram na relação de causa e efeito, mas são uma única e mesma coisa, apenas dada de duas maneiras totalmente diferentes: uma vez imediatamente e outra para a intuição do entendimento. A ação do corpo nada mais é senão o ato da vontade objetivado, isto é, que apareceu na intuição. Mais adiante será mostrado que isso vale para qualquer movimento do corpo, não apenas os provocados por motivos, mas também para os que se seguem involuntariamente de meros estímulos; sim, o corpo inteiro não é

I 120 nada mais senão a vontade objetivada, que // se tornou representação (tudo isso virá na sequência e tornar-se-á claro no decorrer de nossa exposição). Por conseguinte, o corpo, que no livro precedente e no meu ensaio sobre o princípio de razão chamei OBJETO IMEDIATO, conforme o ponto de vista unilateral (da representação) ali intencionalmente adotado, aqui, de outro ponto de vista, é denominado OBJETIDADE DA VONTADE.[3] Por isso em certo sentido também se pode dizer: a vontade é o conhecimento *a priori* do corpo, e o corpo é o conhecimento *a posteriori* da vontade. — Decisões da vontade referentes ao futuro são simples ponderações da razão sobre o que se vai querer um dia, não atos da vontade propriamente ditos: apenas a execução estampa a decisão, que até então não passa de propósito cambiável, existente

---

3 No original, *Objektität des Willens*. O termo *Objektität*, neologismo de Schopenhauer, costuma provocar confusão entre tradutores, que às vezes o vertem por "objetividade", termo inadequado, pois faz perder de vista o amálgama entre ato da vontade e corpo. (N. T.)

apenas *in abstracto* na razão. Só na reflexão o querer e o agir se diferenciam: na efetividade são uma única e mesma coisa. Todo ato verdadeiro, autêntico, imediato da vontade é também simultânea e imediatamente ato do corpo que aparece: e, em correspondência, toda ação sobre o corpo é também simultânea e imediatamente ação sobre a vontade: que enquanto tal se chama dor, caso a contrarie, ou bem-estar, prazer, caso lhe seja conforme. As gradações dessa dor e desse prazer são bem diversificadas. Todavia, é totalmente incorreto denominar a dor e o prazer representações, o que de modo algum são, mas afecções imediatas da vontade em sua aparência, o corpo, vale dizer, um querer ou não querer impositivo e instantâneo sofrido por ele. Por outro lado, devem ser consideradas imediatamente como simples representações, portanto excluídas do que acabou de ser dito, certas poucas impressões sobre o corpo que não estimulam a vontade e unicamente mediante as quais o corpo é objeto imediato do conhecimento (visto que ele, como intuição no entendimento, já é objeto mediato como qualquer outro). Penso aqui nas afecções dos sentidos puramente objetivos da visão, da audição e do tato, embora só à medida que seus órgãos são afetados conforme sua maneira natural, específica; o que envolve uma estimulação tão excepcionalmente fraca da sensibilidade realçada e modificada dessas partes que não afeta a vontade, mas, sem ser incomodada pela estimulação,

I 121 // esta apenas fornece ao entendimento os primeiros dados de onde deriva a intuição. Toda outra afecção mais forte ou diferente daqueles órgãos dos sentidos já é dolorida, ou seja, contraria a vontade, a cuja objetidade também pertencem. – A fraqueza dos nervos revela-se no fato de que as impressões, que deveriam ter apenas o grau de força suficiente para torná-las dados do entendimento, atingem o grau mais elevado e movimentam a vontade, ou seja, estimulam dor ou sentimento de bem-estar, embora o mais das vezes dor, que no entanto é em parte abafada e insignificante; nesse caso, tons isolados e luz intensa não apenas são sentidos dolorosamente, mas em geral também ocasionam disposição hipocondríaca doentia, sem ser no entanto claramente reconhecida. – Ademais, a identidade do corpo com a vontade também se mostra, entre outras coisas, no fato de que todo movimento excessivo e veemente da vontade, isto é, cada afeto, abala imediatamente o corpo e sua engrenagem interior e perturba o curso de suas funções vitais.

118

Isso é especialmente abordado no meu *Sobre a vontade na natureza*, p.27 da segunda edição.

Por fim, o conhecimento que tenho da minha vontade, embora imediato, não se separa do conhecimento do meu corpo. Conheço minha vontade não no todo, como unidade, não perfeitamente conforme sua essência, mas só em seus atos isolados, portanto no tempo, que é a forma da aparência de meu corpo e de qualquer objeto: por conseguinte, o corpo é condição de conhecimento da minha vontade. Por consequência, não posso, propriamente dizendo, de modo algum representar a vontade sem representar meu corpo. No ensaio sobre o princípio de razão, a vontade, ou, antes, o sujeito do querer, já era tratado como uma classe especial de representação ou objeto: lá vimos esse objeto coincidindo com o sujeito, quer dizer, cessando de ser objeto; naquela ocasião denominamos essa coincidência milagre κατ' ἐξοχήν:[4] em certo sentido todo o presente livro é um esclarecimento de tal milagre. — Ora, na medida em que conheço minha vontade propriamente dita como objeto, conheço-a como corpo: com isso me encontro novamente em meio à primeira classe de objetos abordada no ensaio sobre o princípio de razão, ou seja, em meio aos objetos reais. Na // sequência perceberemos cada vez mais nitidamente que essa primeira classe de representações recebe seu esclarecimento, sua decifração apenas pela quarta classe de representações abordada naquele mesmo ensaio,[5] classe esta que em realidade não se encontra em oposição, como objeto, ao sujeito; em função disso temos de compreender a essência íntima da lei de causalidade, válida na primeira classe, e o que ocorre em conformidade com essa lei, a partir da lei de motivação, que rege a quarta classe.

A identidade da vontade com o corpo, aqui provisoriamente apresentada, pode ser evidenciada apenas do modo como foi feito aqui pela primeira vez, e como continuará sendo cada vez mais na sequência de nossa exposição; noutros termos, ela pode ser elevada da consciência imediata, do conhecimento *in concreto*, ao saber da razão, ou ser transmitida ao conhecimento *in abstracto*: porém, segundo sua natureza, nunca pode ser demonstrada, isto

---

4 "Por excelência." (N. T.)

5 Cf. a minha nota 3 ao primeiro livro. (N. T.)

é, deduzida como conhecimento mediato a partir de outro mais imediato, justamente porque se trata ali do conhecimento mais imediato; se não a concebemos e fixamos desse modo, em vão esperaremos obtê-la novamente de maneira mediata como conhecimento deduzido. Trata-se de um conhecimento de ordem inteiramente outra, cuja verdade, justamente por isso, não pode ser incluída nas quatro rubricas por mim arroladas no § 29 do ensaio *Sobre o princípio de razão*, que reparte todas as verdades em lógica, empírica, metafísica e metalógica:[6] pois agora a verdade não é, como nos outros casos, a referência de uma representação abstrata a uma outra representação, ou à forma necessária do representar intuitivo ou abstrato; mas é a referência de um juízo à relação que uma representação intuitiva, o corpo, tem com algo que absolutamente não é representação, mas *toto genere* diferente dela, a saber: vontade. Gostaria, por conta disso, de destacar essa verdade de todas as demais e denominá-la VERDADE FILOSÓFICA κατ'ἐξοχήν. A expressão da mesma pode ser dita de diversas maneiras: meu corpo e minha vontade são uma coisa só; ou, o que como representação intuitiva denomino meu corpo, por outro lado denomino minha vontade, visto que estou consciente dele de uma maneira completamente diferente, não comparável com nenhuma outra; ou, meu corpo é a OBJETIDADE da minha vontade; // ou, abstraindo-se o fato de que meu corpo é minha representação, ele é apenas minha vontade etc.*

I 123

§ 19

Se com resistência interior explanamos no primeiro livro o próprio corpo e os demais objetos deste mundo intuitivo como mera representação do sujeito que conhece, agora tornou-se claro que na consciência de cada um há algo que diferencia a representação do próprio corpo de todas as demais representações, que de resto são totalmente iguais a ele; noutros termos, o corpo se dá à consciência de um modo *toto genere* diferente, indicado pela

---

6 No referido ensaio Schopenhauer denomina transcendental a verdade que aqui denomina metafísica. (N. T.)

* Cf. capítulo 18 do segundo tomo.

O mundo como vontade e como representação

palavra VONTADE; e precisamente esse conhecimento duplo que temos do nosso corpo fornece elucidação sobre ele mesmo, sobre seu fazer-efeito e movimento por motivos, bem como sobre seu sofrimento por ação exterior, numa palavra, sobre o que ele é não como representação, porém fora disso, portanto EM SI — elucidação que de imediato não temos em relação à essência, fazer-efeito e sofrimento de todos os outros objetos.

O sujeito que conhece é indivíduo exatamente em sua referência especial a um corpo que, considerado fora de tal referência, é apenas uma representação igual a qualquer outra. No entanto, a referência em virtude da qual o sujeito que conhece é INDIVÍDUO se dá exclusivamente entre ele e uma única de suas representações; daí, portanto, não estar consciente dessa única representação apenas como uma mera representação, mas ao mesmo tempo de modo inteiramente outro, vale dizer, como uma vontade. Contudo, caso abstraia aquela referência, aquele conhecimento duplo e completamente heterogêneo de uma única e mesma coisa, então aquela coisa única, o corpo, é uma representação como qualquer outra. Por conseguinte, o indivíduo que conhece, para orientar-se neste ponto, ou tem de assumir que o distintivo daquela representação se encontra meramente no fato de seu conhecimento estar nessa dupla referência apenas para com uma tal única representação, e que apenas nesse ÚNICO objeto intuitivo se abre ao mesmo tempo para ele uma intelecção de dois tipos, // sem que isto se explique pela diferença desse objeto em face de todos os demais, mas apenas pela diferença da relação de seu conhecimento com esse único objeto e pela relação de seu conhecimento com os demais objetos; ou tem de assumir que semelhante único objeto é essencialmente diferente de todos os outros e só ele é ao mesmo tempo vontade e representação, já os objetos restantes, ao contrário, são meras representações, vale dizer, meros fantasmas e com isso tem de assumir que seu corpo é o único indivíduo real no mundo, isto é, a única aparência da vontade e o único objeto imediato do sujeito. — Ora, que os outros objetos, considerados como meras REPRESENTAÇÕES, são iguais ao seu corpo, isto é, preenchem como este (possivelmente existindo apenas como representação) o espaço e também fazem efeito nele, eis aí algo demonstrável com certeza pela lei de causalidade, válida *a priori* para as representações, e que não admite efeito algum sem causa: contudo, abstraindo-se o fato de que se pode inferir do efeito somente uma causa em geral, não uma causa igual, ainda estamos no domínio da mera representação, para a qual exclusivamente vale a lei de causalidade e que nunca nos leva além daquela. Se, entretanto, os objetos conhecidos pelo indivíduo simplesmente como representação ainda são, semelhantemente ao seu corpo, aparências de uma vontade — eis aí, como dissemos no livro precedente, o sentido propriamente dito da questão acerca da realidade do mundo exterior: negá-lo é justamente o sentido do EGOÍSMO TEÓRICO, que considera todas as aparências, exceto o próprio indivíduo, como fantasmas; o mesmo faz o egoísmo prático em termos práticos, ou seja, trata apenas a própria pessoa como de fato real, todas as outras sendo consideradas e tratadas como meros fantasmas. O egoísmo teórico, em realidade, nunca é refutado por demonstrações: na filosofia, contudo, foi empregado apenas como sofisma cético, ou seja, como encenação. Enquanto convicção séria, ao contrário, só pode ser encontrado nos manicômios; e, como tal, precisa não tanto de uma refutação, mas de uma cura. Por conseguinte, não nos deteremos nele, mas o olharemos exclusivamente como a última fortaleza do ceticismo, que sempre é polêmico. // Portanto, se o conhecimento, sempre ligado à individualidade e justamente por isso tendo nela a sua limitação, traz consigo necessariamente que cada um pode SER apenas uma coisa, porém pode CONHECER tudo o mais, limitação esta que justamente cria a necessidade da filosofia, então nós, que procuramos pela filosofia ampliar os limites do nosso conhecimento, veremos aquele argumento cético que nos foi aqui contraposto como um pequeno forte de fronteira, que não se pode assaltar, mas do qual a guarnição nunca sai, podendo-se por conseguinte passar por ele e dar-lhe as costas sem perigo.

Dessa forma, o duplo conhecimento, dado de dois modos por completo heterogêneos e elevado à nitidez, que temos da essência e fazer-efeito de nosso corpo será em seguida usado como uma chave para a essência de toda aparência na natureza; assim, todos os objetos que não são nosso corpo, portanto não são dados de modo duplo, mas apenas como representações na consciência, serão julgados exatamente conforme analogia com aquele corpo; por conseguinte, serão tomados, precisamente como ele, de um lado como representação e, portanto, iguais a ele nesse aspecto, mas de outro, caso se ponha de lado a sua existência como representação do sujeito, o que resta, conforme sua essência íntima, tem de ser o mesmo que aquilo a denominarmos em nós VONTADE. Pois que outro tipo de realidade ou existência deveríamos atribuir ao mundo restante dos corpos? Donde retirar os elementos para compor um tal mundo? Além da vontade e da representação, absolutamente nada é conhecido nem pensável. Se quisermos atribuir ao mundo dos corpos, que existe imediatamente apenas em nossa representação, a maior realidade que conhecemos, então lhe conferiremos aquela realidade que o próprio corpo possui para cada um de nós, pois ele é para nós o que há de mais real. E se analisarmos a realidade desse corpo e as suas ações, então encontraremos, tirante o fato de ser nossa representação, nada mais senão a vontade: aí se esgota toda a sua realidade mesma. Logo, não podemos encontrar em nenhuma parte realidade outra para atribuir ao mundo dos corpos. Assim, se este ainda deve ser algo mais que mera representação, temos de dizer que, exceto a // representação, portanto em si e conforme sua essência mais íntima, ele é aquilo que encontramos imediatamente em nós mesmos como vontade. Digo "conforme sua essência mais íntima": entretanto, temos de primeiro conhecer mais de perto a essência da vontade, a fim de sabermos distinguir aquilo que não pertence a ela mesma, mas já à sua aparência diversificada em vários graus: é o caso, por exemplo, da circunstância de ser acompanhada de conhecimento e da determinação condicionada por motivos daí resultante: semelhante característica, como veremos a seguir, não pertence à sua essência, mas apenas à sua aparência mais nítida como animal e ser humano. Se, pois, eu disser que a força que atrai a pedra para a terra é, conforme sua essência em si, além de representação, vontade – que não se atribua a tal frase a tola opinião de que a pedra se movimenta segundo um motivo conhecido, já que é assim que a vontade aparece no ser humano.* – Doravante queremos fundamentar e demonstrar

---

* De modo algum concordamos com Bacon de Verulam, quando (*De augm. Scient. L. 4 in fine*) opina que todos os movimentos físicos e mecânicos dos corpos só se seguem depois de uma percepção prévia nesses corpos, embora um pressentimento da verdade envolva essas falsas colocações. O mesmo ocorre com a afirmação de Kepler, em seu ensaio *De planeta Martis*, de que os planetas têm de possuir conhecimento para se manterem tão exatamente em sua órbita elíptica e assim avaliarem a velocidade de seu movimento, de modo que o triângulo da área de sua órbita sempre permanece proporcional ao tempo no qual passam por sua base.

clara e detalhadamente e desenvolver em toda a sua envergadura o que até aqui foi exposto provisoriamente de maneira geral.*

§ 20

A VONTADE, como foi dito, dá sinal de si primariamente nos movimentos voluntários do corpo como a essência em si deles, isto é, como aquilo que o corpo é tirante o fato de ser objeto de intuição, representação. Os movimentos do corpo não passam da visibilidade dos atos isolados da vontade, surgindo imediata e simultaneamente com estes, com os quais constituem // uma única e mesma coisa, diferenciando-se apenas pela forma da cognoscibilidade que adquiriram ao se tornarem representação.

Esses atos da vontade sempre têm ainda um fundamento exterior a si, nos motivos. Estes, todavia, só determinam o que eu quero NESTE tempo, NESTE lugar, sob ESTAS circunstâncias; não QUE ou O QUE eu quero em geral, ou seja, as máximas que caracterizam todo o meu querer. Em virtude disso, a essência toda de meu querer não é explanável por motivos, já que estes determinam exclusivamente sua exteriorização em dado ponto do tempo, são meramente a ocasião na qual minha vontade se mostra: a vontade mesma, ao contrário, encontra-se fora do domínio da lei de motivação: apenas sua aparência em dado ponto do tempo é necessariamente determinada por tal lei. Assim, só ao fazer a pressuposição de meu caráter empírico é que o motivo é fundamento suficiente de explanação de meu agir: se, contudo, abstraio o meu caráter e pergunto por que em geral quero isso e não aquilo, então resposta alguma é possível, justamente porque apenas a APARÊNCIA da vontade está submetida ao princípio de razão, não a vontade mesma, que, nesse sentido, é para ser denominada SEM FUNDAMENTO. Acerca desse tema pressuponho em parte a doutrina de Kant sobre a diferença entre caráter empírico e inteligível e as elucidações que lhe são pertinentes presentes no meu *Problemas fundamentais da ética*, p.48-58 e de novo p.178 et seq. da

---

* Cf. capítulo 19 do segundo tomo.

O mundo como vontade e como representação

primeira edição; em parte, porém, abordaremos detalhadamente o assunto no quarto livro da presente obra. No momento, porém, apenas gostaria de observar que o fato de uma aparência ser fundamentada por outra (no presente caso o agir ser fundamentado por motivos) de modo algum coloca em questão sua essência em si como vontade, que, nela mesma, não tem fundamento, na medida em que o princípio de razão em todas as suas figuras é mera forma do conhecimento, estendendo sua validade apenas à representação, à aparência, à visibilidade da vontade, não à vontade mesma que se torna visível.

Assim, se cada ação de meu corpo é o aparecimento de um ato volitivo no qual minha vontade mesma, portanto meu caráter, expressa-se em geral e no todo sob certos motivos, então o pressuposto e a condição absolutamente necessária daquela ação têm de ser também aparecimento da vontade, pois **I 128** // o aparecimento desta não pode depender de algo que não exista imediata e exclusivamente mediante ela, que, portanto, seja-lhe simplesmente contingente: com o que seu aparecimento mesmo seria casual: aquela condição, no entanto, é todo o corpo mesmo. Este, portanto, já tem de ser aparência da vontade e relacionar-se com minha vontade em seu todo, isto é, com meu caráter inteligível, cuja aparência no tempo é meu caráter empírico, da mesma forma que a ação isolada do corpo se relaciona com o ato isolado da vontade. Logo, todo o corpo não tem de ser outra coisa senão minha vontade que se torna visível, tem de ser a minha vontade mesma na medida em que esta é objeto intuível, representação da primeira classe.[7] — Em confirmação de tudo isso, recorde-se que toda ação sobre o corpo afeta simultânea e imediatamente a vontade e, nesse sentido, chama-se dor ou prazer, ou, em graus menores, sensação agradável ou desagradável; inversamente, todo movimento veemente da vontade, portanto todo afeto e paixão, abala o corpo e perturba o curso de suas funções. — Sem dúvida, é possível fornecer uma explanação etiológica, embora bastante imperfeita, da origem e da conservação de meu corpo, e melhor ainda de seu desenvolvimento: neste caso se tem justamente a fisiologia: só que esta explica o seu objeto de estudo exatamente do mesmo modo como os motivos explicam a ação.

---

7 Cf. a minha nota 3 do primeiro livro. (N. T.)

Por conseguinte, assim como a fundamentação da ação isolada por um motivo e suas consequências necessárias não contradizem o fato de que o agir em geral segundo seu ser é apenas aparência de uma vontade em si mesma sem fundamento, assim também a explanação fisiológica da função do corpo pouco compromete a verdade filosófica de que toda a existência do corpo e a série total de suas funções é somente a objetivação da vontade que aparece em ações exteriores desse mesmo corpo segundo motivos. Se, porém, a fisiologia procura remeter até mesmo essas ações exteriores, os movimentos voluntários imediatos, a causas no organismo, por exemplo, explanando o movimento dos músculos por um influxo de sucos ("seme-lhante à contração de uma corda quando se a umedece", como diz Reil em seu *Archiv für Physiologie*, v.6, p.153), e supondo-se que chegasse de fato a uma explanação última de tudo isso, // ainda assim de modo algum seria suprimida a verdade imediatamente certa de que todo movimento volun-tário (*functiones animales*)[8] é aparecimento de um ato da vontade. Tampouco a explanação fisiológica da vida vegetativa (*functiones naturales, vitales*)[9], por mais longe que vá, pode suprimir a verdade de que toda vida animal, e seu desenvolvimento, é apenas aparência da vontade. De modo geral, como foi elucidado antes, cada explanação etiológica só pode fornecer a posição necessariamente determinada no espaço e no tempo de uma aparência par-ticular, seu aparecimento necessário conforme uma regra fixa: mas por essa via a essência íntima da aparência permanece sempre infundada e pressu-posta por qualquer explanação etiológica, sendo indicada pelo nome força, lei natural ou, caso se trate de ações, caráter, vontade. — Portanto, apesar de cada ação isolada, sob a pressuposição de um caráter determinado, seguir--se necessariamente do motivo apresentado, e apesar de o crescimento, o processo de alimentação e as mudanças completas no corpo animal se darem segundo causas (estímulos) que fazem efeito necessariamente; mesmo assim a série completa das ações, portanto também cada ação isolada, bem como sua condição, o corpo todo que a consuma, conseguintemente o pro-

---

8 "Funções animais." (N. T.)
9 "Funções naturais, vitais." (N. T.)

cesso no e pelo qual o corpo subsiste não são outra coisa senão a aparência da vontade, o tornar-se visível, a OBJETIDADE DA VONTADE. Nisso baseia-se a perfeita adequação dos corpos humano e animal às vontades humana e animal, semelhante, mas superando-a em muito, à adequação que um instrumento intencionalmente fabricado tem com a vontade de seu fabricante, aparecendo assim como finalidade; noutros termos, abre-se o caminho para a explanação teleológica do corpo. Desse ponto de vista, as partes do corpo têm de corresponder perfeitamente às principais solicitações pelas quais a vontade se manifesta, têm de ser a sua expressão visível: dentes, esôfago, canal intestinal são a fome objetivada; os genitais são o impulso sexual objetivado; as mãos que agarram e os pés velozes já correspondem ao empenho mais indireto da vontade que eles expõem. E assim como a forma humana em geral corresponde à vontade humana em geral, assim também a **I 130** constituição física do indivíduo corresponde à vontade individualmente // modificada, ao caráter do indivíduo; constituição esta que, portanto, sem exceção, é em todas as partes característica e significativa. Notável é que Parmênides já tenha expressado isso nos seguintes versos transcritos por Aristóteles (*Metaph. II, 5*):

> Ὡς γὰρ ἕκαστος ἔχει κρᾶσιν μελέων πολυκάμπτων,
> Τὼς νόος ἀνθρώποισι παρέστηκεν· τὸ γὰρ αὐτὸ
> Ἔστιν, ὅπερ φρονέει, μελέων φύσις ἀνθρώποισι,
> Καὶ πᾶσιν καὶ παντί· τὸ γὰρ πλέον ἐστὶ νόημα.

> (*Ut enim cuique complexio membrorum flexibilium se habet, ita*
> *mens hominibus adest: idem namque est, quod sapit, membrorum natura*
> *hominibus, et omnibus et omni: quod enim plus est, intelligentia est.*) [*][10]

---

[*] Cf. o capítulo 20 do segundo tomo, bem como as rubricas "Fisiologia" e "Anatomia comparada" no meu escrito *Sobre a vontade na natureza*, nas quais o que foi aqui apenas aludido recebe o seu tratamento mais detalhado.

10 "Assim como cada um tem uma mistura de membros flexíveis, assim também a mente nos homens se apresenta; pois é uma mesma coisa que pensa nos homens, irrupção de membros, em todos e em cada um; o mais abundante é o pensamento." (N. T.)

Arthur Schopenhauer

§ 21

Quem, mediante todas essas considerações, compreendeu *in abstracto*, de maneira evidente e certa, que aquilo que cada um possui *in concreto* imediatamente como sentimento, a saber, a essência em si da própria aparência — que se expõe como representação tanto nas ações quanto no substrato permanente destas, o corpo — é a VONTADE, que constitui o mais imediato de nossa consciência, porém, como tal, não aparece completamente na forma da representação, na qual objeto e sujeito se contrapõem, mas dá sinal de si de modo imediato, em que sujeito e objeto não se diferenciam nitidamente: vontade que não aparece em seu todo, mas se faz conhecer ao indivíduo somente por meio de atos isolados; — quem, ia dizer, alcançou comigo essa convicção obterá uma chave para o conhecimento da essência mais íntima

I 131 de toda a natureza, // visto que também difundirá essa convicção por todas aquelas aparências que não lhe são dadas, como a sua própria, em conhecimento imediato e mediato, mas só neste último, portanto só parcialmente, como REPRESENTAÇÃO. Reconhecerá a mesma vontade como essência mais íntima não apenas das aparências inteiramente semelhantes à sua, ou seja, seres humanos e animais, porém a reflexão continuada o levará a reconhecer que também a força que vegeta e palpita na planta, sim, a força que forma o cristal, que gira a agulha magnética para o polo norte, que irrompe do choque de dois metais heterogêneos, que aparece nas afinidades eletivas dos materiais como atração e repulsão, sim, a própria gravidade que atua poderosamente em toda matéria, atraindo a pedra para a terra e a Terra para o Sol, — tudo isso é diferente apenas na aparência, mas conforme sua essência em si é para se reconhecer como aquilo conhecido imediatamente de maneira tão íntima e melhor que qualquer outra coisa e que, ali onde aparece do modo mais nítido, chama-se VONTADE. Esse emprego da reflexão é o único que não nos abandona na aparência, mas, através dela, leva-nos à COISA EM SI. Aparência se chama representação, e nada mais: toda representação, não importa seu tipo, todo OBJETO é APARÊNCIA. Por sua vez, COISA EM SI é apenas a VONTADE: como tal não é absolutamente representação, mas *toto genere* diferente dela: toda representação, todo objeto, é a aparência, a visibilidade, a OBJETIDADE da vontade. A vontade é o mais íntimo, o núcleo de

128

cada particular, bem como do todo: aparece em cada força da natureza que faz efeito cegamente: também aparece na ação ponderada do ser humano: se ambas diferem, isso concerne somente ao grau do aparecimento, não à essência do que aparece.[11]

§ 22

Essa COISA EM SI (queremos conservar a expressão kantiana como fórmula consagrada), que enquanto tal jamais é objeto, porque todo objeto é apenas sua aparência e não ela mesma, se pudesse ser pensada objetivamente, teria de emprestar nome e conceito de um objeto, // de algo dado de certa forma objetivamente, por consequência de uma de suas aparências: esta, contudo, em apoio à compreensão, não poderia ser outra coisa senão a mais perfeita dentre suas aparências, isto é, a mais nítida, a mais desenvolvida, imediatamente iluminada pelo conhecimento: exatamente a VONTADE humana. Todavia, é preciso observar que aqui obviamente empregamos somente uma *denominatio a potiori*,[12] mediante a qual o conceito de vontade adquire uma maior envergadura que a possuída até então. Ora, o conhecimento do idêntico em aparências diferentes e do diferente em aparências semelhantes é justamente, como Platão amiúde observa, a condição da filosofia. No entanto, até agora ninguém reconheceu a identidade da essência de cada força que se empenha e faz efeito na natureza com a vontade e, por conseguinte, as múltiplas e variadas aparências que são somente espécies diversas do mesmo gênero não foram consideradas como tal, mas como heterogêneas: eis por que não podia haver palavra alguma para designar o conceito desse gênero. Eu, por conseguinte, nomeio o gênero de acordo com a sua espécie mais distinta e perfeita, cujo conhecimento imediato está mais próximo

---

11 Doravante grafaremos em certas passagens o termo vontade com "V" maiúsculo, já que aqui, § 21, Schopenhauer identifica a vontade com a coisa em si: faremos isso nas ocorrências da expressão *"Wille zum Leben"*, "Vontade de vida"; temos, assim, uma rica ambiguidade conceitual expressa pela alternância entre vontade individual e Vontade de vida como coisa em si. (N. T.)

12 Denominação conforme o mais distinto, perfeito. (N. T.)

de nós, conduzindo-nos ao conhecimento mediato de todas as outras. Em consequência, estaria sempre numa renovada incompreensão quem não fosse capaz de levar a bom termo a aqui exigida ampliação do conceito de VONTADE, entendendo por esta palavra somente a espécie designada até agora pelo termo, acompanhada de conhecimento segundo motivos, e motivos abstratos, logo, exteriorizando-se a si mesma sob a condução da faculdade racional; todavia, como foi dito, essa é apenas a aparência mais nítida da vontade. Doravante, temos de separar de maneira pura em nosso pensamento a essência mais íntima, imediatamente conhecida dessa aparência, e em seguida atribuí-la a todas as aparências mais débeis, menos nítidas da mesma essência, pelo que consumaremos a pretendida ampliação do conceito de vontade. — Também me compreenderá mal quem pensar que é indiferente se indico a essência em si de cada aparência por vontade ou qualquer outra palavra. Este seria o caso se a coisa em si fosse algo cuja existência pudéssemos simplesmente DEDUZIR e, assim, conhecê-la apenas mediatamente, *in abstracto*: // então se poderia denominá-la como bem se quisesse: o nome seria um mero sinal de uma grandeza desconhecida. Contudo, o termo VONTADE, que, como uma palavra mágica, deve desvelar-nos a essência mais íntima de cada coisa na natureza, de modo algum indica uma grandeza desconhecida, algo alcançado por silogismos, mas sim algo conhecido por inteiro, imediatamente, e tão conhecido que aquilo que é vontade sabemos e compreendemos melhor do que qualquer outra coisa, seja o que for. — Até os dias atuais subsumiu-se o conceito de VONTADE sob o conceito de FORÇA: eu, porém, faço precisamente o contrário, e considero cada força na natureza como vontade. Não se vá imaginar que isso é uma mera discussão de palavras, algo trivial: antes, trata-se de um assunto da mais alta significação e importância. Pois ao conceito de FORÇA subjaz, como a todos os outros conceitos, em última instância o conhecimento intuitivo do mundo objetivo, isto é, a aparência, a representação, justamente no que se esgota qualquer conceito. O conceito de força é abstraído do domínio em que regem causa e efeito, portanto da representação intuitiva, e significa o ser causa da causa: ponto este além do qual nada é etiologicamente mais explicável e no qual se encontra o pressuposto necessário de toda explanação etiológica. O conceito de VONTADE, ao contrário, é o único dentre todos os conceitos possíveis que NÃO tem sua origem na aparência, NÃO a tem na mera representação intuitiva, mas antes provém da interioridade, da consciência imediata do próprio indivíduo, na qual este se conhece de maneira direta, conforme sua essência, isento de todas as formas, mesmo as de sujeito e objeto, visto que aqui quem conhece coincide com o que é conhecido. Se, portanto, remetemos o conceito de FORÇA ao de VONTADE, em realidade remetemos algo desconhecido a algo infinitamente mais bem conhecido, àquilo que unicamente nos é conhecido de maneira imediata e completa e que amplia de maneira enorme o nosso conhecimento. Se, ao contrário, como ocorreu até hoje, subsumimos o conceito de VONTADE sob o de FORÇA, renunciamos ao único conhecimento imediato que temos da essência íntima do mundo, fazendo o conceito de vontade dissipar-se num conceito abstraído da aparência, e que, por conseguinte, jamais nos permite ultrapassar a aparência.

§ 23

I 134 // A VONTADE como coisa em si é absolutamente diferente de sua aparência, por inteiro livre das formas desta e nas quais penetra à medida que aparece, formas que, portanto, concernem somente à OBJETIDADE da vontade e são estranhas à vontade em si. Até a forma mais universal de toda representação, ser-objeto para um sujeito, não lhe concerne, muito menos as formas subordinadas àquela e que têm sua expressão comum no princípio de razão, ao qual reconhecidamente pertencem tempo e espaço, portanto também a pluralidade, que existe e é possível somente no tempo e no espaço. Nesse sentido, servindo-me da antiga escolástica, denomino tempo e espaço pela expressão *principium individuationis*,[13] que peço para o leitor guardar para sempre. Tempo e espaço são os únicos pelos quais aquilo que é um e o mesmo em essência e conceito aparece como pluralidade de coisas que coexistem e se sucedem. Logo, tempo e espaço são o *principium individuationis*, objeto de tantas sutilezas e conflitos (compilados por Suarez em *Disp. 5, sect. 3*) entre

---

13 "Princípio de individuação." (N. T.)

os escolásticos. — De tudo o que foi dito se segue que a vontade como coisa em si encontra-se fora do domínio do princípio de razão e de todas as suas figuras e, por conseguinte, é absolutamente sem fundamento, embora cada uma de suas aparências esteja por inteiro submetida ao princípio de razão: ela é, pois, livre de toda PLURALIDADE, apesar de suas aparências no espaço e no tempo serem inumeráveis: ela é una: todavia não no sentido de que um objeto é uno, cuja unidade é conhecida apenas em oposição à pluralidade possível, muito menos é una como um conceito, cuja unidade nasce apenas pela abstração da pluralidade: ao contrário, a vontade é una como aquilo que se encontra fora do tempo e do espaço, exterior ao *principium individuationis*, isto é, da possível pluralidade. Só quando isso se nos tornar evidente pela consideração que vem logo a seguir sobre as aparências e as manifestações variadas da vontade é que compreenderemos de modo pleno o sentido da doutrina kantiana de que tempo, espaço e causalidade não cabem à coisa em si, e são, antes, meras formas do conhecimento.

I 135   A natureza sem fundamento da vontade[14] também foi // efetivamente reconhecida ali onde ela se manifesta da maneira mais nítida como vontade do ser humano, tendo sido neste caso denominada livre e independente. Porém, para além da natureza sem fundamento da vontade esqueceu-se da necessidade à qual a sua aparência está submetida e explicaram-se os atos humanos como livres, coisa que eles não são, já que cada ação isolada se segue com estrita necessidade a partir do efeito provocado pelo motivo sobre o caráter. Toda necessidade, como já dito, é relação de consequência a fundamento e nada mais. O princípio de razão é a forma universal de toda aparência; e a ação do ser humano, como qualquer outra aparência, tem de estar submetida ao princípio de razão. Entretanto, por ser a vontade conhecida imediatamente, em si mesma, na consciência de si, também se encontra nessa consciência a consciência da liberdade. Contudo, esquece-se que o indivíduo, a pessoa, não é vontade como coisa em si, mas como APARÊNCIA da vontade, e enquanto tal já é determinado e surge na forma

---

14 No original *Grundlosigkeit des Willens*. *Grund-losigkeit* substantiva *grund-los*. Se este termo se verte por sem fundamento, a versão daquele seria, ao pé da letra, sem fundamentabilidade. Devido à sonoridade ruim do termo, optamos por "natureza sem fundamento". (N. T.)

O mundo como vontade e como representação

da aparência, o princípio de razão. Daí advém o fato notável de que cada um considera *a priori* a si mesmo como inteiramente livre, até mesmo em suas ações isoladas, e pensa que poderia a todo instante começar um outro decurso de vida, o que equivaleria a tornar-se outrem. No entanto, só *a posteriori*, por meio da experiência, percebe, para sua surpresa, que não é livre, mas está submetido à necessidade; percebe que, apesar de todos os propósitos e reflexões, não muda sua conduta e desde o início até o fim de sua vida tem de conduzir o mesmo caráter por ele próprio às vezes execrado e, por assim dizer, desempenhar até o fim o papel que lhe coube. Não posso aqui prosseguir no desenvolvimento dessa consideração, pois ela, enquanto ética, pertence a um outro lugar do presente escrito. Gostaria no momento apenas de indicar que, embora a vontade em si seja sem fundamento, a sua APARÊNCIA, entretanto, está submetida à lei de necessidade, isto é, ao princípio de razão; insisto em tal ponto para que a necessidade com que as aparências da natureza se seguem umas às outras não seja obstáculo para reconhecer nelas as manifestações da vontade.

Até agora se considerou como aparência da vontade apenas aquelas mudanças que não têm outro fundamento senão o motivo, ou seja, uma representação; daí ter-se atribuído na natureza somente ao ser humano uma **I 136** vontade e, quando muito, aos animais; // pois o conhecer, o representar, como mostrei em outro lugar, é com certeza o autêntico e exclusivo caráter da animalidade. Todavia, que a vontade também atue lá onde não é guiada por conhecimento algum, podemos vê-lo sobretudo no instinto e no impulso industrioso dos animais.* Aqui não se leva em conta que estes tenham representações e conhecimento, pois o fim para o qual agem, como se fosse um motivo conhecido, permanece-lhes inteiramente desconhecido; eis por que sua ação acontece aqui sem motivo, sem ser conduzida pela representação, mostrando-nos da maneira mais nítida como a vontade também é ativa sem nenhum conhecimento. O pássaro de um ano não tem representação alguma dos ovos para o qual constrói um ninho; nem a jovem aranha tem da presa para a qual tece uma teia; nem a formiga-leão da formiga para a

---

* Desse assunto tratamos em especial no capítulo 27 do segundo tomo.

qual prepara um buraco pela primeira vez; a larva do escaravelho abre na madeira o buraco onde sofrerá sua metamorfose e de tal modo que o buraco será duas vezes maior no caso de a larva tornar-se um besouro macho, em vez de fêmea, pois no primeiro caso deve haver lugar suficiente para as suas antenas, da qual ainda não possui representação alguma. Nas ações desses animais, bem como em outras, a vontade é sem dúvida ativa: porém se trata de uma atividade cega, que até é acompanhada de conhecimento, mas não é guiada por ele. Se obtivermos de uma vez por todas a intelecção do fato de que a representação enquanto motivo não é de modo algum condição necessária e essencial para a atividade da vontade, facilmente reconheceremos a atuação da vontade em casos menos evidentes. Assim, por exemplo, a casa do caracol não será atribuída a uma vontade que é estranha ao caracol e guiada pelo conhecimento, do mesmo modo que não atribuiremos a existência da casa por nós mesmos construída a uma vontade estranha; porém, as duas casas serão consideradas como obras da vontade que se objetiva nas duas aparências, contudo em nós atuando conforme motivos, no caracol, no entanto, atuando cegamente como impulso formativo direcionado para fora. Em nós, a mesma vontade também atua cegamente e de diversas maneiras: em todas as funções do corpo não guiadas por conhecimento, em todos os seus processos vitais e vegetativos: // digestão, circulação sanguínea, secreção, crescimento, reprodução. Não só as ações do corpo, mas ele mesmo, como mostrado anteriormente, é no todo aparência da vontade; noutros termos, vontade objetivada, concreta. Portanto, tudo o que nele ocorre tem de ocorrer mediante vontade, embora aqui a vontade não seja conduzida por conhecimento, não seja determinada por motivos, mas atue cegamente segundo causas, nesse caso chamadas ESTÍMULOS.

Denomino CAUSA, no sentido estrito do termo, o estado da matéria que, ao produzir outro com necessidade, sofre ele mesmo mudança igual à que provoca, o que se expressa na lei "ação e reação são iguais". Ademais, em se tratando de causa propriamente dita, o efeito cresce na proporção exata dela, e assim também a sua reação, de modo que uma vez conhecido o tipo de efeito é possível medir e calcular o seu grau a partir do grau de intensidade da causa, e vice-versa. Tais causas em sentido estrito fazem efeito em todos os fenômenos da mecânica, da química etc., numa palavra, em todas as mudanças dos corpos inorgânicos. Por outro lado, denomino ESTÍMULO aquela causa que não sofre reação alguma proporcional ao seu efeito e cujo grau de intensidade nunca é paralelo à intensidade do efeito, e este, portanto, não pode ser medido de acordo com aquela: antes, um pequeno aumento no estímulo pode ocasionar um grande aumento no efeito ou, ao contrário, suprimir por completo o efeito já produzido etc. Desse tipo são todos os efeitos sobre os corpos orgânicos enquanto tais: assim, todas as mudanças propriamente orgânicas e vegetativas no corpo animal ocorrem por estímulo, não por simples causas. O estímulo, entretanto, como em geral qualquer causa, portanto como qualquer motivo, nada mais determina senão o ponto de exteriorização de cada força no tempo e no espaço, não a essência íntima da força que se exterioriza, que, conforme nossa inferência anterior, reconhecemos como vontade, à qual devem ser atribuídas as mudanças tanto sem consciência quanto conscientes do corpo.

I 138 O estímulo ocupa o meio-termo, faz a transição entre o motivo, que é // causalidade intermediada pelo conhecimento, e a causa em sentido estrito. Em casos específicos o estímulo situa-se ora mais próximo do motivo, ora mais próximo da causa, contudo sempre deve ser diferenciado de ambos: assim, por exemplo, o aumento da seiva nas plantas se dá por estímulo e não é explanável a partir de meras causas segundo leis da hidráulica ou dos tubos capilares: embora decerto receba apoio destes, estando já bastante próximo da pura mudança causal. Por outro lado, os movimentos da *Hedysarum gyrans* e da *Mimosa pudica*, embora se sigam de mero estímulo, são bastante similares aos movimentos que se seguem de motivos e quase aparentam querer fazer a transição. A contração da pupila em virtude do aumento de luz se dá por estímulo, porém já entra no movimento por motivo, ocorrendo porque a luz muito forte poderia afetar dolorosamente a retina, com o que, para evitá-lo, contraímos a pupila. — A ereção se deve a um motivo, vale dizer, a ocasião que a produz é uma representação; todavia, faz efeito com a necessidade de um estímulo: isto é, não se pode resistir a ele, mas ele tem de ser afastado para tornar-se ineficaz. Esse é também o caso de objetos repugnantes que provocam náuseas. Consideramos anteriormente o instinto dos animais como um tipo de intermediário real mas completamente diferente entre o movimento por estímulo e o agir conforme motivo conhecido. Poderíamos ser tentados a procurar na respiração outro intermediário desse tipo: de fato, discutiu-se muito se a respiração é um movimento voluntário ou involuntário, noutros termos, se ela se segue a partir de motivos ou de estímulos. Talvez seja algo intermediário. MARSHALL HALL (*On the diseases of the nervous system*, § 293 sq.) a explica como uma função mista, pois está em parte sob a influência dos nervos cerebrais (voluntários), em parte dos nervos espinhais (involuntários). No entanto, em última instância temos de computá-la entre as exteriorizações da vontade que se dão por motivos, visto que outros motivos, ou seja, meras representações, podem determinar a vontade a travar ou acelerar a respiração, com o que esta, como toda outra ação voluntária, adquire a aparência de poder ser travada, provocando assim livremente a asfixia. De fato, isso pode ocorrer // no instante em que um motivo determina tão fortemente a vontade que a impositiva necessidade de ar é sobrepujada. Segundo alguns, foi dessa forma que Diógenes pôs fim à própria vida (*Diog. Laert. VI, 76*). Negros também devem ter feito o mesmo (F. B. Osiander, *Über den Selbstmord*, 1813, p.170-80). Teríamos aí um exemplo forte da influência de motivos abstratos, ou seja, da força superior do querer racionável propriamente dito sobre o querer meramente animal. Em favor do condicionamento parcial da respiração pela atividade cerebral há o fato de que o ácido cianídrico provoca morte ao paralisar o cérebro, travando assim indiretamente a respiração: se esta for mantida artificialmente até que finde a narcose cerebral, a morte é evitada. De passagem seja aqui dito que a respiração fornece também o exemplo mais eloquente de como os motivos fazem efeito com uma necessidade tão intensa quanto o estímulo e as causas em sentido estrito, só podendo ser neutralizados em sua eficácia por motivos opostos, ou seja, a pressão neutralizada por meio de contrapressão: pois, em se tratando de respiração, a ilusão de poder privar-se desta é incomparavelmente mais fraca do que no caso de outros movimentos que se seguem a partir de motivos, porque lá o motivo é impositivo, bastante próximo, e sua satisfação é muito fácil em virtude dos músculos infatigáveis que realizam a respiração; ademais, via de regra, nada se lhe opõe, e todo o processo é apoiado pelo hábito inveterado do indivíduo. E, no entanto, todos os motivos de fato fazem efeito com a mesma necessidade. O conhecimento de que a necessidade é comum aos

O mundo como vontade e como representação

movimentos por motivo e por estímulo facilitará a intelecção de que também aquilo que no corpo animal se dá por estímulo e em conformidade completa com leis é, segundo sua essência interior, vontade; que, não em si, mas em todas as suas aparências está submetida ao princípio de razão, à necessidade.* Por conseguinte, não ficaremos só no conhecimento de que os animais em seu agir, em sua existência inteira, corporização e // organização são aparecimentos da vontade, mas também estenderemos às plantas o único conhecimento imediato que nos é dado sobre a essência em si das coisas. Todos os movimentos das plantas se dão por estímulos, já que a ausência de conhecimento e de movimento por motivos condicionados por conhecimento constitui a única diferença essencial entre animal e planta. Portanto, o que aparece para a representação como planta, simples vegetação, força cega que cresce, será considerado por nós, segundo a sua essência em si, como vontade e reconhecido como aquilo que justamente constitui a base da nossa própria aparência que se exprime em nosso agir e em toda a existência do nosso corpo.

Resta-nos ainda dar o último passo e estender o nosso modo de consideração a todas as forças que fazem efeito na natureza segundo leis universais, imutáveis, em conformidade com as quais seguem-se os movimentos de todos os corpos que, privados de órgãos, não têm suscetibilidade alguma a estímulos ou conhecimento para motivos. Portanto, a chave para a compreensão da essência em si das coisas, chave esta que só poderia ser dada pelo conhecimento imediato da nossa própria essência, também tem de ser aplicada às aparências do mundo inorgânico, que são as mais distantes de nós. — Assim, ao considerá-las com olhar investigativo, ao vermos o ímpeto poderoso e irresistível com que a massa d'água se precipita nas profundidades, a persistência com a qual o ímã sempre se volta ao polo norte, o anelo com que o ferro é atraído pelo ímã, a veemência com que os polos da eletricidade se esforçam por reunir-se e que, precisamente como os desejos humanos, é intensificada por obstáculos; ao vermos a formação

---

* Este conhecimento é por completo estabelecido em meu escrito premiado sobre a liberdade da vontade (p.30-44 dos *Problemas fundamentais da ética*), no qual também se encontra a explicitação da relação entre CAUSA, ESTÍMULO e MOTIVO.

rápida e repentina do cristal numa regularidade de configuração que manifestamente indica um decisivo e preciso esforço de expansão em diversas direções, subitamente paralisado; ao notarmos a escolha com que os corpos se procuram ou se evitam, se unem ou se separam quando colocados livres no estado fluido e subtraídos ao vínculo da gravidade; por fim, ao sentirmos de maneira completa e imediata como o esforço de uma carga para continuar a sua própria tendência à superfície da Terra atrapalha o movimento do nosso corpo, // incessantemente pressionando-o e comprimindo-o; — então não custará grande esforço à imaginação reconhecer de novo a nossa própria essência até mesmo em tão grande distância. Precisamente aquela essência que em nós segue seus fins à luz do conhecimento, aqui, nas mais tênues de suas aparências, esforça-se de maneira cega, silenciosa, unilateral e invariável. Mas em toda parte é uma única e mesma essência. Ora, tanto quanto os primeiros raios da aurora e os intensos raios do meio-dia têm o mesmo nome de luz do Sol, assim também cada um dos aqui mencionados casos tem de levar o nome de VONTADE, que designa o ser em si de cada coisa no mundo, sendo o único núcleo das aparências.

A separação, a ilusão de uma diferença total entre as aparências da natureza inorgânica e a vontade, que percebemos como o íntimo do nosso próprio ser, origina-se antes de tudo do contraste entre a legalidade plenamente determinada de um tipo de aparência e a ilusória arbitrariedade desregrada de outra. Pois no ser humano a individualidade irrompe poderosamente: cada um possui seu próprio caráter: por conseguinte o mesmo motivo não tem poder igual sobre todos, e milhares de circunstâncias menores que ocupam espaço na ampla esfera de conhecimento do indivíduo e modificam sua reação permanecem, no entanto, desconhecidas para outros; daí a ação de alguém não poder ser predeterminada exclusivamente a partir do motivo, pois falta o outro fator, a noção exata do caráter individual e do conhecimento que a este acompanha. As aparências das forças naturais, ao contrário, exibem o outro extremo: fazem efeito conforme leis universais, sem exceção, sem desvio, privadas de individualidade, segundo circunstâncias visivelmente manifestas, submetidas às mais exatas predeterminações, e a mesma força natural exterioriza-se exatamente do mesmo modo em milhões de aparências. Ora, para esclarecer esse ponto e demonstrar a identidade

O mundo como vontade e como representação

de uma vontade UNA e indivisa em todos os seus tão diferentes aparecimentos, tanto nos mais tênues quanto nos mais nítidos, precisamos antes considerar a relação existente entre a vontade como coisa em si e a sua aparência, noutros termos, entre o mundo como vontade e o mundo como representação, com o que se nos abrirá o melhor caminho para // uma profunda investigação do tema abordado em todo este segundo livro.*

I 142

§ 24

Aprendemos do grande Kant que tempo, espaço e causalidade estão presentes em nossa consciência segundo a completa legalidade e possibilidade de todas as suas formas, e que a sua presença na consciência é inteiramente independente dos objetos que ali aparecem e que constituem o seu conteúdo: noutros termos, tempo, espaço e causalidade podem ser encontrados quer se parta do sujeito, quer se parta do objeto; daí com igual direito poder-se denominá-los modos de intuição do sujeito ou qualidades do objeto ENQUANTO OBJETO (em Kant: aparência), ou seja, REPRESENTAÇÃO. Aquelas formas podem ser consideradas o limite intransponível entre objeto e sujeito: eis por que todo objeto tem de aparecer nelas; mas também o sujeito as possui e as examina em toda a sua extensão sem referência ao objeto que aparece. — Ora, se os objetos que aparecem nessas formas não devem ser fantasmas vazios, mas possuir uma significação, então têm de indicar e ser expressão de algo que não é mais, como eles mesmos, objeto, representação, isto é, meramente relativo e para um sujeito, mas algo que existe independentemente de uma condição essencial contraposta com suas formas, ou seja, algo que não é mais REPRESENTAÇÃO, e sim uma COISA EM SI. Nesse horizonte é permitido ao menos perguntar: aquelas representações, aqueles objetos são outra coisa além de representações, objetos do sujeito? E, nesse sentido, o que seriam? Que é aquele seu outro lado *toto*

---

   * Cf. o capítulo 23 do segundo tomo; bem como no meu escrito *Sobre a vontade na natureza* os capítulos "Fisiologia das plantas" e "Astronomia física", da maior significação para o núcleo de minha metafísica.

genere diferente da representação? Que é a coisa em si? – Nossa resposta foi: a VONTADE. Tema esse que, todavia, deixo momentaneamente de lado.

I 143 // A despeito do que seja a coisa em si, Kant corretamente concluiu que tempo, espaço e causalidade (depois reconhecidos por nós como formas do princípio de razão, este que é a expressão universal das formas da aparência) não são determinações da coisa em si e só lhe convêm depois e na medida em que se torna representação, ou seja, pertencem somente à sua aparência, não à vontade mesma. Pois, visto que o sujeito constrói e conhece plenamente tais formas a partir de si e independentemente de qualquer objeto, elas têm de aderir ao SER-REPRESENTAÇÃO enquanto tal, não àquilo que vem a ser representação. Têm de ser a forma da representação nela mesma, não as qualidades daquilo que assumiu esta forma. Têm de ser dadas já na mera oposição entre sujeito e objeto (não em conceito, mas de fato), por conseguinte têm de ser apenas a determinação mais precisa da forma do conhecimento em geral, cuja determinação mais universal é justamente essa oposição. Portanto, o que na aparência, no objeto é condicionado por tempo, espaço e causalidade (na medida em que só pode ser representado por meio destes), vale dizer, PLURALIDADE (condicionada pela coexistência e sucessão), MUDANÇA E DURAÇÃO (condicionadas pela lei de causalidade), e matéria (representável sob a pressuposição da causalidade), por fim tudo o que é representado apenas por meio deles, – tudo isso tomado conjuntamente não é essencial ao QUE ali aparece, ao QUE entrou na forma da representação, mas pertence somente a essa forma mesma. Ao contrário, aquilo que na aparência NÃO é condicionado por tempo, espaço e causalidade, nem é remissível a eles, muito menos explanável a partir deles, é justamente aquilo pelo qual o que aparece, a coisa em si, dá sinal de si imediatamente. Em conformidade com isso, a mais perfeita cognoscibilidade, vale dizer, a maior clareza, distinção e suscetibilidade de exaustiva fundamentação convém necessariamente ao que é próprio do conhecimento ENQUANTO TAL, portanto à sua FORMA, mas de modo algum ao que em si NÃO é representação, NÃO é objeto e só é cognoscível quando entra em tais formas, ou seja, torna-se representação, objeto. Portanto, somente aquilo que depende exclusivamente de ser conhecido, de ser-representação em geral e enquanto

I 144 tal (não aquilo que é conhecido e // apenas se tornou representação), que

O mundo como vontade e como representação

convém, pois, sem exceção a tudo o que é conhecido e nesse sentido pode ser encontrado, quer se parta do sujeito, quer do objeto, – apenas isso nos poderá proporcionar sem reserva conhecimento suficiente, exaustivo e claro até seu último fundamento. Tal conhecimento, entretanto, não se baseia em outra coisa senão nas formas conhecidas *a priori* de todas as aparências, formas essas que conjuntamente se expressam como princípio de razão e que, relacionadas ao conhecimento intuitivo (único que nos concerne aqui), são tempo, espaço e causalidade. Unicamente sobre elas se fundam toda a matemática pura e a ciência pura *a priori* da natureza. Só em tais ciências, portanto, o conhecimento não encontra obscuridade alguma, não se choca contra o infundado (o sem fundamento, isto é, a vontade) e não mais dedutível; foi nesse sentido que Kant, como dito, quis denominar aqueles conhecimentos, ao lado da lógica, preferencial e exclusivamente ciências. Por outro lado, tais conhecimentos não mostram nada além de meras proporções e relações de uma representação com outra, forma sem nenhum conteúdo. Todo conteúdo que recebem, qualquer aparência que preencha aquelas formas, contém algo não mais completamente cognoscível em sua essência, não mais inteiramente explanável por outra coisa, portanto, algo sem fundamento, em que o conhecimento perde de súbito em evidência e perfeita cristalinidade. Isso que se furta a toda fundamentação, contudo, é justamente a coisa em si, aquilo que essencialmente não é representação, não é objeto do conhecimento e só se torna cognoscível quando entra naquela forma. A forma lhe é originariamente alheia e nunca se confunde com ela. A coisa em si jamais pode ser remetida à mera forma e, como esta é o princípio de razão, jamais pode ser plenamente FUNDAMENTADA. Se, em consequência, a matemática nos fornece conhecimento exaustivo daquilo que na aparência é grandeza, posição, número, ou seja, relações espaciais e temporais; se a etiologia nos dá por completo as condições regulares sob as quais as aparências emergem no tempo e no espaço com todas as suas determinações – ainda assim nada se aprende por aí senão por que cada aparência determinada tem de se mostrar precisamente agora e exatamente

I 145 // aqui; assim, com a ajuda de tais ciências nunca podemos penetrar a essência íntima das coisas; sempre permanece algo alheio à explanação, que esta, contudo, sempre pressupõe, a saber, as forças da natureza, o modo determinado de fazer-efeito das coisas, a qualidade, o caráter de cada aparência, o infundado que não depende da forma da aparência, do princípio de razão, alheio a esta forma e no entanto nela entrando e aparecendo conforme sua lei, que, entretanto, determina justamente o aparecimento, não aquilo QUE aparece; determina apenas o Como, não o Que da aparência, apenas a forma, não o conteúdo. — Mecânica, física e química ensinam as regras e leis segundo as quais as forças de impenetrabilidade, gravidade, rigidez, fluidez, coesão, elasticidade, calor, luz, afinidades eletivas, magnetismo, eletricidade etc. fazem efeito, isto é, a lei, a regra observada por essas forças em seu aparecimento no tempo e no espaço em cada caso: porém, as forças mesmas, não importa o que nós façamos, permanecem ali *qualitates occultae*.[15] Pois se trata exatamente da coisa em si que, à medida que aparece, expõe esses fenômenos; ela mesma, porém, é completamente diferente deles e, embora em sua aparição esteja integralmente submetida ao princípio de razão como forma da representação, ainda assim nunca é remissível a esta forma e, por conseguinte, não é etiologicamente explicável até o seu fundo, não podendo ser por completo fundamentada; pode até ser plenamente compreensível ao assumir aquela forma, isto é, na media em que é aparência; contudo, essa compreensibilidade não explana um mínimo sequer a sua essência íntima. Por isso, quanto mais necessidade está implicada em um conhecimento, tanto mais há nele aquilo que não pode ser pensado nem representado de outro modo, como por exemplo as relações espaciais; quanto mais claro e suficiente ele é, tanto menos puro conteúdo objetivo possui, ou tanto menos realidade propriamente dita ele fornece. Ao contrário, quanto mais nele há que tem de ser apreendido de maneira pura e contingente, quanto mais ele se nos impõe de modo simplesmente empírico, tanto mais há nele algo de propriamente objetivo e verdadeiramente real, mas também tanto mais inexplicável é, ou seja, não pode mais ser deduzido de outra coisa.

I 146 // Naturalmente, em todos os tempos uma etiologia ignara de seu fim empenhou-se em reduzir toda vida orgânica ao quimismo ou à eletricidade; e todo quimismo, isto é, toda qualidade ao mecanismo (efeito através da figura dos átomos), e este, por sua vez, em parte ao objeto da foronomia,

---

15 "Qualidades ocultas." (N. T.)

O mundo como vontade e como representação

isto é, tempo e espaço unidos para a possibilidade do movimento, em parte à mera geometria, isto é, posição no espaço (algo assim como se constrói, com razão, de maneira puramente geométrica, a diminuição de um efeito de acordo com o quadrado da distância e a teoria da alavanca): por fim, a própria geometria é reduzida à aritmética, que, como tem uma única dimensão, é a mais compreensível, a mais fácil de abarcar e a mais bem fundamentada figura do princípio de razão. Em linhas gerais, provas do método aqui indicado são: os átomos de Demócrito, o vórtice de Descartes, a física mecânica de LESAGE (que, no final do século passado, procurou explanar mecanicamente tanto as afinidades químicas quanto a gravitação por choque e pressão, como se pode verificar detalhadamente em *Lucrèce Neutonien*.); também a forma e a combinação de Reils, enquanto causa da vida animal, tende a isso: por fim, totalmente nesses moldes é até mesmo o tosco materialismo agora requentado no meio do século XIX, e que, por ignorância, tomou a si mesmo como original: em primeiro lugar sob a estúpida negação da força vital, procurando explanar o aparecimento da vida a partir de forças físicas e químicas e estas, por seu turno, a partir do fazer-efeito mecânico da matéria, posição, figura e movimento de átomos oníricos; em segundo lugar, desejando assim reduzir todas as forças da natureza a choque e contrachoque, que seriam a sua "coisa em si": de acordo com isso, a luz deve ser um vibrar mecânico ou ondular de um éter imaginário (postulado em vista de tal finalidade); ora, quando esse éter atinge a retina, percute nela, e assim 483 bilhões de batidas por segundo originam o vermelho, 727 o violeta etc. (os daltônicos seriam os que não conseguem contar tais batidas – não é mesmo?!). Semelhantes teorias rasas, mecânicas, democritianas, bestas e verdadeiramente grosseiras são bastante dignas de pessoas que, cinquenta anos após a publicação da doutrina das cores de Goethe, ainda acreditam na luz homogênea de Newton e não se // envergonham em admiti-lo. Aprenderão que aquilo a ser perdoado à criança (Demócrito) não o será ao adulto. Um dia poderão até findar numa situação ignominiosa: mas então cada um saberá esquivar-se e fingir-se de ingênuo. Em breve falaremos novamente dessa falsa redução das forças originárias da natureza umas às outras. No momento é o suficiente. Supondo-se que as coisas realmente fossem assim, então com certeza tudo seria fundamentado e explanado, sim, tudo seria em última instância reduzido a um problema aritmético que, assim, no templo da sabedoria, seria o ícone mais sagrado ao qual nos conduziria o princípio de razão. Entrementes, todo conteúdo da aparência desapareceria, restando meras formas: aquilo QUE aparece seria reduzido ao COMO aparece, e este COMO poderia também ser cognoscível *a priori*, por conseguinte, seria totalmente dependente do sujeito, logo, completamente redutível a este, sendo ao fim mero fantasma, representação e absoluta forma da representação: não se poderia mais perguntar pela coisa em si. — Em consequência, supondo-se que isso fosse plausível, o mundo inteiro seria de fato dedutível do sujeito e, ao fim, teríamos aquilo que Fichte quis PARECER realizar com seus argumentos ocos.[16] — Mas não é bem assim: fantasias, falsificações, castelos no ar foram dessa maneira construídos, porém nenhuma ciência. As muitas e variadas aparências da natureza foram com sucesso reduzidas a algumas forças originárias e, onde isso foi feito, realizou-se um verdadeiro progresso: várias forças e qualidades, a princípio tidas por diferentes, foram derivadas umas das outras (por exemplo, o magnetismo da eletricidade), diminuindo-se assim o seu número: a etiologia atingirá o seu objetivo se estabelecer e conhecer todas as forças originárias da natureza enquanto tais e fixar seus tipos de efeito, isto é, a regra segundo a qual, pelo fio condutor da causalidade, seus fenômenos aparecem no tempo e no espaço e determinam reciprocamente suas posições: porém sempre restarão forças originárias, sempre restará, como resíduo insolúvel, um conteúdo da aparência que não pode ser remetido à sua forma, sempre restará, portanto, algo não mais explanável por outra coisa em conformidade com o princípio de razão. — Pois em cada coisa na natureza há algo a que jamais pode ser atribuído um fundamento, algo para o qual // nenhuma explanação é possível, nem causa ulterior pode ser investigada: trata-se do modo específico de seu atuar, ou seja, justamente a espécie de sua existência, sua essência. Para cada efeito isolado de uma coisa pode-se demonstrar a causa da qual esse efeito se segue e que permite o fazer-efeito exatamente agora, exatamente aqui: mas nunca se pode demonstrar por que essa coisa em geral atua e exa-

---

16 No original *Windbeuteleien*, que vem de *Windbeutel*: doce à base de nata, oco, e que se desfaz facilmente na boca. (N. T.)

O mundo como vontade e como representação

tamente assim. Mesmo que não tenha outras qualidades e se trate apenas de uma partícula de poeira, ainda assim revelará aquele algo infundado, ao menos como gravidade e impenetrabilidade: esse infundado, digo, é-lhe aquilo que no ser humano é sua VONTADE e, assim como a vontade, não está submetido em sua essência à explanação, sim, é em si idêntico à vontade. Para cada exteriorização da vontade, para cada ato isolado seu neste tempo, neste lugar, é possível demonstrar um motivo do qual este ato, sob a pressuposição do caráter do ser humano, tinha de seguir-se necessariamente. Mas que um ser humano tenha um tal caráter, que um ser humano queira em geral, que dentre tantos motivos exatamente este e não outro, sim, que algum tipo de motivo movimente a vontade, eis aí algo ao qual não se pode fornecer fundamento algum. Aquilo que para cada ser humano é seu caráter infundado, pressuposto em qualquer explanação de seus atos a partir de motivos, é para cada corpo orgânico precisamente sua qualidade essencial, seu modo de atuar, cujas exteriorizações são ocasionadas por ação vinda de fora, enquanto a qualidade essencial mesma, ao contrário, não é determinada por coisa alguma externa a si, portanto é inexplanável: suas exteriorizações isoladas, únicas pelas quais torna-se visível, estão submetidas ao princípio de razão: ela mesma, no entanto, é sem fundamento. Em essência isso foi corretamente reconhecido pelos escolásticos, que a designaram *forma substantialis*[17] (Cf. Suarez, *Disput. metaph., disp. XV, sect. 1*).

Trata-se de um erro tão grande quanto comum considerar que os fenômenos mais corriqueiros, universais e simples seriam os mais bem compreendidos por nós; mas estes são apenas os fenômenos com os quais mais estamos familiarizados, e acerca dos quais, no entanto, somos mais frequentemente ignorantes. É tão inexplicável que uma pedra caia em direção à terra quanto o é que um animal se movimente. Supôs-se, como foi anteriormente mencionado, que, a partir das forças mais universais da natureza (por exemplo: gravitação, coesão, impenetrabilidade), poder-se-iam explicar as forças que atuam mais raramente e apenas sob a combinação // de circunstâncias (por exemplo: qualidade química, eletricidade, magnetismo), que, por fim, a partir destas, poder-se-iam compreender não só o organismo e a vida dos animais, mas também o conhecimento

I 149

---

17 "Forma substancial." (N. T.)

Arthur Schopenhauer

e o querer humanos. Operou-se tacitamente com meras *qualitates occultae*, cuja elucidação foi totalmente abandonada, já que se pretendia construir sobre elas, e não escavá-las. Mas esse tipo de procedimento, como foi dito, não é possível. Porém, aparte isso, tais edifícios sempre se sustentam no ar. De que servem explicações que em última instância remetem a algo tão desconhecido como o primeiro problema? Acaso compreende-se ao fim mais sobre a essência íntima daquelas forças naturais universais do que sobre a essência íntima de um animal? Uma não permanece tão inexplicável quanto a outra? Infundada, porque sem fundamento, já que aí se trata do conteúdo, do Quê da aparência, jamais redutível à sua forma, ao Como, ao princípio de razão. Nós, diferentemente, que aqui praticamos não etiologia, mas filosofia, isto é, não conhecimento relativo, mas incondicionado, da essência do mundo, escolhemos o caminho oposto e partimos Daquilo que nos é conhecido de imediato da maneira mais completa e plenamente confiável, daquilo que nos é mais próximo, para então compreendermos o que é distante, unilateral e mediato: a partir da aparência mais poderosa, significativa e distinta queremos compreender as aparências mais débeis e menos complexas. Excetuando-se meu corpo, é-me conhecido de todas as coisas apenas UM lado, o da representação: a essência íntima das coisas permanece trancada, um enigma profundo, mesmo que eu conheça todas as causas das quais se seguem as suas mudanças. Somente da comparação com Aquilo que se passa em mim quando meu corpo executa uma ação após um motivo tê-lo posto em movimento – e que é a essência íntima de minha própria mudança determinada por fundamentos externos – posso adquirir intelecção do modo como os corpos privados de vida mudam através de causas e assim compreender o que é a sua essência íntima. O conhecimento da causa do aparecimento dessa essência me fornece a mera regra de sua entrada em cena no tempo e no espaço, nada mais. Assim posso proceder porque meu corpo é o único objeto do qual não conheço apenas UM lado, o

I 150   da representação, // mas também o outro, que se chama VONTADE. Ora, em vez de acreditar que eu compreenderia melhor a minha própria organização e depois o meu conhecer e querer e movimento por motivo, simplesmente os remetendo ao movimento a partir de causas por eletricidade, quimismo, mecanismo; em vez disso e na medida em que pratico filosofia, não etiologia, tenho de aprender a compreender até mesmo a essência íntima dos movimentos mais simples e comuns dos corpos orgânicos (os quais vejo se seguirem de causas) a partir de meu próprio movimento por motivos e reconhecer que as forças infundadas que se exteriorizam em todos os corpos da natureza são idênticas em espécie Àquilo que em mim é a vontade, e diferentes desta apenas segundo o grau. Isso significa: a quarta classe de representações estabelecida no ensaio sobre o princípio de razão tem de se tornar para mim a chave para o conhecimento da essência íntima da primeira classe; a partir da lei de motivação tenho de aprender a compreender a lei de causalidade em sua significação íntima.

Espinosa afirma (*Epist.* 62) que se uma pedra atirada por choque ao ar tivesse consciência, ela pensaria voar por vontade própria. Eu apenas acrescento: a pedra teria razão. O choque é para ela o que para mim é o motivo, e o que nela aparece como coesão, gravidade, rigidez no estado adquirido é, em sua essência íntima, o mesmo que reconheço em mim como vontade, e que a pedra, se adquirisse conhecimento, também reconheceria como vontade. Espinosa, naquela passagem, concentrou sua atenção na necessidade com que uma pedra voa e quis, com razão, transmiti-la à necessidade do ato voluntário isolado de uma pessoa. De outra perspectiva considero a essência íntima, que, como pressuposto, confere significação e validade a toda necessidade real (isto é, efeito a partir da causa), que no ser humano se chama caráter e na pedra qualidade, como sendo em ambos os casos uma única e mesma coisa, chamada VONTADE ali onde é imediatamente conhecida e que na pedra tem o seu grau mais fraco e no ser humano o seu grau mais forte de visibilidade, de objetidade. — Esse algo que, no seu empenho em todas as coisas, é idêntico ao nosso querer já fora reconhecido // com sentimento verdadeiro por santo Agostinho, cuja expressão ingênua do assunto não posso furtar-me aqui a citar:

> *Si pecora essemus, carnalem vitam et quod secundum sensum ejusdem est amaremus, idque esset sufficiens bonum nostrum, et secundum hoc si esset nobis bene, nihil aliud quaereremus. Item, si arbores essemus, nihil quidem sentientes motu amare possemus: verumtamen id quasi appetere videremur, quo feracius essemus, uberiusque fructuosae. Si essemus lapides, aut fluctus, aut ventus, aut flamma, vel quid ejusmodi, sine ullo quidem sensu atque vita, non tamen nobis deesset quasi quidam nostrorum locorum*

atque ordinis appetitus. *Nam velut* amores *corporum momenta sunt ponderum, sive deorsum gravitate, sive sursum levitate nitantur: ita enim corpus pondere, sicut animus amore fertur quocunque fertur.* (*De civ. Dei*, XI, 28)[18]

Ainda é preciso observar que EULER percebeu que a essência da gravitação tem de, em última instância, ser reduzida a uma "inclinação e apetite" (portanto vontade) comum aos corpos (68ª carta à Princesa). Precisamente isso o torna arredio ao conceito de gravitação tal como se encontra em Newton, levando-o a operar uma modificação no mesmo de acordo com a antiga teoria cartesiana, portanto derivar a gravitação do choque de um éter com os corpos, o que seria muito mais "racional e apropriado às pessoas que apreciam princípios claros e inteligíveis". Ele quer ver banida da física a atração como *qualitas occulta*. Isto se conforma precisamente à visão morta da natureza que, como correlata da alma imaterial, dominava no tempo de Euler: todavia, essa visão merece ser levada em conta se referida à verdade fundamental por mim estabelecida, e que mesmo naquele tempo foi vislumbrada fulgurando a distância por essa cabeça sutil, a qual, entretanto, temendo pôr em perigo as opiniões fundamentais da época, procurou abrigo em velhos e caducos disparates.

§ 25

Sabemos que a PLURALIDADE em geral é necessariamente condicionada **I 152** por tempo e espaço e só é pensável nestes, // os quais, nesse sentido, deno-

---

18 "Se fôssemos gado, amaríamos a vida carnal e o que corresponde ao seu sentido; estaríamos satisfeitos com isso como se fosse nosso bem, e se tudo estivesse bem para nós, não desejaríamos mais nada. Se fôssemos árvores, então não poderíamos sentir nem aspirar a nada pelo movimento; pareceríamos *desejar* aquilo pelo qual pudéssemos ser mais férteis e produzir frutos mais abundantes. Se fôssemos pedras, ou torrentes, ou vento, ou flama, ou algo semelhante, sem consciência e vida, ainda assim não nos faltaria um certo *apetite* por posição e ordem. Pois o *amor*, por assim dizer, exprime-se no movimento dos corpos inanimados em sua tendência para baixo, devido ao peso, ou para cima, devido à leveza: um corpo é impulsionado pelo seu peso exatamente como o espírito é impelido pelo amor." (N. T.)

minamos *principium individuationis*. Todavia, reconhecemos tempo e espaço como formas do princípio de razão, no qual está expresso todo o nosso conhecimento *a priori*, que, contudo, como explicado antes, justamente como tal diz respeito apenas à cognoscibilidade das coisas, não a elas mesmas, ou seja, é apenas forma de nosso conhecimento, não propriedade da coisa em si, que, enquanto tal, é livre de todas as formas do conhecimento, mesmo a mais universal, o ser-objeto para o sujeito; noutros termos, a coisa em si é completamente diferente da representação. Se a coisa em si, como acredito ter demonstrado de modo claro e suficiente, é a VONTADE, então esta, considerada nela mesma e apartada de sua aparência, permanece exterior ao tempo e ao espaço; por conseguinte não conhece pluralidade alguma, portanto é UNA; mas, como já disse, una não no sentido de que um indivíduo ou um conceito é uno; mas como algo que é alheio àquilo que possibilita a pluralidade, o *principium individuationis*. Por consequência, a pluralidade das coisas no espaço e no tempo, que em conjunto são sua OBJETIDADE, não concerne à vontade, e ela, apesar dessa pluralidade, permanece indivisa. Não é como se houvesse uma parte menor da vontade na pedra e uma maior no ser humano pois a relação entre parte e todo pertence exclusivamente ao espaço e perde todo o seu sentido quando nos despimos dessa forma de intuição. Mais e menos concernem somente à aparência, isto é, à visibilidade, à objetivação: esta possui um grau maior na planta que na pedra, um grau maior no animal que na planta, sim, o aparecimento da vontade na visibilidade, sua objetivação, possui tantas infinitas gradações como a existente entre a mais débil luz crepuscular e a mais brilhante luz solar, entre o som mais elevado e o eco mais distante. Depois voltaremos à consideração desses graus de visibilidade pertencentes à objetivação da vontade, ao reflexo de sua essência. Ora, assim como as gradações de sua objetivação não lhe dizem respeito imediatamente, diz-lhe menos respeito ainda a pluralidade das aparências nesses diferentes graus; por outras palavras, a multidão de indivíduos de todo tipo ou as exteriorizações isoladas de cada força não lhe concernem, pois essa pluralidade é condicionada imediatamente por tempo e espaço, nos quais a vontade mesma nunca entra em cena. // A vontade manifesta-se no todo e completamente tanto em UM quanto em milhões de carvalhos: o número deles, sua multiplicação no espaço e no tempo, não possui signi-

Arthur Schopenhauer

ficação alguma em referência a ela, mas só em referência à pluralidade dos indivíduos que conhecem no espaço e no tempo e aí mesmo são multiplicados e dispersos. Tal pluralidade atinge apenas a aparência da vontade, não ela mesma. Por isso também se poderia afirmar que, se *per impossibile*[19] um único ser, mesmo o mais ínfimo, fosse completamente aniquilado, com ele teria de sucumbir o mundo inteiro. Tomado desse sentimento o grande místico Angelus Silesius diz:

> *Ich weiß, daß ohne mich Gott nicht ein Nu kann leben:*
> *Werd' ich zunicht; er muß von Noth den Geist aufgeben.*[20]

Procurou-se de diversas maneiras aproximar a incomensurável grandeza do edifício cósmico à capacidade de apreensão de cada um, obtendo-se aí ensejo para edificantes considerações, como acerca da relativa pequenez da Terra e do ser humano contrastadas com a grandeza do espírito desse mesmo ser humano que, apesar de tão pequeno, pode descobrir, medir, conceber aquela grandeza cósmica, e assim por diante. Tudo bem! No entanto, para mim, ao considerar a vastidão do mundo, a mais importante coisa a salientar é que a essência em si — não importa o que ela seja —, cuja aparência é o mundo, não pode ter o seu si mesmo repartido e espalhado nesses moldes pelo espaço ilimitado, mas essa extensão infinita pertence exclusivamente à sua aparência; a essência em si, em verdade, está presente no todo e indivisa em cada coisa da natureza, em cada ser vivo: dessa forma, nada perdemos caso nos detenhamos em alguma coisa particular, e a verdadeira sabedoria não é adquirida medindo-se o mundo ilimitado ou, o que seria mais pertinente, sobrevoando pessoalmente o espaço infinito, mas antes investigando qualquer coisa em particular, procurando conhecer e compreender perfeitamente a sua essência verdadeira e própria.

Em conformidade com isso, aquilo que aqui já deve ter ocorrido espontaneamente a todos os discípulos de Platão será, no próximo livro, objeto

---

19 "Impossivelmente." (N. T.)

20 "Sei que sem mim Deus não pode viver um instante sequer / Se eu for aniquilado, também o seu espírito se esvaece." (N. T.)

I 154 de uma consideração pormenorizada, a saber: // os diferentes graus de objetivação da vontade expressos em inumeráveis indivíduos e que existem como seus protótipos inalcançáveis ou formas eternas das coisas, que nunca aparecem no tempo e no espaço, médium do indivíduo, mas existem fixamente, não submetidos a mudança alguma, são e nunca vieram a ser, enquanto as coisas nascem e perecem, sempre vêm a ser e nunca são; os GRAUS DE OBJETIVAÇÃO DA VONTADE, ia dizer, não são outra coisa senão as IDEIAS DE PLATÃO. Menciono aqui de passagem a palavra IDEIA para doravante poder usá-la neste sentido; ela deve em minha obra ser entendida na sua significação autêntica e originária, estabelecida por Platão, e de modo algum se deve pensar com ela nas produções abstratas da razão escolástica dogmatizante, para cuja descrição Kant usou tão mal como ilegitimamente a referida palavra, apesar de Platão já ter tomado posse dela e a ter utilizado de maneira apropriada. Entendo, pois, sob IDEIA, cada fixo e determinado GRAU DE OBJETIVAÇÃO DA VONTADE, na medida em que esta é coisa em si e, portanto, é alheia à pluralidade. Graus que se relacionam com as coisas particulares como suas formas eternas ou protótipos. A expressão mais breve e sucinta daquele famoso dogma platônico foi dada por Diógenes Laércio (II, *12*): ὁ Πλάτων φησὶ, ἐν τῇ φύσει τὰς ἰδέας ἑστάναι, καθάπερ παραδείγματα· τὰ δ' ἄλλα ταύταις ἐοικέναι, τούτων ὁμοιώματα καθεστῶτα. (*Plato ideas in natura velut exemplaria dixit subsistere; cetera his esse similia, ad istarum similitudinem consistentia.*)[21] Daquele mau uso de Kant não tomo mais conhecimento algum (as observações necessárias acerca disso se encontram no apêndice deste livro).

§ 26

As forças mais universais da natureza expõem-se como os graus mais baixos de objetivação da vontade, que em parte aparecem sem exceção em toda matéria como gravidade, impenetrabilidade, e em parte distribuem-

---

21 "Platão ensina que as Ideias da natureza existem como protótipos, já as demais coisas apenas se assemelham a elas e são suas cópias." (N. T.)

-se na matéria existente em geral, de modo que algumas dominam esta ou aquela matéria específica como rigidez, fluidez, elasticidade, eletricidade, // magnetismo, propriedades químicas e qualidades de todo tipo. Tais forças são em si aparecimentos imediatos da vontade tanto quanto os atos humanos, e nelas mesmas sem fundamento tanto quanto o caráter do ser humano; como as ações humanas, apenas as suas aparências particulares estão submetidas ao princípio de razão, mas as forças enquanto tais nunca podem ser chamadas de efeito ou causa, mas são as condições prévias e pressupostas de qualquer causa ou efeito, mediante os quais a sua essência íntima se desdobra e manifesta. Por isso é sem sentido perguntar por uma causa da gravidade, da eletricidade – forças originárias cuja exteriorização de fato se dá por causa e efeito, de tal maneira que cada aparência particular das mesmas tem uma causa, que por sua vez é também aparência particular e determina que aquela força aqui se exteriorize e apareça no tempo e no espaço; de modo algum, porém, a força é efeito de uma causa, ou causa de um efeito. – Eis por que também é falso dizer: "A gravidade é a causa de que a pedra caia"; antes, a causa é aqui a proximidade da terra, na medida em que é isso o que atrai a pedra. Se a terra desaparece, a pedra não cai, embora a gravidade persista. A força enquanto tal se encontra por inteiro fora da cadeia de causas e efeitos, a qual pressupõe o tempo, uma vez que só possui sentido em relação a este. A força mesma, entretanto, encontra-se fora do tempo. A mudança isolada também sempre tem por causa uma mudança isolada, não a força da qual esta é a exteriorização, pois justamente Aquilo que sempre confere a uma causa a sua eficácia tantas vezes quanto ela aparece é uma força natural, que enquanto tal é sem fundamento, ou seja, encontra-se no todo fora da cadeia de causas e em geral fora do princípio de razão, e, filosoficamente, é conhecida como objetidade imediata da vontade, que é o Em si de toda a natureza. Na etiologia, porém, aqui física, a força natural é considerada como originária, isto é, *qualitas occulta*.

Nos mais altos graus de objetidade da vontade, especialmente no ser humano, vemos aparecer significativamente a individualidade em grande diversidade de caracteres individuais, noutros termos, como personalidade completa, expressa já para o exterior // em fisiognomias individuais fortemente delineadas que incluem toda a corporização. Nenhum animal

O mundo como vontade e como representação

possui uma individualidade assim e em tal grau; decerto animais de grau mais elevado têm indícios dela, os quais, todavia, são absolutamente dominados pelo caráter da espécie, razão por que possuem traços mínimos de fisiognomia individual. Quanto mais se desce no reino dos animais tanto mais qualquer vestígio de caráter individual se perde no caráter geral da espécie, ao fim permanecendo somente a fisiognomia desta. Conhece-se o caráter psicológico da espécie e por aí se sabe exatamente o que se deve esperar do indivíduo; na espécie humana, ao contrário, cada indivíduo tem de ser estudado e fundamentado por si mesmo, o que é de grande dificuldade, caso se queira previamente determinar com alguma segurança as suas atitudes, pois com a faculdade de razão entra em cena a possibilidade da dissimulação. Aparentemente essa diferença da espécie humana em relação às demais vincula-se aos sulcos e às circunvoluções do cérebro, que nos pássaros faltam por completo e nos roedores ainda são pouco marcantes; e mesmo nos animais de grau mais elevado são muito mais simétricos dos dois lados e mais constantes em cada indivíduo do que no ser humano.* Ademais, é para se ver como fenômeno daquele caráter individual peculiar ao ser humano e que o diferencia dos animais o fato de que, entre estes, o impulso sexual procura sua satisfação sem escolha específica, enquanto entre os seres humanos esta escolha, em verdade de acordo com o instinto e independente de qualquer reflexão, alcança uma tal intensidade que atinge a paixão desenfreada. Portanto, enquanto cada ser humano deve ser visto como uma aparência particularmente determinada e característica da vontade, em certa medida até mesmo como uma Ideia própria, nos animais, ao contrário, o caráter individual falta por completo, posto que apenas a espécie possui significação própria. Quanto mais o animal encontra-se afastado do ser humano tanto menor é nele o vestígio de caráter; as plantas, ao fim, não possuem propriedades individuais, excetuando-se as que podem

I 157 ser explicadas completamente a partir das influências // favoráveis do solo, clima e outras circunstâncias; por último, no reino inorgânico da natureza

---

* WENZEL, *De structura cerebri hominis et brutorum*, 1812, cap. 3; CUVIER, *Leçons d'anat. comp.*, leçon 9, arts. 4 e 5; VICQ D'AZYR, *Hist. de l'acad. d. sc. de Paris*; 1783, p.470 e 483.

desaparece por completo qualquer individualidade. Apenas o cristal,[22] em certa medida, pode ser visto como indivíduo: trata-se de uma unidade de esforço em determinadas direções interrompido pela solidificação, deixando todavia permanente os vestígios do esforço: o cristal é, ao mesmo tempo, um agregado a partir de sua figura germinal, ligado por uma Ideia de unidade, exatamente como a árvore é um agregado nascido de uma fibra isolada que se desenvolve e repete a si mesma, expondo-se em cada nervura da folha, em cada ramo, podendo-se assim, em certa medida, considerar cada uma destas partes como uma planta própria que se alimenta parasitariamente da maior, de maneira que a árvore, de modo semelhante ao cristal, é um agregado sistemático de pequenas plantas – embora apenas o todo seja a exposição acabada de uma Ideia indivisa, noutros termos, deste grau determinado de objetivação da vontade. Os indivíduos da mesma espécie de cristal não podem ter outra diferença senão as produzidas por contingências exteriores: pode-se até, ao bel-prazer, fazer que cada espécie se cristalize em pequenos ou grandes cristais. Mas o indivíduo enquanto tal, isto é, com vestígios de caráter individual, desaparece na natureza inorgânica. Todas as aparências desta são exteriorizações de forças universais da natureza, vale dizer, exteriorizações de graus de objetivação da vontade que de maneira alguma se objetivam (como na natureza orgânica) pela intermediação da diferença de individualidades que expressam parcialmente o todo da Ideia, mas, antes, exprimem a si mesmos unicamente na espécie, expondo a esta por completo e sem desvio em cada aparência particular. Visto que tempo, espaço, pluralidade e ser-condicionado por causas pertencem não à vontade nem à Ideia (o grau de objetivação da vontade), mas unicamente às aparências particulares desta, então cada força da natureza, por exemplo gravidade, eletricidade, tem de expor-se exatamente do mesmo modo em milhões de aparências, e somente as circunstâncias exteriores podem modificar as aparências. Essa unidade de sua essência em todas as suas aparências, essa constância inalterável de seu aparecimento toda vez que, no fio condutor da causalidade, sejam dadas as condições, chama-se LEI NATURAL. // Se esta for

I 158

---

22 Schopenhauer pensa aqui nos cristais formados por congelamento, ou seja, flocos de neve. (N. T.)

O mundo como vontade e como representação

uma vez conhecida pela experiência, então o aparecimento da força natural, cujo caráter é expresso e estabelecido na aparência, pode ser calculado e predeterminado com exatidão. Semelhante legalidade das aparências nos graus mais baixos de objetivação da vontade é justamente o que lhes confere aquele aspecto tão diferenciado das aparências da mesma vontade em graus mais elevados, isto é, nos graus mais distintos de sua objetivação – animais e seres humanos em seu agir; sendo que nestes o aparecimento mais forte ou mais fraco do caráter individual e o vir a ser movimentado por motivos, com frequência ocultos para o observador, pois residem no conhecimento, levaram até agora ao desconhecimento da identidade da essência íntima dos seres humanos e animais.

A infalibilidade das leis naturais, caso se parta do conhecimento do particular, em vez da Ideia, tem algo de surpreendente, às vezes terrível. Admiramos o fato de que a natureza não esquece uma vez sequer as suas leis. Por exemplo, se é conforme dada lei natural que, uma vez na reunião de certos estofos sob determinadas circunstâncias, haja uma ligação química, um surgimento de gás, uma combustão, segue-se de imediato e sem adiamento, tanto hoje quanto há milhares de anos, a entrada em cena daquela aparência determinada, sempre que as condições se reúnam por nossa intervenção ou por absoluto acaso (sendo aqui a precisão, devido ao inesperado, tanto mais surpreendente). Sentimos de modo mais vivaz essa admiração em face de fenômenos raros que ocorrem só em circunstâncias bastante complexas, sob as quais, não obstante, foram por nós previstos: por exemplo, certos metais são empilhados e entram em contato uns com os outros num líquido ácido, as placas de prata, situadas nas extremidades dessa cadeia, produzem repentinamente uma chama verde; ou, em certas condições, o duro diamante transforma-se em ácido carbônico. O que nos surpreende é a ubiquidade das forças naturais, semelhante àquela dos espíritos; observamos algo que não mais nos espantava em fenômenos cotidianos, a saber, como a conexão entre a causa e o efeito é propriamente tão misteriosa como aquela imagi-

I 159 nada entre uma palavra mágica e // o espírito que por ela aparece necessariamente invocado. Por outro lado, se tivermos penetrado no conhecimento filosófico de que uma força natural é um grau determinado de objetivação da vontade, ou seja, Daquilo que reconhecemos como nossa essência mais

155

íntima; que essa vontade em si mesma, diferentemente de suas aparências e das formas destas, encontra-se fora de tempo e espaço, de modo que a pluralidade condicionada por estes não lhe atinge nem aos graus imediatos de sua objetivação, as Ideias, mas só dizem respeito às aparências; noutros termos, se tivermos penetrado no conhecimento filosófico de que a lei de causalidade só tem significação em referência ao tempo e ao espaço, na medida em que determina nestes o lugar das múltiplas aparências das diversas Ideias nas quais a vontade se manifesta, regulando a ordem na qual as aparências têm de emergir; e se, ainda, por esse conhecimento revela-se o sentido íntimo da grande doutrina de Kant de que o espaço, o tempo e a causalidade não convêm à coisa em si, mas apenas à aparência, sendo meras formas do nosso conhecimento, não qualidades da coisa em si; então perceberemos que aquela admiração em face da legalidade e da precisão do atuar de uma força natural, em face da igualdade perfeita de todos os seus milhões de aparências, em face da infalibilidade do aparecimento destes, é em realidade comparável à admiração de uma criança ou de um selvagem que considera pela primeira vez uma flor através de um espelho multifacetado e admira a igualdade perfeita das flores incontáveis que vê, contando separadamente as folhas de cada uma dessas flores.

Portanto, cada força originária e universal da natureza nada mais é, em sua essência íntima, do que a objetivação da vontade num grau baixo: a cada um destes graus nomeamos IDEIA eterna, em sentido platônico. Por sua vez, a LEI NATURAL é a referência de uma Ideia à forma de sua aparência. Tal forma é tempo, espaço e causalidade, os quais têm conexão necessária e inseparável e relação recíproca. Por meio de tempo e espaço a Ideia se multiplica em inúmeras aparências: no entanto, a ordem de surgimento das aparências nestas formas da multiplicidade é fixamente determinada pela lei de causalidade que, por assim dizer, é a norma dos // pontos-limite de aparecimento das diversas Ideias, em conformidade com a qual espaço, tempo e matéria são distribuídos. Essa norma, por consequência, remete necessariamente à identidade de toda a matéria existente, substrato comum de todas as diversas aparências, as quais, se não fossem relacionadas à matéria comum, cuja posse têm de repartir, não precisariam dessa lei para determinar suas exigências: todas as aparências poderiam simultânea e

O mundo como vontade e como representação

conjuntamente preencher o espaço infinito por um tempo infinito. Ora, visto que todas as aparências das Ideias eternas remetem a uma única e mesma matéria, tem de existir uma regra do seu aparecer e desaparecer, do contrário nenhuma delas cederia lugar à outra. Em virtude disso, a lei de causalidade está intimamente ligada à lei de permanência da substância: ambas adquirem significação uma da outra: exatamente do mesmo modo se relacionam com elas o espaço e o tempo, pois o tempo é a mera possibilidade de determinações opostas na mesma matéria, o espaço é a mera possibilidade de permanência da mesma matéria sob determinações opostas. Eis por que explicamos no livro precedente a matéria como a união de tempo e espaço; união que se mostra como mudança dos acidentes na permanência da substância, e cuja possibilidade universal é justamente a causalidade ou o devir. Dissemos também que a matéria é inteiramente causalidade. Explanamos o entendimento como correlato subjetivo da causalidade e dissemos que a matéria (portanto todo o mundo como representação) existe só para o entendimento, que é a sua condição e o seu sustentáculo, como se fosse o seu correlato necessário. Menciono isso aqui de passagem apenas como recordação do que foi desenvolvido no primeiro livro, pois a observação da concordância interna dos dois livros é exigida para sua plena compreensão, já que aquilo que no mundo efetivo está unido de maneira inseparável como seus dois lados, vontade e representação, foi cindido pelos dois livros, a fim de que tais lados, separadamente, pudessem ser conhecidos distintamente.

Talvez não fosse supérfluo tornar ainda mais distinto mediante um exemplo como a lei de causalidade tem significação só em referência ao tempo, ao espaço e à matéria, // que consiste na união de ambos. A lei de causalidade determina os limites conforme os quais as aparências das forças naturais se distribuem na posse pela matéria, enquanto as forças naturais e originárias, elas mesmas, como objetivações imediatas da vontade, que como coisa em si não está submetida ao princípio de razão, encontram-se fora daquelas formas; apenas internamente a essas formas é que uma explanação etiológica tem significação e validade: justamente por isso a explanação etiológica nunca pode conduzir à essência íntima da natureza. — Nesse sentido, pense-se numa máquina construída de acordo com as leis da mecânica. Peças de ferro desencadeiam por sua gravidade o início do movimento; rodas de

Arthur Schopenhauer

cobre resistem com sua rigidez, impelem-se e levantam-se mutuamente e às alavancas, em virtude de sua impenetrabilidade, e assim por diante. Aqui, gravidade, rigidez e impenetrabilidade são forças originárias, inexplicáveis: a mecânica fornece apenas as condições e a maneira pelas quais essas forças exteriorizam-se e aparecem, dominando determinada matéria, determinado tempo e lugar. Agora vamos supor que um poderoso ímã faz efeito sobre o ferro das peças, dominando a gravidade; o movimento da máquina para e a matéria é de súbito o palco de uma força natural completamente diferente, o magnetismo, sobre o qual a explanação etiológica nada mais informa que as condições de seu aparecimento. Ou, ainda, suponha-se que colocamos os discos de cobre da máquina sobre placas de zinco e entre elas introduzimos uma solução ácida; de imediato a mesma matéria da máquina sucumbe a uma outra força originária, o galvanismo, que a domina segundo suas leis, manifestando-se através de suas aparências, sobre as quais a etiologia só nos pode informar as circunstâncias e as leis em que se mostram. Em seguida, aumentemos a temperatura e adicionemos oxigênio puro: toda a máquina arde: noutros termos, de novo uma força natural completamente diferente, o quimismo, exerce neste tempo e neste lugar seus direitos incontestáveis sobre a matéria, manifestando-se como Ideia, ou seja, como grau determinado de objetivação da vontade. – O óxido metálico resultante dessa queima combina-se com um ácido: sal e cristais são formados: tem-se, assim, o aparecimento de uma outra Ideia, que por sua vez é também no

I 162 todo infundada, embora o seu aparecimento // dependa daquelas condições que a etiologia pode relatar. Os cristais desintegram-se, misturam-se com outros estofos, uma vegetação ergue-se deles: nova aparência da vontade: – e assim pode-se acompanhar, ao infinito, a mesma e permanente matéria, e ver como ora esta ora aquela força natural adquire direito sobre ela e o exerce inexoravelmente em vista de irromper e manifestar a sua essência. A determinação desse direito – o ponto no tempo e no espaço em que ele é válido – é dada pela lei de causalidade; mas a explanação baseada nesta lei não vai além disso. A força mesma é aparência da vontade e, enquanto tal, não está submetida às figuras do princípio de razão, ou seja, é sem fundamento. A força encontra-se fora de todo tempo, é onipresente e, por assim dizer, parece constantemente esperar a entrada em cena das circunstâncias nas quais possa irromper e apoderar-se de uma determinada matéria, reprimindo nela a força que até então a dominava. O tempo existe apenas para a aparência dessa força e é sem significação para a força mesma. Por milênios dormitam numa dada matéria as forças químicas, até que o contato de reagentes as libera e as faz aparecer: o tempo, porém, existe somente para esta aparência, não para a força mesma. Por milênios o galvanismo dormita no cobre e no zinco, os quais repousam tranquilos ao lado da prata, que arde em chamas logo após os três metais entrarem em contato sob requeridas condições. Até mesmo no reino orgânico uma semente seca pode conservar por três mil anos a sua força latente, a qual, quando finalmente aparecem circunstâncias favoráveis, cresce como planta.*

Se por meio dessa consideração tornou-se clara a diferença entre a força natural e todas as suas aparências; e, ainda, se reconhecemos que aquela é a vontade mesma num grau determinado de sua objetivação; que somente às aparências convêm a pluralidade mediante tempo e espaço e que a lei de causalidade nada é senão a determinação, nestes, da posição das aparências isoladas — então reconheceremos a verdade perfeita e o sentido profundo da doutrina de MALEBRANCHE sobre as causas ocasionais, *causes occasionnel-*

---

* Em 16 de setembro de 1840, por ocasião de uma preleção sobre antiguidades egípcias, o Sr. Pettigrew mostrou, no Instituto Literário e Científico de Londres, grãos de trigo que Sir G. Wilkinson encontrou num túmulo em Tebas, no qual devem ter ficado por três mil anos. Foram encontrados num vaso hermeticamente fechado. Ele semeou doze grãos e obteve uma planta que cresceu cinco pés de altura, cujos grãos estavam agora perfeitamente maduros. Cf. *Times*, 21 de setembro de 1840. – De maneira semelhante o Sr. Haulton produziu na Sociedade Botânico-Médica de Londres, em 1830, uma raiz de tubérculo encontrada na mão de uma múmia egípcia, // provavelmente ali sepultada por motivos religiosos e que contava pelo menos dois mil anos de idade. A raiz foi plantada num vaso, logo crescendo e verdejando. Isso foi relatado no *Journal of the Royal Institution of Great-Britain*, outubro de 1830, p.136, a partir do *Medical Journal* de 1830. – "No jardim do Sr. Grimstone, do Herbarium, Highgate, em Londres, ergue-se agora uma haste de ervilha cheia de frutos, proveniente de uma ervilha que o Sr. Pettigrew e funcionários do Museu Britânico tiraram de um vaso colocado num sarcófago egípcio, onde deve ter ficado por 2.844 anos." Cf. *Times*, 16 de agosto de 1844. – Sim, sapos vivos encontrados em pedra calcária levam à suposição de que mesmo a vida animal é passível de uma tal suspensão por milhares de anos, caso esteja preparada para o sono hibernal e se conserve em circunstâncias especiais.

les. Vale a pena comparar a sua doutrina, tal qual exposta em *Recherches de la vérité*, sobretudo no terceiro capítulo da segunda parte do sexto livro, e nos *éclaircissements* em apêndice a esse capítulo, com a minha presente exposição do tema e, assim, perceber a concordância perfeita das duas doutrinas, apesar da grande diferença no encadeamento do raciocínio. Sim, tenho de me surpreender com o fato de Malebranche, apesar das peias e do fardo de estar totalmente imerso em dogmas positivos impostos por seu tempo, ainda assim ter encontrado de maneira tão feliz e correta a verdade, e ter sabido conciliá-la com aqueles dogmas, ao menos com a linguagem deles.

Pois o poder da verdade é inacreditavelmente grande e de duração indizível. Encontramos seus frequentes vestígios em todos os dogmas, mesmo os mais absurdos e bizarros, // de diferentes épocas e países, muitas vezes até mesmo em companhia estranha, em mistura esquisita, no entanto reconhecível. Ela pode ser comparada a uma planta que germina sob um amontoado de pedras e, não obstante, emerge para a luz, desenvolvendo a si mesma por desvios e curvas, desfigurando-se, empalidecida, atrofiada, mas alcançando a luz.

De fato, Malebranche tem razão: toda causa na natureza é causa ocasional, apenas dá a oportunidade, a ocasião, para o aparecimento da vontade una, indivisa, Em si de todas as coisas, e cuja objetivação grau por grau é todo este mundo visível. Apenas a entrada em cena, o tornar-se visível neste lugar, neste tempo é produzido pela causa e nesse sentido depende desta, mas não o todo da aparência, não a sua essência íntima: esta é a vontade, à qual não se aplica o princípio de razão e, portanto, é sem fundamento. Coisa alguma no mundo tem uma causa absoluta e geral de sua existência, mas apenas uma causa a partir da qual existe exatamente aqui, exatamente agora. Por que uma pedra mostra agora gravidade, depois rigidez, agora eletricidade, depois propriedades químicas, tudo isso depende de causas e ações exteriores, e são explicáveis a partir destas: entretanto, as propriedades mesmas, portanto toda a essência em que consistem, e que se exterioriza de todos aqueles modos, logo, o fato de ser em geral assim como é, o fato de existir em geral — isso não possui fundamento algum, mas é o tornar-se visível da vontade sem fundamento. Portanto, toda causa é causa ocasional. E assim a encontramos na natureza privada de conhecimento: precisamente assim é também ali onde não se trata mais de causas e estímulos, mas de motivos que determinam o ponto de entrada das aparências, por consequência, ali onde se trata da ação de animais e seres humanos. Pois aqui, como lá, trata-se de uma única e mesma vontade que aparece, diversa nos graus de sua manifestação, múltipla nas suas aparências e, neste aspecto, submetida ao princípio de razão, porém em si mesma livre de todas essas determinações. Os motivos não determinam o caráter do ser humano, mas tão somente o aparecimento desse caráter, logo as ações e atitudes, a feição exterior do seu decurso de vida, não a sua significação íntima e o seu conteúdo: estes procedem do caráter, que é o aparecimento

I 165 // imediato da vontade, portanto sem fundamento. Que um caráter seja mau e outro bom, isso não depende de motivos e influências exteriores, como doutrinas e sermões; nesse sentido, o caráter é algo absolutamente inexplicável. Porém, se um malvado mostra sua maldade em injustiças diminutas, intrigas covardes, velhacarias sórdidas que ele exerce no círculo estreito de seu ambiente, ou se ele, como um conquistador, oprime povos, faz um mundo ajoelhar-se em penúrias, derramando o sangue de milhões — isso é a forma exterior do seu aparecimento, o inessencial deste, dependente das circunstâncias nas quais o destino o colocou, dependente do ambiente e das influências exteriores dos motivos; contudo, jamais a decisão do caráter em virtude de tais motivos é explicável a partir deles; pois essa decisão procede da vontade, cuja aparência é esse ser humano. Mais sobre o assunto no quarto livro desta obra. A maneira como o caráter desdobra as suas propriedades é inteiramente comparável à maneira como os corpos da natureza destituída de conhecimento mostram as suas propriedades. A água permanece água, com suas propriedades intrínsecas, seja num lago plácido que espelha as margens, seja saltando em espumas quando se choca contra as rochas, ou ainda sendo artificialmente impelida para o alto num jato em forma de arco: tudo isso depende de causas exteriores: uma coisa lhe é tão natural quanto a outra; no entanto, mostra-se desta ou daquela maneira de acordo com as circunstâncias, igualmente pronta para tudo, todavia fiel em cada caso ao seu caráter e sempre manifestando apenas a este. É assim que todo caráter humano também se manifestará em todas as circunstâncias: mas as aparências que daí emergem variarão segundo as circunstâncias.

§ 27

Se ficou evidente, a partir das considerações precedentes sobre as forças da natureza e as suas aparências, até onde podemos ir com a explanação por causas e onde esta cessa, em vez de cairmos no esforço tolo de remeter o conteúdo de todas as aparências à sua mera forma, ao fim nada restando senão a forma; então poderemos doravante também determinar de maneira geral aquilo que é a tarefa de toda etiologia. // Esta tem de procurar para todas as aparências da natureza as suas causas, isto é, as circunstâncias do seu seguro aparecimento: em seguida, tem de remeter as multifacetadas aparências nas suas diversas circunstâncias àquilo que atua em todas as aparências e é pressuposto pela causa: as forças originárias da natureza. Também assinalará corretamente quando uma diferença da aparência se deve a uma diferença da força ou à diferença das circunstâncias nas quais a força se exterioriza. Com igual cuidado, a etiologia não pode tomar como aparência de diferentes forças aquilo que é exteriorização de uma única e mesma força, só que em circunstâncias diferentes, e vice-versa, não pode tomar como exteriorizações de uma única força aquilo que pertence originariamente a diferentes forças. Para isso, é requerida de imediato a faculdade de juízo: eis por que tão poucas pessoas são capazes de intelecção na física, embora todas sejam capazes de ampliar a experiência. Preguiça e ignorância inclinam muito cedo a fazer apelo a forças originárias: isso se mostra no exagero, que beira o cômico, presente nas entidades e quididades dos escolásticos. E o que menos desejo aqui é favorecer o seu ressurgimento. Deve-se tampouco, em vez de fazer uma explicação física, apelar seja à objetivação da vontade ou ao poder criador de Deus. Pois a física requer causas; a vontade, porém, jamais é causa: sua relação com a aparência de modo algum se dá conforme o princípio de razão; por outro lado, o que em si é vontade existe de outro ponto de vista como representação, ou seja, é aparência, e, enquanto tal, segue as leis que constituem a forma da aparência: com isso cada movimento, embora seja aparecimento da vontade, sempre tem de ter uma causa a partir da qual é explanável em relação a determinado tempo e determinado lugar, ou seja, não em geral, segundo a sua essência íntima, mas como aparência PARTICULAR. Semelhante causa é mecânica na pedra e

O mundo como vontade e como representação

motivo no movimento do ser humano: mas sempre tem de estar ali. Ao contrário, a essência comum e universal de todas as aparências de uma determinada espécie, Aquilo sem cuja pressuposição a explanação por causas não teria sentido nem significação, é justamente a força da natureza em geral, que tem de permanecer na física como *qualitas occulta*, precisamente porque aí // finda a explanação etiológica e começa a explanação metafísica. Mas a cadeia de causas e efeitos jamais é interrompida por uma força natural à qual se deve fazer apelo; nunca retrocede a esta como a seu primeiro membro; mas o membro seguinte da cadeia, tanto quanto o mais remoto, já pressupõe a força originária, do contrário não se poderia explanar coisa alguma. Uma série de causas e efeitos pode ser aparecimento das mais diferentes espécies de força, cuja sucessiva entrada na visibilidade é conduzida pela série, como o elucidei antes no exemplo da máquina metálica: entretanto, a diversidade de tais forças originárias, não dedutíveis umas das outras, de modo algum interrompe a unidade daquela cadeia causal e a conexão entre todos os seus membros. A etiologia e a filosofia da natureza não interferem uma na outra, mas vão juntas, considerando o mesmo objeto sob pontos de vista diferentes. A etiologia nos informa sobre as causas que necessariamente produzem a aparência particular a ser explicada e aponta como fundamento de suas explanações as forças universais ativas em todas as causas e efeitos, especificando rigorosamente essas forças, o seu número, a sua diversidade e, em seguida, todos os efeitos nos quais cada uma delas aparece diferentemente segundo a diversidade das circunstâncias, sempre em conformidade com o seu caráter específico, desdobrado pela força segundo uma regra infalível chamada LEI NATURAL. Quando a física tiver consumado tudo isso em todos os aspectos, terá alcançado a sua perfeição: pois nenhuma força na natureza inorgânica será desconhecida, e não existirá efeito algum que não seja demonstrável como aparecimento de alguma força sob determinadas circunstâncias e conforme uma lei natural. Contudo, uma lei natural permanece simplesmente a regra observada pela natureza tão logo determinadas circunstâncias sejam dadas. Nesse sentido, pode-se certamente definir a lei natural como um fato universalmente expresso, *un fait généralisé*, com o que uma exposição completa de todas as leis naturais não passaria de um catálogo completo de fatos. — A consideração da natu-

I 168 reza inteira é complementada pela MORFOLOGIA, que enumera todas as //
figuras permanentes da natureza orgânica, comparando-as e ordenando-
-as: sobre a causa do surgimento dos seres particulares ela pouco tem a
dizer, pois em geral se trata da procriação, cuja teoria é tema à parte, e em
casos raros é a *generatio aequivoca*.[23] Mas falando em sentido estrito, a esta
última também pertence a forma como aparecem isoladamente todos os
graus baixos de objetidade da vontade, portanto as aparências físicas e
químicas; à etiologia cabe indicar as condições desse aparecimento. A filosofia, ao contrário, considera em toda parte, portanto também na natureza,
apenas o universal: aqui, as forças originárias mesmas são o seu objeto e ela
as reconhece como os diferentes graus de objetivação da vontade, a essência
íntima, o Em si deste mundo; mundo explicado pela filosofia como mera
representação do sujeito, além de vontade. — Assim, se a etiologia, em vez
de preparar os caminhos da filosofia e aplicar os ensinamentos desta em
provas singulares, antes colocar-se como fim negar todas as forças originárias, exceto talvez UMA, que considera a mais universal, por exemplo a impenetrabilidade, que ela imagina entender a fundo, procurando forçosamente
remeter todas as outras forças a ela — com isso faz ruir seu próprio fundamento e pode apenas propagar erro em vez de verdade. O conteúdo da
natureza é doravante reprimido pela forma, tudo é atribuído às circunstâncias que fazem efeito, e nada à essência íntima das coisas. Se a etiologia de
fato chegasse a bom termo, então, em última instância, como já dito, o
enigma do mundo seria resolvido por um cálculo. Tal caminho, entretanto,
como já mencionado, é o percorrido por pessoas que pensam que devemos
remeter todo efeito fisiológico a forma e mistura, conseguintemente a
eletricidade, esta por sua vez a quimismo, e este a mecanismo. Semelhante
erro, por exemplo, foi o de Descartes e de todos os atomistas que remeteram
o movimento dos corpos do mundo ao impacto de um fluido, as qualidades
à conexão e figura de átomos, e assim procuraram explanar todas as aparências da natureza como mero fenômeno da impenetrabilidade e da coesão.
Embora se tenha renunciado a essa posição, ainda assim os fisiólogos elé-
tricos, fisiólogos químicos e fisiólogos mecânicos fazem o mesmo em

---

23 "Geração equívoca, espontânea." (N. T.)

O mundo como vontade e como representação

I 169 nossos dias e // querem obstinadamente explanar a vida e todas as funções do organismo a partir da "forma e mistura" das partes componentes. Que a meta da explanação fisiológica seja a remissão da vida orgânica a forças universais, objeto de consideração da física, eis o que se encontra expresso no *Meckels Archiv für Physiologie*, 1820, v.5, p.185. – Também Lamarck, em sua *Philosophie zoologique*, v.2, cap. 3, explana a vida como um mero efeito do calor e da eletricidade: *Le calorique et la matière électrique suffisent parfaitement pour composer ensemble cette cause essentielle de la vie* (p.16).[24] Com isso, calor e eletricidade seriam realmente a coisa em si, e o mundo das plantas e dos animais seria a sua aparência. O absurdo dessa opinião aparece explicitamente nas p.306 et seq. dessa obra. É do conhecimento de todos que tais visões, diversas vezes explodidas, reaparecem com renovada impertinência na época atual. Na base de todas encontra-se, em última instância, caso se as considere de maneira apurada, a pressuposição de que o organismo é tão somente um agregado aparente de forças físicas, químicas e mecânicas, as quais, casualmente reunidas, geram o organismo como se este fosse um jogo da natureza sem ulterior significação. Assim, o organismo de um animal ou de um ser humano, considerado filosoficamente, não seria a exposição de uma Ideia própria, isto é, de uma objetidade imediata da vontade num grau específico mais elevado, mas nele apareceriam apenas as Ideias que objetivam a vontade na eletricidade, no quimismo, no mecanismo: em consequência, o organismo seria tão fortuitamente formado a partir da reunião dessas forças como o são as figuras dos seres humanos e animais nas nuvens, ou as estalactites; para além disso o organismo não seria mais interessante. – Todavia, veremos logo a seguir como a aplicação dos modelos físico e químico de explanação do organismo é, dentro de certos limites, permissível e útil, pois, como iremos expor, a força vital utiliza e se serve das forças da natureza inorgânica, sem contudo reduzir-se a elas, tampouco quanto o ferreiro reduz-se a bigornas e martelos. Por conseguinte, nem mesmo a mais simples vida das plantas poderá ser explicada pelas forças naturais inorgânicas, como por exemplo a capilaridade e a endosmose, e menos ainda

---

24 "O calor e a matéria são perfeitamente suficientes para compor juntos esta causa essencial da vida." (N. T.)

I 170 a vida animal. // A consideração a seguir nos prepara o caminho para aquela discussão extremamente difícil.

De tudo o que foi dito depreende-se que é um equívoco das ciências da natureza quando elas pretendem reduzir os graus mais elevados de objetidade da vontade aos graus mais baixos; pois o desconhecimento e a rejeição de forças naturais originárias subsistentes por si mesmas é algo tão errôneo quanto a suposição infundada de forças específicas ali onde se trata somente de uma forma especial de aparecimento de forças já conheci-das. Com acerto, portanto, Kant diz que é absurdo esperar um Newton do ramo de relva, isto é, por aquele que reduza o ramo de relva a aparências de forças físicas e químicas, das quais o ramo seria uma concreção casual, por consequência um mero jogo da natureza sem aparecimento de uma Ideia própria, noutros termos, a vontade não se manifestaria imediatamente num grau mais elevado e específico, mas apenas como o faz nas aparências da natureza inorgânica, e casualmente naquela forma. Os escolásticos, que jamais procederiam assim nessa matéria, diriam cobertos de razão que isso seria uma negação completa da *forma substantialis*[25] e uma degradação dela em *forma accidentalis*.[26] Pois a *forma substantialis* de Aristóteles designa exata-mente Aquilo que aqui nomeio o grau de objetivação da vontade em uma coisa. — Por outro lado, não se pode perder de vista que em todas as Ideias, vale dizer em todas as forças da natureza inorgânica e em todas as figuras da natureza orgânica, é UMA ÚNICA E MESMA VONTADE que se manifesta, noutros termos, que entra na forma da representação, na OBJETIDADE. Em consequência, a unidade da vontade também tem de ser reconhecida por intermédio de um parentesco interior entre todas as suas aparências. Tal parentesco manifesta-se nos graus mais elevados de sua objetidade, em que toda aparência é mais distinta (portanto nos reinos vegetal e animal), por meio da analogia geral prevalecente de todas as formas, o tipo fundamental, que se reencontra em todas as aparências. Esse tipo tornou-se o princípio condutor do admirável sistema zoológico iniciado pelos franceses neste século XIX e demonstrado mais completamente na anatomia comparada

---

25 "Forma substancial." (N. T.)
26 "Forma acidental." (N. T.)

O mundo como vontade e como representação

como *l'unité de plan, l'uniformité de l'élément anatomique.*[27] Encontrar esse tipo fundamental é também a principal tarefa ou, certamente, o esforço mais louvável dos // filósofos da natureza da escola schellinguiana, que nesse aspecto possuem muito mérito, embora em muitos casos sua caça por analogias degenere em meras sutilezas filigranosas. Com acerto, entretanto, demonstraram aquele parentesco universal e semelhança de família também nas Ideias da natureza inorgânica, por exemplo entre eletricidade e magnetismo (cuja identidade foi posteriormente comprovada); entre atração química e gravidade; e assim por diante. Chamaram especialmente a atenção para o fato de que a POLARIDADE, isto é, o desdobramento de uma força em duas atividades qualitativamente diferentes, opostas e esforçando-se pela reunificação, que na maioria das vezes também se manifesta espacialmente por uma separação em duas direções opostas, é um tipo fundamental de quase todas as aparências da natureza, do ímã e do cristal até o ser humano. Na China, todavia, esse conhecimento é corrente desde os tempos mais remotos no ensinamento da oposição entre YIN e YANG. — Sim, justamente porque todas as coisas do mundo são a objetidade de uma única e mesma vontade, conseguintemente idênticas segundo a sua essência íntima, tem de haver entre elas não apenas aquela analogia inegável – portanto, cada coisa menos perfeita já mostrando o vestígio, a alusão, o dispositivo das coisas mais perfeitas –, como também, visto que todas essas formas pertencem apenas ao mundo como REPRESENTAÇÃO, é até possível assumir que, mesmo nas formas mais universais da representação, na armação propriamente dita dos andaimes do mundo aparente, portanto no espaço e no tempo, pode-se encontrar e demonstrar o tipo fundamental, a indicação, o dispositivo de tudo aquilo que preenche as formas. Parece que foi uma noção obscura disso o que deu origem à cabala e a toda a filosofia matemática dos pitagóricos, bem como à filosofia chinesa do *I Ching*: também na escola de Schelling encontramos, ao lado dos seus variados esforços para trazer a lume a analogia entre todas as aparências da natureza, muitas tentativas, embora infelizes, de deduzir leis naturais de meras leis do espaço e do tempo. No entanto,

---

27 "Unidade de plano, uniformidade do elemento anatômico." (N. T.)

não se pode saber quando alguma vez uma cabeça genial levará a bom termo tais esforços nas duas direções.

Assim, caso não se perca de vista a diferença entre aparência e coisa em si, segue-se daí que // a identidade da vontade objetivada em todas as Ideias não pode ser transformada em uma identidade das Ideias particulares nas quais a vontade aparece (visto que a vontade possui graus determinados de sua objetidade). Dessa maneira, por exemplo, nunca a atração química ou elétrica pode ser reduzida à atração por gravidade, embora a analogia interna de ambas seja conhecida e a primeira possa ser vista, por assim dizer, como potência mais elevada da última; tampouco se pode, a partir da analogia interna da estrutura dos animais, misturar as espécies e identificá-las, explicando assim as mais perfeitas como variações aleatórias das mais imperfeitas. Por fim, as funções fisiológicas jamais podem ser reduzidas a processos químicos ou físicos, mas pode-se sem dúvida, para justificação desse método no interior de certos limites, admitir com bastante probabilidade o que vem a seguir.

Às vezes muitas aparências da vontade entram em conflito nos graus mais baixos de sua objetivação, portanto no reino inorgânico, quando cada aparência quer apoderar-se da matéria existente servindo-se do fio condutor da causalidade; assim, desse conflito emerge a aparência de uma Ideia mais elevada que domina todas as Ideias mais imperfeitas que antes ali existiam, todavia, de uma tal maneira que permite que a essência destas continue a existir de um modo subordinado, mediante a absorção em si de um análogo delas; semelhante processo só é concebível pela identidade da vontade que aparece em todas as Ideias e pelo seu esforço em vista de objetivações cada vez mais elevadas. Assim, vemos na solidificação dos ossos um análogo indubitável da cristalização, que controlava o cálcio originariamente, embora a ossificação jamais possa ser redutível à cristalização. A analogia mostra-se mais debilmente na solidificação da carne. Similarmente, a mistura de sucos e a secreção nos corpos animais são um análogo da mistura e separação químicas; e as leis destas continuam a valer ali, ainda que subordinadas, bastante modificadas e dominadas por uma Ideia mais elevada. Eis por que a existência de forças químicas exteriores ao organismo jamais produzirá por si só esses sucos; mas

O mundo como vontade e como representação

Encheiresin naturae *nennt es die Chemie,*
Spottet ihrer selbst und weiß nicht wie.[28]

I 173 // A Ideia mais perfeita, resultante dessa vitória sobre as Ideias ou objetivações mais baixas da vontade, ganha um caráter inteiramente novo, precisamente pelo fato de absorver em si, de cada uma das Ideias que foram dominadas, um análogo mais elevadamente potenciado: a vontade objetiva-se em uma nova e distinta espécie: nasce, originariamente por *generatio aequivoca*, depois por assimilação no gérmen existente, seiva orgânica, planta, animal, ser humano. Portanto, do conflito entre aparências mais baixas resultam as mais elevadas, que engolem as outras, porém efetivando o esforço de todas em grau mais elevado. — Por isso vale aqui a lei: *serpens, nisi serpentem comederit, non fit draco.*[29]

Espero ter eliminado, mediante a clareza da exposição, a obscuridade própria à matéria desse pensamento: contudo, confesso que as próprias considerações do leitor têm de vir em minha ajuda, para que eu não permaneça incompreendido ou seja mal interpretado. — Em conformidade com a visão exposta, pode-se seguramente demonstrar no organismo vestígios dos modos de efeito químico e físico, mas nunca se pode explanar o organismo a partir destes, visto que ele de maneira alguma é uma aparência casual produzida pelo fazer-efeito unificado de tais forças, mas trata-se de uma Ideia mais elevada que submeteu as outras através de ASSIMILAÇÃO POR DOMINAÇÃO; isso porque se trata de uma vontade UNA que se objetiva em todas as Ideias e que, aqui, ao esforçar-se pela objetivação mais elevada possível, renuncia aos graus mais baixos de sua aparência, após um conflito entre eles, para assim aparecer num grau mais elevado e tanto mais poderoso. Não há vitória sem luta: ora, na medida em que a Ideia ou objetivação da vontade mais elevada só pode entrar em cena através da dominação das mais baixas, sofre a resistência destas, as quais, embora submetidas à servidão, sempre se esforçam por ser independentes e exteriorizar completamente a sua essência — igual ao ímã que atrai um ferro e trava uma luta constante contra

---

28 *Encheiresin naturae* o chama a química / Troça de si mesma sem sabê-lo" (Goethe). (N. T.)
29 "A serpente precisa devorar outra serpente para tornar-se dragão." (N. T.)

a gravidade que, enquanto objetivação mais elementar da vontade, tem um direito originário à matéria do ferro; todavia, em tal luta, o ímã se fortalece, visto que a resistência como que o estimula a um maior empenho; é assim

I 174 com todas as // aparências da vontade, inclusive com a aparência exposta como organismo humano, que travam uma luta duradoura contra as diversas forças físicas e químicas que, como Ideias mais elementares, têm um direito prévio à matéria. Por isso o braço levantado, após um instante de dominação da gravidade, volta a cair: daí também que o confortável sentimento de saúde que acompanha a vitória da Ideia do organismo consciente de si sobre as leis físicas e químicas, que originariamente controlavam os sucos do corpo, seja tão frequentemente interrompido, sim, de fato é sempre acompanhado de um certo desconforto, grande ou pequeno, produzido pela resistência daquelas forças, e que afeta continuamente a parte vegetativa da nossa vida com um leve sofrimento. Eis por que a digestão deprime todas as funções animais, pois exige toda a força vital para dominar as forças químicas da natureza pela assimilação. Daí em geral o fardo da vida física, a necessidade do sono e, por fim, a morte; pois, finalmente, por circunstâncias favoráveis, as forças naturais subjugadas reconquistam a matéria que lhes foi arrebatada pelo organismo – agora cansado até mesmo pelas constantes vitórias – e alcançam sem obstáculos a exposição de sua essência. Pode-se dizer, por conseguinte, que cada organismo só expõe a Ideia da qual é imagem após o desconto daquela parte de sua força que é empregada na dominação das Ideias mais baixas, que lutam constantemente contra ele pela matéria. Jakob Böhme parece ter pressentido isso, quando diz em algum lugar que todos os corpos humanos e animais, todas as plantas, estão de fato parcialmente mortos. Conforme o organismo consiga maior ou menor dominação daqueles graus mais básicos das forças da natureza que expressam a objetidade da vontade, ele torna-se a expressão mais ou menos perfeita de sua própria Ideia, isto é, encontra-se mais ou menos distante do IDEAL que representa a beleza da sua própria espécie.

Assim, em toda parte na natureza vemos conflito, luta e alternância da vitória, e aí reconhecemos com distinção a discórdia essencial da vontade consigo mesma. Cada grau de objetivação da vontade combate com outros

I 175 por matéria, espaço e tempo. A matéria que subsiste // tem continuamente de mudar de forma, na medida em que, pelo fio condutor da causalidade, aparências mecânicas, químicas, orgânicas anseiam avidamente por emergir e assim arrebatam umas às outras a matéria, pois cada uma quer manifestar a própria Ideia. Esse conflito pode ser observado em toda a natureza, sim, em verdade esta só existe em virtude dele: εἰ γὰρ μὴ ἦν τὸ νεῖκος ἐν τοῖς πράγμασιν, ἓν ἂν ἦν ἅπαντα, ὥς φησιν Ἐμπεδοκλῆς (*nam si non inesset in rebus contentio, unum omnia essent, ut ait Empedocles. Arist. Metaph.* B., 5).[30] Tal conflito, entretanto, é apenas a manifestação da discórdia essencial da vontade consigo mesma. E a visibilidade mais nítida dessa luta universal se dá justamente no mundo dos animais – o qual tem por alimento o mundo dos vegetais –, em que cada animal se torna presa e alimento de outro, isto é, a matéria na qual uma Ideia se expõe tem de ser abandonada para a exposição de outra, já que cada animal só pode alcançar a sua existência pela supressão contínua da existência de outro; assim, a Vontade de vida crava continuamente os dentes na própria carne e em diferentes figuras é seu próprio alimento, até que, por fim, o gênero humano, por dominar todas as demais espécies, vê a natureza como um instrumento de uso; esse mesmo gênero humano, porém, como veremos no quarto livro desta obra, manifesta em si próprio aquela luta, aquela autodiscórdia da vontade da maneira mais clara e terrível quando o homem se torna o lobo do homem: *homo homini lupus*. Todavia, reconhecemos o mesmo conflito, a mesma dominação também nos graus mais baixos de objetidade da vontade. Diversos insetos (em especial os *Ichmneumonidae*) põem seus ovos sobre a pele, no corpo das larvas de outros insetos, cuja lenta destruição é a primeira obra do germe que emerge do ovo. O jovem pólipo que cresce como uma rama a partir do velho e mais tarde se separa deste já luta contra o mesmo enquanto ainda se prende a ele, pela presa que se oferece, de modo que um a arranca da boca do outro (*Trembley, Polypod.* II, p.110, e III, p.165). O mais flagrante exemplo desse tipo de conflito é fornecido pela formiga *bulldog-ant* na Austrália: quando se a corta, tem início uma luta entre a cabeça e a cauda: a primeira ataca com mordidas a segun-

I 176 da, e esta se defende // bravamente com o ferrão: a luta dura cerca de meia

---

30 "Pois se o conflito não fosse inerente às coisas, tudo seria uno, como diz Empédocles" (Aristóteles, *Met.* B, 5). (N. T.)

hora, até que ambas morrem ou são carregadas por outras formigas. E isso ocorre sempre (extraído de uma carta de Howitt, em *W. Journal*, impresso no *Messenger* de Galignani, 17 de novembro de 1855). Às margens do rio Missouri às vezes se vê um grande carvalho de tal maneira envolto em seu tronco e galhos por uma gigantesca e selvagem videira que tem de murchar como se fosse sufocado. O mesmo ocorre inclusive nos graus mais baixos, por exemplo lá onde a água e o carbono são convertidos por assimilação orgânica em seiva vegetal, ou os vegetais, ou o pão, em sangue: e assim em toda parte, onde, com limitação das forças químicas a um tipo de efeito subordinado, a secreção animal é produzida; o mesmo também ocorre na natureza inorgânica quando, por exemplo, na formação dos cristais, estes se encontram, cruzam e perturbam uns aos outros, de modo que não podem exibir a forma puramente cristalina: em realidade, quase toda drusa é a imagem do conflito da vontade neste grau tão elementar de sua objetivação; ou também quando um ímã impõe ao ferro o magnetismo, para expor a sua Ideia; ou quando o galvanismo domina as afinidades eletivas, decompõe as mais estáveis ligações, suprime tão inteiramente as leis químicas que o ácido de um sal decomposto no polo negativo tem de se dirigir ao polo positivo sem se combinar com os alcalinos que atravessa, nem mesmo avermelhar o papel tornassol posto em seu caminho. Em escala maior isso se mostra na relação entre corpo central e planeta: este, apesar de decisivamente dependente, resiste sempre, semelhante às forças químicas no organismo, e daí resulta a tensão constante entre forças centrípeta e centrífuga que mantém os orbes celestes em movimento e já é uma expressão daquela luta generalizada e essencial das aparências da vontade que estamos agora considerando. Ora, posto que cada corpo tem de ser visto como o aparecimento de uma única e mesma vontade, e esta, entretanto, expõe-se necessariamente como um esforço, então o estado originário de cada orbe celeste condensado não pode ser o repouso, mas o movimento, o esforço para adiante no espaço infinito, sem repouso e alvo. A isso não se opõem nem a // lei de inércia nem a de causalidade: pois, de acordo com a lei de inércia, a matéria enquanto tal é indiferente ao repouso e ao movimento, de modo que tanto um quanto outro podem ser o seu estado originário; por conseguinte, se encontramos a matéria em movimento, estamos tão pouco autorizados a

O mundo como vontade e como representação

pressupor para este um estado anterior de repouso e assim perguntar pela causa da entrada em cena de seu movimento, quanto o contrário, ou seja, se encontramos a matéria em repouso, não estamos autorizados a pressupor para este um estado anterior de movimento e assim perguntar pela causa de sua supressão. Por isso não se deve procurar nenhuma impulsão primeira da força centrífuga, mas ela, nos planetas, conforme a hipótese de Kant e Laplace, é o resíduo da rotação originária do corpo central, cuja contração causou a separação dos planetas. Mas a esse corpo central o movimento é essencial: ele continua a sua rotação e simultaneamente vaga no espaço sem fim, ou translada talvez em torno de um corpo central maior, invisível para nós. Essa visão concorda inteiramente com a conjectura dos astrônomos acerca de um Sol central e também com o distanciamento observado de todo o nosso sistema solar, e talvez de toda a galáxia à qual pertence o nosso Sol; daí podendo-se finalmente deduzir um distanciamento geral de todas as estrelas fixas e do Sol central; obviamente tudo isso perde a significação no espaço infinito (pois o movimento no espaço absoluto não difere do repouso), o que justamente tem de ser reconhecido – como já teria de ser feito imediatamente com o esforço e o vagar sem fim – como expressão daquela nulidade, daquela ausência de um fim último, própria do esforço da vontade em todas as suas aparências, assunto que será abordado na conclusão desta obra. Por isso também o espaço sem fim e o tempo sem fim tinham de constituir as formas mais universais e fundamentais de todas as aparências, as quais existem para expressão de toda a essência da vontade. – Podemos, por fim, reconhecer a aqui considerada luta de todas as aparências da vontade entre si inclusive na mera matéria, na medida em que a essência do aparecimento desta, corretamente enunciada por Kant, são as forças de atração e repulsão, de modo que já a matéria possui sua existência apenas devido a

I 178 uma luta de forças que se empenham contrariamente. Caso abstraiamos //
todas as diferenças químicas da matéria ou pensemos o mais longe possível na cadeia de causas e efeitos até que não mais exista diferença química alguma, então permanece para nós a mera matéria, o mundo condensado numa esfera, cuja vida, isto é, objetivação da vontade, constitui aquela luta entre forças de atração e repulsão, a primeira como gravidade que impele de todos os lados para o centro, a segunda como impenetrabilidade que,

173

mediante rigidez ou elasticidade, resiste à primeira, e cujo ímpeto constante e resistência podem ser considerados como a objetidade da vontade nos seus graus mais elementares e já aí expressam o caráter dela.

Assim vimos aqui em seus graus mais baixos a vontade expor-se como um ímpeto cego, um impelir abafado, obscuro, distante de qualquer capacidade imediata de conhecimento. Trata-se da espécie mais simples e débil de sua objetivação. Como ímpeto cego e esforço privado de conhecimento, a vontade também aparece em toda a natureza inorgânica, ou seja, em todas as forças originárias, cuja investigação e descoberta de suas leis é tarefa da física e da química, sendo que cada uma dessas forças expõe-se para nós em milhões de aparências similares e regulares, sem vestígio algum de caráter individual, meramente multiplicadas pelo tempo e o espaço, isto é, pelo *principium individuationis*, parecidas a uma imagem multiplicada pelas facetas de um vidro.

De grau em grau, objetivando-se cada vez mais nitidamente, a vontade atua no reino vegetal, em que o elo de suas aparências não são propriamente causas, mas estímulos; vontade que aqui ainda é completamente privada de conhecimento, é força obscura que impele, mesmo na parte vegetativa da aparência animal, na geração e formação de cada animal e na manutenção da economia interna dele, em que a sua aparência é ainda necessariamente determinada por meros estímulos. Os graus cada vez mais elevados de objetidade da vontade levam finalmente ao ponto no qual o indivíduo, expressando a Ideia, não mais pode conseguir seu alimento para assimilação pelo mero movimento provocado por estímulo; isto porque o estímulo tem de ser esperado, porém, aqui o alimento é de tipo mais especialmente **I 179** determinado e, devido à crescente variedade das // aparências, a profusão e o tumulto tornaram-se tão grandes que as aparências perturbam-se mutuamente; de modo que o acaso, do qual o indivíduo movido por simples estímulo teria de esperar o alimento, seria demasiado desfavorável. O alimento, por conseguinte, tem de ser procurado e escolhido desde o momento em que o animal sai do ovo ou ventre da mãe, nos quais vegetava sem conhecimento. Daí ser aqui necessário o movimento por motivo e, por isso, o conhecimento, que portanto aparece como um instrumento, μεχανή, exigido nesse grau de objetivação da vontade para a conservação do indivíduo e propagação da espécie. O conhecimento aparece representado pelo cérebro ou por um grande gânglio; precisamente como qualquer outro esforço ou determinação da vontade que se objetiva é representado por um órgão, quer dizer, expõe-se para a representação como um órgão.* — Com esse instrumento, μεχανή, surge de um só golpe o MUNDO COMO REPRESENTAÇÃO com todas as suas formas: objeto e sujeito, tempo e espaço, pluralidade e causalidade. O mundo mostra agora o seu segundo lado. Até então pura e simples VONTADE, doravante é simultaneamente REPRESENTAÇÃO, objeto do sujeito que conhece. A vontade, que até então seguia na obscuridade o seu impulso com extrema certeza e infalibilidade, inflamou neste grau de sua objetivação uma luz para si, meio este que se tornou necessário para a supressão da crescente desvantagem que resultaria da profusão e da índole complicada de suas aparências, o que afetaria as mais complexas delas. A infalível certeza e regularidade com que a vontade atuava até então na natureza inorgânica e na meramente vegetativa assentava-se no fato de que ali ela era ativa exclusivamente em sua essência originária, como ímpeto cego; vontade sem o auxílio, no entanto sem a perturbação de um segundo mundo inteiramente outro, o mundo como representação. Só que o mundo como representação, em verdade, é apenas a imagem copiada da sua essência, entretanto de natureza por completo diferente e que agora intervém na conexão das aparências da vontade. Doravante cessa a infalível certeza da vontade. Os animais mesmos já estão sujeitos à ilusão, ao engano.

I 180 // Contudo, têm apenas representações intuitivas, não têm conceitos nem reflexão, estão portanto presos ao presente e não podem levar em conta o futuro. — É como se esse conhecimento desprovido de razão não fosse em todos os casos suficiente para os fins da vontade, com o que ela casualmente precisou de um auxílio. Com isso podemos observar o fenômeno bastante notável de que a atuação cega da vontade e a ação iluminada pelo conhecimento invadem uma o domínio da outra da maneira mais surpreendente em dois tipos de fenômeno. Num primeiro caso, dentre aquelas ações dos animais guiadas por conhecimento intuitivo e motivos, encontramos um

---

* Cf. capítulo 22 do segundo tomo; bem como o meu escrito *Sobre a vontade na natureza* p.54 ss. e p.70-9 da primeira edição, ou p.46 ss. e p.63-72 da segunda edição.

grupo de ações que não são guiadas dessa forma, e são consumadas com a mesma necessidade da vontade que atua cegamente: refiro-me ao impulso industrioso dos animais, que não são conduzidos por motivo ou conhecimento algum, e aparentam executar as suas obras por meio de motivos abstratos, racionais. Um outro caso, oposto a este, é aquele em que a luz do conhecimento penetra na oficina da vontade que atua cegamente e assim ilumina as funções vegetativas do organismo humano: refiro-me à clarividência magnética. — Por fim, lá onde a vontade atingiu o grau mais elevado de sua objetivação e não lhe é mais suficiente o conhecimento do entendimento (do qual o animal é capaz e cujos dados são fornecidos pelos sentidos, dos quais surgem simples intuições ligadas ao presente), um ser complicado, multifacetado, plástico, altamente necessitado e indefeso como é o ser humano teve de ser iluminado por um duplo conhecimento para poder sobreviver; com isso, coube-lhe, por assim dizer, uma potência mais elevada do conhecimento intuitivo, um reflexo deste: a razão como a faculdade de conceitos abstratos. Com esta surge a clareza de consciência, contendo panoramas do futuro e do passado, e, em consequência dela, a ponderação, o cuidado, a habilidade para a ação calculada e independente do presente, por fim a consciência totalmente clara das próprias decisões voluntárias enquanto tais. Se, de um lado, a possibilidade da ilusão e do engano já surge com o conhecimento meramente intuitivo e assim é suprimida a infalibilidade na atuação desprovida de conhecimento da vontade, com o que o instinto e o impulso industrioso (como exteriorizações da vontade destituída de conhecimento) têm de vir em seu auxílio em meio às

I 181 exteriorizações que são guiadas pelo conhecimento; // por outro lado, com o aparecimento da razão é quase que inteiramente perdida aquela segurança e infalibilidade das exteriorizações da vontade (que no outro extremo, na natureza inorgânica, aparece inclusive como estrita conformidade a leis): o instinto entra por completo no segundo plano; a ponderação, que agora deve a tudo substituir, produz (como exposto no primeiro livro) vacilações e incertezas: o erro torna-se possível, obstando em muitos casos a adequada objetivação da vontade em atos. Pois, embora a vontade já tenha tomado no caráter a sua direção determinada e inalterável, em conformidade com o qual aparece de maneira infalível caso seja dada a ocasião dos motivos, ainda assim o erro pode falsear as suas exteriorizações, na medida em que motivos ilusórios, agindo como se fossem reais, ocupam o lugar dos motivos reais e os suprimem.* Por exemplo, a superstição que compele o homem por motivos imaginários a modos de ação que são exatamente o oposto de como sua vontade se exteriorizaria nas circunstâncias existentes: Agamenon sacrifica sua filha; um avaro dá esmolas por puro egoísmo na esperança de um retorno cem vezes maior, e assim por diante.

O conhecimento em geral, quer simplesmente intuitivo quer racional, provém portanto originariamente da vontade e pertence à essência dos graus mais elevados de sua objetivação, como simples μεχανή, um meio para conservação do indivíduo e da espécie como qualquer outro órgão do corpo. Por conseguinte, originariamente a serviço da vontade para realização de seus fins, o conhecimento permanece-lhe quase sempre servil, em todos os animais e em quase todos os seres humanos. Todavia, veremos no terceiro livro como o conhecimento, em alguns seres humanos, furta-se a essa servidão, emancipa-se desse jugo e pode subsistir para si mesmo livre de todos os fins do querer, como límpido espelho do mundo, do qual procede a arte. Finalmente, no quarto livro, veremos como mediante esse modo de conhecimento, retroagindo sobre a vontade, pode levar // à autossupressão da vontade, ou seja, à resignação, que é o alvo final, a essência íntima de toda virtude e santidade, a própria redenção do mundo.

I 182

§ 28

Consideramos a grande variedade e diversidade das aparências nas quais a vontade se objetiva; vimos uma luta sem fim e irreconciliável entre as aparências. Não obstante, de acordo com a exposição feita até agora, a vontade mesma, como coisa em si, de modo algum está compreendida naquela pluralidade e mudança. A diversidade de Ideias (platônicas), ou seja, a gradação

---

* Os escolásticos dizem com bastante acerto: *"Causa finalis movet non secundum suum esse reale, sed secundum esse cognitum"*, "a causa final não move segundo seu ser real, mas segundo seu ser conhecido" (Cf. SUAREZ, *Disp. Metaph. Disp.* XXIII, sect. 7 et 8).

Arthur Schopenhauer

da objetivação, a multidão de indivíduos em que a vontade se expõe, a luta das formas pela matéria: tudo isso não lhe concerne, mas é apenas a forma de sua objetivação, por meio da qual tudo tem uma relação mediata com a vontade, sendo a expressão da sua essência para a representação. Assim como uma lanterna mágica mostra muitas e variadas imagens, porém aí se trata de uma única e mesma flama que confere visibilidade a elas, assim também em todas as diversas aparências que uma ao lado da outra preenchem o mundo ou se rechaçam como acontecimentos sucessivos, trata-se apenas de UMA VONTADE que aparece; tudo é sua visibilidade, objetidade, porém ela mesma permanece imóvel em meio a essa mudança: só a vontade é a coisa em si: todo objeto, ao contrário, é aparência, fenômeno na língua de Kant.[31] – Embora no ser humano, como Ideia (platônica), a vontade tenha encontrado sua objetivação mais distinta e perfeita, esta sozinha não podia expressar a sua essência. A Ideia de ser humano, para aparecer na sua atual significação, não podia expor-se isolada e separadamente, mas tinha de ser acompanhada por uma sequência decrescente de graus em meio a todas as figuras animais, passando pelo reino vegetal e indo até o inorgânico: todos esses reinos complementam-se para a objetivação plena da vontade; a Ideia de ser humano os pressupõe, assim como as flores das árvores pressupõem folhas, ramos, tronco e raiz: os reinos da natureza formam uma pirâmide, **I 183** cujo ápice é o ser humano. // Para os que gostam de comparações, também se pode dizer que os aparecimentos desses reinos acompanham o do ser humano tão necessariamente quanto todas as inumeráveis gradações da penumbra acompanham a plena luz do dia, e pelas quais esta se perde na escuridão; ou ainda se pode chamá-los ecos do ser humano e dizer: animais e plantas são as notas quinta e terceira descendentes do ser humano, enquanto o reino inorgânico é a sua oitava baixa. Toda a verdade desta última metáfora só nos será clara quando, no livro seguinte, investigarmos a profunda significação da música, e mostrarmos a nós mesmos como a melodia que progride em notas elevadas, ágeis, deve em certo sentido ser vista como expondo a vida e o esforço do ser humano, conectados pela reflexão; por

---

31 No original alemão: *"Erscheinung, Phänomen, in Kants Sprache"*. A esse respeito, cf. a "Nota do tradutor à segunda edição brasileira" deste tomo I.

O mundo como vontade e como representação

outro lado, os acompanhamentos não encadeados e o baixo que se move gravemente, do qual procede a harmonia, vital para a perfeição da música, descrevem o restante da natureza animal e da natureza que é privada de conhecimento. Mais sobre isso será dito no seu devido lugar, onde não soará mais tão paradoxal. – Também encontramos aquela NECESSIDADE INTERIOR da gradação das aparências da vontade, inseparável da sua objetidade adequada, expressa na totalidade delas por meio de uma NECESSIDADE EXTERIOR: justamente aquela em virtude da qual o ser humano precisa dos animais para sua conservação, e estes, por sua vez, precisam uns dos outros segundo os seus graus, e por fim também precisam das plantas, que por seu turno precisam do solo, da água, dos elementos químicos e seus compostos, do planeta, do Sol, da rotação e translação em torno deste, da obliquidade da eclíptica e assim por diante. – No fundo, tudo isso assenta-se no fato de a vontade ter de devorar a si mesma, já que nada existe de exterior a ela, e ela é uma vontade faminta. Daí a caça, a angústia e o sofrimento.

Assim como o conhecimento da unidade da vontade como coisa em si em meio à infinita diversidade e variedade das aparências é o único que nos fornece o verdadeiro esclarecimento sobre aquela analogia impressionante e inquestionável entre todas as produções da natureza, sobre aquela semelhança de família que nos permite considerar a estas como variações do mesmo tema não dado; assim também, em igual medida, mediante o conhecimento distinto e profundamente apreendido da // harmonia e conexão essencial de todas as partes do mundo, da necessidade de sua gradação que acabamos de considerar, abre-se para nós uma verdadeira e suficiente intelecção da essência íntima e significação da FINALIDADE inegável de todos os produtos orgânicos da natureza, finalidade que até pressupomos *a priori* quando consideramos e fazemos julgamentos sobre esses produtos.

Essa FINALIDADE é dupla: de um lado é INTERNA, ou seja, uma concordância tão ordenada de todas as partes de um organismo isolado, que tanto a sua conservação quanto a da sua espécie dependem disso, e, por conseguinte, o organismo expõe a si mesmo como fim dessa ordenação; de outro é EXTERNA, ou seja, uma relação da natureza inorgânica para com a orgânica em geral, ou também uma relação entre si de partes isoladas da natureza orgânica que torna possível a conservação de toda a natureza orgânica, ou também de espécies isoladas de animais – aparecendo, por conseguinte, para o nosso julgamento como um meio para esse fim.

A FINALIDADE INTERNA insere-se da seguinte maneira no encadeamento da nossa consideração. Se, de acordo com o que foi dito, toda a diversidade de figuras da natureza e toda a pluralidade de indivíduos não pertencem à vontade, mas apenas à sua objetidade e à forma desta, então se segue daí necessariamente que a vontade é indivisa, presente por completo em cada aparência, embora os graus de sua objetivação, as Ideias (platônicas), sejam bem diversos. Em vista de melhor compreensão podemos considerar as diversas Ideias como atos isolados, e em si simples, da vontade, nos quais a sua essência se exprime mais, ou menos: os indivíduos, por sua vez, são aparências das Ideias, portanto são aqueles atos no tempo, no espaço e na pluralidade. – Nos graus mais baixos de sua objetidade, o ato (ou Ideia) mantém a sua unidade, mesmo na aparência, enquanto nos graus mais elevados precisa de toda uma série de estados e desenvolvimentos no tempo para poder aparecer, estados que, tomados em conjunto, completam a expressão da sua essência. Assim, por exemplo, a Ideia que se manifesta em alguma força universal da natureza tem sempre apenas uma exteriorização simples, apesar de esta expor-se diferentemente de acordo com as relações exteriores, do contrário, não se poderia demonstrar // sua identidade, pois esta se dá justamente quando se abstrai a diversidade resultante dessas relações exteriores. Do mesmo modo, o cristal possui apenas UMA exteriorização de vida, isto é, sua formação, que depois se exprime plena, adequada e exaustivamente na forma cristalizada, este cadáver de uma vida momentânea. Já a planta não exprime a Ideia da qual é aparência de uma única vez por exteriorização simples, mas na sucessão de desenvolvimentos de seus órgãos no tempo. O animal não desenvolve seu organismo de um só modo numa sucessão de figuras frequentemente bem diversas (metamorfose), mas sua figura mesma, embora já objetidade da vontade neste grau, ainda não alcançou a exposição plena de sua Ideia, exposição esta que é antes complementada pelas suas ações, que expressam o seu caráter empírico – o mesmo em toda a espécie – e só assim se dá a manifestação plena da sua Ideia, que pressupõe o organismo determinado como condição fundamental. Já no ser humano o caráter empírico é peculiar a cada indivíduo (sim,

O *mundo como vontade e como representação*

como veremos no quarto livro, pode ir até a completa supressão do caráter da espécie mediante a autossupressão de todo o querer). O que é conhecido como caráter empírico através do desenvolvimento necessário no tempo, e a divisão em ações isoladas resultante de tal desenvolvimento, é, abstraindo-se a forma temporal da aparência, o CARÁTER INTELIGÍVEL, conforme a expressão de Kant, que, assim, mostra brilhantemente o seu mérito imortal, especialmente quando demonstra e expõe a diferença entre liberdade e necessidade, isto é, a diferença propriamente dita entre a vontade como coisa em si e o seu aparecimento no tempo.* O caráter inteligível coincide, portanto, com a Ideia ou, dizendo mais apropriadamente, com o ato originário da vontade que nela se objetiva: // em verdade, não é apenas o caráter empírico de cada ser humano, mas também o caráter empírico de cada espécie animal, sim, de cada espécie vegetal e até mesmo de cada força originária da natureza inorgânica que deve ser visto como aparência de um caráter inteligível, isto é, de um ato indiviso e extratemporal da vontade. — De passagem gostaria de fazer aqui a observação acerca da ingenuidade com que cada planta expressa e expõe de maneira explícita todo o seu caráter pela simples figura, manifestando assim todo o seu ser e querer, com o que as suas fisiognomias são tão interessantes; já o animal, para ser conhecido de acordo com a sua Ideia, precisa ser observado em suas ações e esforços, e o ser humano precisa ser inteiramente investigado e avaliado, pois sua faculdade racional o torna apto à dissimulação no mais alto grau. O animal é tanto mais ingênuo que o ser humano quanto a planta é mais ingênua que o animal. Nos animais vemos a Vontade de vida, por assim dizer, mais nua que no ser humano, no qual ela veste-se com tanto conhecimento e, ainda, é tão velada pela capacidade de dissimulação que a sua essência vem ao primeiro plano só casualmente, e em momentos isolados. Totalmente nua, mas também mais fracamente, a Vontade de vida se mostra na planta como mero ímpeto cego para a existência, carente de fim e alvo. A planta revela

---

* Cf. *Crítica da razão pura*, "Solução das ideias cosmológicas sobre a totalidade da dedução dos eventos do mundo", p.560-86 da quinta edição, e p.532 ss. da primeira edição, e ainda *Crítica da razão prática*, quarta edição, p.169-79, edição Rosenkranz, p.224 ss. Compare-se com o meu ensaio *Sobre o princípio de razão*, § 43.

todo o seu ser à primeira vista e com perfeita inocência, sem sofrer por carregar os genitais expostos à visão em sua parte superior, enquanto nos animais os genitais estão situados em partes ocultas. Essa inocência das plantas repousa em sua falta de conhecimento: não no querer, mas no querer com conhecimento é que reside a culpa. Toda planta conta-nos sobre a sua terra, o seu clima e a natureza do solo em que nasceu. Eis por que até mesmo o leigo sabe facilmente se uma planta exótica pertence aos trópicos ou a uma zona temperada, se cresce na água ou nos pântanos, nas montanhas ou em maciços. Ademais, cada planta expressa a vontade própria da sua espécie e diz algo de inexprimível em nossas línguas. — Doravante, usemos o que foi dito e, então, façamos uma consideração teleológica dos organismos, na medida em que a mesma concerne à finalidade interna deles. Quando, na natureza inorgânica, a Ideia a ser considerada em toda parte como um ato único da vontade também se revela numa exteriorização única e // sempre igual, pode-se dizer que aí o caráter empírico participa imediatamente da unidade do caráter inteligível, como que coincide com ele, pelo que, neste caso, não é evidente finalidade interna alguma. Por outro lado, se todos os organismos exprimem a sua Ideia pela sucessão de desenvolvimentos contínuos condicionados por uma variedade de partes diferentes, então, nesse caso, só a soma das exteriorizações do caráter empírico é a expressão completa do caráter inteligível; entretanto, essa coexistência necessária das partes e a sucessão de desenvolvimentos não suprimem a unidade da Ideia que aparece, isto é, do ato da vontade que se exterioriza: antes, semelhante unidade encontra a sua expressão na relação necessária e concatenação daquelas partes entre si, de acordo com a lei de causalidade. Ora, visto que é a vontade única e indivisa — e justamente por isso inteiramente coerente consigo mesma — que manifesta a si em toda a Ideia como se se manifestasse num ato, segue-se que o aparecimento da vontade, embora entre em cena numa diversidade de partes e estados, tem de mostrar novamente aquela unidade na concordância completa de tais partes e estados: isso ocorre por meio de uma relação necessária e uma dependência de todas as partes entre si, com o que também a unidade da Ideia é restabelecida na aparência. Com isso conhecemos todas as diversas partes e funções do organismo como

O mundo como vontade e como representação

meios e fins recíprocos umas das outras, enquanto o organismo, nele mesmo, é o fim último de todas. Consequentemente, tanto o desdobramento da Ideia, em si simples, na pluralidade de partes e estados do organismo, de um lado, quanto, de outro, o restabelecimento de sua unidade pela ligação necessária de semelhantes partes e funções, na medida em que são causa e efeito, portanto meios e fins umas das outras, não são essenciais e próprios à vontade, à coisa em si mesma que aparece, mas apenas ao seu aparecimento no espaço, no tempo e na causalidade (figuras puras do princípio de razão, a forma da aparência). Pertencem, portanto, ao mundo como representação, não ao mundo como vontade; pertencem à maneira como a vontade se torna objeto, isto é, representação neste grau de sua objetidade. Quem

I 188 penetrou o sentido // dessa elucidação, talvez bastante difícil, entenderá de maneira correta a doutrina kantiana de que tanto a finalidade do orgânico quanto a legalidade do inorgânico são primariamente introduzidas por nosso entendimento na natureza e concernem apenas à aparência, não à coisa em si. A admiração anteriormente mencionada pela constância infalível da legalidade da natureza inorgânica é, no fundo, a mesma que se tem pela finalidade da natureza orgânica: pois em ambos os casos nos surpreendem com a visão da unidade originária da Ideia, que, na aparência, assumiu a forma da pluralidade e da diferença.*

No que se refere ao segundo tipo de finalidade, conforme a divisão feita antes, ou seja, a finalidade EXTERNA que se mostra não na economia interna dos organismos, mas no apoio e na ajuda que recebem de fora, tanto da natureza inorgânica quanto uns dos outros, o seu esclarecimento geral já se encontra na elucidação recém-fornecida, na medida em que o mundo inteiro, com todas as suas aparências, é a objetidade de uma única e indivisa vontade, é a Ideia que se relaciona com todas as outras como a harmonia com as vozes isoladas; por conseguinte, a unidade da vontade tem de mostrar a si mesma também na concordância de todas as suas aparências entre si. Podemos, sem dúvida, elevar essa intelecção a uma distinção muito maior caso olhemos mais de perto as aparências daquela finalidade externa e da concordância das diversas partes da natureza entre si; elucidação esta que,

---

* Cf. *Sobre a vontade na natureza*, conclusão da rubrica "Anatomia comparada".

ao mesmo tempo, lançará ainda mais luz sobre a elucidação precedente. Atingiremos melhor este fim mediante a consideração da seguinte analogia.

O caráter de cada ser humano isolado, porque é completamente individual e não está totalmente contido na espécie, pode ser visto como uma Ideia particular, correspondendo a um ato próprio de objetivação da vontade. Esse ato mesmo seria seu caráter inteligível, enquanto seu caráter empírico seria // a aparência dele. O caráter empírico é absolutamente determinado pelo caráter inteligível, o qual é sem fundamento, isto é, não está enquanto coisa em si (ou seja, vontade) submetido ao princípio de razão (forma da aparência). O caráter empírico tem de fornecer num decurso de vida a imagem-cópia do caráter inteligível e não pode tomar outra direção a não ser aquela que permite a essência deste último. Mas semelhante determinação estende-se apenas ao essencial, não ao inessencial do decurso de vida que assim aparece. Ao inessencial pertence a determinação detalhada dos eventos e ações, que são o estofo no qual o caráter empírico se mostra. Tais eventos e ações são determinados por circunstâncias externas que fornecem os motivos aos quais o caráter reage em conformidade com a sua natureza; e, como os motivos podem ser bem diversos, a figura externa na qual aparece o caráter empírico, portanto a precisa figura fática ou histórica do decurso de vida, tem de guiar-se segundo o influxo desses motivos. Decurso que pode aparecer de modo bem diferente, embora o essencial dele, seu conteúdo, permaneça o mesmo. Assim, por exemplo, é inessencial se se joga por nozes ou moedas; porém, se num jogo alguém é honesto ou trapaceiro, eis aí o essencial: no primeiro caso a determinação se dá pelo influxo externo, no segundo pelo caráter inteligível. Ora, assim como um mesmo tema pode ser exposto em centenas de variações, assim também o mesmo caráter pode expor-se numa centena de decursos de vida bem diferentes. Contudo, por mais variado que seja o influxo externo, o caráter empírico, exprimindo a si no decurso de uma vida, e não importando como se conduza, tem de expor exatamente o caráter inteligível, na medida em que este se adapta faticamente em sua objetivação ao estofo previamente dado das circunstâncias. — De fato, o decurso de vida de alguém é essencialmente determinado pelo seu caráter, mas também influenciado pelas circunstâncias exteriores; e, temos agora de reconhecer, algo análogo se dá quando a vontade, nos atos originários de sua objetivação, determina as diversas Ideias nas quais se objetiva, ou seja, as diversas figuras de seres naturais de cada espécie nas quais distribui a sua objetivação e que, necessariamente, têm de ter uma relação entre si na aparência. Temos de admitir que entre todas essas aparências da vontade UNA estabeleceu-se universal-**I 190** mente uma // adaptação e acomodação recíprocas; aqui, porém, como logo veremos de modo mais claro, deve-se excluir toda determinação temporal, pois a Ideia encontra-se exterior ao tempo. Em conformidade com tudo isso, cada aparência teve de adaptar-se ao ambiente no qual emergiu, e este, por seu turno, teve de adaptar-se àquela, embora cada aparência ocupe muito mais tardiamente uma posição no tempo; assim, em toda parte vemos um *consensus naturae*.[32] Cada planta adapta-se ao seu solo e atmosfera, cada animal adapta-se ao seu elemento e presa que há de se tornar seu alimento e que também é de alguma maneira protegido contra seu predador natural; o olho adapta-se à luz e à refrangibilidade, os pulmões e o sangue ao ar, a bexiga natatória à água, os olhos da foca à mudança de seu médium, as células do estômago do camelo, que contêm água, à seca do deserto africano, a vela do náutilo ao vento que o faz navegar, e assim por diante, até as formas mais especiais e admiráveis de finalidade externa.* Entretanto, devem-se abstrair desse contexto todas as relações temporais, pois elas dizem respeito só ao aparecimento da Ideia, não a ela mesma. Nesse sentido, a explanação dada também tem de ser usada retrospectivamente e devemos não apenas assumir que cada espécie se adapta às circunstâncias encontradas previamente, mas também que estas, precedendo as espécies no tempo, levam igualmente em conta os seres que ainda estão por vir. Pois se trata de uma única e mesma vontade que se objetiva no mundo: esta não conhece tempo algum, visto que a figura temporal do princípio de razão não pertence a ela, nem à sua objetidade originária, as Ideias, mas só à maneira como estas são conhecidas pelos indivíduos – eles mesmos transitórios –, isto é, pertence só

---

32 "Consenso da natureza." (N. T.)

   * Cf. *Sobre a vontade na natureza*, rubrica "Anatomia comparada".

às aparências das Ideias. Por conseguinte, tendo em mente nossa presente consideração sobre o modo como a objetivação da vontade se distribui em Ideias, o curso do tempo é totalmente sem significação e as Ideias cujas APARÊNCIAS emergiram mais cedo no tempo segundo a lei de causalidade, à qual estão submetidas como aparências, não possuem // nenhum direito prévio em face daquelas Ideias cujas aparências emergiram mais tarde e que são, a bem dizer, justamente as objetivações mais perfeitas da vontade, e que têm de se adaptar às objetivações anteriores tanto quanto estas a elas. Portanto, a translação dos planetas, a obliquidade da elíptica, a rotação da Terra, a separação entre continentes e oceanos, a atmosfera, a luz, o calor e todas as aparências semelhantes que na natureza são aquilo que o baixo fundamental é na harmonia acomodam-se plenos de pressentimento à geração futura de seres vivos, dos quais serão o sustentáculo mantenedor. Do mesmo modo, o solo adapta-se à alimentação das plantas, estas à alimentação dos animais, estes à alimentação dos predadores, e todos estes àquele primeiro. Todas as partes da natureza se encaixam, pois é UMA vontade que aparece em todas elas, mas o curso do tempo, por outro lado, é totalmente estranho à sua única OBJETIDADE ADEQUADA e originária (expressão a ser esclarecida no próximo livro), as Ideias. Mesmo agora, quando as espécies têm apenas de conservar a si mesmas, em vez de nascer, vemos aqui e ali um semelhante cuidado da natureza ser estendido ao futuro e como que abstraído do curso do tempo, isto é, um autoacomodar-se do que já existe àquilo que ainda há de vir. Assim, o pássaro constrói o ninho para as suas crias que ele ainda não conhece; o castor ergue uma casa cujo fim lhe é desconhecido; a formiga, o *hamster* e a abelha reúnem provisão para o inverno desconhecido; a aranha e a formiga-leão preparam, como que por ponderada astúcia, armadilhas para a futura presa incógnita; os insetos põem seus ovos lá onde a futura larva encontrará futuro alimento. Quando chega a época de floração da *Valisneria* e a flor fêmea desabrocha as espirais de seu talo, que até então a mantinham submergida n'água, e com a sua ajuda chega à superfície, exatamente nesse instante a flor macho, que crescia num curto talo no fundo da água, desprende-se e, com sacrifício da própria vida, alcança a superfície, na qual flutua em redor da flor fêmea para encontrá-la:

O mundo como vontade e como representação

I 192 esta, após a polinização, submerge novamente no fundo da água, por contração de suas espirais, // onde os frutos se desenvolverão.* Aqui também tenho de repetir o dito sobre a larva do escaravelho macho que, na madeira onde sofrerá sua metamorfose, abre um buraco duas vezes maior do que o faz a fêmea, para assim haver espaço para suas futuras antenas. De maneira geral o instinto dos animais nos fornece o melhor esclarecimento para a restante teleologia da natureza. Pois, se o instinto é como se fosse um agir conforme um conceito de fim, no entanto completamente destituído dele, assim também todas as formações na natureza assemelham-se a algo feito conforme um conceito de fim, e no entanto completamente destituídos dele. Em realidade, tanto na teleologia externa quanto na interna da natureza, aquilo que temos de pensar como meio e fim é, em toda parte, apenas o APARECIMENTO DA UNIDADE DE UMA VONTADE EM CONCORDÂNCIA CONSIGO MESMA, que surgiu no espaço e no tempo para o nosso modo de conhecimento.

No entanto, a adaptação e a acomodação recíproca das aparências, que surgem dessa unidade, não podem anular o conflito intrínseco anteriormente exposto, o qual aparece na luta geral da natureza, e é essencial à vontade. Aquela harmonia vai só até onde torna possível a CONSERVAÇÃO do mundo e dos seus seres, os quais, sem ela, há muito tempo teriam se extinguido. Em consequência, se, em virtude daquela harmonia e acomodação, as ESPÉCIES no reino orgânico e a NATUREZA no reino inorgânico conservam-se lado a lado e até apoiam-se reciprocamente, por outro lado, o conflito interno à vontade, que se objetiva por meio de todas aquelas Ideias, mostra-se numa guerra interminável de extermínio dos INDIVÍDUOS de cada espécie e na luta contínua das APARÊNCIAS das forças da natureza entre si, como abordamos antes. O cenário e o objeto dessa batalha é a matéria, que eles se empenham por arrebatar uns dos outros, bem como o espaço e o tempo, cuja união, pela forma da causalidade, é propriamente a matéria, como foi exposto no primeiro livro.**

---

* CHATIN, *Sur la Valisneria spiralis*, in: *Comptes rendus de l'acad.*, 13, 1855.
** Cf. capítulos 26 e 27 do segundo tomo.

187

§ 29

I 193   // Concluo aqui a segunda parte capital da minha exposição na esperança de que, apesar de se tratar da primeira comunicação de um pensamento como este, nunca antes exposto, e que, por conseguinte, carrega os traços da individualidade em que foi primeiramente gerado, ainda assim terei conseguido comunicar a certeza distinta de que este mundo no qual vivemos e existimos é, segundo toda a sua natureza, absolutamente VONTADE e absolutamente REPRESENTAÇÃO; que esta representação, enquanto tal, já pressupõe uma forma, a saber, objeto e sujeito, portanto é relativa; e que, se perguntarmos o que resta após a supressão dessa forma e de todas as outras a ela subordinadas, expressas pelo princípio de razão, a resposta é: esse algo outro, como *toto genere* diferente da representação, nada pode ser senão a VONTADE, a qual, neste sentido, é propriamente a COISA EM SI. Cada um encontra a si próprio como essa vontade, na qual consiste a essência íntima do mundo, e cada um também encontra a si mesmo como sujeito que conhece, cuja representação é o mundo inteiro, que só tem existência em relação à sua consciência como seu sustentáculo necessário. Cada um, portanto, é o mundo inteiro nessa dupla acepção, é o microcosmo que encontra as duas partes do mundo completa e plenamente em si mesmo. E aquilo que assim conhece como sendo o próprio ser esgota, em verdade, a essência do mundo inteiro, do macrocosmo, pois o mundo, tanto quanto a pessoa mesma, é absolutamente vontade e absolutamente representação, e nada mais. Assim, vemos aquela filosofia que investigava o macrocosmo, a de Tales, e aquela que investigava o microcosmo, a de Sócrates, coincidirem na medida em que se prova que o objeto de ambas é o mesmo. — Entretanto, o conhecimento comunicado nos dois primeiros livros desta obra ganhará maior completude e com isso também maior certeza precisamente mediante os dois livros que se seguem, nos quais, espero, muitas das questões que emergem aqui distinta ou indistintamente vão encontrar a sua resposta.

Entrementes, UMA de tais questões ainda pode ser particularmente **I 194**   discutida, pois surge apenas no caso de não se ter // ainda penetrado por completo no sentido do que foi exposto anteriormente, servindo, assim, para elucidação do assunto. É o seguinte. Cada vontade é vontade de algu-

O mundo como vontade e como representação

ma coisa, tem um objeto, um fim de seu querer: mas o que quer em última instância, ou pelo que se empenha aquela vontade que se expõe para nós como a essência íntima do mundo? – Eis aí uma questão que se baseia, como tantas outras, na confusão da coisa em si com a aparência. Ora, só a esta, não àquela, estende-se o princípio de razão, cuja figura é também a da lei de motivação. Em toda parte podemos fornecer um fundamento apenas das aparências mesmas, das coisas particulares, nunca da vontade, nem da Ideia em que ela se objetiva adequadamente. Nesse sentido, para cada movimento isolado ou, em geral, mudança na natureza, pode-se procurar uma causa (isto é, um estado que o produziu necessariamente), mas nunca uma causa da força natural ela mesma que se manifesta naquela e em inumeráveis aparências semelhantes: por isso é um grande mal-entendido, resultante da falta de clarividência, perguntar por uma causa da gravidade, da eletricidade etc. Só se tivesse sido provado que a gravidade e a eletricidade não são propriamente forças naturais originárias, mas simples modos de aparição de uma força mais universal já conhecida; neste caso, sim, alguém poderia perguntar pela causa que aqui permite a essa força natural produzir a aparência da gravidade e da eletricidade. Tudo isso foi anteriormente objeto de detalhadas considerações. Igualmente, cada ato isolado da vontade de um indivíduo que conhece (e que enquanto tal é apenas aparência da vontade como coisa em si) possui necessariamente um motivo, sem o qual o ato nunca entraria em cena: mas, assim como a causa material contém meramente a determinação sob a qual neste tempo, neste lugar, nesta matéria uma exteriorização desta ou daquela força natural tem de entrar em cena, assim também o motivo determina neste tempo, neste lugar, sob tais circunstâncias apenas o ato completamente particular da vontade de um ser que conhece; de modo algum, porém, determina o que aquele ser quer em geral e de que maneira; tal ser é exteriorização de seu caráter inteligível, o qual, como a vontade mesma, a coisa em si, é sem fundamento, ou seja, alheio ao domínio do princípio de razão. Por conseguinte, cada ser humano **I 195** sempre tem fins e motivos segundo os quais conduz // o seu agir e sabe a todo momento fornecer justificativas sobre os seus atos particulares; no entanto, caso se lhe pergunte por que em geral quer ou por que em geral quer existir, não daria uma resposta, mas, antes, a pergunta lhe pareceria

189

absurda: justamente aí exprime-se a consciência de que ele nada é senão vontade, cuja volição compreende-se em geral por si mesma, e apenas em seus atos isolados para cada ponto do tempo é que precisa de uma determinação mais específica através de motivos.

De fato, a ausência de todo fim e limite pertence à essência da vontade em si, que é um esforço sem fim. Tal assunto já foi antes abordado, quando mencionamos a força centrífuga: isso também se manifesta da maneira mais simples no grau mais elementar de objetidade da vontade, ou seja, na gravidade, cujo esforço contínuo, em vista da manifesta impossibilidade de um alvo final, salta aos olhos. Pois mesmo se toda matéria que existe, de acordo com a sua vontade, fosse concentrada num bloco, ainda assim no interior dele a gravidade, esforçando-se para o centro, lutaria contra a impenetrabilidade (esta como rigidez ou elasticidade). O esforço da matéria, consequentemente, pode apenas ser travado, jamais finalizado ou satisfeito. O mesmo verifica-se em relação a todos os esforços de todas as aparências da natureza. Cada fim alcançado é por sua vez início de um novo decurso, e assim ao infinito. A planta faz crescer sua aparência desde a semente, passando pelo talo e as folhas, até o fruto, que por sua vez é apenas o início de uma nova semente, de um novo indivíduo, que percorrerá mais uma vez o antigo decurso, e assim por um tempo infinito. Da mesma forma é o decurso de vida do animal: a procriação é o seu ápice, após cujo alcançamento a vida do primeiro indivíduo decai rápida ou lentamente, enquanto um novo indivíduo repete a mesma aparência, garantindo à natureza a conservação da espécie. Sim, como simples aparência desse ímpeto e mudança contínuos deve-se também ver a constante renovação da matéria de cada organismo, que os fisiólogos só agora desistem de tomar como simples substituição necessária do estofo consumido no movimento; pois o possível uso da máquina de modo algum pode equivaler ao acréscimo constante de alimentação. // Eterno vir a ser, fluxo sem fim pertencem à manifestação da essência da vontade. O mesmo também se mostra, por fim, nas aspirações e nos desejos humanos, cuja satisfação sempre nos acena como o alvo último do querer; porém, assim que são alcançados, não mais se parecem os mesmos e, portanto, logo são esquecidos, tornam-se caducos e, propriamente dizendo, embora não se admita, são sempre postos de lado como ilusões desfeitas;

O mundo como vontade e como representação

suficientemente feliz é quem ainda tem algo a desejar, pelo qual se empenha, pois assim o jogo da passagem contínua entre o desejo e a satisfação e entre esta e um novo desejo – cujo transcurso, quando é rápido, se chama felicidade, e quando é lento se chama sofrimento – é mantido, evitando-se aquela lassidão que se mostra como tédio terrível, paralisante, apatia cinza sem objeto definido, *languor* mortífero. – Em conformidade com tudo isso, onde o conhecimento a ilumina, a vontade sempre sabe o que quer aqui e agora, mas nunca o que quer em geral: todo ato isolado tem um fim; mas o querer em seu todo, não: do mesmo modo, cada aparência isolada da natureza, ao entrar em cena neste lugar, neste tempo, é determinada por uma causa suficiente, mas a força que se manifesta em geral na aparência não possui causa alguma, pois essa força é um grau de aparecimento da coisa em si, da vontade sem fundamento. – Porém, o único autoconhecimento da vontade no todo é a representação no todo, o inteiro mundo intuitivo. Este é a objetidade, a manifestação, o espelho da vontade. O que o mundo expressa nessa qualidade, eis o objeto de nossa próxima consideração.[33]

---

33 Cf. capítulo 28 do segundo tomo. (N. T.)

// Livro terceiro
Do mundo como representação

Segunda consideração
A representação independente do princípio de razão:
a Ideia platônica: o objeto da arte

Τί τὸ ὂν μὲν ἀεί, γένεσιν δὲ οὐκ ἔχον; καὶ τί τὸ γιγνόμενον μὲν καὶ
ἀπολλύμενον, ὄντως δὲ οὐδέποτε ὄν;
ΠΛΑΤΩΝ.[1]

---

1 "O que é aquilo que é eternamente e nunca veio a ser; e o que é aquilo que veio a ser
e perece mas nunca verdadeiramente é?" Platão.

§ 30

I 199   // No primeiro livro consideramos o mundo como mera REPRESENTAÇÃO, objeto para um sujeito; em seguida, no segundo livro, complementamos essa consideração mediante o conhecimento do outro lado do mundo, encontrado na VONTADE, que é a única coisa que o mundo revela para além da representação. Em conformidade com esse conhecimento, nomeamos o mundo visto como representação, tanto em seu todo quanto em suas partes, OBJETIDADE DA VONTADE, ou seja, vontade que se tornou objeto, isto é, que se tornou representação. Lembramos ainda que semelhante objetivação da vontade tem muitos e bem específicos graus, nos quais a essência da vontade aparece gradualmente na representação com crescente nitidez e perfeição, ou seja, expõe-se como objeto. Reconhecemos nesses graus as Ideias de Platão, na medida em que são justamente espécies determinadas, ou formas e propriedades originárias e imutáveis tanto dos corpos orgânicos e inorgânicos quanto das forças naturais que se manifestam segundo leis da natureza. Todas essas Ideias expõem-se em inúmeros indivíduos e aparências singulares, com os quais se relacionam como os modelos se relacionam com suas cópias. A pluralidade desses indivíduos só pode ser representada por meio do tempo e do espaço, enquanto o seu nascimento e morte só o são pela causalidade; formas estas nas quais reconhecemos as diversas figuras do princípio de razão, que é o princípio último de toda finitude, de toda individuação, forma universal da representação tal como esta se dá

200   ao conhecimento // do indivíduo enquanto tal. A Ideia, ao contrário, não se submete a esse princípio; por conseguinte, não lhe cabem pluralidade nem mudança. Enquanto os indivíduos, nos quais a Ideia se expõe, são inumeráveis e irrefreavelmente vêm a ser e perecem, ela permanece imutável, única, a mesma, o princípio de razão não tendo significação alguma para ela. Por outro lado, se este princípio é a forma sob a qual se encontra todo conhecimento do sujeito quando ele conhece como INDIVÍDUO, as Ideias, ao contrário, residem completamente fora da esfera de conhecimento do indivíduo. Entretanto, caso as Ideias devam se tornar objeto de conhecimento, isso só pode ocorrer pela supressão da individualidade no sujeito cognoscente. A explanação detalhada e definitiva deste tema é o que doravante nos vai ocupar.

§ 31

Antes, porém, é preciso fazer a seguinte observação essencial. Espero ter produzido no livro anterior a convicção de que aquilo que na filosofia kantiana é denominado COISA EM SI, que é apresentada numa doutrina tão significativa apesar de obscura e paradoxal, devido sobretudo à maneira como Kant a introduz, a saber, pela conclusão que parte do fundamentado e vai ao fundamento, tornando-se assim um ponto vulnerável, o lado fraco de sua filosofia; que essa coisa em si, ia dizer, caso se tome um caminho completamente diferente do que foi trilhado até agora, nada é senão a VONTADE (conforme a esfera ampliada e determinada que traçamos para esse conceito). Espero ainda que, após o que foi dito, não reste dúvida alguma de que os graus determinados de objetivação da vontade, que constitui o Em si do mundo, são precisamente aquilo denominado por Platão IDEIAS ETERNAS ou formas imutáveis (εἴδη), reconhecidamente o principal dogma da sua doutrina, embora ao mesmo tempo o mais obscuro e paradoxal, objeto séculos afora de reflexão, de contenda, de escárnio e de veneração de muitas cabeças diferentes e bem informadas.

I 201 // Se para nós a vontade é a COISA EM SI e as IDEIAS são a sua objetidade imediata num grau determinado, encontramos, todavia, a coisa em si de Kant e a Ideia de Platão – único ὄντος ὄν –,[2] estes dois grandes e obscuros paradoxos dos dois maiores filósofos do Ocidente, de fato não como idênticas, mas como intimamente aparentadas e diferentes apenas em uma única determinação. Os dois paradoxos, que, apesar da sua afinidade interna e parentesco, soam tão diversamente em virtude das individualidades extraordinariamente diferentes de seus autores, são o melhor comentário um do outro, na medida em que se assemelham a dois caminhos completamente diferentes que conduzem a UM mesmo fim. – Isso pode ser evidenciado em poucas palavras. Em verdade, o que KANT diz é, no essencial, o seguinte: "Tempo, espaço e causalidade não são determinações da coisa em si, mas pertencem somente à sua aparência, pois eles não passam de meras formas de nosso conhecimento. Ora, como toda pluralidade, nascer e perecer só são possíveis por meio de tempo, espaço e causalidade; segue-se daí que também pluralidade, nascer e perecer cabem exclusivamente à aparência, de modo algum à coisa em si. Todavia, como nosso conhecimento é condicionado por aquelas formas, a experiência inteira é apenas conhecimento da aparência, não da coisa em si; por conseguinte, as leis da experiência não podem se tornar válidas para a coisa em si. Mesmo ao nosso próprio eu aplica-se o que foi dito, e o conhecemos somente como aparência, não segundo o que possa ser sem si". – Esse é, no aspecto significativo aqui considerado, o sentido e conteúdo da doutrina de Kant. – Platão, por sua vez, diz algo assim: "As coisas deste mundo, que os nossos sentidos percebem, não têm nenhum ser verdadeiro: ELAS SEMPRE VÊM A SER, MAS NUNCA SÃO: têm apenas um ser relativo; todas juntas somente o são em e através de sua relação uma para com a outra: pode-se, por conseguinte, igualmente nomear a sua inteira existência um não ser. Em consequência, também não são objeto de um conhecimento propriamente dito (ἐπιστήμη), pois só pode haver conhecimento daquilo que é em e para si, sempre da mesma maneira: as coisas deste mundo, ao contrário, são apenas objeto de uma opinião ocasionada pela sensação (δόξα μετ᾽ αἰσθήσεως ἀλόγου). Enquanto nos limitamos à sua percepção, assemelhamo-nos // a homens que estariam sentados presos numa caverna escura, tão bem atados que não poderiam girar a cabeça, de modo que nada veem a não ser as som-

---

2 "Que verdadeiramente é." (N. T.)

bras projetadas na parede à sua frente de coisas reais que seriam carregadas entre eles e um fogo ardente atrás deles; sim, cada um veria inclusive aos outros e a si mesmo apenas como sombras na parede à frente. Sua sabedoria, então, consistiria em predizer aquela sucessão de sombras, apreendida da experiência. Ao contrário, só as imagens arquetípicas reais daquelas sombras, as Ideias eternas, formas arquetípicas de todas as coisas, é que podem ser ditas verdadeiras (ὄντος ὄν), pois elas SEMPRE SÃO, ENTRETANTO NUNCA VÊM A SER NEM PERECEM: a elas não convém PLURALIDADE ALGUMA, pois todas, conforme a sua essência, são unas, na medida em que cada uma delas é a imagem arquetípica mesma, cujas cópias ou sombras são as coisas isoladas e efêmeras da mesma espécie e de igual nome. Às Ideias não convém NASCER NEM PERECER, pois são verdadeiramente, nunca vindo a ser nem sucumbindo como suas cópias que desvanecem (nessas duas determinações negativas, entretanto, está necessariamente contido como pressuposto que tempo, espaço e causalidade não possuem significação alguma nem validade para as Ideias; elas não existem neles). Apenas delas, por conseguinte, há um conhecimento propriamente dito, pois o objeto de tal conhecimento só pode ser o que sempre é e em qualquer consideração (logo, em si mesmo), não o que é, mas depois também não é, dependendo de como se o vê". – Eis aí a doutrina de Platão. É manifesto e não precisa de nenhuma demonstração extra que o sentido íntimo de ambas as doutrinas é exatamente o mesmo, que ambos os filósofos declaram o mundo visível como uma aparência, nela mesma nula, que tem significação e realidade emprestada apenas mediante o que nele se expressa (para um, a coisa em si; para outro, a Ideia); porém, esta realidade que verdadeiramente é escapa, em ambas as doutrinas, por completo às formas da aparência, mesmo as mais universais. Kant, para negar tais formas, concebeu-as imediatamente em expressões abstratas, isentando a coisa em si de tempo, espaço e causalidade, como sendo meras

I 203 formas do que aparece. // Platão, por outro lado, não chegou até essa expressão superior e só indiretamente pôde isentar as Ideias daquelas formas, na medida em que nega às Ideias o que só é possível por elas, a saber, pluralidade do que é homogêneo, o nascer e o perecer. Embora seja dispensável, quero ainda clarear essa notável e significativa concordância mediante um exemplo. Suponha-se um animal diante de nós em plena atividade de vida. Platão diria:

O mundo como vontade e como representação

"Este animal não possui nenhuma existência verdadeira, mas apenas uma aparente, constante vir a ser, uma existência relativa, que tanto se pode chamar de não ser quanto de ser. Verdadeiramente é apenas a Ideia, estampada naquele animal, ou animal em si mesmo (αὐτό τό θηρίον), que não depende de nada, mas é em e para si (καθ᾽ ἑαυτό, ἀεὶ ὡσαύτως), nunca veio a ser, nunca se extinguindo, mas sempre é da mesma maneira (ἀεὶ ὄν, καὶ μηδέποτε οὔτε γιγνόμενον, οὔτε ἀπολλύμενον). Enquanto reconhecemos nesse animal a sua Ideia, é por completo indiferente e sem significação se temos aqui e agora diante de nós este animal ou seu ancestral que viveu há milhares de anos; também é indiferente se ele se encontra aqui ou num lugar distante, se ele se oferece desta ou daquela maneira à consideração, nesta ou naquela posição, ação, ou se, finalmente, ele é este ou algum outro indivíduo de sua espécie: todas essas coisas são nulas e tais diferenças têm significado apenas em relação à aparência: unicamente a Ideia do animal possui ser verdadeiro e é objeto de conhecimento real." – Assim Platão. Kant diria: "Este animal é uma aparência no tempo, no espaço e na causalidade, formas que, por sua vez, são as condições *a priori* completas da experiência possível, presentes em nossa faculdade de conhecimento, não determinações da coisa em si. Por consequência, este animal, tal qual o percebemos neste determinado tempo, neste dado lugar, como vindo a ser no encadeamento da experiência – isto é, na cadeia de causas e efeitos, e em virtude disso necessariamente indivíduo que perece –, não é coisa em si, mas uma aparência válida apenas em relação ao nosso conhecimento. Para saber o que ele pode ser em si, por conseguinte independente de todas as determinações encontradas no tempo, no espaço e na causalidade, seria preciso um outro modo de conhecimento além daquele que unicamente nos é possível pelos sentidos e pelo entendimento".

Para aproximar mais ainda a expressão de Kant da platônica, poder-se-ia também dizer: tempo, espaço e causalidade são // condições de nosso intelecto em virtude das quais a essência UNA propriamente existente de cada espécie expõe-se para nós como uma pluralidade homogênea, nascendo e perecendo continuamente em sucessão interminável. A apreensão das coisas por meio e em conformidade às mencionadas condições é IMANENTE; por outro lado, aquela que permite a consciência das condições mesmas é TRANSCENDENTAL. Esta encontra-se *in abstracto* na crítica da razão pura, mas, excepcionalmente, pode surgir intuitivamente. Este último caso é um aporte meu, o qual quero elucidar por meio deste terceiro livro.

Se alguma vez se tivesse realmente compreendido e apreendido a doutrina de Kant e, desde o seu tempo, a de Platão; caso se tivesse refletido de maneira séria e fiel sobre o conteúdo e o sentido íntimo das doutrinas dos dois grandes mestres, em vez de se ater artificialmente às expressões de um, ou à paródia estilística de outro, não teria havido demora para descobrir o quanto os dois sábios concordam e como a significação pura de suas doutrinas, o alvo delas, é exatamente o mesmo. Ter-se-ia evitado não apenas comparar constantemente Platão a Leibniz, cujo espírito de modo algum combina com o daquele, ou Platão a um senhor ainda vivo,* numa espécie de troça com o manes do grande pensador antigo, mas, em geral, ter-se-ia ido muito mais longe do que se foi, ou pelo menos não se teria retrocedido tão vergonhosamente como nestes últimos quarenta anos: ninguém teria dado a permissão de ser levado pelo nariz hoje por um, amanhã por aquele outro cabeça de vento. Assim teriam sido evitadas as farsas filosóficas que inauguraram o século XIX, o qual se anunciava tão promissor na Alemanha; farsas estas encenadas em torno do túmulo de Kant (algo parecido com os antigos ao fazerem os funerais em torno do túmulo dos seus entes), que dão ensejo a justas zombarias das outras nações, já que semelhantes coisas não combinam com os sérios e até mesmo duros alemães. Mas é tão reduzido o verdadeiro público de um autêntico filósofo que mesmo os discípulos que lhe compreendem só aparecem de séculos em séculos. — Εἰσὶ

I 205 δὴ ναρθηκοφόροι μὲν πολλοί, βάκχοι // δέ γε παῦροι. (*Thyrsigeri quidem multi, Bacchi vero pauci.*) Ἡ ἀτιμία φιλοσοφία διὰ ταῦτα προδπέπτωκεν, ὅτι οὐ κατ' ἀξίαν αὐτῆς ἅπτονται· οὐ γὰρ νόθους ἔδει ἅπτεσθαι, ἀλλὰ γνησίους. (*Eam ob rem philosophia in infamiam incidit, quod non pro dignitate ipsam attingunt: neque enim a spuriis, sed a legitimis erat attrectanda.*) (Platão).[3]

---

* F. H. Jacobi.

3 "Muitos portam tirsos, mas poucos se tornam bacantes." "A filosofia caiu em descrédito, porque os que se ocupam dela não lhe são dignos; não os bastardos, mas os filhos legítimos é que deveriam cuidar dela." (N. T.)

O mundo como vontade e como representação

Tomaram-se as palavras ao pé da letra, como nas passagens "representações a *priori*; formas conscientes da intuição e do pensamento independentes da experiência; conceitos originários do entendimento puro" etc. – e depois se perguntou se as Ideias platônicas (que devem ser conceitos originários e também recordações de uma intuição anterior à vida das coisas que verdadeiramente são) em verdade não seriam o mesmo que as formas kantianas da intuição e do pensamento que se encontram *a priori* em nossa consciência: essas duas doutrinas no todo heterogêneas – a kantiana das formas, que limitam o conhecimento do indivíduo à aparência, e a platônica das Ideias, cujo conhecimento justamente aquelas formas negam expressamente (neste sentido tão diametralmente opostas) – foram, por se assemelharem um pouco em suas expressões, atentamente comparadas; falou-se e discutiu-se sobre a sua equivalência ou não, e por fim descobriu-se que não seriam a mesma coisa. A conclusão foi a de que a doutrina das Ideias de Platão e a crítica da razão de Kant não teriam concordância alguma.* Mas é o suficiente sobre o assunto.

§ 32

Embora, de acordo com o que foi exposto até aqui, Kant e Platão tenham uma concordância íntima tanto em suas cosmovisões quanto na identidade do alvo a que aspiram, o que os incentivou e conduziu ao filosofar, a Ideia e a coisa em si, não são absolutamente uma única e mesma coisa: antes, a Ideia é para nós apenas a objetidade imediata e por isso adequada da coisa em si, esta sendo precisamente a // VONTADE, na medida em que ainda não se objetivou, não se tornou representação. Pois a coisa em si, segundo Kant, deve ser livre de todas as formas vinculadas ao conhecimento enquanto tal e, como será mostrado no apêndice, é um erro de Kant não computar entre tais formas, anteriormente a todas as outras, a do ser-objeto-para-

---

* Cf. por exemplo *Immanuel Kant, ein Denkmal*, de Fr. BOUTERWECK, p.49, e *Geschichte der Philosophie*, de BUHLES, t. 6, p.802-815 e 823.

Arthur Schopenhauer

-um-sujeito,[4] pois exatamente esta é a primeira e mais universal forma de toda aparência, isto é, de toda representação; por conseguinte, ele deveria ter recusado expressamente à sua coisa em si o ser-objeto, e assim evitaria ter incorrido naquela grande inconsequência, logo descoberta. A Ideia platônica, ao contrário, é necessariamente objeto, algo conhecido, uma representação, e justamente por isso, e apenas por isso, diferente da coisa em si. A Ideia apenas se despiu das formas subordinadas da aparência, as quais todas concebemos sob o princípio de razão; ou, para dizer de maneira mais correta, ainda não entrou em tais formas; porém, a forma primeira e mais universal ela conservou, a da representação em geral, a do ser-objeto para um sujeito. As formas subordinadas a esta, e cuja expressão geral é o princípio de razão, são as que pluralizam a Ideia em indivíduos isolados e efêmeros, cujo número, em relação à Ideia, é completamente indiferente. O princípio de razão é, por sua vez, de novo a forma na qual a Ideia entra em cena ao se dar ao conhecimento do sujeito como indivíduo. Já a coisa isolada que aparece em conformidade com o princípio de razão é apenas uma objetivação mediata da coisa em si (a vontade): entre as duas encontra-se a Ideia como a única objetidade imediata da vontade, na medida em que a Ideia ainda não assumiu nenhuma outra forma própria do conhecimento enquanto tal senão a da representação em geral, isto é, a do ser-objeto para um sujeito. Por conseguinte, só a Ideia é a mais ADEQUADA OBJETIDADE da vontade ou coisa em si; é a coisa em si mesma, apenas sob a forma da representação: aí residindo o fundamento para a grande concordância entre Platão e Kant, embora, em sentido estrito e rigoroso, Aquilo de que ambos falam não seja o mesmo. As coisas isoladas, por seu turno, não são a objetidade adequada da vontade, mas esta já foi aqui turvada por aquelas formas cuja expressão

I 207 comum é o princípio de razão, // e que são condições do conhecimento como este é possível ao indivíduo. — Se, numa suposição absurda, fosse-nos permitido não mais conhecer coisas isoladas, nem incidentes, nem mudança, nem pluralidade, mas apenas Ideias, apenas o escalonamento das objetivações de uma única e mesma vontade, a verdadeira coisa em si,

---

4 No original alemão *Objekt-für-ein-Subjekt-sein*. (N. T.)

apreendidas em puro e límpido conhecimento; se, como sujeito do conhecer, não fôssemos ao mesmo tempo indivíduos, isto é, que nossa intuição não fosse intermediada por um corpo, cujas afecções são o seu ponto de partida, corpo esse que nele mesmo é apenas querer concreto, objetidade da vontade, portanto objeto entre objetos, e que, enquanto tal, só pode aparecer na consciência sob as formas do princípio de razão, portanto já pressupõe e introduz o tempo e as outras formas que esse princípio expressa: então o Nosso mundo seria um *nunc stans*.[5] O tempo é meramente a visão esparsa e fragmentada que um ser individual tem das Ideias, as quais estão fora do tempo, portanto são ETERNAS; por isso Platão diz que o tempo é a imagem móvel da eternidade: αἰῶνος εἰκὼν κινητὴ ὁ κρόνος.*

§ 33

Visto que, como indivíduos, não temos nenhum outro conhecimento senão o submetido ao princípio de razão, que, por sua vez, exclui o conhecimento das Ideias, então é certo: quando é possível nos elevarmos do conhecimento das coisas isoladas para o conhecimento das Ideias, isso só pode ocorrer mediante uma mudança prévia no sujeito, que, correspondendo àquela grande mudança na natureza inteira do objeto, é-lhe análoga, e devido à qual o sujeito, na medida em que conhece a Ideia, não é mais indivíduo.

A partir do livro precedente pode-se lembrar que o conhecimento, nele mesmo, pertence à objetivação da vontade em seus graus mais elevados, e que a sensibilidade, os nervos e o cérebro são, tanto quanto as outras partes do organismo, expressões da // vontade nesse grau de sua objetidade; por conseguinte, as representações que por eles surgem também estão destinadas ao serviço da vontade como um meio (μεχανή) para obtenção dos seus agora complexos (πολυτελέστερα) fins e conservação de um ser com múltiplas necessidades. Portanto, originariamente e conforme sua natureza,

---

5 "Presente contínuo." (N. T.)

* Cf. capítulo 29 do segundo tomo.

Arthur Schopenhauer

o conhecimento está por inteiro a serviço da vontade, e assim como o objeto imediato – que pelo uso da lei da causalidade é o ponto de partida de todo conhecimento – é apenas vontade objetivada, assim também qualquer conhecimento que segue o princípio de razão permanece numa relação mais próxima ou mais distante com a vontade. Pois o indivíduo encontra seu corpo como objeto entre objetos, com os quais mantém as mesmas e variadas relações e referências conforme o princípio de razão, cuja consideração, portanto, sempre conduz de volta, por um caminho mais curto ou mais longo, ao seu corpo, por consequência à sua vontade. Visto que é o princípio de razão que põe os objetos nessa relação com o corpo, portanto com a vontade, então o conhecimento que serve à vontade sempre estará empenhado em conhecer as relações dos objetos postas justamente pelo referido princípio, logo, seguindo suas variadas situações no espaço, no tempo e na causalidade. Pois somente mediante essas relações o objeto é INTERESSANTE para o indivíduo, isto é, possui uma relação com a sua vontade. Por isso o conhecimento dos objetos que serve à vontade nada conhece propriamente dizendo apenas relações de objetos: conhece os objetos apenas na medida em que eles existem neste tempo, neste lugar, sob estas circunstâncias, a partir destas causas, sob estes efeitos, numa palavra, como coisas isoladas: caso todas essas relações fossem suprimidas, os objetos desapareceriam para o conhecimento, justamente porque este nada mais reconheceria neles. – Não devemos perder de vista que aquilo que as ciências consideram nas coisas é, do mesmo modo, no essencial, nada mais do que o mencionado, ou seja, relações, indicações de tempo e de espaço, causas de mudanças naturais, comparação de figuras, motivos dos acontecimentos, portanto simples e puras relações. O que diferencia as ciências do conhecimento comum é meramente a forma daquelas, o seu caráter sistemático, a facilitação do conhecimento pela apreensão do particular no universal por via da subordinação **I 209** a conceitos, e a // por aí alcançada completude do conhecer. Toda relação tem ela mesma apenas uma existência relativa: por exemplo, todo ser no tempo é também um não ser: pois o tempo é precisamente aquele mediante o qual podem caber às mesmas coisas determinações contrárias: eis por que cada aparência no tempo também não o é: pois o que separa seu começo do seu fim é simplesmente tempo, algo essencialmente desvanecedor, que não

O mundo como vontade e como representação

perdura, relativo, aqui denominado duração. O tempo é, contudo, a forma mais universal de todos os objetos do conhecimento a serviço da vontade, é o tipo arquetípico[6] das formas restantes desse conhecimento.

O conhecimento, portanto, via de regra, sempre está a serviço da vontade, tendo de fato surgido para seu serviço, sim, ele, por assim dizer, brotou da vontade como a cabeça do tronco. Nos animais, esse servilismo do conhecimento nunca se suprime. Entre os seres humanos, tal supressão entra em cena somente como exceção (como mais à frente o mostraremos). Essa diferença entre o humano e o animal é expressa exteriormente pela diferença da relação entre cabeça e tronco. Entre os animais de espécies abaixo da humana, a cabeça e o tronco ainda são completamente indiferenciados: em todos a cabeça está direcionada para a terra, onde se encontram os objetos da vontade: mesmo entre os animais de espécie mais elevada, a cabeça e o tronco ainda estão bem mais unidos do que no ser humano, cujo crânio aparece encaixado livre sobre o corpo, sendo apenas carregado por este, sem o servir. Esse mérito humano é exposto no mais alto grau no Apolo de Belvedere; o crânio do deus das musas, mirando para além no horizonte, encontra-se tão livre sobre os ombros que parece completamente destacado do corpo, sem mais submeter-se aos seus cuidados.

§ 34

A transição possível – embora, como dito, só como exceção – do conhecimento comum das coisas isoladas para o conhecimento das Ideias ocorre subitamente, quando o conhecimento se liberta do serviço da vontade e, por aí, o sujeito cessa de ser indivíduo, tornando-se puro sujeito do conhecimento destituído de vontade, sem mais seguir as relações conforme o // princípio de razão: como tal, ele concebe em fixa contemplação o objeto que lhe é oferecido, exterior à conexão com outros objetos; ele repousa nessa contemplação, absorve-se nela.

I 210

---

6 No original alemão, *Urtypus*. (N. T.)

Arthur Schopenhauer

Esse assunto, para tornar-se claro, merece uma abordagem detida, e o leitor deve deixar de lado por alguns momentos a sua surpresa, até ela ter desaparecido por completo, ou seja, até adquirir uma visão integral de todo o pensamento comunicado nesta obra.

Quando, elevados pela força do espírito, nós deixamos de lado o modo comum de consideração das coisas, cessamos de seguir suas relações mútuas conforme o princípio de razão, cujo fim último é sempre a relação com a própria vontade; logo, quando não mais consideramos o Onde, o Quando, o Porquê e o Para Que das coisas, mas única e exclusivamente o seu QUÊ; noutros termos, quando o pensamento abstrato, os conceitos da razão não mais tomam conta da consciência, mas, em vez disso, todo o poder do espírito é devotado à intuição, afundando-nos completamente nesta, e a consciência inteira é preenchida pela calma contemplação do objeto natural que acabou de se apresentar, seja uma paisagem, uma árvore, um penhasco, uma construção ou outra coisa qualquer; quando, conforme uma significativa expressão germânica, a gente se PERDE por completo nesse objeto, isto é, esquece o próprio indivíduo, a própria vontade, e permanece apenas como claro espelho do objeto: então é como se apenas o objeto ali existisse, sem alguém que o percebesse, e não se pode mais separar quem intui da intuição, pois ambos se tornaram uma coisa só, na medida em que toda a consciência é integralmente preenchida e tomada por uma única imagem intuitiva. Quando, por assim dizer, o objeto é separado de toda relação com algo exterior a ele e o sujeito de sua relação com a vontade, o que é conhecido não é mais a coisa isolada enquanto tal, mas a IDEIA, a forma eterna, a objetidade imediata da vontade nesse grau: justamente por aí, ao mesmo tempo, quem concebe nessa intuição não é mais o indivíduo, pois este se perdeu na intuição, e sim o atemporal // PURO SUJEITO DO CONHECIMENTO destituído de vontade e sofrimento. Este tema, no momento tão surpreendente (estou ciente de que confirma o dito atribuído a Thomas Paine, *du sublime au ridicule il n'y a qu'un pas*),[7] tornar-se-á cada vez mais claro e menos estranho caso se pense que foi exatamente isso o que tinha em mente Espinosa quando escreveu:

I 211

---

7 "Do sublime ao ridículo há apenas um passo." (N. T.)

O mundo como vontade e como representação

mens aeterna est, quatenus res sub aeternitatis specie concipit (*Eth.* V, pr. 3 1, schol.).*[8] Em tal contemplação, de um só golpe a coisa singular se torna a IDEIA de sua espécie e o indivíduo que intui se torna PURO SUJEITO DO CONHECER. O indivíduo enquanto tal conhece apenas coisas isoladas; o puro sujeito do conhecer, somente Ideias. Pois o indivíduo é o sujeito do conhecer na sua referência a um aparecimento particular e determinado da vontade, a esta servil. Tal aparecimento isolado da vontade está, enquanto tal, submetido ao princípio de razão em todas as suas figuras: todo conhecimento que se relaciona com o indivíduo também segue, por conseguinte, o princípio de razão, e nenhum outro conhecimento é da maior serventia para a vontade do que justamente este, que sempre tem por objeto apenas relações. O indivíduo que conhece, enquanto tal, e a coisa isolada conhecida por ele estão sempre em algum lugar, num dado momento, e são elos na cadeia de causas e efeitos. Ao contrário, o puro sujeito do conhecimento e seu correlato, a Ideia, estão excluídos de todas aquelas formas do princípio de razão: o tempo, o lugar, o indivíduo que conhece e o indivíduo que é conhecido não têm nenhuma significação para o referido puro sujeito. Só quando, de acordo com a maneira descrita, um indivíduo que conhece se eleva a puro sujeito do conhecer e precisamente por aí o objeto considerado se eleva a ideia é que aparece pura e inteiramente o MUNDO COMO REPRESENTAÇÃO; ocorre a objetivação perfeita da vontade, uma vez que só a Ideia é a sua OBJETIDADE ADEQUADA. A Ideia compreende em si e de maneira igual tanto o objeto quanto o sujeito, já que estes constituem a // sua única forma: na Ideia, sujeito e objeto mantêm equilíbrio pleno: ora, como também aqui o objeto nada é senão representação do sujeito, do mesmo modo o sujeito, na medida em que se abandona por inteiro no objeto intuído, torna-se esse objeto mesmo, visto que a consciência inteira nada mais é senão a imagem mais nítida do objeto. Essa consciência mesma – caso se pense em todas

I 212

---

* Também recomendo para elucidação do modo de conhecimento aqui em questão o que ele diz em *L.* II, prop. 40, schol. 2, e L. V, prop. 25 até 38, sobre a *cognitio tertii generis, sive intuitiva* [terceira forma de conhecimento, ou conhecimento intuitivo] e muito especialmente prop. 29, schol.; prop. 36, schol. e prop. 38 demonstr. et schol.

8 "A mente é eterna, na medida em que concebe as coisas do ponto de vista da eternidade." (N. T.)

as Ideias, ou série sucessivamente percorrida dos graus de objetidade da vontade – constitui de fato todo o MUNDO COMO REPRESENTAÇÃO. As coisas isoladas, em todos os tempos e espaços, são apenas as Ideias multiplicadas (turvadas na sua pura objetidade) pelo princípio de razão, forma do conhecimento dos indivíduos enquanto tais. Da mesma maneira que, quando a Ideia surge, sujeito e objeto não são mais diferenciáveis – já que só quando estes se preenchem e compenetram reciprocamente é que se origina a Ideia, a objetidade adequada da vontade, o mundo como representação propriamente dito –, também o indivíduo que conhece e a coisa individual que é conhecida não são mais, como coisa em si, diferenciáveis. Pois, quando abstraímos por completo o MUNDO COMO REPRESENTAÇÃO, nada mais resta senão o MUNDO COMO VONTADE. Esta é o Em si da Ideia, que a objetiva perfeitamente. A vontade também é o Em si da coisa isolada e do indivíduo que a conhece, os quais a objetivam imperfeitamente. vontade que, exterior à representação e a todas as suas formas, é uma e a mesma tanto no objeto contemplado quanto no indivíduo que se eleva à contemplação e se torna consciente de si como puro sujeito; objeto contemplado e indivíduo, por conseguinte, não são em si diferentes, pois em si são a vontade que aqui se conhece a si mesma; pluralidade e diferença existem apenas devido à maneira como esse conhecimento chega à vontade, ou seja, existem apenas no mundo aparente e em virtude de sua forma, o princípio de razão. Assim como eu, sem o objeto, sem a representação, não sou sujeito que conhece, mas pura vontade cega; assim também sem mim, como sujeito do conhecimento, o objeto não é coisa conhecida, mas pura vontade, ímpeto cego. A vontade em si mesma, isto é, alheia à representação, é uma e idêntica com a minha vontade: somente no mundo como representação, cuja forma é sempre ao menos sujeito e objeto, // é que os indivíduos separam-se entre indivíduos que conhecem e que são conhecidos. Assim que o conhecimento, o mundo como representação, é suprimido, nada resta senão pura vontade, ímpeto cego. Para a vontade chegar a ser objetidade, representação, ela põe de um só golpe tanto o sujeito quanto o objeto; contudo, para que essa objetidade da vontade seja pura, perfeita, adequada, ela põe o objeto como Ideia, livre das formas do princípio de razão, e o sujeito como puro sujeito do conhecimento, livre da individualidade e servidão da vontade.

O mundo como vontade e como representação

Quem dessa maneira absorveu-se tão profundamente e se perdeu na intuição da natureza, e existe ainda apenas como puro sujeito que conhece, em verdade tornou-se de imediato ciente de que, enquanto tal, é a condição, portanto o sustentáculo do mundo e de toda existência objetiva, visto que esta, doravante, expõe-se como dependente da sua existência. Ele, em consequência, interioriza em si a natureza, de tal maneira que a sente tão só como um acidente de seu ser. Nesse sentido diz BYRON:

> *Are not the mountains, waves and skies, a part*
> *Of me and of my soul, as I of them?*[9]

Quem, sentindo tudo isso, poderia tomar-se como absolutamente perecível em oposição à natureza imperecível? Antes compreenderá o sentido profundo da sentença dos *Upanishads* dos *Vedas: Hae omnes creaturae in totum ego sum, et praeter me aliud ens non est* (*Oupnek'hat*, I, 122.).[*][10]

§ 35

Para adquirirmos uma intelecção mais profunda da essência do mundo, é absolutamente necessário que aprendamos a diferenciar a vontade como coisa em si da sua objetidade adequada; em seguida, temos de diferenciar os diversos graus em que a vontade entra em cena distinta e plenamente, ou seja, as Ideias mesmas, de suas meras aparências nas figuras do princípio de razão, maneira limitada de conhecimento típica dos indivíduos. Assim, concordaremos com // Platão, quando atribui um ser verdadeiro apenas às Ideias, enquanto, ao contrário, às coisas no espaço e no tempo — esse mundo real para o indivíduo — concede apenas uma existência aparente e onírica. Veremos como uma única e mesma Ideia manifesta-se num

I 214

---

9 "Não são as montanhas, ondas, céus, partes / De mim e de minha alma, assim como sou parte deles?" (N. T.)

 * Cf. capítulo 30 do segundo tomo.

10 "Todas essas criaturas sou eu mesmo e exteriormente a mim não há outros seres." (N. T.)

grande número de aparências e oferece a sua essência apenas de maneira descontínua, um lado de cada vez, aos indivíduos que conhecem. Também notaremos a diferença entre a Ideia mesma e a maneira como a sua aparência se dá à observação do indivíduo, reconhecendo aquela como essencial, esta como inessencial. Queremos doravante considerar esse assunto em exemplos detalhados, depois em exemplos de maior escala. – Quando as nuvens se atraem, as figuras que formam não lhes são essenciais, são-lhes indiferentes: todavia, que as nuvens sejam condensadas como vapor elástico, impulsionadas, estendidas, desfeitas pelo movimento do vento, eis aí a sua natureza, a essência das forças que nela se objetivam, eis aí a sua Ideia: quanto às suas figuras casuais, estas existem apenas para o observador individual. – Quando um riacho escorre para baixo sobre as pedras, os redemoinhos, as ondas, as formações espumosas que nele vemos são-lhes indiferentes e inessenciais; mas que obedeça à gravidade e se comporte como fluido inelástico, movente, sem forma, transparente, eis aí a sua essência, eis aí, SE INTUITIVAMENTE conhecida, a sua ideia: apenas enquanto conhecemos como indivíduos é que existem aquelas formações. – O gelo cristaliza-se no vidro da janela conforme as leis de cristalização que manifestam a essência da força natural que ali aparece, expondo a Ideia; porém, as árvores e as flores que os cristais formam são inessenciais e existem apenas para nós. – O que aparece nas nuvens, nos riachos e nos cristais de gelo é o eco mais fraco daquela vontade, que entra em cena mais completa na planta, mais completa ainda no animal e perfeitamente completa no ser humano. Mas apenas o que é ESSENCIAL em todos esses graus de objetivação da vontade é o que constitui a IDEIA: o desdobramento desta, ao contrário, na medida em que ela é espraiada nas figuras do princípio de razão, em variadas e múltiplas aparências, é-lhe inessencial e reside somente no modo de conhecimento do indivíduo, tendo também realidade apenas para este. O mesmo vale necessariamente para o desdobramento da Ideia que é a objetidade mais completa da vontade: por conseguinte, a // história do gênero humano, a profusão dos eventos, a mudança das eras, as formas multifacetadas da vida humana em diferentes países e séculos, tudo isso não passa da forma casual de aparecimento da Ideia, não pertence a esta – unicamente na qual reside a objetidade adequada da vontade –, mas só à aparência que se dá ao conhecimento do indivíduo, sendo tão alheio, inessencial e indiferente à Ideia mesma quanto as figuras formadas o são em relação às nuvens, ou as figuras de redemoinho e as formações espumosas em relação ao riacho, ou as árvores e flores em relação ao gelo cristalizado.

Para quem bem apreendeu isso e sabe distinguir a vontade da Ideia e esta da sua aparência, os eventos do mundo têm significação não em e por si mesmos, mas só na medida em que são as letras a partir das quais se pode ler a Ideia de humanidade. Não mais acreditará, como a maioria das pessoas, que o tempo cria algo efetivamente novo e significativo; que, através do tempo, ou nele, algo absolutamente real alcança a existência, ou que o tempo mesmo como um todo tenha princípio e fim, plano e desenvolvimento, ou tenha como objetivo último algo assim como o aperfeiçoamento supremo (segundo seus conceitos) da geração última que vive há trinta anos. Muito menos, como Homero, povoará todo o Olimpo com deuses para comandarem os eventos temporais, nem, semelhante a Ossian, considerará as figuras das nuvens como seres individuais; pois, como dito, tudo isso é indiferente em referência à Ideia que ali aparece. Considerará como permanente e essencial, tanto nas variadas figuras da vida humana quanto na incessante mudança dos eventos, apenas a Ideia na qual a vontade de vida alcança a sua objetidade mais perfeita, e mostra seus diversos lados nas qualidades, paixões, falhas e méritos do gênero humano, na vanglória, no ódio, no amor, no temor, na coragem, na frivolidade, na obtusidade, na argúcia, no engenho, no gênio etc.; tudo isso convergindo e cristalizando-se em milhares de figuras, isto é, indivíduos, cujas ações produzem continuamente as histórias local e universal, sendo aqui indiferente se o que os põe em movimento são nozes ou coroas. Por fim notará que no mundo acontece como nos dramas de Gozzi, nos quais entram

I 216 em cena // sempre as mesmas pessoas, com igual intenção e igual destino: os motivos e acontecimentos são obviamente diferentes em cada peça, mas o espírito dos acontecimentos é o mesmo: as pessoas de uma peça não sabem o que se passa em outra, na qual elas próprias, não obstante, atuaram: por isso, depois de todas as experiências das peças anteriores, Pantaleão não se torna mais ágil ou generoso, nem Tartaglia mais escrupuloso, nem Brighella mais corajoso ou Colombina mais modesta.

Arthur Schopenhauer

Se nos fosse uma vez permitido um olhar claro no reino da possibilidade bem como sobre toda a cadeia de causas e efeitos, então o Espírito da Terra[11] apareceria e num quadro mostraria os indivíduos mais primorosos, ilustradores do mundo e heróis, ceifados antes do tempo pelo acaso, antes até mesmo de concluírem a sua obra – em seguida, veríamos como os grandes eventos que deveriam ter mudado a história universal e produzido períodos de grande cultura e ilustração foram, no entanto, abortados em seu nascimento pelos imprevistos mais cegos e o acaso mais insignificante; por fim, veríamos as forças esplêndidas de grandes indivíduos que enriqueceriam épocas inteiras sendo desperdiçadas pelo erro, pela paixão, ou mesmo empregadas, devido à necessidade, em objetos infrutíferos e inúteis, ou então dissipadas em jogo: – se víssemos tudo isso, tremeríamos e lamentaríamos os tesouros perdidos de épocas inteiras. Porém, o Espírito da Terra sorriria, dizendo: "A fonte da qual fluem os indivíduos e as suas forças é inesgotável e infinita como tempo e espaço: pois assim como estas são apenas a forma da aparência, os indivíduos também são apenas a aparência, a visibilidade da vontade. Nenhuma medida finita pode esgotar aquela fonte infinita: por isso, para cada evento, para cada obra que foi abortada em gérmen, ainda permanece aberta a infinitude contínua do seu retorno. Neste mundo da aparência é tão pouco possível uma verdadeira perda quanto um verdadeiro ganho. Só a vontade é: ela é a coisa em si, a fonte de todas as aparências. O seu autoconhecimento e, daí, a sua decisão pela afirmação ou negação são o único acontecimento em si". –*

§ 36

I 217   // A história segue o fio dos acontecimentos: ela é pragmática, na medida em que deduz esses acontecimentos da lei de motivação, a qual determina a vontade que aparece lá onde é iluminada pelo conhecimento. Nos graus

---

11 No original *Erdgeist. Erde* = "terra"; *Geist* = "espírito". (N. T.)

 * Esta última sentença não pode ser compreendida sem o conhecimento do próximo livro.

O mundo como vontade e como representação

mais baixos de objetidade da vontade, onde esta ainda atua sem conhecimento, a ciência da natureza, como etiologia, considera as leis de mudança das suas aparências e, como morfologia, considera o que é permanente nestas, e seu tema quase infinito é facilitado pela ajuda dos conceitos, ao compreender em visão sumária o universal, para daí deduzir o particular. Por fim, a matemática considera as meras formas, nas quais as Ideias aparecem espraiadas na pluralidade para o conhecimento do sujeito como indivíduo, logo, o tempo e o espaço. Todos esses domínios, cujo nome comum é ciência, seguem, portanto, o princípio de razão em suas diversas figuras, e seu tema permanece a aparência, suas leis, conexões e relações daí resultantes. — Entretanto, qual modo de conhecimento considera unicamente o essencial propriamente dito do mundo, alheio e independente de toda relação, o conteúdo verdadeiro das aparências, não submetido a mudança alguma e, por conseguinte, conhecido com igual verdade por todo o tempo, numa palavra, as IDEIAS, que são a objetidade imediata e adequada da coisa em si, a vontade? — Resposta: é a ARTE, a obra do gênio. A arte repete as Ideias eternas apreendidas por pura contemplação, o essencial e permanente de todas as aparências do mundo; de acordo com o estofo em que ela o repete, tem-se arte plástica, poesia ou música. Sua única origem é o conhecimento das Ideias; seu único fim, a comunicação desse conhecimento. — A ciência segue a torrente infinda e incessante das diversas formas de fundamento e consequência: a cada fim alcançado ela é novamente atirada mais adiante, nunca podendo encontrar um objetivo final ou uma satisfação **I 218** completa, da mesma maneira como não se pode, correndo, // alcançar o ponto onde as nuvens tocam a linha do horizonte; a arte, ao contrário, encontra em toda parte o seu fim. Pois a arte retira o objeto de sua contemplação da torrente do curso do mundo e o isola diante de si, e esse particular, que era naquela torrente fugidia uma parte ínfima a desaparecer, torna-se um representante do todo, um equivalente no espaço e no tempo do muito infinito: a arte se detém nesse particular, a roda do tempo para: as relações desaparecem: apenas o essencial, a Ideia, é o seu objeto. — Podemos, por conseguinte, definir a arte COMO O MODO DE CONSIDERAÇÃO DAS COISAS INDEPENDENTE DO PRINCÍPIO DE RAZÃO, em oposição justamente à consideração que o segue, que é o caminho da experiência e da ciência. Este último tipo de consideração é comparável a uma linha infinita que corre horizontalmente; o primeiro, entretanto, a uma linha vertical que a corta num ponto qualquer. O modo de consideração que segue o princípio de razão é o racional, único que vale e que auxilia na vida prática e na ciência: o modo que desvia o olhar do conteúdo do princípio de razão é o genial, único que vale e que auxilia na arte. O primeiro é o modo de consideração de Aristóteles; o segundo é, no todo, o de Platão. O primeiro é comparável a uma tempestade violenta que desaba sem princípio nem fim e que tudo verga, movimenta e arrasta consigo; o segundo, ao tranquilo raio de Sol que corta o caminho da tempestade, totalmente intocado por ela. O primeiro é comparável às inumeráveis gotas de uma cascata que se movimentam violentamente e que, sempre mudando, não se detêm um único momento; o segundo, a um calmo e sereno arco-íris que paira sobre esse tumulto. — Apenas pela pura contemplação (acima descrita) a dissolver-nos completamente no objeto é que as Ideias são apreendidas, e a essência do GÊNIO consiste justamente na capacidade proeminente para tal contemplação: ora, visto que só o gênio é capaz de um esquecimento completo da própria pessoa e de suas relações, segue-se que a GENIALIDADE nada é senão a OBJETIVIDADE mais perfeita, ou seja, orientação objetiva do espírito, em oposição à subjetiva que vai de par com a própria pessoa, isto é, com a vontade. Em consequência, a genialidade é a capacidade de proceder de maneira puramente intuitiva, de perder-se na intuição e de afastar por inteiro dos olhos o conhecimento que

I 219 existe originariamente apenas para o serviço da // vontade, isto é, deixar de lado o próprio interesse, o próprio querer e os seus fins, com o que a personalidade se ausenta completamente por um tempo, restando apenas o PURO SUJEITO QUE CONHECE, claro olho cósmico: tudo isso não por um instante, mas de modo duradouro e com tanta clarividência quanto for preciso para reproduzir, numa arte planejada, o que foi apreendido e, como diz Goethe, "fixar em pensamentos duradouros o que oscila na aparência". É como se, para que o gênio aparecesse num indivíduo, a este tivesse de caber uma medida da faculdade de conhecimento que ultrapassa em muito aquela exigida para o serviço de uma vontade individual; excedente de conhecimento este que, livre no sujeito do conhecimento destituído de vontade, torna-se espelho límpido da essência do mundo. — Daí se esclarece a

O mundo como vontade e como representação

vivacidade em indivíduos geniais, que beira a nervosidade, na medida em que o presente quase nunca lhes basta, já que não preenche a sua consciência: daí resulta aquela tendência ao desassossego, aquela procura incansável por novos objetos dignos de consideração, o anseio quase nunca satisfeito por seres que lhe sejam semelhantes e que os ombreie e com os quais possam comunicar-se; já o filho comum da Terra, ao contrário, plenamente satisfeito com o presente comum, absorve-se nele e em toda parte encontra o seu igual, possuindo aquele conforto especial na vida cotidiana que é negado ao gênio. – Reconheceu-se a fantasia como um componente essencial da genialidade, com razão; mas às vezes se julgou que a fantasia e o gênio seriam idênticos, o que é um erro. O vigor da fantasia é um componente do gênio, pelo seguinte: os objetos do gênio enquanto tais são as Ideias, as formas essenciais e permanentes do mundo e de todas as suas aparências; o conhecimento da Ideia, todavia, é necessariamente intuitivo, não abstrato; em consequência, o conhecimento do gênio seria limitado às Ideias dos objetos efetivamente presentes à sua pessoa, e seria portanto dependente da concatenação das circunstâncias que conduz àqueles objetos, caso a fantasia não ampliasse o seu horizonte, alargando-o para além da realidade de sua experiência pessoal; portanto, a fantasia põe o gênio na condição de, a partir do pouco que chegou à sua apercepção efetiva, construir todo o resto e assim deixar desfilar diante de si quase todas as cenas possíveis da vida. Ademais,

I 220 os // objetos efetivos são quase sempre apenas exemplares bastante imperfeitos da Ideia que neles se expõe: por isso o gênio precisa da fantasia para ver nas coisas não o que a natureza efetivamente formou, mas o que se esforçava por formar, porém, devido à luta (mostrada no livro segundo) de suas formas entre si, não conseguiu levar a bom termo. Logo voltaremos ao assunto quando da consideração da escultura. A fantasia, conseguintemente, amplia o círculo de visão do gênio para além dos objetos que se oferecem na efetividade à sua pessoa, em termos tanto de qualidade quanto de quantidade. Eis por que a força incomum da fantasia é companheira, sim, condição da genialidade. Todavia, a primeira não é signo de gênio; antes, pessoas completamente desprovidas de gênio podem possuir bastante fantasia. Em verdade, assim como se pode considerar um objeto da realidade de duas maneiras opostas, uma puramente objetiva, genial, que contempla a sua

215

Ideia, outra comum, que considera meramente as suas relações com os outros objetos e com a própria vontade em conformidade com o princípio de razão, assim também se pode intuir um fantasma por essas duas maneiras: no primeiro caso ele é um meio para conhecimento da Ideia, cuja comunicação é a obra de arte, no segundo ele é utilizado para a construção de castelos no ar, que alimentam o egoísmo e o humor próprios, divertem e iludem momentaneamente. Dos fantasmas assim conectados são conhecidas sempre, a bem dizer, apenas as relações. Quem joga esse jogo é um fantasista: ele mistura facilmente com a efetividade as imagens com que se diverte em sua solidão, com o que justamente se tornam impróprias para a efetividade: ele talvez escrevinhe as suas fantasmagorias, e daí vêm a lume os romances comuns de todos os gêneros que divertem seus iguais e o grande público: os leitores sonham ao se pôr no lugar do herói, achando então a exposição bastante "espirituosa".

A pessoa comum, esse produto de fábrica da natureza, que ela produz aos milhares todos os dias, é, como dito, completamente incapaz de deter-se numa consideração plenamente desinteressada, a qual constitui a contemplação propriamente dita: ela só pode direcionar a sua atenção para as **I 221** coisas na medida em que estas possuem alguma // relação, por mais indireta que seja, com a sua vontade. Ora, como a esse respeito o que é exigido é sempre o conhecimento das relações, segue-se que o conceito abstrato da coisa se torna suficiente e muitas vezes mais apropriado; por isso a pessoa comum não permanece muito tempo na simples intuição, por conseguinte não prende seu olhar detidamente no objeto, mas, em tudo que se oferece a ela, procura rapidamente o conceito sob o qual possa subsumi-lo – como o preguiçoso busca uma cadeira – e depois não se interessa mais pelo assunto. Eis por que ela logo se dá por contente com tudo, com obras de arte, com belos objetos naturais e com a consideração propriamente significativa da vida em todas as suas partes e cenas. Ela não se detém, procura tão somente seu caminho na vida, ou ao menos aquilo que poderia se tornar seu caminho, portanto notícias topográficas no sentido mais amplo do termo: com a consideração da vida mesma, enquanto tal, não perde tempo. A pessoa genial, ao contrário, cuja faculdade de conhecimento, pelo seu excedente, furta-se por instantes ao serviço da vontade, detém-se na consideração da

O mundo como vontade e como representação

vida mesma e em cada coisa com que depara esforça-se por apreender a sua Ideia, não suas relações com outras coisas: por isso negligencia frequentemente a consideração do seu próprio caminho na vida, trilhando-o na maior parte das vezes com passos desajeitados. Para a pessoa comum, a faculdade de conhecimento é a lanterna que ilumina o seu caminho; já para a pessoa genial, é o Sol que revela o mundo. Essas maneiras tão diferentes de ver a vida logo tornam-se evidentes na expressão de ambos. O olhar da pessoa na qual vive e atua o gênio distingue-o facilmente, na medida em que, ao mesmo tempo vivaz e firme, porta o caráter da consideração, da contemplação; vemos isso nos retratos das poucas cabeças geniais que a natureza criou aqui e ali entre incontáveis milhões de seres humanos: ao contrário, o olhar da pessoa comum, quando não se mostra, como na maioria das vezes, obtuso ou insípido, faz visível o verdadeiro oposto da contemplação, o espionar. Em conformidade com tudo isso, a "expressão genial" de uma cabeça consiste numa visível e decisiva proeminência do conhecer sobre a vontade; por conseguinte, também um conhecer destituído de toda relação com o querer, noutros termos, um CONHECER PURO se expressa ali. Nas

I 222 cabeças comuns, ao contrário, predomina a expressão // do querer, e se vê que o conhecimento só entrou em atividade devido ao impulso do querer, portanto é orientado meramente por motivos.

Como o conhecimento genial, ou conhecimento da Ideia, é aquele que não segue o princípio de razão e, por sua vez, o conhecimento que segue este princípio confere prudência e racionalidade na vida e possibilita a ciência, segue-se que os indivíduos geniais estão sujeitos a carências ligadas à negligência desta última forma de conhecimento. Aqui, todavia, deve-se fazer uma restrição: o que digo só vale na medida em que tais indivíduos se encontram realmente imersos no modo de conhecimento genial, o que de maneira alguma ocorre em todos os momentos de suas vidas, pois a grande, embora espontânea, tensão exigida para a apreensão, livre de vontade, das Ideias tem de necessariamente ser de novo abandonada e há grandes espaços intermédios nos quais o indivíduo de gênio, tanto no que diz respeito aos méritos quanto às carências, em muito se aproxima do indivíduo comum. Eis por que sempre se considerou o fazer-efeito da pessoa de gênio como uma inspiração, sim, como o próprio nome indica, como o fazer-efeito de um ser supra-humano diferente do próprio indivíduo e que apenas periodicamente se apossa dele. A aversão do gênio em direcionar a sua atenção ao conteúdo do princípio de razão mostra-se primeiro, em relação ao fundamento do ser, como aversão à matemática, cuja consideração segue as formas mais gerais da aparência, isto é, segue espaço e tempo, que são apenas figuras do princípio de razão; disso resulta uma consideração completamente contrária àquela que procura só o conteúdo da aparência, ou seja, a Ideia que nela se expressa livre de todas as relações. Ademais, o tratamento lógico da matemática contraria o gênio, já que este tratamento obscurece a intelecção propriamente dita, sem satisfazer, mas apenas dando uma simples cadeia de conclusões conforme o princípio de razão do conhecer, absorvendo dentre todas as faculdades do espírito principalmente a memória, para sempre ter em mente todos os primeiros princípios que servem como premissas. A experiência também confirmou que grandes gênios da arte não tinham talento para a matemática: nunca uma pessoa foi eminente ao mesmo tempo em ambas. // Alfieri, inclusive, conta que jamais conseguiu compreender nem a quarta proposição de Euclides. Goethe foi bastante repreendido pelos adversários obscurantistas de sua doutrina das cores devido ao seu desconhecimento da matemática: aqui, naturalmente, por não se tratar de cálculos e medidas segundo dados hipotéticos, mas de conhecimento imediato, via entendimento, da causa e do efeito, essa repreensão foi feita em lugar tão indevido e conduzida tão ao revés que esses senhores revelaram, bem como por seus demais ditos de Midas, sua carência completa de faculdade de juízo. Que ainda hoje, quase meio século após a publicação da doutrina das cores de Goethe, as falácias newtonianas ainda permaneçam intocadas nas cátedras professorais, até mesmo na Alemanha, e as pessoas continuem a falar seriamente das sete cores homogêneas e dos seus diferentes índices de refração, eis algo para ser um dia computado entre as grandes curiosidades intelectuais da humanidade em geral e da Alemanha em particular. — A partir do mesmo motivo acima mencionado, explica-se também o fato igualmente conhecido de que matemáticos distintos têm pouca receptividade às obras da bela arte, algo que se expressa de maneira particularmente ingênua na conhecida anedota acerca de um matemático francês que, após ter lido

Ifigênia, de Racine, perguntou: *qu'est-ce que cela prouve?*[12] — A apreensão sagaz das relações conforme a lei de causalidade e de motivação torna propriamente alguém prudente; o conhecimento do gênio, no entanto, não está orientado para tais relações; por isso um prudente, enquanto for prudente, não é genial, e um gênio, enquanto for gênio, não é prudente. – Por fim, o conhecimento intuitivo, em cujo domínio encontra-se a Ideia absolutamente, está, em geral, numa oposição direta ao conhecimento racional ou abstrato conduzido pelo princípio de razão do conhecer. Todos sabem que é raro encontrar grande genialidade de par com racionalidade proeminente, mas antes, ao contrário, indivíduos geniais muitas vezes estão submetidos a afetos veementes e paixões irracionais. O fundamento disso, todavia, não é a fraqueza da razão, mas em parte reside na energia incomum de todo a aparência da vontade que é o indivíduo genial e que se exterioriza pela grande veemência de todos os seus atos volitivos; em parte também reside **I 224** no fato de, no gênio, o conhecimento intuitivo ser // preponderante, em relação ao abstrato, via sentidos e entendimento; daí a decidida orientação ao que é intuitivo, sendo a impressão deste conhecimento tão enérgica que ofusca os conceitos incolores, o agir não sendo mais orientado por esses conceitos, mas por aquela impressão, tornando-se assim irracional: devido a isso, a impressão do presente é bastante poderosa sobre o gênio, arrasta-o para o irrefletido, o afeto, a paixão. Daí também o fato de o gênio — já que, via de regra, o seu conhecimento subtraiu-se em parte ao serviço da vontade — não pensar quando trava um diálogo tanto na pessoa com quem fala quanto no tema em discussão, que tão vivamente o envolve: eis por que, também, ele julga e narra de maneira extremamente objetiva aquilo que diz respeito aos seus próprios interesses, sem ocultar o que seria prudente ocultar etc. Finalmente, inclinam-se a monólogos e podem em geral mostrar muitas fraquezas que de fato beiram a loucura. Que a genialidade e a loucura têm um lado que fazem fronteira, sim, confundem-se, eis aí algo que foi frequentemente notado e até mesmo o entusiasmo poético foi denominado uma espécie de loucura: *amabilis insania*[13] é como a denomina

---

12 "O que isso prova?" (N. T.)
13 "Amável insanidade." (N. T.)

Horácio (*Od.* III, 4). Na introdução a *Oberon*, Wieland fala de uma "doce loucura". Mesmo Aristóteles, segundo Sêneca (*De tranq. animi*, 15, 16), disse: *Nullum magnum ingenium sine mixtura dementiae fuit.*[14] Platão expressou isso no antes mencionado mito da caverna escura (*De Rep.* 7), dizendo: aqueles que intuíram fora da caverna a verdadeira luz do Sol e as coisas que verdadeiramente são (as Ideias) não mais conseguem ver no interior da caverna, pois seus olhos foram desacostumados à escuridão, e, portanto, não reconhecem as sombras lá de baixo; assim, por conta dos seus enganos, são objeto de escárnio daqueles que nunca se afastaram da caverna e dessas sombras. O filósofo também diz claramente no *Fedro* (245 a) que sem certa loucura não pode haver poeta autêntico; em verdade (249 d), todo aquele que conheceu as Ideias eternas nas coisas efêmeras aparece como louco. Também Cícero afirma: *Negat, sine furore, Democritus, quemquam poetam magnum esse posse; quod idem dicit Plato* (*de divin.* I, 37).[15] Por fim, Pope diz:

I 225
> // *Great wits to madness sure are near allied,*
> *And thin partitions do their bounds divide.*[16]

Especialmente instrutivo a esse respeito é o *Torquato Tasso* de Goethe, no qual é exposto aos nossos olhos não apenas o sofrimento, o martírio essencial do gênio, mas também o seu contínuo trânsito para a loucura. Finalmente, o contato imediato entre genialidade e loucura é confirmado por biografias de pessoas bastante geniais, como por exemplo a de Rousseau, a de Byron, a de Alfieri, e por anedotas extraídas da vida de vários gênios; por outro lado, devo mencionar que eu mesmo, em visitas frequentes a manicômios, encontrei pessoas com disposições inegavelmente talentosas, nas quais a genialidade olhava distintamente através da sua loucura, porém com-

---

14 "Nunca houve grande engenho sem uma mescla de demência." (N. T.)

15 "Demócrito diz que sem loucura não pode haver grande poeta; o mesmo diz Platão." (N. T.)

16 "A loucura é aparentada ao grande espírito, / Ambos estão separados por tênues divisórias." [Em verdade, os versos pertencem a John Dryden, poeta inglês do séc. XVII. Cf. o seu poema *Absalom and Achitophel*.] (N. T.)

O mundo como vontade e como representação

pletamente dominada por esta. Isto não pode ser atribuído ao acaso, porque se de um lado o número de loucos é proporcionalmente muito pequeno, de outro, por sua vez, um indivíduo genial é um acontecimento raro além de toda estimativa comum, aparecendo como a grande exceção; disso nos podemos convencer se compararmos o número dos gênios verdadeiramente magnânimos, produzidos pela Europa culta em todos os tempos antigos e novos, com as 250 milhões de pessoas que vivem atualmente na Europa e se renovam a cada trinta anos. Contudo, devem-se contar entre os gênios apenas aqueles que realizaram obras de valor permanente e indelével para a humanidade, em todas as épocas. Não posso ainda deixar de mencionar que conheci algumas pessoas, se não eminentes, pelo menos de decidida superioridade espiritual, que ao mesmo tempo deixavam entrever um leve indício de loucura. Daí poderia parecer que todo incremento no intelecto, acima da medida comum, já predispõe, como uma anormalidade, à loucura. Entrementes, gostaria de expor o mais brevemente possível minha opinião sobre o fundamento puramente intelectual do parentesco entre genialidade **I 226** e loucura, já que tal elucidação contribuirá para // esclarecer a essência propriamente dita da genialidade, isto é, daquela característica espiritual que é a única que pode criar autênticas obras de arte, o que justamente exige uma breve elucidação da loucura mesma.*

Uma clara e completa intelecção da essência da loucura, uma noção correta e distinta daquilo que diferencia propriamente a pessoa louca da normal, ainda não foi, que eu saiba, encontrada. — Nem a faculdade de razão nem o entendimento podem ser negados ao louco, pois eles falam e entendem, muitas vezes concluem de maneira bastante correta, também via de regra intuem o presente de modo acertado, vendo a conexão entre causa e efeito. Visões parecidas com fantasias febris não são um sintoma típico da loucura: o delírio falsifica a intuição, a loucura falsifica o pensamento. Na maioria das vezes os loucos não erram no conhecimento do imediatamente PRESENTE; mas a sua fala errônea relaciona-se sempre ao que é AUSENTE ou PASSADO, e só através destes se conecta ao presente. Por isso me parece que

---

* Cf. capítulo 31 do segundo tomo.

sua doença atinge especialmente a MEMÓRIA; não que esta lhes falte completamente, pois muitos sabem muitas coisas de cor e às vezes reconhecem pessoas há muito não vistas, mas, antes, o fio da memória é rompido e as suas conexões contínuas são suprimidas, tornando impossível qualquer lembrança uniforme e coerente do passado. Cenas isoladas acontecidas lá se encontram corretamente, bem como o presente individual, mas na lembrança se encontram lacunas, as quais são preenchidas com ficções que ou são sempre as mesmas, caso em que se tornam ideias fixas, ilusão fixa, melancolia, ou mudam continuamente, são acasos efêmeros, quando se tem a demência, *fatuitas*. Por isso é tão difícil interrogar um louco quando ele entra no manicômio sobre o decurso de sua vida pregressa. Em sua memória o falso cada vez mais se mistura com o verdadeiro. Embora o presente imediato seja corretamente conhecido, é no entanto falseado por meio de sua fingida conexão com um // passado ilusório: eles, em consequência, consideram a si mesmos, e aos outros, idênticos a pessoas que se encontram apenas em seu passado fingido; muitas vezes não reconhecem pessoas bem próximas e, apesar da representação correta do presente atual, estabelecem relações falsas do mesmo com o que é ausente. Se a loucura atinge um grau elevado, ocorre a completa perda de memória, pelo que o louco não é mais capaz da recordação de algo que é ausente ou já passou, mas está totalmente à mercê do humor do momento, combinado com as ficções que, na sua cabeça, preenchem o passado: em sua companhia, portanto, caso não se os observem continuamente e com pulso firme, nunca se está ao abrigo de maus-tratos ou mesmo da morte. — O conhecimento pertencente ao louco tem em comum com o dos animais o fato de restringir-se ao presente: o que os diferencia, contudo, é que o animal não tem representação propriamente dita do passado enquanto tal, embora este faça efeito sobre ele pelo médium do hábito, com o que, por exemplo, o cão reconhece o seu primeiro dono, mesmo depois de anos, ou seja, recebe a impressão habitual de sua aparência; todavia, não tem lembrança do tempo decorrido desde então: o louco, ao contrário, porta em sua razão um passado *in abstracto*, porém falso, que só existe para ele, sempre ou apenas momentaneamente: a influência desse falso passado obsta o uso do presente corretamente conhecido, uso este que o animal faz. Que veementes sofrimentos espirituais ou terríveis

O mundo como vontade e como representação

e inesperados eventos com frequência ocasionem a loucura, explano-o da seguinte maneira. Todo sofrimento desse tipo está sempre limitado, como acontecimento real, ao presente; nesse sentido, é sempre transitório e, assim, nunca excessivamente grave: ele só se torna extremo na medida em que é dor permanente, mas, enquanto tal, é de novo apenas um pensamento e reside portanto na MEMÓRIA: assim, quando um tal desgosto, um tal saber doloroso ou pensamento, é tão atormentador que se torna absolutamente insuportável e o indivíduo poderia sucumbir a ele, a natureza assim angustiada recorre à LOUCURA como último meio de salvação da vida: o espírito torturado, // por assim dizer, rompe o fio da memória, preenche suas lacunas com ficções e procura na loucura um refúgio daqueles sofrimentos espirituais que ultrapassam suas forças, – como alguém que amputa um membro gangrenado e o substitui por outro de madeira. – Como exemplo considere-se o furioso Ajax, o rei Lear e Ofélia: pois as criações do autêntico gênio, únicas sobre as quais podemos aqui nos basear como universalmente conhecidas, devem ser colocadas em pé de igualdade, em sua verdade, com pessoas reais: ademais, a experiência efetiva frequentemente nos mostra a mesma coisa. Um análogo fraco daquela espécie de transição da dor para a loucura encontra-se no fato de todos nós, comumente, procurarmos como que mecanicamente rechaçar um pensamento atormentador que subitamente nos assalta, por meio de uma exclamação ou gesto que nos livra dele por distração forçada. –

A partir do que foi dito, vemos como o louco conhece corretamente o presente individual, bem como muitas coisas particulares já acontecidas, contudo desconhece as suas conexões e relações; por conseguinte, erram e falam absurdos; ora, é exatamente este o seu ponto de contato com o indivíduo genial: pois também este perde de vista o conhecimento das conexões das coisas ao negligenciar o conhecimento das relações conforme o princípio de razão, para ver e procurar nas coisas apenas as suas Ideias, apreender a essência que se expressa intuitivamente, em vista da qual UMA coisa representa toda a sua espécie e, por consequência, como diz Goethe, um caso vale por mil: o objeto isolado da sua consideração ou o presente apreendido de maneira excessivamente vivaz aparecem em luz tão clara que, por assim dizer, os elos restantes da cadeia à qual pertencem entram

Arthur Schopenhauer

na escuridão, e isso precisamente origina aqueles fenômenos que têm uma semelhança, há muito conhecida, com a loucura. O que nas coisas isoladas existe apenas imperfeitamente e enfraquecido por modificações, o modo de consideração do gênio o eleva à Ideia, à perfeição: portanto, ele vê em toda parte o extremo, e, justamente por isso, o seu comportamento atinge extremos: ele não consegue encontrar a justa medida, falta-lhe a fleuma: o **I 229** resultado é o que foi dito. O gênio tem conhecimento perfeito das // Ideias, não dos indivíduos. Eis por que, como já se observou, um poeta pode conhecer profunda e essencialmente o HUMANO, no entanto conhecer muito mal os SERES humanos; o gênio, pois, é facilmente enganado e se torna um joguete nas mãos dos astutos.*

§ 37

Embora o gênio, de acordo com a nossa exposição, consista na capacidade de conhecer, independentemente do princípio de razão, não mais as coisas isoladas, que têm a sua existência apenas na relação, mas as suas Ideias, e, nesse caso, seja ele mesmo correlato desta, portanto não mais indivíduo, mas puro sujeito do conhecer; mesmo assim essa capacidade tem de encontrar-se em todos os seres humanos, em menores e diversos graus, porque do contrário seriam tão incapazes de fruir as obras de arte como o são de produzi-las, e não poderiam possuir em geral nenhuma receptividade para o belo e o sublime, sim, belo e sublime seriam palavras sem sentido para eles. Se, portanto, não há pessoas absolutamente incapazes de satisfação estética, temos de admitir que em todas se encontra aquela faculdade de conceber nas coisas suas Ideias e, em tal conhecimento, de se despir por um momento da sua personalidade. O gênio possui apenas o grau mais elevado e a duração mais prolongada daquele modo de conhecimento, o que lhe permite conservar a clarividência necessária para repetir numa obra intencional o assim conhecido, repetição esta que é a obra de arte. Pela obra de arte o gênio comunica aos outros a Ideia apreendida, a qual, portanto, per-

---

* Cf. capítulo 32 do segundo tomo.

manece imutável, a mesma: por consequência, a satisfação estética é essencialmente uma única e mesma, seja provocada por uma obra de arte, seja provocada imediatamente pela intuição da natureza e da vida. A obra de arte é simplesmente um meio de facilitação do conhecimento da Ideia, no qual repousa aquela satisfação. A Ideia se nos apresenta mais fácil a partir da obra de arte do que imediatamente a partir da natureza ou da efetividade; isso se deve ao fato de o artista, // que conheceu só a Ideia, e não mais a efetividade, também ter repetido puramente em sua obra somente a Ideia, destacada da realidade efetiva e omitindo todas as suas contingências perturbadoras. O artista nos deixa olhar com seus olhos para o mundo. Que ele possua tais olhos, a desvelar-lhe o essencial das coisas, independentemente de suas relações, eis aí precisamente o dom do gênio, o que lhe é inato; que ele esteja em condições de também nos emprestar esse dom, como se pusesse em nós os seus olhos, eis aí o adquirido, a técnica da arte. Por isso, depois de ter exposto precedentemente em linhas gerais a essência íntima do modo de conhecimento estético, passarei agora à investigação filosófica mais pormenorizada do belo e do sublime, tanto na natureza quanto na arte, simultaneamente, sem separar estas duas. Consideraremos o que ocorre na pessoa quando o belo e o sublime a comovem: se, contudo, essa comoção é haurida imediatamente da natureza e da vida ou apenas comunicada por intermediação da arte, eis algo que não constitui uma diferença essencial, mas apenas exterior.

I 230

§ 38

Encontramos no modo de conhecimento estético DOIS COMPONENTES INSEPARÁVEIS: primeiro o conhecimento do objeto não como coisa isolada, mas como IDEIA platônica, ou seja, como forma permanente de todo esse gênero de coisas; depois a consciência de si daquele que conhece, não como indivíduo, mas como PURO SUJEITO DO CONHECIMENTO DESTITUÍDO DE VONTADE. A condição sob a qual esses dois componentes entram em cena sempre unidos é o abandono do modo de conhecimento ligado ao princípio de razão, único útil tanto para o serviço da vontade quanto da ciência.

Arthur Schopenhauer

— Desses dois componentes do modo de conhecimento estético resulta também a SATISFAÇÃO despertada pela consideração do belo e, em verdade, mais de um ou mais de outro, conforme o objeto da contemplação.

I 231   // Todo QUERER nasce de uma necessidade, portanto de uma carência, logo, de um sofrimento. A satisfação põe um fim ao sofrimento; todavia, contra cada desejo satisfeito permanecem pelo menos dez que não o são: ademais, a nossa cobiça dura muito, as nossas exigências não conhecem limites; a satisfação, ao contrário, é breve e módica. Mesmo a satisfação final é apenas aparente: o desejo satisfeito logo dá lugar a um novo: aquele é um erro conhecido, este um erro ainda desconhecido. Objeto algum alcançado pelo querer pode fornecer uma satisfação duradoura, sem fim, mas ela assemelha-se a uma esmola atirada ao mendigo, a qual torna sua vida menos miserável hoje, e no entanto prolonga seu tormento amanhã. — Daí, portanto, deixar-se inferir o seguinte: pelo tempo em que o querer preenche a nossa consciência, pelo tempo em que estamos entregues ao ímpeto dos desejos com suas contínuas esperanças e temores, por conseguinte, pelo tempo em que somos sujeito do querer, jamais obtemos felicidade duradoura ou paz. E em essência é indiferente se perseguimos ou somos perseguidos, se tememos a desgraça ou almejamos o gozo: o cuidado pela vontade sempre exigente, não importa em que figura, preenche e move continuamente a consciência; sem tranquilidade, entretanto, nenhum bem-estar verdadeiro é possível. O sujeito do querer, consequentemente, está sempre atado à roda de Íxion, que não cessa de girar, está sempre enchendo os tonéis das Danaides, é o eternamente sedento Tântalo.[17]

    Quando, entretanto, uma ocasião externa ou uma disposição interna nos arranca subitamente da torrente sem fim do querer, libertando o co-

---

17 Na mitologia grega, *Íxion* tentou se envolver afetivamente com Hera, esposa de Zeus, e é por este condenado a girar eternamente numa roda flamejante. *Tântalo* desafiou a onisciência dos deuses, cozinhando o próprio filho e o servindo a eles; porém, descoberto em seu embuste, foi condenado a sede e fome eternas, no Hades pendurado num galho e tentando alcançar a água próxima que sempre se afasta, ou comer frutos de galhos sempre levados pelo vento. As *Danaides*, companheiras de infortúnio de Íxion e Tântalo, por terem assassinado os maridos, foram condenadas a encher d'água tonéis sem fundo. (N. T.)

O mundo como vontade e como representação

nhecimento da escravidão imposta pela vontade, e a atenção não é mais direcionada aos motivos do querer, mas, ao contrário, à apreensão das coisas livres de sua relação com a vontade, portanto sem interesse, sem subjetividade, consideradas de maneira puramente objetiva, estando nós inteiramente entregues a elas, na medida em que são simples representações, não motivos – então aquela paz, sempre procurada antes pelo caminho do querer, e sempre fugidia, entra em cena de uma só vez por si mesma e tudo está bem conosco. É o estado destituído de dor que Epicuro louvava como o bem supremo e o estado dos deuses; somos, nesse instante, alforriados do desgraçado ímpeto volitivo, festejamos o *Sabbath*[18] dos trabalhos forçados do querer, a roda de Íxion cessa de girar.

I 232   Semelhante estado é precisamente o descrito anteriormente // como exigido para o conhecimento da Ideia, como estado de pura contemplação, absorção na intuição, perder-se no objeto, esquecimento de toda individualidade, supressão do modo de conhecimento que segue o princípio de razão e apreende apenas relações, pelo que simultânea e inseparavelmente a coisa isolada intuída se eleva à Ideia de sua espécie, e o indivíduo que conhece a puro sujeito do conhecer isento de vontade, ambos, enquanto tais, não mais se encontrando na torrente do tempo e de todas as outras relações. É indiferente se se vê o pôr do sol de uma prisão ou de um palácio.

Disposição interna e preponderância do conhecimento sobre o querer podem produzir esse estado em qualquer ambiente. Isso o mostram aqueles maravilhosos neerlandeses, que direcionavam sua intuição puramente objetiva aos objetos mais insignificantes e erigiam monumentos duradouros de sua objetividade e paz de espírito nas pinturas de NATUREZA-MORTA, que o espectador estético considera com encanto, visto que aqui se presentifica o calmo e sereno estado de espírito do artista livre de vontade, que era necessário para intuir objetivamente tão insignificantes coisas, considerá-las tão atenciosamente e depois repetir essa intuição de maneira tão límpida: na medida em que o quadro também convida à participação do espectador em semelhante estado, o encanto do espectador é muitas vezes aumentado pelo contraste com o seu estado pessoal inquieto, a sua constituição mental

---

18 "Sábado", sétimo dia da semana reservado pelos judeus ao descanso. (N. T.)

intranquila, turvada pelo querer veemente, na qual se encontra. No mesmo espírito, pintores de paisagem, em especial Ruysdael, frequentes vezes pintaram temas paisagísticos extremamente insignificantes, e com isso produziram o mesmo efeito de maneira ainda mais aprazível.

Efeito tão intenso origina-se exclusivamente da força interna de uma mente artística: aquela disposição mental puramente objetiva será favorecida e fomentada exteriormente pela intuição de objetos que predispõem a ela, pela exuberância da bela natureza que nos convida à sua contemplação, e que até mesmo se nos impõe. A natureza, ao apresentar-se de um só golpe ao nosso olhar, quase sempre consegue nos arrancar, embora apenas por instantes, à subjetividade, à escravidão do querer, colocando-nos no estado de puro conhecimento. Com isso, quem é atormentado por paixões, ou necessidades e preocupações, torna-se, mediante um único e livre olhar na natureza, subitamente aliviado, sereno, reconfortado: // a tempestade das paixões, o ímpeto dos desejos[19] e todos os tormentos do querer são, de imediato, de uma maneira maravilhosa, acalmados. Pois no instante em que, libertos do querer, entregamo-nos ao puro conhecimento destituído de vontade, como que entramos num outro mundo, onde tudo o que excita a nossa vontade e nos abala veementemente desaparece. Tal libertação pelo conhecimento sobreleva-nos de forma tão completa quanto o sono e o sonho: felicidade e infelicidade desaparecem: não somos mais indivíduo, este foi esquecido, mas puro sujeito do conhecimento: existimos tão somente como UM olho cósmico que olha a partir de todo ser que conhece, porém apenas no ser humano pode tornar-se inteiramente livre do serviço da vontade, com o que todas as diferenças de individualidade desaparecem tão completamente que é indiferente se o olho de quem vê pertence a um rei poderoso ou a um mendigo miserável. Pois felicidade e penúria não são transportadas além

---

19 *Sturm der Leidenschaften* (tempestade das paixões) e *Drang des Wunsches* (ímpeto dos desejos), justamente termos que compõem o nome do movimento artístico ultrarromântico alemão, *Sturm und Drang*. Schopenhauer tem aqui em mente, sem dúvida, a inquietação romântica de seu período, cuja obra exponencial foi *Os sofrimentos do jovem Werther*, de Goethe, que, lida por jovens impetuosos e atormentados, muitas vezes não correspondidos amorosamente (como o personagem principal do romance), desencadeou uma onda de suicídios na Europa. (N. T.)

O mundo como vontade e como representação

daqueles limites. Note-se o quão próximo de nós encontra-se um domínio no qual podemos furtar-nos por completo à nossa penúria! Mas quem tem a força para nele manter-se por longo tempo? Assim que surge novamente na consciência uma relação com a vontade, com a nossa pessoa, e precisamente dos objetos intuídos puramente, o encanto chega ao fim: recaímos no conhecimento regido pelo princípio de razão; não mais conhecemos a Ideia, mas a coisa isolada, elo de uma cadeia à qual nós mesmos pertencemos, e de novo somos abandonados às nossas penúrias. — A maioria das pessoas quase sempre se situa nesse ponto de vista, já que lhes falta por completo a objetividade, isto é, a genialidade. Isso explica por que não se sentem bem ao estarem sozinhos com a natureza e nela precisam de sociedade, ou ao menos de um livro. Seu conhecer permanece servil à vontade: procuram, por conseguinte, só por aqueles objetos que têm alguma relação com a sua vontade, e tudo que não tenha semelhante relação ecoa em seu íntimo como um baixo fundamental propalando um contínuo e inconsolável "de nada serve": daí advém que na solidão até mesmo a mais bela cercania assume para tais pessoas um aspecto desolado, cinza, estranho, hostil.

I 234   Essa bem-aventurança do intuir livre de vontade é, por fim, // também o que espalha um encanto tão extraordinário sobre o passado e a distância, expondo-os em luz exuberante por meio de uma autoilusão, pois, na medida em que tornamos presentes os perdidos dias pretéritos, longinquamente situados, na verdade a fantasia chama de volta apenas os objetos, não o sujeito do querer, que outrora carregava consigo seus sofrimentos incuráveis, como o faz agora: mas tais sofrimentos foram esquecidos, porque desde então cederam frequentemente o seu lugar a outros. Com isso, a intuição objetiva faz efeito na recordação exatamente como faria a intuição presente, caso seja possível entregarmo-nos a esta livres do querer. Eis por que, sobretudo quando uma necessidade nos angustia mais do que o comum, a recordação súbita de cenas do passado distante muitas vezes paira diante de nós como um paraíso perdido. Apenas o objetivo, não o individual-subjetivo, é trazido de volta pela fantasia, figurando diante de nós aquele objetivo como se, outrora, fosse tão puro e tão pouco turvado por qualquer relação com a vontade como agora é tão pura e tão pouco turvada a sua imagem na fantasia, apesar de a relação dos objetos com o nosso querer ter gerado outrora tanto tormento quanto agora. Podemos furtar-nos ao sofrimento seja pelos objetos presentes, seja pelos objetos longínquos, desde que nos elevemos à pura consideração objetiva dos mesmos e consigamos criar a ilusão de que somente os objetos estão presentes, não nós: o resultado é que, libertos do si mesmo sofredor, tornamo-nos, como sujeito do conhecer, inteiramente unos com os objetos; e, assim como nossa necessidade lhes é estranha, assim também, nesse instante, semelhante necessidade é estranha a nós mesmos. Resta apenas o mundo como representação; o mundo como vontade desapareceu.

Por meio de todas essas considerações espero ter tornado claro de que espécie e envergadura é a participação que possui a condição subjetiva da satisfação estética, ou seja, a libertação do conhecer do serviço da vontade, o esquecimento do próprio si mesmo como indivíduo, e a elevação da consciência ao puro sujeito do conhecer atemporal e destituído de vontade, independente de todas as relações. Com esse lado subjetivo da contem- **I 235** plação estética sempre entra em cena simultaneamente, como // correlato necessário, o lado objetivo, a apreensão intuitiva da Ideia platônica. Antes, porém, de passarmos à consideração mais detalhada desse lado objetivo e às realizações da arte a ele relacionadas, é aconselhável ainda nos determos no lado subjetivo da satisfação estética e coroarmos a sua consideração com a explicitação da impressão do SUBLIME: pois este depende por inteiro da condição subjetiva da impressão estética e nasce por meio de uma modificação dela. Depois consideraremos o lado objetivo da satisfação estética, e assim será completada toda a investigação.

Entretanto, cabe ainda esta observação referente ao que foi dito até agora. A luz é o mais aprazível das coisas: por isso tornou-se símbolo de tudo o que é bom e salutar. Em todas as religiões ela indica a salvação eterna, enquanto a escuridão indica a danação. Ormuzd mora na mais pura luz, Ahriman na noite eterna. O paraíso de Dante assume as aparências de Vauxhall em Londres, pois todos os espíritos bem-aventurados aparecem em pontos de luz, reunidos em figuras regulares. A ausência de luz deixa-nos logo tristes; seu retorno, felizes. As cores despertam de imediato um prazer vivaz e, caso

O mundo como vontade e como representação

sejam transparentes, o prazer atinge o grau supremo. Tudo isso provém exclusivamente do fato de a luz ser o correlato e a condição do modo de conhecimento intuitivo mais perfeito, o único que não afeta imediatamente a vontade. Pois, diferentemente das afecções dos outros sentidos, a visão, em si, imediatamente e por meio de seu efeito sensível, não é capaz de uma SENSAÇÃO agradável ou desagradável no órgão; noutros termos, não tem ligação imediata alguma com a vontade: só a intuição originada no entendimento pode dar origem a tal sensação, que, então, encontra-se na relação do objeto com a vontade. Já na audição se dá algo completamente diferente: tons podem provocar dores imediatamente e, sem referência à harmonia ou à melodia, podem ser por si mesmos sensualmente agradáveis. O tato, na medida em que se confunde com o sentimento do corpo inteiro, está ainda mais submetido a esse influxo imediato sobre a vontade, embora também haja tato destituído de dor ou agrado. O odor, entretanto, é // sempre agradável ou desagradável: o paladar ainda mais. Portanto, estes dois últimos sentidos são os mais comprometidos com a vontade, pelo que sempre foram chamados de sentidos menos nobres e, por Kant, de sentidos subjetivos. Por conseguinte, a alegria proveniente da luz é de fato apenas a alegria derivada da possibilidade objetiva do modo de conhecimento intuitivo mais puro e perfeito; nesse sentido, pode-se inferir que o conhecimento puro, livre e isento de todo querer é o mais altamente aprazível e, nele mesmo, possui uma substancial participação na fruição estética. — A partir dessa consideração da luz compreendemos também a beleza esplendorosa que conferimos a objetos refletidos n'água. Aquele tipo mais suave, mais rápido, mais sutil de ação dos corpos uns sobre os outros, ao qual agradecemos por aquela que é de longe a mais perfeita e mais pura de nossas percepções: a impressão mediante raios de luz refletidos: é aqui trazido perante os olhos de maneira inteiramente nítida, clara e completa, em causa e efeito, numa escala grandiosa: tal é a base de nossa alegria estética nesse espetáculo, alegria que, no principal, enraíza-se inteiramente no fundamento subjetivo da satisfação estética e é alegria do puro conhecer e seus caminhos.*

I 236

---

* Cf. capítulo 33 do segundo tomo.

§ 39

A todas essas considerações que pretendem salientar a parte subjetiva da satisfação estética – vale dizer, que essa satisfação é a alegria do simples conhecimento intuitivo enquanto tal, em oposição à vontade –, liga-se, e delas dependem imediatamente, a seguinte explanação daquela disposição que se denominou sentimento do SUBLIME.

Foi anteriormente observado que o pôr-se no estado do puro intuir ocorre da maneira mais fácil quando os próprios objetos acomodam-se a tal estado, isto é, quando, mediante a sua figura variada e ao mesmo tempo distinta e determinada, tornam-se facilmente representantes de suas Ideias, no que justamente consiste a beleza em // sentido objetivo. Sobretudo a bela natureza possui essa qualidade e assim proporciona até mesmo à pessoa mais insensível ao menos uma satisfação estética fugaz: sim, é notável como o reino vegetal em particular convida à consideração estética, como que a exige; poderíamos até dizer que esse vir ao encontro de nós está ligado ao fato de tais seres orgânicos não serem, como os corpos animais, objetos imediatos do conhecimento: por conseguinte, precisam de outro indivíduo dotado de entendimento para, a partir do mundo do querer cego, entrarem em cena no mundo como representação; é como se anelassem por essa entrada em cena para ao menos obterem de maneira mediata aquilo que lhes é negado obter imediatamente. Porém, não insistirei nesse pensamento arriscado, talvez beirando o excêntrico, pois apenas uma consideração bastante íntima e concentrada da natureza poderá despertá-lo e justificá-lo.* Enquanto esse vir ao encontro da natureza e a significação e distinção de suas formas mediante as quais nos falam as Ideias nelas individualizadas for o que nos tira do conhecimento das meras relações que servem à von-

---

* Tanto mais me alegra e surpreende agora, quarenta anos após conceber o pensamento anterior tão tímida e hesitantemente, a descoberta de que já Santo Agostinho o havia expressado: *Arbusta formas suas varias, quibus mundi hujus visibilis structura formosa est, sentiendas sensibus praebent; ut, pro eo quod nosse non possunt, quasi innotescere velle videantur.* (*De civ. Dei*, XI, 27.) [Os vegetais oferecem à percepção dos sentidos as suas formas variadas com as quais a estrutura deste mundo visível é adornada, de tal maneira que, por serem incapazes de *conhecer*, aparecem como se quisessem *ser conhecidos*.]

O mundo como vontade e como representação

tade, pondo-nos no estado de contemplação estética, para assim nos elevar a puro sujeito do conhecer destituído de vontade, é simplesmente o BELO que age sobre nós, e o sentimento aí despertado é o da beleza. Porém, pode ocorrer que precisamente os objetos que nos convidam com suas figuras significativas à pura contemplação tenham uma relação hostil com a vontade humana em geral (tal qual ela se expõe em sua objetidade, o corpo humano) e são-lhe contrários, ameaçando-a com toda a sua superpotência que elimina qualquer resistência, ou reduzindo-a a nada com toda a sua grandeza incomensurável; ora, se apesar disso o contemplador não dirige I 238 a sua atenção // a essa relação hostil, impositiva contra sua vontade, mas, embora a perceba e a reconheça, desvia-se dela com consciência, na medida em que se liberta violentamente da própria vontade e de suas relações, entregue agora tão somente ao conhecimento, e contempla calmamente como puro sujeito do conhecer destituído de vontade exatamente aqueles objetos tão aterradores para a vontade, apreendendo somente a sua Ideia alheia a qualquer relação, por conseguinte detendo-se de bom grado em sua contemplação, conseguintemente elevando-se por sobre si mesmo, sua pessoa, seu querer, qualquer querer — então o que o preenche é o sentimento do SUBLIME, ele se encontra no estado de elevação, justamente também nomeando-se SUBLIME o objeto que ocasiona esse estado.[20] O que diferencia o sentimento do sublime do sentimento do belo é o seguinte: no belo o conhecimento puro ganhou a preponderância sem luta, pois a beleza do objeto, isto é, a sua característica que facilita o conhecimento da Ideia, removeu da consciência, sem resistência e portanto imperceptivelmente, a vontade e o conhecimento das relações a seu serviço; o que aí resta é o puro sujeito do conhecimento, sem nenhuma lembrança da vontade: no sublime, ao contrário, aquele estado do conhecimento puro é conquistado por um desprender-se consciente e violento das relações conhecidas como desfavoráveis do objeto com a vontade, mediante um livre elevar-se acompanhado de consciência sobre a vontade e o conhecimento que se relaciona com esta.

---

20 Sublime aqui se escreve *Erhabenen*. Trata-se da substantivação do verbo *erheben*, elevar-se. O sublime, pois, é um estado de *Erhebung*, elevação. Já o objeto empírico que ocasiona tal estado é dito sublime, *erhaben*. Como se vê, um jogo de palavras feito por Schopenhauer com os termos *Erhabenen, Erhebung, erhaben*. (N. T.)

Tal elevação tem de ser não apenas ganha com consciência, mas também mantida com consciência; daí ela ser continuamente acompanhada de uma lembrança da vontade, porém não a de um querer particular, individual, como temor e desejo, mas do querer humano em geral, na medida em que este é expresso universalmente em sua objetidade, o corpo humano. Caso entre em cena na consciência um ato isolado e real da vontade por meio de uma efetiva aflição pessoal ou de um perigo advindo do objeto, então imediatamente a vontade individual, assim efetivamente excitada, ganha a preponderância, tornando impossível a tranquilidade da contemplação e fazendo que se perca a impressão do sublime, pois esta cede lugar à angústia, pela qual o esforço do indivíduo para salvar-se reprime aquele outro pensamento. – // Alguns exemplos contribuirão bastante para tornar clara essa teoria do sublime estético e assim colocá-la fora de dúvida; ao mesmo tempo, tais exemplos mostrarão a diversidade de graus do sentimento do sublime. Este, como vimos, confunde-se em sua determinação fundamental com o sentimento do belo, a saber, o puro conhecer destituído de vontade e a entrada em cena necessária do conhecimento das Ideias alheias às relações determinadas pelo princípio de razão. O sentimento do sublime distingue--se do sentimento do belo apenas por um elemento adicional, a saber, pelo elevar-se sobre a relação conhecida como hostil do objeto contemplado com a vontade em geral. Nascem daí diversos graus de sublime, sim, gradações entre o belo e o sublime,[21] à medida que esse elemento adicional seja forte,

I 239

---

21 Traduzimos aqui *Übergänge* por "gradações", em vez de transições, como teríamos de fazê-lo se optássemos por uma versão mais comportada. Isso para diferenciar Schopenhauer de Kant, que opera uma "transição" (*Übergang*) definitiva entre o belo e o sublime no capítulo 23 da *Crítica da faculdade de juízo*. Schopenhauer, porém, emprega aqui o termo *Übergang* no sentido de transcurso gradual, sem que haja saída de um ponto e chegada a outro diferente. Como dito linhas antes pelo autor, o sentimento do sublime em sua determinação fundamental confunde-se com o sentimento do belo, distinguindo-se deste apenas por um elemento adicional, o elevar-se do contemplador para além da relação conhecida como desfavorável do objeto com a vontade. Tanto é que Schopenhauer falará mais adiante do "sublime no belo" (*Erhabenen am Schönen*). Com isso, o termo gradação funciona melhor porque indica os graus sequenciais em que o belo e o sublime se confundem de acordo com o estado estético em que se está, sem porém distinguirem-se em natureza. (N. T.)

O mundo como vontade e como representação

clamoroso, impositivo, próximo, ou apenas fraco, distante, só indicado. Penso ser mais apropriado para a minha exposição primeiro trazer diante dos olhos essas gradações e, em geral, os graus mais fracos de impressão do sublime, embora aquelas pessoas sem receptividade estética acentuada e sem fantasia vivaz só poderão compreender os exemplos que mais adiante serão fornecidos dos graus mais elevados e distintos do sublime – únicos nos quais podem se deter, podendo portanto deixar de lado os primeiros exemplos dos graus mais débeis da mencionada impressão.

Assim como o ser humano é ímpeto tempestuoso e obscuro do querer (indicado pelo polo dos órgãos genitais, como seu foco), e ao mesmo tempo sujeito eterno, livre, sereno do puro conhecer (indicado pelo polo do cérebro), assim também, em conformidade com essa oposição, o Sol é fonte de LUZ, a condição do modo mais perfeito de conhecimento e, precisamente por isso, o que há de mais aprazível nas coisas, e simultaneamente ele é fonte de CALOR, a primeira condição de qualquer vida, isto é, de toda aparência da vontade em graus mais elevados. Assim, o que o calor é para a vontade, a luz é para o conhecimento. A luz é justamente por isso o maior diamante na coroa da beleza, e tem a mais decisiva influência no conhecimento de todo objeto belo: sua presença em geral é condição indispensável; seu posicionamento favorável incrementa até mesmo a beleza do que há de mais belo. Sobretudo o belo na arquitetura é incrementado pelo favorecimento **I 240** da luz, com a qual inclusive a // coisa mais insignificante se torna um belo objeto. – Ora, em meio ao inverno rigoroso, a toda natureza congelada, ao vermos os raios do Sol nascente refletirem-se na massa pétrea, iluminando-a sem aquecê-la, com o que apenas o modo mais puro de conhecimento é favorecido, não a vontade, a consideração do belo efeito da luz sobre essa massa nos coloca, como toda beleza, no estado do puro conhecer; aqui, entretanto, mediante a breve lembrança da ausência de aquecimento por aqueles raios, portanto do princípio vivificador, já é preciso certa elevação sobre o interesse da vontade, um pequeno esforço é exigido para permanecer no puro conhecimento, com desvio de todo querer, justamente por aí ocorrendo uma transição[22] do sentimento do belo para o do sublime. Trata-se

---

22 Cf. nota anterior. (N. T.)

do matiz mais tênue do sublime no belo, este último a emergir aqui apenas em grau muito baixo. Um grau ainda quase tão baixo é o que se segue.

Transportemo-nos para uma região extremamente solitária, o horizonte a perder de vista sob o céu completamente sem nuvens, árvores e plantas numa atmosfera inteiramente imóvel, nenhum animal, nenhum humano, nenhuma corrente de água, a quietude mais profunda; — uma tal cercania é como se fosse um apelo à seriedade, à contemplação com abandono de todo querer e sua indigência: mas justamente isso confere a uma tal cercania solitária e profundamente quieta um traço de sublime; pois, visto que não oferece objeto algum, nem favorável nem desfavorável à vontade ávida de ansiar e adquirir, permanece ali apenas o estado da contemplação pura, e quem não é capaz desta será sacrificado com ignomínia vergonhosa ao vazio da vontade desocupada, ao tormento do tédio. Na presença de uma semelhante cercania temos uma medida do nosso valor intelectual. Um bom critério deste é, em geral, o grau da nossa capacidade de suportar ou amar a solidão. A descrita cercania fornece, portanto, um exemplo do sublime em grau baixo, na medida em que nela, ao estado de puro conhecer, em sua calma e plena suficiência, mescla-se como contraste uma lembrança da dependência e pobreza do esforço de uma vontade necessitada de constante **I 241** atividade. — Esse é o tipo // de sublime que celebrizou as pradarias ilimitadas no interior da América do Norte.

Se agora também imaginarmos essa região desnudada de plantas e mostrando apenas rochedos escarpados, então, mediante a completa ausência do orgânico necessário à nossa subsistência, a vontade já se angustia: o ermo assume um caráter amedrontador; nossa disposição se torna mais trágica: a elevação ao puro conhecer ocorre com abandono decisivo do interesse da vontade, e, enquanto permanecemos no estado do puro conhecer, entra em cena de maneira bem distinta o sentimento do sublime.

Um grau ainda mais elevado do sentimento do sublime pode ser ocasionado pela natureza em agitação tempestuosa: semiescuridão e nuvens trovejantes, ameaçadoras; rochedos escarpados, horríveis na sua ameaça de queda e que vedam o horizonte; rumor dos cursos d'água espumosos; ermo completo; lamento do ar passando pelas fendas rochosas. Aí aparece intuitivamente diante dos olhos a nossa dependência, a nossa luta contra a natureza hostil, a nossa vontade obstada; porém, enquanto as aflições pessoais não se sobrepõem e permanecemos em contemplação estética, é o puro sujeito do conhecer quem mira através daquela luta da natureza, através daquela imagem da vontade obstada, e apreende as Ideias de maneira calma, imperturbável, indiferente (*unconcerned*), precisamente naqueles objetos que são ameaçadores e terríveis para a vontade. Nesse contraste reside o sentimento do sublime.

A impressão é ainda mais poderosa quando temos diante dos olhos a luta revoltosa das forças da natureza em larga escala, quando, nessa cercania, uma catarata a cair impede com seu estrépito que ouçamos a própria voz; ou quando nos postamos diante do amplo e tempestuoso mar: montanhas d'água sobem e descem, a rebentação golpeia violentamente os penhascos, espumas saltam no ar, a tempestade uiva, o mar grita, relâmpagos faíscam das nuvens negras e trovões explodem em barulho maior que o da tempestade e do mar. Então, no imperturbável espectador dessa cena, a duplicidade

I 242 de sua consciência atinge o mais elevado grau: ele se sente // de uma vez só como indivíduo, aparência efêmera da vontade que o menor golpe daquelas forças pode esmagar, indefeso contra a natureza violenta, dependente, entregue ao acaso, um nada que desaparece em face de potências monstruosas, e também se sente como sereno e eterno sujeito do conhecer, o qual, como condição do objeto, é o sustentáculo exatamente de todo esse mundo, a luta temerária da natureza sendo apenas sua representação, ele mesmo repousando na tranquila apreensão das Ideias, livre e alheio a todo querer e necessidade. É a plena impressão do sublime, aqui ocasionada pela visão de uma potência incomparavelmente superior ao indivíduo e que o ameaça com o aniquilamento.

De maneira completamente diferente nasce a impressão do sublime a partir da presentificação de uma simples grandeza no espaço e no tempo, cuja incomensurabilidade reduz o indivíduo a nada. Podemos denominar aquele primeiro tipo sublime dinâmico, e este segundo tipo sublime matemático, guardando assim a nomenclatura kantiana e sua correta partição, embora nos distanciemos por completo dele na explicitação da essência íntima dessa impressão, livrando-a seja de reflexões morais, seja de hipóstases da filosofia escolástica.

Quando nos perdemos na consideração da grandeza infinita do mundo no espaço e no tempo, quando meditamos nos séculos passados e vindouros, ou também quando consideramos o céu noturno estrelado, tendo inumeráveis mundos efetivamente diante dos olhos, e a incomensurabilidade do cosmo se impõe à consciência — então sentimo-nos reduzidos a nada, sentimo-nos como indivíduo, como corpo vivo, como aparência transitória da vontade, uma gota no oceano, condenados a desaparecer, a dissolvermo-nos no nada. Mas eis que se eleva simultaneamente contra tal fantasma de nossa nulidade, contra aquela impossibilidade mentirosa, a consciência imediata de que todos esses mundos existem apenas em nossa representação, apenas como modificações do eterno sujeito do puro conhecer, o qual nos sentimos assim que esquecemos a individualidade; esse sujeito do conhecer é o sustentáculo necessário e condicionante de todos os mundos e de todos os tempos. A grandeza do mundo, antes intranquilizadora, repousa

I 243 agora em nós: nossa dependência dela é suprimida por // sua dependência de nós. — Tudo isso, contudo, não entra em cena imediatamente na reflexão, mas se mostra como uma consciência apenas sentida de que, em certo sentido (que apenas a filosofia pode revelar), somos unos com o mundo e, por conseguinte, não somos oprimidos por sua incomensurabilidade, mas somos elevados. É a consciência sentida daquilo que os *Upanishads* dos *Vedas* já exprimiram repetidas vezes de maneira variada, em especial no dito antes citado: *Hae omnes creaturae in totum ego sum, et praeter me aliud ens non est* (*Oupnek'hat*, XXIV, v.I, p.122). Trata-se de elevação para além do indivíduo, sentimento do sublime.[23]

Também se pode receber essa impressão do sublime matemático de uma maneira completamente imediata através de um espaço que, em comparação com a abóbada celeste, é pequeno, porém, por ser perceptível imediata e completamente, faz efeito sobre nós com sua inteira grandeza em todas as três dimensões, tornando a medida do nosso corpo quase que infini-

---

23 Novamente o jogo de palavras entre *Erhebung*, elevação, e *Erhabenen*, sublime. (N. T.)

tamente pequena. Isso nunca pode ser ocasionado por um espaço vazio para a percepção, logo, por um espaço aberto, mas somente por um espaço imediatamente perceptível porque delimitado em todas as suas dimensões, portanto uma cúpula enorme e bastante alta, como a da catedral de São Pedro em Roma, ou a de São Paulo em Londres. O sentimento do sublime nasce aqui pela percepção do nada desvanecedor do nosso próprio corpo em face de uma grandeza que, por seu turno, encontra-se apenas em nossa representação, e cujo sustentáculo somos nós como sujeito que conhece; por conseguinte, como em toda parte, o sentimento do sublime nasce aqui do contraste da insignificância e dependência do nosso si mesmo como indivíduo, aparência da vontade, com a consciência do nosso si mesmo como puro sujeito do conhecer. Mesmo a abóbada do céu estrelado, quando considerada sem reflexão, não atua diferentemente das abóbodas feitas de pedra, e assim apenas com a sua grandeza aparente, não com a sua grandeza real. — Muitos objetos de nossa contemplação despertam a impressão do sublime pelo fato de, tanto em virtude de sua grandeza espacial quanto de sua avançada antiguidade, portanto de sua duração temporal, fazerem que nos sintamos diante deles reduzidos a nada, não obstante deleitarmo-nos

I 244 com a sua visão: desse tipo são as // altíssimas montanhas, as pirâmides do Egito, as ruínas colossais da remota antiguidade.

Sim, também ao ético pode-se aplicar a nossa explanação do sublime, a saber, àquilo que se descreve como caráter sublime. Este também se origina do fato de a vontade não ser excitada por objetos que, normalmente, são propícios para excitá-la; mas, ao contrário, aí o conhecimento prepondera. Um semelhante caráter, consequentemente, considerará as pessoas de maneira puramente objetiva, não segundo as relações que poderiam ter com a sua vontade: o caráter sublime, por exemplo, notará erros, ódio, injustiça dos outros contra si, sem com isso ser excitado pelo ódio; notará a felicidade alheia, sem sentir inveja; até mesmo reconhecerá as qualidades boas dos outros, sem no entanto procurar associação mais íntima com eles; perceberá a beleza das mulheres, sem cobiçá-las. A felicidade ou infelicidade pessoais não lhe afetará profundamente, mas, antes, será como o Horácio descrito por Hamlet:

for thou hast been
As one, in suffering all, that suffers nothing;
A man, that fortune's buffets and rewards
Hast ta'en with equal thanks etc. (A. 3. sc. 2.)[24]

Pois, em seu próprio decurso de vida com seus acidentes, olhará menos a própria sorte e mais a da humanidade em geral e, assim, conduzirá a si mesmo mais como uma pessoa que conhece, não como uma pessoa que sofre.

§ 40

Visto que os opostos se esclarecem, torna-se aqui oportuna a observação de que o oposto propriamente dito do sublime é algo que, à primeira vista, não se reconhece como tal: o EXCITANTE. Entendo sob este termo aquilo // que estimula a vontade, criando-lhe a expectativa de imediata satisfação, preenchimento. – Se o sentimento do sublime nasce quando um objeto empírico desfavorável à vontade se torna objeto de pura contemplação, mantida mediante um desvio contínuo da vontade e elevação sobre os seus interesses, o que justamente constitui a sublimidade da disposição; o excitante, ao contrário, rebaixa o espectador da pura contemplação exigida para apreensão do belo ao excitar necessariamente a sua vontade por meio de objetos empíricos que lhe são diretamente favoráveis; assim, o puro contemplador não permanece mais puro sujeito do conhecer, mas se torna o necessitado e dependente sujeito do querer. – Que comumente todo belo de tipo mais jovial seja chamado excitante é algo a ser creditado a um conceito demasiado amplo, por falta de uma distinção mais precisa, e que tenho de colocar completamente de lado, sim, desprezar. – No sentido aqui explanado, encontro apenas dois tipos de excitante no domínio da arte, ambos indignos dela. Um, bem inferior, encontra-se nas naturezas-mortas dos neerlandeses, quando estes se equivocam na exposição de iguarias comestíveis

I 245

---

24 "Fostes como alguém / Que sofrendo tudo, nada sofreu; / Um homem que recebeu equânime / Tanto a favorável quanto a desfavorável fortuna." (N. T.)

que, por meio de sua apresentação ilusória, despertam necessariamente o apetite, o que é um verdadeiro estímulo à vontade que põe fim a qualquer contemplação estética do objeto. Frutas pintadas ainda são aceitáveis, pois, como desenvolvimento tardio de flores, e com sua forma e sua cor, elas se oferecem a nós como um belo produto natural, e não estamos obrigados a pensar em sua comestibilidade; mas, infelizmente, encontramos com frequência, pintadas com naturalidade ilusória, iguarias preparadas e na mesa colocadas prontas para comer, ostras, arenques, lagostas, pães amanteigados, cerveja, vinho etc.; tudo isso é bastante repreensível. – Na pintura de gênero e na escultura o excitante consiste nas suas figuras nuas, cuja posição, semipanejamento e tratamento são direcionados para despertar a lubricidade do espectador, suprimindo de imediato a pura consideração estética e trabalhando, portanto, contra a finalidade da arte. Tal erro corresponde por inteiro àquele dos neerlandeses anteriormente censurado. Os antigos, na plena nudez e beleza completa de suas figuras, estão quase sempre livres desse erro, já que o próprio artista trabalhava com espírito **I 246** puramente objetivo, cheio de beleza ideal, // não com espírito subjetivo de cobiça interesseira. – O excitante, portanto, deve sempre ser evitado na arte.

Há também um excitante negativo, ainda mais repreensível que o acima explanado excitante positivo. Trata-se do repugnante, que, tanto quanto o excitante em sentido estrito, desperta a vontade do espectador e, com isso, destrói a pura consideração estética. Aqui, no entanto, o que é excitado é uma aversão enérgica, uma repulsa: a vontade é despertada na medida em que lhe são apresentados objetos nauseabundos. Por isso se reconheceu desde sempre que o excitante negativo é inadmissível na arte, na qual até mesmo o feio é suportável, desde que não repugnante, e seja posto em lugar adequado, como veremos mais adiante.

§ 41

O curso de nossa consideração exigiu que incluíssemos a elucidação do sublime ali onde a do belo foi efetuada apenas em sua metade, ou seja, só no tocante ao lado subjetivo. Pois é apenas uma modificação especial deste lado o que diferencia o sublime do belo, a saber, se o estado do puro conhecer destituído de vontade, pressuposto e exigido em toda contemplação estética, apareceu por si mesmo sem resistência, mediante o simples desaparecer da vontade da consciência, na medida em que o objeto convida e atrai para isso, ou se semelhante estado foi alcançado por elevação livre e consciente por sobre a vontade, em referência à qual o objeto empírico contemplado tem uma relação até mesmo desfavorável, hostil, e que suprimiria a contemplação, caso nos detivéssemos nele; — essa é a diferença entre o belo e o sublime. Quanto ao objeto, no entanto, belo e sublime não são essencialmente diferentes: pois tanto num caso quanto noutro o objeto da consideração estética não é a coisa isolada, mas a Ideia que nela se esforça por ser revelada, isto é, a objetidade adequada da vontade num grau determinado: o correlato necessário da Ideia e, tanto quanto esta, independente do princípio de razão, é o puro sujeito do conhecer, assim como o correlato da coisa isolada é o indivíduo que conhece, estes últimos residindo no domínio do princípio de razão.

I 247   // Quando nomeamos um objeto BELO, expressamos que ele é objeto de nossa consideração estética, e isso envolve dois fatores: primeiro, a sua visão nos torna OBJETIVOS, isto é, na sua contemplação não estamos conscientes de nós mesmos como indivíduos, mas como puro sujeito do conhecer destituído de vontade; segundo, conhecemos no objeto não a coisa isolada, mas uma Ideia, e isso só pode ocorrer caso a nossa consideração do objeto não seja entregue ao princípio de razão, não siga a relação com algo exterior (o que em última instância sempre está conectado a uma relação com a vontade), mas repouse no objeto mesmo. Pois a Ideia e o puro sujeito do conhecer sempre entram em cena na consciência simultaneamente como correlatos necessários; com a entrada em cena deles desaparece também concomitantemente toda diferença temporal, pois os dois são por inteiro alheios ao princípio de razão em todas as suas figuras e residem fora das relações estabelecidas por este princípio: eles são comparáveis ao arco-íris e ao Sol, que não têm participação alguma na sucessão de gotas que caem incessantemente. Por conseguinte, se, por exemplo, conheço esteticamente uma árvore, ou seja, com olhos artísticos, portanto não ela, mas a sua Ideia, é sem significação se a árvore intuída é exatamente esta ou o seu ancestral vicejante há milhares de anos; do mesmo modo, é indiferente se o espectador é este ou aquele outro indivíduo que viveu numa época e num lugar diferentes; pois, juntamente com o princípio de razão, foram suprimidos tanto a coisa individual quanto o indivíduo que conhece, restando somente a Ideia e o puro sujeito do conhecer, os quais, juntos, constituem a objetidade adequada da vontade neste grau. E a Ideia está isenta não apenas do tempo, mas também do espaço: ela não é propriamente uma figura espacial que oscila diante de mim; ao contrário, é a expressão, a significação pura, o ser mais íntimo dessa figura, que se desvela e fala para mim; Ideia que pode ser integralmente a mesma, apesar da grande diversidade de relações espaciais da figura.

I 248

Visto que, de um lado, toda coisa existente pode ser considerada de maneira puramente objetiva, exterior a qualquer relação, e, de outro, em cada coisa aparece um grau determinado de // objetidade da vontade, expressão de uma Ideia, segue-se daí que toda coisa é BELA. — O fato de que também o insignificante possa tornar-se objeto de uma consideração puramente objetiva e destituída de vontade e assim se justifique como belo pode ser atestado pelas mencionadas naturezas-mortas dos neerlandeses (§ 38). Uma coisa é mais bela que outra quando facilita aquela pura consideração objetiva, vem-lhe ao encontro, sim, como que compele a isso; então a nomeamos muito bela. Este é o caso, primeiro, quando algo isolado exprime de modo puro a Ideia de sua espécie, mediante proporção bem distinta, puramente determinada, inteiramente significativa de suas partes, reunindo em si todas as exteriorizações possíveis da Ideia de sua espécie, manifestando-a com perfeição: justamente por essas características a coisa isolada facilita bastante ao espectador a transição para a Ideia, atingindo-se assim o estado de intuição pura; segundo, aquela vantagem da beleza particular de um objeto reside em que a Ideia mesma a exprimir-se é um grau superior de objetidade da vontade e por conseguinte diz muito mais, é mais significativa. Eis por que o ser humano, mais do que qualquer coisa, é belo e a manifestação de sua essência é o fim supremo da arte. A figura e a expressão humanas são os objetos mais significativos das artes plásticas, assim como as suas ações o são da poesia. — Todavia, cada coisa tem a sua beleza própria, não apenas cada ser orgânico que se expõe na unidade de uma individualidade, mas também cada ser inorgânico privado de forma, sim, cada artefato; pois todos manifestam as Ideias, pelas quais a vontade se objetiva nos graus mais baixos, dando, por assim dizer, os tons mais profundos e graves da harmonia da natureza. Gravidade, rigidez, fluidez, luz etc. são as Ideias que se exprimem em rochedos, edifícios, correntezas d'águas. As belas jardinagem e arquitetura nada podem fazer senão ajudar essas Ideias a desdobrarem as suas qualidades distintamente, de maneira multifacetada e plena, oferecendo-lhes a oportunidade para exprimir-se de maneira pura, e justamente por isso elas clamam por consideração estética e a facilitam. Consideração esta que é pouco ou nada permitida por edifícios ruins, ou ambientes que negligenciam a natureza e assim corrompem a arte; todavia, mesmo de tais objetos as Ideias fundamentais e gerais da natureza não podem ser totalmente // banidas; elas ainda falarão mediante semelhantes objetos ao espectador que as procure. Esses edifícios ruins ainda são passíveis de consideração estética porque as Ideias das qualidades gerais da sua matéria permanecem reconhecíveis, apesar de a forma artificiosa ali empregada não ser nenhum meio de facilitação da Ideia, mas, antes, um obstáculo que dificulta a consideração estética. Também artefatos servem, em consequência, para a expressão de Ideias: porém, não é a Ideia de artefato que se exprime a partir deles, mas a Ideia do material ao qual se deu essa forma artística. Na língua dos escolásticos isso é dito bem confortavelmente com duas palavras, a saber, no artefato exprime-se a sua *forma substantialis*, forma substancial, não a sua *forma accidentalis*, forma acidental, e esta última não conduz a Ideia alguma, mas apenas a um conceito humano da qual se originou. Escusado é dizer que aqui não entendemos por artefato, expressamente, nenhuma obra da arte plástica. De resto, os escolásticos compreendiam sob *forma substantialis*, em verdade, aquilo que nomeio grau de objetivação da vontade em uma coisa. Retornarei à expressão da Ideia de material quando retomar a consideração da bela arquitetura. — Em conformidade com nossa visão, não podemos concordar com Platão quando este afirma (*Rep.*, X, 596 b; *Parmen.*, 130 b-d) que mesa e cadeira expressam as Ideias de mesa e cadeira; ao contrário, dizemos que mesa e cadeira expressam as Ideias que já se exprimem em seu mero material. Porém, conforme Aristóteles (*Met.*, XI, cap. 3), Platão mesmo estatuíra somente Ideias de seres naturais: ὁ Πλάτων ἔφη ὅτι εἴδη ἐστὶν ὁπόσα φύσει (*Plato dixit, quod ideae eorum sunt, quae natura sunt*)[25] e no capítulo 5 é dito que, conforme os platônicos, não há Ideia alguma de casa e anel. Em todo caso, já os discípulos mais próximos de Platão, como relata Alcino, negavam que houvesse Ideia de artefatos. Ele diz: Ὁρίζονται δὲ τὴν ἰδέαν, παράδειγμα τῶν κατὰ φύσιν αἰώνιον. Οὔτε γὰρ τοῖς πλείστοις τῶν ἀπὸ Πλάτωνος ἀρέσκει, τῶν τεχνικῶν εἶναι ἰδέας, οἷον ἀσπίδος ἢ λύρας, οὔτε μὴν τῶν παρὰ φύσιν, οἷον πυρετοῦ καὶ χολέρας, // οὔτε τῶν κατὰ μέρος, οἷον Σωκράτους καὶ Πλάτωνος, ἀλλ᾽ οὔτε τῶν εὐτελῶν τινός, οἷον ῥύπου καὶ κάρφους, οὔτε τῶν πρός τι, οἷον μείζονος καὶ ὑπερέχοντος· εἶναι γὰρ τὰς ἰδέας νοήσεις θεοῦ αἰωνίους τε καὶ αὐτοτελεῖς — (*Definiunt autem ideam exemplar aeternum eorum, quae secundum naturam existunt. Nam plurimis ex iis, qui Platonem secuti sunt, minime placuit, arte factorum ideas esse, ut clypei atque Lyrae; neque rursus eorum, quae praeter naturam, ut febris et cholerae; neque particularium, ceu Socratis et Platonis; neque etiam rerum vilium, veluti sordium et festucae; neque relationum, ut majoris et excedentis: esse namque ideas intellectiones dei aeternas, ac seipsis perfectas.*)[26] — Nesta ocasião é preciso ainda mencionar um outro ponto da doutrina platônica das Ideias em relação ao qual a nossa doutrina se distancia bastante: quando ele ensina (*Rep.* X, 597 d – 598 a) que o objeto cuja exposição a bela arte intenta, o modelo da pintura e da poesia, não seria a Ideia, mas a coisa individual. Minha visão inteira da arte e do belo afirma justamente o contrário, e tampouco a opinião de Platão nos fará errar; em verdade, esta opinião é a fonte de um dos maiores e mais reconhecidos erros daquele grande homem, a saber, a depreciação e rejeição da arte, em especial da poesia: seus falsos juízos sobre a arte e a poesia estão diretamente associados à mencionada passagem.

---

25 "Platão ensinou que há tantas Ideias quanto há coisas naturais." (N. T.)

26 "Definem Ideia como arquétipos eternos das coisas naturais. Muitos dos discípulos de Platão não admitem que haja Ideias de artefatos, isto é, de escudos e liras, ou de coisas contra a natureza, como febre e cólera, nem de seres individuais, como Sócrates e Platão, muito menos de coisas insignificantes, como poeira e fragmentos, ou ainda de relações como ser maior ou menor, pois as Ideias são os pensamentos eternos e acabados de deus." (N. T.)

Arthur Schopenhauer

§ 42

Volto ao meu tratamento filosófico da impressão estética do belo. O conhecimento do belo supõe sempre, inseparável e simultaneamente, o puro sujeito que conhece e a Ideia conhecida como objeto. Portanto, a fonte da fruição estética residirá ora mais na apreensão da Ideia conhecida, ora mais na bem-aventurança e tranquilidade espiritual do conhecer puro livre de todo querer e individualidade, bem como do tormento ligado a esta: a predominância de um ou outro componente da fruição estética dependerá de a Ideia apreendida intuitivamente ser um grau mais elevado ou mais baixo de objetidade da vontade. Assim, tanto na consideração estética (na efetividade, ou pelo médium da arte) da bela natureza nos // reinos inorgânico e vegetal quanto na consideração estética das obras da bela arquitetura, a fruição do puro conhecer destituído de vontade será preponderante, porque as Ideias aqui apreendidas são graus mais baixos de objetidade da vontade, por conseguinte não são aparências de significado mais profundo e conteúdo mais sugestivo. Se, ao contrário, o objeto da consideração ou da exposição estética forem animais e humanos, a fruição residirá mais na apreensão objetiva dessas Ideias, as quais são a manifestação mais nítida da vontade, visto que exibem a grande variedade de figuras, de riqueza e de significado profundo das aparências, logo, manifestam da maneira mais perfeita a essência da vontade seja em sua veemência, sobressalto, satisfação, seja em sua discórdia (nas exposições trágicas), finalmente até mesmo em sua viragem ou autossupressão, a qual, em especial, é o tema da pintura cristã: de modo geral a pintura de gênero e o drama têm por objeto a Ideia da vontade iluminada por pleno conhecimento. — Passarei agora em revista as artes isoladas, pelo que justamente a exposta teoria do belo adquirirá mais clareza e completude.

§ 43

A matéria nela mesma não pode ser exposição de uma Ideia, pois, como vimos no primeiro livro, ela é por inteiro causalidade: seu ser é o puro

O mundo como vontade e como representação

fazer-efeito. A causalidade, entretanto, é figuração do princípio de razão: o conhecimento da Ideia, porém, exclui radicalmente o conteúdo deste princípio. Também vimos no segundo livro que a matéria é o substrato comum de todos os aparecimentos isolados das Ideias, consequentemente, apresenta-se como o elo de ligação entre a Ideia e a aparência (ou coisa isolada). Por conseguinte, seja por uma razão ou outra, a matéria por si mesma não pode expor Ideia alguma. O que se comprova *a posteriori* pelo fato de não ser possível representação intuitiva alguma da matéria enquanto tal, mas apenas um conceito abstrato dela: nas representações intuitivas expõem-se apenas as formas e qualidades sustentadas pela matéria e nas quais as Ideias se manifestam. Isso corresponde ao fato de a causalidade (essência inteira da matéria) não ser por si mesma // intuitivamente exponível: mas só uma determinada conexão causal o é. – Por outro lado, todo APARECIMENTO de uma Ideia, na medida em que esta entrou na forma do princípio de razão, ou no *principium individuationis*, tem de expor-se na matéria como qualidade desta. Dessa forma, como dito, a matéria é o elo de ligação entre a Ideia e o *principium individuationis*, que é a forma de conhecimento do indivíduo, ou o princípio de razão. – Platão observa muito corretamente que, ao lado da Ideia e da sua aparência (a coisa isolada), que compreendem juntas todas as coisas do mundo, há ainda a matéria como um terceiro termo diferente de ambas (*Timeu*, 48-9). O indivíduo, como aparência da Ideia, é sempre matéria. Cada qualidade desta também é sempre aparência de uma Ideia, e, como tal, passível de uma consideração estética, isto é, conhecimento da Ideia que nela se expõe. Isso vale até mesmo para as qualidades mais gerais da matéria, sem as quais ela nunca existe, e que constituem a objetidade mais tênue da vontade. Tais qualidades são: gravidade, coesão, rigidez, fluidez, reação contra a luz etc.

Se, agora, considerarmos a ARQUITETURA simplesmente como bela arte, abstraída de sua determinação para fins utilitários, nos quais ela serve à vontade, não ao puro conhecimento, e, portanto, não é mais arte em nosso sentido, então não lhe podemos atribuir nenhum outro fim senão aquele de trazer para a mais clara intuição algumas das Ideias que são os graus mais baixos de objetidade da vontade, a saber, gravidade, coesão, rigidez, dureza, as qualidades gerais da pedra, essas primeiras, mais elementares, mais abafadas visibilidades da vontade, tons graves da natureza, e, entre elas, a luz, que em muitos aspectos é o oposto delas. Já nesses graus mais baixos de objetidade da vontade vemos sua essência manifestar-se em discórdia, pois a luta entre gravidade e rigidez é propriamente o único tema estético da bela arquitetura: sua tarefa é fazer entrar em cena essa luta com perfeita distinção e de maneira diversificada. Para ter sucesso em sua tarefa, ela priva àquelas forças indestrutíveis do caminho mais curto de satisfação, **I 253** // retendo-as por um desvio, renovando e instigando a luta, com o que o esforço inesgotável das duas forças se torna visível de forma diversa. — Se abandonada à sua inclinação originária, toda a massa do edifício exporia um mero amontoado, ligado o mais firmemente possível ao corpo da Terra, pois para este o constrange incessantemente a gravidade, que é como a vontade aqui aparece; enquanto a rigidez, também objetidade da vontade, resiste. Mas precisamente essa inclinação, esse esforço, é pela arquitetura obstada em sua satisfação imediata, um desvio que lhe possibilita apenas uma satisfação indireta. Assim, por exemplo, o entablamento só pode pressionar o solo por meio das colunas; a abóbada tem de sustentar a si mesma, e apenas por intermédio das pilastras pode satisfazer seu esforço em direção ao solo, e assim por diante. Mas justamente por esses desvios forçados, por essas travações, desdobram-se da maneira mais distinta e variada possível aquelas forças inerentes à rude massa pétrea: para além disso não pode ir o puro fim estético da arquitetura. Por isso, a beleza de um edifício reside certamente na finalidade visível de suas partes, não para fins humanos exteriores e arbitrários (neste sentido a obra pertence à arquitetura utilitária), mas imediatamente para a estabilidade do todo, em vista do qual a posição de cada uma das partes, a sua grandeza e a sua forma têm de ter uma relação tão necessária que, caso fosse possível remover uma única parte, o todo desmoronaria. Pois só quando cada parte sustenta tanto quanto pode e convenientemente, bem como cada uma é sustentada exatamente na posição em que deve sê-lo e na extensão necessária, é que se desenvolve aquele jogo de adversários, aquela luta entre gravidade e rigidez, forças estas que constituem propriamente a vida, a exteriorização volitiva da pedra, que manifesta nitidamente os graus mais profundos de objetidade da vontade. Do mesmo modo, a forma de cada parte não deve ser determinada arbitrariamente, mas

O mundo como vontade e como representação

por seu fim e relação com o todo. As colunas são as formas mais simples de sustento, determinadas tão somente por seu fim: a coluna torneada é de mau gosto: a pilastra quadrangular é, de fato, menos simples que a coluna redonda, embora casualmente de mais fácil execução. Também as formas do friso, do arco e do entablamento da cúpula são determinadas inteiramente pelo seu fim imediato e assim se esclarecem a // si mesmas. Os ornamentos dos capitéis etc. pertencem à escultura, não à arquitetura, que os admite só como adorno acrescido, que entretanto pode ser dispensado. — Em conformidade com o que foi dito é absolutamente indispensável à compreensão e fruição estética de uma obra arquitetônica ter um conhecimento intuitivo e imediato de sua matéria, relacionado ao peso, à rigidez e à coesão. A nossa alegria numa semelhante obra seria de súbito bastante diminuída se nos fosse revelado que o material de construção é pedra-pomes: pois assim a obra apareceria como uma espécie de construção ilusória. O mesmo efeito seria produzido pela informação de que se trata apenas de um edifício de madeira, quando até então pensávamos ser de pedra, precisamente porque isso muda, altera a relação entre rigidez e gravidade e, com isso, a significação e necessidade de todas as partes; pois aquelas forças naturais se manifestam muito mais fracamente em edifícios de madeira. Por conseguinte, nenhuma obra da bela arquitetura pode ser feita de madeira, por mais que esta assuma todas as formas: o que só é completamente explanável em nossa teoria. Se, pois, durante a visão de um belo edifício, nos alegrássemos e alguém dissesse que ele consiste em materiais completamente diferentes, com peso e consistência bastante diversos, todavia indiscerníveis aos olhos, então a construção inteira seria tão indigna de fruição quanto um poema em língua desconhecida. Todo o exposto demonstra precisamente que a arquitetura faz efeito não apenas matematicamente, mas também dinamicamente, e que aquilo a falar-nos por ela não é meramente a forma e a simetria, mas antes as forças fundamentais da natureza, as Ideias primeiras, graus mais baixos de objetidade da vontade. — A regularidade do edifício e das suas partes é produzida, por um lado, pela finalidade imediata de cada parcela na estabilidade do todo, por outro lado, a regularidade serve para facilitar a visão geral e compreensão do todo; por fim, as figuras regulares contribuem para a beleza, manifestando a legalidade do espaço enquanto tal. Tudo isso, entretanto, é apenas de valor e necessidade subordinados; de modo algum é a coisa principal; inclusive a simetria não é uma exigência imprescindível, visto que até mesmo as ruínas podem ser belas.

I 255 // As obras da arquitetura ainda possuem uma relação inteiramente especial com a luz: a plena luz do Sol e o céu azul como pano de fundo duplicam a sua beleza, já a luz do luar mostra um efeito completamente diferente. Por isso, na execução de uma obra da bela arquitetura, é sempre dada especial atenção aos efeitos da luz e à posição geográfica. Tudo isso tem seu fundamento em grande parte no fato de que só uma iluminação clara e límpida torna perfeitamente visíveis todas as partes e relações do edifício: ademais, penso que a arquitetura está destinada a manifestar não apenas a gravidade e a rigidez, mas também, simultaneamente, toda a essência da luz, de natureza oposta à delas. De fato, na medida em que a luz é interceptada, travada, refletida pelas volumosas, opacas, precisamente limitadas massas do edifício em suas formas variadamente figuradas, desdobra sua natureza e qualidades da maneira mais pura e nítida, para grande prazer do espectador, já que a luz é o mais aprazível das coisas, uma vez que é a condição e o correlato objetivo do mais perfeito modo de conhecimento intuitivo.

Porque as Ideias trazidas à nítida intuição pela arquitetura são os graus mais baixos de objetidade da vontade, e, por consequência, a significação objetiva daquilo que a arquitetura nos manifesta é relativamente pequena, a fruição estética da visão de um belo edifício, favoravelmente iluminado, não reside tanto na apreensão da Ideia, mas antes no correlato subjetivo dela posto com essa apreensão: portanto, essa fruição consiste predominantemente em que o espectador, durante a visão, desprende-se do modo de conhecimento que lhe é próprio enquanto indivíduo, que serve à vontade e segue o princípio de razão, elevando-se ao puro sujeito do conhecimento livre de vontade, portanto à contemplação liberta de todos os sofrimentos do querer e da individualidade. — Nesse sentido, o oposto da arquitetura, e o outro extremo na série das belas-artes, é o drama, o qual torna conhecidas as Ideias mais significativas; consequentemente, na fruição estética do drama, o lado objetivo é por inteiro predominante.

I 256 A arquitetura tem em relação às artes plásticas e à // poesia o diferencial de não fornecer uma cópia, mas a coisa mesma: ela não repete, como as artes plásticas e a poesia, a Ideia conhecida pela qual o artista empresta os seus olhos ao espectador, mas, aqui, o artista apresenta ao espectador o objeto apropriadamente, facilita-lhe a apreensão da Ideia, na medida em que traz o objeto individual e efetivo à expressão mais nítida e perfeita de sua essência.

Diferentemente das demais obras da bela arte, raramente as obras arquitetônicas são executadas para fins puramente estéticos; antes, estes são subordinados a outros fins, utilitários, alheios à arte mesma, e exatamente aí reside o grande mérito do arquiteto, ou seja, em alcançar e executar fins puramente estéticos apesar de sua subordinação a fins estranhos, adaptando-os de diversas maneiras aos variados fins arbitrários, ao julgar com precisão qual beleza estético-arquitetônica ajusta-se e combina com um templo, um palácio, uma prisão etc. Quanto mais um clima severo multiplica as exigências da necessidade e da utilidade, prescrevendo-as de maneira estritamente determinada, de modo impositivo, tanto menos espaço lúdico sobra para o belo na arquitetura. No clima temperado da Índia, do Egito, da Grécia e de Roma, onde as exigências da necessidade eram menores e menos estritamente determinadas, a arquitetura pôde seguir os seus fins estéticos de maneira bastante livre: ao contrário, sob o céu nórdico, tais fins foram contrariados: aqui, onde as exigências eram muros, torres e telhados pontiagudos, a arquitetura, que só podia desdobrar a sua beleza própria dentro de estreitos limites, teve de fazer uma compensação servindo-se cada vez mais de adornos emprestados da escultura, como se pode ver na bela arquitetura gótica.

Se, por um lado, a arquitetura tem de sofrer grandes limitações devido às exigências da necessidade e da utilidade, por outro encontra justamente nestas um apoio dos mais vigorosos, sem o qual não poderia subsistir como bela arte, pois suas obras são de grande envergadura, logo, muito custosas; ademais, o seu efeito estético circunscreve-se a uma esfera bem limitada. A arquitetura, pois, por ser uma arte útil e necessária, situa-se numa posição fixa e honrosa entre as ocupações humanas. A falta dessa // posição é precisamente o que impede àquela outra arte sua irmã, a hidráulica artística, de estar ao seu lado, embora, em termos estéticos, devesse ombrear-lhe. Porque exatamente o que a arquitetura realiza para a Ideia de gravidade, onde esta aparece vinculada à rigidez, isso o realiza a hidráulica artística para a mesma Ideia, quando ela aparece vinculada à fluidez, isto é, ausência de forma, mobilidade fácil e transparência. Quedas d'água em espumantes borbotões a se precipitarem sobre rochedos, cataratas a espraiarem-se tranquilamente, fontes com seu jorro de colunas aquosas e claros espelhos d'água manifestam, todos, as Ideias da pesada matéria fluida, exatamente como o fazem as obras da arquitetura ao desdobrarem as Ideias da pesada matéria sólida. Ora, se o belo não encontra apoio algum na hidráulica utilitária, é porque os seus respectivos fins, via de regra, não se combinam, apesar de haver raras exceções, como, por exemplo, a *Cascata di Trevi* em Roma.[27]

§ 44

Aquilo que as duas artes antes mencionadas realizam para os graus mais baixos de objetidade da vontade é por seu turno realizado em certa medida pela bela jardinagem para os graus mais elevados da natureza vegetal. A beleza paisagística de uma região reside em grande parte na variedade dos objetos que nela se agrupam e, ainda, no fato de estarem separados nitidamente, e mesmo assim exporem-se claramente numa associação e sucessão harmônicas. Essas duas condições são as que auxiliam a bela jardinagem: todavia, esta arte não é tão mestra de seu material como o é a arquitetura, com o que o seu efeito é limitado. O belo que a jardinagem exibe pertence quase que exclusivamente à natureza: ao fim, a primeira pouco realiza: por ouro lado, a jardinagem pouco pode fazer contra o desfavor da natureza e, onde esta trabalha contra, suas realizações são pífias.

Portanto, na medida em que o reino vegetal (que sem intermediação da arte se oferece em todo lugar à fruição estética) é // objeto da arte, pertence ele antes de tudo à pintura de paisagem. Ao domínio desta também pertence toda a restante natureza destituída de conhecimento. — Em naturezas-mortas, em arquitetura pintada, ruínas, interiores de igreja e semelhantes, o lado subjetivo da fruição estética é preponderante, ou seja, nossa alegria

I 258

---

27 Cf. capítulo 35 do segundo tomo. (N. T.)

aí não reside imediatamente tanto na apreensão das Ideias expostas, e sim mais no correlato subjetivo dessa apreensão, no conhecer puro livre de vontade; pois, quando o pintor nos deixa ver as coisas através dos seus olhos, alcançamos aí ao mesmo tempo uma simpatia[28] e o sentimento posterior de profunda tranquilidade espiritual e de completo silêncio da vontade, necessários para imergir tão profundamente o conhecimento naqueles objetos inanimados e, assim, apreendê-los com um tal afeto, isto é, com um tal grau de objetividade. – O efeito da pintura de paisagem propriamente dita é, de fato e no todo, também desse tipo; só que, como as Ideias expostas são graus mais elevados de objetidade da vontade e, portanto, mais expressivas e significativas, já entra em cena aqui o lado mais objetivo da satisfação estética e contrabalança o lado subjetivo. O conhecer puro enquanto tal não é mais o principal, mas com igual poder atua sobre nós a Ideia conhecida, o mundo como representação num grau mais significativo de objetivação da vontade.

Um grau muito mais elevado é exposto pela pintura e escultura de animais. Destas últimas temos remanescentes antigos e significativos: por exemplo, cavalos em Veneza no *Monte cavallo*, nos relevos de Elgin, também em Florença em bronze e mármore e, ainda em Florença, o antigo javali, os lobos uivantes; também os leões do arsenal de Veneza; no Vaticano há uma sala inteira repleta de esculturas de animais, a maior parte antigas etc. Nessas exposições o lado objetivo da satisfação estética obtém uma preponderância decisiva sobre o lado subjetivo. A calma do sujeito que conhece essas Ideias e que silenciou a própria vontade está presente como em cada consideração estética, porém, seu efeito não é sentido, pois nos ocupam a inquietação e a veemência da vontade exposta. Trata-se daquele mesmo querer que constitui o nosso ser e que aqui aparece diante dos olhos em figuras nas quais seu // aparecimento não é dominado, não é silenciado pela clareza de consciência como em nós, mas expõe-se em traços bem mais intensos e com uma nitidez que toca o grotesco e o monstruoso, e tudo isso sem dissimulação, de maneira ingênua, franca, evidente, justamente nisso

I 259

---

28 No original *Mitempfindung*, termo este no qual *Empfindung* significa "sensação", e *mit* "com", ou seja, ao pé da letra teríamos "sensação com". (N. T.)

repousando o nosso interesse pelos animais. O característico das espécies já aparece nas plantas; mostra-se, no entanto, só nas formas: já no que se refere aos animais o característico é muito mais significativo e exprime-se não somente em figuras, mas em ações, posições, gestos, embora sempre apenas como caráter da espécie, não do indivíduo. – Esse conhecimento das Ideias de graus mais elevados, que recebemos na pintura por intermediação alheia, também podemos recebê-lo imediatamente pela intuição puramente contemplativa das plantas e observação dos animais, estes últimos, em verdade, em seu estado livre, natural, espontâneo. A consideração objetiva de suas variadas e maravilhosas figuras e de seu agir e comportamento é uma lição instrutiva a partir do grande livro da natureza, é uma decifração da verdadeira *Signatura rerum*:* vemos neles os diversos graus e maneiras de manifestação da vontade, única e mesma em todos os seres, e que em toda parte sempre quer o mesmo, objetivando-se exatamente como vida, como existência, numa sucessão e variedade tão sem fim de figuras que as mesmas são acomodações para diferentes condições exteriores, comparáveis a muitas variações em torno de um mesmo tema. Caso tivéssemos de fornecer à reflexão do espectador também a informação sobre a essência íntima de todos esses seres, usaríamos antes aquela fórmula sânscrita, com tanta frequência empregada nos livros sagrados dos hindus, chamada *mahāvākya*, isto é, a grande palavra, que soa *"tat tvam asi"*, ou seja, "esse vivente és tu".

I 260

// § 45

A Ideia na qual a vontade atinge o grau mais elevado de sua objetivação, expondo-se imediatamente para a intuição, é, por fim, a grande tarefa da

---

* Jakob Böhme, em seu livro *de Signatura rerum*, assinatura da natureza, cap.I, § 16, 16, 17, diz: "Não há coisa alguma na natureza que não revele a sua feição interior também exteriormente, pois o interior procura sempre a revelação – Cada coisa possui a sua boca para a revelação – Essa é a linguagem da natureza, que cada coisa fale a partir de sua característica, sempre revelando-se e expondo a si mesma – Pois cada coisa revela sua mãe, que portanto confere a ESSÊNCIA E A VONTADE da figuração".

pintura histórica[29] e da escultura. O lado objetivo da alegria no belo é aqui por inteiro predominante e o lado subjetivo entrou no plano de fundo. Ademais, observe-se que no grau imediatamente inferior à pintura histórica, na pintura de animais, o característico é inteiramente uno com o belo: o leão, o lobo, o cavalo, o carneiro, o touro mais característico é sempre o mais belo. O fundamento disso é que os animais possuem apenas o caráter da espécie, não o caráter individual. Porém, na exposição do ser humano, separam-se o caráter da espécie e o caráter do indivíduo: o primeiro, então, se chama beleza (em sentido inteiramente objetivo), enquanto o segundo conserva o nome "caráter" ou "expressão". Com isso entra em cena uma dificuldade nova, a de expor os dois e perfeitamente, e ao mesmo tempo, num mesmo indivíduo.

Beleza humana é uma expressão objetiva que significa a objetivação mais perfeita da vontade no grau mais elevado de sua cognoscibilidade: portanto, a Ideia de ser humano em geral, plenamente expressa na forma intuída. Contudo, por mais que neste caso apareça o lado objetivo do belo, o lado subjetivo sempre permanece seu companheiro inseparável. Nenhum objeto atrai tão rapidamente para a intuição estética quanto o belo rosto e figura humanos, cuja visão nos arrebata instantaneamente com uma satisfação inexprimível e nos eleva por sobre nós mesmos e sobre tudo o que nos atormenta; o que só é possível exatamente porque essa cognoscibilidade mais clara e pura da vontade também nos coloca de maneira mais fácil e rápida no estado do puro conhecer, no qual nossa personalidade e querer, com seu continuado tormento, desaparecem, e isso pelo tempo em que a pura alegria estética mantiver-se: por isso Goethe diz: "Quem contempla a beleza humana não pode padecer de mal algum: sente-se em harmonia consigo mesmo e // com o mundo". — Que a natureza obtenha êxito em produzir uma bela figura humana, temos de explicá-lo pelo fato de que a vontade, ao objetivar-se nesse grau mais elevado num indivíduo, vence todas

---

29 No original *Historienmalerei*, que hoje em dia poderíamos traduzir por pintura de gênero; ali Schopenhauer compreende não somente temas de relevância histórica, mas também ações cotidianas diversas, no que sobretudo a pintura neerlandesa é exímia. (N. T.)

as adversidades (por meio de circunstâncias favoráveis e da própria força), superando todos os obstáculos e resistências que os aparecimentos mais baixos da vontade opõem a este indivíduo, como, por exemplo, as forças naturais que se exteriorizam em toda a matéria; forças estas que primeiro têm de ser vencidas e delas retirada a matéria que lhes pertencia. Ademais, a aparência da vontade nos graus mais elevados tem sempre a diversidade em sua forma: a árvore é tão somente um agregado sistemático de um sem-número de fibras repetidas e crescidas: essa composição de partes diversas torna-se cada vez mais complexa quanto mais avançamos, e o corpo humano é um sistema altamente complexo de partes por inteiro diferentes, cada uma das quais possuindo vida subordinada ao todo, porém própria, *vita propria*: que todas essas partes estejam convenientemente subordinadas entre si e ao todo, que conspirem de forma harmônica para a exposição dele e nada atrofiem nem hipertrofiem: eis aí as condições raras cujo resultado é a beleza, o caráter da espécie perfeitamente cunhado. Assim a natureza. E a arte? — Foi dito que esta se realiza por meio da imitação da natureza. — Como, entretanto, deverá o artista reconhecer sua obra excelsa e imitá-la, separando-a do que há de imperfeito, a não ser que antecipe o belo ANTES DA EXPERIÊNCIA? Alguma vez a natureza produziu um ser humano perfeitamente belo em todas as suas partes? — Foi dito que o artista tem de estudar muitas partes belas e esparsas entre os seres humanos e delas compor um belo todo: eis aí um disparate! Pois pergunte-se mais uma vez: como o artista pode reconhecer que precisamente algumas dessas formas isoladas são belas e outras não? — Também vemos até onde chegaram na beleza os antigos pintores alemães imitando a natureza. Apenas se considere as suas figuras nuas. — Conhecimento algum do belo é possível de maneira puramente *a posteriori* e a partir da mera experiência: tal conhecimento é sempre em parte *a priori*, embora inteiramente diferente das formas do princípio de razão das quais

I 262 estamos conscientes *a priori*. // Estas dizem respeito à forma universal da aparência enquanto tal, na medida em que tal forma fundamenta a possibilidade do conhecimento em geral, o COMO universal e sem exceção de tudo o que aparece, daí surgindo a matemática e as ciências puras da natureza. Ao contrário, o outro modo de conhecimento *a priori*, que torna possível a exposição do belo, não diz respeito à forma do que aparece, mas ao seu conteúdo, não diz respeito ao seu COMO, mas ao seu QUÊ. O fato de todos reconhecerem a beleza caso a vejam, sendo que no caso do artista autêntico isso ocorre com tal nitidez que ele a mostra como nunca antes vira, e, por conseguinte, supera a natureza com sua exposição – tudo isso só é possível porque a vontade, cuja objetivação adequada em seu grau mais elevado deve aqui ser descoberta e julgada, SOMOS NÓS MESMOS. De fato, só dessa maneira temos uma antecipação daquilo que a natureza (que é justamente a vontade, constitutiva de nossa própria essência) se esforçava por expor; antecipação esta que, no autêntico gênio, é acompanhada de tal grau de claridência que ele reconhece nas coisas isoladas a Ideia, como que ENTENDE A NATUREZA EM SUAS MEIAS PALAVRAS e, então, exprime puramente o que elas apenas balbuciam; ele imprime no mármore duro a beleza da forma em que a natureza fracassou em milhares de tentativas, coloca-a diante dela e lhe brada: "Eis o que querias dizer!", para em seguida ouvir a concordância do conhecedor: "Era isso mesmo!". Só assim os gregos geniais puderam descobrir o tipo arquetípico da figura humana e estabelecê-lo como cânone da escultura, também apenas devido à mesma antecipação é possível a todos reconhecer o belo lá onde a natureza o conseguiu efetiva e isoladamente. Semelhante antecipação é o IDEAL: é a Ideia, na medida em que esta, pelo menos em parte, é conhecida *a priori* e, enquanto tal, complementando o que é dado *a posteriori* pela natureza, torna-se prática para a arte. A possibilidade de tal antecipação *a priori* do belo pelo artista, bem como seu reconhecimento *a posteriori* pelo espectador, reside no fato de ambos serem o mesmo Em si da natureza, a vontade que se objetiva. Pois, como disse Empédocles, apenas pelo igual é o igual reconhecido: apenas a natureza pode entender a si mesma: // apenas a natureza pode sondar a si mesma: mas também apenas pelo espírito é o espírito compreendido.*

---

* A última sentença é a versão alemã do *il n'y a que l'esprit qui sente l'esprit* de HELVÉTIUS, cuja identificação não achei ser necessária na primeira edição. Mas, desde então, devido à influência bestial da pseudosabedoria hegeliana, os tempos se tornaram tão degradantes e toscos que muitos até poderiam desconfiar que aqui também se trata de uma referência à oposição entre "espírito e natureza". Eis por que me sinto obrigado a recusar expressamente qualquer aproximação com tais filosofemas.

Arthur Schopenhauer

A opinião disparatada de que os gregos teriam descoberto o ideal estabelecido da beleza humana de maneira inteiramente empírica, recolhendo partes isoladas e belas, encontrando e desvelando aqui um joelho, ali um braço, tem por análoga a opinião sobre a poesia de que, por exemplo, Shakespeare conseguiu fazer entrar em cena, em seus dramas, a grande variedade e justeza de seus caracteres tão verdadeiros e coerentes, tão profundamente trabalhados, a partir de sua própria experiência mundana de vida, tendo-a então repetido. A impossibilidade e absurdez de uma tal hipótese não demanda nenhuma discussão extra: é manifesto que, assim como o gênio só produz as obras das artes plásticas por uma antecipação pressentida do belo, assim também só produz as obras da poesia por uma semelhante antecipação do característico, embora, em ambos os casos, ele precise da experiência como um esquema, com o qual o que lhe é *a priori* obscuramente conhecido atinge a plena distinção e assim entra em cena a possibilidade de exposição com clareza de consciência.

Esclarecemos anteriormente a beleza humana como a objetivação mais perfeita da vontade no grau mais elevado de sua cognoscibilidade. Essa beleza expressa a si mesma através da forma: e esta reside apenas no espaço, e não tem referência necessária alguma ao tempo, como, por exemplo, o movimento o tem. Por consequência, podemos dizer que: a objetivação adequada da vontade por meio de uma aparência meramente espacial é a beleza em sentido objetivo. As plantas não passam de tais aparências meramente espaciais da vontade; ora, como nenhum movimento e, em consequência, nenhuma referência ao tempo (exceção feita ao crescimento) pertence à expressão do ser da planta, segue-se que a sua mera figura expressa e explicita toda a sua natureza. Animais e humanos, // entretanto, ainda precisam, para a manifestação plena da vontade que neles aparece, de uma série de ações, pelas quais o que neles aparece adquire uma referência imediata ao tempo. Tudo isso já foi elucidado no livro anterior e agora conecta-se à nossa presente consideração devido ao seguinte. Assim como a aparência meramente espacial da vontade pode objetivá-la perfeita ou imperfeitamente em cada grau determinado, o que justamente constitui a beleza ou a feiura; assim também a objetivação temporal da vontade, isto é, a ação, portanto o movimento, pode corresponder — e em verdade de modo imediato — pura e perfeitamente à vontade que nele se objetiva, sem interferência alheia, sem nada de supérfluo, sem privação, expressando tão somente, a cada vez, o ato determinado da vontade; – ou pode ocorrer justamente o contrário. No primeiro caso o movimento ocorre com GRAÇA; no segundo, sem graça. Logo, assim como a beleza é a exposição correspondente da vontade em geral por meio de seu aparecimento meramente espacial, também a GRAÇA é a exposição correspondente da vontade por meio de seu aparecimento temporal, isto é, a expressão perfeitamente correta e adequada de cada ato da vontade por intermédio do movimento e da postura nos quais ele se objetiva. E, visto que o movimento e a postura pressupõem o corpo, é bastante justa e acertada a expressão de Winckelmann: "A graça é a proporção característica da pessoa que age com a ação" (*Werke*, I, p.258). Segue-se automaticamente que pode ser atribuída beleza às plantas, mas não graça (a não ser em sentido figurado); animais e humanos têm beleza e graça. A graça, por consequência, consiste no fato de cada movimento e postura darem-se da maneira mais adequada, espontânea e confortável possível, sendo assim a expressão pura e adequada de uma intenção ou ato da vontade, sem nada de supérfluo (o que apareceria como gestos inapropriados destituídos de significação) e sem privação (o que se exporia como inflexível rigidez). A graça pressupõe uma proporção justa de todos os membros, uma estrutura corpórea simétrica, harmônica, pois somente assim são possíveis a leveza perfeita e a finalidade evidente em todas as posturas e movimentos: portanto, a graça nunca é **I 265** possível sem certo // grau de beleza corporal. Graça e beleza, perfeitas e unidas, são o aparecimento mais distinto da vontade no grau mais elevado de sua objetivação.

Como já foi mencionado, é uma marca distintiva da humanidade o fato de nela o caráter da espécie e o do indivíduo entrarem em cena separados, de maneira que cada ser humano, como dito no livro anterior, expõe em certa medida uma Ideia inteiramente própria. Por conseguinte, as artes cujo fim é a exposição da Ideia de humanidade têm ainda por tarefa, ao lado da beleza – do caráter da espécie –, o caráter do indivíduo, o qual será nomeado CARÁTER em sentido estrito; desde que não seja visto como algo casual, exclusivo do indivíduo em sua singularidade, mas sim como um lado especial da Ideia de humanidade que é acentuado neste indivíduo, para cuja manifestação é relevante a exposição desse indivíduo. Por isso o caráter, embora seja individual, tem ainda de ser apreendido e exposto idealmente, ou seja, com acentuação de sua significação em referência à Ideia de humanidade em geral, para cuja objetivação ele contribui à sua maneira: se isso não for feito, a exposição torna-se retrato, repetição do indivíduo enquanto tal, com todas as suas contingências. E, como diz Winckelmann, mesmo o retrato deve ser o ideal do indivíduo.

O CARÁTER apreendido idealmente como acentuação de um lado específico da Ideia de humanidade expõe-se visivelmente, em parte mediante a fisionomia habitual e a estrutura do corpo, em parte mediante afeto e paixão passageiros, modificação recíproca do conhecimento e querer, tudo a exprimir-se nos gestos e movimentos. Como, por um lado, o indivíduo pertence sempre à Ideia de humanidade e, por outro, a humanidade se manifesta sempre no indivíduo e inclusive com significação especial e ideal do mesmo, então nem a beleza pode ser suprimida pelo caráter nem este por aquela, pois a supressão do caráter da espécie mediante o caráter do indivíduo é caricatura, e a supressão do caráter individual mediante o caráter da espécie é ausência de significação. Por isso a exposição artística, na medida em que visa // à beleza, o que sobretudo a escultura faz, sempre modificará o caráter da espécie em alguma extensão mediante o caráter individual, e sempre expressará a Ideia de humanidade de uma maneira determinada e individual, acentuando-a num de seus lados particulares, porque o indivíduo humano enquanto tal possui em certa medida a dignidade de uma Ideia única, e, para a Ideia de humanidade, é essencial que esta se exponha em indivíduos de significação especial. Por isso não encontramos nas obras dos antigos a beleza humana, por eles distintamente apreendida, expressa numa única figura, mas em muitas figuras a exprimirem variados caracteres; como se a Ideia de humanidade fosse em certa medida sempre apreendida num de seus lados e, em consequência, exposta de maneira diferente em Apolo, em Baco, em Hércules, em Antinus: o característico pode restringir o belo e por fim aparecer como feiura no ébrio Sileno, no fauno etc. Se o característico for até a supressão efetiva do caráter da espécie, portanto até o inatural; então torna-se caricatura. — Ainda menos que a beleza, a graça pode ser perturbada pelo característico: não importa a postura ou o movimento que o caráter exija, a graça tem de ser consumada da maneira mais adequada, espontânea e conveniente à pessoa. O que será observado não apenas pelo escultor e pintor, mas também por todo bom ator; do contrário, também aqui se origina a caricatura como distorção e afetação.

A beleza e a graça continuam sendo o tema principal da escultura. O caráter espiritual propriamente dito, aparecendo no afeto, na paixão, no jogo alternado do conhecimento com a vontade, exponível unicamente pela expressão fisionômica e pelos gestos, é de preferência pertença da PINTURA. E, embora olhos e o colorido, que residem fora do âmbito da escultura, contribuam bastante para a beleza, são ainda mais essenciais ao caráter. Ademais, a beleza desdobra-se plenamente à consideração se observada de vários pontos de vista; ao contrário, a expressão e o caráter podem ser apreendidos perfeitamente mesmo se considerados de UM ponto de vista.

Ora, como a beleza é manifestamente o objeto privilegiado da escultura, **I 267** // LESSING procurou explicitar o fato de LAOCOONTE NÃO GRITAR dizendo que o grito é incompatível com a beleza. Como esse objeto foi tema, ou ao menos ponto de partida, de um livro de Lessing, e como muita coisa foi escrita sobre o assunto antes e depois dele, julgo ser-me concedida a oportunidade para, aqui, emitir episodicamente a minha opinião sobre o assunto, embora esta especial elucidação não pertença propriamente ao contexto da nossa consideração, sempre direcionada ao universal.

§ 46

Que Laocoonte, no famoso grupo de esculturas, não grite é algo manifesto, e a estranheza geral e sempre repetida em face disso reside em que, na sua situação, todos nós gritaríamos: e assim também o exige a natureza; pois, no caso da dor física mais intensa e da súbita irrupção da maior das angústias corporais, toda reflexão que poderia conduzir a uma resignação silenciosa é subitamente reprimida da consciência e a natureza alivia-se pelo grito, exprimindo assim a dor e a angústia, ao mesmo tempo em que invoca alguém que salve e espante o agressor. Já Winckelmann sentia falta da expressão do grito: no entanto, na medida em que procurava uma justificativa para o artista, transformou, propriamente dizendo, Laocoonte num estoico, o qual considerava inadequado à sua dignidade gritar *secundum naturam*,[30] e assim acrescentar à própria dor a coerção inútil de evitar a sua manifestação: em consequência, Winckelmann vê em Laocoonte "o espírito de um grande homem posto à prova, um mártir procurando suprimir e reter em si mesmo a expressão do sentimento: ele não irrompe em sonoros gritos, como o faz em Virgílio, mas somente emite gemidos lamentosos" etc. (*Werke*, v.7, p.98 – O mesmo, mais detalhadamente, encontra-se no v.6, p.104 et seq.). Esta opinião de Winckelmann é, por sua vez, criticada por Lessing em seu *Laocoonte* e melhorada nos termos antes enunciados: no lugar do fundamento psicológico, coloca o fundamento puramente estético, ou seja, que a beleza, princípio da arte antiga, não admite a expressão do grito.

I 268 Outro argumento // por ele acrescido, de que um estado completamente passageiro e incapaz de qualquer duração não pode ser exposto numa obra de arte imóvel, tem contra si centenas de exemplos de figuras maravilhosas, captadas em movimentos inteiramente fugidios, dançando, lutando, correndo etc. Goethe mesmo, em seu estudo sobre Laocoonte, que abre os *Propileus* (p.8), considera a escolha de um semelhante momento passageiro absolutamente necessária. – Em nossos dias HIRT (*Horen*, 1797, parte 10), reduzindo tudo à verdade suprema da expressão, decidiu-se no assunto dizendo que Laocoonte não grita porque, prestes a morrer sufocado, não consegue mais gritar. Por fim FERNOW (*Römische Studien,* I, p.426 et seq.) ponderou e discutiu todas essas três opiniões, porém sem acrescentar nada de novo, apenas as unindo e amalgamando.

Não posso deixar de me espantar que homens tão profundos e argutos aduzam laboriosamente fundamentos distantes e insatisfatórios, argumentos psicológicos, sim, até mesmo fisiológicos, para explanar um tema cujo fundamento, entretanto, reside tão próximo e revela-se de imediato ao espectador imparcial. Em especial fico surpreso com Lessing, que, apesar de ter chegado tão próximo da explanação correta, não encontrou o ponto certo.

---

30 "Segundo a natureza." (N. T.)

O mundo como vontade e como representação

Antes de qualquer investigação psicológica e fisiológica sobre se Laocoonte em sua situação poderia ou não gritar — o que, de resto, afirmaria de modo peremptório —, deve estar patente em relação ao grupo de esculturas que nele o grito não pode ser exposto pelo simples motivo de que a exposição do grito reside por inteiro fora do domínio da escultura. Não se podia extrair do mármore um Laocoonte gritando, mas apenas um de boca escancarada, esforçando-se inutilmente por gritar, e no qual a voz ficava entalada na garganta, *vox faucibus haesit*. A essência do grito, e, consequentemente, também do seu efeito sobre o espectador, reside inteiramente no som, não na boca escancarada. Este último fenômeno que acompanha necessariamente o grito tem de primeiro ser motivado e justificado pelo som produzido: só então é permitido, sim, necessário como algo característico para a ação, embora em detrimento da beleza. Mas, // na arte plástica, em que a exposição do grito é completamente alheia e impossível, seria realmente absurdo representar a única expressão facial do grito: a boca escandalosamente escancarada; pois isto acarretaria uma perturbação das feições e demais expressões, já que teríamos diante de nós os meios que exigem muitos sacrifícios, enquanto estaria ausente o seu fim, o grito propriamente dito com o seu efeito sobre o ânimo. E mais grave: ter-se-ia sempre diante dos olhos a visão cômica de um esforço contínuo sem efeito, comparável ao bufão que entope a corneta do guarda noturno adormecido, para depois despertá-lo com o grito "fogo!", regozijando-se com os seus esforços inúteis para soprar o instrumento. — Ao contrário, lá onde reside a apresentação do grito no domínio da arte expositiva, ele é plenamente admissível, porque serve à verdade, ou seja, à exposição integral da Ideia. É o caso da arte poética, que, em sua exposição intuitiva, leva em conta a fantasia do leitor: por isso o Laocoonte de Virgílio grita como um touro solto após ser atingido pelo machado; por isso Homero (*Il.*, XX, 48-53) retrata Marte e Minerva gritando horrivelmente, sem prejuízo de sua dignidade e beleza divinas. Do mesmo modo na arte teatral: sobre o palco Laocoonte obrigatoriamente tinha de gritar; também Sófocles faz Filocteto gritar, e, de fato, nos palcos antigos ele efetivamente devia gritar. Recordo-me de um caso inteiramente similar, quando vi em Londres o famoso ator Kemble numa peça vertida do alemão, *Pizarro*, representando o papel do americano

Rolla, um semisselvagem, mas de caráter muito nobre; ao ser ferido, gritou tão alto e com tanta veemência que causou um grande e espantoso efeito, pois foi muito característico e bastante contribuiu para a verdade. — Por seu turno, um grito pintado ou destituído de voz seria ainda mais risível do que música pintada, esta já sendo censurada por Goethe em seus *Propileus*; pois o grito acarreta muito mais prejuízo às demais expressões e à beleza do que a música, que na maior parte das vezes ocupa apenas os braços e as mãos e deve ser considerada como uma ação característica da pessoa e, nesse sentido, pode ser perfeitamente pintada, // desde que não exija nenhum movimento violento do corpo ou deformação da boca: assim, por exemplo, a Santa Cecília no órgão, o violinista de Rafael na galeria Sciarra em Roma, entre outros. — Por conseguinte, já que a dor de Laocoonte, em virtude dos limites da arte, não podia ser expressa pelo grito, o artista teve de pôr em movimento cada outra expressão de dor: e isso ele realizou com suprema perfeição, como é magistralmente descrito por Winckelmann (*Werke*, v. 6, p.104 et seq.), cuja insigne apresentação conserva seu pleno valor e verdade, desde que se abstraia a sua orientação estoica.*

§ 47

Como a beleza e a graça são o objeto privilegiado da escultura, ela ama o nu e suporta o panejamento apenas à medida que ele não esconde as formas. De fato, a escultura serve-se do drapejado não como um velamento, mas como uma exposição indireta da forma, cujo modo de exposição ocupa bastante o entendimento, pois este alcança a intuição da causa, a saber, a forma do corpo, exclusivamente pelo único efeito dado imediatamente, as pregas das vestimentas. Assim, na escultura o drapejado é em certa medida o que na pintura é o escorço: ambos são alusões, mas não simbólicas, e sim tais que, se bem executadas, compelem o entendimento imediatamente a intuir o aludido, como se este realmente tivesse sido dado.

---

* Também este episódio recebeu seu suplemento no capítulo 36 do segundo tomo.

O mundo como vontade e como representação

De passagem me seja aqui permitido conectar uma comparação concernente à arte retórica. Assim como a bela forma corporal é vista da maneira mais vantajosa num panejamento bem leve ou até mesmo sem panejamento algum e, por conseguinte, uma pessoa de extrema beleza, se também tivesse gosto e pudesse seguir a este, andaria de preferência parcialmente nu, vestido apenas à maneira dos antigos; — assim também todo belo espírito, rico em pensamentos, expressará a si mesmo sempre da maneira mais natural, // mais cândida e simples possível, caso lhe for permitido comunicar seus pensamentos aos outros e assim aliviar-se da solidão a que se vê obrigado num mundo como este: ao contrário, pobreza espiritual, confusão, perversidade do espírito vão vestir-se a si mesmas com os termos mais rebuscados, as expressões mais obscuras, para assim, em frases difíceis e pomposas, mascararem pensamentos miúdos, triviais, insossos, cotidianos: comparável a uma pessoa que, privada da majestade da beleza, quer compensar essa carência com vestimentas e, dessa maneira, esconde a trivialidade e a feiura de sua pessoa sob adornos bárbaros, ouropéis, plumas, adereços, cabeções e mantos. Ora, assim como essa pessoa teria de se ver em embaraço caso fosse posta a andar nua, assim também teriam de se ver muitos autores, caso fossem obrigados a traduzir em linguagem clara o parco conteúdo de seus livros pomposos e obscuros.

I 271

§ 48

Ao lado da beleza e da graça, a PINTURA HISTÓRICA tem ainda o caráter por objeto privilegiado, e com isso deve-se entender em geral a exposição da vontade no grau mais elevado de sua objetivação, no qual o indivíduo, como acentuação de um lado particular da Ideia de humanidade, possui significação própria, que se dá a conhecer não apenas mediante a simples figura, mas por ações de todo tipo e modificações do conhecer e do querer que as ocasionam e acompanham, visíveis no rosto e nos gestos. Na medida em que a Ideia de humanidade é exponível nessa envergadura, o desdobramento de seu caráter multifacetado tem de ser trazido à luz em indivíduos plenos de significação, os quais, por sua vez, só podem se tornar visíveis em sua significação através de cenas variadas, acontecimentos e ações. A pintura histórica resolve essa sua tarefa infinita ao trazer diante dos olhos cenas da vida de todo tipo, de grande ou pequena significação. Nenhum indivíduo ou ação pode ser sem significado: em todos e por intermédio de todos desdobra-se gradativamente a Ideia de humanidade. Eis por que nenhum evento da vida humana deve ser excluído da pintura. Em consequência, é-se muito injusto com os maravilhosos pintores da // escola neerlandesa ao apreciar apenas suas habilidades técnicas, desprezando-os no resto, alegando-se que, na maioria das vezes, só expõem objetos da vida cotidiana, enquanto, ao contrário, considera-se como significativos somente eventos da história universal ou bíblica. É preciso antes de tudo diferenciar a significação interior da significação exterior de uma ação: as duas são completamente diferentes e vão separadas uma da outra. A significação exterior da ação é a importância dela em relação às suas consequências para e no mundo efetivo; portanto, segundo o princípio de razão. A significação interior da ação é a profundidade de intelecção que ela permite na Ideia de humanidade, na medida em que traz a lume os lados dessa Ideia que raramente aparecem, na medida em que, colocando individualidades em circunstâncias propícias à expressão de suas características, torna possível o desdobramento claro e decisivo destas. Apenas a significação interior vale na arte: a exterior vale na história. Ambas são completamente independentes uma da outra, podem aparecer juntas, mas também sozinhas. Uma ação altamente significativa para a história pode ser extremamente trivial e comum em sua significação interior; ao contrário, uma cena da vida cotidiana pode ser de grande significação interior se nela aparecem indivíduos humanos com suas ações e querer, numa luz clara e nítida, até seus recônditos mais secretos. Também pode ocorrer que, em meio à significação exterior bastante díspar, a significação interior seja a mesma; por exemplo, vale a mesma coisa em termos de significação interior se ministros disputam, sobre um mapa, países e povos, ou se camponeses querem, numa estalagem, fazer valer seus direitos nos jogos de carta e dado; do mesmo modo, é indiferente se o xadrez é jogado com peças de ouro ou de madeira. Ademais, as cenas e os eventos que constituem a vida de tantos milhões de pessoas, seus feitos e esforços, suas necessidades e alegrias, já são de importância suficiente para se torna-

O mundo como vontade e como representação

rem objeto da arte e têm de fornecer, por meio de sua variedade, estofo suficiente para o desdobramento da Ideia multifacetada de humanidade. Até mesmo a fugacidade dos momentos que a arte fixou em tais obras (hoje em dia denominadas pinturas de *gênero*) desperta uma leve e específica // comoção: pois fixar o mundo fugaz (em constante transformação) em imagens duradouras de eventos particulares, que fazem as vezes do todo, é uma realização da arte da pintura pela qual esta parece trazer o tempo mesmo ao repouso, na medida em que eleva o indivíduo à Ideia de sua espécie. Por fim, os objetos históricos da pintura, significativos exteriormente, possuem muitas vezes a desvantagem de precisamente o significativo deles não ser exponível intuitivamente, mas tem de ser acrescido pelo pensamento. Desse ponto de vista, o sentido nominal de uma imagem tem de ser em geral diferenciado do seu sentido real: o primeiro é o sentido exterior, acrescido apenas mediante o conceito; o segundo é o lado da Ideia de humanidade manifesto para a intuição pela imagem. Por exemplo, Moisés encontrado pela princesa do Egito pode ser o sentido nominal de uma imagem, um momento de extrema importância para a história; ao contrário, o seu sentido real, o efetivamente dado à intuição, é uma criança abandonada num berço flutuante, um incidente que provavelmente já ocorreu muitas vezes. Neste caso apenas as vestes é que farão o conhecedor identificar aquele determinado caso histórico; no entanto, as vestes valem exclusivamente em função do sentido nominal, mas são indiferentes em relação ao sentido real: pois o sentido real diz respeito apenas aos seres humanos enquanto tais, não às formas arbitrárias. Por conseguinte, temas tomados de empréstimo à história não têm vantagem alguma em face de temas da mera possibilidade, que não devem ser nomeados individualmente, mas no geral: pois nos acontecimentos históricos o significativo não é o individual, não é o evento isolado enquanto tal, mas o universal, o lado da Ideia de humanidade que neles se expressa. Por outro lado, os objetos históricos determinados não devem ser rejeitados: apenas ocorre aí que a visão artística propriamente dita deles, tanto no pintor quanto no espectador, nunca se dirige para o indivíduo particular, o que constitui exatamente o seu elemento histórico, mas para o universal que aí se expressa, à Ideia. Deve-se, também, escolher somente objetos históricos cujo tema principal seja de fato exponível e não tenha de ser simplesmente pensado por acréscimo: do contrário, o sentido nominal se distancia muito do real, ou seja, o que é simplesmente pensado na imagem se torna o principal e comete um atentado contra o intuído. Assim como no // palco não é admissível que o principal transcorra detrás da cena (como nas tragédias francesas), num quadro isso seria um erro ainda maior. Eventos históricos fazem efeito de maneira decisivamente desvantajosa só quando limitam o pintor a um domínio escolhido arbitrariamente, em vista de fins outros que os artísticos; é este o caso em especial quando um domínio assim escolhido é pobre em objetos significativos, dignos de serem pintados, como, por exemplo, a história de um povo pequeno, isolado, caprichoso, hierárquico (isto é, dominado por ilusões), obscuro, como o judeu, desprezado pelas grandes nações contemporâneas do Oriente e do Ocidente. — Assim como entre nós e todas as antigas nações existem as emigrações, semelhantemente ao fato de, entre a presente superfície da Terra e aquela superfície onde as organizações se conservaram como fósseis, intercalar-se a mudança sofrida pelo fundo dos mares; assim também é em geral uma grande infelicidade que o povo cuja antiga cultura deveria servir de base para a nossa não seja o indiano nem o grego, ou mesmo o romano, mas justamente esse povo judeu; o que foi nefasto em especial para os pintores geniais da Itália, nos séculos XV e XVI, restritos arbitrariamente a uma esfera limitada de temas, na maioria das vezes mesquinharias de todo tipo: pois o Novo Testamento, em sua parte histórica, é quase sempre mais desfavorável para a pintura que o Antigo, e a história subsequente dos mártires e Padres da Igreja é um tema mais infeliz ainda. Entretanto, tem-se de diferenciar bastante entre os quadros cujo objeto são os elementos históricos ou mitológicos do judaísmo e do cristianismo e aqueles nos quais o espírito propriamente ético do cristianismo é manifesto à intuição mediante a exposição de pessoas plenas desse espírito. Tais exposições são de fato as realizações mais elevadas e dignas de admiração da arte pictórica, levadas a bom termo apenas pelos grandes mestres, sobretudo Rafael e Correggio, este em especial nos seus primeiros quadros. Pinturas desse tipo não são propriamente para computar entre as históricas, já que na maioria das vezes não expõem acontecimentos nem ações, mas são simplesmente agrupamentos de santos, o salvador

O mundo como vontade e como representação

I 275 mesmo, amiúde // ainda criança, com sua mãe, anjos etc. Em seus rostos, especialmente nos olhos, vemos a expressão, o reflexo do modo mais perfeito de conhecimento, a saber, aquele que não é direcionado às coisas isoladas, mas às Ideias, portanto que apreendeu perfeitamente a essência inteira do mundo e da vida, conhecimento esse que, atuando retroativamente sobre a vontade, e ao contrário do outro orientado para as coisas isoladas, não fornece MOTIVOS à vontade, mas se torna um QUIETIVO de todo querer e do qual se originam a resignação perfeita – que é o espírito mais íntimo tanto do cristianismo quanto da sabedoria indiana –, a renúncia a todo querer, a viragem, a supressão da vontade, e, com esta, da essência inteira do mundo, portanto a redenção. Assim, aqueles mestres imortais da arte expressaram intuitivamente em suas obras a sabedoria suprema. Aqui se encontra o ápice de toda arte, a qual seguiu a vontade em sua objetidade adequada, as Ideias, em todos os seus graus, começando pelo mais baixo, onde as causas a movimentam, em seguida onde os estímulos e por fim onde os motivos a movimentam de modo o mais variado, desdobrando a sua essência. Agora a arte culmina com a exposição da autossupressão livre da vontade mediante o grande quietivo que se lhe apresenta a partir do mais perfeito conhecimento de sua própria essência.*

§ 49

Todas as nossas considerações feitas até aqui sobre a arte têm em geral por fundamento a verdade de que o objeto da arte que o artista tem por meta expor e que o artista tem de conhecer antes da sua obra como o gérmen e a origem desta – é a IDEIA e nada mais: não a coisa isolada, o objeto da apreensão comum, tampouco o conceito, o objeto do pensamento racional e da ciência. Embora Ideia e conceito possuam algo em comum, ou seja, ambos representam, como unidade, uma pluralidade de coisas efetivas, a grande diferença entre os dois deve ter ficado evidente a partir da exposição que fiz, no primeiro livro, sobre o conceito, e que fiz, no presente livro,

---

* Esta passagem pressupõe, para sua compreensão, todo o livro seguinte.

I 276 sobre a Ideia. // Que também Platão tenha apreendido de maneira pura essa distinção, eis algo que de modo algum quero afirmar: antes, muitos de seus exemplos de Ideia e suas elucidações sobre as mesmas são aplicáveis apenas aos conceitos. Entrementes, abandonamos essas suas páginas e seguimos o nosso próprio caminho, alegres por termos muitas vezes encontrado os vestígios de um grande e nobre espírito, mas sem seguir os seus passos, e sim o nosso próprio fim. – O CONCEITO é abstrato, discursivo, completamente indeterminado no interior de sua esfera, determinado apenas segundo seus limites, alcançável e apreensível por qualquer um que possua razão, comunicável por palavras sem ulterior intermediação, esgotável por inteiro em sua definição. A IDEIA, ao contrário, embora se possa defini-la como representante adequada do conceito, é absolutamente intuitiva e, apesar de representar uma multidão infinita de coisas isoladas, é inteiramente determinada, nunca sendo conhecida pelo simples indivíduo enquanto tal, mas apenas por quem se destituiu de todo querer e de toda individualidade e, assim, elevou-se a puro sujeito do conhecimento; por conseguinte, ela é alcançável apenas pelo gênio, em seguida por aquele que, por uma elevação de sua faculdade pura de conhecimento, na maioria das vezes ocasionada pelas obras do gênio, é posto numa disposição genial: por isso a Ideia não é integral, mas apenas condicionalmente comunicável: pois a Ideia apreendida e repetida na obra de arte só pode dizer algo a alguém de acordo com a medida do seu próprio valor intelectual; daí as obras mais excelsas de cada arte, as criações mais nobres do gênio permanecerem para a maioria das pessoas como livros eternamente fechados, inacessíveis, um grande abismo as separando deles, assim como as cercanias do príncipe são inacessíveis ao povo. Às vezes também os mais limitados reconhecem as grandes obras pela autoridade de outrem, para desse jeito esconderem a sua fraqueza: contudo, em silêncio, estão sempre preparados para emitir o seu juízo de condenação sobre elas, tão logo surja a oportunidade para fazê-lo sem risco de se exporem, com o que o seu antigo ódio represado contra tudo o que é grandioso e belo, e contra os seus autores que os humilharam e desencorajaram, vem à tona alegremente. Pois para reconhecer e admitir espontaneamente o

I 277 valor alheio tem-se em geral de possuir // valor próprio. E aqui se explica a necessidade da modéstia a despeito de todo mérito, bem como o apreço

O mundo como vontade e como representação

desproporcional dessa virtude, única que, dentre suas irmãs, inclui-se no elogio de qualquer pessoa que louva uma pessoa eminente, para conciliar e silenciar a ira da falta de valor próprio; é que afinal a modéstia não passa de fingida humildade, por meio da qual, num mundo povoado de inveja, pede--se perdão pelas excelências e méritos próprios àqueles que não os possuem. Pois quem não se atribui méritos porque efetivamente não os possui não é modesto, mas simplesmente sincero.

Em virtude da forma temporal e espacial de nossa apreensão intuitiva, a IDEIA é a unidade que decaiu na pluralidade: o CONCEITO, ao contrário, é unidade, mas produzida por intermédio da abstração de nossa faculdade racional: esta unidade pode ser descrita como *unitas post rem*,[31] a primeira como *unitas ante rem*.[32] Por fim, pode-se exprimir a diferença entre Ideia e conceito de maneira figurativa e dizer: o CONCEITO é semelhante a um recipiente morto, no qual, tudo o que nele se coloca, fica efetivamente lado a lado, e nada podemos daí retirar (através de juízos analíticos) senão o que colocamos (através de reflexão sintética); o que se colocou pela reflexão sintética se deixa também de novo retirar por juízos analíticos, não mais: a IDEIA, ao contrário, desenvolve em quem a apreendeu representações que são novas em referência ao conceito que lhe é homônimo: ela se assemelha a um organismo vivo desenvolvendo a si mesmo, dotado de força de reprodução, que produz o que nele não estava contido.

Por consequência, em conformidade com tudo o que foi dito, o conceito, por mais útil que seja para a vida e por mais usado, necessário e proveitoso que seja na ciência, é no entanto eternamente infrutífero para a arte. A verdadeira e única fonte de qualquer obra de arte é a Ideia apreendida. Esta é haurida em sua originariedade vigorosa apenas da vida mesma, da natureza, do mundo, pelo gênio autêntico ou por quem se entusiasma instantaneamente até a genialidade. Somente dessa receptividade imediata se originam as autênticas obras de arte, a portarem em si vida imortal. Justamente porque a Ideia é e permanece intuitiva, o artista não está consciente // *in abstracto* da intenção e do fim de sua obra; não um conceito, mas uma Ideia paira

---

31 "Unidade anterior à coisa." (N. T.)
32 "Unidade posterior à coisa." (N. T.)

diante de si: por conseguinte, não pode fazer um relato da sua atividade: ele trabalha, como se diz, com o simples sentimento, inconsciente, sim, de maneira instintiva. Por sua vez, imitadores, maneiristas, *imitatores, servum pecus* procedem na arte a partir do conceito: percebem o que agrada e faz efeito nas obras autênticas, tornam isso claro para si mesmos e o guardam num conceito, portanto abstratamente, e assim aproximam-se delas para as imitarem aberta ou veladamente, de maneira astuta, com intenção refletida. Na medida em que sugam seu alimento de obras alheias, assemelham-se a plantas parasitas; também se parecem com os pólipos, que assumem as cores daquilo de que se apropriam. Poder-se-ia ir ainda mais longe com a comparação e afirmar que os imitadores se assemelham a máquinas que separam com precisão e misturam o que nelas se introduziu, mas nunca podem realizar a digestão, com o que sempre se pode ainda separar e reconhecer os componentes estranhos da mistura: só o gênio, contrariamente, é comparável a um corpo orgânico que assimila, transforma e produz. Pois o gênio, sem dúvida, será instruído e formado pelos seus predecessores e suas obras; contudo, será frutificado imediatamente apenas pela impressão do que é intuitivo, pela vida e pelo mundo mesmo: por isso a elevada formação jamais prejudica a sua originalidade. Por seu turno, os imitadores e maneiristas concebem a essência das realizações modelares alheias em conceitos: porém, de conceitos não pode originar-se obra de arte alguma que tenha vida interior própria. Entrementes, tais obras maneiristas encontram com frequência, e rápido, a aprovação sonora dos contemporâneos, pois estes, isto é, a grande maioria obtusa, só podem conceber conceitos e se apegam a estes: contudo, após alguns anos, tais obras já são inapreciáveis, visto que o espírito da época – ou seja, os conceitos imperantes, nos quais elas se enraizavam – mudou. Apenas as obras autênticas hauridas imediatamente da natureza e da vida permanecem, como estas, eternamente joviais e com o vigor originário. Tais obras não pertencem a idade alguma, mas à humanidade, e, como se envergonham em adular a sua própria época e desvelam mediata e negativamente os seus equívocos, tardam a ser reconhecidas e o são de mau grado; por outro lado, nunca envelhecem, mas em tempos

I 279 pósteros ainda se expressam de modo fresco e // novo. Deixam de se expor à negligência e ao desconhecimento, pois são coroadas e sancionadas pela

aprovação das poucas cabeças ajuizadas que, isolada e raramente, aparecem*
ao longo dos séculos e declaram o seu voto, cujo lento somatório constitui
o único tribunal a se apelar na posteridade. Esses indivíduos que aparecem
sucessivamente estão por inteiro sozinhos, visto que a massa e a multidão
da posteridade sempre será e permanecerá tão perversa e obtusa quanto a
massa e a multidão de todos os tempos. – Que se leiam os lamentos dos
grandes espíritos em todos os séculos sobre os seus contemporâneos: soam
sem exceção como hoje, porque o gênero humano sempre foi o mesmo.
Em todas as épocas e em todas as artes a afetação toma o lugar do espírito,
que sempre é propriedade exclusiva de um pequeno número: a afetação,
entretanto, é roupagem velha, usada do aparecimento do espírito que já
existiu e foi reconhecido. Em conformidade com tudo isso, a aprovação da
posteridade será via de regra conquistada à custa do desprezo da aprovação
dos contemporâneos, e vice-versa.**

§ 50

Portanto, se o fim de toda arte é a comunicação da Ideia apreendida, que
justamente pela intermediação do espírito do artista (no qual ela aparece
purificada e isolada de todo elemento estranho) também é concebível por
quem possui receptividade fraca e não é capaz de produtividade alguma;
se, ainda, o recurso ao conceito na arte é condenável – então não podemos
admitir que uma obra artística seja intencional e deliberadamente a expressão de um conceito, como é o caso da ALEGORIA. Uma alegoria é uma
obra de arte que significa algo outro que o exposto nela. Contudo, o que é
intuitivo, por conseguinte a Ideia, exprime-se por inteiro, imediata e perfeitamente a si e não precisa da intermediação de algo outro para adquirir
I 280   o seu significado. O que, desse // modo, é indicado e representado por algo
inteiramente outro, visto que não pode por si mesmo ser trazido à intuição,
é sempre um conceito. Por conseguinte, mediante a alegoria um conceito

---

* *Apparent rari, nantes in gurgite vasto* ("Sozinhos aparecem, nadando em águas procelosas").
** Cf. capítulo 34 do segundo tomo.

deve sempre ser indicado e, assim, o espírito do espectador é desviado da representação intuitiva exposta e conduzido a uma outra representação, não intuitiva, mas abstrata, por completo exterior à obra de arte: aqui, pois, um quadro ou uma estátua deve realizar o que um escrito realiza, porém de maneira melhor. Logo, o que explicitamos como o fim da arte, a exposição da Ideia apreendida intuitivamente, desaparece aqui. Para o intentado na alegoria não se exige nenhum grande acabamento na obra de arte: basta ver o que a coisa supostamente deve ser: se isso for encontrado, o objetivo é alcançado, pois o espírito é conduzido a uma representação de tipo inteiramente diferente, a um conceito abstrato, que era o objetivo anteposto. Por conseguinte, as alegorias nas artes plásticas não passam de hieróglifos: se elas têm valor artístico como exposições intuitivas, ele provém não das alegorias, mas de outra coisa. Assim, *A noite*, de Correggio, *O gênio da glória*, de Aníbal Caracci, *As horas*, de Poussin, são imagens muito belas, contudo isso deve ser separado completamente do fato de serem alegorias. Como alegorias, tais obras não realizam mais do que uma inscrição, e até menos. Aqui retomaremos a distinção feita anteriormente entre sentido real e nominal de uma imagem. Nas imagens alegóricas o sentido nominal é exatamente o elemento alegórico, como no caso do gênio da glória; já o sentido real é o efetivamente exposto: aqui um jovem belo e com asas, ao redor do qual giram outros belos meninos: isso exprime uma Ideia: mas este sentido real só faz efeito pelo tempo em que o sentido nominal, alegórico, for esquecido: caso se pense neste, abandona-se a intuição, e um conceito abstrato ocupa o espírito. Entretanto, a passagem da Ideia para o conceito é sempre uma queda. O sentido nominal, a intenção alegórica, amiúde provoca danos ao sentido real, ou seja, à verdade intuitiva: assim, por exemplo, a iluminação inatural em *A noite* de Correggio, apesar de tão belamente executada, é no entanto motivada alegoricamente e, na realidade, impossível. Portanto, se uma imagem alegórica também possui valor artístico, // este é separado e independente daquilo que ela realiza como alegoria. Uma obra de arte alegórica serve simultaneamente a dois fins, vale dizer, a expressão de um conceito e de uma Ideia: porém, apenas o último pode ser um fim da arte, o outro lhe é estranho, vale dizer, um divertimento pueril, uma imagem que ao

O mundo como vontade e como representação

mesmo tempo serve para realizar o que uma inscrição, como um hieróglifo, faz, e inventada em benefício daqueles aos quais a essência propriamente dita da arte jamais pode dizer algo. É como se uma obra artística fosse ao mesmo tempo um instrumento útil e, assim, servisse a dois fins: por exemplo, uma estátua que ao mesmo tempo é candelabro ou cariátide, ou um baixo-relevo que ao mesmo tempo é o escudo de Aquiles. Aos verdadeiros amantes da arte nem uma coisa nem outra agrada. Não quero afirmar com isso que uma imagem alegórica, justamente no que se refere a essa característica, não desperte impressão vivaz na mente; mas tal impressão também seria, sob condições iguais, despertada por uma inscrição. Por exemplo, se na mente de uma pessoa enraíza-se duradoura e fixamente o desejo de glória, na medida em que a considera como sua justa propriedade, que lhe é postergada apenas porque ainda não providenciou os documentos de sua posse, e agora aparece diante de si o gênio da glória com sua coroa de louros, então toda a sua mente será estimulada e ele se sentirá comovido: no entanto, o mesmo também ocorreria se subitamente visse num muro de maneira clara e em grandes caracteres a palavra "glória". Ou, em outro caso, se uma pessoa tivesse descoberto e comunicado uma grande verdade, importante como máxima para a vida prática, ou como intelecção para a ciência, porém ainda não tivesse encontrado crença alguma, então uma imagem alegórica expondo o tempo a levantar um véu, permitindo que se veja a verdade nua, faria efeito poderoso sobre ele; mas o mesmo faria a divisa *le temps découvre la vérité*.[33] Pois o que aqui propriamente faz efeito é sempre apenas o pensamento abstrato, não algo intuído.

Portanto, a alegoria é uma tendência equivocada nas artes plásticas, porque serve a um fim completamente alheio a elas; tendência que se torna absolutamente insuportável, entretanto, quando, conduzida a tal extremo, sua exposição forçada de filigranas e sutilezas degenera em absurdo. É o **I 282** caso, // por exemplo, de uma tartaruga para significar o pudor feminino; Nêmesis abrindo a sua túnica e olhando para o próprio seio, significando que também vê as coisas mais ocultas; a interpretação de Bellori, segundo a

---

33 "O tempo desvela a verdade." (N. T.)

qual Aníbal Carraci veste a volúpia com uma túnica amarela, porque queria com isso significar que as alegrias voluptuosas em breve murcham e se tornam amarelas como palha. — Agora, se entre o exposto e o conceito indicado não existir ligação alguma baseada na subsunção sob o conceito, ou nenhuma associação de ideias, mas o signo e a coisa significada estão conectados de maneira convencional, por normas positivas, fixadas e introduzidas ao acaso: então denomino SÍMBOLO a esse tipo bastardo de alegoria. Assim, a rosa é símbolo da discrição; o louro, da glória; a palma, da vitória; a concha, da peregrinação; a cruz, da religião cristã. Todas as alusões imediatas das meras cores também pertencem ao símbolo: o amarelo, cor da falsidade; o azul, da fidelidade. Tais símbolos possuem com frequência utilidade para a vida, mas para a arte, entretanto, o seu valor é estranho: são espécies de hieróglifos ou ideogramas chineses, e situam-se na mesma classe dos brasões que indicam uma taberna; das chaves que identificam o camareiro-mor; do couro que identifica o mineiro. — Se, ao fim, certas pessoas históricas, míticas ou conceitos personificados tornam-se conhecidos por meio de símbolos fixados para sempre, tem-se aí algo que deve ser mais apropriadamente denominado EMBLEMA: tais são os animais dos Evangelistas, a coruja de Minerva, a maçã de Paris, a âncora da Esperança etc. Entrementes, as pessoas geralmente entendem na maioria das vezes por emblemas aquelas exposições simbólicas simples que são elucidadas por um mote e que devem ilustrar uma verdade moral, das quais há grandes coleções pertencentes a J. Camerarius, Alciatus e outros: tais exposições fazem a transição para a alegoria poética, da qual falaremos mais adiante. — A escultura grega apela à intuição, pelo que é ESTÉTICA; já a escultura hindu apela ao conceito, pelo que é SIMBÓLICA.

Esse juízo sobre a alegoria, fundado e intimamente ligado às nossas considerações anteriores sobre a essência íntima da arte, // é exatamente oposto à visão de Winckelmann sobre o tema, que, diferente de nós, longe de explanar a alegoria como algo alheio ao fim da arte e que amiúde o atrapalha, antes, em toda parte, fala em favor da alegoria e até mesmo (*Werke*, v. I, p.55 et seq.) coloca como fim supremo da arte a "exposição de conceitos universais e coisas não sensíveis". A cada um é permitido escolher livremente uma ou outra consideração. De minha parte, tenho de naturalmente rejeitar

O mundo como vontade e como representação

essa e outras semelhantes colocações de Winckelmann sobre a metafísica do belo propriamente dita; daí se nota que se pode ter a maior receptividade para o belo da arte, e o juízo mais correto sobre as obras artísticas, sem no entanto estar em condição de oferecer uma descrição abstrata, propriamente filosófica de sua essência: é como nos assuntos éticos: alguém pode ser bastante nobre e virtuoso, ter uma consciência moral que decide com o rigor de uma balança de precisão sobre casos específicos, sem, no entanto, estar em condição de fundamentar filosoficamente e expor *in abstracto* a significação ética das ações.

A alegoria tem com a POESIA uma relação completamente diferente da que tem com a arte plástica: se nesta é repreensível, naquela é admissível e mesmo bastante útil. Pois na arte plástica a alegoria leva do intuitivo dado, justamente o objeto de toda arte, para os pensamentos abstratos; na poesia a relação é inversa: aqui o que é dado imediatamente em palavras é o conceito, e o próximo passo é sempre ir deste ao intuitivo, cuja exposição tem de ser executada pela fantasia do ouvinte. Se na arte plástica é-se conduzido de algo dado imediatamente a algo outro, este tem de ser sempre o conceito, porque aqui só o abstrato não pode ser dado imediatamente; porém, um conceito nunca pode ser a origem, e sua comunicação nunca pode ser o fim de uma obra de arte. Na poesia, ao contrário, o conceito é o material, o dado imediatamente, e que por conseguinte pode ser sem problemas abandonado para se invocar algo intuitivo por completo diferente dele e no qual o alvo propriamente dito é atingido. No desenvolvimento de uma poesia muitos conceitos ou pensamentos abstratos podem ser imprescindíveis e não são **I 284** intuíveis em si mesmos e imediatamente: // com isso são frequentemente trazidos à intuição mediante um exemplo particular subsumido a eles. Isso já ocorre em cada expressão figurada, em cada metáfora, em cada comparação, em cada parábola e alegoria, que se diferenciam apenas pela extensão e pelo detalhamento da exposição. Eis por que alegorias e comparações nas artes discursivas são de efeito esplêndido. Note-se o quanto Cervantes fala belamente do sono, ao exprimir que nos alivia de todos os sofrimentos espirituais e corporais: "O sono é um manto que encobre por completo o ser humano". O quão belamente expressa Kleist, de maneira alegórica, com os seguintes versos, o pensamento de que os filósofos e investigadores iluminam o gênero humano:

Aqueles cuja lâmpada noturna ilumina o globo terrestre.

Homero descreve de maneira vigorosa e intuitiva a perniciosa Culpa, ao falar: "Seus pés sutis nunca tocam o solo, mas passeiam sobre as cabeças dos homens" (*Il.* XIX, 91). Grande efeito fez sobre a plebe romana, que se retirou de seu país, a fábula de Menenius Agrippa sobre estômagos e membros. Quão belamente expressa Platão, na já mencionada alegoria da caverna, um dogma filosófico altamente abstrato, no início do sétimo livro da *República*. Do mesmo modo, deve ser vista como uma alegoria profunda, de tendência filosófica, a fábula de Perséfone, que é condenada a permanecer no inferno por ter ali saboreado uma romã: isso é particularmente esclarecedor pelo tratamento dado por Goethe à fábula, além de toda comparação, num episódio de *Triunfo da sensibilidade*. Três obras literárias alegóricas pormenorizadas me são conhecidas: uma, aberta e confessadamente, é o *Criticón* de Baltasar Gracian, que consiste num grande e rico entrançamento de alegorias altamente engenhosas, que servem de discreta vestimenta a verdades morais, às quais o autor transmite enorme possibilidade de apreensão intuitiva, e assim nos coloca em estado de espanto com a riqueza de suas invenções. Duas outras obras alegóricas, no entanto veladas, são *Dom Quixote* e *Gulliver em Liliput*. A primeira alegoriza a vida de um homem que, diferentemente dos demais, não tem em vista apenas cuidar do próprio bem-estar, mas persegue um fim objetivo, ideal, que se apossou de seu pensamento e querer, // com o que se sente, obviamente, isolado neste mundo. No caso de *Gulliver*, precisa-se apenas olhar qualquer coisa física como espiritual para notar o que quer dizer *satirical rogue* (como Hamlet o denominaria). — Portanto, na medida em que na alegoria poética o conceito é sempre dado, e ela o procura tornar intuível por uma imagem, pode ocorrer de às vezes ela também ser expressa ou apoiada por uma imagem pintada, a qual, no entanto, não é obra da arte plástica, mas se deve considerar apenas como hieróglifo indicativo, não fazendo jus a um valor pictórico, porém apenas poético. Desse tipo é aquela bela vinheta alegórica de Lavater, que deve fazer efeito tão revigorante sobre

O mundo como vontade e como representação

o coração de todo defensor da verdade: uma mão que segura uma vela é picada por uma vespa, enquanto em cima mosquitos se queimam na flama; embaixo o moto:

Und ob's auch der Mücke den Flügel versengt,
Den Schädel und all sein Gehirnchen zersprengt;
Licht bleibet doch Licht;
Und wenn auch die grimmigste Wespe mich sticht,
Ich laß' es doch nicht.[34]

A esse gênero também pertence aquela lápide com vela recém-apagada, ainda fumegando, e a inscrição:

Wann's aus ist, wird es offenbar,
Ob's Talglicht, oder Wachslicht war.[35]

Por fim, desse tipo é também uma antiga árvore genealógica alemã, pela qual o último descendente de uma família bem antiga expressava a decisão de conduzir sua vida até o fim em completa abstenção e castidade, para, assim, deixar extinguir a sua raça; isso ele o faz representando a si mesmo prestes a cortar, com uma tesoura, a raiz da árvore que cairá sobre si. Há ainda de mencionar aqueles símbolos antes elencados, comumente chamados de emblemas, e que também podem ser classificados como fábulas curtas pintadas a expressarem uma moral. — Alegorias desse tipo sempre devem ser computadas entre as poéticas, não entre as pictóricas, e precisamente assim são justificadas: também aqui a execução pictórica permanece sempre coisa acessória, e dela nada mais será exigido do que expor o tema de maneira reconhecível. Assim como na arte plástica, também na poesia a **I 286** // alegoria transforma-se em símbolo se entre o exposto e o que é indicado

---

34 "Ainda que as asas dos mosquitos queimem / E estalem suas cabeças e diminutos cérebros, / A luz permanecerá sendo luz; / Ainda que a vespa mais furiosa me pique, / A chama não cairá de minhas mãos." (N. T.)

35 "Só quando se apaga torna-se claro / Se era sebo ou cera." (N. T.)

abstratamente existir tão somente uma conexão arbitrária. Ora, justamente porque todo simbólico baseia-se em convenções, o símbolo, entre outras desvantagens, possui aquela de a sua significação ser esquecida com o tempo e, assim, silenciar-se completamente. Quem adivinharia, se não fosse informado, o motivo de o peixe ser o símbolo do cristianismo? Apenas um Champolion: pois esse símbolo é por inteiro apenas um hieróglifo fonético. Eis por que ainda hoje a Revelação de João[36] como alegoria poética encontra-se no mesmo nível que o relevo *magnus Deus sol Mithra*, que sempre é renovadamente interpretado.*

§ 51

Caso apliquemos nossas considerações feitas até agora sobre a arte em geral e sobre as artes plásticas à POESIA, não duvidaremos de que a poesia também tem a finalidade de manifestar as Ideias, os graus de objetivação da vontade, comunicando-as ao ouvinte com a distinção e a vivacidade mediante as quais a mente poética as apreende. As Ideias são essencialmente intuitivas: se, contudo, na poesia apenas conceitos abstratos são comunicados imediatamente por palavras, é no entanto claro que a intenção é, por meio dos representantes desses conceitos, permitir ao ouvinte intuir as Ideias da vida, o que só é possível com a ajuda de sua própria fantasia. Entretanto, para pôr a fantasia em movimento de acordo com o fim correspondente, os conceitos abstratos, que são o material imediato tanto da poesia quanto da prosa mais seca, têm de ser reunidos de uma tal maneira que suas esferas se intersectam, de modo que nenhuma delas permanece em sua universalidade abstrata, mas, em vez do conceito, um representante intuitivo aparece diante da fantasia, que as palavras do poeta sempre modificam ulteriormente, conforme a intenção de cada momento. Assim como o químico combina dois fluidos perfeitamente claros e transparentes e dessa combinação resulta um precipitado sólido, também o poeta, a partir da //

---

36 "Apocalipse." (N. T.)

  * Cf. capítulo 36 do segundo tomo.

universalidade transparente e abstrata dos conceitos, sabe combiná-los e obter, por assim dizer, um precipitado concreto, individual, a representação intuitiva. Pois a Ideia só pode ser conhecida intuitivamente; e conhecimento da Ideia, por outro lado, é o fim de toda arte. Assim como na química, a maestria na poesia consiste em obter todas as vezes justamente o precipitado que se intencionava. A esse fim servem os muitos epítetos, através dos quais a universalidade de cada conceito é restringida cada vez mais, até a intuição. Homero coloca quase sempre ao lado de um substantivo um adjetivo, cujo conceito corta a esfera do conceito substantivo, ao mesmo tempo diminuindo-o consideravelmente, com o que é trazido muito mais próximo da intuição. Por exemplo:

Ἐν δ' ἔπεσ' Ὠκεανῷ λαμπρὸν φάος ἠελίοιο,
Ἕλκον νύκτα μέλαιναν ἐπὶ ζείδωρον ἄρουραν.

*(Occidit vero in Oceanum splendidum lumen solis,
Trahens noctem nigram super almam terram.)* [37]

E

*Ein sanfter Wind vom blauen Himmel weht,
Die Myrte still und hoch der Lorbeer steht.* — [38]

Em poucos conceitos, precipita-se na fantasia todo o deleite do clima sulino.

Dois auxiliares especiais da poesia são o ritmo e a rima. Não consigo dar nenhuma outra explicação de seu efeito poderoso senão devido ao fato de nossas faculdades de representação, essencialmente ligadas ao tempo, adquirirem por aí uma propriedade em virtude da qual seguimos internamente os

---

37 "Baixa, entrementes, a luz fulgurante do Sol para o oceano, / e a escuridão após si sobre os campos ferazes se estende" (Trad. bras. da *Ilíada*, VIII, 485-6, de Carlos Alberto Antunes). (N. T.)

38 "Um brando vento sopra do céu azul, / A murta cala-se e o loureiro eleva-se pelos ares." (N. T.)

sons em seus intervalores regulares e, assim, como que consentimos como eles. Assim, o ritmo e a rima tornam-se, em primeiro lugar, um laço que cativa a nossa atenção, na medida em que acompanhamos de bom grado a apresentação, e, em segundo lugar, nasce por eles uma concordância cega com o que está sendo apresentado, anterior a qualquer juízo, pelo que a apresentação adquire certo poder de convencimento enfático, independente de quaisquer fundamentos. Devido à universalidade do material de que se serve a poesia para comunicar as Ideias, portanto os conceitos, a extensão do seu domínio é imensa. Toda a natureza, as Ideias de todos os graus, é exponível pela poesia; e, de acordo com a Ideia a ser comunicada, ela procede ou por descrição, ou por narração // ou expondo de maneira imediatamente dramática. Todavia, na exposição dos graus mais baixos de objetidade da vontade, a poesia é, na maioria das vezes, superada pelas artes plásticas, porque a natureza destituída de conhecimento, e também a simplesmente animal, manifesta quase toda a sua essência num único momento apropriado. O ser humano, ao contrário, na medida em que se exprime não apenas mediante a simples figura e a expressão do rosto, mas por uma cadeia de ações acompanhadas por pensamentos e afetos, é o tema principal da arte poética: nenhuma outra arte pode realizar isso de modo igual à poesia, pois esta tem o que falta às artes plásticas, o desenvolvimento de seus eventos de forma progressiva.

O objeto da arte poética é, portanto, preferencialmente a manifestação da Ideia correspondente ao grau mais elevado de objetidade da vontade, a exposição dos seres humanos na série concatenada de seus esforços e ações. — Também a experiência e a história ensinam a conhecer a humanidade; contudo, mais frequentemente OS seres humanos, e não A humanidade mesma, isto é, a experiência e a história fornecem mais notícias empíricas sobre a conduta humana, de onde surgem regras para o próprio comportamento, em vez de um olhar profundo em nossa essência íntima. Sempre resta a possibilidade de também se conhecer, a partir da história e da própria experiência, a essência íntima da humanidade, do ser humano em geral; mas, se isso ocorre, então concebemos a própria experiência, e o historiador concebe a história, com olhar artístico, poético, vale dizer, não meramente conforme a aparência e as relações, mas conforme a Ideia e a essência íntima.

O mundo como vontade e como representação

A experiência pessoal é a condição indispensável para a compreensão tanto da poesia quanto da história, pois é, por assim dizer, o dicionário da língua falada por ambas. A história está para a poesia como a pintura de retratos está para a pintura histórica, pois a história dá o verdadeiro no particular, a poesia, o verdadeiro em sua universalidade; a história tem a verdade da aparência, e é verificada na aparência, a poesia tem a verdade da Ideia, não encontrada em aparência individual alguma e no entanto exprimindo-se a partir de todas. O poeta expõe com escolha e intenção caracteres significativos em situações significativas: já o historiador toma aos dois como eles aparecem. Na escolha dos acontecimentos e das pessoas que quer expor, o historiador não precisa vê-los em sua significação interior, autêntica, que **I 289** exprime a Ideia, mas tem de // escolhê-los conforme a significação exterior, aparente, relativa, cujo valor assenta-se em sua referência a relações e consequências. O historiador não pode considerar coisa alguma em e por si mesma conforme seu caráter essencial e expressão, mas tem de considerar tudo segundo a relação, o encadeamento, a influência sobre o que é próximo, especialmente sobre a própria época; eis por que não perderá de vista uma ação insignificante, comum, caso seja a de um rei: pois ela tem consequência e influência. Ao contrário, as ações individuais, mesmo as altamente significativas, e até as ações de indivíduos destacados, não serão expostas se não tiverem consequência e influência, pois a consideração do historiador segue o princípio de razão e apreende a aparência justamente mediante tal princípio. O poeta, ao contrário, apreende a Ideia, a essência da humanidade exterior a toda relação, a todo tempo, vale dizer, apreende a objetidade adequada da coisa em si em seu grau mais elevado. De fato, embora também pelo modo necessário de consideração do historiador a essência íntima da humanidade — a significação propriamente dita das aparências, o núcleo de todos os invólucros — nunca se perca totalmente, podendo sempre, pelo menos por aquele que a procura, também ser encontrada e reconhecida, aquilo que é significativo não pelas relações, mas em si mesmo, o desdobramento propriamente dito da Ideia, será encontrado muito mais nítida e corretamente na poesia do que na história. Nesse sentido, por mais paradoxal que possa parecer, deve-se atribuir à poesia muito mais verdade interior, própria, autêntica, do que à história. Pois o historiador tem de seguir os acontecimentos isolados justamente conforme a vida, tem de expô-los como eles se desenvolveram no tempo, numa cadeia múltipla e intrincada de fundamentos e consequências; contudo, é impossível que, para isso, possua todos os dados, tenha-os visto ou explorado tudo: por consequência, será abandonado a todo momento pelo original de seu quadro, ou até mesmo um falso pairará diante de si, o que deve ocorrer com tanta frequência que eu poderia afirmar que em qualquer história se encontra mais o falso que o verdadeiro. O poeta, ao contrário, apreendeu a Ideia de humanidade em um de seus lados determinados e exponíveis; é a essência do seu si mesmo que, nela, para ele se objetiva: seu conhecimento, como antes indiquei ao tratar da escultura, é em parte *a priori*; seu original paira fixo, nítido, claramente iluminado diante de seu espírito, não podendo // fugir-lhe: por isso miramos a Ideia pura e nítida no espelho de seu espírito, e sua descrição, até a mais insignificante, é verdadeira como a vida mesma.* Grandes historiadores antigos, quando os dados os abandonam, são poetas no particular, por exemplo no discurso dos heróis; seu modo de tratamento do assunto aproxima-se da poesia épica: precisamente isso

I 290

---

* Entenda-se que sempre tenho em mente, exclusivamente, os poetas raros, grandes, autênticos e de modo algum aquela raça de poetas superficiais e medíocres, forjadores de rimas, inventores de fábulas, que há em todos os tempos, em especial atualmente na Alemanha, aos quais se deveria gritar nos ouvidos.
Mediocribus esse poetis
Non homines, non Di, non concessere columnae.
("À mediocridade dos poetas não se sujeitaram, / Homens, nem deuses nem colunas.") Seria digno de consideração verificar seriamente tanto a quantidade de tempo próprio e alheio quanto a de papel que foram mal gastos por essa horda de poetas medíocres, e como sua influência é injuriosa, na medida em que o público em parte sempre procura pelo novo, em parte também mostra inclinação para o absurdo e o rasteiro, que enquanto tais lhe são mais homogêneos. Por conseguinte, as obras dos medíocres distanciam e apartam as pessoas das genuínas obras-primas, subtraindo-lhes à sua formação, portanto ao influxo benéfico do gênio, conspirando contra o gosto e assim obstando o progresso das épocas. Por isso, a crítica e a sátira, sem nenhuma condescendência e compaixão, deveriam açoitar os poetas medíocres, até que fossem induzidos, para seu próprio bem, a recorrer a sua musa antes para ler obras boas em vez de escrever coisas ruins. — Pois, se até mesmo a torpeza de um imbecil deixou irado o brando Deus das musas, a ponto de dilacerar Marsyas, não vejo onde a poesia medíocre possa basear sua pretensão à tolerância.

confere unidade às suas exposições e permite-lhes conservar a verdade interior, mesmo onde a exterior não lhes é acessível, ou até mesmo é falseada. Acabamos de comparar a história com a pintura de retratos, em contraste com a poesia, que corresponderia à pintura histórica. Agora, vemos como também os historiadores antigos seguiam o preceito de Winckelmann, de que o retrato deve ser o ideal do indivíduo, pois expõe o individual de uma tal maneira que o lado nele expresso da Ideia de humanidade entra em cena: já os novos historiadores, diferentemente, salvo raras exceções, apresentam na maioria das vezes apenas "um barril de entulhos e um quarto de despejo, e quando muito uma ação de estado ou um acontecimento político". – Portanto, quem quiser conhecer a // humanidade em seu íntimo, em todas as aparências e desenvolvimentos de sua essência idêntica, logo, de acordo com a sua Ideia, as obras dos grandes e imortais poetas fornecerão uma imagem muito mais fiel e clara do que já o conseguiram os historiadores; pois, entre estes, até mesmo os melhores, como poetas, estão longe de serem os primeiros, e também não têm as mãos livres. Nesse sentido, também se pode ilustrar a relação entre historiador e poeta mediante a seguinte comparação. O mero historiador, que trabalha apenas conforme os dados, assemelha-se a alguém que, sem conhecimento algum da matemática, investiga por medição as proporções das figuras que acabou de encontrar; suas especificações descobertas empiricamente têm, por conseguinte, de conter todas as incorreções próprias às figuras assinaladas: o poeta, ao contrário, assemelha-se ao matemático que constrói *a priori* aquelas proporções, na pura intuição, expressando-as não como a figura efetivamente desenhada as possui, mas como as mesmas são na Ideia e que o desenho deve tornar sensível. – Por isso Schiller diz:

> *Was sich nie und nirgends hat begeben*
> *Das allein veraltet nie.*[39]

Em vista do conhecimento da essência da humanidade, tenho até mesmo de atribuir um maior valor às biografias, sobretudo às autobiografias, do

---

39 "O que nunca e em lugar algum se passou / Só isso nunca envelhece." (N. T.)

Arthur Schopenhauer

que à história propriamente dita, pelo menos como esta é comumente trata-da. Em parte porque os dados biográficos podem ser reunidos mais correta e completamente; em parte porque na história propriamente dita não agem tanto as pessoas, mas antes os povos e os exércitos, e os indivíduos que porventura entram em cena aparecem numa distância tão grande, cercados de tanta pompa e circunstância, envoltos em vestimentas de Estado volumosas ou em couraças pesadas e rígidas, que de fato é difícil reconhecer o movimento pessoal em meio a tudo isso. Ao contrário, a descrição fiel da vida do indivíduo mostra, numa esfera limitada, o modo de ação pessoal em todas as suas nuanças e figuras: vemos a excelência, a virtude, mesmo a santidade dos indivíduos, ou então a perversidade, a mesquinhez, a malícia da maioria, a perfídia de muitos. Da perspectiva aqui considerada, ou seja, a significação interior da aparência, é inteiramente indiferente se os objetos em torno dos quais gira a ação, // relativamente considerados, são coisas diminutas ou grandiosas, aldeias ou reinos, pois todas essas coisas são nelas mesmas sem significação e a adquirem apenas na medida em que a vontade é por meio delas movimentada. Cada motivo tem sua significação simplesmente em sua relação com a vontade; já a relação dele enquanto coisa com outras coisas não entra em consideração: assim como um círculo de uma polegada de diâmetro possui exatamente as mesmas características de um círculo de quarenta milhões de milhas, assim também os acontecimentos e a história de uma aldeia e aqueles de um reino são no essencial os mesmos; tanto num quanto noutro caso pode-se estudar e conhecer a humanidade. É, portanto, um erro afirmar que as autobiografias são cheias de engodo e dissimulação. A mentira é possível em toda parte, mas em nenhum outro lugar é talvez mais difícil do que na autobiografia. A dissimulação é mais fácil na simples conversação; soa paradoxal, mas já numa carta é, no fundo, mais difícil dissimular, porque aí quem escreve, abandonado a si mesmo, vê antes o que se passa em seu interior, não no exterior, e é difícil para alguém nessa situação aproximar o que está distante e alheio e vê-lo de forma correta, com o que perde (ao contrário da conversação) a medida da impressão que provocaria sobre outrem; o destinatário de uma carta, por outro lado, a lê de modo sereno e numa disposição alheia à do remetente, pode lê-la repetidas vezes, em diferentes ocasiões, e assim facilmente desmascarar a

O mundo como vontade e como representação

intenção secreta. Conhece-se melhor e mais facilmente um autor, também como pessoa, a partir do seu livro, pois aquelas condições fazem efeito na escritura de um livro de modo ainda mais vigoroso e constante. Dissimular numa autobiografia é tão difícil que talvez não haja nenhuma, tomada em seu conjunto, que não seja mais verdadeira que qualquer outra história escrita. A pessoa que traça a sua vida abarca-a no seu todo e amplitude; o particular torna-se pequeno, o próximo se distancia, o distante se aproxima, as precauções desaparecem: a pessoa se coloca voluntariamente no confessionário: numa semelhante situação, a mentira não é tão fácil, pois em cada um também reside uma inclinação para a verdade — que em cada mentira tem de primeiro ser vencida — e, justo no caso aqui abordado, tal inclinação assume uma posição inusitadamente forte. A relação da biografia com a história dos povos torna-se intuitiva pela seguinte comparação. A história mostra-nos a humanidade como, de uma alta montanha, a natu-

I 293 reza nos é mostrada em // perspectiva: vemos muito de uma só vez, vastos espaços, grandes massas, mas nada é reconhecível de maneira distinta e em conformidade com sua constituição propriamente dita. A vida exposta do indivíduo, ao contrário, nos exibe o ser humano como se nos mostra a natureza quando a reconhecemos ao passearmos por entre suas árvores, plantas, rochedos e correntes d'água. Ora, assim como na pintura paisagística, com a qual o artista nos permite ver a natureza com seus olhos, é-nos bastante facilitado o conhecimento das Ideias, bem como o estado exigido para isso do conhecer puro destituído de vontade, assim também a poesia leva vantagem sobre a história e a biografia no que tange à exposição das Ideias: também na poesia o gênio segura diante de nós um límpido espelho, no qual vemos aparecer reunido na luz mais cristalina tudo o que é essencial e significativo, purificado de todas as casualidades e estranhezas.*

A exposição da Ideia de humanidade, que cabe ao poeta, pode ser executada de duas maneiras: ou aquilo a ser exposto é também simultaneamente o expositor, o que ocorre na poesia lírica — na canção propriamente dita —, na qual o poeta apenas intui vivamente o seu estado e o descreve, com o que, mediante o tema, uma certa subjetividade é própria a esse gênero;

---

* Cf. capítulo 38 do segundo tomo.

ou a exposição é inteiramente diferente do expositor, como nos demais gêneros, nos quais o expositor oculta-se em maior ou menor grau por trás do exposto, ao fim desaparecendo por completo. Na romança o expositor ainda expressa o seu próprio estado mediante o tom e o desenvolvimento do todo: ela é muito mais objetiva do que a canção, porém ainda possui algo subjetivo, que já desaparece mais no idílio, mais ainda no romance, quase por completo na epopeia, até os últimos vestígios no drama, que é o gênero mais objetivo e, na maioria dos aspectos, o mais perfeito e difícil gênero da poesia. O gênero lírico é o mais fácil, justamente pelo que foi dito, e, embora nas artes apenas o gênio autêntico possa realizar algo de bom, parece que unicamente a poesia lírica constitui uma exceção, pois até mesmo alguém que não é no todo genial pode, às vezes, mediante // estímulo forte proveniente do exterior, entrar num estado de entusiasmo momentâneo que eleva suas faculdades espirituais acima de sua medida comum, e assim produz uma bela canção; pois para esta ele precisa apenas de uma intuição vivaz de seu próprio estado no momento da exaltação. Isso o comprovam as tantas belas canções de indivíduos de resto desconhecidos, em especial o cancioneiro alemão, do qual temos uma excelente coleção reunida no *Wunderhorn*, bem como as inumeráveis canções de amor e outras canções populares em diversas línguas. Pois apreender a disposição do momento e corporificá-la em canção é a maior realização desse gênero poético. Reproduzem-se na poesia lírica do genuíno poeta o íntimo da humanidade inteira, e tudo o que milhões de seres humanos passados, presentes e futuros sentiram e sentirão nas mesmas situações, visto que retornam continuamente, encontram na poesia lírica a sua expressão apropriada. Ora, na medida em que tais situações, pelo retorno constante, bem como a humanidade mesma, estão aí permanentemente e sempre despertam as mesmas sensações, os produtos líricos do genuíno poeta permanecem séculos afora verdadeiros, eficazes e joviais. Se o poeta é o humano universal, então tudo o que excita o coração de alguém, ou o que a natureza humana produziu a partir de si mesma numa dada situação, tudo o que em algum lugar faz morada no peito de alguém e o agita é seu tema e estofo, assim como o restante da natureza. Por isso tanto a volúpia quanto o místico podem assenhorear-se do poeta, o qual pode ser tanto um Anacreonte quanto um Angelus Silesius, escrever tragédias

O poeta é o espelho da humanidade, e traz à consciência dela o que ela sente e pratica.

ou comédias, expor o caráter sublime ou ordinário – tudo de acordo com o humor pessoal e a própria vocação. Eis por que ninguém pode prescrever ao poeta o dever de ser nobre e sublime, moralista, pio, cristão, isso ou aquilo, muito menos censurá-lo por ter este e não aquele outro caráter. O poeta é o espelho da humanidade, e traz à consciência dela o que ela sente e pratica.

Queremos agora considerar mais de perto a essência da canção propriamente dita, e, para isso, temos de tomar como exemplo modelos puros e primorosos desse gênero, não aquelas composições que já se aproximam de outro gênero, como da romança, da elegia, do hino, do epigrama etc.; notaremos assim que a essência propriamente dita da canção é a seguinte. – // Trata-se do sujeito do querer, a vontade própria, que preenche a consciência de quem canta, amiúde como querer desprendido, satisfeito (alegria), mais frequentemente como paixão – sempre enquanto afeto – obstada (tristeza), estado de ânimo excitado. Ao lado disso e simultaneamente, a visão da natureza circundante faz o cantor tornar-se consciente de si como sujeito do conhecimento puro destituído de vontade, cuja calma espiritual imperturbável aparece agora em contraste com o ímpeto do querer sempre obstado, sempre carente; a sensação desse contraste, desse jogo de alternativas, é propriamente o que se exprime em toda canção e constitui em geral o estado lírico. Nesse estado, por assim dizer, entra em cena o puro conhecer para nos redimir do querer e de seus ímpetos: nós seguimos; mas apenas por instantes: o querer, a lembrança dos nossos fins pessoais, sempre nos afasta de novo da contemplação calma; mas também a próxima e bela cercania, na qual o conhecimento puro destituído de vontade se oferece, sempre nos libera de novo do querer. Com isso, na canção e na disposição lírica, o querer (o interesse pessoal atado a fins) e a intuição pura da cercania que se oferece encontram-se milagrosamente mesclados um com o outro: as relações entre os dois são buscadas e imaginadas; a disposição subjetiva, a afecção da vontade colore a cercania intuída em reflexo, cercania que, por sua vez, também colore a disposição subjetiva: a canção autêntica é a impressão desse inteiro estado de ânimo, tão mesclado e dividido dessa forma. – Para tornar concebível em exemplos esse desdobramento abstrato de um estado, que todavia está bem longe de qualquer abstração, mencionemos qualquer uma das canções imortais de Goethe: especialmente ilustrativas, em vista de tal fim, cito algumas: *Schäfers Klagelied, Willkommen und Abschied, An den Mond, Auf dem See, Herbstgefühl*,[40] também as canções propriamente ditas do *Wunderhorn* constituem excelentes exemplos, sobretudo aquela que assim começa: *O Bremen, ich muss dich nun lassen*.[41] — Como uma paródia cômica corretamente executada do caráter lírico, deve-se mencionar uma notável canção de Voss, na qual descreve a sensação de um pedreiro embriagado caindo de uma torre e que faz durante a queda a observação deveras estranha ao seu estado (portanto pertencente ao conhecimento destituído de vontade) de que o relógio da torre marca onze e meia. // — Quem compartilha comigo a visão aqui exposta sobre o estado lírico também admitirá que o mesmo é propriamente o conhecimento intuitivo e poético daquele princípio estabelecido em meu ensaio sobre o princípio de razão, já mencionado neste livro, a saber, o conhecimento da identidade do sujeito do conhecer com o sujeito do querer, a qual pode ser denominada milagre κατ'έξοχήν;[42] de tal maneira que o efeito poético da canção se baseia, em última instância, sobre a verdade daquele princípio. — No decorrer da vida, os mencionados dois sujeitos, ou, para falar popularmente, a cabeça e o coração, distanciam-se progressivamente: sempre cada vez mais as pessoas separam a sua sensação subjetiva do seu conhecimento objetivo. Na criança os dois ainda se encontram completamente mesclados: ela mal consegue diferenciar-se de seu ambiente, confundindo-se com ele. No jovem toda percepção desperta em primeiro lugar sensação e disposição, sim, confunde-se com estas, como belamente o expressa Byron:

> *I live not in myself, but I become*
> *Portion of that around me; and to me*
> *High mountains are a feeling*[43]

---

40 "Lamento do pastor", "Bem-vinda e adeus", "À Lua", "No lago", "Sentimento de outono". (N. T.)

41 "Ó Bremen, tenho agora de te abandonar." (N. T.)

42 "Por excelência." (N. T.)

43 "Não vivo apenas em mim mesmo, mas torno-me / Uma porção daquilo que me cerca, e para mim / As altas montanhas são um sentimento." (N. T.)

O mundo como vontade e como representação

Justamente por isso o jovem se prende tanto ao lado intuitivo e exterior das coisas; justamente por isso se inclina à poesia lírica e, só quando se torna adulto, à dramática. Podemos pensar o ancião no máximo como poeta épico, semelhante a Ossian e Homero, pois narrar pertence ao caráter de quem é idoso.

Nos gêneros da poesia mais objetivos, especialmente no romance, na epopeia e no drama, o alvo — a manifestação da Ideia de humanidade — é sobretudo atingido por dois meios: concepção profunda com exposição correta de caracteres significativos e trama de situações relevantes nas quais esses caracteres se desdobram. Pois, assim como ao químico é obrigatório apresentar de maneira pura e genuína não apenas os elementos simples e suas ligações principais, mas também expô-los ao influxo dos reagentes I 297 nos quais suas propriedades se tornam distintas e realçadas; // de modo semelhante cabe ao poeta nos apresentar de maneira fiel e autêntica, como o faz a natureza mesma, não apenas os caracteres significativos, mas, para que estes se tornem conhecidos, pô-los em situações nas quais suas características se desdobram por inteiro, apresentando-se distintamente em traços marcantes; situações que, por conseguinte, são chamadas de significativas. Na vida real e na história, só raramente o acaso produz situações com tais características, as quais se encontram isoladamente, perdidas e encobertas por uma multidão de fatos insignificantes. A significação plena das situações e a combinação e escolha de caracteres significativos devem diferenciar o romance, a epopeia e o drama da vida real: em qualquer caso, entretanto, a verdade pétrea é condição imprescindível de seu efeito; já a ausência de unidade nos caracteres, a contradição deles consigo mesmos ou no que se refere à essência da humanidade em geral, bem como a impossibilidade ou inverossimilhança nos acontecimentos, mesmo que pequenos, atentam contra a poesia, tanto quanto as figuras deformadas, as perspectivas falsas ou a iluminação equivocada atentam contra a pintura. Pois sempre desejamos nesses casos o límpido espelho da vida, da humanidade, do mundo, clarificado mediante a exposição, tornado significativo pelos arranjos. Sabemos que todas as artes têm somente um objetivo, a exposição das Ideias: sua diferença mais essencial reside meramente no grau de objetivação da vontade — a Ideia — que será exposto, com o que também se determina o material da exposição; nesse sentido, mesmo artes muito distantes umas das outras deixam-se, no entanto, elucidar reciprocamente por comparação. Em virtude disso, queremos elucidar a poesia por meio da bela hidráulica. Por exemplo: para apreender integralmente as Ideias que se exprimem na água, não basta que vejamos a água num lago calmo ou numa torrente regular, mas aquelas Ideias antes se desdobram por inteiro quando a água aparece sob todas as circunstâncias e obstáculos que, fazendo efeito sobre ela, ocasionam a exteriorização completa de todas as suas características. Por isso achamos belo quando a água precipita, escoa, espuma, salta para cima, cai bem do alto e nessa queda é pulverizada, ou ainda quando, artificialmente impelida, sobe em jato: ora, mostrando-se assim diversificada sob diversas circunstâncias, a água sempre // afirma fielmente o seu caráter, pois lhe é natural tanto jorrar para cima quanto permanecer calma produzindo reflexos; estará sempre bastante preparada para uma ou outra coisa, desde que apareçam as circunstâncias. O que o artista hidráulico realiza na matéria fluida o arquiteto realiza na matéria sólida, e justamente o mesmo realiza o poeta épico ou dramático na Ideia de humanidade. Pois o fim comum de todas as artes é o desdobramento, a elucidação da Ideia, da objetivação do grau da vontade que se expressa no objeto de cada arte. A vida humana, como se mostra na maioria das vezes, assemelha-se à água tal qual esta usualmente se apresenta em lagos e rios: mas na epopeia, no romance, no drama, seletos caracteres são colocados em circunstâncias nas quais todas as suas características se desdobram; com isso, as profundezas da mente humana se desvelam, tornam-se visíveis em ações extraordinárias, plenas de sentido. Dessa forma, a arte poética objetiva a Ideia de humanidade, cuja característica distintiva é expor-se em caracteres marcadamente individuais.

No ápice da arte poética, tanto no que se refere à grandeza do seu efeito quanto à dificuldade da sua realização, deve-se ver a tragédia; e de fato ela assim foi reconhecida. Observe-se aqui algo de suma significação para toda a nossa visão geral de mundo: o objetivo dessa suprema realização poética não é outro senão a exposição do lado terrível da vida, a saber, o sofrimento inominado, a miséria humana, o triunfo da maldade, o império cínico do acaso, a queda inevitável do justo e do inocente: em tudo isso encontra-se uma indicação significativa da índole do mundo e da existência. É o conflito da vontade consigo mesma, que aqui, desdobrado plenamente no grau mais elevado de sua objetidade, entra em cena de maneira aterrorizante. Esse conflito se torna visível no sofrimento da humanidade, em parte produzido pelo acaso e pelo erro, que se apresentam como os senhores do mundo e que, por causa de seus ardis que adquirem a aparência de intencionalidade, são personificados como destino; em parte esse sofrimento advém da humanidade mesma, por meio dos entrecruzados esforços voluntários dos indivíduos e da maldade e perversão da maioria. Em todos, // o que vive e aparece é uma única e mesma vontade, cujas aparências, entretanto, combatem entre si e se entredevoram. A vontade aparece num dado indivíduo mais violentamente, em outro mais fracamente; aqui e ali ela aparece com mais, ou menos, consciência, sendo mais, ou menos, abrandada pela luz do conhecimento; por fim, esse conhecimento, no indivíduo purificado e enobrecido pelo sofrimento mesmo, atinge o ponto no qual a aparência, o véu de māyā, não mais o ilude, e ele adquire uma visão que transpassa a forma da aparência, do *principium individuationis*, com o que também expira o egoísmo baseado neste princípio, e assim, os até então poderosos MOTIVOS perdem o seu poder e, no lugar deles, o conhecimento perfeito da essência do mundo, atuando como QUIETIVO da vontade, produz a resignação, a renúncia, não apenas da vida, mas de toda a Vontade de vida mesma. Assim, vemos ao fim da tragédia os mais nobres, após longa luta e sofrimento, desistirem dos alvos até então perseguidos veementemente, e, para sempre, abdicam de todos os gozos da vida, ou desta se livram com alegria, como fez o príncipe inabalável de Calderón, ou a Gretchen no *Fausto*, ou Hamlet, a quem Horácio gostaria de seguir voluntariamente, porém aquele pede que permaneça e respire por mais algum tempo neste ingrato mundo de dores, a fim de esclarecer o destino de Hamlet e zelar por sua memória; — do mesmo modo a donzela de Orleans e a noiva de Messina: todos morrem purificados pelo sofrimento, ou seja, após a Vontade de vida já ter antes neles se extinguido; a palavra final no *Mohammed* de Voltaire expressa isso literalmente, quando a agonizante Palmira diz a Mohammed: "O mundo é para tiranos, vive!". — Por sua vez, a exigência da chamada justiça poética baseia-se sobre o desconhecimento

I 299

total da essência da tragédia, em verdade desconhecimento da essência do mundo. Da maneira mais gritante percebe-se essa inépcia literária nas críticas obtusas, coerente com sua ingenuidade, que o Dr. Samuel Johnson dirige a algumas peças de Shakespeare, censurando a sua licenciosidade: qual fato levou as Ofélias, as Desdêmonas, as Cordélias a serem culpáveis? – Só a visão de mundo rasa, otimista, racionalista-protestante, ou melhor dizendo, judaica, exigiria justiça poética para encontrar a própria satisfação nessa exigência. O sentido verdadeiro // da tragédia reside na profunda intelecção de que os heróis não expiam os seus pecados individuais, mas o pecado original, isto é, a culpa da existência mesma:

> *Pues el delito mayor*
> *Del hombre es haber nacido*[44]

como Calderón exprime com franqueza.

Sobre a técnica da tragédia tenho a seguinte observação a fazer. A única essência da tragédia é a exposição de uma grande infelicidade. Contudo, os diversos recursos empregados pelo poeta para atingir tal fim podem ser divididos em três gêneros. Pode ocorrer mediante a maldade extraordinária, que toca os limites extremos da possibilidade, e é atribuível a um único caráter que é o autor da infelicidade; exemplos desse tipo são: Ricardo III, Iago em *Otelo*, Shylok em *O mercador de Veneza*, Franz Moor, Fedra de Eurípedes, Creonte em *Antígona*, e semelhantes. A infelicidade pode ser produzida pelo destino cego, ou seja, acaso e erro: um modelo perfeito desse tipo é *Édipo Rei* de Sófocles, também as *Traquínias* e em geral a maioria das tragédias dos antigos: entre os modernos, citem-se como exemplos *Romeu e Julieta*, *Tancredo* de Voltaire, *A noiva de Messina*. Por fim, a infelicidade pode ser produzida pela mera disposição mútua das pessoas, pela combinação de suas relações recíprocas, de tal modo que não se faz preciso um erro monstruoso, nem um acaso inaudito, nem um caráter malvado acima de toda medida e que atinge os limites da perversidade humana, mas, aqui, caracteres moralmente

---

44 "Pois o crime maior / Do homem é ter nascido." (N. T.)

comuns nas circunstâncias do dia a dia são dispostos em relação uns aos outros de uma tal maneira que a sua situação os compele conscientemente a tramar a maior desgraça uns dos outros, sem que com isso a injustiça recaia exclusivamente de um lado. Este último tipo de tragédia me parece superar em muito as anteriores, pois nos mostram a grande infelicidade não como exceção, não como algo produzido por circunstâncias raras ou por caracteres monstruosos, mas como algo que se origina fácil e por si mesmo das ações e dos caracteres humanos, como // uma coisa quase inevitável, que se aproxima temerariamente de nós. Se nas duas primeiras técnicas vemos o destino monstruoso e a maldade atroz como potências terríveis que, no entanto, ameaçam só de longe, de modo que temos a esperança de nos subtrair a elas, sem necessidade de nos refugiarmos no recolhimento, na última técnica, ao contrário, as potências que destroem a felicidade e a vida aparecem de tal modo que também fica aberto para elas, a todo instante, o caminho até nós, pois aqui vemos o grande sofrimento ser produzido por complicações cujo essencial também poderia ser assumido pelo nosso destino, ou por ações que talvez nós mesmos seríamos capazes de realizar, e portanto não teríamos o direito de denunciar a injustiça: sentimo-nos assim horrorizados, já no meio do inferno. A execução desse último tipo de tragédia é extremamente difícil, pois produz o maior efeito meramente por posicionamento e distribuição, com o menor número de recursos e motivos de ação: por isso até mesmo em muitas das melhores tragédias essa dificuldade não é superada. Uma tragédia deve aqui ser mencionada como modelo perfeito nesse aspecto, porém superada em outros aspectos por várias outras peças do mesmo grande mestre: trata-se de *Clavigo*. Também *Hamlet* pertence em certa medida a esse gênero, caso se leve em conta tão somente a sua relação com Laertes e Ofélia; também *Wallenstein* tem o mesmo mérito; *Fausto* é inteiramente desse tipo, se considerarmos como ação principal somente sua conduta para com Gretchen e seu irmão; do mesmo modo o *Cid* de Corneille, apesar de faltar a este o desfecho trágico, que, por contraste, pode-se encontrar na relação análoga de Max com Tekla.*

---

* Cf. capítulo 37 do segundo tomo.

§ 52

Após termos passado em revista todas as belas artes na universalidade própria ao nosso ponto de vista, começando com a bela arquitetura, cujo fim enquanto tal é clarear a objetivação da vontade no grau mais baixo de sua visibilidade, em que ela se mostra como esforço regular // abafado, sem conhecimento, da massa, já manifestando autodiscórdia e luta entre gravidade e rigidez – e fechando a nossa consideração com a tragédia, a qual, no grau mais elevado de objetivação da vontade, traz-nos diante dos olhos em terrível magnitude e distinção justamente o conflito da vontade consigo mesma; – após tudo isso, ia dizer, notamos que uma bela arte permaneceu excluída de nossa consideração, e tinha de permanecê-lo, visto que no encadeamento sistemático de nossa exposição não havia lugar apropriado para ela: trata-se da MÚSICA. Esta se encontra por inteiro separada de todas as demais artes. Conhecemos nela não a cópia, repetição de alguma Ideia dos seres no mundo: no entanto, é uma arte tão elevada e majestosa que é capaz de fazer o efeito estético mais poderoso sobre o mais íntimo do ser humano, sendo tão inteira e tão profundamente compreendida por ele como se fora uma linguagem universal, cuja clareza ultrapassa até mesmo a do mundo intuitivo; – por isso, decerto temos de procurar nela mais do que um *exercitium arithmeticae occultum nescientis se numerare animi*,[45] na qualificação acertada de Leibniz, apesar de ter considerado só a sua significação imediata e exterior, a sua casca; pois, se a música não fosse algo mais, a satisfação por ela proporcionada teria de ser semelhante à que sentimos na correta resolução de uma soma aritmética e não poderia ser a alegria interior com a qual o íntimo mais fundo de nosso ser é trazido à linguagem. Do nosso ponto de vista, ao considerarmos o efeito estético da música, temos de reconhecer-lhe uma significação muito mais séria e profunda, referida à essência íntima do mundo e de nós mesmos; e, nesse sentido, as relações numéricas nas quais a música se deixa resolver não são o significado, mas antes o signo. Da analogia com as demais artes podemos concluir que a música, de certa maneira, tem de estar para o mundo como a exposição

---

45 "Exercício oculto de aritmética no qual a alma não sabe que conta." (N. T.)

O mundo como vontade e como representação

para o exposto, a cópia para o modelo, pois seu efeito é no todo semelhante ao das outras artes, porém mais vigoroso, mais rápido, mais necessário e

I 303 infalível. // Também sua relação de cópia com o mundo tem de ser bastante íntima, infinitamente verdadeira e precisa, visto que é compreendida instantaneamente por qualquer um e dá a conhecer certa infalibilidade no fato de que sua forma se deixa remeter a regras determinadas expressas em números, das quais não pode desviar-se sem cessar completamente de ser música. – Contudo, o ponto de comparação da música com o mundo, a maneira pela qual a primeira está para este como imitação ou repetição, encontra-se profundamente oculto. A música foi praticada em todos os tempos, sem se poder dar uma resposta a tal indagação: ficou-se satisfeito em compreendê-la instantaneamente, renunciando-se a uma concepção abstrata dessa compreensão imediata.

Quando devotava meu espírito à impressão da arte dos sons nas suas variadas formas e de novo retornava à reflexão e ao curso dos meus pensamentos, desenvolvidos no presente livro, cheguei a uma explanação sobre a sua essência íntima e sobre o tipo de relação imitativa que tem com o mundo, pressupostas necessariamente por analogia, que é por inteiro suficiente para mim e minha investigação, e também o será para todos os que me seguiram até aqui e concordaram com a minha visão de mundo; no entanto, tal explanação é do tipo que nunca pode ser comprovada, pois leva em conta, e estabelece, uma relação da música, como uma representação, com algo que essencialmente nunca pode tornar-se representação; nesse sentido, minha explicação vê a música como a cópia de um modelo que, ele mesmo, nunca pode ser de imediato representado. Dessa forma, na conclusão deste terceiro livro, consagrado especialmente à consideração das artes, nada resta senão apresentar a mencionada explanação (que me é suficiente) sobre a maravilhosa arte dos tons, ficando a cargo do leitor concordar com ela ou rejeitá-la, de acordo com o efeito nele provocado em parte pela música, em parte pelo pensamento único comunicado neste escrito. Ademais, para que a minha exposição sobre a significação da música seja aceita com autêntica convicção, julgo necessário a frequente audição musical, acompanhada de

I 304 sustentada reflexão, // e, ainda, muita familiaridade com todo o pensamento por mim aqui exposto.

Arthur Schopenhauer

A objetivação adequada da vontade são as Ideias (platônicas); estimular o conhecimento destas pela exposição de coisas isoladas (que as obras de arte ainda sempre são) é o fim de todas as outras artes (o que só é possível sob uma mudança correspondente no sujeito que conhece). Todas, portanto, objetivam a vontade apenas mediatamente, a saber, por meio de Ideias: ora, como o nosso mundo nada é senão o aparecimento das Ideias na pluralidade, por meio de sua entrada no *principium individuationis* (a forma de conhecimento possível ao indivíduo enquanto tal), segue-se que a música, visto que ultrapassa as Ideias e também é completamente independente do mundo aparente, ignorando-o por inteiro, poderia em certa medida existir ainda que o mundo não existisse – algo que não se pode dizer das outras artes. De fato, a música é uma IMEDIATA objetivação e cópia de toda a VONTADE, como o mundo mesmo o é, sim, como as Ideias o são, cuja aparição multifacetada constitui o mundo das coisas singulares. A música, portanto, não é de modo algum, como as outras artes, cópia de Ideias, mas CÓPIA DA VONTADE MESMA, da qual as Ideias também são a objetidade: justamente por isso o efeito da música é tão mais poderoso e penetrante que o das outras artes, já que estas falam apenas de sombras, enquanto aquela fala da essência. Ora, como é a mesma vontade que se objetiva tanto nas Ideias quanto na música, embora de maneiras completamente diferentes, deve haver um paralelismo entre elas, e, mesmo se não há absolutamente uma similaridade direta, deve haver uma analogia entre a música e as Ideias cujos aparecimentos na pluralidade e na imperfeição é o mundo visível. A demonstração dessa analogia facilitará, como ilustração, o entendimento da presente explanação, dificultada pela obscuridade do seu objeto.

Reconheço nos tons mais graves da harmonia, no baixo fundamental, os graus mais baixos de objetivação da vontade – a natureza inorgânica, a massa do planeta. De fato, todos os tons agudos, de fácil movimento e fugidios, devem ser vistos como originados de vibrações simultâneas do tom **I 305** fundamental, // cuja emissão sempre acompanham suavemente, e é lei da harmonia que só podem acompanhar uma nota grave aqueles tons agudos que efetivamente ressoam automática e simultaneamente com ela (seus *sons harmoniques*) por vibrações concomitantes. Isso é análogo ao fato de que todos os corpos e todas as organizações da natureza têm de ser vistos como originados pelo desenvolvimento gradual a partir da massa planetária; esta é tanto sua fonte quanto seu sustentáculo: e a mesma relação têm os tons mais agudos com o baixo fundamental. – O grave tem um limite além do qual tom algum é audível: isso corresponde ao fato de que matéria alguma é perceptível sem forma e qualidade, isto é, sem exteriorização de uma força inexplicável, na qual justamente se exprime uma Ideia, e mais geralmente ao fato de que matéria alguma pode ser completamente destituída de volição: desse modo, assim como um certo grau de altura é inseparável do tom, assim também um certo grau de exteriorização da vontade é inseparável da matéria. – O baixo fundamental é, portanto, na harmonia, o que no mundo é a natureza inorgânica, a massa mais bruta, sobre a qual tudo se assenta e a partir da qual tudo se eleva e desenvolve. – Ademais, no conjunto das vozes intermediárias que produzem toda a harmonia e se situam entre o baixo fundamental e a voz condutora que canta a melodia, reconheço a sequência integral das Ideias nas quais a vontade se objetiva. As vozes mais próximas do baixo correspondem aos graus mais baixos, ou seja, os corpos ainda inorgânicos, porém que já expressam a si mesmos de diversas formas: já as vozes mais elevadas representam os reinos vegetal e animal. – Os intervalos determinados da escala são paralelos aos graus determinados de objetivação da vontade, às espécies determinadas da natureza. O desvio da correção aritmética dos intervalos mediante um temperamento[46] qualquer, ou produzida pelo tipo escolhido de tom, é análogo ao desvio do indivíduo do tipo da espécie: sim, as dissonâncias impuras que não formam nenhum intervalo determinado são comparáveis às deformações monstruosas situadas entre duas espécies animais, ou entre humano e animal. – A essas vozes graves e do *ripieno* que constituem a HARMONIA falta ainda a coesão no desenvolvimento, encontrada apenas na voz mais elevada que canta a melodia, // única também a movimentar-se rápida e agilmente em modulações e escalas, enquanto as outras possuem somente um movimento mais lento, sem terem cada uma por si uma coesão intrínseca. Do modo mais pesado movimenta-se o baixo profundo, representante da massa mais bruta: seu ascenso e descenso ocorre apenas em grandes intervalos, em terças, quartas,

---

46 No original, *Temperatur*. (N. T.)

quintas, jamais em UM tom, a não ser que haja transposição do baixo por duplo contraponto. Esse movimento lento também é fisicamente essencial ao baixo profundo: aqui um movimento rápido ou trinado em notas baixas não é sequer imaginável. Do modo mais rápido, entretanto sem coesão melódica e progresso significativo, movimentam-se as vozes mais elevadas do *ripieno*, que correm paralelas ao mundo animal. O movimento desconexo e a determinação regular de todas as vozes do *ripieno* são análogos ao fato de que em todo o mundo irracional, do cristal até o mais perfeito dos animais, existência alguma possui uma consciência propriamente conexa que tornaria a sua vida um todo significativo, existência alguma experimenta uma sucessão de desenvolvimentos espirituais, muito menos torna-se mais perfeita por formação cultural, mas todas subsistem uniformemente em todo tempo, como determinadas por sua espécie segundo lei fixa. – Por fim, na MELODIA, na voz principal elevada, que canta e conduz o todo em progresso livre e irrestrito, em conexão significativa e ininterrupta similar a UM pensamento único do começo ao fim, expondo um todo, reconheço o grau mais elevado de objetivação da vontade, a vida do ser humano com esforço e clareza de consciência. Pois apenas o humano, na medida em que é dotado da faculdade de razão, vê sempre adiante e retrospectivamente no caminho da sua realidade efetiva e das suas possibilidades incontáveis e, assim, traz a bom termo, com clareza de consciência, um decurso de vida tomado como um todo coerente: – correspondendo a isso, somente a MELODIA tem conexão plena de sentido e de intenção do começo ao fim. Ela narra, por consequência, a história da vontade iluminada pela clarividência, cuja impressão na realidade é a série de seus atos; porém a melodia diz mais: narra a história mais secreta da vontade, pinta cada agitação, cada esforço, cada movimento seu, tudo o que a razão resume sob o vasto e negativo conceito de sentimento, que não pode ser acolhido em suas abstrações. // Por isso sempre se disse que a música é a linguagem do sentimento e da paixão, assim como as palavras são a linguagem da razão: já Platão descreve a música como: ἡ τῶν μελῶν κίνησις μεμιμημένη, ἐν τοῖς παθήμασιν ὅταν ψυχὴ γίνηται (*melodiarum motus, animi affectus imitans*),[47] *De leg.* VII, e também

_____

47 "O movimento das melodias que imitam as paixões da alma." (N. T.)

Aristóteles diz: διὰ τί οἱ ῥυθμοὶ καὶ τὰ μέλη, φωνὴ οὖσα, ἤθεσιν ἔοικε (*cur numeri musici et modi, qui voces sunt, moribus similes sese exhibent?*), *Probl.* c.19.[48]

A essência do ser humano consiste em sua vontade se esforçar, ser satisfeita e de novo se esforçar, incessantemente; sim, sua felicidade e bem-estar é apenas isto: que a transição do desejo para a satisfação, e desta para um novo desejo, ocorra rapidamente, pois a ausência de satisfação é o sofrimento, a ausência de novo desejo é o anseio vazio, *languor*, tédio; justamente por isso, correspondendo ao que foi dito, a essência da melodia é um afastar-se, um desviar-se contínuo do tom fundamental, por diversas vias, não apenas para os intervalos harmônicos, a terça e a dominante, mas para cada tom, para a sétima dissonante e para os intervalos extremos; contudo, sempre ocorre um retorno ao tom fundamental: a melodia expressa por todos esses caminhos o esforço multifacetado da vontade, mas também a sua satisfação mediante reencontro final de um intervalo harmônico, e mais ainda do tom fundamental. A criação da melodia, o desvelamento nela de todos os mistérios mais profundos do querer e sentir humanos, é obra do gênio, cuja atuação aqui, mais que em qualquer outra atividade, se dá longe de qualquer reflexão e intencionalidade consciente e poderia chamar-se uma inspiração. Aqui o conceito é infrutífero, como na arte em geral: o compositor manifesta a essência mais íntima do mundo, expressa a sabedoria mais profunda, numa linguagem não compreensível por sua razão: como um sonâmbulo magnético, fornece informações sobre coisas das quais, desperto, não possui conceito algum. Por conseguinte, num compositor, mais que em qualquer outro criador, o ser humano e o artista são completamente diferentes. Até na explicação dessa arte maravilhosa o conceito mostra sua indigência e limites: contudo, quero prosseguir em nossa analogia. – Assim como a transição rápida do desejo para a satisfação // e desta para um novo desejo constitui a felicidade e o bem-estar, também as melodias rápidas, sem longos desvios, são alegres; já melodias lentas, entremeadas por dissonâncias dolorosas, retornando ao tom fundamental apenas muitos compassos além, são tristes e análogas à satisfação demorada, difícil. A demora do novo estímulo

---

48 "Por que os ritmos e as melodias se assemelham aos estados de ânimo, embora sejam apenas sons?" (N. T.)

da vontade, o *languor*, não poderia encontrar outra expressão a não ser no tom fundamental prolongado, cujo efeito é logo insuportável, do que já se aproximam bastante as melodias monótonas, inexpressivas. A música de dança, consistindo em frases curtas e fáceis, em movimento veloz, parece exprimir apenas a felicidade comum, fácil de ser alcançada; ao contrário, o *allegro maestoso*, com grandes frases, longos períodos, desvios amplos do tom fundamental, descreve um esforço mais elevado, mais nobre, em vista de um fim distante e sua realização final. O *adagio* fala do sofrimento associado a um grande e nobre esforço, que desdenha qualquer felicidade vulgar. Quão maravilhoso é o efeito dos modos maior e menor! É fascinante observar como a mudança de um meio-tom, a entrada em cena da terça menor em vez da maior, impõe a nós imediata e inevitavelmente um sentimento penoso, angustiante, do qual o modo maior rapidamente nos liberta de novo. O *adagio* alcança no modo menor a expressão mais aguda da dor, tornando-se lamento comovente. A música de dança, no modo menor, parece descrever a ausência de felicidade frívola – que antes se deveria desdenhar – ou falar do alcance de um objetivo menor por meio de fadigas e labutas. – O número inesgotável de possíveis melodias corresponde ao inesgotável da natureza na diversidade dos indivíduos, fisionomias e decursos de vida. A passagem de uma tonalidade para outra completamente diferente, quando a conexão com a anterior é interrompida, compara-se à morte, na medida em que nesta o indivíduo finda; no entanto, a vontade que nele apareceu existe tanto quanto antes e aparece num outro indivíduo, cuja consciência, todavia, não tem ligação alguma com a de seu antecessor.

Entretanto, nunca se deve esquecer, na exposição de todas essas analogias, que a música não tem nenhuma relação direta com elas, mas apenas uma relação mediata; pois a música nunca expressa a aparência, mas unicamente a essência íntima, o em si de toda aparência, a vontade mesma. A música expri-me, portanto, // não esta ou aquela alegria particular e determinada, esta ou aquela aflição, ou dor, ou espanto, ou júbilo, ou regozijo, ou tranquilidade de ânimo, mas eles MESMOS, isto é, a Alegria, a Aflição, a Dor, o Espanto, o Júbilo, o Regozijo, a Tranquilidade de Ânimo, em certa medida *in abstracto*, o essencial deles, sem acessórios, portanto também sem os seus motivos. E, no entanto, a compreendemos perfeitamente nessa quintessência puri-

O mundo como vontade e como representação

ficada. Daí advém o fato de nossa fantasia ser tão facilmente estimulada pela arte dos sons, tentando assim figurar em carne e osso aquele mundo espiritual invisível, vivaz e ágil, a falar tão imediatamente a nós, logo, tenta corporificá-lo num exemplo analógico. Essa é a origem do canto com palavras e da ópera; – vê-se justamente por aí que as palavras daquele e o libreto desta nunca devem abandonar a sua posição subordinada para se tornarem a coisa principal, fazendo da música mero meio de sua expressão, o que se constitui num grande equívoco e numa absurdez perversa. Pois em toda parte a música exprime apenas a quintessência da vida e dos seus eventos, nunca estes mesmos, cujas diferenças jamais a influenciam. É justamente essa universalidade própria da música, ao lado de sua determinidade mais precisa, que lhe confere o supremo valor como panaceia de todos os nossos sofrimentos. Nesse sentido, quando a música procura apegar-se em demasia às palavras e amoldar-se aos eventos, esforça-se por falar uma linguagem que não é a sua. De um semelhante erro ninguém melhor se livrou do que ROSSINI: por isso sua música fala tão clara e puramente a sua linguagem PRÓPRIA, visto que quase não precisa de palavras e, por conseguinte, provoca todo o seu efeito mesmo se executada só com instrumentos.

Em conformidade com todo o exposto, podemos ver o mundo aparente, ou natureza, e a música como duas expressões distintas da mesma coisa, a qual é a única intermediadora da analogia de ambos, e cujo conhecimento é exigido para reconhecer tal analogia. A música, portanto, caso vista como expressão do mundo, é uma linguagem universal no mais supremo grau, que está até mesmo para a universalidade dos conceitos como aproximadamente estes estão para as coisas particulares. Sua universalidade, entretanto, não **I 310** é de maneira alguma a universalidade vazia da abstração, mas de um tipo // totalmente outro, ligada a uma determinidade mais distinta e persistente. Ela se assemelha, assim, às figuras geométricas e aos números, que, como formas universais de todos os objetos possíveis da experiência, aplicáveis a todos *a priori*, não são, no entanto, abstratos, mas passíveis de intuição e perfeitamente determinados. Todos os esforços possíveis, estímulos, exteriorizações da vontade, todas as ocorrências no interior do ser humano, as quais a razão atira no vasto e negativo conceito de sentimento, são exprimíveis pelo número infinito das possíveis melodias, porém sempre na

303

Arthur Schopenhauer

universalidade da mera forma sem matéria, sempre apenas segundo o Em si, não segundo a aparência, por assim dizer a alma mais interior desta, sem o corpo. Essa íntima referência da música à essência verdadeira de todas as coisas explica o fato de, quando soa uma música que combina com alguma cena, ação, acontecimento, ambiente, ela como que nos revela o sentido mais secreto dos mesmos, entrando em cena como o comentário mais claro e correto deles; de maneira similar, quando alguém se entrega por inteiro à impressão de uma sinfonia, é como se visse desfilar diante de si todos os eventos possíveis da vida e do mundo: contudo, se depois medita, não pode fornecer semelhança alguma entre aquela peça musical e as coisas que passavam diante de si. Pois a música, como foi dito, é diferente de todas as outras artes por ser não cópia daquilo que aparece, ou, mais exatamente, da objetidade adequada da vontade, mas cópia imediata da vontade e, portanto, expõe para todo físico o metafísico, para toda aparência a coisa em si. Em consequência, poder-se-ia denominar o mundo tanto música corporificada quanto vontade corporificada: daí se compreende que a música realça de imediato em cada pintura, sim, em cada cena da vida real e do mundo a irrupção de uma significação mais elevada, e tanto mais quanto mais análoga é sua melodia ao espírito íntimo da aparência dada. Daí ser possível sobrepor a música a uma poesia que se deve cantar, ou a uma exposição intuitiva como pantomima, ou às duas como uma ópera. Essas imagens isoladas da vida humana, submetidas à linguagem universal da música, nunca correspondem ou são ligadas a ela com necessidade infalível, mas estão para ela //

I 311 apenas como um exemplo escolhido está para um conceito geral – expõem na determinidade do real o que a música expressa na universalidade da mera forma. Pois em certo sentido as melodias são, semelhantemente aos conceitos universais, uma abstração da realidade efetiva. Esta, portanto o mundo das coisas isoladas, de fato fornece o intuitivo, o particular e individual, o caso isolado, tanto para a universalidade do conceito quanto para a das melodias, universalidades que, em certo sentido, são opostas uma à outra, em virtude de os conceitos conterem tão somente as formas primeiramente abstraídas da intuição, algo assim como a casca exterior, retirada das coisas, logo, são abstrações no sentido integral do termo; já a música, por sua vez, fornece o núcleo interior que precede todas as figuras, fornece o coração das coisas. Essa relação pode ser muito bem expressa na linguagem dos escolásticos, caso se diga: os conceitos são os *universalia post rem*,[49] a música, entretanto, fornece os *universalia ante rem*,[50] e a realidade os *universalia in re*.[51] O sentido universal de uma melodia que acompanha um texto poético poderia convir a outros exemplos de textos poéticos escolhidos arbitrariamente, os quais também corresponderiam ao universal que nela se expressa: por isso a mesma composição serve a muitas estrofes, daí também o *vaudeville*. Que, entretanto, seja em geral possível a relação entre uma composição e uma exposição dramática, explica-se, como já disse, pelo fato de as duas serem expressões diversas da mesma essência íntima do mundo. Quando, num caso isolado, tal relação de fato está presente, portanto o compositor soube expressar na linguagem universal da música os estímulos da vontade constitutivos do núcleo de um evento, então a melodia da canção, a música da ópera é plenamente expressiva. Entretanto, a analogia encontrada pelo compositor entre aqueles dois tem de provir do conhecimento imediato da essência do mundo, inconsciente para a sua razão, e não pode, com intencionalidade consciente, ser imitação intermediada por conceitos; do contrário, a música não expressa a essência íntima, a vontade mesma, mas apenas imita de maneira inadequada a sua aparência. Isso o faz toda música imitativa propriamente dita: por exemplo, *As estações* de Haydn, também // muitas passagens de sua *Criação*, em que aparências do mundo intuitivo são imediatamente imitadas; também é o caso de todas as peças de batalha, algo que deve ser por completo rejeitado.

I 312

O imo inefável de toda música, em virtude do qual ela faz desfilar diante de nós um paraíso tão familiar e no entanto eternamente distante, tão compreensível e no entanto tão inexplicável, baseia-se no fato de reproduzir todas as agitações do nosso ser mais íntimo, porém sem a realidade e distante dos seus tormentos. De maneira similar, a seriedade que lhe é essencial, a excluir por completo o risível do seu domínio próprio e imediato, explica-se pelo fato de seu objeto não ser a representação, exclusiva-

---

49 "Universais posteriores à coisa." (N. T.)
50 "Universais anteriores à coisa." (N. T.)
51 "Universais na coisa." (N. T.)

305

mente em relação à qual o engano e o risível são possíveis, mas seu objeto é diretamente a vontade, e esta é essencialmente o mais sério, do qual tudo depende. – Quão plena de sentido e de significação é a linguagem musical testemunham-no até mesmo os sinais de repetição, junto com o *da capo*, que seriam insuportáveis nas obras literárias; na música, entretanto, são bastante apropriados e benéficos, pois, para apreendê-la completamente, tem-se de ouvi-la duas vezes.

Se em toda essa exposição da música esforcei-me por tornar claro que ela, numa linguagem altamente universal, num estofo único, a saber, puros tons, expressa com grande precisão e verdade a essência íntima, o Em si do mundo, o qual, segundo sua exteriorização mais distinta, pensamos sob o conceito de vontade; se, ademais, conforme minha visão e intento, a filosofia nada é senão a correta e plena repetição e expressão da essência do mundo em conceitos os mais universais, pois somente nestes é possível um panorama amplo e válido em toda parte daquela essência; então, ia dizer, quem me seguiu e penetrou no meu modo de pensar não achará paradoxal se disser, supondo-se que tenhamos sucesso em dar uma explicitação perfeitamente correta, exata e detalhada da música, portanto uma repetição exaustiva em conceitos daquilo que ela exprime em tons, que isso seria de imediato uma explicitação e repetição suficientes em conceitos do próprio mundo ou algo inteiramente equivalente, portanto seria a verdadeira filosofia; conseguintemente, a partir de nossa perspectiva mais elevada da

I 313 música, podemos parodiar // o dito de Leibniz acima mencionado (que de um ponto de vista inferior é totalmente correto) e dizer: *Musica est exercitium metaphysices occultum nescientis se philosophari animi.*[52] Pois *scire*, saber, sempre significa ter transferido para conceitos abstratos. Todavia, em virtude da verdade amplamente confirmada do dito de Leibniz, a música, aparte sua significação estética ou interior, e considerada só de maneira empírica e exterior, é tão somente o meio de apreender, imediatamente e *in concreto*, grandes números e relações numéricas complexas, que do contrário só poderíamos apreender mediatamente, por conceitos. Por consequência, pela

---

52 "Música é um exercício oculto de metafísica no qual a mente não sabe que está filosofando." (N. T.)

união dessas duas visões tão diferentes e no entanto corretas da música, podemos chegar a uma concepção da possibilidade de uma filosofia numérica, como o foi a de Pitágoras e também a chinesa do *I Ching*, e nesse sentido interpretar o dito dos pitagóricos citado por Sexto Empírico (*adv.Math.*, L. VII): τῷ ἀριθμῷ δὲ τὰ πάντ' ἐπέοικεν (*numero cuncta assimilantur*).[53] Por fim, se aplicarmos essa visão à interpretação acima exposta sobre a harmonia e a melodia, notaremos que uma mera filosofia moral, sem explicitação da natureza, como Sócrates queria introduzir, é análoga a uma melodia sem harmonia, desejada exclusivamente por Rousseau; em compensação, uma mera física e metafísica sem ética corresponderia a uma mera harmonia sem melodia. — A tais considerações ocasionais seja-me permitido acrescentar ainda algumas observações que concernem à analogia da música com o mundo aparente. Vimos no livro precedente como o grau mais elevado de objetivação da vontade, o ser humano, não podia aparecer sozinho e destacado, mas pressupunha os graus situados abaixo dele, e estes, por sua vez, pressupunham outros mais abaixo ainda: da mesma forma, a música, que, como o mundo, objetiva imediatamente a vontade, só adquire sua perfeição na harmonia completa. A voz elevada condutora da melodia precisa, para provocar toda a sua impressão, do acompanhamento de todas as outras vozes, até o baixo mais grave, que deve ser visto como a origem comum de todas as vozes: a melodia intervém como parte integrante da harmonia, e

I 314   vice-versa; // e, como apenas assim, na plenitude das vozes, a música expressa o que intenta expressar, assim também a vontade una e exterior ao tempo encontra a sua objetivação perfeita somente na união completa de todos os graus que manifestam, em estádios cada vez mais distintos, sua essência. — Outra analogia notável é a seguinte. Vimos no livro precedente que, apesar da acomodação de todas as aparências da vontade entre si no que diz respeito às suas espécies, o que justamente dava azo à consideração teleológica da natureza, permanecia entre aquelas aparências, tomadas como indivíduos, uma disputa sem fim, e isso em todos os seus graus, pelo que o mundo se torna um campo de contínuas batalhas entre todas as aparências de uma única e mesma vontade, com o que precisamente se torna visível a

---

53 "Todas as coisas assemelham-se a números." (N. T.)

sua discórdia interna consigo mesma. Do mesmo modo, há algo na música que corresponde a isso, vale dizer, um sistema de tons perfeitamente puro e harmônico é não apenas fisicamente, mas até mesmo aritmeticamente impossível. Os próprios números, mediante os quais os tons se exprimem, possuem irracionalidades insolúveis: escala alguma pode sequer ser computada no interior da qual cada quinta se relaciona com o tom fundamental como 2 para 3, cada terça maior como 4 para 5, cada terça menor como 5 para 6 etc. Pois, se os tons são corretamente referidos ao tom fundamental, não o são mais entre si, já que, por exemplo, a quinta deveria ser a terça menor da terça etc., pois os tons da escala são comparáveis a atores que têm de desempenhar ora este, ora aquele papel. Eis por que uma música perfeitamente exata jamais pode ser concebida, muito menos perfeitamente executada: por isso toda música possível desvia-se da completa pureza: ela pode, quando muito, esconder as dissonâncias que lhe são essenciais, pela distribuição delas em todos os tons, isto é, por temperamento. Confira-se a esse respeito *Akustik* de Chladni, § 30, e seu *Kurze Übersicht der Schall – und Klanglehre*, p.12.[54]

Ainda teria muito a acrescentar sobre a forma como a música é percebida, a saber, única e exclusivamente por meio do tempo, com total exclusão do espaço, também sem influência do conhecimento da causalidade, portanto

I 315 do entendimento: // pois os tons provocam já como efeito a sua impressão estética, sem que retornemos à sua causa, como é o caso da intuição. – Entretanto, não quero mais prolongar as atuais considerações. Neste terceiro livro talvez já me tenha estendido sobre muitas coisas, ou descido demasiado ao detalhe. Todavia, meu objetivo tornou tal procedimento indispensável e serei tanto mais escusado quanto a importância e o valor dessa arte, raramente reconhecidos de maneira suficiente, tornarem-se patentes, tendo-se em conta que, de nossa perspectiva, todo o mundo visível é apenas a objetivação, o espelho da vontade que a acompanha para o seu autoconhecimento, sim, como logo veremos, para a possibilidade de sua redenção. Concomitantemente, caso se considere em separado o mundo como representação, abstraído do querer, sendo permitido apenas ao primeiro tomar conta da consciência, en-

---

54 Cf. capítulo 39 do segundo tomo. (N. T.)

tão o que se tem é o lado mais aprazível, único inocente, da vida; – devemos considerar a arte como a grande elevação, o desenvolvimento mais perfeito de tudo isso, pois realiza em essência o mesmo que o mundo visível, porém mais concentrada e acabadamente, com intenção e claridência e, portanto, no sentido pleno do termo, pode ser chamada de florescência da vida. Ora, se todo o mundo como representação é a visibilidade da vontade, a arte é o clareamento dessa visibilidade, a *camera obscura* que mostra os objetos mais puramente, permitindo-nos melhor abarcá-los e compreendê-los; é o teatro dentro do teatro, a peça dentro da peça em *Hamlet*.

A fruição do belo, o consolo proporcionado pela arte, o entusiasmo do artista que faz esquecer a penúria da vida, essa vantagem do gênio em face de todos os outros humanos, única que o compensa pelo sofrimento que cresce na proporção de sua claridência e pela erma solidão em meio a uma multidão humana tão heterogênea, – tudo isso se deve, como veremos adiante, ao fato de que o Em si da vida, a vontade, a existência mesma, é um sofrimento sem fim, em parte terrível, em parte chocante, o qual, todavia, se intuído pura e exclusivamente como representação, ou repetido pela arte, livre de tormentos, apresenta-nos um teatro pleno de significado. **I 316** Esse lado do mundo conhecido de maneira pura, bem como a // repetição dele em alguma arte, é o elemento do artista. Ele é cativado pela consideração do teatro da objetivação da vontade: detém-se nele, sem se cansar de considerá-lo e expô-lo repetidas vezes; entrementes, ele mesmo arca com os custos da encenação nesse teatro, noutras palavras, ele mesmo é a vontade que objetiva a si mesma e persevera no sofrimento sem fim. Aquele conhecimento profundo, puro e verdadeiro da essência do mundo se torna um fim em si para o artista, que se detém nele. Eis por que tal conhecimento não se torna para ele um quietivo da vontade, não o salva para sempre da vida, mas apenas momentaneamente, contrariamente (como logo veremos no livro seguinte) ao santo que atinge a resignação; ainda não se trata, para o artista, da saída da vida, mas apenas de um consolo ocasional em meio a ela, até que sua força é aí incrementada, ele finalmente cansa-se do jogo, e se volta para o sério. Como símbolo dessa transição pode-se considerar a Santa Cecília de Rafael. Também para o sério queremos nos dirigir, agora, no próximo livro.

// Livro quarto
Do mundo como vontade

——❦——

Segunda consideração
Alcançando o conhecimento de si, afirmação
ou[1] negação da Vontade de vida

Tempore quo cognitio simul advenit, amor e medio supersurrexit.
(OUPNEK'HAT, *Studio Anquetil Duperron*, v.II, p.216)[2]

---

1 No original encontra-se a conjunção *und*, isto é, "e". Ora, a vontade primeiro se afirma, entra em cena na aparência, só depois se nega; noutros termos, *ou* ela se afirma *ou* se nega. Trata-se de uma opção tomada via conhecimento do todo da vida. Nesse sentido, o *und* do subtítulo deste livro quarto tem um claro sentido de "ou": a este respeito, Schopenhauer explicita em § 35: "O seu autoconhecimento [da vontade] e, daí, a sua decisão pela afirmação ou [*oder*] negação são o único acontecimento em si". E mais adiante, § 60, diz que o conhecimento do mundo, que espelha a essência da vontade, "deve levá-la a afirmar-se ou [*oder*] negar-se". (N. T.)
2 "Quando o conhecimento sobrevir, ao mesmo tempo o amor se elevará do seio das coisas." (N. T.)

§ 53

I 319 // A última parte de nossa consideração anuncia-se como a mais séria de todas, pois concerne às ações do ser humano, objeto que afeta de maneira imediata cada um de nós, e a ninguém pode ser estranho ou indiferente; muito pelo contrário, referir tudo o mais à ação humana é tão conforme à natureza das pessoas, que estas, em toda investigação sistemática, sempre considerarão a parte relacionada ao agir como o resultado da totalidade do conteúdo da investigação, pelo menos na medida em que este as interessa, e, assim, dedicarão a essa parte, mesmo às expensas das outras, a sua mais séria atenção. – Nesse sentido, a parte seguinte da nossa consideração, de acordo com o modo comum de as pessoas expressarem-se, poderia chamar-se filosofia prática, em contraste com a parte teórica tratada até agora. Na minha opinião, contudo, toda filosofia é sempre teórica, já que lhe é essencial manter uma atitude puramente contemplativa, não importa o quão próximo seja o objeto da sua investigação, e sempre descrever, em vez de prescrever. Tornar-se prática, conduzir a ação, moldar o caráter: eis aí pretensões antigas que uma intelecção mais perspicaz fará, por fim, a filosofia abandoná-las. Pois aqui, quando se trata do valor ou da ausência dele em relação à existência, quando se trata da salvação ou danação, os conceitos mortos não decidem, e sim a essência mais íntima do ser humano: seu demônio que o conduz e que ele mesmo escolheu em vez de ser por aquele escolhido (como diz Platão), ou seu caráter inteligível (como

I 320 // Kant se expressa). A virtude é tão pouco ensinada quanto o gênio; sim,

313

para ela o conceito é tão infrutífero quanto para a arte e em ambos os casos deve ser usado apenas como instrumento. Por conseguinte, seria tão tolo esperar que nossos sistemas morais e éticos criassem caracteres virtuosos, nobres e santos quanto que nossas estéticas produzissem poetas, artistas plásticos e músicos.

A tarefa da filosofia é interpretar e explicitar o existente, a essência do mundo – que se expressa de maneira compreensível *in concreto*, isto é, como sentimento, a cada um – e trazê-la ao conhecimento distinto e abstrato da razão, em todas as suas relações possíveis e em todos os pontos de vista. Assim como nos três livros precedentes procuramos levar isso a bom termo sob a universalidade do conceito e de diferentes pontos de vista; agora, no presente livro, a ação humana será considerada da mesma forma. Este lado do mundo deve provar-se o mais significativo de todos, não apenas, como observei anteriormente, segundo juízo subjetivo, mas também segundo juízo objetivo. Nesse sentido, permanecerei inteiramente fiel ao nosso modo de consideração empregado até aqui, apoiando-me sobre o já exposto, sobre o meu pensamento único propriamente dito, conteúdo da totalidade desta obra e que, desenvolvido até agora em outros temas, doravante o será em referência à ação do ser humano; assim fazendo, irei ao meu limite em favor da mais completa comunicação do referido pensamento único.

O ponto de vista fixado e o modo de abordagem indicado já sugerem que neste livro de ética não se deve esperar prescrições nem doutrinas do dever, muito menos o estabelecimento de um princípio moral absoluto parecido a uma receita universal para a produção de todas as virtudes. Também não falaremos de "DEVER INCONDICIONADO", porque este, como exposto no apêndice, contém uma contradição, nem tampouco falaremos de uma "lei para a liberdade" (que também contém uma contradição). Não discursaremos sobre o "dever", pois assim fazendo falamos a crianças e povos em sua infância, e não àqueles que assimilaram em si mesmos toda a cultura de uma época madura. De fato, é uma // contradição flagrante chamar a vontade de livre, e no entanto prescrever-lhe leis segundo as quais deve querer: "deve querer!", ferro-madeira![3] À luz de toda a nossa visão, contudo, a

---

3 Ou *sideroxylon*. Cf. em § 7, nota 15, livro primeiro. (N. T.)

vontade é não apenas livre, mas até mesmo onipotente: dela provém não só sua ação, mas também seu mundo; tal qual ela é, assim aparecerá sua ação, assim aparecerá seu mundo: ambos são seu autoconhecimento e nada mais: ela determina a si e justamente por aí determina sua ação e seu mundo: estes dois são ela mesma, pois exterior à vontade não há nada: só assim ela é verdadeiramente autônoma; sob qualquer outro aspecto, entretanto, é heterônoma. Nossa tarefa filosófica, portanto, só pode ir até a interpretação e explanação da ação humana, das diversas e até mesmo opostas máximas das quais a ação é a expressão viva, de acordo com sua essência mais íntima e conteúdo. Isso será feito em conexão com a nossa discussão prévia e exatamente da mesma maneira como até então procuramos interpretar as demais aparências do mundo, ou seja, trazendo a sua essência mais íntima a conceitos distintos e abstratos. Nossa filosofia afirmará aqui a mesma IMANÊNCIA afirmada em tudo o que foi antes considerado: não usará as formas da aparência, cuja expressão geral é o princípio de razão, como uma vara de saltar por sobre as aparências elas mesmas (que são as únicas coisas que conferem significação àquelas formas), para depois pousar no vasto domínio das ficções vazias. Fazendo isso, respeita-se a grande doutrina de Kant. Este mundo efetivo da cognoscibilidade, no qual estamos e que está em nós, permanece como matéria e limite da nossa consideração: mundo tão rico em conteúdo que nem a mais profunda investigação da qual o espírito humano é capaz poderia esgotá-lo. Ora, visto que o mundo efetivo e cognoscível jamais recusará matéria e realidade também para nossas considerações éticas, tampouco quanto recusou para as considerações anteriores, nada será menos necessário do que procurarmos refúgio em conceitos negativos e vazios de conteúdo, para assim fazer acreditar que dizemos algo quando levantamos solenemente as sobrancelhas e pronunciamos "absoluto", "infinito", "suprassensível" e semelhantes puras negações (οὐδέν ἐστι, ἢ τὸ τῆς στερήσεως ὄνομα, μετὰ ἀμυδρᾶς ἐπινοίας. — *nihil est, nisi negationis nomen, cum obscura notione. Juliano, Orationis, 5*),[4] as quais, antes, poder-se-ia chamar

I 322 de // Cucolândia das Nuvens (νεφελοκοκκυγία):[5] não colocaremos sobre

---

4 "Trata-se apenas do nome de uma negação associada a uma noção obscura." (N. T.)

5 A partir de *As nuvens*, de Aristófanes. (N. T.)

a mesa tais conclusões vazias de conteúdo. Enfim, tanto agora quanto nos livros precedentes não contamos histórias, fazendo-as valer por filosofia, pois somos da opinião de que está infinitamente distante do conhecimento filosófico do mundo quem imagina poder conceber a essência dele HISTORICAMENTE, por mais que faça uso de disfarces; este é o caso, entretanto, quando numa visão do ser em si do mundo encontramos algum tipo DE VIR A SER, ou tendo vindo a ser,[6] ou vir vir a ser,[7] algo parecido a um antes e um depois que detém a última significação, com o que, em consequência, distinta ou indistintamente é procurado e achado um ponto inicial e final do mundo, bem como o caminho entre eles, e o indivíduo filosofante conhece exatamente a sua posição nesse caminho. Semelhante FORMA HISTÓRICA DE FILOSOFAR fornece na maioria das vezes uma cosmogonia, a qual admite muitas variedades, ou então um sistema da emanação, doutrina da queda; ou ainda, por conta da dúvida desesperadora advinda dessas tentativas estéreis, é-se levado a um último caminho, oferecendo-se uma doutrina do constante vir a ser, brotar, nascer, vir a lume a partir da escuridão, do fundamento obscuro, do fundamento originário, do fundamento infundado e outros semelhantes disparates; porém, tudo isso pode rapidamente ser descartado mediante a observação de que toda uma eternidade, isto é, um tempo infinito, já transcorreu até o momento presente, pelo que tudo o que pode e deve vir a ser já teve de vir a ser. Todas essas filosofias históricas, não importam seus ares, fazem de conta que Kant nunca existiu e tomam O TEMPO por uma determinação da coisa em si, com o que permanecem naquilo que foi por Kant denominado aparência, em oposição à coisa em si, e por Platão o que sempre vem a ser (sem nunca ser), em oposição ao ser (que nunca vem a ser); ou finalmente naquilo denominado pelos indianos véu de māyā: trata-se aqui precisamente do conhecimento que pertence ao princípio de razão, com o qual jamais se atinge a essência íntima das coisas, mas somente se persegue aparências ao infinito, num movimento sem fim e sem alvo, semelhante ao esquilo que corre na roda de uma gaiola, até que se

---

6 No original *Gewordensein*. *Geworden* = particípio passado de *werden*, "vir a ser", "devir"; *sein* = "ser". (N. T.)

7 No original *Werdenwerden*. (N. T.)

cansa e para, acima ou abaixo, num ponto aleatório, // para o qual então se exige respeito. O autêntico modo de consideração filosófico do mundo, ou seja, aquele que nos ensina a conhecer a sua essência íntima e, dessa maneira, nos conduz para além da aparência, é exatamente aquele que não pergunta "de onde", "para onde", "por que", mas sempre e em toda parte pergunta apenas pelo QUÊ do mundo, vale dizer, não considera as coisas de acordo com alguma relação, isto é, vindo a ser e perecendo, numa palavra, conforme uma das quatro figuras do princípio de razão, mas, diferentemente, tem por objeto precisamente aquilo que permanece após eliminar-se o modo de consideração que segue o referido princípio, noutros termos, tem por objeto o ser do mundo sempre igual a si e que faz seu aparecimento em todas as relações, porém sem se submeter a estas, numa palavra, as Ideias mesmas. A filosofia, como a arte, procede desse conhecimento, e, como veremos neste livro, também é desse conhecimento que procede aquela disposição de espírito que unicamente conduz à verdadeira santidade e à redenção do mundo.

§ 54

Espero que os três primeiros livros tenham produzido o conhecimento claro e certo de que no mundo como representação a vontade encontrou o seu espelho, no qual ela conhece a si mesma em graus crescentes de distinção e completude, sendo o mais elevado o ser humano; a essência humana, entretanto, só adquire plena expressão por meio da série conexa das nossas ações. A conexão autoconsciente destas ações é tornada possível pela faculdade de razão, que continuamente nos permite olhar o todo *in abstracto*.

A vontade que, considerada puramente em si, destituída de conhecimento, é apenas um ímpeto cego e irresistível — como a vemos aparecer na natureza inorgânica e na natureza vegetal, assim como na parte vegetativa da nossa própria vida — atinge, pela entrada em cena do mundo como representação (desenvolvido para servir à vontade), o conhecimento do seu querer e daquilo que ela quer, a saber, nada senão este mundo, a vida, precisamente como esta existe. Por isso denominamos o mundo aparente seu espelho,

Arthur Schopenhauer

I 324 sua objetidade; // e, como o que a vontade sempre quer é a vida, justamente porque a vida nada é senão a exposição daquele querer para a representação, é indiferente e tão somente um pleonasmo se, em vez de simplesmente dizermos "a Vontade", dizemos "a Vontade de vida".

Como a vontade é a coisa em si, o conteúdo íntimo, o essencial do mundo; e a vida, o mundo visível, a aparência, é seu espelho; segue-se daí que este mundo acompanhará a vontade tão inseparavelmente quanto a sombra acompanha o corpo: onde existe vontade existirá vida, mundo. Portanto, à Vontade de vida a vida é certa e, pelo tempo em que estivermos preenchidos de Vontade de vida, não precisamos temer por nossa existência, nem pela visão da morte. Decerto vemos o indivíduo nascer e perecer; entretanto, o indivíduo é apenas aparência, existe apenas para o conhecimento pertencente ao princípio de razão, o *principium individuationis*: da perspectiva deste conhecimento, o indivíduo ganha a sua vida como uma dádiva, surge do nada, e depois sofre a perda dessa dádiva através da morte, voltando ao nada. Todavia, como queremos considerar filosoficamente a vida, a saber, conforme suas Ideias, notaremos que nem a vontade, a coisa em si em todas as aparências, nem o sujeito do conhecimento, o espectador de todas as aparências, são afetados de alguma maneira por nascimento e morte. Nascimento e morte pertencem exclusivamente à aparência da vontade, logo, à vida, à qual é essencial expor-se em indivíduos que chegam à existência e desaparecem; estes são aparências fugidias Daquilo que, apesar de aparecer na forma do tempo, em si mesmo não conhece tempo algum, porém tem de expor-se exatamente dessa maneira para assim objetivar a sua essência propriamente dita. Portanto, nascimento e morte pertencem igualmente à vida e equilibram-se como condições recíprocas, ou, caso se prefira a expressão, como polos de todo aparecimento da vida. A mais sábia de todas as mitologias, a indiana, exprime isso dando ao Deus que simboliza a destruição e a morte (como Brahmā, o Deus mais pecaminoso e menos elevado do Trimurti, simboliza a procriação e o nascimento, e Vishnu a

I 325 conservação), Śiva, o // atributo do colar de caveiras e, ao mesmo tempo, o lingam, símbolo da procriação, que aparece como contrapartida da morte. Dessa forma indica-se que procriação e morte são correlatas essenciais que reciprocamente se neutralizam e cancelam. — O mesmo sentimento

O mundo como vontade e como representação

levava os gregos e romanos a adornar seus preciosos sarcófagos, como ainda hoje em dia os vemos, com festas, danças, núpcias, caçadas, lutas de animais, bacanais, portanto com representações do ímpeto violento para a vida, tratado não apenas nesses divertimentos, mas também em grupos voluptuosos, indo até mesmo ao ponto de exibirem o intercurso sexual entre sátiros e cabras. Manifestamente o intento era, por ocasião da morte do indivíduo que era chorado, apontar com grande ênfase a vida imortal da natureza e, assim, embora sem conhecimento abstrato, aludir ao fato de que toda a natureza é o aparecimento e portanto a consumação da Vontade de vida. A forma desse aparecimento é tempo, espaço e causalidade, e, por intermédio destes, a individuação, a qual implica que o indivíduo tem de nascer e perecer, coisa que afeta tão pouco a Vontade de vida (de cuja aparência o indivíduo é, por assim dizer, só um exemplo singular ou espécime) quanto o todo da natureza é ofendido pela morte do indivíduo. Pois não é este, mas exclusivamente a espécie, que merece os cuidados da natureza, a qual, com toda seriedade, obra por sua conservação e caprichosamente se preocupa com ela mediante o excedente bizarro de sêmens e grande poder do impulso de fecundação. O indivíduo, ao contrário, não tem valor algum para a natureza, nem pode ter, pois o reino da natureza é o tempo infinito, o espaço infinito e, nestes, o número infinito de possíveis indivíduos; eis por que ela sempre está disposta a deixar o ser individual desaparecer, o qual, portanto, sucumbe não apenas em milhares de maneiras diferentes por meio dos acasos mais insignificantes, mas originariamente já é determinado a isso e levado a desaparecer pela própria natureza desde o instante em que serviu à conservação da espécie. A natureza diz aí bem ingenuamente esta grande verdade: apenas as Ideias, não os indivíduos, têm realidade propriamente dita, isto é, apenas as Ideias são a objetidade perfeita da vontade. Ora, como

I 326   o ser humano é a natureza mesma, // e decerto no grau mais elevado de sua consciência de si, e, ademais, a natureza é apenas a Vontade de vida objetivada, segue-se que o ser humano que apreendeu e permaneceu nesse ponto de vista pode sim, e com justeza, consolar a si mesmo em face da própria morte e da de seus amigos, quando olha retrospectivamente a vida imortal da natureza, pois sabe que esta é ele mesmo. Conseguintemente, é dessa maneira que Śiva, com o lingam, deve ser entendido, bem como aqueles antigos sarcófagos, que com seus quadros da vida mais ardente exclamam ao espectador choroso: *Natura non contristatur.*[8]

Que procriação e morte devam ser consideradas como algo inerente à vida e essencial à aparência da vontade advém do fato de procriação e morte apresentarem-se apenas como expressões altamente potenciadas Daquilo que dá consistência ao restante da vida, que nada mais é, em toda parte, senão uma alteração contínua da matéria em meio à permanência fixa da forma: justamente aí se tendo a transitoriedade dos seres individuais em meio à imortalidade da espécie. Ora, entre a contínua nutrição e reprodução ordinárias, e a procriação, de um lado, e a contínua excreção e a morte, de outro, existe apenas uma diferença de grau. O primeiro caso se mostra do modo mais simples e distinto na planta; esta é por completo apenas a repetição do mesmo impulso em fibras elementares agrupadas em folhas e ramos; é um agregado sistemático de plantas homogêneas que se sustentam umas às outras, cujo único impulso é a constante reprodução: em vista da satisfação completa dele, ela ascende gradativamente, por metamorfose, até a floração e o fruto, compêndio de sua existência e de seu esforço, em que alcança, pelo caminho mais curto, aquilo que é seu único alvo; doravante, de um só golpe, consuma em milhares de vezes o que até então só realizava no caso particular: a repetição de si mesma. Seu impulso até o fruto está para este como o escrito está para a impressão do livro. Manifestamente temos a mesma coisa nos animais. O processo de nutrição é uma procriação contínua, e o processo de procriação é uma nutrição altamente potenciada; a volúpia no ato de procriar é o contentamento mais elevadamente potenciado do sentimento de vida. Por outro lado, a excreção, a constante exalação e a eliminação de matéria são o mesmo que a morte (oposto da // procriação), numa potência mais elevada. Ora, assim como estamos a cada momento contentes em conservar a forma sem lamentar a matéria perdida, assim também temos de nos comportar quando na morte ocorre o mesmo, pois aqui se dá numa potência mais elevada e no todo o mesmo que se dá no indivíduo a cada dia e a cada hora ao expelir seus excrementos: do mesmo modo que somos indiferentes num caso, não devemos tremer no outro.

---

8 "A natureza não se entristece." (N. T.)

O mundo como vontade e como representação

Desse ponto de vista, portanto, é tão absurdo desejar a perduração de nossa individualidade, que é substituída por outros indivíduos, quanto desejar a conservação da matéria do próprio corpo, que é continuamente renovada com nova matéria: parece-nos também tão tolo embalsamar cadáveres quanto o seria conservar cuidadosamente nossos excrementos. No que concerne à consciência individual ligada ao corpo individual, a primeira é diária e por completo interrompida pelo sono. O profundo sono, que muitas vezes faz lentamente sua transição para a morte, como no caso do congelamento que leva à morte, difere desta não pelo presente de sua duração, mas apenas pelo futuro, ou seja, em relação ao despertar. A morte é um sono no qual a individualidade é esquecida: toda outra coisa desperta de novo, ou, antes, permaneceu desperta.*

Acima de tudo temos de reconhecer claramente que a forma do aparecimento da vontade, portanto, a forma da vida ou da realidade, é, propriamente dizendo, apenas o PRESENTE, não o futuro, nem o // passado: estes últimos existem só em conceito, somente em conexão com o conhecimento, na medida em que este segue o princípio de razão. Ser humano algum viveu no passado, e ser humano algum viverá no futuro; unicamente o PRESENTE é a forma de toda vida, mas também é a sua posse mais segura, que jamais lhe pode ser arrebatada. O presente sempre existe, junto com o seu conteúdo: os dois se mantêm firmes, sem oscilarem, como o arco-

I 328

---

* Também a seguinte consideração pode servir (àquele para o qual ela não é demasiado sutil) na compreensão distinta de que o indivíduo é apenas a aparência, não a coisa em si. Cada indivíduo é, por um lado, sujeito do conhecer, isto é, a condição complementar da possibilidade de todo o mundo objetivo, e, por outro, aparência singular da vontade, da mesma que se objetiva em cada coisa. Mas essa duplicidade de nosso ser não repousa numa unidade subsistente por si, do contrário poderíamos ser conscientes de nós EM NÓS MESMOS INDEPENDENTEMENTE DOS OBJETOS DO CONHECER E DO QUERER, o que é absolutamente impossível; mas, assim que tentamos nos compreender de uma só vez e descemos em nosso interior para consegui-lo, perdemo-nos num vazio sem fundo, sentindo-nos semelhantes a uma esfera oca de cristal, da qual soa uma voz, cuja causa, entretanto, não encontramos ali; quando queremos assim apreender a nós, nada obtemos senão, assustados, um fantasma vaporoso.

321

-íris sobre a queda d'água. Pois à vontade a vida é certa e segura, e à vida o presente é certo e seguro. Naturalmente, se pensarmos retrospectivamente nos milênios transcorridos, nas milhões de pessoas que viveram neles, perguntaremos: que foram elas? Que se fez delas? – Por outro lado, precisamos apenas evocar o passado da nossa própria vida e vividamente renovar suas cenas na fantasia para de novo perguntar: que foi tudo isso? Que foi feito dela? – Como no caso da nossa própria vida, assim também no caso da vida daqueles muitos milhões. Ou deveríamos supor que o passado alcança uma nova existência ao ser selado pela morte? Nosso próprio passado, inclusive o dia mais recente e o anterior, é tão somente um sonho nulo da fantasia; assim também é o passado de todos aqueles milhões. Que foi? Que é? – A vontade, cujo espelho é a vida, e o conhecimento livre de volição, que mira claramente a vontade nesse espelho. Quem ainda não reconheceu isso ou não o quer reconhecer pode acrescentar à questão anterior sobre o destino das gerações passadas ainda esta: por que precisamente ele, o questionador, é tão feliz em possuir este tempo presente precioso e fugidio, único real, enquanto aquelas centenas de gerações de seres humanos, sim, os heróis e sábios daqueles tempos, naufragaram na noite do passado e assim se tornaram nada, enquanto ele, seu insignificante eu, existe realmente? – ou, de maneira mais sucinta, embora soe estranho: por que este agora, seu agora, – é precisamente agora, e não FOI há muito tempo? – Quem assim questiona tão estranhamente, percebe que sua existência e seu tempo são independentes um do outro, e a primeira é como que atirada no segundo: em realidade, assume dois agoras, um que pertence ao objeto, e outro que pertence ao sujeito, e maravilha-se com o acaso feliz de seu encontro. Em **I 329** verdade, // entretanto, apenas o ponto de contato do objeto, cuja forma é o tempo, com o sujeito, que não possui figura alguma do princípio de razão como forma, constitui o presente (como é mostrado no ensaio sobre o princípio de razão). Porém, todo objeto é a vontade na medida em que esta se tornou representação, e o sujeito é o correlato necessário do objeto; objetos reais, entretanto, situam-se apenas no presente: passado e futuro contêm meros conceitos e fantasmas, por consequência o tempo presente é a forma essencial e inseparável do aparecimento da vontade. Somente o presente é aquilo que sempre existe e se mantém firme e imóvel. Empiricamente apreendido, é o mais fugidio de tudo; contudo, à mirada metafísica, cuja visão transpassa todas as formas da intuição empírica, o presente apresenta-se como a única coisa permanente, o *Nunc stans*[9] dos escolásticos. A fonte e o sustentáculo de seu conteúdo é a Vontade de vida, ou coisa em si, – que somos nós. Aquilo que continuamente vem a ser e perece, pois ou já foi, ou ainda deve chegar a ser, pertence à aparência enquanto tal, em virtude de suas formas tornarem possível o nascer e o perecer. Em consequência, deve-se pensar: *Quid fuit? – Quod est. – Quid erit? – Quod fuit;*[10] entendendo-os no sentido estrito do termo, não *simile*,[11] mas *idem*.[12] Pois à vontade a vida é certa, e à vida o presente é certo. Portanto, cada um pode dizer: "Para sempre sou o senhor do presente e ele me acompanhará por toda a eternidade como a minha sombra; por isso não me espanto e pergunto de onde ele veio, e por que ele é precisamente agora". – Podemos comparar o tempo a um círculo que gira incessantemente: a metade sempre a descer seria o passado, a outra sempre a subir seria o futuro; porém, acima, o ponto indivisível que toca a tangente seria o presente inextenso: assim como a tangente não toma parte no movimento circular, tampouco o presente, o ponto de contato do objeto cuja forma é o tempo, toma parte no sujeito, que não possui forma alguma, pois não pertence ao que é cognoscível, mas é a condição de todo cognoscível. Ou: o tempo é como uma torrente irresistível, e o presente é uma rocha contra a qual aquela se quebra, sem no entanto poder arrastá-la.

I 330 A vontade, // como coisa em si, está tão pouco submetida ao princípio de razão quanto o sujeito do conhecimento, que definitivamente, de uma certa perspectiva, é a vontade mesma ou sua exteriorização; e assim como à vontade a vida é certa, vida que é a aparência própria da vontade, também lhe é certo o presente, única forma da vida real. Conseguintemente, não temos de investigar o passado anterior à vida, nem o futuro posterior à morte: em vez disso, temos de conhecer o PRESENTE como a única forma na qual a

---

9 "Presente contínuo." (N. T.)

10 "Que foi? – O que é. – Que será? – O que foi." (N. T.)

11 "Como similar." (N. T.)

12 "Como idêntico." (N. T.)

Arthur Schopenhauer

vontade aparece;* ele não escapará da vontade, nem esta, a bem dizer, escapará dele. Nesse sentido, quem está satisfeito com a vida como ela é, e a afirma em todas as suas maneiras, pode confiantemente considerá-la como sem fim e banir o medo irracional da morte como uma ilusão que lhe infunde o tolo temor de que a pessoa poderia ser despojada do presente, ou que poderia haver um tempo destituído de presente: ilusão parecida com aquela relativa ao espaço, em virtude da qual alguém fantasia a exata posição ocupada por si no globo terrestre como a de cima e as restantes posições como as de baixo: justamente no mesmo sentido, cada um liga o presente à sua individualidade e acredita que com ela se extingue todo presente; passado e futuro, assim, existiriam sem o presente. Entretanto, assim como no globo terrestre toda posição é a de cima, também a forma de toda vida é o PRESENTE, e temer a morte porque ela nos arrebata o presente não é mais sábio do que temer deslizar para baixo no globo terrestre, a partir do topo, onde felizmente nos encontramos agora. A objetivação da vontade tem como forma essencial o presente, ponto inextenso que corta o tempo infinitamente em duas direções e permanece firme e imóvel, como um meio-dia sempiterno, sem noite refrescante; como o Sol real brilha sem interrupção enquanto apenas aparentemente se perde no seio da noite: portanto, se um ser humano teme a morte como seu aniquilamento, é simplesmente como se pudesse pensar o Sol a lamentar-se diante da noite: // "Ai de mim! Vou me perder na noite eterna".** Contrariamente, a pessoa que está oprimida pelo peso da vida

I 331

---

* *Scholastici docuerunt, quod aeternitas non sit temporis sine fine aut principio successio, sed Nunc stans; i.e. idem nobis Nunc esse, quod erat Nunc Adamo: i.e. inter nunc et tunc nullam esse differentiam.* Hobbes, *Leviathan*, c. 46. ["Os escolásticos ensinaram que a eternidade não é uma sucessão do tempo sem começo nem fim, mas um presente contínuo, isto é, possuímos o mesmo presente que foi o presente de Adão; noutros termos, não há diferença alguma entre o presente e o outrora." (N. T.)]

** Nas *Conversas com Goethe*, de Eckermann (segunda edição, I, p.154), Goethe diz: "Nosso espírito é um ser de natureza totalmente indestrutível: ele faz efeito continuamente de eternidade a eternidade. É comparável ao Sol, que parece se pôr apenas aos nossos olhos terrenos, mas que em realidade nunca se põe, brilhando incessantemente". — Goethe tomou a comparação de mim; não eu dele. Sem dúvida ele a utilizou nessa conversa de 1824, em virtude de uma reminiscência, talvez inconsciente, da passagem acima escrita, pois esta aparece, com os mesmos termos aqui empregados, na primeira

O mundo como vontade e como representação

e ainda assim a deseja e afirma, porém sem aceitar os tormentos dela, em especial sem poder suportar por muito tempo a dura sorte que lhe coube, não pode esperar da morte a libertação, nem pode salvar a si mesma pelo suicídio; é apenas seduzida com ilusões falsas pelo frio e tenebroso Orco, que se apresenta como um porto de paz. A Terra passa do dia à noite; o indivíduo morre: mas o Sol brilha sem interrupção, eterno meio-dia. À Vontade de vida a vida é certa: a forma da vida é o presente sem fim; é indiferente como os indivíduos, aparências da Ideia, chegam à existência no tempo e desaparecem parecidos a sonhos fugidios. – Portanto, o suicídio já se nos apresenta aqui como um ato inútil e, por conseguinte, tolo: quando tivermos avançado ainda mais em nossa consideração, ele aparecerá numa luz menos favorável ainda.

Os dogmas mudam e o nosso saber é enganoso; mas a natureza não erra: sua marcha é segura e certa. Cada ser está integralmente nela, e ela está integralmente em cada ser. Em cada animal ela tem o seu centro: cada animal encontrou seguramente o seu caminho para a existência, assim como seguramente encontrará a sua saída: entretanto, vive sem temor e sem cuidado diante na aniquilação, sustentado pela consciência de que ele mesmo é a **I 332** natureza, e, como esta, // imperecível. Apenas o ser humano carrega consigo, em conceitos abstratos, a certeza de sua morte, embora a mesma só o angustie muito raramente, em momentos especiais, quando uma ocasião a presentifica à fantasia. Contra a voz poderosa da natureza, a reflexão pouco pode. Mas também no ser humano, como no animal que não pensa, reina como estado duradouro a segurança nascida da consciência mais interior de que ele é a natureza, o mundo mesmo; em virtude disso ninguém se atormenta demasiado com o pensamento da morte inevitável, que nunca é distante, mas cada um vive como se tivesse de viver eternamente; e isso

---

edição de minha obra, p.401, e também ocorre novamente na p.528, bem como na conclusão da seção 65. Aquela primeira edição lhe foi enviada em dezembro de 1818, e em março de 1819 ele me mandou, por minha irmã, uma carta de congratulação para Nápoles, onde então me encontrava; à carta adicionava uma papeleta, onde assinalava os números de algumas páginas que especialmente lhe agradaram: logo, ele lera o meu livro.

vai tão longe que se poderia dizer: ninguém tem uma convicção realmente vívida da certeza da própria morte, pois, do contrário, não poderia haver diferença tão grande entre a sua disposição e a do criminoso condenado à execução; evidentemente cada um conhece aquela certeza *in abstracto* e teoricamente, no entanto, coloca-a de lado (sem absorvê-la na consciência viva), como às outras verdades teóricas não aplicáveis à práxis. Quem considera atentamente essa peculiaridade da maneira humana de pensar reconhecerá que os métodos psicológicos de explicação da mente, baseados no hábito e na aquiescência sobre o inevitável, de modo algum são suficientes, mas o seu fundamento é justamente o aqui mencionado, enraizado muito mais profundamente. E este fundamento explica também por que em todas as épocas, em todos os povos, encontram-se dogmas de algum tipo sobre a perduração do indivíduo após a morte, sendo bastante estimados, embora as provas em favor deles devessem ser extremamente inadequadas, enquanto as contrárias, no entanto, devessem ser numerosas e fortes; mas isso, de fato, não precisava de prova alguma; sim, é reconhecido pelo entendimento saudável como fato e, como tal, fortificado pela confiança de que a natureza não mente, muito menos erra, mas exibe abertamente seu agir e essência, expressando-se aí até mesmo de maneira ingênua; tão somente nós turvamos essa essência com miragens, a fim de reinterpretá-la e fazê-la caber mais convenientemente em nossa estreita visão.

Entretanto, trouxemos agora à consciência distinta que, embora a aparência individual da vontade principie e finde temporalmente, a vontade mesma, como coisa em si, em nada é afetada, muito menos o correlato de todo

I 333 // objeto, o sujeito que conhece e nunca é conhecido; e que à Vontade de vida a vida é certa: — porém, aqui não se deve pensar nas doutrinas da existência continuada. Pois à vontade, considerada como coisa em si, assim como ao puro sujeito do conhecer, eterno olho cósmico, cabe tão pouco uma permanência quanto um perecimento, pois estas são determinações válidas exclusivamente no tempo, enquanto a vontade e o puro sujeito do conhecer encontram-se exteriores ao tempo. Daí se segue que o egoísmo do indivíduo (aquela aparência individual da vontade iluminada pelo sujeito do conhecer) pode, da nossa visão exposta, tão pouco haurir alimento e consolo para seu desejo de afirmar-se por um tempo infinito quanto o poderia a partir do conhecimento de que, após a sua morte, o mundo exterior restante permanece no tempo, o que é apenas a expressão da mesma visão, porém considerada de maneira objetiva, portanto, temporalmente. De fato, só como aparência uma pessoa é transitória; ao contrário, como coisa em si, é destituída de tempo, portanto sem fim; mas também só como aparência uma pessoa é diferente das outras coisas do mundo; como coisa em si ela é a vontade que aparece em tudo, e a morte remove a ilusão que separa a sua consciência da dos demais: e isto é a existência continuada. Ora, não ser atingido pela morte, algo válido exclusivamente para o indivíduo como coisa em si, coincide, para a aparência, com a existência continuada do mundo exterior que resta.* Daí o fato de que a consciência íntima e apenas sentida Daquilo que acabamos de elevar a conhecimento claro evita, como foi dito, o envenenamento da vida do ser racional pelo pensamento sobre a morte, já que tal consciência é a base daquele ânimo vital que conserva cada vivente e o capacita a continuar vivendo serenamente, como se não existisse morte, ao menos pelo tempo em que tem em mira a vida e nesta se engaja; todavia, **I 334** nada impede que, quando a morte entra em cena para o indivíduo // num caso particular e real, ou apenas fantasiado, ele tenha então de encará-la nos olhos, sendo assim assaltado pelo medo da morte, tentando de todas as maneiras escapar dela. Pois, pelo tempo em que seu conhecimento dirige-se à vida enquanto tal, é apto a reconhecer a imortalidade; contudo, quando a morte lhe aparece diante dos olhos, conhece-a corno aquilo que é, ou seja, o fim, no tempo, da aparência temporal isolada. Assim, o que tememos na morte de maneira alguma é a dor, pois esta reside manifestamente do lado de cá; ademais, muitas vezes nos refugiamos da dor justamente na morte, e, inversamente, às vezes enfrentamos a dor mais terrível só para escapar da morte por mais alguns instantes, apesar de esta poder ser rápida e fácil. Portanto, distinguimos entre dor e morte como dois males inteiramente di-

---

* Nos *Vedas* isso é expresso assim: quando uma pessoa morre, sua faculdade de ver se torna una com o Sol, seu olfato com a terra, seu paladar com a água, sua audição com o ar, sua fala com o fogo, e assim por diante (*Upanishads*, I, p.249 ss.); e ainda ao dizer que, em cerimônia especial, a pessoa moribunda transfere um por um seus sentidos e faculdades inteiras ao filho, como se fosse continuar a viver nele (ibid., II, p.82 ss.).

ferentes: o que de fato tememos na morte é o desaparecimento do indivíduo, como ela sonoramente proclama ser; ora, como o indivíduo é a Vontade de vida mesma numa objetivação singular, todo o ser do indivíduo insurge-se contra a morte. – No entanto, ali onde o sentimento nos deixa sem ajuda, e numa tal amplitude, a razão pode entrar em cena e superar em grande parte a impressão adversa dele, ao colocar-nos num ponto de vista superior, de onde temos em mira não o particular, mas o universal. Por isso, um conhecimento filosófico da essência do mundo que chegasse ao ponto de vista no qual estamos agora em nossa consideração mas não fosse mais adiante, inclusive deste ponto de vista poderia superar os terrores da morte, desde que no indivíduo a reflexão tivesse poder sobre o sentimento imediato. Uma pessoa que assimilasse firmemente em seu modo de pensar as verdades até agora referidas e, ao mesmo tempo, não tivesse chegado a conhecer por experiência própria ou por uma intelecção mais ampla que o sofrimento contínuo é essencial a toda vida; e na vida encontrasse satisfação e de bom grado nela se deleitasse, e, ainda, por calma ponderação, desejasse que o decurso de sua vida, tal qual até então foi vivenciado, devesse ser de duração infinda ou de retorno sempre novo; cujo ânimo vital fosse tão grande que, no retorno dos gozos da vida, // de boa vontade e com alegria assumisse as suas deficiências e tormentos aos quais está submetida; uma tal pessoa, ia dizer, situar-se-ia "com firmes, resistentes ossos sobre o arredondado e duradouro solo da Terra" e nada teria a temer: armada com o conhecimento que lhe conferimos, veria com indiferença a morte voando em sua direção nas asas do tempo, considerando-a como uma falsa ilusão, um fantasma impotente, amedrontador para os fracos, mas sem poder algum sobre ela, que sabe: ela mesma é a vontade, da qual o mundo inteiro é objetivação ou cópia; ela, assim, tem não só uma vida certa, mas também o presente por todo o tempo, presente que é propriamente a forma única da aparência da vontade; portanto, nenhum passado ou futuro infinitos, no qual não existiria, pode amedrontá-la, pois considera a estes como uma miragem vazia e um véu de māyā; por conseguinte, teria tão pouco temor da morte quanto o Sol tem da noite. – No *Bhagavad Gītā*, Krishna coloca seu noviço, Arjuna, nesse ponto de vista, quando este, tomado pelo desgosto (parecido a Xerxes), devido à visão dos exércitos prontos para o combate, perde a coragem e quer evitar a luta, para assim impedir o desaparecimento de tantos milhares: é quando Krishna o conduz a esse ponto de vista, e, assim, a morte daqueles milhares não o pode mais deter: dá então o sinal para a batalha. – Tal ponto de vista é também descrito no *Prometeu* de Goethe, especialmente quando diz:

> *Hier sitz ich, forme Menschen*
> *Nach meinem Bilde,*
> *Ein Geschlecht, das mir gleich sei,*
> *Zu leiden, zu weinen,*
> *Zu genießen und zu freuen sich,*
> *Und dein nicht zu achten,*
> *Wie ich!*[13]

As filosofias de Bruno e Espinosa também poderiam conduzir a esse mesmo ponto de vista naquela pessoa cuja convicção não fosse enfraquecida e perturbada pelos erros e imperfeições desses sistemas. A filosofia de Bruno não possui uma ética propriamente dita, e a ética da filosofia de Espinosa não procede absolutamente da essência de sua doutrina, mas, apesar de bela e louvável, é adicionada a ela simplesmente por meio de fracos e palpáveis sofismas. – Sobre o ponto de vista descrito, por fim, muitas pessoas situar-se-iam, // caso seu conhecimento acompanhasse passo a passo seu querer, isto é, caso estivessem em condição de clarearem distintamente a própria condição de vida, livrando-se de quaisquer ilusões. Pois, para o conhecimento, esse ponto de vista é o da completa AFIRMAÇÃO DA VONTADE DE VIDA.

I 336

A vontade afirma a si mesma, significa: quando em sua objetidade, ou seja, no mundo e na vida, a própria essência lhe é dada plena e claramente como representação, esse conhecimento não obsta de modo algum seu querer, mas exatamente esta vida assim conhecida é também enquanto tal desejada; se até então sem conhecimento, como ímpeto cego, doravante com conhecimento, consciente e deliberadamente. – O oposto disso, a NEGAÇÃO DA VONTADE DE VIDA, mostra-se quando aquele conhecimento leva o querer

---

13 "Aqui estou a formar o humano / Segundo minha imagem, / Uma raça igual a mim, / Para sofrer e chorar, / Ter prazer e alegrar-se, / E para te ignorar, / Como eu!" (N. T.)

a findar, visto que, agora, as aparências individuais conhecidas não mais fazem efeito como MOTIVOS do querer, mas o conhecimento inteiro da essência do mundo, que espelha a vontade, e provém da apreensão das IDEIAS, torna-se um QUIETIVO da vontade e, assim, a vontade suprime a si mesma livremente. Espero que tais conceitos, até agora totalmente desconhecidos e dificilmente compreensíveis nessa forma geral de expressão, tornem-se distintos mediante a exposição que logo a seguir farei de fenômenos, modos de ação nos quais se exprimem, de um lado, a afirmação em seus diversos graus e, de outro, a negação. Pois ambas surgem pelo CONHECIMENTO; não um conhecimento abstrato que é expresso em palavras, mas sim um conhecimento vívido e independente de dogmas e que é expresso exclusivamente em atos e condutas e permanece livre de dogmas, os quais, como conhecimento abstrato, concernem à razão. Meu único fim, pois, só pode ser expor a afirmação e a negação, trazendo-as a conhecimento distinto da faculdade racional, sem prescrever nem recomendar uma ou outra, o que seria tão tolo quanto inócuo, pois a vontade em si é absolutamente livre e determina por inteiro a si mesma, não havendo lei alguma para ela. – Contudo, antes de passar à exposição anunciada, temos em primeiro lugar de elucidar e determinar mais precisamente essa LIBERDADE e sua relação com a necessidade; em seguida, ainda inseriremos algumas considerações gerais // (referentes à vontade e seus objetos) sobre a vida, cuja afirmação ou negação é o nosso problema. Por meio de tudo isso deverá ser facilitado o conhecimento por nós intentado da significação ética das condutas humanas de acordo com a sua essência íntima.

Visto que, como já dito, toda esta obra é apenas o desdobramento de um pensamento único, segue-se que todas as suas partes não apenas têm a mais íntima ligação entre si – e não meramente cada uma delas está numa relação necessária com as imediatamente anteriores, pressupondo apenas que o leitor as rememore, como no caso de todas as filosofias que consistem simplesmente numa série de inferências –, mas cada parte da obra total é aparentada às outras e as pressupõe; por esse motivo, é requerida a lembrança do leitor não apenas daquilo que foi há pouco dito, como também de coisas ditas nas partes primeiras da obra, para assim poder conectá-las com o lido na parte presente a qualquer momento, por mais que nesse

O *mundo como vontade e como representação*

ínterim mais coisas tenham sido acrescidas; exigência esta também feita por Platão aos seus leitores nas digressões complexas e tortuosas de seus diálogos, os quais, depois de longos episódios, retomam o pensamento principal; contudo, exatamente por isso, o pensamento se torna mais claro. Conosco, tal exigência era sem dúvida necessária, pois a decomposição do nosso pensamento único em várias considerações era o único meio para sua comunicação, apesar de essa forma não lhe ser essencial, mas artificial. — A separação dos quatro pontos de vista principais em quatro livros, e a mais cuidadosa conexão do afim e do homogêneo, visa a facilitar a sua exposição e apreensão: o conteúdo dos temas, todavia, de forma alguma admite um progresso em linha reta, como o histórico, mas torna necessária uma exposição mais complexa; daqui a necessidade de um estudo repetido do livro, unicamente por meio do qual a conexão de todas as suas partes torna-se distinta; só assim elas se elucidam reciprocamente, tornando-se perfeitamente claras.*

§ 55

Que a vontade enquanto tal seja LIVRE, segue-se naturalmente de nossa

I 338 visão, que a considera como a coisa em si, o conteúdo de qualquer // aparência. Esta, entretanto, conhecemo-la como inteiramente submetida ao princípio de razão em suas quatro figuras: ora, como sabemos que necessidade é algo absolutamente idêntico a consequência a partir de um fundamento dado, e ambos são conceitos intercambiáveis, infere-se daí que tudo que pertence à aparência, ou seja, o que é objeto para o sujeito que conhece enquanto indivíduo, é por um lado fundamento, por outro consequência, e, nesta última qualidade, algo determinado com absoluta necessidade, e em qualquer outra relação não pode ser nada senão isso. O conteúdo inteiro da natureza, a completude de suas aparências são, portanto, absolutamente necessários, e a necessidade de cada parte, de cada aparência, de cada evento pode ser sempre demonstrada, já que tem de ser possível encontrar o fun-

---

* Cf. capítulos 41-44 do segundo tomo.

damento do qual se segue como consequência. Aqui não há exceção alguma: donde se segue a validade irrestrita do princípio de razão. Por outro lado, entretanto, este mesmo mundo, na totalidade das suas aparências, é para nós objetidade da vontade, que, por não ser ela mesma aparência, representação ou objeto, mas coisa em si, não está submetida ao princípio de razão, a forma de todo objeto; portanto não é determinada como consequência por um fundamento, logo, não conhece necessidade; em outras palavras, é LIVRE. Nesse sentido, o conceito de liberdade é, propriamente dizendo, negativo, pois seu conteúdo é tão somente a negação da necessidade, isto é, da relação da consequência a seu fundamento, em conformidade com o princípio de razão. – Aqui temos perante nós, da maneira mais distinta, o ponto unificador daquela grande oposição, a união da liberdade com a necessidade, tão discutida nos novos tempos, porém nunca, que eu saiba, de modo claro e adequado. Cada coisa como aparência, como objeto, é absolutamente necessária; no entanto, EM SI, essa mesma coisa é vontade e esta é integralmente livre por toda a eternidade. A aparência, o objeto, é necessária e inalteravelmente determinada na cadeia de fundamentos e consequências, a qual não admite interrupção alguma. Mas a existência em geral desse objeto e o modo da sua existência, isto é, a Ideia que nele se manifesta, ou, noutros termos, o seu caráter, é aparência imediata da vontade. Ora, em conformidade à liberdade dessa vontade, o objeto poderia não existir, ou originária e essencialmente ser algo inteiramente outro; mas em tal caso toda a cadeia na qual ele é um membro, ela mesma // aparência da vontade, também seria inteiramente outra: no entanto, uma vez lá e existente, o objeto ingressou na série de fundamentos e consequências e é aí sempre necessariamente determinado, por conseguinte não pode ser outro, isto é, mudar, nem sair da série, isto é, desaparecer. O ser humano também, como qualquer outra parte da natureza, é objetidade da vontade: nesse sentido, tudo o que foi dito anteriormente também vale para ele. Ora, assim como cada coisa na natureza tem suas forças e qualidades que reagem a determinadas influências de determinada maneira e constituem o seu caráter, também o ser humano possui o seu CARÁTER, em virtude do qual os motivos produzem suas ações com necessidade. Nesse modo mesmo de agir manifesta-se seu caráter empírico; por seu turno, neste manifesta-se

O mundo como vontade e como representação

de novo seu caráter inteligível, a vontade em si da qual ele é aparência determinada. Todavia, o ser humano é a aparência mais perfeita da vontade, como mostrado no livro segundo e, em vista da própria conservação, tem de ser iluminado por um tão elevado grau de conhecimento que, neste, é até mesmo possível, como mostrado no livro terceiro, uma repetição adequada e perfeita da essência do mundo sob a forma da representação, ou seja, é possível a apreensão das Ideias, o límpido espelho do mundo. No ser humano, por conseguinte, a vontade pode alcançar a plena consciência de si, o conhecimento distinto e integral da própria essência tal qual esta se espelha em todo o mundo. Em função da existência real desse grau de conhecimento origina-se, como vimos no livro precedente, exatamente a arte. Ao final de toda nossa consideração ainda veremos que por intermédio do mesmo conhecimento, quando a vontade o refere a si mesma, é possível a supressão e autonegação da vontade em sua aparência mais perfeita: assim, a liberdade, do contrário, jamais se mostrando na aparência, pois pertence exclusivamente à coisa em si, pode neste caso entrar em cena na própria aparência, ao suprimir a essência subjacente ao fundamento desta, embora a aparência mesma continue no tempo; surge daí uma contradição da aparência consigo mesma, expondo desse modo os fenômenos da santidade e autoabnegação. Mas o que foi agora discutido só será completamente compreendido ao final deste livro. — Entrementes, todo o exposto simples-

I 340 mente indica de maneira geral como o ser humano diferencia-se de // todas as demais aparências da vontade, devido ao fato de a liberdade, ou seja, a independência do princípio de razão, que cabe de maneira exclusiva à vontade como coisa em si e contradiz a aparência, poder no caso humano possivelmente também entrar em cena nesta, na qual então necessariamente expõe-se como uma contradição da aparência consigo mesma. Nesse sentido, não é apenas a vontade em si que deve ser denominada livre, mas também o ser humano e, assim, diferenciado de todos os demais seres. Mas como isso é compreensível? Eis aí algo que só se tornará distinto na completa sequência do texto; por agora temos de prescindir de sua exposição integral, pois antes de tudo temos de evitar o erro de pensar que o agir de um ser humano singular, determinado, não está submetido a necessidade alguma, ou seja, que a força do motivo é menos certa que a força da causa, ou então que a consequência da conclusão é menos certa a partir das premissas. A liberdade da vontade como coisa em si, excetuando-se o caso acima mencionado, jamais estende-se imediatamente à aparência, nem mesmo onde esta atinge o grau mais elevado de visibilidade, logo, não se estende ao animal dotado de razão e com caráter individual, isto é, a pessoa, que jamais é livre, embora seja a aparência de uma vontade livre: pois a pessoa já é a aparência determinada pelo querer livre e, desde que este entra na forma de todo objeto, o princípio de razão, a pessoa desenvolve de fato a unidade da vontade na pluralidade de suas ações, que, entretanto, devido à unidade extratemporal daquele querer em si, expõe-se com a legalidade de uma força natural. Porém, como é o querer livre que se torna visível na pessoa e em toda a sua conduta, estando para esta como o conceito está para a definição, segue-se que cada ação isolada do ser humano deve ser atribuída à vontade livre e também se apresenta imediatamente enquanto tal à consciência: eis por que cada um de nós, como dito no livro segundo, considera a si mesmo *a priori* (vale dizer, segundo seu sentimento originário) livre, inclusive nas ações particulares, no sentido de em qualquer caso dado ser possível qualquer ação, porém só *a posteriori*, a partir da experiência e da reflexão sobre ela, reconhece que seu agir foi produzido de modo completamente necessário a partir do confronto do caráter // com os motivos. Eis por que toda pessoa tosca, seguindo seu sentimento, defende ardorosamente a plena liberdade das ações individuais, enquanto os grandes pensadores de todas as épocas, inclusive os doutrinadores religiosos mais profundos, a tenham negado. No entanto, a quem ficou claro que a essência inteira do ser humano é vontade e ele mesmo é apenas aparência dessa vontade, aparência que, por seu turno, tem por forma necessária o princípio de razão, cognoscível já a partir do sujeito, figurando, neste caso, como lei de motivação; a tal pessoa, a dúvida sobre a inexorabilidade de cada ação particular, quando o motivo é apresentado ao caráter, parece-lhe como uma dúvida sobre se a soma dos três ângulos do triângulo equivale de fato à de dois retos. — A necessidade do agir individual foi suficientemente demonstrada por Pristley em sua *Doctrine of Philosophical Necessity*; foi Kant, todavia, cujo mérito a este respeito é em especial magnânimo, o primeiro a demonstrar a coexistência dessa necessidade com a liberdade da vontade em si, isto é, exterior à aparência,* estabelecendo a diferença entre caráter inteligível e empírico: a qual conservo por inteira: conquanto o primeiro é a vontade como coisa em si na medida em que aparece num determinado indivíduo e num determinado grau, e o segundo é esta aparência mesma tal qual ela se expõe temporalmente em modos de ação e já espacialmente na corporização. A fim de tornar mais clara a relação entre caráter inteligível e empírico, a melhor expressão a ser empregada é aquela presente no meu ensaio introdutório sobre o princípio de razão, ou seja, que o caráter inteligível de cada ser humano deve ser considerado como um ato extratemporal, indivisível e imutável da vontade, cuja aparência, desenvolvida e espraiada em tempo, espaço e em todas as formas do princípio de razão, é o caráter empírico como este se expõe conforme a experiência, vale dizer, na conduta e no decurso de vida de alguém. Assim como a árvore inteira é somente a aparência sempre repetida de um único e mesmo impulso exposto da maneira mais simples na fibra, de novo repetido e facilmente reconhecível na composição // da folha, do talo, do galho, do tronco, assim também todas as ações singulares de uma pessoa são apenas a exteriorização sempre repetida do seu caráter inteligível (embora possam variar alguma coisa na forma), e a indução resultante da soma dessas ações constitui precisamente o seu caráter empírico. – Mas não repetirei aqui de maneira incompleta a magistral exposição de Kant, mas a pressuponho como conhecida.

No ano de 1840 abordei de maneira exaustiva e em detalhe o importante capítulo acerca da liberdade da vontade em meu escrito premiado sobre o assunto, e desvelei o fundamento da ilusão em virtude da qual acredita-se encontrar na consciência de si, como fato, uma liberdade absoluta e empiricamente dada da vontade, portanto um *liberum arbitrium indifferentiae*;[14] ponto esse justamente para o qual foi orientada, com grande perspicácia, a pergunta cuja resposta foi premiada. Remeto o leitor àquela obra, bem como à seção § 10 do meu ensaio *Sobre o fundamento da moral*, publicado junto com ela sob o título *Os dois problemas fundamentais da ética*, e suprimo agora aquela

---

* *Crítica da razão pura*, 1. ed., p.532-58; 5.ed., p.560-86; e *Crítica da razão prática*, 4. ed., p.169-79; edição Rosenkranz, p.224-31.

14 "Liberdade de indiferença." (N. T.)

incompleta exposição sobre a necessidade dos atos da vontade, inserida na primeira edição, substituindo-a aqui por uma breve explanação, pressuposta pelo capítulo dezenove do nosso segundo tomo, acerca da ilusão acima mencionada, e que portanto não poderia figurar no ensaio antes mencionado.

Aparte o fato de a vontade, como a verdadeira coisa em si, ser algo originário e independente, e que o sentimento de sua originariedade e autonomia tem de, na consciência de si, acompanhar seus atos, embora aqui já determinados; aparte isso, o engano sobre a liberdade empírica da vontade (em vez da liberdade transcendental, única atribuível a ela), logo, de uma liberdade dos atos individuais, surge da posição separada e subordinada do intelecto em relação à vontade, exposta especialmente no item 3, capítulo 19, do segundo tomo desta obra. De fato, o intelecto vivencia as decisões da vontade apenas *a posteriori* e empiricamente. Nesse sentido, quando uma escolha se apresenta, ele não possui dado algum sobre como a vontade decidirá, pois o caráter inteligível, em virtude do qual diante de motivos dados // só UMA decisão é possível, a qual conseguintemente é necessária, não se apresenta acessível ao conhecimento do intelecto — tão somente o caráter empírico lhe é cognoscível, de forma sucessiva e por atos isolados. Daí aparecer à consciência que conhece (o intelecto) como se, num caso dado, fossem igualmente possíveis para a vontade duas decisões opostas. Porém aqui se passa como se, ao vermos um poste vertical que se tornou desequilibrado e está oscilando, disséssemos: "Pode cair para a direita ou para a esquerda"; ora, o "PODE" possui tão só uma significação subjetiva e em realidade diz "no que tange aos dados conhecidos por nós": pois objetivamente a direção da queda já está determinada de um modo necessário, desde o começo da oscilação. De maneira semelhante, a decisão da própria vontade é indeterminada só ao seu espectador, o próprio intelecto, ao sujeito do conhecer, portanto relativa e subjetivamente; por outro lado, em si mesma e objetivamente, a decisão é de imediato e necessariamente determinada em face de cada escolha que se apresenta. Contudo, essa determinação só entra na consciência pela decisão que se segue. Uma prova empírica disso também a temos quando nos encontramos diante de uma escolha difícil e importante, todavia sob uma condição que ainda não entrou em cena e é meramente esperada, de modo que nada podemos fazer até lá, tendo de aguardar passivamente. Ponderamos pelo que decidiremos no momento da aparição das circunstâncias, que nos permitiriam uma atividade e uma decisão livres. Na maioria das vezes a ponderação racional, que vê longe, fala em favor de uma decisão; enquanto a inclinação imediata, por sua vez, fala em favor de outra. Pelo tempo que temos de permanecer passivos, o lado da razão aparentemente tende a ganhar a preponderância; entretanto, já antevemos fortemente o quanto o outro lado irá nos atrair quando a oportunidade para agir se fizer presente. Porém até lá nos esforçamos zelosamente, por fria meditação dos *pro et contra*, em alumiar o mais claramente os motivos dos dois lados, a fim de que cada um possa com toda a sua força fazer efeito sobre a vontade quando o momento preciso apresentar-se, e, com isso, nenhum erro da parte do intelecto desvie a vontade para decidir-se de modo diferente do que faria se tudo fizesse efeito // equanimemente. Semelhante desdobramento distinto dos motivos em dois lados é, no entanto, tudo o que o intelecto pode fazer em relação à escolha. A decisão propriamente dita é por ele esperada de modo tão passivo e com a mesma curiosidade tensa como se fosse a de uma vontade alheia. De seu ponto de vista, entretanto, as duas decisões têm de parecer igualmente possíveis: isso justamente é a ilusão da liberdade empírica da vontade. Na esfera do intelecto a decisão entra em cena de modo totalmente empírico, como conclusão final do assunto; contudo, esta se produziu a partir da índole interior, do caráter inteligível, da vontade individual em seu confronto com motivos dados e, por conseguinte, com perfeita necessidade. O intelecto nada pode fazer senão clarear a natureza dos motivos em todos os seus aspectos, porém sem ter condições de ele mesmo determinar a vontade, pois esta lhe é completamente inacessível, sim, até mesmo, como vimos, insondável.

Se uma pessoa, sob condições iguais, pudesse agir ora de uma maneira, ora de outra, então nesse ínterim a sua vontade mesma teria mudado e, por consequência, residiria no tempo, visto que somente neste é possível a mudança: contudo, assim, ou a vontade teria de ser uma mera aparência, ou o tempo uma determinação da coisa em si. De fato, aquela disputa sobre a liberdade da ação individual, ou seja, sobre o *liberum arbitrium indifferentiae*, gira propriamente em torno do seguinte problema: se a vontade reside no tempo ou não. Mas, como Kant ensina, e toda a minha exposição torna necessário, se a coisa em si reside fora do tempo e de toda forma do princípio de razão, segue-se que não apenas o indivíduo tem de agir de maneira igual em situação igual e que cada ação má tem de ser a garantia segura de inumeráveis outras que ele TEM DE levar a cabo, e não PODE deixar de fazê-lo, mas também que, como Kant ainda diz, caso apenas fossem dados de maneira completa o caráter empírico e os motivos, a conduta futura da pessoa poderia ser calculada como um eclipse do Sol ou da Lua. Igual à natureza, também o caráter é consequente. Cada ação isolada tem de ocorrer em conformidade a este, como cada fenômeno tem de ocorrer em conformidade à lei natural: a causa no último caso e o motivo no primeiro são apenas causas ocasionais, como foi // mostrado no livro segundo. A vontade, cuja aparência é toda existência e vida do ser humano, não pode negar a si mesma no caso particular, e o que o ser humano quer em geral, ele também sempre quererá no particular.

A defesa de uma liberdade empírica da vontade, de um *liberum arbitrium indifferentiae*, está intimamente ligada ao fato de ter-se colocado a essência íntima do ser humano numa ALMA, a qual seria originariamente uma entidade QUE CONHECE, sim, propriamente dizendo, uma entidade abstrata QUE PENSA, e só em consequência disto algo QUE QUER; assim, considerou-se a vontade como de natureza secundária, quando em realidade o conhecimento é de natureza secundária. A vontade foi até mesmo considerada como um ato de pensamento e identificada com o juízo, especialmente por Descartes e Espinosa. De acordo com isso, todo ser humano teria se tornado o que é somente em consequência de seu CONHECIMENTO: chegaria ao mundo como um zero moral, conheceria as coisas no mundo e decidiria ser este ou aquele, agir desta ou daquela maneira; poderia também, em virtude de novo conhecimento, adotar uma nova conduta, portanto tornar-se outrem. Fora isso, ainda conheceria uma coisa primeiro como BOA e, em consequência, querê-la-ia; em vez de primeiro a QUERER e, em consequência, chamá-la BOA. Porém, de acordo com a totalidade da minha visão fundamental, tudo isso é uma inversão da relação verdadeira. A vontade é o primário e originário; o conhecimento é meramente adicionado como instrumento pertencente à aparência da vontade. Conseguintemente, cada pessoa é o que é mediante a sua vontade, e o seu caráter é originário; pois querer é a base do seu ser.

O mundo como vontade e como representação

Pelo conhecimento adicionado, ela aprende no decorrer da experiência o QUÊ ela é, ou seja, chega a conhecer o seu caráter. Ela se CONHECE, portanto, em consequência e em conformidade à índole da sua vontade; em vez de, segundo a antiga visão, QUERER em consequência e em conformidade ao seu conhecer. De acordo com esta antiga visão, ela precisa apenas ponderar COMO prefere ser, e seria: isto seria a liberdade da vontade; logo, a liberdade da vontade consistiria, propriamente dizendo, no fato de a pessoa ser a sua própria obra, à luz do conhecimento. Eu, contrariamente, digo que o ser humano é a sua própria obra antes de todo conhecimento, e este é meramente adicionado para iluminá-la. Daí não poder decidir ser isto ou aquilo, I 346 // nem tornar-se outrem, mas É de uma vez por todas, e sucessivamente conhece o QUÊ é. Pela citada tradição, ele QUER o que conhece; em mim ele CONHECE o que quer.

Os gregos denominavam o caráter ἦθος e a exteriorização do caráter, isto é, os costumes, ἤθη; esta palavra, todavia, vem de ἔθος, hábito, escolhida para expressar metaforicamente a constância do caráter pela constância do hábito. Τὸ γὰρ ἦθος ἀπὸ τοῦ ἔθους ἔχει τὴν ἐπωνυμίαν. ἠθικὴ γὰρ καλεῖται διὰ τὸ ἐθίζεσθαι[15] (é de ἔθος *i.e. hábito*, que o caráter, ἦθος, tira o seu nome, e a ética tira o seu nome de ἀπὸ τοῦ ἐθίζεσθαι, criar um hábito), diz Aristóteles (*Eth. magna*, I, 6, p.1186; *Eth. Eud.*, p.1220; *Eth. Nic.*, p.1103, ed. Ber.). Estobeu, II, cap.7, diz: οἱ δὲ κατὰ Ζήνωνα τροπικῶς· ἦθός ἐστι πηγὴ βίου, ἀφ᾽ ἧς αἱ κατὰ μέρος πράξεις ῥέουσι[16] (*Stoici autem, Zenonis castra sequentes, metaphorice ethos definiunt vitae fontem, e quo singulae manant actiones*). Na doutrina religiosa cristã encontramos o dogma da predestinação como resultado da eleição ou não eleição pela graça (Romanos 9,11-24), o qual é manifestamente derivado da intelecção de que o ser humano não muda; antes, a sua vida e conduta, o seu caráter empírico, são apenas o desdobramento do caráter inteligível, são apenas o desenvolvimento de decididas e imutáveis disposições já reconhecíveis na criança; a conduta, por assim dizer, está fixamente

---

15 "Pois caráter tira seu nome de hábito; e assim a ética tira o seu nome de criar um hábito." (N. T.)

16 "Os discípulos de Zenão afirmavam figurativamente que *ethos* é a fonte de vida da qual nascem as ações individuais." (N. T.)

determinada desde o nascimento e no essencial permanece a mesma até o fim da vida. Concordamos com tudo isso; todavia, as conclusões derivadas da união dessa intelecção perfeitamente correta com os dogmas previamente encontrados na religião judaica, e que deram azo às maiores dificuldades e produziram o inextrincável nó górdio em torno do qual giram a maioria das controvérsias das Igrejas – tais conclusões não defendo; inclusive o apóstolo Paulo mal conseguiu defender isso com a sua parábola do oleiro, cujo resultado último só poderia ser este:

> *Es fürchte die Götter*
> *Das Menschengeschlecht!*
> *Sie halten die Herrschaft*
> *// In ewigen Händen:*
> *Und können sie brauchen*
> *Wie's ihnen gefällt.*[17]

Mas essas considerações são de fato estranhas ao nosso tema. Antes, algumas discussões sobre a relação entre o caráter e o conhecimento, no qual todos os motivos do caráter residem, serão aqui mais apropriadas.

Como os motivos que determinam o aparecimento do caráter, ou o agir, fazem efeito sobre ele mediante o médium do conhecimento, e o conhecimento, por seu turno, é variável, oscilando constantemente entre erro e verdade, porém via de regra retificando-se cada vez mais no curso da vida, embora em graus muito diferentes; vem daí que a conduta de uma pessoa pode variar notavelmente sem que com isto se deva concluir sobre uma mudança de seu caráter. O que o ser humano realmente e em geral quer, a tendência de seu ser mais íntimo e o fim que persegue em conformidade a ela, nunca pode mudar por ação exterior sobre ele, via instrução: do contrário, poderíamos recriá-lo. Sêneca diz admiravelmente: *velle non discitur;*[18] o que mostra que preferia a verdade ao doutrinamento dos estoicos, que

---

17 "A raça humana / Tem de temer os deuses! / Eles têm o poder / Em mãos eternas: / E podem usá-lo / Como lhes agrada." (N. T.)

18 "O querer não pode ser ensinado." (N. T.)

diziam: διδακτὴν εἶναι τὴν ἀρετήν (*doceri posse virtutem*).[19] Do exterior, a vontade só pode ser afetada por motivos. Estes, todavia, jamais podem mudar a vontade mesma: pois têm poder sobre ela apenas sob a pressuposição de que a mesma é exatamente tal como é. Tudo o que podem fazer é mudar a direção do esforço da vontade, isto é, fazer com que esta procure por um caminho diferente o que invariavelmente procura. Por conseguinte, instrução e conhecimento aperfeiçoado, vale dizer, ação do exterior, podem até ensiná-la que errou nos meios e assim fazê-la procurar o fim pelo qual se esforçava, de acordo com a sua essência íntima, por um caminho inteiramente outro e até mesmo em outro objeto: jamais, entretanto, podem fazer que realmente queira de maneira diferente do que quis até então, pois isto permanece inalterável, já que a vontade é apenas este querer mesmo, que do contrário teria de ser suprimido. Entrementes, aquele primeiro caso, isto é, a modificabilidade do conhecimento, e, por meio desta, do agir, vai // tão longe que a vontade procura atingir seu fim invariável, por exemplo o paraíso de Maomé, ora no mundo real, ora num mundo imaginário, adaptando a cada vez os meios e assim empregando num primeiro momento astúcia, violência e engodo, num outro, abstinência, justiça, esmolas, peregrinação a Meca. Porém, nem por isso o esforço mesmo da vontade mudou, muito menos ela mesma. Embora sua ação exponha-se bastante diferentemente em tempos diferentes, seu querer no entanto permanece exatamente o mesmo. *Velle non discitur.*

Para a eficácia dos motivos é preciso não apenas a sua presença, mas também o seu conhecimento, pois, de acordo com uma expressão muito boa dos escolásticos, por nós já citada, *causa finalis movet non secundum suum esse reale, sed secundum esse cognitum.*[20] Nesse sentido, por exemplo, para que a proporção existente numa dada pessoa entre egoísmo e compaixão entre em cena, não é suficiente que essa pessoa possua riqueza e veja a miséria alheia; ela também tem de saber o que é permitido fazer com a riqueza, tanto em seu favor como para os outros; ademais, o sofrimento alheio tem não apenas de expor-se a ela, mas ela também tem de saber o que é o

---

19 "A virtude pode ser ensinada." (N. T.)
20 "A causa final não move segundo seu ser real, mas segundo seu ser conhecido." (N. T.)

sofrimento e o que é o prazer. Talvez não tivesse tanta consciência de tudo isso numa primeira ocasião quanto teve numa segunda; e se numa ocasião semelhante age de maneira diferente, é porque as circunstâncias foram de fato outras, para a parte que depende do seu conhecimento, embora parecessem as mesmas. — Contudo, se de um lado o desconhecimento das circunstâncias reais pode retirar-lhes a eficácia, de outro as circunstâncias totalmente imaginárias podem fazer efeito igual ao das reais, não só no caso de uma ilusão singular, mas também total e duradouramente. Por exemplo, se um homem está firmemente convencido de que todo ato beneficente lhe será cem vezes recompensado na outra vida, tal convicção faz efeito igual ao de uma letra de câmbio segura e de longa data, podendo então doar por egoísmo aquilo de que, noutra perspectiva, apossar-se-ia por egoísmo. Mudar ele não mudou: *velle non discitur*. Ora, em virtude dessa grande influência do conhecimento sobre o agir, apesar de a vontade ser inalterável, ocorre de

I 349 o // caráter desenvolver-se só gradativamente e, assim, suas diversas feições entrarem em cena. Eis por que o caráter se mostra diferente em cada idade da vida e, a uma juventude arrebatada, selvagem, pode seguir-se uma idade madura, ordenada e judiciosa. Em especial o traço mau do caráter entrará em cena com cada vez mais poder no decorrer do tempo; contudo, às vezes, também as paixões às quais a pessoa se abandonava na juventude são mais tarde voluntariamente arrefecidas, justamente porque só agora os motivos opostos se apresentaram ao conhecimento. Em consequência, no começo somos todos inocentes e isto apenas significa que nem nós nem os outros conhecemos o mau de nossa própria natureza: este aparece apenas com os motivos; e só no decorrer do tempo é que os motivos se apresentam no conhecimento. Ao fim nos conhecemos de maneira completamente diferente do que *a priori* nos considerávamos e então amiúde nos assustamos conosco mesmos.

ARREPENDIMENTO nunca se origina de a vontade ter mudado (algo impossível), mas de o conhecimento ter mudado. O essencial e próprio daquilo que eu sempre quis, tenho de ainda continuar a querê-lo: pois eu mesmo sou esta vontade que reside fora do tempo e da mudança. Portanto, nunca posso me arrepender do que quis, mas sim do que fiz, visto que, conduzido por falsas noções, agi de maneira diferente daquela adequada

O mundo como vontade e como representação

à minha vontade. O ARREPENDIMENTO é a intelecção disso por via de um conhecimento mais preciso. E isto se estende não só à sabedoria de vida, à escolha dos meios, ao julgamento do mais adequado fim à minha vontade, mas também ao ético propriamente dito. Assim, por exemplo, posso ter agido mais egoisticamente do que era adequado ao meu caráter, visto que fui guiado por representações exageradas da carência na qual eu mesmo me encontrava, ou pela astúcia, falsidade, maldade dos outros, ou posso ter sido precipitado: numa palavra, agi sem ponderação, determinado não por motivos distintamente conhecidos *in abstracto*, mas por simples motivos intuitivos, pela impressão do presente e o afeto que este provocou, o qual foi tão violento que me privou do uso propriamente dito da razão; aqui, também, o retorno da capacidade deliberativa não passa de conhecimento corrigido, do qual pode resultar arrependimento, que sempre dá sinal de si mesmo por reparação do acontecido, até onde é possível. No entanto, deve-se notar que para enganar // a si mesmas as pessoas fingem precipitações aparentes, que em realidade são ações secretamente ponderadas. Porém, mediante tais truques sutis não enganamos nem adulamos ninguém, senão a nós mesmos. — Também o caso contrário ao mencionado pode ocorrer: posso ser ludibriado pela confiança excessiva nos outros, ou pelo desconhecimento do valor relativo dos bens da vida, ou por algum dogma abstrato cuja crença doravante perdi, e assim ser levado a agir menos egoisticamente do que é adequado ao meu caráter, com isso preparando um arrependimento de outro gênero. Portanto, o arrependimento é sempre o conhecimento corrigido da relação entre o ato e a intenção verdadeira. — E assim como a vontade que manifesta suas Ideias apenas no espaço, ou seja, mediante a simples figura, já encontra a resistência de outras Ideias que dominam a matéria, neste caso forças naturais, e desse modo raramente permitem a irrupção perfeitamente pura e distinta, isto é, bela, da figura que se esforça por visibilidade; assim também a vontade que se manifesta apenas no tempo, isto é, via ações, encontra uma resistência análoga no conhecimento, que quase nunca lhe fornece os dados inteiramente corretos, fazendo o ato não corresponder de maneira precisa e integral à vontade, preparando dessa forma o arrependimento. Logo, o arrependimento sempre resulta do conhecimento corrigido, não da mudança da vontade, o que é impossível.

Arthur Schopenhauer

O peso de consciência[21] em relação a atos praticados não é arrependimento, mas dor sobre o conhecimento do próprio si mesmo, ou seja, como vontade. Baseia-se na certeza de que ainda se tem sempre a mesma vontade. Se esta tivesse mudado e assim o peso de consciência fosse mero arrependimento, então este se suprimiria, pois o passado não poderia despertar pesar algum, visto que expunha a exteriorização de uma vontade que agora já não é mais a do arrependido. Adiante discutiremos em detalhes a significação desse peso de consciência.

A influência que o conhecimento como médium dos motivos tem não só sobre a vontade, mas também sobre o seu aparecimento em ações, fundamenta também a diferença capital entre o agir do ser humano e o do animal, na medida em que o modo de conhecimento de ambos é diverso. De fato, o animal possui apenas representações intuitivas, o ser humano, devido à razão, ainda possui representações abstratas, conceitos. Embora animal e ser humano sejam determinados // por motivos com igual necessidade, o ser humano, entretanto, tem a vantagem de uma DECISÃO ELETIVA, que amiúde foi vista como uma liberdade da vontade em atos individuais; contudo, é apenas a possibilidade de um conflito duradouro entre vários motivos até que o mais forte determine com necessidade a vontade. Para isso os motivos têm de ter assumido a forma de pensamentos abstratos, pois só por estes é possível uma deliberação propriamente dita, isto é, uma avaliação de fundamentos opostos do agir. No caso do animal, a escolha só pode se dar entre motivos presentes intuitivamente; por conta disso, está limitada à estreita esfera de sua apreensão atual e intuitiva. Por conseguinte, a necessidade com que a vontade é determinada pelo motivo, igual àquela com que o efeito é determinado pela causa, só pode ser exibida intuitiva e imediatamente nos animais, porque aqui o espectador tem os motivos tão imediatamente diante dos olhos quanto o seu efeito, enquanto nos seres

I 351

---

21 No original *Gewissensangst*. *Gewissen* se traduz por "consciência moral", para distingui-la do mero estar consciente de algo, ou seja, *Bewusstsein*, consciência em sentido estrito; já o termo *Angst*, que também compõe aquela palavra, significa "medo", "angústia". Preferimos traduzir por "peso de consciência" para realçar o termo consciência, em sentido moral, e ao mesmo tempo o remordimento dolorido, a mordida em nosso íntimo. (N. T.)

O mundo como vontade e como representação

humanos os motivos quase sempre são representações abstratas inacessíveis ao espectador, sendo que até mesmo ao agente é ocultada a necessidade do atuar de tais representações por detrás do conflito delas. Apenas *in abstracto* podem várias representações encontrar-se na consciência uma ao lado da outra, na forma de juízos e séries de conclusão, e então fazer efeito reciprocamente, livres de qualquer determinação temporal, até que a representação mais forte domine as restantes e determine a vontade. Eis aí a PERFEITA DE-CISÃO ELETIVA ou capacidade de deliberação, uma vantagem do ser humano em face dos animais, devido à qual se lhe atribuiu a liberdade da vontade, na suposição de que seu querer era um mero resultado das operações do intelecto, isento de um impulso determinado a lhe servir de base; quando, em verdade, a motivação só faz efeito se fundamentada, e sob a pressuposição de um impulso determinado, que no seu caso é individual, ou seja, um caráter. Uma exposição detalhada dessa capacidade de deliberação e da diferença dela resultante entre o arbítrio animal e humano encontra-se no meu *Os dois problemas fundamentais da ética* (1. ed., p.35 et seq.), ao qual portanto remeto aqui o leitor. Ademais, semelhante capacidade de deliberação no ser **I 352** humano também pertence às coisas // que tornam a sua existência muito mais atormentada que a do animal; pois em geral nossas grandes dores não se situam no presente, como representações intuitivas ou sentimento imediato, mas na razão, como conceitos abstratos, pensamentos atormentadores, dos quais os animais estão completamente livres, pois vivem apenas no presente, portanto num estado despreocupado digno de inveja.

A exposta dependência da capacidade humana de deliberação em relação à faculdade de pensar *in abstracto*, portanto também em relação ao ajuizamento e à inferência de conclusões, parece ter levado tanto Descartes quanto Espinosa a identificar as decisões da vontade com a faculdade de afirmar e negar (faculdade de juízo); Descartes deduziu que a vontade, à qual ele atribuía liberdade de indiferença, era culpada por todo erro teórico; Espinosa, por seu turno, deduziu que a vontade é necessariamente determinada por motivos, assim como o juízo o é por fundamentos:[22] o que é de certo

---

22 Cf. Descartes, *Meditação quarta*; Espinosa, *Ética*, II, props. 48 e 49 etc. (N. T.)

modo correto, porém se dá como uma conclusão verdadeira a partir de premissas falsas. –

A demonstrada diferença na maneira como o animal e o ser humano são movimentados mediante motivos exerce ampla influência sobre o ser de ambos e contribui bastante para a profunda e evidente diferença de suas existências. De fato, enquanto o animal é sempre motivado apenas por uma representação intuitiva, o ser humano, ao contrário, esforça-se em excluir completamente esse tipo de motivação, ao procurar determinar-se exclusivamente por motivos abstratos, utilizando assim sua prerrogativa da razão em vista da maior vantagem possível, e, independentemente do presente, não se limita a escolher ou evitar a fruição ou a dor passageiras, mas pondera as consequências de cada uma delas. Na maioria das vezes, tirante as ações inteiramente insignificantes, são os motivos abstratos e pensados que nos determinam, não as impressões do presente. Eis por que toda privação individual e momentânea nos é suportável, enquanto toda renúncia nos é bastante difícil, pois a primeira concerne só ao presente passageiro, **I 353** enquanto a outra concerne ao futuro e, por conseguinte, contém em si // inumeráveis renúncias das quais é a equivalente. Portanto, a causa de nosso sofrimento, bem como de nossa alegria, reside na maioria dos casos não no presente real, mas só em pensamentos abstratos: são estes que amiúde nos são insuportáveis, criam tormentos, em comparação com os quais o sofrimento do mundo animal é bastante pequeno; em realidade, até mesmo nossa dor propriamente física com frequência não é sentida, visto que, até mesmo no caso de sofrimentos espirituais intensos, causamo-nos sofrimentos físicos só para desviar a atenção daqueles: é por isso que nas maiores dores espirituais a pessoa arranca os cabelos, golpeia-se no peito, arranha o rosto, atira-se ao chão: tudo sendo propriamente apenas meios violentos de distração em face de um pensamento de fato insuportável. E justamente porque a dor espiritual, como a mais aguda de todas, torna alguém insensível à dor física, o suicídio é bastante fácil para quem se encontra desesperado ou imerso em desânimo crônico, embora antes, em seu estado confortável, tremesse com tal pensamento. De maneira semelhante, preocupações e paixões, portanto o jogo do pensamento, abalam o corpo muito mais frequente e intensamente que deficiências físicas. Em conformidade com tudo

O mundo como vontade e como representação

isso, Epicteto diz com acerto: Ταράσσει τοὺς ἀνθρώπους οὐ τὰ πράγματα, ἀλλὰ τὰ περὶ τῶν πραγμάτων δόγματα (*Perturbant homines non res ipsae, sed de rebus decreta*) (*V.*)[23] e Sêneca: *Plura sunt, quae nos terrent, quam quae premunt, et saepius opinione quam re laboramus* (*Ep. 5*).[24] Também Eulenspiegel satirizava admiravelmente a natureza humana quando subia a montanha rindo e a descia chorando. Amiúde crianças que se feriram choram não devido à dor, mas antes ao pensamento da dor, despertado após nos condoermos delas. Tão grande diferença no agir e na vida deriva da diversidade dos modos animal e humano de conhecimento. Ademais, a entrada em cena do caráter individual distinto e decidido, o que no fundo diferencia o ser humano do animal (este possuindo quase que só o caráter da espécie), é igualmente condicionada pela escolha entre diversos motivos, possível apenas por meio de conceitos abstratos. Pois somente após a escolha ter sido feita é que as daí resultantes diversas decisões dos diversos indivíduos são um signo do caráter individual, diferente em cada um; // já o agir animal depende só da presença ou ausência de impressão, pressupondo-se que esta é em geral um motivo para sua espécie. Portanto, exclusivamente no ser humano é a decisão, e não o mero desejo, uma indicação válida de seu caráter, para si mesmo e para os outros. Mas tanto para si mesmo quanto para os outros a decisão só é certa pelo ato. O desejo é simples consequência necessária da impressão presente, de excitação exterior ou de disposição interior passageira, e é, por conseguinte, tão imediatamente necessário e sem ponderação quanto a ação dos animais: por isso, igual à ação animal, o desejo exprime simplesmente o caráter da espécie, não o individual, ou seja, apenas indica o que O HUMANO EM GERAL seria capaz de fazer, não o INDIVÍDUO que sente o desejo. Só o ato – visto que, como ação humana, sempre precisa de uma certa ponderação e, via de regra, o ser humano é senhor de sua razão, portanto possui clarividência, vale dizer, decide-se conforme motivos abstratos pensados – é a expressão das máximas inteligíveis de sua conduta, o resultado de seu querer mais íntimo, e é como uma letra na palavra que

I 354

---

23 "Não são as coisas que provocam distúrbio nos homens, mas as opiniões sobre elas." (N. T.)

24 "Há mais coisas que nos amedrontam do que as há que nos oprimem, e sofremos mais frequentemente pela opinião do que pela realidade." (N. T.)

exprime seu caráter empírico, o qual é apenas a manifestação temporal de seu caráter inteligível. Por isso somente atos, não desejos nem pensamentos, pesam na consciência moral de uma mente sadia. Pois apenas os nossos atos são o espelho de nossa vontade. O tipo de ato antes mencionado, praticado de forma inteiramente imponderada e em verdade desencadeado por afeto cego, é em certa medida um intermediário entre o mero desejo e a decisão: por isso, mediante verdadeiro arrependimento, que se mostra também como ato, pode ser apagado como um risco mal traçado na imagem de nossa vontade chamada decurso de vida. — Ademais, como comparação especial, seja aqui feita a observação de que a relação entre o desejo e o ato possui uma analogia inteiramente casual, mas exata, com aquela entre a acumulação e a descarga elétricas.

Como resultado de toda essa consideração sobre a liberdade da vontade e daquilo que a ela se refere, encontramos que, embora a vontade em si mesma e fora da aparência deva ser denominada livre, onipotente, todavia nas suas aparências individuais, // em que é iluminada pelo conhecimento, portanto nos seres humanos e animais, ela é determinada por motivos, aos quais cada caráter sempre reage do mesmo modo, regular e necessariamente. Nos seres humanos, devido ao acréscimo do conhecimento abstrato ou racional, vemos como vantagem sua em relação aos animais uma DECISÃO ELETIVA, que, entretanto, apenas o torna um campo de batalha do conflito entre motivos, sem contudo subtraí-lo ao império deles, os quais, de fato, condicionam a possibilidade da perfeita exteriorização do caráter individual; porém, de modo algum a decisão eletiva deve ser vista como liberdade do querer individual, isto é, independência da lei de causalidade, cuja necessidade estende-se tanto aos seres humanos quanto a qualquer outra aparência. Por conseguinte, até o ponto mencionado, não além, vai a diferença que a razão ou o conhecimento intermediado por conceitos produz entre o querer humano e o querer animal. Contudo, pode se dar um acontecimento de outra natureza concernente à vontade humana e impossível na animalidade quando o ser humano abandona todo o conhecimento das coisas isoladas enquanto tais, submetido ao princípio de razão, e, por intermédio do conhecimento das Ideias, olha através do *principium individuationis*; aqui, de fato, é possível uma entrada em cena da liberdade propriamente dita da vontade como coisa em si, com o que a aparência põe-se numa certa contradição consigo mesma, tal qual expressa pela palavra autoabnegação, e que, em última instância, pode chegar à supressão do em si do seu ser. Esta única e propriamente imediata exteriorização da liberdade da vontade em si também na aparência não pode ser aqui exposta claramente, ficando para a parte final e conclusiva de nossa consideração.

Após ter ficado evidente para nós, em função dos presentes argumentos, a imutabilidade do caráter empírico, simples desdobramento do extratemporal caráter inteligível, e a necessidade das ações resultantes do confronto do caráter com os motivos, cabe agora descartar uma consequência daí facilmente inferível em favor das inclinações reprováveis. Noutros termos, já que nosso caráter deve ser visto como o desdobramento temporal de um ato extratemporal, portanto indivisível e imutável da vontade, ou **I 356** desdobramento de um caráter inteligível, // de modo que todo essencial, isto é, o conteúdo ético de nossa conduta de vida, é determinado de maneira inalterável e, em conformidade com isso, tem de exprimir-se em sua aparência, justamente o caráter empírico — enquanto somente o inessencial da aparência, a figura exterior do nosso decurso de vida, depende das formas sob as quais apresentam-se os motivos —, poder-se-ia disso tudo inferir que seria esforço vão trabalhar numa melhora do próprio caráter ou lutar contra o poder das más inclinações, sendo preferível submeter-se ao fatídico, entregando-se a toda inclinação, mesmo as más. — Porém aqui tem-se precisamente o mesmo caso da teoria do destino inexorável com as consequências dela extraídas, a saber, a ἀργὸς λόγος[25] (nos tempos atuais, fé turca), cuja correta refutação, atribuída a Crisipo, é exposta por Cícero no livro *De fato*, cap. 12, 13.

Embora tudo possa ser visto como irrevogavelmente predeterminado pelo destino, todavia isto só o é pela cadeia de causas. Por isso, em caso algum pode ser determinado que um efeito entre em cena sem sua causa. Assim, o acontecimento não está predeterminado sem mais nem menos, mas o acontecimento como resultado de causas prévias: logo, o que é selado pelo destino não é só o resultado, mas também os meios pelos quais

---

25 "Razão indolente." (N. T.)

o resultado está destinado a aparecer. Em consequência, se os meios não entram em cena, decerto o resultado também não: ambos sempre seguem a determinação do destino, que todavia só conhecemos depois.

Assim como os acontecimentos sempre ocorrem de acordo com o destino, isto é, de acordo com o encadeamento infindo das causas, assim também nossos atos sempre se dão de acordo com o nosso caráter inteligível: e da mesma forma como não conhecemos de antemão o destino, igualmente não nos é possível uma intelecção *a priori* do caráter inteligível; só *a posteriori*, através da experiência, aprendemos a conhecer a nós mesmos e aos outros. Se o caráter inteligível implica que só podemos conceber uma boa decisão após uma longa batalha contra uma má inclinação, esta batalha tem de advir em primeiro lugar e ser esperada. A reflexão sobre a imutabilidade do caráter, sobre a unidade da fonte de onde // brotam todos os nossos atos, não nos autoriza a antecipar um ou outro lado na tomada de decisão do caráter: só a resolução definitiva nos fará ver o tipo de pessoa que somos: nossos atos serão um espelho de nós mesmos. Daí se explicam a satisfação ou o peso de consciência[26] com que olhamos retrospectivamente para nosso caminho de vida: os dois não nascem de os atos passados ainda possuírem existência: eles passaram, foram e não são mais; contudo, a grande importância deles para nós deve-se à sua significação, ao fato de serem a expressão do caráter, o espelho da vontade, no qual miramos e reconhecemos o nosso si mesmo, o núcleo de nossa vontade. Ora, como não temos a experiência disso de antemão, mas só depois, ocorre de nos esforçarmos e lutarmos no tempo simplesmente para que a imagem produzida por nossos atos apareça de tal maneira que sua visão nos acalme o máximo possível, em vez de nos pesar na consciência. Mas, como dito, a significação de semelhante calma ou pesar será investigada mais adiante. Aqui, entretanto, cabe a seguinte consideração.

Ao lado do caráter inteligível e do empírico deve-se ainda mencionar um terceiro, diferente dos dois anteriores, a saber, o CARÁTER ADQUIRIDO, que se obtém na vida pelo comércio com o mundo e ao qual é feita referência

---

26 No original *Seelenangst*, que traduzimos igual a *Gewissenansgst*, "peso de consciência", por serem no presente texto termos claramente equivalentes. Cf. nota 21. (N. T.)

O mundo como vontade e como representação

quando se elogia uma pessoa por ter caráter ou se a censura por não o ter. — Talvez se pudesse naturalmente supor que, como o caráter empírico, enquanto aparência do inteligível, é inalterável e, tanto quanto qualquer fenômeno natural, é em si consequente, o ser humano também sempre teria de aparecer de maneira consequente igual a si mesmo, com o que não seria necessário adquirir artificialmente por experiência e reflexão um caráter. Mas não é o caso. Embora sempre sejamos as mesmas pessoas, nem sempre nos compreendemos; amiúde nos desconhecemos, até que, em certo grau, adquirimos o autoconhecimento. O caráter empírico, como simples impulso natural,[27] é em si arracional: sim, sua exteriorização é perturbada pela razão, e tanto mais quanto mais alguém possui maior clarividência e força de pensamento, a fazerem pairar diante de si aquilo que diz respeito AO SER HUMANO EM GERAL, como // caráter da espécie, tanto em termos de desejo quanto de realizações. No entanto, dessa maneira torna-se difícil a intelecção daquilo que, devido à individualidade, uma pessoa quer e pode em meio a tantas coisas. Dentro de si encontra disposições para todas as diferentes aspirações e habilidades humanas; contudo, os diferentes graus destas na própria individualidade não se tornam claros sem o concurso da experiência: e se a pessoa segue apenas as aspirações que são conformes ao seu caráter, sente, em certos momentos e disposições particulares, o estímulo para aspirações exatamente contrárias às primeiras, e assim incompatíveis com aquelas: ora, se quiser seguir aquelas primeiras sem incômodo, estas últimas têm de ser completamente refreadas. Pois assim como nosso caminho físico sobre a Terra não passa de uma linha, em vez de uma superfície, assim também, na vida, caso queiramos alcançar e possuir uma coisa, temos de renunciar e abandonar à esquerda e à direita inumeráveis outras. Se não podemos

---

27 Schopenhauer escreve aqui "caráter empírico", mas provavelmente quisesse dizer caráter inteligível. Parece sem sentido dizer que o caráter empírico é um "impulso natural" quando, em função de toda a teoria do autor sobre a distinção entre caráter inteligível e empírico, este em realidade é mera manifestação temporal do primeiro, a este sim cabendo mais apropriadamente referirmo-nos como "simples impulso natural", pois é um ato originário da vontade, enquanto o segundo é aparência submetida ao espaço, ao tempo e à causalidade, isto é, ao princípio de razão, não servindo, pois, para definir o mais nuclear do ser humano. (N. T.)

nos decidir a fazer isso, mas, igual a crianças no parque de diversões, estendemos a mão a tudo o que excita e aparece à nossa frente, então esta é a tentativa perversa para transformar a linha do nosso caminho numa superfície: andamos em zigue-zague, ao sabor dos ventos, sem chegar a lugar algum. – Ou, para usar outra comparação: assim como, de acordo com a doutrina do direito de Hobbes, todos têm originariamente um direito a todas as coisas, mas a nada em exclusivo, e no entanto se pode obter o direito exclusivo a coisas individuais renunciando-se ao direito a todas as demais, enquanto os outros fazem o mesmo em relação ao que escolheram; exatamente assim também se passa na vida, quando só podemos seguir com seriedade e sucesso alguma aspiração determinada, seja por prazer, honra, riqueza, ciência, arte ou virtude, após descartarmos todas as aspirações que lhe são estranhas, renunciando a tudo o mais. Para isso o mero querer e a mera habilidade em fazer algo não são suficientes em si mesmos, mas um ser humano também precisa SABER o que quer e SABER o que pode fazer: tão somente assim mostrará caráter, para então poder consumar algo consistente. Antes que chegue a este ponto, apesar da consequência natural do caráter empírico, ainda é sem caráter; e, embora no todo permaneça fiel a si e tenha e siga o próprio caminho guiado por seu demônio interior, descreverá não uma linha reta, // mas sim uma torta e desigual, hesitando, vagueando, voltando atrás, cultivando para si arrependimento e dor: tudo porque nas grandes e pequenas coisas vê diante de si o quanto é possível e alcançável pelo ser humano em geral, sem saber todavia qual parte de tudo isso é conforme à sua natureza e realizável apenas por si, sim, fruível apenas por si. Dessa forma, a muitos invejará em virtude de posição e condição que, no entanto, convêm exclusivamente ao caráter deles, não ao seu, e nas quais se sentiria antes infeliz, até mesmo sem as conseguir suportar. Pois assim como o peixe só se sente bem na água, o pássaro no ar, a toupeira debaixo da terra, todo ser humano só se sente bem na sua atmosfera apropriada; do mesmo modo, por exemplo, o ar da corte não é respirável por todos. Por falta de intelecção suficiente nessa ordem das coisas, muitos fazem os mais diversos e fracassados tipos de tentativa, violam o próprio caráter no particular e ainda têm de se render novamente a ele no todo: aquilo que conseguem tão penosamente contra a própria natureza não lhes

O mundo como vontade e como representação

dá prazer algum; o que assim aprendem permanece morto; até mesmo do ponto de vista ético, um ato demasiado nobre para o seu caráter e nascido não de um impulso puro, imediato, mas de um conceito, de um dogma, perderá todo mérito até mesmo aos seus olhos num posterior arrependimento egoístico. *Velle non discitur.* Assim como só pela experiência nos tornamos cônscios da inflexibilidade do caráter alheio e até então acreditávamos de modo pueril poder através de representações abstratas, pedidos e súplicas, exemplos e nobreza de caráter, fazê-lo abandonar seu caminho, mudar seu modo de agir, renunciar ao seu modo de pensar, ou até mesmo ampliar suas capacidades; assim também se passa conosco. Temos primeiro de aprender pela experiência o que queremos e o que podemos fazer: pois até então não o sabemos, somos sem caráter, e muitas vezes, por meio de duros golpes exteriores, temos de retroceder em nosso caminho. — Mas se finalmente aprendemos, então alcançamos o que no mundo se chama caráter, o CARÁTER ADQUIRIDO. Este nada mais é senão o conhecimento mais acabado possível da própria individualidade: trata-se do saber abstrato e distinto das qualidades invariáveis do nosso caráter empírico, bem como // da medida e direção das nossas faculdades espirituais e corporais, logo, trata-se de saber dos pontos fortes e fracos da nossa individualidade. Isso nos coloca na condição de agora guiar, com clarividência e metodicamente, o papel para sempre invariável de nossa pessoa, que antes naturalizávamos sem regra, e preencher, segundo a instrução de conceitos fixos, as lacunas abertas por humores e fraquezas. O modo de agir necessário e conforme à nossa natureza individual foi doravante trazido à consciência, em máximas distintas e sempre presentes, segundo as quais nos conduziremos de maneira tão clarividente como se fôramos educados sem erro provocado pelos influxos passageiros da disposição, ou da impressão do momento presente, sem a atrapalhação da amargura ou doçura de uma miudeza encontrada no meio do caminho, sem hesitação, sem vacilos, sem inconsequências. Não mais, feito noviços, vamos esperar, ensaiar, tatear para ver o que de fato queremos e o que estamos aptos a fazer, mas já o sabemos de uma vez por todas e temos apenas de em cada escolha aplicar princípios universais em casos particulares, para assim rápido tomar a decisão. Conhecemos nossa vontade em geral e não nos permitimos ser seduzidos por disposições ou exigências exteriores em vista de decidir no particular o que iria contrariar a vontade em geral. Conhecemos, portanto, o gênero e a medida de nossos poderes e fraquezas, economizando assim muita dor. Pois, propriamente dizendo, nenhum prazer é comparável ao do uso e sentimento das próprias faculdades, e a dor suprema é a carência percebida de faculdades lá onde são necessárias. Caso tenhamos investigado onde se encontram nossos pontos fortes e fracos, desenvolveremos, empregaremos, usaremos de todas as maneiras os nossos dons naturais mais destacados e sempre nos direcionaremos para onde são proveitosos e valiosos, evitando por inteiro e com autoabnegação aqueles esforços em relação aos quais temos pouca aptidão natural; guardar--nos-emos de tentar aquilo que não nos permitirá ser bem-sucedidos. Apenas quem alcançou semelhante estado sempre será inteiramente a si mesmo com plena clarividência e nunca trairá a si nos momentos cruciais, já que sempre soube o que podia esperar de si. Amiúde, alguém assim partilhará a // alegria em sentir seus poderes e raramente experimentará a dor em ser lembrado de suas fraquezas, o que se chama humilhação, que talvez cause a maior dor espiritual: daí suportarmos com muito mais facilidade termos nitidamente diante dos olhos uma má sorte do que a nossa incapacidade. — Assim, se somos plenamente cônscios de nossos poderes e fraquezas, não tentaremos mostrar forças que não possuímos, não jogaremos com falsas moedas, porque tais dissimulações se traem ao fim. Visto que o ser humano inteiro não passa de aparência da sua vontade, nada é mais absurdo que, partindo da reflexão, querer ser alguém diferente do que se é: isto é uma contradição imediata da vontade consigo mesma. A imitação de qualidades e propriedades alheias é muito mais ultrajante que vestir roupas alheias: pois nesse caso se tem o juízo emitido por si mesmo sobre a própria falta de valor. O conhecimento de nossa mente, com suas faculdades de todo gênero e limites inalteráveis, é, nesse sentido, o caminho mais seguro para obtermos o maior contentamento possível conosco mesmos. Pois vale para os eventos interiores o que vale para os exteriores, a saber, não há para nós consolo mais eficaz que a completa certeza de uma necessidade inexorável. Um mal que nos sobreveio não é mais atormentador do que o pensamento nas circunstâncias que poderiam tê-lo evitado; eis por que nada é mais salutar para nossa tranquilidade de ânimo que a consideração do já acontecido a partir do ponto de vista da necessidade, de onde todos os acasos aparecem como instrumentos de um destino soberano, e, portanto, reconheceremos o mal já acontecido como inevitavelmente produzido pelo conflito entre circunstâncias interiores e exteriores – numa palavra, o fatalismo. Lamentamos e gememos, propriamente dizendo, só enquanto temos esperanças de assim fazer efeito sobre os demais, ou de estimular a nós mesmos em vista de esforços supremos. Contudo, crianças e adultos sabem perfeitamente contentar-se quando notam de modo claro que as coisas absolutamente não podem ser diferentes:

θυμὸν ἐνὶ στήθεσσι φίλον δαμάσαντες ἀνάγκῃ.

I 362   (*Animo in pectoribus nostro domito necessitate.*)[28] //

Assemelhamo-nos aos elefantes cativos que por vários dias gemem e debatem-se furiosamente até verem que tudo isso é infrutífero e então, subitamente, oferecem o pescoço ao domador para serem domados. Somos como o rei Davi, o qual, enquanto o filho ainda vivia, implorava incessantemente a Jeová com preces, comportando-se desesperado; mas, quando o filho morreu, não mais pensou nele. Eis por que se vê que inumeráveis e permanentes males, como deformação, miséria, condição inferior, feiura, moradia insalubre, são suportados por inumeráveis pessoas com completa indiferença e quase sem serem mais sentidos, como no caso dos ferimentos cicatrizados, simplesmente porque tais pessoas sabem que a necessidade interior ou exterior não lhes permite nada alterar, enquanto outros mais afortunados não notam como se pode suportar tudo isso. Semelhante à necessidade exterior, também nada nos reconcilia mais firmemente em caso de necessidade interior que o conhecimento distinto desta. Se tivermos conhecido distintamente de uma vez por todas tanto nossas boas qualidades e poderes quanto nossos defeitos e fraquezas, e os tenhamos fixado segundo nossos fins, renunciando contentes ao inalcançável, então nos livraremos da maneira mais segura possível, até onde nossa individualidade o permite, do

---

28 "Refreemos a mágoa/ dentro do peito, por mais que me aflija, que assim é preciso." *Ilíada*, XVIII, 112-3, Trad. de Carlos Alberto Nunes. (N. T.)

mais amargo de todos os sofrimentos, estar descontente consigo mesmo, consequência inevitável da ignorância em relação à própria individualidade, ou da falsa opinião sobre si e presunção daí nascida. Os seguintes versos de Ovídio cabem maravilhosamente no amargo capítulo do recomendado autoconhecimento:

> *Optimus ille animi vindex laedentia pectus*
> *Vincula qui rupit, dedoluitque semel.*[29]

É o suficiente sobre o CARÁTER ADQUIRIDO, que é importante não tanto para a ética como para a vida no mundo, cuja discussão, entretanto, deve ser justaposta àquela sobre o caráter inteligível e o caráter empírico, como uma terceira espécie que tivemos de considerar detalhadamente, a fim de tornar claro como a vontade, em todas as suas aparências, está submetida à necessidade, enquanto em si mesma é livre, sim, pode ser chamada onipotente.

§ 56

I 363   // Essa liberdade e onipotência da vontade – cuja exteriorização e cópia é todo o mundo visível, sua aparência, que se desenvolve progressivamente conforme as leis trazidas pela forma do conhecimento – pode também exteriorizar-se de uma nova maneira e justamente lá onde, em sua aparência mais acabada, surgiu o conhecimento perfeitamente adequado de sua própria essência; pois aqui, no ápice de sua clarividência e consciência de si, ou a vontade quer o mesmo que antes queria, porém cega e desconhecendo-se, e assim o conhecimento lhe permanece sempre um MOTIVO tanto no particular quanto no todo, ou, ao contrário, esse conhecimento torna-se-lhe um QUIETIVO, silenciando e suprimindo todo querer. Tem-se aí a afirmação ou negação da Vontade de vida, anteriormente estabelecidas em termos gerais e que, enquanto exteriorizações universais e não particulares da vontade

---

29 "O melhor defensor do ânimo é aquele que rompe / As ataduras que ferem o coração, e deixa para sempre de afligir-se." (N. T.)

em relação à conduta do indivíduo, não modificam de modo perturbador o desenvolvimento do caráter nem se expressam em ações particulares; mas, antes, a afirmação ou negação expressam de forma viva a máxima que a vontade adotou livremente de acordo com o conhecimento agora obtido, e isso se dá seja pela emergência acentuadamente mais vigorosa do modo de ação anterior ou, ao contrário, pela supressão do mesmo. — O desenvolvimento mais claro de tudo isso, o tema capital deste último livro, foi-nos preparado e facilitado pelas considerações entrementes expostas sobre liberdade, necessidade e caráter: porém, nossa tarefa será ainda mais fácil se a adiarmos mais uma vez, e primeiro dirigirmos o nosso olhar para a vida mesma, cujo querer ou não querer é a grande questão; e de tal maneira que em geral procuraremos conhecer o que a vontade mesma, que em toda parte é a essência íntima desta vida, vem a ser em sua afirmação; que tipo de satisfação ela obtém daí e até onde vai, sim, até que ponto ela pode satisfazer-se; numa palavra, qual deve ser em geral e no essencial o seu estado neste mundo que lhe pertence em todos os aspectos?

I 364   // Antes de tudo desejo que o leitor aqui recorde aquela consideração com a qual concluímos o livro segundo, ocasionada pela questão ali surgida acerca do fim e alvo da vontade. Em vez de uma resposta, apresentou-se diante de nossos olhos como a vontade em todos os graus de seu aparecimento, dos mais baixos ao mais elevado, carece por completo de um fim e alvo últimos; ela sempre está se esforçando porque o esforço é sua única essência, e nenhum alvo alcançado põe um fim a esse esforço, pelo que ela não é capaz de nenhuma satisfação final, só obstáculos podendo detê-la, porém em si mesma indo ao infinito. Vimos isso no mais simples de todos os fenômenos naturais, a gravidade, que não cessa de esforçar-se e impelir-se a um ponto central sem extensão, cujo alcançamento seria a aniquilação sua e da matéria; não cessaria nem mesmo se o universo inteiro se contraísse numa massa única. Também a mesma coisa vemos nos outros fenômenos naturais simples: o sólido esforça-se à fluidez por derretimento ou dissolução, apenas nos quais suas forças químicas se tornam livres: rigidez é a prisão destas, na qual são retidas pelo frio. O fluido esforça-se pela forma gasosa, para a qual passa assim que se liberta de toda pressão. Corpo algum é sem afinidade, isto é, sem esforço, ou sem aspiração e apetite, como diria

Jakob Böhme. A eletricidade propaga sua autodiscórdia ao infinito, apesar de a massa do globo terrestre absorver o efeito. O galvanismo, durante o tempo em que a pilha vive, é também um ato incessantemente repetido e sem alvo de autodiscórdia e conciliação. A existência da planta é da mesma forma um esforço interminável nunca satisfeito, um impulso incessante através de formas ascendentes cada vez mais elevadas, até que o ponto final, a semente, torne-se de novo o ponto de partida: e isso se repete ao infinito: em parte alguma encontrando um fim, ou uma satisfação, ou um repouso. Ao mesmo tempo (recordemo-nos a partir do livro segundo), em todos os lugares as diversas forças naturais e formas orgânicas disputam entre si a matéria, na qual querem aparecer, na medida em que cada uma possui tão somente aquilo que usurpou da outra, e, com isso, perpetua-se uma luta contínua de vida e morte, que gera a resistência pela qual o esforço constitutivo da essência mais íntima das coisas // é em toda parte travado; ele anseia em vão, sem poder desfazer-se de sua essência, atormentando-se até o perecimento desta aparência, quando então outras aparências avidamente se apossam do lugar e da matéria desta.

Há muito reconhecemos nesse esforço constitutivo do núcleo, do em si de toda coisa, aquilo que em nós mesmos se chama VONTADE e aqui se manifesta da maneira mais distinta na luz plena da consciência. Nomeamos SOFRIMENTO a sua travação por um obstáculo, posto entre ela e o seu fim passageiro; ao contrário, nomeamos SATISFAÇÃO, bem-estar, felicidade o alcançamento do seu fim. Podemos também transferir tais denominações àquelas aparências de graus mais débeis, porém idênticas em essência, do mundo destituído de conhecimento. Vemo-los assim envoltos em constante sofrimento, sem felicidade duradoura. Pois todo esforço nasce da carência, do descontentamento com o próprio estado e é, portanto, sofrimento pelo tempo em que não for satisfeito; nenhuma satisfação, todavia, é duradoura, mas antes sempre é um ponto de partida de um novo esforço, o qual, por sua vez, vemos travado em toda parte de diferentes maneiras, em toda parte lutando, e assim, portanto, sempre como sofrimento: não há nenhum fim último do esforço, portanto não há nenhuma medida e fim do sofrimento.

O que, entretanto, apenas com observação mais aguçada e empenho descobrimos na natureza destituída de conhecimento, aparece-nos distintamente na natureza que conhece, na vida do mundo animal, cujo sofrimento incessante é fácil de demonstrar. Queremos, contudo, sem nos determos neste estádio intermédio, dirigirmo-nos para lá onde, iluminado pelo conhecimento mais límpido, tudo aparece da maneira mais distinta, a saber, na vida do ser humano. Pois o sofrimento se torna cada vez mais manifesto à medida que a aparência da vontade se torna cada vez mais perfeita. Na planta ainda não há sensibilidade alguma, portanto nenhuma dor: certo grau bem baixo de sofrimento encontra-se nos animais menos complexos, os infusórios e radiados: mesmo nos insetos a capacidade de sentir e sofrer é ainda limitada: só com o sistema nervoso completo dos vertebrados é que a referida capacidade aparece em grau elevado e cada vez mais quanto mais a inteligência se desenvolve. Portanto, à proporção que o conhecimento atinge a distinção e que a consciência se eleva, aumenta o tormento, que,

I 366 conseguintemente, // alcança seu grau supremo no ser humano, e tanto mais quanto mais ele conhece distintamente, sim, quanto mais inteligente é: o ser humano no qual o gênio vive é quem mais sofre. Nesse sentido, ou seja, em relação ao grau de conhecimento em geral, e não ao mero conhecer abstrato, é que compreendo e emprego aqui o dito do *Eclesiastes: Qui auget scientiam, auget et dolorem.*[30] — Essa proporção exata entre o grau de consciência e o grau de sofrimento foi expressa de modo extremamente belo, em exposição intuitiva e especular, num desenho daquele pintor filosófico, ou filósofo que pinta, TISCHBEIN. A metade superior de um seu desenho representa mulheres cujos filhos estão sendo raptados, mulheres que, em diferentes grupos e posições, expressam variada e profundamente dor materna, angústia, desespero; a parte inferior mostra, em agrupamento e ordenação inteiramente iguais, ovelhas, das quais as crias também são retiradas, de forma que a cada cabeça e a cada posição humana da metade superior do desenho corresponde, na metade inferior, um análogo animal, com o que se vê distintamente em que moldes a dor que é possível na abafada consciência animal se relaciona com o devastador tormento que se torna possível apenas pela distinção do conhecimento, pela claridade de consciência.

---

30 "Quem aumenta sua ciência, aumenta sua dor." (N. T.)

Arthur Schopenhauer

Em vista do exposto, queremos considerar o destino secreto e essencial da vontade na EXISTÊNCIA HUMANA. Todos irão facilmente reencontrar O MESMO na vida dos animais, apenas expresso em variados graus mais baixos e mais fracos; e assim nos convenceremos suficientemente de como, em essência, incluindo-se também o mundo animal que padece, TODA VIDA É SOFRIMENTO.

§ 57

Em cada grau alumiado pelo conhecimento, a vontade aparece como indivíduo. No espaço e no tempo infinitos o indivíduo humano encontra a si mesmo como finito, em consequência, como uma grandeza desvanecendo se comparada àquelas, nelas imergido e, devido à imensidão sem limites do espaço e do tempo, tendo sempre apenas um QUANDO e um ONDE relativos de sua existência, não absolutos: pois o lugar e a duração do indivíduo são partes finitas de um infinito, de um ilimitado. – // Sua existência propriamente dita encontra-se apenas no presente, cujo escoar sem obstáculos no passado é uma transição contínua para a morte, um sucumbir sem interrupção; pois sua vida passada, tirante suas eventuais consequências para o presente e tirante também o testemunho sobre sua vontade ali impresso, já terminou por inteiro, morreu e não mais existe: eis por que, racionalmente, tem de lhe ser indiferente se o conteúdo daquele passado foram tormentos ou prazeres. O presente, entretanto, está sempre passando através de suas mãos para o passado: já o futuro é completamente incerto e sempre rápido. Nesse sentido, sua existência, mesmo se considerada do lado formal, é uma queda contínua do presente no passado morto, um morrer constante. Se vemos a isso também do ponto de vista físico, é então manifesto que, assim como o andar é de fato uma queda continuamente evitada, a vida de nosso corpo é apenas um morrer continuamente evitado, uma morte sempre adiada: por fim, até mesmo a atividade lúcida de nosso espírito é um tédio constantemente postergado. Cada respiração nos defende da morte que constantemente nos aflige e contra a qual, desse modo, lutamos a cada segundo, bem como lutamos em maiores espaços de tempo mediante a re-

O mundo como vontade e como representação

feição, o sono, o aquecimento corpóreo etc. Por fim, a morte tem de vencer, pois a ela estamos destinados desde o nascimento e ela brinca apenas um instante com sua presa antes de devorá-la. Não obstante, prosseguimos nossa vida com grande interesse e muito cuidado, o mais longamente possível, semelhante a alguém que sopra tanto quanto possível até certo tamanho uma bolha de sabão, apesar de ter a certeza absoluta de que vai estourar.

Vimos na natureza destituída de conhecimento que a essência íntima dela é um esforço interminável, sem fim, sem repouso, o que nos aparece muito mais distintamente na consideração do animal e do humano. Querer e esforçar-se são sua única essência, comparável a uma sede insaciável. A base de todo querer, entretanto, é necessidade, carência, logo, sofrimento, ao qual consequentemente o ser humano está destinado originariamente pelo seu ser. Quando lhe falta o objeto do querer, retirado pela rápida e fácil satisfação, assaltam-lhe vazio e tédio aterradores, // isto é, seu ser e sua existência mesma se lhe tornam um fardo insuportável. Sua vida, portanto, oscila como um pêndulo, para aqui e para acolá, entre a dor e o tédio, os quais em realidade são seus componentes básicos. Isso também foi expresso de maneira bastante singular quando se disse que, após as pessoas terem posto todo sofrimento e tormento no inferno, nada restou para o céu senão o tédio.

Entretanto, o esforço contínuo que constitui a essência de cada aparência da vontade adquire nos graus mais elevados de objetivação desta seu primeiro e mais universal fundamento, pois aqui a vontade aparece num corpo vivo com o seu mandamento férreo de alimentação: o que dá força a este mandamento é justamente que o corpo é apenas a vontade de vida mesma, objetivada. O ser humano, como objetivação perfeita da vontade, é, em conformidade com o dito, o mais necessitado de todos os seres: ele é querer concreto e necessidade absoluta, é uma concretização de milhares de necessidades. Com estas, encontramo-lo sobre a face da Terra abandonado a si mesmo, incerto sobre tudo, menos em relação à sua carência e miséria: em conformidade com isso, os cuidados pela conservação da existência, em meio a demandas tão severas que se anunciam todos os dias, preenchem via de regra toda a vida do ser humano. A isso logo conecta-se imediatamente a segunda exigência, a da propagação da espécie. Entrementes, ameaçam-no de todos os lados perigos os mais variados, e para escapar deles precisa de contínua vigilância. Com passo cuidadoso, tatear angustiante, segue o seu caminho, enquanto milhares de acasos, milhares de inimigos lhe preparam emboscadas. Assim já caminhava no estado selvagem, assim caminha agora na vida civilizada; não há segurança alguma para ele:

> *Qualibus in tenebris vitae, quantisque periclis*
> *Degitur hocc' aevi, quodcunque est!*
> *Lucr.*, II, 15.[31]

A vida da maioria das pessoas é tão somente uma luta constante por essa existência mesma, com a certeza de ao fim serem derrotadas. O que as faz, por tanto tempo, travar essa luta árdua não é tanto amor à vida, mas sim temor à // morte, que, todavia, coloca-se inarredável no pano de fundo e a cada instante ameaça entrar em cena. — A vida mesma é um mar cheio de escolhos e arrecifes, evitados pelo ser humano com grande precaução e cuidado, embora saiba que, por mais que seu empenho e sua arte o leve a desviar-se com sucesso deles, ainda assim, a cada avanço, aproxima-se do total, inevitável, irremediável naufrágio, sim, até mesmo navega direto para ele, ou seja, para a MORTE: esta é o destino final da custosa viagem e, para ele, pior que todos os escolhos que evitou.

Ao mesmo tempo, contudo, é bastante digno de nota que, de um lado, os sofrimentos e as aflições da vida podem tão facilmente aumentar em tal intensidade que a morte mesma, de cuja fuga toda a vida consiste, é desejável e a pessoa voluntariamente a abraça; de outro, por sua vez, tão logo a necessidade e o sofrimento deem algum descanso, de imediato o tédio aproxima-se tanto que necessariamente a pessoa precisa de passatempos. O que mantém todos os viventes ocupados e em movimento é o empenho pela existência. Quando esta lhes é assegurada, não sabem o que fazer com ela: eis por que a segunda coisa que os coloca em movimento é o empenho para se livrarem do fardo da existência, torná-la imperceptível, "matar o tempo", isto é, escapar do tédio. Daí vermos quase todas as pessoas, uma

---

31 "Ah, em que trevas da existência, em que grandes perigos, / É a vida despendida, pelo tempo em que dura." (N. T.)

vez seguras contra a miséria e as preocupações e após terem finalmente se livrado de todos os outros fardos, tornarem-se um peso para si mesmas e olharem cada hora morta como um ganho, portanto cada abreviação daquela vida cuja manutenção a mais longa possível tinha sido objeto de todos os seus esforços. De modo algum o tédio é um mal a ser desprezado: por fim ele pinta verdadeiro desespero no rosto. Ele faz seres, que se amam tão pouco como os humanos, frequentes vezes procurarem-se uns aos outros e torna-se assim a fonte da sociabilidade. Também em toda parte, por meio da prudência estatal, são implementadas medidas públicas contra o tédio, como contra outras calamidades universais; porque esse mal, tanto quanto seu extremo oposto, a fome, pode impulsionar o ser humano aos maiores excessos: o povo precisa de *panem et circenses*.[32] O rígido sistema penitenciário **I 370** da Filadélfia torna, pela // solidão e inatividade, o mero tédio um instrumento de punição, algo tão terrível que já levou detentos ao suicídio. Ora, assim como a necessidade é a praga constante do povo, o tédio é a praga constante do mundo abastado. Na vida burguesa o tédio é representado pelo domingo, e a necessidade pelos outros seis dias da semana.

Portanto, entre querer e conseguir, flui sem cessar toda a vida humana. O desejo, por sua própria natureza, é dor: a satisfação logo provoca saciedade: o fim fora apenas aparente: a posse elimina o estímulo: porém o desejo, a necessidade aparece em nova figura: quando não, segue-se o langor, o vazio, o tédio, contra os quais a luta é tão atormentadora quanto contra a necessidade. — Quando desejo e satisfação alternam-se em intervalos não muito curtos nem muito longos, o sofrimento ocasionado por eles é diminuído ao mais baixo grau, fazendo o decurso de vida o mais feliz possível. Aquilo que se poderia nomear o lado mais belo e a pura alegria da vida, precisamente porque nos arranca da existência real e nos transforma em espectadores desinteressados diante dela, é o puro conhecimento que permanece alheio a todo querer; é a fruição do belo, a alegria autêntica na arte; mas mesmo isso requer dispositivos raros e cabe apenas a pouquíssimos, sendo, mesmo para estes, um sonho passageiro: ademais, justamente as elevadas faculdades espirituais desses poucos os tornam suscetíveis a sofrimentos bem maiores que aqueles que os obtusos jamais podem sentir, e os colocam, dessa forma,

---

32 "Pão e circo." (N. T.)

solitários entre seres marcadamente diferentes, pelo que, ao fim, as coisas se equilibram. Para a maioria das pessoas as fruições puramente intelectuais são inacessíveis; elas são quase incapazes de alegria no puro conhecimento: estão completamente entregues ao querer. Se, portanto, algo lhes granjeia a simpatia e deve ser INTERESSANTE (o que já se encontra na significação da palavra), tem de algum modo de lhes estimular a VONTADE, mesmo que só numa relação distante, situada só nos limites da possibilidade; vontade que jamais pode ficar fora de jogo, porque a existência dessas pessoas está mais no querer do que no conhecer: ação e reação são seu único elemento. Exteriori

I 371 zações ingênuas // dessa índole podem ser vistas em minudências cotidianas, como, por exemplo, escrever seus nomes em lugares conhecidos que visitam, com o fito de reagir, fazer efeito sobre o lugar, pois este não faz efeito sobre elas: também não podem com facilidade considerar um animal exótico, raro, mas têm de excitá-lo, cutucá-lo, provocá-lo com brincadeiras, para simplesmente experimentar ação e reação; essa necessidade de estimulação volitiva se mostra em especial na invenção e prática dos jogos de carta, que, no sentido mais próprio do termo, são a expressão do lado deplorável da humanidade.

Contudo, não importa o que a natureza ou a sorte tenham feito; não importa o que alguém é ou o que alguém possui; a dor essencial à vida nunca se deixa eliminar:

> Πηλείδης δ' ᾤμωξεν, ἰδὼν εἰς οὐρανὸν εὐρύν.
> (*Pelides autem ejulavit, intuitus in coelum latum.*)[33]

E de novo:

> Ζηνὸς μὲν παῖς ἦα κρονίονος, αὐτὰρ ὀιζὺν
> Εἶχον ἀπειρεσίην.
> (*Jovis quidem filius eram Saturnii; verum aerumnam*
> *Habebam infinitam.*)[34]

---

33 "Para o céu vasto virando-se, então, geme o claro Pelida." *Ilíada*, XXI, 272. Trad. Carlos Alberto Nunes. (N. T.)

34 "Conquanto filho do Crônida, Zeus poderoso, trabalhos/ inumeráveis sofri." *Odisseia*, XI, 620. Trad. Carlos Alberto Nunes. (N. T.)

O mundo como vontade e como representação

Os esforços infindáveis para acabar com o sofrimento só conseguem a simples mudança de sua figura, que é originariamente carência, necessidade, preocupação com a conservação da vida. Se, o que é muito difícil, obtém-se sucesso ao reprimir[35] a dor numa dada figura, logo ela ressurge, em milhares de outras formas (variando de acordo com a idade e as circunstâncias), como impulso sexual, amor apaixonado, ciúme, inveja, ódio, angústia, ambição, avareza, doença etc. Finalmente, caso não ache a entrada em nenhuma outra figura, assume a roupagem triste, cinza do fastio e do tédio, contra os quais todos os meios são tentados. Mesmo se em última instância se consegue afugentar a estes, dificilmente isso ocorrerá sem que a dor assuma uma das figuras anteriores, e assim a dança recomeça do início, pois entre dor e tédio, daqui para acolá, é atirada a vida humana. Por mais que esta consideração deprima, quero no entanto de passagem chamar a atenção para

I 372 um aspecto dela, ou seja, aquele do qual se haure um consolo; // talvez até mesmo uma indiferença estoica em face dos nossos próprios males. Pois nossa impaciência acerca destes se dá na maioria das vezes por os tomarmos como casuais, produzidos por uma cadeia de causas que facilmente poderia ser outra. Os males imediatamente necessários e absolutamente universais, por exemplo, a necessidade no avanço da idade e a morte, bem como os muitos incômodos cotidianos, normalmente não nos entristecem. Antes é a consideração de que o acaso regeria as circunstâncias que acabaram de nos trazer um sofrimento o que confere a este a sua picada de espinho. Porém, se chegarmos a reconhecer que a dor enquanto tal é essencial e inevitável à vida, nada mais sendo que sua simples figura, e que só a forma sob a qual a dor se expõe é que depende do acaso; que, portanto, o nosso sofrimento presente ocupa um lugar no qual, sem o mesmo, de imediato um sofrimento diferente entraria em cena, sendo agora impedido por aquele outro, e que, por consequência, a sorte em pouco nos afeta no essencial; — se chegarmos a reconhecer isso, uma semelhante reflexão, caso se nos torne uma convicção viva, produzirá um grau significativo de equanimidade estoica e reduzirá

---

35 No original *verdrängen*, "reprimir", "recalcar", "sustar"; a substantivação de *verdrängen* gera *Verdrängen* ou *Verdrängung*, "recalque", "repressão". Cf. nota 20 do livro primeiro. (N. T.)

365

considncavelmente a preocupação angustiante acerca do próprio bem-estar. Contudo, em realidade um tal controle tão poderoso da razão sobre o sofrimento imediatamente sentido raramente ou nunca é encontrado.

A consideração sobre a inevitabilidade da dor, sobre a repressão[36] de uma pela outra e sobre a aparição de uma nova dor em função do desaparecimento da anterior pode levar à paradoxal, mas não absurda, hipótese de que em cada indivíduo a medida da dor que lhe é essencial encontrar-se-ia para sempre determinada através de sua natureza, medida essa que não poderia permanecer vazia nem completamente cheia, por mais que mude a forma do sofrimento. Em conformidade com o dito, seu sofrimento e bem-estar não seriam determinados pelo exterior, mas precisamente só por meio daquela medida, daquela disposição, a qual, devido a condições físicas, poderia vez ou outra, em diferentes tempos, experimentar um acréscimo ou decréscimo, porém, no todo, permaneceria a mesma e nada mais seria senão aquilo denominado temperamento, ou, dizendo de maneira mais precisa, como Platão se exprime na *República*, o grau com que alguém é εὔκολος ou δύσκολοσ, isto é, de bom ou mau humor. // — Em favor de semelhante hipótese fala não apenas a conhecida experiência de que grandes sofrimentos tornam todos os pequenos totalmente insensíveis e, ao inverso, na ausência de grandes sofrimentos até mesmo as menores contrariedades nos irritam e atormentam, mas também a experiência ensina que, quando uma grande infelicidade, cujo mero pensamento antes nos estremecia, de fato ocorre, nossa disposição permanece no todo inalterável após a imediata superação da primeira dor; por outro lado, logo após o aparecimento de uma felicidade longamente ansiada, não nos sentimos no todo e duradouramente muito melhores ou mais contentes do que antes. Tão somente o momento de entrada em cena dessas alterações comove-nos de maneira inusitadamente vigorosa como profunda penúria ou puro júbilo; mas ambos logo desaparecem, visto que se assentavam sobre ilusões. Em verdade, nascem não do prazer ou da dor imediatamente presentes, mas da perspectiva de um novo futuro ali antecipado. Só assim, emprestando do futuro, é que alegria e dor poderiam ser aumentadas tão absurdamente, portanto não por muito

---

36 No original *Verdrängen*, substantivação do verbo *verdrängen*. Cf. a nota anterior. (N. T.)

tempo. — As observações a seguir podem servir de prova para a mencionada hipótese de que tanto no conhecimento quanto no sentimento referentes ao sofrer e ao bem-estar uma parte bem grande deles já foi, *a priori*, subjetivamente determinada. A jovialidade de ânimo ou a melancolia[37] não são obviamente determinadas por circunstâncias exteriores, riqueza ou posição social, visto que ao menos encontramos tantas faces joviais entre os ricos quanto entre os pobres: ademais, os motivos que induzem ao suicídio são tão extremamente variados que não podemos mencionar nenhuma infelicidade suficientemente grande que pode produzi-lo com elevada probabilidade em cada caráter, bem como há poucas entre as menores infelicidades que ainda não o tenham provocado. Nesse sentido, embora o grau de nossa jovialidade ou melancolia não seja o mesmo em todos os momentos, devemos atribuir esse grau, coerentemente com a nossa visão, não à mudança das circunstâncias exteriores, mas à mudança do nosso estado interior ou da nossa condição física. Pois quando se dá um acréscimo real, embora sempre temporário, de nossa jovialidade, alcançando até mesmo a alegria, ela usualmente introduz-se sem ocasião exterior alguma. É inegável que amiúde vemos que nossa dor surge de uma // determinada relação exterior e que é claramente esta que nos oprime e abate: então acreditamos que, se essa relação fosse suprimida, grande contentamento teria de aparecer. Porém isso é um engano. A medida de nossa dor e de nosso bem-estar já está, segundo nossa hipótese, de antemão determinada subjetivamente no todo e em cada instante do tempo; ora, em relação a essa medida, o motivo externo de tristeza não passa daquilo que para o corpo é um vesicatório, o qual atrai para si todos os humores ruins que, do contrário, espalhar-se-iam pelo organismo. A dor encontrada em nosso ser nesse período de tempo, e portanto inevitável, seria, sem as causas exteriores determinadas do sofrimento, repartida em centenas de outros pontos, aparecendo na figura de centenas de outras contrariedades ou caprichos sobre coisas que agora ignoramos inteiramente, pois nossa capacidade para a dor já está saturada pelo padecimento principal, que concentrou num ponto todo o

---

37 No original *Frohsinn* e *Trübsinn*, ou seja, ao pé da letra, "sensibilidade alegre" e "sensibilidade turvada." (N. T.)

sofrimento antes disperso. Ao dito também corresponde a observação de que, se, ao fim, uma grande e lastimável preocupação é suprimida do peito por uma solução afortunada, de imediato uma outra preocupação toma o seu lugar, cujo material inteiro já preexistia: sem contudo poder, como preocupação, chegar à consciência, porque esta não mais possuía capacidade para tanto; semelhante material de preocupação apenas pairava como uma escura e inobservável nuvem no horizonte extremo de nossa consciência. Agora, entretanto, com o lugar vazio, esse material já pronto aparece de imediato em primeiro plano e assume o trono da preocupação regente do dia (πρυτανέυουσα): e mesmo que seja, segundo sua matéria, muito mais leve que o material da preocupação desaparecida, ainda assim conseguirá inflar a si mesmo até aparentar o mesmo tamanho, e, dessa forma, ocupar por inteiro o trono da preocupação principal do dia.

Alegria desmesurada e dor atroz encontram-se sempre apenas na mesma pessoa: pois ambas condicionam-se reciprocamente e também são condicionadas em comum pela grande vivacidade de espírito. Como acabamos de ver, são produzidas não pelo puro instante presente, mas pela antecipação do futuro. Ora, como a dor é essencial à vida e também é determinada em seu grau conforme a natureza do sujeito, e por conseguinte mudanças súbitas, posto que sempre exteriores, não podem propriamente mudar o seu grau, I 375 segue-se que // tanto o júbilo quanto a dor excessivos sempre fundam-se sobre um erro e uma ilusão: consequentemente, essas duas tensões excessivas da mente podem ser evitadas por intelecção. Todo júbilo desmedido (*exultatio, insolens laetitia*) assenta-se sempre sobre a ilusão de ter na vida encontrado algo que de modo algum pode nela ser encontrado, a saber, a satisfação duradoura dos atormentadores desejos, ou carências, que sempre voltam a renascer. De cada ilusão desse tipo temos depois de ser inevitavelmente trazidos de volta, para então pagá-la, após seu desaparecimento, com tantas amargas dores quanto foram as alegrias causadas por sua entrada em cena. Nesse aspecto, semelhante ilusão assemelha-se a uma altura da qual só podemos descer se dela cairmos; eis por que se deve evitá-la: e toda dor súbita e excessiva é justamente apenas a queda de uma tal altura, o desaparecimento desse tipo de ilusão, que conseguintemente condiciona essa dor. Assim, poderíamos evitar ambos os extremos se sempre pudéssemos nos conduzir rumo a uma visão perfeitamente clara das coisas em seu conjunto e encadeamento, guardando-nos efetivamente de lhes atribuir as cores que desejaríamos que tivessem. A ética estoica empenhava-se sobretudo em livrar a mente de toda essa ilusão e suas consequências, procurando incutir-nos uma equanimidade inabalável. Dessa intelecção está Horácio convencido na conhecida ode:

> Aequam memento rebus in arduis
> Servare mentem, non secus in bonis
> Ab insolenti temperatam
> Laetitia. — [38]

Na maioria das vezes, entretanto, fechamos os olhos para o conhecimento, amargo como um remédio, de que o sofrimento é essencial à vida e, por consequência, não penetra em nós do exterior, mas cada pessoa carrega em seu interior a fonte inesgotável do sofrimento. No entanto, constantemente procuramos uma causa exterior particular como se fora um pretexto para a dor que nunca nos abandona; parecidos ao homem livre que afigura para si um ídolo e, assim, tem um senhor. Pois de desejo em desejo nos esforçamos infatigavelmente; e, embora cada satisfação alcançada, por mais que tenha prometido, de fato não nos satisfaça, mas na maioria das vezes logo se apresenta como erro vergonhoso, ainda assim não vemos que estamos a lidar // com os tonéis das Danaides, correndo sempre atrás de novos desejos:

> Sed, dum abest quod avemus, id exsuperare videtur
> Caetera; post aliud, quum contigit illud, avemus;
> Et sitis aequa tenet vitai semper hiantes.
> (Lucr., III, 1095.) [39]

---

38 "Lembra sempre de preservar equânime / A tua mente nos momentos de adversidade e de / Temperar a tua alegria insolente nos momentos de felicidade." (N. T.)

39 "Pelo tempo em que nos falta o objeto que desejamos, ele parece suplantar a tudo; / Mas quando ele é adquirido, desejamos outra coisa; / E uma sede de viver sempre igual mantém o anseio pela vida." (N. T.)

E assim prosseguimos, ao infinito, ou, o que é mais raro e pressupõe certa força de caráter, até que encontremos um desejo que não pode ser satisfeito nem suprimido: então, por assim dizer, temos aquilo que procurávamos, a saber, algo que a todo momento poderíamos acusar, em vez do nosso próprio ser, como a fonte dos sofrimentos, que nos divorcia de nossa sorte, porém nos reconcilia com a nossa existência, na medida em que novamente temos conhecimento de que, a ela mesma, o sofrimento é essencial e a satisfação verdadeira é impossível. A consequência dessa última forma de desenvolvimento é uma certa disposição melancólica, o suportar contínuo de uma única e grande dor que faz desdenhar todos os sofrimentos ou alegrias pequenos; e isso produz uma aparência muito mais digna que a frenética correria por sempre novas formas de ilusão, coisa que é muito mais comum.

§ 58

Toda satisfação, ou aquilo que comumente se chama felicidade, é própria e essencialmente falando apenas NEGATIVA, jamais positiva. Não se trata de um contentamento que chega a nós originariamente, por si mesmo, mas sempre tem de ser a satisfação de um desejo. Pois o desejo, isto é, a carência, é a condição prévia de todo prazer. Com a satisfação, entretanto, finda o desejo, por consequência o prazer. Eis por que a satisfação ou o contentamento nada é senão a liberação de uma dor, de uma necessidade: pois a esta pertence não apenas cada sofrimento real e manifesto, mas também cada desejo cuja inoportunidade perturba a nossa paz, ou inclusive até mesmo o mortífero tédio que torna a nossa existência um fardo. — É extremamente difícil obter e conservar alguma coisa: a todo plano opõe-se um sem-fim de dificuldades e problemas. A cada passo aumentam os // obstáculos. Quando finalmente tudo foi transposto e alcançado, nada pode ser ganho senão a libertação de algum tipo de sofrimento, ou de algum tipo de desejo, portanto encontramo-nos na mesma situação anterior ao aparecimento deles. — Só a carência, isto é, a dor, nos é dada imediatamente. A satisfação e o prazer, entretanto, são conhecidos só indiretamente, quando recordamos o sofri-

O mundo como vontade e como representação

mento e a privação que os precederam e cessaram quando aquela satisfação e aquele prazer entraram em cena. Daí quase não prestarmos muita atenção nos bens e vantagens que realmente possuímos nem os apreciar muito porque simplesmente acreditamos que esse é o curso natural das coisas, visto que nos tornam contentes apenas negativamente, ao prevenirem o sofrimento. Somente após os perdermos é que nos tornamos sensíveis ao seu valor: pois a carência, a privação, o sofrimento são de fato o positivo e anunciam a si mesmos imediatamente. Daí nos alegrarmos com a lembrança de necessidades, doenças, carências e coisas semelhantes que foram superadas, pois tal lembrança é o único meio para fruirmos os bens presentes. Também não se deve negar que, nesse aspecto, e a partir desse ponto de vista do egoísmo, que é a forma do querer-viver, a visão ou descrição dos sofrimentos alheios nos proporciona satisfação e prazer, como Lucrécio bela e francamente o expressa no início do segundo livro de *De rerum natura*:

> *Suave, mari magno, turbantibus aequora ventis,*
> *E terra magnum alterius spectare laborem:*
> *Non, quia vexari quemquam est jucunda voluptas;*
> *Sed, quibus ipse malis careas, quia cernere suave est.*[40]

Todavia, veremos mais adiante que esse tipo de alegria, obtida pela intermediação do conhecimento do próprio bem-estar, encontra-se bastante próxima da fonte positiva e real da maldade.

Que toda felicidade é de natureza negativa, não positiva, e que justamente por isso não pode haver satisfação nem contentamento duradouros, mas, aqui, sempre somos apenas liberados de uma dor ou carência, aos quais têm de se seguir uma nova dor, ou o *languor*, anelo vazio, tédio – tudo isso também encontra sua confirmação naquele fiel espelho da essência do mundo e da vida, a saber, na arte, em especial na poesia. Todo poema épico

I 378 ou dramático só pode expor luta, esforço, combate; nunca a // felicidade

---

40 "Quando o mar está bravio e os ventos açoitam as ondas, / É agradável assistir em terra aos esforços dos marinheiros: / Não que nos agrade assistir aos tormentos dos outros, / Mas é um prazer sabermo-nos livres de um mal." (N. T.)

371

permanente e consumada. Os poetas conduzem seus heróis por milhares de dificuldades e perigos até o fim almejado; porém, assim que este é alcançado, de imediato deixam a cortina cair, pois a única coisa ainda a ser mostrada seria que o fim glorioso no qual o herói esperava encontrar a felicidade foi em realidade um ludíbrio, de modo que após atingi-lo não se encontra num estado melhor que o anterior. De fato, como a felicidade autêntica e permanente é impossível, ela não pode ser tema da arte. Decerto o objetivo do idílio é a descrição de semelhante felicidade: mas também se vê que o idílio enquanto tal não pode sustentar-se. Nas mãos do poeta sempre se tornará épico, e em realidade um épico insignificante, composto de pequenos sofrimentos, pequenas alegrias, pequenos esforços – caso mais comum; ou se tornará simples poesia descritiva, narrando a beleza da natureza, em outras palavras, o puro conhecer propriamente dito, destituído de vontade que em verdade é a única felicidade pura não precedida de sofrimento nem de necessidade, muito menos seguida necessariamente de arrependimento, sofrer, vácuo, saciedade: todavia, essa felicidade não pode preencher a vida em sua totalidade, mas apenas momentos dela. – Ora, aquilo que vemos na poesia encontramos de novo na música, em cuja melodia reconhecemos expressamente e de forma universal a história mais íntima da vontade consciente de si mesma, a vida mais secreta, anelo, sofrimento e alegria, o fluxo e refluxo do coração humano. A melodia é sempre um desvio da tônica por milhares de vias tortuosas e surpreendentes, até a dissonância mais dolorosa, para ao fim reencontrar o tom fundamental, que expressa a satisfação e o repouso da vontade, depois do qual, entretanto, nada mais pode ser feito e cuja continuação produziria uma monotonia insípida e arrastada, correspondente ao tédio.

Tudo o que esta consideração pretendia deixar claro, a saber, a impossibilidade de alcançamento da satisfação duradoura, bem como a negatividade de qualquer estado feliz, foi explanado por aquilo que mostramos na conclusão do livro segundo, ou seja, que a vontade, cuja objetivação é tanto a vida humana quanto qualquer outra aparência, é um esforço sem alvo e sem fim. Essa marca da ausência de fim está impressa em cada parte de todas as

I 379 // aparências da vontade, desde a sua forma mais universal, tempo e espaço infindos, até a mais acabada de todas elas, a vida e labuta do ser humano. –

O mundo como vontade e como representação

Pode-se tomar teoricamente três extremos da vida humana e os considerar como elementos da vida humana real. Primeiro, o querer violento, as grandes paixões (rajas-guna). Estes são evidentes nos grandes caracteres históricos, descritos em épicos e dramas: também podem mostrar-se num formato reduzido, já que a grandeza dos objetos é aqui medida apenas segundo o grau com que excitam a vontade, não segundo suas proporções exteriores. Segundo, o puro conhecer, a apreensão das Ideias condicionada pela liberação do conhecimento a serviço da vontade: a vida do gênio (sattva-guna). Por fim, em terceiro, a grande letargia da vontade e o conhecimento a ela associado, o anelar vazio, tédio petrificante (tamas-guna). A vida do indivíduo, muito distante de deter-se nesses extremos, raramente os toca e na maioria das vezes é uma aproximação fraca e oscilante de um ou outro, um querer sedento de irrisórios objetos que sempre retorna e assim afugenta o tédio. — É realmente inacreditável o quanto a vida da maioria das pessoas, quando vista do exterior, decorre insignificante, vazia de sentido e, quando percebida no seu interior, decorre de maneira tosca e irrefletida. Trata-se de um anseio e tormento obscuro, um vaguear sonolento pelas quatro idades da vida em direção à morte, acompanhado por uma série de pensamentos triviais. Assemelham-se a relógios aos quais se deu corda e funcionam sem saber por quê; todas as vezes que um ser humano é gerado e nasce, o relógio da vida humana novamente recebe corda, para mais uma vez repetir o seu estribilho inúmeras vezes tocado: movimento por movimento, batida por batida, com insignificantes variações. — Todo indivíduo, todo rosto humano e seu decurso de vida, é apenas um sonho curto a mais do espírito infinito da natureza, da permanente Vontade de vida; é apenas um esboço fugidio a mais traçado por ela em sua folha de desenho infinita, ou seja, espaço e tempo, esboço que existe ali por um mero instante se for comparado a ela

I 380 e depois é apagado, cedendo lugar a outro. Contudo, e aqui // reside o lado sério da vida, cada um desses esboços fugidios, desses contornos vazios, tem de ser pago com toda a Vontade de vida em sua plena veemência, mediante muitas e profundas dores e, ao fim, com uma amarga morte, longamente temida e que finalmente entra em cena. Eis por que a visão de um cadáver nos torna de súbito graves.

Arthur Schopenhauer

A vida do indivíduo, quando vista no seu todo e em geral, quando apenas seus traços mais significativos são enfatizados, é realmente uma tragédia; porém, percorrida em detalhes, possui o caráter de comédia. Pois as labutas e vicissitudes do dia, os incômodos incessantes dos momentos, os desejos e temores da semana, os acidentes de cada hora, sempre produzidos por diatribes do acaso brincalhão, são puras cenas de comédia. Mas os desejos nunca satisfeitos, os esforços malogrados, as esperanças pisoteadas cruelmente pelo destino, os erros desafortunados de toda a vida junto com o sofrimento crescente e a morte ao fim sempre nos dão uma tragédia.[41] Assim, como se o destino ainda quisesse adicionar à penúria de nossa existência a zombaria, nossa vida tem de conter todos os lamentos e dores da tragédia, sem, no entanto, podermos afirmar a nossa dignidade de pessoas trágicas; ao contrário, nos detalhes da vida, desempenhamos inevitavelmente o papel de tolos caracteres cômicos.

No entanto, por mais que grandes e pequenas vicissitudes preencham qualquer vida humana e sempre a mantenham em constante desassossego e excitação, não conseguem esconder a inadequação da vida em satisfazer o espírito, nem escondem o vazio e a superficialidade da existência, muito menos o tédio que sempre está preparado para ocupar qualquer espaço deixado livre pela preocupação. Daí resulta que o espírito humano, não contente o bastante com as preocupações, ansiedades e cuidados que lhe são postos pelo mundo real, criou ainda para si um mundo imaginário na figura de milhares de superstições, as mais variadas, ocupando-se com ele das mais diferentes maneiras, despendendo desse modo tempo e força tão logo o mundo real lhe concede repouso, já que de modo algum estava preparado para esse repouso. É também originariamente o que ocorre com

---

41 Importa aqui sublinhar, para que o leitor absorva toda a densidade linguística e filosófica do texto, que "tragédia" se escreve em alemão *Trauerspiel*, ou seja, ao pé da letra, jogo (*Spiel*) enlutado, triste (*Trauer*), enquanto "comédia" se escreve *Lustspiel*, jogo (*Spiel*) prazenteiro (*Lust*); ou seja, tanto no luto quanto no prazer o destino "joga", brinca com suas presas; portanto, o luto ou o prazer envolvido nessa brincadeira — pois também se pode traduzir *Spiel* por brincadeira — é uma carga que recai exclusivamente no plano individual, enquanto o destino, nos dois casos, brinca (*Spiel*) com suas, para dizer em linguagem schopenhaueriana, marionetes. (N. T.)

a maioria dos povos cuja vida é facilitada pela benignidade do clima e do solo: // antes de tudo os hindus, depois os gregos e romanos, mais tarde os italianos e espanhóis etc. – Demônios, deuses e santos são criados pelos humanos segundo sua própria imagem e semelhança; a eles são oferecidos incessantemente sacrifícios, preces, decorações de templos, promessas e seu cumprimento, peregrinações, homenagens, adornos etc. Seu culto entrelaça-se em toda parte com a realidade, até o ponto de obscurecê-la: quaisquer acontecimentos da vida são considerados como intervenções daqueles seres: o comércio com eles ocupa metade do tempo de vida e mantém constantemente a esperança, tornando-se, pelo estímulo da ilusão, amiúde mais interessante do que o comércio com os seres reais. Trata-se aí da expressão, do sintoma relacionado à dupla necessidade humana, uma por ajuda e amparo, outra por ocupação e passatempo: se, de um lado, com frequência o ser humano trabalha diretamente contra a primeira necessidade empregando inutilmente tempo e força preciosos em preces e sacrifícios quando surgem acidentes e perigos, em vez de trabalhar para evitá-los, por outro, serve tanto melhor à segunda necessidade mediante aquele fantástico intercurso com um mundo onírico de espíritos: sendo este o ganho nada desprezível de todas as superstições.

§ 59

Caso nos tenhamos convencido *a priori* mediante as mais universais de todas as considerações, através da investigação dos primeiros princípios elementares da vida humana, que esta, em conformidade com sua índole, não é passível de nenhuma verdadeira bem-aventurança, mas em essência é um sofrimento multifacetado e um estado desafortunado em variados aspectos, doravante poderemos despertar muito mais vivamente essa convicção se, procedendo *a posteriori*, levarmos em conta casos bem determinados, passando em revista, pela fantasia, imagens e exemplos da penúria inominável apresentada na experiência e na história, independentemente de para onde se olhe ou qual aspecto se queira investigar. No entanto o capítulo seria sem fim e nos distanciaria do ponto de vista da universalidade, essencial à filosofia. Ademais, poder-se-ia facilmente tomar uma tal descrição como mera declamação sobre a miséria humana, // como frequentes vezes já foi feito, e assim ficaria sujeita à acusação de unilateralidade por partir de fatos particulares. De semelhante suspeita e censura, por conseguinte, está livre nossa demonstração acerca do sofrimento inevitável, enraizado na essência da vida; demonstração perfeitamente fria e filosófica, pois parte do universal e é conduzida *a priori*. Decerto a confirmação *a posteriori* é em toda parte fácil de obter. Cada um que despertou dos primeiros sonhos da juventude e mirou a própria experiência e a alheia, que observou a vida na história passada e na própria época, por fim nas obras dos grandes poetas, certamente reconhecerá o resultado – se a sua faculdade de juízo não for paralisada por preconceito inculcado e irremovível – que este mundo humano é o reino do acaso e do erro, que o governam sem piedade, tanto nas grandes quanto nas pequenas coisas, auxiliados pelo chicote da insensatez e da maldade: eis por que as coisas boas só muito dificilmente abrem seu caminho, o que é nobre e sábio só raramente consegue fazer sua aparição ou encontra eficácia e eco, mas o absurdo e o perverso no domínio do pensamento, o rasteiro e de mau gosto na esfera da arte, o mau e fraudulento na esfera dos atos, realmente afirmam sua supremacia, obstados apenas por pequenas interrupções; ao contrário, o insigne de todo tipo não passa, sempre, de uma exceção, um caso entre milhões: por conseguinte, se isso porventura tiver se anunciado numa obra duradoura, esta permanece subsequentemente isolada após ter sobrevivido ao rancor de seus contemporâneos, sendo preservada como um meteorito vindo de uma outra ordem de coisas, diferente da aqui existente. – Naquilo que concerne à vida do indivíduo, cada história de vida é uma história de sofrimento: cada decurso de vida é, via de regra, uma série contínua de pequenos e grandes acidentes, ocultados tanto quanto possível pela pessoa, porque sabe que os outros raramente sentirão empatia ou compaixão, mas quase sempre contentamento pela representação dos suplícios dos quais exatamente agora se isentam; – uma pessoa, ao fim de sua vida, se fosse igualmente sincero e clarividente, talvez jamais a desejasse de novo, preferindo antes total não existência. O conteúdo essencial do célebre monólogo // em *Hamlet*, quando resumido, é este: nossa condição é tão miserável que o decididamente preferível seria a completa não existência. Se o suicídio efetivamente nos oferecesse esta última, de tal modo que a alternativa "ser ou não ser" fosse posta no sentido pleno da palavra, então aquele seria incondicionalmente escolhido como um desenlace altamente desejável (*a consumation devoutly to be wish'd*). No entanto, algo em nós diz que não é bem assim, que não se tem aí o fim das coisas, que a morte não é de maneira alguma uma aniquilação absoluta. – O pai da história,* por outro lado, afirma algo ainda não refutado, a saber, jamais existiu um ser humano que não tenha desejado mais de uma vez não viver o dia seguinte. Nesse sentido, talvez a tão lamentada brevidade da vida seja justamente o que ela tem de melhor a oferecer. – Se, finalmente, fossem trazidos aos olhos de uma pessoa as dores e os tormentos horrendos aos quais a sua vida está continuamente exposta, o aspecto cruel desta a assaltaria: e caso se conduzisse o mais obstinado otimista através dos hospitais, enfermarias, mesas cirúrgicas, prisões, câmaras de tortura e senzalas, pelos campos de batalha e pelas praças de execução, e depois lhe abríssemos todas as moradas sombrias onde a miséria se esconde do olhar frio do curioso; se, ao fim, lhe fosse permitida uma mirada na torre da fome de Ungolino, ele certamente também veria de que tipo é este *meilleur des mondes possibles.*[42] De onde DANTE extraiu matéria para seu inferno senão deste nosso mundo real? Foi decerto um inferno corretamente descrito. Ao contrário, quando se pôs a tarefa de descrever o céu com suas alegrias, teve diante de si uma insuperável dificuldade, exatamente porque nosso mundo não fornece material algum para tanto. Por isso nada mais lhe restou senão, em vez da alegria do paraíso, repetir-nos os ensinamentos concedidos por seus antepassados, por sua Beatriz, e por diversos santos. A partir disso tudo torna-se suficientemente claro de que tipo é este mundo. Decerto a vida humana, como qualquer mercadoria ruim, é coberta no exterior // com um falso verniz: enquanto o sofrimento é sempre ocultado; em contrapartida, todos ostentam o que conseguem dispor de pompa e esplendor; porém, quanto mais a satisfação

---

* Heródoto, VII, 46.

42 "Melhor dos mundos possíveis." (N. T.)

interior lhes escapa, tanto mais desejam apresentar-se como felizes na opinião dos outros: tão longe vai o desvario, e a opinião dos outros é um objetivo principal dos esforços de cada um, embora a completa nulidade disso já se exprima no fato de que em quase todas as línguas vaidade, *vanitas*, significa originariamente vazio e nulidade. — Contudo, apesar de todas essas ilusões, os tormentos da vida podem aumentar com tanta facilidade (o que ocorre diariamente) que a morte, noutras circunstâncias a mais temida das coisas, é procurada com apetite. Porém, quando o destino quer mostrar toda a sua malícia, até mesmo esse refúgio é barrado ao sofredor, e este, nas mãos de inimigos raivosos, permanece exposto a lentos e cruéis martírios, sem resgate possível. Debalde o torturado invoca ajuda aos seus deuses: fica abandonado à sua sorte, sem perdão. Mas essa impossibilidade de resgate é, entretanto, precisamente o espelho da natureza indomável de sua vontade, cuja objetidade é a própria pessoa. — Um poder exterior é tão pouco capaz de mudar essa vontade, ou suprimi-la, quanto um poder estranho é capaz de livrá-lo dos tormentos da vida, aparência da vontade. O ser humano é sempre remetido a si mesmo (como em tudo) também na questão principal. Em vão cria para si deuses, para deles obter, por preces e louvores, aquilo que só a sua própria força de vontade pode produzir. Enquanto o Antigo Testamento fez do mundo e do ser humano obra de um Deus, o Novo Testamento viu-se compelido a tornar esse ser humano um Deus, a fim de ensinar que a salvação e a redenção da penúria deste mundo só podem provir do mundo mesmo. Para o ser humano, a vontade é e permanece aquilo de que tudo depende. Sannyasis, mártires, santos de todas as crenças e nomes, suportaram voluntariamente de bom grado todos os martírios, visto que neles a Vontade de vida se suprimia; depois, até mesmo a lenta destruição da aparência da Vontade de vida lhes era bem-vinda. Mas não quero me adiantar à discussão que será feita mais adiante. — De resto, não

I 385 posso aqui impedir-me da assertiva de que o OTIMISMO, caso não seja o // discurso vazio de pessoas cuja testa obtusa é preenchida por meras palavras, apresenta-se como um modo de pensamento não apenas absurdo, mas realmente IMPIEDOSO: um escárnio amargo acerca dos sofrimentos inomináveis da humanidade. — Não se pense que a doutrina da fé cristã seja favorável

O mundo como vontade e como representação

ao otimismo, ao contrário, nos evangelhos as noções de mundo e mal são quase sempre empregadas como sinônimas.*

§ 60

Após termos concluído as duas discussões cuja inserção era necessária, ou seja, sobre a liberdade da vontade em si e a necessidade concernente à sua aparência, seguida da discussão sobre a sua sorte no mundo, que espelha a sua essência e cujo conhecimento deve levá-la a afirmar-se ou negar-se, podemos agora elevar a grande clareza essa afirmação ou negação, antes mencionadas e explanadas apenas de maneira geral; isso será feito ao expormos os modos de ação exclusivamente nos quais afirmação e negação encontram a sua expressão, considerando-os de acordo com a sua significação íntima.

A AFIRMAÇÃO DA VONTADE é o constante querer mesmo, não perturbado por conhecimento algum, tal qual preenche a vida do ser humano em geral. Ora, como o corpo humano é já a objetidade da vontade como ela aparece neste grau e neste indivíduo, segue-se que a sua vontade, a desenvolver-se no tempo, é, por assim dizer, a paráfrase do corpo, a elucidação do sentido referente ao todo e às partes: é um outro modo de exposição da mesma coisa em si cuja aparência o corpo já é. Eis por que, em vez de afirmação da vontade, podemos também dizer afirmação do corpo. O tema fundamental de todos os diferentes atos da vontade é a satisfação das necessidades inseparáveis da existência do corpo em estado saudável, necessidades que já têm nele a sua expressão e podem ser reduzidas à conservação do indivíduo **I 386** e à propagação da espécie. Só indiretamente // motivos dos mais diversos tipos exercem poder sobre a vontade e trazem a lume os seus atos mais variados. Cada um destes é apenas uma prova, um exemplo da vontade em geral que aqui aparece: o tipo dessa prova, qual figura o motivo assume e lhe comunica, não é essencial; o que importa aqui é a existência de um querer em geral e o seu grau de veemência. A vontade só pode tornar-se visível nos

---

* Cf. capítulo 46 do segundo tomo.

motivos, assim como o olho apenas exterioriza seu poder de visão na luz. O motivo em geral coloca-se diante da vontade como um Proteu multifacetado; sempre lhe promete satisfação plena, morte da sede volitiva; contudo, caso isto seja alcançado, ele de imediato assume outra figura e, com esta, movimenta a vontade de uma nova maneira, sempre em conformidade com o grau de veemência dela e a sua relação com o conhecimento, que se tornam manifestos como caráter empírico mediante essas provas e exemplos.

Desde o primeiro instante de aparecimento de sua consciência, o ser humano encontra-se a si mesmo como um ser que quer, e, via de regra, seu conhecimento permanece em constante relação com a vontade. Primeiro procura conhecer plenamente os objetos do querer; em seguida os meios para eles. Sabe, então, o que tem de fazer e, via de regra, não se empenha por outro conhecimento. Age e impele-se: sua consciência sempre trabalha direcionada ao alvo do seu querer, mantendo-o atento e ativo: seu pensamento concentra-se na escolha dos meios. Assim é a vida de quase todos os humanos: querem, sabem o que querem, esforçam-se em favor disso com sucesso suficiente para protegerem-se do desespero, e suficiente fracasso para protegerem-se do tédio e suas consequências. Daí advém certa jovialidade de ânimo, ao menos serenidade, que não pode, propriamente dizendo, ser mudada por riqueza nem pobreza, visto que o rico e o pobre em realidade não fruem o que têm — pois isto, como mostrado, faz efeito apenas negativamente —, mas sim aquilo que esperam alcançar mediante seus esforços. Impelem-se para a frente com muita seriedade, sim, com feições importantes: como também o fazem as crianças em suas brincadeiras. — É sempre uma exceção se um semelhante decurso de vida sofre uma interferência e, devido a um conhecimento independente do serviço da vontade e direcionado à essência do mundo em geral, convida à contemplação estética ou à renúncia ética. A maioria das pessoas é em suas vidas perseguida pela

I 387 // necessidade que não lhes permite chegar à circunspecção. Por outro lado, a vontade amiúde inflama-se a um tal grau de afirmação que em muito excede a afirmação do corpo; neste caso, mostram-se afetos veementes e paixões violentas, nos quais o indivíduo não somente afirma a própria existência, mas nega a dos outros, procurando suprimi-las quando obstam o seu caminho.

O mundo como vontade e como representação

A conservação do corpo através de suas próprias forças é um grau tão débil de afirmação da vontade que, se voluntariamente as coisas permanecessem nesse estado, poderíamos admitir que, com a morte do corpo, a vontade que nele aparece também se extinguiria. Por seu turno, a satisfação do impulso sexual já ultrapassa a afirmação da própria existência (que preenche um tão curto espaço de tempo) e afirma a vida por um tempo indeterminado para além da morte do indivíduo. A natureza, sempre verdadeira e consequente, aqui até mesmo inocente, exibe de maneira bastante explícita a significação íntima do ato de procriação. A nossa consciência, a veemência do impulso, nos ensina que neste ato se expressa de maneira pura e sem adição (como no caso da negação de outros indivíduos) a mais decidida AFIRMAÇÃO DA VONTADE DE VIDA; depois, no tempo e na série causal, isto é, na natureza, uma nova vida aparece como consequência do referido ato: diante do procriador aparece o procriado, o qual é diferente do primeiro apenas em aparência, mas em si mesmo, conforme a Ideia, é idêntico a ele. Por conseguinte, esse é o ato mediante o qual as espécies dos viventes se ligam a um todo e, dessa forma, perpetuam-se. A procriação, em relação ao procriador, é apenas a expressão, o sintoma de sua decidida afirmação da Vontade de vida: em relação ao procriado a procriação não é o fundamento da vontade que nele aparece, visto que a vontade em si não conhece fundamento nem consequência: antes, como toda causa, é tão somente causa ocasional da aparência desta vontade neste tempo e neste lugar. Como coisa em si, a vontade do procriador e a do procriado não são diferentes, pois apenas a aparência, não a coisa em si, está submetida ao _principium individuationis_. Ora, naquela afirmação, que vai além do próprio corpo até a apresentação de um novo, também coafirmam-se sofrimento

I 388 e morte como pertencentes à aparência da vida, // e a possibilidade de redenção produzida pela mais perfeita capacidade de conhecimento é agora declarada infrutífera. Aqui reside a razão profunda da vergonha associada ao ato da cópula. — Semelhante visão é miticamente exposta no dogma da doutrina da fé cristã de que todos compartilhamos a queda pecaminosa de Adão (que manifestamente é somente a satisfação do prazer sexual) e, em virtude dela, somos culpáveis por sofrimento e morte. Com isso, tal doutrina de fé vai além da consideração segundo o princípio de razão e re-

_381_

conhece a Ideia de humano; cuja unidade é restabelecida, de sua dispersão em inumeráveis indivíduos, por meio do laço amalgamador da procriação. Em conformidade com isso, aquela doutrina considera cada indivíduo de um lado como idêntico a Adão, o representante da afirmação da vida e, nesse sentido, entregue ao pecado (original), ao sofrimento e à morte; de outro, o conhecimento da Ideia mostra cada indivíduo como idêntico ao redentor, ao representante da negação da Vontade de vida e, nesse sentido, partícipe de seu autossacrifício, redimido por seus méritos e salvo das amarras do pecado e da morte, isto é, do mundo (Romanos 5, 12-21).

Uma outra exposição mítica de nossa concepção da satisfação sexual como afirmação da Vontade de vida além da vida individual e como uma entrega à vida, consumada primeiramente por aquele ato, ou, por assim dizer, como um consentimento renovado a ela, é o mito grego de Proserpina: o retorno desta do mundo subterrâneo ainda era possível enquanto não tivesse experimentado os frutos dele; porém, ali ficou para sempre abandonada, pois saboreou uma romã. O sentido claro desse mito nos é expresso numa exposição incomparável de Goethe, em especial naquele momento em que, tendo saboreado a romã, soa de súbito o coro invisível das parcas:

> *Du bist unser!*
> *Nüchtern solltest wiederkehren:*
> *Und der Biß des Apfels macht dich unser!*[43]

É notável como CLEMENTE DE ALEXANDRIA (*Strom., III, c. 15*) descreve o

I 389 tema com a mesma imagem e a mesma expressão: // Οἱ μὲν εὐνουχίσαντες ἑαυτοὺς ἀπὸ πάσης ἁμαρτίας, διὰ τὴν βασιλείαν τῶν οὐρανῶν, μακάριοι οὗτοί εἰσιν, οἱ τοῦ κόσμου νηστεύοντες. (*Qui se castrarunt ab omni peccato, propter regnum coelorum, ii sunt beati, a mundo jejunantes.*)[44]

O impulso sexual também confirma-se como a mais decidida e forte afirmação da vida pelo fato de, tanto para o ser humano natural quanto para

---

43 "És nossa! / Em abstenção podias retornar: / Mas a mordida da maçã te faz nossa!" (N. T.)

44 "Aqueles que cortaram de si mesmos todo pecado em virtude do reino dos céus são bem-aventurados, pois se conservam em abstenção do mundo." (N. T.)

o animal, ele ser o fim último, o objetivo supremo da vida. Autoconservação é seu primeiro esforço e, tão logo esta seja assegurada, empenha-se só pela propagação da espécie: enquanto mero ser natural, não pode aspirar a nada mais. A natureza, cuja essência íntima é a Vontade de vida, impulsiona com todas as forças o ser humano e o animal para a propagação. Após a natureza ter alcançado pelo indivíduo o seu objetivo, ela se torna por inteiro indiferente ao sucumbir dele, visto que, como Vontade de vida, preocupa-se tão somente com a conservação da espécie, o indivíduo sendo-lhe insignificante. — Ora, em virtude de a essência íntima da natureza, a Vontade de vida, expressar-se da maneira mais forte no impulso sexual, os poetas e filósofos antigos, dentre eles Hesíodo e Parmênides, disseram bastante significativamente que EROS é o primeiro, o criador, o princípio do qual emergem todas as coisas (cf. Aristóteles, *Metafísica, I, 4*). Ferécides disse: Εἰς ἔρωτα μεταβεβλῆσθαι τὸν Δία, μέλλοντα δημιουργεῖν. (*Jovem, cum mundum fabricare vellet, in cupidinem sese transformasse.*) *Proclus ad Plat. Tim.*, l. III.[45] — Um tratamento detalhado desse tema por G. F. SCHOEMANN veio recentemente a lume sob o título *De cupidine cosmogonico*, 1852. O māyā dos indianos, cuja obra e tecido é todo o mundo aparente, também foi parafraseado por *amor*.

Os genitais, mais do que qualquer outro membro externo do corpo, estão submetidos meramente à vontade e de modo algum ao conhecimento: sim, a vontade mostra-se aqui quase tão independente do conhecimento quanto nas outras partes que, por ocasião de simples estímulo, servem à vida vegetativa, à reprodução e nas quais a vontade faz efeito cegamente como o faz na natureza destituída de conhecimento. Pois a procriação é apenas a reprodução que transpassa a um novo indivíduo, sendo, por assim dizer, a reprodução elevada à segunda potência, como a morte é somente a excreção elevada à // segunda potência. — Em conformidade com tudo isso, os genitais são o verdadeiro FOCO da vontade; consequentemente, são o polo oposto do cérebro, este representante do conhecimento, vale dizer, do outro lado do mundo, o mundo como representação. Os genitais são o princípio conservador vital, assegurando vida infinita no tempo; com semelhante qualidade foram venerados entre os gregos no falo e entre os hindus

---

45 "Zeus, quando quis criar o mundo, transformou a si mesmo em Eros." (N. T.)

no lingam, os quais, portanto, são o símbolo da afirmação da vontade. O conhecimento, ao contrário, fornece a possibilidade de supressão do querer, de redenção pela liberdade, de superação e aniquilamento do mundo.

Já consideramos detalhadamente no início deste livro quarto como a Vontade de vida em sua afirmação tem de observar sua relação com a morte, noutros termos, esta não a afeta, porque a morte existe como algo incluído e pertencente à vida, enquanto o seu oposto, a procriação, mantém o perfeito equilíbrio; e, apesar da morte do indivíduo, a vida é segura e certa, em todo tempo, à Vontade de vida; para expressar um tal estado de coisas os indianos deram ao deus da morte, Śiva, o lingam como atributo. Também já expusemos como alguém que se coloca com perfeita clarividência no ponto de vista da decidida afirmação da vida encara a morte sem temor. Por conseguinte, não falaremos mais aqui sobre o assunto. Porém, a maioria dos seres humanos se coloca nesse ponto de vista sem perfeita clarividência e afirma a vida continuamente. O mundo existe como espelho dessa afirmação, com inúmeros indivíduos no tempo e espaço sem fim, no sofrimento sem fim, entre procriação e morte sem fim. — Contudo, de lado algum pode-se elevar um lamento, pois a vontade desempenha a grande tragicomédia arcando com os próprios custos, sendo igualmente espectadora de si mesma. O mundo é precisamente assim porque a vontade, da qual ele é a aparência, é como é, e quer dessa maneira. A justificativa para o sofrimento é o fato de a vontade afirmar-se a si nessa aparência, e esta afirmação é justificada e equilibrada pelo fato de a vontade portar o sofrimento. Aqui já se descortina uma mirada na JUSTIÇA ETERNA e universal; mais adiante reconhecê-la-emos

I 391 mais de perto, em detalhes e em particular. Primeiro, entretanto, // temos de falar da justiça temporal e humana.*

§ 61

Recordemos do livro segundo que na natureza inteira, em todos os graus de objetivação da vontade, existe necessariamente uma luta contínua entre

---

* Cf. capítulo 45 do segundo tomo.

O mundo como vontade e como representação

os indivíduos de todas as espécies, e, justamente aí, exprime-se um conflito interno da Vontade de vida consigo mesma. Nos graus mais elevados de sua objetivação, como em todos os demais, esse fenômeno expõe-se numa distinção mais acentuada, podendo, por conseguinte, ser mais bem decifrado. Tendo em vista esse fim, queremos primeiro buscar a fonte do EGOÍSMO, como ponto de partida de toda luta.

Denominamos tempo e espaço *principium individuationis*, já que só neles e por eles é possível a pluralidade do que é semelhante. Eles são as formas essenciais do conhecimento natural, isto é, que brota da vontade. Em virtude disso, a vontade aparece em toda parte na pluralidade dos indivíduos. Todavia, tal pluralidade não concerne à vontade como coisa em si, mas exclusivamente às suas aparências: a vontade encontra-se por inteiro indivisa em cada aparência, e em torno de si vê a imagem inumeráveis vezes repetida de sua própria essência. Mas esta mesma, ou seja, o que é de fato real, ela só encontra imediatamente em seu interior. Eis por que cada um quer tudo para si, quer tudo possuir, ao menos dominar, e assim deseja aniquilar tudo aquilo que lhe opõe resistência. Acresce ao que foi dito o fato de que, no ser cognoscente, o indivíduo é sustentáculo do sujeito que conhece e este é sustentáculo do mundo; noutros termos, toda a natureza exterior ao sujeito que conhece, portanto todos os demais indivíduos, existe apenas em sua representação: sempre está consciente deles apenas como sua representação, portanto de maneira meramente mediata, como algo dependente de seu próprio ser e existência, pois, se sua consciência sucumbisse, o mundo também sucumbiria necessariamente, isto é, a existência ou inexistência dos demais indivíduos ser-lhe-iam equivalentes e indistinguíveis. Em verdade, todo indivíduo que conhece // é e encontra a si mesmo como a Vontade de vida em sua totalidade, como o Em si mesmo do mundo, portanto, como a condição complementar do mundo como representação, consequentemente como um microcosmo que equivale ao macrocosmo. A própria natureza, em toda parte sempre verdadeira, dá ao indivíduo originária e independentemente de qualquer reflexão esse conhecimento simples e imediatamente certo. Ora, a partir das duas mencionadas determinações necessárias explana-se o fato de que cada indivíduo, que desaparece por completo e diminui a nada em face do mundo sem limites, faz no entanto de si mesmo o centro do universo, antepondo a própria existência e o bem-estar a tudo o mais, sim, do ponto de vista natural está preparado a sacrificar qualquer coisa, até mesmo a aniquilar o mundo, simplesmente para conservar mais um pouco o próprio si mesmo, esta gota no meio do oceano. Eis aí a mentalidade do EGOÍSMO, o qual é essencial a cada coisa da natureza. É exatamente através dele que o conflito interno da vontade consigo mesma alcança temível manifestação. Pois esse egoísmo tem sua base e essência naquela oposição entre microcosmo e macrocosmo, ou no fato de a objetivação da vontade ter por forma o *principium individuationis*, aparecendo de maneira igual em inumeráveis indivíduos e, na verdade, em cada um deles inteira e completamente segundo os dois lados (vontade e representação). Contudo, enquanto cada um é dado a si mesmo imediatamente como vontade inteira, e como sujeito inteiro que representa, os outros seres lhe são dados meramente como suas representações; em consequência, o ser e a conservação próprios são antepostos ao ser e à conservação de todos os outros em conjunto. Cada um mira a própria morte como o fim do mundo; já a morte dos seus conhecidos é de fato ouvida com indiferença, caso não o afete em termos pessoais. Na consciência que atingiu o grau mais elevado, a humana, o egoísmo, igual à dor e à alegria, também teve de atingir o grau mais elevado, e o conflito dos indivíduos por ele condicionado entra em cena da forma mais horrível. Vemos isso em toda parte diante dos olhos, nas pequenas e nas grandes coisas; o lado terrível disso encontra-se na vida dos grandes tiranos e facínoras, nas guerras que

I 393 devastam o mundo, enquanto o seu // lado hilariante é objeto da comédia e aparece sobretudo na presunção e na vaidade, o que Rochefoucault, melhor que qualquer outro escritor, conseguiu apreender e expor *in abstracto*: vemos isso também na história universal e na experiência particular. Porém, da maneira mais distinta isso entra em cena tão logo uma turba humana rebela-se contra toda lei e ordem: aí se mostra de imediato e da maneira mais nítida o *bellum omnium contra omnes*,[46] descrito primorosamente por Hobbes no primeiro capítulo do *De cive*. Observamos não apenas como cada um procura arrancar do outro o que quer ter, mas inclusive como alguém, em vista de aumentar seu bem-estar por um acréscimo insignificante, chega

---

46 "Guerra de todos contra todos." (N. T.)

O mundo como vontade e como representação

ao ponto de destruir toda a felicidade ou a vida de outrem. Eis aí a suprema expressão do egoísmo, cujas aparências, nesse aspecto, são superadas apenas por aquelas da pura maldade, que procura, indiferentemente e sem benefício pessoal algum, a injúria e a dor alheia; falaremos mais sobre tal assunto logo a seguir. — Compare-se ainda a descoberta aqui feita da fonte do egoísmo com a exposição dele em meu escrito que concorreu a prêmio *Sobre o fundamento da moral*, § 14.

Uma fonte capital de sofrimento, que apontamos acima como essencial e inevitável a toda vida, é (quando de fato aparece numa figura determinada) aquela ERIS, a luta de todos os indivíduos: expressão da contradição que afeta a Vontade de vida em seu interior e que se torna visível através do *principium individuationis*: um meio cruel para a visualização imediata e crua dessa ordem das coisas são as lutas entre animais. Em tal cisão originária, que agora vamos considerar mais de perto, encontra-se uma fonte inesgotável de sofrimento, a despeito das precauções que se possa tomar.

§ 62

Já foi examinado que a primeira e mais simples afirmação da Vontade de vida é apenas afirmação do próprio corpo, isto é, exposição da vontade através de atos no tempo, na medida em que o corpo, em sua forma e finalidade, // já expõe essa mesma vontade espacialmente, e não mais. Essa afirmação mostra-se como conservação do corpo no emprego das próprias forças. A ela liga-se imediatamente a satisfação do impulso sexual, que pertence sim a ela, visto que os genitais pertencem ao corpo. Eis por que a renúncia VOLUNTÁRIA da satisfação desse impulso, não baseada em MOTIVO algum, já é negação da Vontade de vida; trata-se de uma autossupressão voluntária do querer mediante a entrada em cena de um conhecimento que atua como QUIETIVO. Em conformidade com o dito, a negação do próprio corpo já se expõe como uma contradição da vontade com sua aparência, pois, embora também aqui o corpo objetive nos genitais a vontade de propagação, esta propagação, no entanto, não é desejada. Ora, exatamente porque essa renúncia é negação ou supressão da Vontade de vida, ela é uma autossuperação difícil e dolorosa (adiante falaremos mais sobre o assunto). – Na medida, entretanto, em que a vontade expõe aquela AUTOAFIRMAÇÃO do próprio corpo em inumeráveis indivíduos um ao lado do outro, tal autoafirmação, em virtude do egoísmo inerente a todos, vai muito facilmente além de si mesma até a NEGAÇÃO da mesma vontade como esta aparece em outros indivíduos. De fato, a vontade de um invade os limites da afirmação da vontade alheia, seja quando o indivíduo fere, destrói o corpo de outrem, ou ainda quando compele as forças de outrem a servirem à SUA vontade, em vez de servir à vontade que aparece no corpo alheio; logo, quando da vontade que aparece como corpo alheio são subtraídas as forças para assim aumentar a força a serviço de SUA vontade para além daquela do seu corpo, por conseguinte afirmar sua vontade para além do próprio corpo mediante a negação da vontade que aparece no corpo alheio. – Semelhante invasão dos limites da afirmação alheia da vontade foi conhecida distintamente em todos os tempos, e o seu conceito foi designado pelo nome INJUSTIÇA, devido ao fato de as duas partes reconhecerem instantaneamente o ocorrido, embora não como aqui, em distinta abstração, mas como sentimento. Quem sofre a injustiça sente a invasão na esfera de afirmação do próprio corpo, via negação deste por um indivíduo estranho, como uma dor imediata,

I 395 espiritual, // completamente separada e diferente do sofrimento físico infligido pelo ato, ou do pesar provocado pela perda. Por outro lado, a quem pratica a injustiça apresenta-se por si mesmo o conhecimento de que ele, em si, é a mesma vontade que também aparece no outro corpo, afirmando-se com tanta veemência numa única aparência que, ao transgredir os limites do próprio corpo e de suas forças, torna-se negação exatamente dessa vontade na outra aparência e, por conseguinte, tomada como vontade em si, entra em conflito consigo mesma precisamente por meio dessa veemência, cravando os dentes na própria carne; – também a quem pratica a injustiça, eu digo, esse conhecimento apresenta-se instantaneamente não *in abstracto*, mas como um sentimento obscuro, o qual se denomina remorso,[47] ou, mais de acordo com o presente caso, sentimento de INJUSTIÇA COMETIDA.

---

47 No original alemão *Gewissensbiss*: *Gewissen*, como já adiantamos em nota anterior (21), significa "consciência moral", já *Biss* significa "mordida"; portanto, literalmente, "mordida de consciência", ou remorso. (N. T.)

O mundo como vontade e como representação

O conceito de INJUSTIÇA, aqui analisado em sua abstração mais universal, expressa-se *in concreto* da maneira mais acabada, explícita e palpável no canibalismo: este é o tipo mais claro e evidente de injustiça, a imagem terrível do grande conflito da vontade consigo mesma no mais elevado grau de sua objetivação, o ser humano. Depois dele temos o homicídio, cuja perpetração é instantaneamente seguida com horrível distinção pelo remorso (cuja significação acabamos de estabelecer de modo seco e abstrato), comprometendo com chaga incurável a calma de espírito pelo resto da vida; em verdade, o nosso horror em face do homicídio cometido e o nosso tremor em face do que vamos cometer correspondem ao apego sem limites à vida, inerente a todo ser vivo como aparência da Vontade de vida (adiante lançaremos mais luz sobre aquele sentimento que acompanha a prática da injustiça e do mau, noutros termos, o peso de consciência, analisando-o mais detalhadamente e elevando-o à distinção do conceito). Em essência igual ao homicídio, diferindo dele apenas segundo o grau, encontra-se a mutilação intencional ou mera lesão do corpo alheio, sim, até qualquer golpe. — Além disso, a injustiça expõe-se na subjugação do outro indivíduo, em forçá-lo à escravidão, por fim, em atacar a propriedade alheia, o que, em virtude de a propriedade ser considerada como fruto do próprio trabalho, **I 396** // é algo que se equipara em essência à escravidão, estando para esta como a simples lesão está para o homicídio.

Pois a PROPRIEDADE, que não será usurpada SEM INJUSTIÇA, só pode ser, seguindo nossa explanação da injustiça, aquilo que alguém trabalhou com as próprias forças; portanto, quem a usurpa serve-se das forças do corpo da vontade ali objetivada a fim de fazê-las servir à vontade objetivada num corpo alheio. Assim, o praticante da injustiça, ao atacar não um corpo alheio, mas uma coisa sem vida, totalmente diferente dele, invade do mesmo modo a esfera de afirmação estrangeira da vontade, pois as forças, o trabalho do corpo alheio, por assim dizer, confundem-se e identificam-se com essa coisa. Segue-se daí que todo autêntico direito de propriedade, isto é, direito moral de propriedade, está originariamente baseado única e exclusivamente no trabalho elaborador, como também o foi admitido de maneira geral antes de Kant, sim, inclusive é dito clara e belamente no mais antigo de todos os códigos de lei: "Os sábios, que conhecem os tempos pretéritos, declaram que um campo cultivado é propriedade de quem cortou a madeira, o limpou e lavrou, do mesmo modo que um antílope pertence ao primeiro caçador que o acertou mortalmente" (*Leis de Manu*, IX, 44). – Quanto a Kant, só a sua debilidade senil pode explicar a sua doutrina do direito, este entrançamento estranho de erros, uns se seguindo aos outros, chegando ele a fundamentar o direito de propriedade na primeira ocupação. Mas como deveria a mera declaração de minha vontade excluir aos outros do uso de uma coisa e até mesmo atribuir um DIREITO a ela? Obviamente a declaração mesma precisa de um primeiro fundamento de direito, em vez de, como Kant supõe, ser ela um tal fundamento. E como deveria agir injustamente em termos morais quem observa apenas a própria pretensão, baseada tão somente na sua declaração de posse exclusiva de uma coisa? Como sua consciência moral deveria cobrá-lo? Salta aos olhos, é fácil de reconhecer, que, absolutamente, não existe nenhum DIREITO LEGÍTIMO DE OCUPAÇÃO, mas tão somente uma legítima APROPRIAÇÃO ou AQUISIÇÃO da coisa pelo emprego originário das próprias forças sobre ela. De fato, lá onde uma coisa, pelo esforço de outra pessoa, por menor que ele seja, é trabalhada, melhorada, protegida de acidentes, // conservada, mesmo sendo esse esforço apenas a colheita ou o recolher do chão um fruto silvestre – se uma outra pessoa se apodera dela, manifestamente priva outrem do trabalho de suas forças e portanto faz o corpo do outro, em vez do próprio, servir a SUA vontade; afirma assim a própria vontade para além de sua aparência até a negação da vontade alheia, ou seja, pratica injustiça.* – Por outro lado, simplesmente usufruir de uma coisa sem nenhum trabalho elaborador ou nenhuma defesa contra sua destruição dá tão pouco direito a ela quanto a declaração da própria vontade de ser sua possuidora exclusiva. Por conseguinte, se uma única família tivesse caçado por um século numa extensão de terra sem contudo ter aí feito uma benfeitoria, não pode de modo algum, sem injustiça moral, impedir que um

---

* Portanto, a fundamentação do direito natural de propriedade não requer a assunção de dois fundamentos de direito um ao lado do outro, a saber, um fundamento baseado na DETENÇÃO e outro fundamento baseado na formação; este último basta. Porém, o termo FORMAÇÃO não é adequado, pois o esforço empregado em uma coisa nem sempre implica que se lhe dê uma forma.

estrangeiro ali cace se ele quiser. Portanto, o chamado direito de primeira ocupação é, em termos morais, por inteiro destituído de fundamento. De acordo com ele, só por ter usufruído de uma coisa exige-se como recompensa o direito exclusivo para usufruí-la no futuro. A quem se apoiasse exclusivamente sobre tal direito, um estrangeiro poderia assim contestar com melhor direito: "Justamente porque já usufruíste por tanto tempo é justo que agora outros usufruam". Para toda coisa não passível de trabalho elaborador, seja por melhoria ou defesa contra a destruição, não há posse alguma moralmente fundamentada, a não ser que haja uma cessão voluntária da parte de todos, algo assim como uma recompensa por serviços prestados, o que já pressupõe uma comunidade regida por convenção, o Estado. — Em contrapartida, a natureza do direito de propriedade moralmente fundamentado, tal como o deduzimos acima, dá ao possuidor um poder tão ilimitado sobre as suas coisas como aquele poder que possui sobre o próprio corpo; do que se segue que a sua propriedade pode ser transmitida através de troca I 398 ou doação // a outros, os quais possuem a coisa com o mesmo direito moral que o transmissor.

No que concerne à PRÁTICA da injustiça em geral, ela ocorre pela VIOLÊN-CIA ou pela ASTÚCIA, as quais, em termos morais, são em essência a mesma coisa. Em primeiro lugar, em relação ao homicídio, é moralmente indistinto se me sirvo do punhal ou do veneno; de maneira análoga no caso de cada lesão corporal. Os demais casos de injustiça sempre são redutíveis ao fato de eu, praticando-a, obrigar outro indivíduo a servir, em vez de à sua, à minha vontade, a agir, em vez de em conformidade com a sua, em conformidade com a minha vontade. Se sigo a via da violência, alcanço isso mediante causalidade física; se sigo a via da astúcia, entretanto, alcanço isso mediante motivação, isto é, por meio da causalidade que passa pelo conhecimento, logo, apresento à vontade de outrem MOTIVOS APARENTES em função dos quais segue a MINHA vontade, embora acredite seguir a SUA. Ora, visto que o médium no qual residem os motivos é o conhecimento, se consigo obter sucesso em semelhante tarefa recorrendo à falsificação do conhecimento alheio, trata-se da MENTIRA. Esta intenta todas as vezes exercer influência sobre a vontade do outro, não apenas sobre o seu conhecimento, para si e enquanto tal, mas servindo-se deste como meio, a saber, na medida em que determina a sua vontade. Pois minha própria mentira, ao provir da minha vontade, precisa de um motivo: mas este motivo só pode ser a vontade alheia, não o conhecimento alheio, em e para si, pois este nunca pode ter influência sobre a MINHA vontade, logo, nunca pode movimentá-la, nunca pode ser um motivo de seus fins; mas só a vontade alheia e seus atos é que podem ser um tal motivo e, dessa forma, apenas de maneira mediata o conhecimento alheio. Isso vale não somente em relação a todas as mentiras nascidas do óbvio interesse pessoal, mas também em relação àquelas nascidas de pura maldade, que quer comprazer-se nas consequências dolorosas dos erros alheios que provocou. Até mesmo o mero charlatanismo de cabeças de vento intenta grande ou pequena influência sobre o querer e os atos dos outros por intermédio da elevada consideração angariada, ou da opinião feita. Por sua vez, o simples não dizer a verdade, isto é, a recusa de uma declaração em geral, não é em si injustiça alguma; no entanto, qualquer imposição de uma mentira é injustiça. Quem se recusa a mostrar ao andarilho perdido o // caminho correto não pratica injustiça; mas quem lhe aponta o caminho errado pratica-a. – Do que foi dito segue-se que toda MENTIRA, igual a qualquer ato de violência, é nela mesma INJUSTIÇA; visto que em si tem por fim estender o domínio da minha vontade sobre os outros indivíduos, portanto intenta afirmar a vontade pessoal através da negação da vontade alheia, exatamente como o faz a violência. – A mentira mais bem consumada é a QUEBRA DE CONTRATO; porque aqui se reúnem de maneira completa e distinta todas as recém-mencionadas determinações. Pois, na medida em que pactuo um contrato, a realização prometida da outra pessoa é imediata e admitidamente o motivo da minha realização que então se segue. As promessas são deliberadas e formalmente trocadas. Assume-se que a verdade da declaração de cada um encontra-se em poder das partes. Ora, se o outro quebra o contrato, me enganou e, pela manipulação de motivos aparentes em meu conhecimento, dirige o meu querer segundo suas intenções, estendendo o domínio da sua vontade sobre outro indivíduo, logo, pratica uma injustiça perfeita. Nisso se baseiam a legalidade e validade moral dos CONTRATOS.

Injustiça por violência não é tão IGNOMINIOSA para o praticante quanto injustiça por ASTÚCIA; porque a primeira evidencia força física, que, em

O mundo como vontade e como representação

todas as circunstâncias, impõe-se à raça humana, enquanto a segunda, por re-correr ao desvio, denuncia fraqueza, rebaixando ao mesmo tempo o praticante tanto em termos físicos quanto morais; ademais, mentira e engano só podem obter sucesso se quem os pratica exteriorizar ao mesmo tempo aversão e desprezo por eles, a fim de obter confiança: seu triunfo, portanto, repousa em se lhe atribuir uma honestidade que não possui. — A profunda aversão que em toda parte despertam a astúcia, a perfídia e a traição assenta-se no fato de a confiança e a honestidade serem o laço que ainda une exteriormente numa unidade a vontade fragmentada na pluralidade dos indivíduos, e, assim, põem barreiras às consequências do egoísmo proveniente dessa dispersão. Perfídia e traição rompem precisamente esse laço externo e, dessa forma, dão às consequências do egoísmo espaço ilimitado de atuação.

I 400   No encadeamento do nosso modo de consideração encontramos como // conteúdo da noção de INJUSTIÇA aquela índole da conduta de um indivíduo na qual este estende tão longe a afirmação da vontade que aparece em seu corpo que ela vai até a negação da vontade que aparece num corpo alheio. Também indicamos em exemplos bastante gerais o limite onde começa o domínio da injustiça, ao determinar, ao mesmo tempo, suas gradações desde os mais elevados graus até os mais baixos, por meio de alguns conceitos elementares. Em conformidade com tudo o que foi dito, o conceito de INJUSTIÇA é originário e positivo: o oposto a ele, o de JUSTIÇA, é derivado e negativo. Temos assim de ater-nos não às palavras, mas aos conceitos. Noutros termos, jamais se falaria de JUSTIÇA se não houvesse injustiça. O conceito de JUSTIÇA contém meramente a negação da injustiça: a ele será subsumida toda ação que não ultrapasse o limite acima exposto, vale dizer, não seja negação da vontade alheia em favor da mais forte afirmação da própria vontade. O referido limite recorta, conseguintemente, em referência a uma simples e pura determinação MORAL, todo o domínio das possíveis ações em injustas ou justas. Desde que uma ação, na maneira acima descrita, não invada a esfera de afirmação alheia da vontade, negando a esta, ela não é injusta. Por isso, a recusa em ajudar alguém numa situação urgente de necessidade, ou considerar com calma a morte alheia por inanição em meio ao próprio excedente, de fato são atitudes cruéis e satânicas, porém não injustas: todavia, e isso pode-se dizer com plena segurança, quem é capaz de levar a insensibilidade e a dureza de coração a um tal ponto decerto será capaz de praticar qualquer injustiça tão logo seus desejos o exijam e nenhuma coerção os impeça.

O conceito de JUSTIÇA, como negação da injustiça, encontra sua principal aplicação, e sem dúvida sua primeira origem, nos casos em que uma tentada injustiça por violência é impedida; ora, como uma tal defesa não pode ser uma injustiça, é consequentemente justa, embora o ato de violência ali praticado, considerado em si e isoladamente, seja injustiça — no entanto aqui justificado por seu motivo, isto é, converte-se em direito. Se um indivíduo vai tão longe na afirmação de sua vontade até invadir a // esfera de afirmação da vontade essencial à minha pessoa enquanto tal e assim a nega, então minha defesa dessa invasão é a negação daquela negação e, nesse sentido, de minha parte nada mais é senão a afirmação da vontade que aparece essencial e originariamente em meu corpo e *implicite* expressa-se por meio da simples aparência desse corpo; em consequência, não é injustiça, portanto, é algo JUSTO. Noutros termos: tenho o DIREITO de negar aquela negação alheia com a força necessária para a sua supressão; e é fácil ver que isso pode ir até a morte do outro indivíduo, cuja ação danosa, enquanto violência exterior impositiva, pode ser impedida sem injustiça alguma com uma reação poderosa que se lhe sobrepõe, por conseguinte com direito. Pois tudo o que acontece do meu lado reside apenas na esfera da afirmação da vontade essencial à minha pessoa enquanto tal, que expressa tal afirmação (que é o cenário da luta); ora, isso não invade a esfera da afirmação alheia, logo, é apenas negação da negação, portanto, afirmação, e não em si mesma negação. Dessa perspectiva, se a vontade de um outro nega a minha vontade, como esta aparece em meu corpo e no uso das forças deste para minha conservação, posso, SEM INJUSTIÇA, exercer COAÇÃO sobre aquela vontade para que ela desista de sua negação, sem que isso implique a negação da vontade alheia, a qual se mantém em seu limite; ou seja, tenho nesse alcance um DIREITO DE COAÇÃO.

Em todos os casos em que tenho um direito de coação, um direito pleno de empregar VIOLÊNCIA contra outros, posso, segundo as circunstâncias, contrapor-me à violência do outro pela ASTÚCIA sem cometer injustiça, tendo, por conseguinte, um real DIREITO DE MENTIRA EXATAMENTE NA MESMA EXTENSÃO EM QUE TENHO DIREITO DE COAÇÃO. Portanto, age de maneira

O mundo como vontade e como representação

perfeitamente justa quem assegura a um ladrão de estrada, que o procura, não possuir mais nada consigo, assim como quem, por mentira, atrai o ladrão que invade à noite a sua casa a entrar num porão, ali trancafiando-o. Quem é sequestrado por bandidos, piratas, por exemplo, tem o direito de libertar-se matando-os, e isso não apenas pelo emprego da violência, mas também por astúcia. – Por isso uma promessa extraída por ato imediato de violência contra o corpo não obriga em nada, // e quem sofre semelhante coação pode, com pleno direito, libertar-se do agressor matando-o, para não falar servindo-se de ardil. Quem não pode mediante violência recobrar sua propriedade roubada não comete injustiça alguma se o consegue pela astúcia. Sim, caso alguém jogue comigo o dinheiro que me foi roubado, tenho o direito de empregar dados falsos contra ele, pois tudo o que ganho dele já me pertencia. Quem quiser negar isso tem de negar ainda mais a legalidade da astuta estratégia de guerra, que é até mesmo uma mentira de fato e uma prova daquela sentença da rainha Cristina da Suécia: "Não se pode confiar nas palavras das pessoas, dificilmente em seus atos". – Tão estreitamente tocam-se os limites da justiça e da injustiça. Ademais, considero supérfluo demonstrar que tudo isso concorda totalmente com o que foi dito acima sobre a ilegalidade da mentira e da violência: o que também deve servir para explanar a singular teoria sobre a mentira justificável.*

Portanto, após o exposto, injustiça e justiça são simples determinações MORAIS, ou seja, são aquelas determinações válidas em relação à conduta humana enquanto tal e em relação à ÍNTIMA SIGNIFICAÇÃO DESSA CONDUTA EM SI. Tal significação anuncia imediatamente a si na consciência devido ao fato de, por um lado, a prática da injustiça ser acompanhada por uma dor interior, a qual é simplesmente a consciência sentida de quem praticou a injustiça por força excessiva de afirmação da vontade presente na própria pessoa, até o grau de negação da aparência da vontade alheia; por outro lado, devido ao fato de o praticante da injustiça, embora na aparência diferente de quem a sofre, ser idêntico em essência ao sofredor. A explanação completa dessa significação íntima de todo peso de consciência só pode ser dada mais

---

* A explanação completa da aqui estabelecida doutrina do direito encontra-se em meu escrito que concorreu a prêmio *Sobre o fundamento da moral*, § 17, p.221-30, 1. ed.

adiante. Quem sofre injustiça, em realidade, está dolorosamente consciente da negação da sua vontade tal como esta se expressa no próprio corpo com suas necessidades naturais, para cuja satisfação a natureza indica as forças corporais mesmas; // ao mesmo tempo, está consciente de que, sem praticar injustiça, pode defender-se de todas as maneiras daquela negação, caso não lhe falte o poder. Essa significação puramente moral é a única que a justiça e a injustiça têm para os seres humanos enquanto seres humanos, não como cidadãos do Estado; consequentemente, manter-se-ia inclusive no estado de natureza, sem lei positiva; significação que constitui a fundação e o conteúdo de tudo aquilo que, por esse motivo, denominou-se DIREITO NATURAL, que se poderia melhor denominar direito moral, pois sua validade não se estende ao sofrimento, à realidade exterior, mas só ao ato e ao autoconhecimento oriundo desse ato da vontade individual, autoconhecimento que se chama CONSCIÊNCIA MORAL. No estado de natureza essa validade, mesmo a partir do exterior, não pode se dar em todos os casos para cada indivíduo e assim impedir que a violência, em vez de o direito, impere. No estado de natureza depende de cada um em cada caso NÃO PRATICAR injustiça, mas de modo algum depende de cada um em cada caso não SOFRER injustiça, algo que depende do próprio poder exterior, que é contingente. Nesse sentido, os conceitos de justiça e injustiça são de fato válidos para o estado de natureza, não sendo de modo algum convencionais; porém, eles valem ali tão somente como conceitos MORAIS para o autoconhecimento da vontade de cada um. Em realidade, na escala dos graus extremamente variados de força com que a Vontade de vida se afirma em cada indivíduo humano, os referidos conceitos são um ponto fixo comparável ao ponto zero num termômetro, a saber, o ponto no qual a afirmação da própria vontade torna-se negação da vontade alheia, isto é, indica mediante a ação injusta o grau de intensidade da própria vontade unido com o grau no qual o conhecimento encontra-se submergido no *principium individuationis* (que é a forma do conhecimento completamente a serviço da vontade). Quem, todavia, deseja pôr de lado a consideração puramente moral da conduta humana, ou negá-la e a considerar somente segundo sua eficácia exterior e consequência, pode certamente, com Hobbes, declarar justiça e injustiça determinações convencionais, arbitrariamente adotadas e, por conseguinte,

O mundo como vontade e como representação

inexistentes fora da lei positiva; e com isso nunca podemos apontar-lhe na experiência externa o que não pertence à experiência externa. É esse HOBBES o mesmo que, em seu livro *De principiis geometrarum*, caracteriza estranhamente seu modo de pensamento, // no todo empírico, negando por completo a matemática propriamente pura, ao afirmar obstinadamente que o ponto possui extensão e a linha possui largura, e, como nunca podemos exibir-lhe um ponto sem extensão e uma linha sem largura, tampouco podemos fazer-lhe compreender a aprioridade da matemática ou a aprioridade do direito, visto que ele se fecha a qualquer conhecimento não empírico.

A pura DOUTRINA DO DIREITO é, portanto, um capítulo da MORAL e refere-se diretamente só ao AGIR, não ao SOFRER. Pois apenas o agir é exteriorização da vontade, e exclusivamente a vontade é considerada pela moral. Sofrer é simplesmente uma ocorrência acessória: só indiretamente ele pode ser considerado pela moral, a saber, tendo em vista provar que aquilo que se faz com o fim de evitar o sofrimento de uma injustiça de modo algum é prática de injustiça. — O tratamento pormenorizado desse capítulo da moral teria como conteúdo a determinação exata do limite até onde um indivíduo pode ir na afirmação da vontade, já objetivada em seu corpo, sem que se torne negação justamente dessa vontade como ela aparece num outro indivíduo; assim, também conteria a determinação das ações que ultrapassam o mencionado limite e que, portanto, por serem injustas, podem ser defendidas sem injustiça. Sempre o próprio agir permaneceria o objeto principal da consideração.

Ora, SOFRER INJUSTIÇA é um evento que se dá na experiência e, como dito, aí manifesta-se mais distintamente do que em qualquer outro lugar o aparecimento do conflito da Vontade de vida consigo mesma, advindo da pluralidade de indivíduos e do egoísmo, que são condicionados pelo *principium individuationis*, esta forma do mundo como representação para o conhecimento do indivíduo. Também vimos acima que uma grande cota do sofrimento essencial à vida humana tem sua fonte constantemente fluida precisamente naquele conflito dos indivíduos

A faculdade de razão comum a todos os indivíduos e que lhes permite conhecer não somente o particular, como no caso dos animais, mas também o todo abstratamente e em sua conexão, ensinou-lhes logo a reconhecer a

I 405 fonte daquele sofrimento e a pensar no // meio de diminuí-lo ou, onde possível, suprimi-lo através de um sacrifício comum, compensado todavia pela vantagem comum daí resultante. De fato, por mais agradável que seja ao egoísmo do indivíduo praticar a injustiça em casos específicos, há todavia um correlato necessário no sofrer a injustiça por aquele outro, que foi objeto passivo de grande dor. Ora, na medida em que a razão, ao sobrevoar o todo em pensamento, abandona o ponto de vista unilateral do indivíduo, ao qual pertence, e despoja-se por momentos de um apego a ele, nota que o gozo da prática da injustiça num indivíduo é sempre superado pela dor relativamente maior ao sofrer a injustiça de outrem e assim descobre que, como tudo foi aqui deixado ao acaso, cada um teria a temer que o seu quinhão de gozo relacionado à prática ocasional da injustiça seria muito mais módico que a dor relacionada à injustiça que viria a sofrer. A razão reconhece, a partir daí, que tanto para diminuir o sofrimento espalhado em toda parte quanto para reparti-lo da maneira mais equânime possível, o melhor e o único meio é poupar a todos a dor relacionada ao sofrimento da injustiça, fazendo-lhes renunciar ao gozo obtido com a sua prática. — Esse meio, facilmente divisado e gradualmente aperfeiçoado pelo egoísmo, o qual, usando a faculdade de razão, procedeu metodicamente e abandonou o seu ponto de vista unilateral, é o CONTRATO DE ESTADO ou a LEI. A origem destes, como aqui os concebo, Platão já a expõe na sua *República*. Em realidade, essa origem é essencialmente a única admissível pela natureza mesma da coisa. De fato, em nenhum país o Estado poderia ter outra origem, precisamente porque só este modo de surgimento, este fim, o torna Estado, sendo indiferente se a situação que o precede em cada povo determinado seja a de uma horda de selvagens independentes uns dos outros (anarquia) ou uma horda de escravos arbitrariamente dominados pelo mais forte (despotismo). Nos dois casos ainda não existe Estado: apenas mediante aquele acordo comum é que o Estado se origina, o qual será mais perfeito ou menos perfeito dependendo do fato de ser mais ou menos contaminado

I 406 com a anarquia ou o despotismo. // As repúblicas tendem à anarquia, as monarquias ao despotismo; a monarquia constitucional, meio-termo para escapar desses excessos, tende ao domínio por facções. Para criar um Estado perfeito, primeiro tem-se de criar seres cuja natureza permita que sempre

O mundo como vontade e como representação

sacrifiquem o próprio bem-estar em favor do bem-estar público; até lá, entretanto, algo pode ser alcançado na existência de UMA família cujo bem-estar é completamente inseparável do bem-estar do país, de maneira que, pelo menos nas grandes questões, nunca um pode ser favorecido sem que o outro o seja. Aí residindo a força e a vantagem da monarquia hereditária.

Se a moral diz respeito exclusivamente à PRÁTICA da justiça ou da injustiça, podendo indicar com precisão os limites da conduta a quem está decidido a não praticar injustiça alguma, a ciência política, a teoria da legislação, por seu turno, trata tão somente do SOFRER INJUSTIÇA e jamais se interessaria em levar em conta a PRÁTICA DA INJUSTIÇA não fosse seu sempre necessário correlato, exatamente o sofrimento da injustiça, que, como inimigo contra o qual luta, é mantido em atenta observação. Sim, caso fosse possível pensar uma prática da injustiça separada do sofrimento da injustiça por outra parte, então, de maneira consequente, o Estado não poderia proibi-la. – Ademais, na MORAL, a vontade, a disposição íntima é o único objeto real a ser considerado; disso se segue que a vontade firme de cometer injustiça, obstada e tornada ineficiente mediante poder externo, iguala-se por completo à injustiça de fato cometida e, diante do tribunal, leva aquele que assim quer a ser condenado como injusto. Por seu turno, vontade e disposição enquanto tais não são de maneira alguma assuntos de Estado, mas apenas o ATO (seja este meramente intentado ou praticado), e este o é em virtude de seu correlato, vale dizer, o SOFRIMENTO da outra parte: para o Estado, portanto, o ato, a ocorrência, é a única coisa real; a disposição íntima, a intenção, é investigada tão somente na medida em que, a partir dela, conhece-se a significação do ato. Por isso o Estado não proibirá ninguém de portar continuamente pensamentos sobre assassinato e envenenamento, desde que saiba com certeza que o medo do carrasco e da guilhotina a todo momento obstará os efeitos desse querer. Noutros termos, o Estado de modo algum tem o plano tolo de eliminar a inclinação, a disposição má // para a prática da injustiça, mas apenas contrapõe a cada motivo possível para cometer injustiça um outro mais poderoso, que leva ao abandono do primeiro, vale dizer, contrapõe a punição inexorável. De acordo com o dito, o código penal é um registro o mais completo possível de contramotivos opostos a todas as ações criminais presumíveis – tudo isso *in abstracto*, para fazer aplicação *in concreto* quando o caso ocorrer. A ciência política, ou legislação, tomará de empréstimo à moral em vista de tais fins aquele seu capítulo que é a doutrina do direito e que, ao lado da significação interior da justiça e da injustiça, também determina os limites precisos entre estas, porém única e exclusivamente com o objetivo de servir-se do reverso delas e considerar por outro lado todos os limites intransponíveis estabelecidos pela moral se não se quer PRATICAR injustiça, como limites cuja transposição, por outros, não deve ser suportada se não se quer SOFRER injustiça: do contrário tem-se o DIREITO de rechaçar os transgressores: em consequência, esses limites, tanto quanto possível, são bloqueados por leis que levam em conta o lado passivo. Eis por que, assim como de maneira bastante engenhosa denominou-se o historiador um profeta às avessas, o legislador é um moralista às avessas; por extensão, até mesmo a jurisprudência no sentido estrito do termo, ou seja, a doutrina dos DIREITOS que podem ser assertados, é moral às avessas, lá no capítulo em que esta ensina os direitos que não podem ser violados. O conceito de injustiça e sua negação da justiça, conceito de injustiça que é originariamente MORAL, torna-se JURÍDICO pela mudança do ponto de partida do lado ativo para o passivo, ou seja, por inversão. Isso, ao lado da doutrina do direito de Kant, que do imperativo categórico deduz falsamente a fundação do Estado como um dever moral, deu origem aqui e ali nos novos tempos ao erro bastante esquisito de que o Estado é uma instituição para o fomento da moralidade e originou-se do esforço em promovê-la, sendo, portanto, assim orientado contra o egoísmo. Como se a disposição íntima, a vontade livre e eterna, única à qual concerne a moralidade ou imoralidade, pudesse ser modificada do exterior e alterada por influência! Mais disparatado ainda é o teorema

I 408 de que o // Estado é condição da liberdade em sentido moral e, com isso, da moralidade: em verdade, a liberdade encontra-se além da aparência, para não dizer além das instituições humanas. O Estado, como disse, está tão pouco orientado contra o egoísmo em geral que, ao contrário, deve sua origem precisamente ao egoísmo, que, chegando a compreender a si mesmo e procedendo metodicamente, passa do ponto de vista unilateral ao ponto de vista universal e, dessa forma, por somatório, é o egoísmo comum a todos; Estado que existe exclusivamente para servir a este egoísmo, tendo sido instituído sob a correta pressuposição de que a pura moralidade, isto é, a conduta justa a partir de fundamentos morais, não é uma coisa que se deva esperar; do contrário, o Estado mesmo seria supérfluo. Portanto, o Estado, intentando o bem-estar, não foi de modo algum instituído contra o egoísmo, mas pura e simplesmente contra as consequências desvantajosas dele, oriundas da pluralidade dos indivíduos egoístas, reciprocamente afetados e perturbados em seu bem-estar. Por isso ARISTÓTELES já disse (*De Rep.*, III): Τέλος μὲν οὖν πόλεως τὸ εὖ ζῆν· τοῦτο δ' ἔστιν τὸ ζῆν εὐδαιμόνως καὶ καλῶς. (*Finis civitatis est bene vivere, hoc autem est beate et pulchre vivere.*)[48] Também HOBBES explanou de maneira correta e primorosa essa origem e fim do Estado; a mesma coisa indica o antigo princípio fundamental de toda ordem estatal: *salus publica prima lex esto.*[49] — Se o Estado atingir completamente o seu objetivo, produzirá a mesma aparência que seria esperada se a perfeita justiça governasse em toda parte a disposição mental. Entretanto, a essência íntima e origem das duas aparências será o inverso: no último caso, a situação seria que ninguém quereria PRATICAR injustiça; mas, no primeiro, seria que ninguém quereria SOFRER injustiça e os meios apropriados para este fim seriam perfeitamente empregados. Pois a mesma linha pode ser traçada em direções opostas e um animal carnívoro com um açaime é tão inofensivo quanto um animal herbívoro. — Porém o Estado não pode ir além desse ponto: não pode, portanto, mostrar uma face que nasceria da benevolência e do amor recíprocos e universais. Pois vimos que o Estado, de acordo com a sua natureza, não proibiria uma prática da injustiça à qual não correspondesse um sofrer injustiça do outro lado; mas, simplesmente porque isto é impossível, // proíbe então qualquer prática da injustiça; inversamente, em conformidade com sua tendência orientada para o bem-estar de todos, o Estado de bom grado até cuidaria para que cada um EXPERIMENTASSE benevolência e obras de caridade de todo gênero; porém estas têm o correlato inevitável na REALIZAÇÃO de benevolência e de obras de caridade; todavia, cada cidadão irá querer assumir o papel passivo,

I 409

---

48 "O objetivo do Estado é que as pessoas possam viver bem, ou seja, de maneira harmoniosa e bela." (N. T.)

49 "O bem-estar público deve ser a primeira lei." (N. T.)

nenhum o ativo, não havendo motivo algum para atribuir o segundo papel a um em vez de a outro cidadão; por conseguinte, apenas o negativo, que constitui precisamente o DIREITO, pode ser IMPOSTO, não o positivo, o qual se entendeu sob a rubrica de deveres de caridade ou deveres imperfeitos.

A legislação, como dissemos, toma de empréstimo à moral a pura doutrina do direito, ou doutrina da natureza e dos limites do que é justo e injusto, a fim de aplicá-la do lado inverso para fins próprios, alheios à moral, e assim instituir uma legislação positiva e os meios para mantê-la, ou seja, o Estado. A legislação positiva, portanto, é uma aplicação do lado inverso da pura doutrina moral do direito. Essa aplicação pode ser feita em referência às relações peculiares e às circunstâncias de um determinado povo; mas apenas se a legislação positiva é essencial e absolutamente determinada segundo as diretrizes da pura doutrina do direito, com esta doutrina providenciando para cada uma de suas leis um fundamento demonstrável, é que a legislação resultante é de fato um DIREITO POSITIVO e o Estado é uma associação LEGAL E JUSTA; um ESTADO no sentido próprio do termo, ou seja, uma instituição moralmente lícita, e não imoral. No caso oposto, a legislação positiva é o estabelecimento de uma INJUSTIÇA POSITIVA; é até mesmo uma injustiça imposta e publicamente admitida. De tal tipo é todo despotismo, a constituição da maioria dos reinos maometanos e também diversos capítulos de muitas constituições, como o da servidão, o da corveia e coisas semelhantes. – A pura doutrina do direito, ou direito natural, que melhor se denominaria direito moral, é a base, embora sempre ao reverso, de toda justa legislação positiva, como a matemática pura é a base de toda matemática aplicada. Os pontos mais importantes da pura doutrina do direito, como a filosofia deve fornecê-los para o uso da legislação, soam: 1) explanação do sentido íntimo e próprio // e da origem dos conceitos de injusto e justo bem como a sua aplicação e o seu lugar na moral; 2) a dedução do direito de propriedade; 3) a dedução da validade moral dos contratos, pois aqui reside o fundamento moral do contrato de Estado; 4) a explanação da origem e da finalidade do Estado, da relação desta finalidade com a moral e, como resultado desta relação, a adequada transposição, por inversão, da doutrina moral do direito à legislação; 5) a dedução do direito penal. – O conteúdo restante da doutrina do direito é mera aplicação destes princípios, determinação mais precisa dos limites do justo e do injusto em

O mundo como vontade e como representação

todas as circunstâncias possíveis da vida, as quais, por conseguinte, são unidas e classificadas sob certos pontos de vista e rubricas. Nessas doutrinas especiais os tratados de direito puro estão todos de acordo: apenas nos princípios soam bem diferentes, porque estes sempre estão vinculados a algum sistema filosófico. Ora, após termos discutido breve e geralmente, no entanto determinada e distintamente, os quatro primeiros daqueles pontos capitais em conformidade com o nosso sistema, temos ainda de falar do direito penal.

Kant faz a afirmação fundamentalmente falsa de que exterior ao Estado não há direito algum de propriedade. Só que, em conformidade com a nossa dedução recém-feita, há sim propriedade no Estado de natureza, lastreada em direito perfeitamente natural, isto é, moral, o qual não pode ser violado sem injustiça, podendo pois ser defendido sem injustiça. Por outro lado, e isto também é certo, fora do Estado não há DIREITO PENAL. Todo direito de punir é estabelecido exclusivamente pela lei positiva que, ANTES do delito mesmo, determinou uma punição para ele e cuja ameaça, como contramotivo, deve sobrepor-se a todo possível motivo que conduz ao delito. Essa lei positiva deve ser vista como reconhecida e sancionada por todos os cidadãos do Estado. Ela, portanto, funda-se sobre um contrato comum, cujo cumprimento os membros do Estado estão obrigados em todas as circunstâncias, portanto deve-se infligir punição de um lado, ou, de outro, recebê-la; por conseguinte, a aceitação de uma punição é algo que pode ser imposto com direito. Daí se segue que o imediato OBJETIVO DA PUNIÇÃO num caso particular é CUMPRIR A LEI COMO UM CONTRATO. // Por sua vez, o único objetivo da LEI é IMPEDIR o menosprezo dos direitos alheios, pois, para que cada um seja protegido do sofrimento da injustiça, unem-se todos em Estado, renunciando à prática da injustiça e assumindo o fardo da manutenção dele. Nesse sentido, a lei e o cumprimento dela, ou seja, a punição, são dirigidos essencialmente ao FUTURO, não ao PASSADO. Isso diferencia PUNIÇÃO de VINGANÇA, já que esta última é motivada simplesmente pelo que aconteceu, portanto pelo passado enquanto tal. Toda retaliação da injustiça por via do infligir uma dor sem objetivo algum relacionado ao futuro é vingança e não pode ter outro objetivo senão, pela visão do sofrimento causado a outrem, a pessoa consolar a si mesma do próprio sofrimento. Mas isso é maldade, crueldade, injustificáveis eticamente. A injustiça que alguém praticou contra mim de modo algum me autoriza a praticar-lhe injustiça. Retaliação do mau com o mau e sem ulterior finalidade não é moralmente nem de qualquer outra forma justificável, porque inexiste um fundamento da razão para tal e a *jus talionis*[50] estabelecida como um princípio independente e último do direito penal carece de sentido. Por conseguinte, a teoria kantiana da punição, concebida como retaliação pela vontade de retaliação, é uma visão totalmente infundada, perversa. No entanto, seus vestígios sempre fazem-se presente nos escritos dos jurisconsultos, na forma de perífrases imponentes, verborragia oca, como aquela de que pela punição o delito é expiado ou neutralizado ou suprimido, e coisas semelhantes. Todavia, nenhum ser humano pode arvorar-se o direito de erigir-se em puro juiz moral e vingador, para assim punir os atos criminosos alheios, infligindo-lhe dores, ou seja, impondo-lhe uma expiação por seus atos. Tal pretensão seria das mais descabidas; daí justamente a passagem bíblica: "Minha é a vingança, diz o Senhor, e a mim cabe retaliar". Claro está que o ser humano tem o direito de zelar pela segurança da sociedade: mas isso só pode acontecer por meio da interdição de todas aquelas ações indicadas pela palavra "criminosa", prevenindo-as por contramotivos, que são as ameaças de punição; ameaças estas eficazes só mediante a sua execução, quando, a despeito delas, o caso se apresenta. Como o objetivo da punição, ou mais precisamente da lei pe-

I 412 nal, // é impedir o crime, e se trata de uma verdade por si mesma evidente e universalmente reconhecida, esta foi até mesmo expressa na antiga fórmula inglesa de acusação (*indictment*), ainda usada em casos criminais pelo conselho da Coroa e que termina com as seguintes palavras: *if this be proved, you, the said N.N., ought to be punished with pains of law, to deter others from the like crimes, in all time coming.*[51] — O que, portanto, distingue a punição da vingança é que a primeira tem por objetivo o futuro e só pode alcançá-lo ao ser aplicada EM CUMPRIMENTO À LEI, pois só assim proclama a si mesma como inexorável em qualquer caso futuro e, dessa forma, obtém para a lei o poder intimidativo, precisamente nisto consistindo o objetivo da lei. — Aqui talvez um kantiano infalivelmente replicasse que, segundo uma semelhante visão, o

---

50 "Lei de talião." (N. T.)

51 "Se isto é provado, então você, o chamado N.N., tem de sofrer a punição legal, para impedir outros de crimes semelhantes em todo o tempo futuro." (N. T.)

O *mundo como vontade e como representação*

criminoso punido seria usado "meramente como meio". Esta sentença repetida tão infatigavelmente por todos os kantianos, "que se tem de tratar as pessoas sempre como fim, não como meio", certamente soa imponente e é bastante adequada para os que gostam de ter uma fórmula que os isenta de todo pensamento extra; contudo, considerada sob uma luz mais clara, essa sentença é extremamente vaga, indeterminada e atinge seu intento de maneira completamente indireta, e a cada caso de sua aplicação exige antes explanação específica, determinação e modificação; contudo, caso se a considere em termos gerais, é insuficiente, diz pouco, além de ser problemática. O assassino condenado à morte pela lei certamente tem de ser usado agora segundo o pleno direito como simples MEIO, visto que a segurança pública, fim principal do Estado, é perturbada pelo criminoso, sim, é suprimida se a lei não for cumprida: em vista disso, ele, sua vida, sua pessoa, tem de agora ser o MEIO para o cumprimento da lei e, com isso, para o restabelecimento da segurança pública, sendo inteiramente justo servir-se dele como um meio em vista da consumação do contrato de Estado, o qual ele aceitou na medida em que era cidadão; e a fim de gozar a segurança de sua vida, de sua **I 413** liberdade, de sua propriedade, // deu como penhor sua vida e propriedade em favor da segurança de todos, e esse penhor é agora executado.

A teoria do direito penal aqui estabelecida, imediatamente óbvia à razão saudável, decerto em seus aspectos capitais não é um pensamento novo, porém tinha sido colocada em segundo plano por erros novos. Em função disso, a sua exposição bem distinta se fazia necessária. O essencial dessa teoria já está contido naquilo que Puffendorf fala sobre ela em *De officio homnis et civis*, livro 2, cap. 13. Hobbes também concorda com ele em *Leviatã*, caps. 15 e 28. Em nossos dias, como é bem conhecido, FEUERBACH a propugnou. Sim, ela já se encontra nas sentenças dos filósofos da Antiguidade: Platão a expõe claramente em *Protágoras* (p. 114, edit. Bip.) e também em *Górgias* (p. 168), por fim no décimo primeiro livro das *Leis* (p. 165). Sêneca expressa perfeitamente o dito por Platão, e a teoria de toda punição, nas breves palavras: *Nemo prudens punit, quia peccatum est; sed ne peccetur* (*De Ira,* I, 16).[52]

---

52 "Nenhuma pessoa prudente pune porque algo de errado foi feito, mas para que algo de errado não seja mais feito." (N. T.)

No Estado, portanto, reconhecemos o meio pelo qual o egoísmo, servindo-se da faculdade de razão, procura evitar as suas próprias consequências funestas que se voltam contra si, e, assim, cada um promove o bem-estar geral, porque dessa forma assegura o seu bem-estar particular. Se o Estado alcançasse seu objetivo completamente, então, em certa medida, visto que conseguiria cada vez mais dominar a natureza restante ao empregar as forças humanas nele reunidas, poderia ser conquistado algo parecido com um reino utópico, devido à remoção de todo mal. Contudo, de um lado o Estado sempre permaneceu muito distante desse fim; de outro, restariam inumeráveis outros males absolutamente essenciais à vida, mantendo-a pois em sofrimento; e mesmo se de fato todos os males fossem erradicados, o tédio de imediato ocuparia cada lugar deixado vazio por eles; ademais, mesmo as disputas e as discórdias entre os indivíduos nunca são totalmente suprimidas pelo Estado, pois, proibidas nas grandes coisas, desenrolam-se nas pequenas; por fim, Eris, que foi com felicidade banida do interior, volta-se para o exterior: expulsa do conflito dos indivíduos por meio da institução estatal, retorna no exterior como guerra entre os povos // e então exige, no total e num só pagamento, como débito acumulado, sacrifícios sangrentos, os quais se lhe haviam negado ao recorrer-se a astuta precaução. Sim, supondo-se que tudo isso fosse ao fim ultrapassado e posto de lado por uma prudência acumulada pela experiência de milênios, o resultado seria a efetiva superpopulação de todo o planeta, cujo horrível mal só uma imaginação audaciosa poderia representar-se.*

I 414

§ 63

Estudamos a JUSTIÇA TEMPORAL, cuja sede é o Estado, como aquela que retalia, pune, e vimos que isso só se torna de fato justiça na sua referência ao FUTURO, pois, sem tal referência, toda punição e retaliação de um delito permaneceriam sem justificativa, seriam uma mera adição sem sentido e significação de um segundo mal ao já acontecido. Outra coisa por completo

* Cf. capítulo 47 do segundo tomo.

diferente sucede com a JUSTIÇA ETERNA, antes já mencionada, que rege não o Estado, mas o mundo, sendo independente das instituições humanas, não submetida ao acaso, ao engano, sem ser incerta, sem ser oscilante, sem errar, mas infalível, firme e certa. — O conceito de retaliação já implica o tempo: eis por que a JUSTIÇA ETERNA não pode ser retaliadora, portanto não admite dilação e atraso, nem compensa pelo tempo o ato maléfico com a consequência maléfica, e assim necessitaria do tempo para subsistir. A punição tem de ser aqui tão ligada à injúria que ambas se tornam unas.

Δοκεῖτε πηδᾶν τ'ἀδικήματ' εἰς θεοὺς
Πτεροῖσι, κἄπειτ' ἐν Διὸς δέλτου πτυχαῖς
Γράφειν τιν' αὐτά, Ζῆνα δ' εἰσορῶντά νιν
Θνητοῖς δικάζειν; Οὐδ' ὁ πὰς οὐρανὸς,
Διὸς γράφοντος τὰς βροτῶν ἁμαρτίας,
Ἐξαρκέσειεν, οὐδ' ἐκεῖνος ἂν σκοπῶν
Πέμπειν ἑκάστῳ ζημίαν· ἀλλ' ἡ Δίκη
Ἐνταῦθά που 'στὶν ἐγγύς, εἰ βούλεσθ' ὁρᾶν.

Eurip., ap. Stob. Ecl. I, c. 4.

I 415   //

(*Volare pennis scelera ad aetherias domus*
Putatis, illic in Jovis tabularia
Scripto referri; tum Jovem lectis super
Sententiam proferre? — sed mortalium
Facinora coeli, quantaquanta est, regia
Nequit tenere: nec legendis Juppiter
Et puniendis par est. Est tamen ultio,
Et, si intuemur, illa nos habitat prope.)[53]

---

53 "Pensais que os crimes ascendem à morada dos deuses, / Em asas, e então lá alguém tem de gravá-los nas tábulas de Zeus, / E que Zeus olha para eles e pronuncia sentenças sobre os humanos? / Todo o céu não seria grande o suficiente / Para conter os pecados humanos se Zeus os apontasse / Nem ele os veria a todos / E sentenciaria cada punição. Não! /A punição já está entre nós, caso apenas queirais vê-la." (N. T.)

Que uma tal justiça eterna efetivamente resida na essência do mundo logo ficará perfeitamente claro ao leitor que tiver apreendido o nosso pensamento até agora desenvolvido.

A aparência, a objetidade de uma única e mesma Vontade de vida, é o mundo em toda a pluralidade de suas partes e figuras. A existência mesma, bem como o tipo de existência, no todo e em cada parte, é apenas a partir da vontade, que é livre, onipotente. Em cada coisa a vontade aparece exatamente como ela se determina a si mesma, em si, exteriormente ao tempo. O mundo é tão somente o espelho desse querer: e toda finitude, todo sofrimento, todo tormento contidos no mundo pertencem à expressão daquilo que a vontade quer e são o que são em virtude de a vontade querer dessa forma. Em conformidade com isso, todo ser assume com a mais estrita justiça a existência em geral, logo, a existência da sua espécie e da própria individualidade, precisamente como é, e nas circunstâncias dadas em um mundo tal como é, ou seja, regido pelo acaso e o erro, temporal, transitório, sempre sofrendo: mas em tudo o que acontece ou pode acontecer a cada um a justiça sempre lhe é feita. Pois sua é a vontade: e tal como a vontade é, é o mundo. A responsabilidade pela existência e índole deste mundo só este mundo mesmo pode assumir, ninguém mais; pois como outrem poderia ter assumido essa responsabilidade? – Caso se queira saber, em termos morais, o que valem os humanos no todo e em geral, considere-se o seu destino no todo e em geral: trata-se de carência, miséria, penúria, tormento e morte. A justiça eterna prevalece: se os seres humanos tomados como um todo não fossem tão indignos, então o seu destino tomado como um todo não seria tão triste. Nesse sentido podemos dizer: o mundo mesmo é o tribunal do mundo. // Pudesse alguém colocar toda a penúria do mundo em UM prato da balança, e toda a culpa no outro, o fiel permaneceria no meio.

I 416

Decerto, para o conhecimento, nos moldes em que se apresenta a serviço da vontade e como chega ao indivíduo enquanto tal, o mundo não aparece naquela forma em que finalmente é desvelado ao investigador, ou seja, como a objetidade de uma única e mesma Vontade de vida, que é o investigador mesmo; mas, como dizem os indianos, o véu de māyā turva o olhar do indivíduo comum: a este se mostra, em vez da coisa em si, meramente a aparência no tempo e no espaço, no *principium individuationis* e nas demais figuras do

O mundo como vontade e como representação

princípio de razão: limitado a tal forma de conhecimento, o indivíduo não vê a essência das coisas, que é una, mas suas aparências isoladas, separadas, inumeráveis, bastante diferentes e opostas entre si. A ele aparece a volúpia como uma coisa, e o tormento como outra diferente; esta pessoa como atormentada e assassina, aquela outra como mártir e vítima; o mau como uma coisa, o padecimento como outra. Vê uma pessoa vivendo na alegria, na abundância e em volúpias e, ao mesmo tempo, vê nas portas dela outra morrer atormentada por miséria e frio. Daí perguntar: onde se encontra a retaliação? Ora, ele mesmo, em ímpeto veemente da vontade, que é a sua origem e a sua essência, lança-se às volúpias e aos gozos da vida, abraça--os firmemente e não sabe que, precisamente por tais atos de sua vontade, agarra e aperta a si firmemente as dores e os tormentos da vida, cuja visão o terrifica. Vê o padecimento, o mau no mundo, mas, longe de reconhecer que ambos não passam de aspectos diferentes da aparência de uma única e mesma Vontade de vida, toma-os como diferentes, sim, completamente opostos, e procura amiúde através do mau, isto é, causando o sofrimento alheio, escapar do padecimento, do sofrimento do próprio indivíduo, envolto como está no *principium individuationis*, enganado pelo véu de māyā. — Pois, assim como um barqueiro se senta no seu pequeno barco, confiante em sua frágil embarcação, em meio ao proceloso mar ilimitado em todos os quadrantes, que ergue e afunda montanhas d'água; igualmente o ser humano isolado se senta tranquilo num mundo cheio de tormentos, apoiado e // confiante no *principium individuationis*, ou modo como o indivíduo conhece as coisas como aparência. O mundo ilimitado, cheio de sofrimento em toda parte, no passado infinito, no futuro infinito, é-lhe estranho, sim, é para ele uma fábula: sua pessoa que desaparece, seu presente inextenso, seu conforto momentâneo, só isso possui realidade para ele: e a fim de mantê-los faz de tudo, pelo menos durante o tempo em que os seus olhos não são abertos por um conhecimento melhor. Até então só na profundeza mais interior de sua consciência vive o pressentimento obscuro de que talvez tudo isso não lhe seja totalmente estranho, mas tem uma ligação consigo, da qual o *principium individuationis* não pode protegê-lo. Desse pressentimento procede aquele inextirpável ASSOMBRO comum a todos os seres humanos (talvez até mesmo aos animais mais inteligentes) que subitamente os assalta quando, por algum acaso, erram no *principium individuationis*, na medida em que o princípio de razão em alguma de suas figuras parece sofrer uma exceção: como, por exemplo, quando parece que algum acontecimento se dá sem causa, ou um morto reaparece, ou de alguma maneira o já acontecido ou o futuro se tornam presentes, ou o distante se aproxima. O horror medonho em face de tais ocorrências baseia-se em errarmos com as formas cognitivas da aparência, únicas a separarem o nosso indivíduo do mundo restante. Esta separação, entretanto, reside exclusivamente na aparência e não na coisa em si, que é precisamente a base da justiça eterna. De fato, toda felicidade temporal situa-se em, e toda sabedoria procede de, um solo minado. Elas protegem as pessoas contra desgraças e as provêm com prazeres; porém, a pessoa é mera aparência e sua diferença dos outros indivíduos e a isenção de sofrimento destes assentam-se sobre a forma da aparência, sobre o *principium individuationis*. Assim, em conformidade com a verdadeira essência das coisas, cada um de nós porta todos os sofrimentos do mundo como seus, sim, tem de considerar todos os sofrimentos possíveis como reais para si, enquanto é a firme a Vontade de vida, isto é, enquanto afirme a vida com toda força. Para o conhecimento que transpassa o *principium individuationis*, uma vida feliz no tempo, como um presente do acaso ou uma conquista da sabedoria, // em meio ao sofrimento de inumeráveis outros, – tudo isso é apenas um sonho de um mendigo, no qual é um rei, porém tem de acordar e reconhecer que era tão só uma ilusão fugidia aquilo que o livrava do sofrimento da sua vida.

A justiça eterna escapa do olhar turvado pelo conhecimento que segue o princípio de razão, o *principium individuationis*: tal olhar perde completamente de vista aquela justiça, a não ser que a resgate de algum modo por ficções. Vê a pessoa má, após perfídias e crueldades de todo tipo, viver em alegria e deixar o mundo sem ser incomodada. Vê o oprimido arrastar-se numa vida cheia de sofrimento, até o seu fim, sem que apareça um vingador ou retaliador. Mas só conceberá e apreenderá a justiça eterna quem elevar-se por sobre o conhecimento guiado pelo fio condutor do princípio de razão e ligado às coisas individuais, para, assim o fazendo, conhecer as Ideias, transpassar o *principium individuationis*, e perceber que as formas da aparência não concernem à coisa em si. Só uma pessoa assim é que, em virtude deste mesmo conhecimento, pode compreender a essência verdadeira da virtude,

O mundo como vontade e como representação

como logo nos será desvelada em conexão com a nossa presente consideração; embora, para a prática da mesma, de modo algum seja exigido este conhecimento *in abstracto*. A quem, portanto, atingiu esta última forma de conhecimento, tornar-se-á claro que a vontade é o Em si de toda aparência, e que o tormento infligido a outrem e experimentado por si mesmo, o mau e o padecimento, concernem sempre e exclusivamente a uma única e mesma essência, embora as aparências nas quais um e outro se expõem existam como indivíduos inteiramente diferentes e até mesmo separados por amplos intervalos de tempo e espaço. Verá que a diferença entre quem inflige o sofrimento e quem tem de suportá-lo é apenas fenômeno e não atinge a coisa em si, isto é, a vontade, que vive em ambos, e que aqui, enganada pelo conhecimento ligado ao seu serviço, desconhece a si, procurando em UMA de suas aparências o bem-estar, porém em OUTRA produzindo grande sofrimento, e, dessa forma, com ímpeto veemente crava os dentes na própria carne sem saber que fere sempre só a si mesma, manifestando desse modo pelo

I 419 médium da individuação o conflito dela consigo mesma, // carregado em seu próprio interior. O atormentador e o atormentado são um. O primeiro erra ao acreditar que não participa do tormento, o segundo ao acreditar que não participa da culpa. Se os olhos dos dois fossem abertos, quem inflige o sofrimento reconheceria que vive em tudo aquilo que no vasto mundo padece tormento e, se dotado de faculdade de razão, ponderaria em vão por que foi chamado à existência para um tão grande sofrimento, cuja culpa não entende; o atormentado notaria que todo mau que é praticado no mundo, ou que já o foi, também procede daquela vontade constituinte de SUA própria essência, que aparece NELE, reconhecendo mediante esta aparência e a sua afirmação que ELE mesmo assumiu todo sofrimento procedente da vontade, e isso com justiça, suportando-os enquanto ele é essa vontade. — Desse conhecimento fala o vate Calderon em *A vida é sonho*:

> *Pues el delito mayor*
> *Del hombre es haber nacido.*[54]

---

54 "Pois o delito maior do homem / É ter nascido." (N. T.)

Como não seria um delito, se, conforme uma lei eterna, a morte vem depois? Calderón apenas exprimiu em tais versos o dogma cristão do pecado original.

O conhecimento vívido da justiça eterna, do fiel da balança que une inseparavelmente o *malum cumpae* ao *malo poenae*,[55] requer uma elevação completa sobre a individualidade e o princípio que a possibilita: tal conhecimento, portanto, permanecerá inacessível à maioria das pessoas, como o permanecerá o conhecimento puro e distinto da essência de toda virtude, conhecimento este aparentado àquele e que logo será objeto de nossa discussão. – Por isso os sábios patriarcas do povo da Índia expressaram diretamente esse conhecimento nos *Vedas*, ou nas doutrinas sapienciais esotéricas (permitido somente às três castas regeneradas), e isso até onde o conceito e a linguagem o podiam apreender e até onde era possível às suas formas de exposição pictórica e rapsódica; na religião popular, todavia, ou doutrina exotérica, isso foi comunicado apenas de maneira mítica. A exposição direta a encontramos nos *Vedas*, fruto do mais elevado conhecimento e sabedoria humanos, cujo núcleo finalmente nos chegou // via *Upanishads* como o mais valioso presente deste século XIX, e que é realizada de diversas formas, mas em especial fazendo desfilar em sucessão diante do noviço todos os seres do mundo, vivos ou não vivos, e sobre cada um deles sendo pronunciada a palavra tornada fórmula e, como tal, chamada *mahāvākya*: *tatoumes*, ou, mais corretamente, *tat tvam asi*, "isso és tu".* Ao povo, entretanto, essa grande verdade, até onde ele, em sua limitação, é capaz de apreendê-la, foi traduzida no modo de conhecimento que segue o princípio de razão; modo este que, segundo sua natureza, não pode assimilar essa verdade de maneira pura e em si, mas até mesmo encontra-se em contradição direta com ela; contudo, o povo recebeu na forma de mito um substituto para ela, o qual foi suficiente como regulador da conduta, na medida em que torna concebível a significação ética desta pela sua descrição figurada no modo de conhecimento conforme o princípio de razão, eternamente alheio àquela significação; descrição que é o fim de todas as doutrinas religiosas, na medida em que

---

55 "Mau da culpa", "mal da pena". (N. T.)

* *Upanishads*, I, ss.

O mundo como vontade e como representação

são completas roupagens míticas da verdade inacessível à tosca inteligência comum. Nesse sentido, também se poderia chamar a mitologia, em linguagem kantiana, um postulado da razão prática: considerada como tal tem a grande vantagem de não conter absolutamente nenhum elemento senão os presentes no reino da efetividade diante dos nossos olhos e, por conseguinte, pode-se comprovar todos os seus conceitos com intuições. Estamos nos referindo aqui ao mito da transmigração das almas. Ele ensina que todos os sofrimentos infligidos em vida pelo ser humano a outros seres têm de ser expiados numa vida posterior neste mundo mesmo e precisamente com os mesmos sofrimentos; vai tão longe a ponto de ensinar que quem apenas mata um animal nascerá no tempo infinito exatamente como este animal, sofrendo a mesma morte. Ensina que quem pratica o mal terá uma vida futura sobre este mundo em seres sofrentes e menosprezados, renascendo em castas inferiores, ou como mulher, ou como animal, como pária ou chandala, como leproso, como crocodilo e assim por diante. Todos os tormentos, com os quais o mito ameaça, são reforçados // com intuições do mundo real em seres sofredores que não sabem por que são culpados pelo seu tormento, tornando-se aqui dispensável a ajuda de qualquer outro inferno. Por outro lado, entretanto, promete como recompensa o renascimento em figuras mais excelentes e mais nobres, como brāhmana, como sábio, como santo. A recompensa suprema que espera os atos mais meritórios e a plena resignação e que também espera a mulher que em sete vidas sucessivas morreu voluntariamente na pira funeral do esposo, e a pessoa cuja boca nunca pronunciou uma mentira — a recompensa suprema, ia dizer, o mito só pode expressar negativamente na linguagem deste mundo, por meio da promessa tantas vezes renovada de não voltar a nascer: *non adsumes iterum existentiam apparentem*,[56] ou como os buddhistas, que não admitem nem os *Vedas* nem as castas, exprimem-se: "Tu deves atingir o nirvāna, isto é, um estado no qual não existem quatro coisas, a saber, nascimento, velhice, doença e morte".

Nunca houve nem nunca haverá um mito tão visceralmente irmanado à verdade filosófica acessível a tão poucos quanto essa doutrina ancestral do povo mais nobre e antigo, doutrina que, nesse povo, por mais que esteja

I 421

---

56 "Não assumireis de novo a existência aparente." (N. T.)

agora fragmentada em muitos aspectos, ainda assim predomina como crença universal popular e tem influência decisiva na vida, tanto hoje quanto há quatro mil anos. No entanto, já Pitágoras e Platão receberam com admiração aquele *non plus ultra*[57] da exposição mítica, adquirida da Índia, ou do Egito, e a respeitaram, aplicaram-na e, embora não saibamos em que extensão, até mesmo nela acreditaram. — Nós, por outro lado, agora enviamos *clergymen* ingleses e tecelões morávios de confraria aos brāhmanas, a fim de por compaixão melhor doutrinar a estes, fazendo-lhes entender que são feitos de nada e devem agradecer e alegrar-se com isso. Mas ocorre exatamente como se disparássemos um tiro contra um rochedo. Nunca as nossas religiões deitaram ou irão deitar raízes na Índia: a sabedoria ancestral da raça humana não será reprimida pelos acontecimentos na Galileia. Por outro lado, a sabedoria indiana avança sobre a Europa e produzirá uma mudança fundamental em nosso saber e pensamento.

§ 64

I 422 // Mas, a partir da nossa exposição não mítica, porém filosófica, da justiça eterna, queremos agora passar à consideração, que lhe é aparentada, do significado ético da ação e consciência moral, que não passa do mero conhecimento sentido desse significado. — Antes, no entanto, quero aqui chamar a atenção para duas características da natureza humana que podem contribuir para clarear como cada um de nós, ao menos com sentimento obscuro, está consciente da essência íntima da justiça eterna, e da unidade e identidade da vontade em todas as suas aparências, que é a base da justiça eterna.

No seu todo independente do objetivo por nós demonstrado da punição praticada pelo Estado, algo que fundamenta o direito penal, constata-se que não só à parte injuriada, na maioria das vezes possuída pelo desejo de vingança, mas também ao espectador completamente indiferente advém a satisfação em ver, após um mau ato cometido, que quem causa dor a outrem sofre exatamente a mesma quantidade de dor. Parece-me que aqui não ocorre

---

57 "Não mais além." (N. T.)

O mundo como vontade e como representação

outra coisa senão justamente o anúncio na consciência da justiça eterna, que, entretanto, é em seguida mal compreendida e falseada pela mente turvada, enredada no *principium individuationis* e que comete uma anfibologia de conceitos ao exigir da aparência o que só corresponde à coisa em si, ao passar-lhe despercebida a extensão em que o ofensor e o ofendido são um só, e é a mesma essência que, desconhecendo a si mesma em sua própria aparência, suporta tanto o tormento quanto a culpa; antes, essa mente exige voltar a ver o tormento no mesmo indivíduo que carrega a culpa. Eis por que a maioria também exigirá que uma pessoa dotada de um elevadíssimo grau de maldade, apesar de este ser encontrado em muitas outras pessoas, mas não acompanhado de qualidades parelhas com as dela, dentre as quais pode-se mencionar a que a faz superior por uma força espiritual incomum, pessoa esta que, por exemplo, é um conquistador de mundos, que infligiu sofrimentos inomináveis a milhões de outros – a maioria também exigirá, ia dizer, que esta pessoa expie com igual medida de dor em algum momento e em algum lugar todo aquele sofrimento provocado nos outros, justamente

I 423 porque desconhece como o // torturador e o torturado são em si um; e a mesma vontade pela qual o torturador existe e vive é também aquela que aparece no torturado, e justamente naquele atinge a manifestação mais distinta de sua essência; a vontade sofre igualmente tanto no oprimido quanto no opressor, e em verdade neste último em graus ainda maiores, à medida que a consciência tem maior clareza e distinção e a vontade mais veemência. – Porém, já a ética cristã dá testemunho de que o conhecimento profundo (e não mais enredado no *principium individuationis*) do qual procede toda virtude e toda nobreza não fomenta aquela mentalidade que exige retaliação, ao proibir absolutamente toda retaliação do mau com o mau, fazendo assim com que a justiça eterna se cumpra num domínio diferente da aparência, o da coisa em si ("A vingança é minha, Eu retaliarei, diz o Senhor" [*Romanos* 12, 19]).

Um traço mais marcante, embora muito mais raro, da natureza humana, que expressa aquela exigência de adaptar a justiça eterna ao domínio da experiência, isto é, da individuação, e assim ao mesmo tempo indica uma consciência sentida de que, como acima expus, a Vontade de vida encena a grande tragicomédia à própria custa, e, dessa forma, é a mesma e única vontade que vive em todas as aparências – um semelhante traço, ia dizer, é o seguinte: às vezes vemos uma pessoa tão profundamente indignada em face de uma grande iniquidade sofrida, sim, talvez apenas vivenciada na qualidade de testemunha, que ela coloca deliberada e irremediavelmente toda a sua vida em função de exercer a vingança no praticante da ofensa. Vemo-la perseguir durante anos um opressor poderoso, a fim de finalmente matá-lo e em seguida morrer ela mesma no cadafalso, como já antevira, porém sem amiúde procurar evitá-lo, pois a sua vida tinha valor apenas como meio para a vingança. – Especialmente entre os espanhóis encontram-se tais exemplos.* Se considerarmos com cuidado o espírito dessa exigência de retaliação, // notamos que é bem diferente da vingança comum, que quer mitigar o sofrimento padecido por meio da visão de um sofrimento causado: notamos assim que aquilo objetivado pela retaliação não deve ser chamado vingança, mas antes punição: nesta reside, propriamente dizendo, a intenção de um fazer efeito sobre o futuro, por meio do exemplo, e em verdade sem nenhuma finalidade egoística, seja para o indivíduo vingativo, pois este ali sucumbe, seja para a sociedade, que garante a segurança do indivíduo por meio de leis: pois aquela punição é aplicada pelo indivíduo, não pelo Estado; não é o cumprimento de uma lei, mas antes diz respeito sempre a um ato que o Estado não queria ou não podia punir e cuja punição condena. Parece-me que a indignação que impulsiona uma pessoa tão além dos limites de todo amor-próprio nasce da consciência mais profunda de que ela mesma é toda a Vontade de vida que aparece em todos os seres através de todos os tempos, e que, assim, o mais distante futuro e o presente pertencem igualmente a si, não podendo ser indiferente diante deles: afirmando a vontade, pretende que no drama que expõe sua vida nunca se apresente uma tão monstruosa iniquidade e deseja, mediante o exemplo de uma vingança – contra a qual não existe muralha de defesa, pois a pena de morte não detém o vingador –, intimidar toda prática futura da ofensa. A Vontade de vida, embora ainda se afirmando, não adere mais aqui à aparência particular, ao indivíduo,

---

* Como aquele bispo espanhol que, na última guerra, envenenou em sua mesa simultaneamente a si e aos generais franceses; bem como muitos outros fatos daquela guerra. Exemplos semelhantes também se encontram em Montaigne, livro 2, cap. 12.

O *mundo como vontade e como representação*

mas abarca a Ideia de humanidade e quer conservar a aparência desta Ideia purificada de tal iniquidade monstruosa e revoltante. É um traço raro de caráter, deveras significativo, até mesmo sublime, através do qual o indivíduo sacrifica a si na medida em que se empenha para tornar-se o braço da justiça eterna, cuja essência propriamente dita ele ainda desconhece.

§ 65

Por meio de todas essas considerações feitas até agora sobre a conduta humana preparamos a nossa abordagem final e em muito facilitamos a tarefa de elevar à distinção abstrata e filosófica o significado propriamente ético da conduta humana, indicado na vida pelas palavras BOM e MAU,[58] // demonstrando-o como integrante de nosso pensamento capital e o tornando perfeitamente compreensível.

I 425

Antes, porém, quero reconduzir os conceitos de BOM e MAU, tratados pelos escritores filosóficos de nossos dias de maneira assustadoramente simples, portanto conceitos indignos de alguma análise, à sua significação autêntica; com isso o leitor não ficará envolto numa confusa ilusão de que esses conceitos contêm mais do que de fato o caso comporta e assim já se estabeleceu em e por si mesmo todo o necessário a ser dito sobre o assunto. Isso posso aqui fazê-lo porque, na ética, estou tão pouco inclinado a esconder-me atrás da palavra BOM quanto antes estava em relação às palavras BELO e VERDADEIRO,[59] e assim pelo acréscimo de um sufixo "DADE"[60] – que hoje em dia tem uma especial σεμνότης[61] (e que portanto

---

58 *"Gut und böse."* Mais adiante aparecerá uma palavra próxima de *böse*, justamente *schlecht*, cuja equivalência em português pode-se encontrar em "mal", reservando-se "mau", em termos morais, precisamente para *böse*; e o bom em termos morais (não o bem) fica reservado para *gut*. Numa palavra, em termos morais "bom" é antônimo de "mau" e, por assim dizer, em termos medicinais, "bem" é antônimo de "mal".(N. T.)

59 No original alemão, *schön* e *wahr* respectivamente. (N. T.)

60 No original alemão, *heit*, sufixo que converte os adjetivos citados por Schopenhauer em substantivos, ou seja, *schön* (belo) converte-se em *Schönheit* (beleza) e *wahr* (verdadeiro) em *Wahrheit* (verdade). (N. T.)

61 "Solenidade." (N. T.)

417

auxilia em variadas situações) – fazer crer com uma expressão patusca que eu, pela pronúncia de tais palavras, teria feito algo mais que só designar três conceitos extremamente amplos, abstratos, por conseguinte pobres em conteúdo, de procedência e significação bem distintas. Dentre as pessoas familiarizadas com os escritos de nossos tempos, quem não se enfastiou com aquelas três palavras, por mais que elas apontem coisas originariamente admiráveis? Quem não se enfastiou após ver milhares de vezes como os mais incapazes de pensamento acreditam, com boca escancarada e ares de bronco inspirado, poder apenas com a pronúncia das mencionadas palavras transmitir grande sabedoria?

A explanação do conceito de VERDADEIRO já foi dada no ensaio *Sobre o princípio de razão*, cap. 5, § 29 et seq. O conteúdo do conceito de BELO recebeu pela primeira vez sua explanação apropriada durante todo o nosso terceiro livro. Queremos agora reconduzir o conceito de BOM à sua significação própria, algo que pode ser feito sem muitos empecilhos. Este conceito é essencialmente relativo e indica a ADEQUAÇÃO DE UM OBJETO COM ALGUM ESFORÇO DETERMINADO DA VONTADE. Portanto, tudo o que é favorável à vontade em alguma de suas exteriorizações e satisfaz seus fins é pensado no conceito BOM, por mais diferentes que essas coisas possam ser noutros aspectos. Eis por que dizemos boa comida, bom caminho, bom tempo, boas armas, bom augúrio etc., em síntese, // chamamos de bom tudo o que é exatamente como queremos que seja; assim, algo pode ser bom para uma pessoa embora seja exatamente o contrário para outra. O conceito de bom divide-se em duas subespécies, a saber, a da satisfação imediata e momentânea da vontade em cada caso, e a da satisfação apenas mediata da vontade em relação ao futuro: noutros termos, o agradável e o útil. – Quando discutimos sobre seres não cognoscentes, o conceito oposto é expresso pela palavra MAL,[62] mais rara e abstratamente pela palavra RUIM,[63] que portanto indica algo não favorável ao esforço da vontade em cada caso. Como todos os demais seres que podem entrar em relação com a vontade, também se chamam de BONS aqueles humanos favoráveis aos nossos fins almejados, que os fomentam e lhe são

---

62 *Schlecht*. Cf. nota 58. (N. T.)
63 *Übel*. (N. T.)

O mundo como vontade e como representação

simpáticos, e isso sempre na mesma acepção, retendo-se o aspecto relativo, como o encontrado por exemplo na expressão "isto me é bom, mas aquilo não". Aqueles cujo caráter os leva em geral a não obstarem os esforços da vontade alheia, mas antes os fomentam, que portanto são continuamente prestativos, generosos, amigáveis, caridosos, foram sempre chamados indivíduos humanos BONS devido à relação de sua conduta com a vontade dos outros em geral. O conceito contrário é designado em alemão – desde há cem anos também em francês –, em se tratando de seres cognoscentes (animais e humanos), por uma outra palavra diferente da empregada quando se trata de seres não cognoscentes, vale dizer, MAU, *méchant*; enquanto em quase todas as outras línguas inexiste essa diferença e κακός, *malus, cattivo, bad* são termos usados tanto para os humanos quanto para as coisas inanimadas que se opõem aos fins de uma determinada vontade individual. Portanto, tendo partido totalmente do aspecto passivo de bom, apenas mais tarde a consideração pôde ter sido aplicada ao aspecto ativo, e assim investigou-se a conduta do indivíduo humano chamado BOM não mais em relação aos outros, mas a si mesmo; em especial pode-se ter procurado a explanação para o respeito puramente objetivo produzido em outros por uma tal conduta, bem como para a satisfação característica consigo mesmo que ela manifestamente desperta, pois ele a sustenta, mesmo se às expensas de outros tipos de sacrifício; assim como, ao contrário, pode-se ter procurado explanar a dor íntima que acompanha a disposição má, independentemente das vantagens exteriores trazidas // para quem a alimenta. Daí originaram-se os sistemas éticos, tanto os filosóficos quanto os apoiados em doutrinas religiosas. Ambos tentaram continuamente fazer a ligação entre felicidade e virtude; os filosóficos pelo princípio de contradição ou também pelo de razão: felicidade, portanto, como sendo idêntica ou consequência da virtude, e isso sempre de maneira sofística; os apoiados em doutrinas religiosas mediante a afirmação de outros mundos diferentes daquele conhecido pela experiência.*

I 427

---

* Seja aqui passageiramente observado que aquilo a conferir incrível força a toda doutrina religiosa positiva, o ponto nodal que a faz tomar posse firme das mentes, é por completo o seu lado ético; embora não diretamente enquanto tal, mas na medida em que aparece firmemente conectado e confundido com os restantes dogmas míticos

Arthur Schopenhauer

Ao contrário, em consequência de nossa consideração, a essência íntima da virtude resultará de um esforço em direção totalmente oposta à da felicidade, ou seja, oposta à direção do bem-estar e da vida.

Do exposto acima segue-se que o BOM, segundo o seu conceito, é τῶν πρὸς τί,[64] portanto todo bom é essencialmente relativo, pois tem sua essência apenas em relação a uma vontade cobiçosa. Dessa forma, BOM ABSOLUTO é uma contradição: bom supremo, *summum bonum* significa a mesma coisa, indicando uma satisfação final da vontade além da qual nenhum novo querer apareceria, noutros termos, // um último motivo cujo alcançamento proporcionaria um contentamento indelével da vontade. Mas, segundo nossa atual consideração neste último livro, tal ordem das coisas é impensável. É tão impossível a vontade deixar de querer de novo através de uma satisfação quanto é o tempo começar ou findar. Inexiste para a vontade um preenchimento duradouro que gere uma perfeita e permanente satisfação dos seus apetites. É como o tonel das Danaides: não há bom supremo algum, bom absoluto algum para a vontade, mas sempre apenas um bom temporário. Todavia, caso queiramos conferir uma posição honorífica ou, por assim dizer, *emérita* a uma antiga expressão que não gostaríamos de deixar por completo em desuso, podemos, metafórica e figurativamente, chamar a

I 428

---

característicos de cada doutrina religiosa, explicáveis exclusivamente por estes. E em tal extensão que, apesar de a significação ética das ações não poder ser de maneira alguma explanável em conformidade com o princípio de razão, e ainda que cada mito siga a este princípio, os crentes todavia tomam a significação ética das ações e o seu mito como inteiramente inseparáveis, sim, como absolutamente unos, e veem todo ataque ao mito como um ataque ao direito e à virtude. Isso vai tão longe que, entre os povos monoteístas, ateísmo, ou a falta de Deus, tornou-se sinônimo de ausência de moralidade. Aos padres tais confusões conceituais são bem-vindas e apenas em consequência delas pôde originar-se aquele monstro assombroso, o fanatismo, imperando não só sobre indivíduos isolados, perversos e maus além de toda medida, mas também sobre povos inteiros, e, finalmente, o que para a honra da humanidade só aconteceu uma vez em sua história, corporificando-se neste Ocidente como Inquisição, a qual, segundo as mais novas informações finalmente autênticas, somente em Madri (no resto da Espanha havia muito mais desses queimadores religiosos) em 300 anos matou de modo torturante na fogueira 300 mil pessoas por questões de fé: convém lembrar tudo isso a todos os fanáticos sempre que eles queiram levantar a sua voz. (N. T.)

64 "Algo referente a algo." (N. T.)

O mundo como vontade e como representação

total autossupressão e negação da vontade, sua verdadeira ausência, unicamente o que acalma e cessa o ímpeto da vontade para todo o sempre e que exclusivamente proporciona o contentamento que jamais pode ser de novo perturbado, a verdadeira redenção do mundo e que logo mais adiante trataremos na conclusão de todo o nosso pensamento — podemos chamar essa total autossupressão e negação da vontade de bom absoluto, *summum bonum*, e vê-la como o único e radical meio de cura da doença contra a qual todos os outros meios são simples paliativos, meros anódinos. Nesse sentido o termo grego τέλος e a expressão latina *finis bonorum* correspondem melhor ao que estamos discutindo. É o suficiente sobre as palavras BOM e MAU; agora passemos à matéria mesma.

A um indivíduo humano sempre inclinado a praticar a INJUSTIÇA, assim que a ocasião se apresente e nenhum poder o coíba, denominamos MAU. Conforme nossa explanação da injustiça, isso significa que tal indivíduo afirma não somente a Vontade de vida tal qual esta aparece em seu corpo, mas, nesta afirmação, vai tão longe que nega a vontade que aparece em outros indivíduos; isso se mostra no fato de exigir as forças deles para o serviço da própria vontade e ainda em procurar aniquilar as suas existências, caso se oponham aos esforços dela. A fonte última dessa atitude é um elevadíssimo grau de egoísmo, cuja essência já foi por mim acima explanada. Duas coisas aqui são óbvias: PRIMEIRO, que num tal indivíduo se exprime uma vontade de vida veemente ao extremo, que em muito ultrapassa a afirmação do próprio corpo; SEGUNDO, que seu conhecimento, devotado inteiramente ao princípio de razão e restrito ao *principium individuiationis*, // permanece fixado à total diferença estabelecida por este último entre a própria pessoa e todas as demais; por conseguinte, procura apenas o próprio bem-estar, totalmente indiferente ao dos outros, cuja essência antes lhe é totalmente estranha, separada da sua por um amplo abismo, sim, os vê propriamente só como máscaras sem realidade alguma. — Essas duas características são os elementos básicos do mau caráter.

Ora, aquela veemência extrema da vontade já é em e para si, de maneira imediata, uma inesgotável fonte de sofrimento. Primeiro porque todo querer enquanto tal nasce da carência, portanto do sofrimento (daí compreendermos como, e aqui recordamos o terceiro livro, o silêncio momentâneo

421

de todo querer que entra em cena quando nos tornamos puro sujeito do conhecimento destituído de vontade, correlato da Ideia, é justamente uma parte capital da alegria no belo); segundo porque, através da conexão causal das coisas, a maioria das cobiças tem de permanecer impreenchível e a vontade é mais frequentemente contrariada que satisfeita; em consequência, querer intenso e veemente sempre traz consigo sofrimento intenso e veemente. Pois todo sofrimento nada é senão querer insatisfeito e contrariado: até mesmo a dor do corpo, quando este é ferido ou destruído, é enquanto tal unicamente possível em função de o corpo nada ser senão a vontade mesma tornada objeto. — Dessa maneira, visto que sofrimento intenso e veemente é inseparável de querer intenso e veemente, já a expressão facial de seres humanos extremamente maus estampa a marca do sofrimento interior: mesmo quando alcançam toda felicidade exterior, sempre parecem infelizes, a não ser que sejam arrebatados por júbilo passageiro, ou dissimulem. Desse tormento interior que lhes é inteiramente imediato e essencial procede, por fim, até mesmo a alegria no sofrimento alheio, que não nasce do mero egoísmo mas é desinteressada, e que é propriamente a MALDADE, a qual aumenta até a CRUELDADE. Na crueldade, o sofrimento alheio não é mais meio para atingir os fins da própria vontade, mas fim em si mesmo. A explicação minuciosa deste fenômeno é a seguinte. Como o ser

I 430 humano é aparência da vontade iluminada pelo mais claro conhecimento, // ele sempre mede a satisfação real e sentida da sua vontade com a satisfação meramente possível que o conhecimento lhe apresenta. Daí origina-se a inveja: toda privação é infinitamente agravada pelo gozo alheio e dirimida pelo conhecimento de que também outros suportam a mesma privação. Os padecimentos comuns e inseparáveis de toda vida humana, assim como os associados ao clima e ao país, afligem pouco. A recordação de sofrimentos maiores que os nossos pacifica a dor: a visão do sofrimento alheio alivia o nosso. Ora, suponha-se um ser humano preenchido com um ímpeto volitivo veemente ao extremo e que, ardendo em apetites, deseja tudo acumular para saciar a sede de seu egoísmo; como é inevitável, terá de convencer-se pela experiência que toda satisfação é aparente e o objeto alcançado jamais cumpre o que a cobiça prometia, a saber, o apaziguamento final do furioso ímpeto da vontade; mais, que a satisfação de um desejo apenas muda a sua

O mundo como vontade e como representação

figura, que, agora, o atormenta sob outra forma, sim, ao término, se todos os desejos esgotam-se, resta o ímpeto mesmo da vontade sem nenhum motivo aparente, a dar sinal de si como tormento incurável, horrível desolação e vazio: tudo o que, em se tratando de um grau comum de querer, é sentido apenas numa medida modesta, produzindo também apenas um grau comum de disposição turvada, desperta, porém, na pessoa cuja aparência da vontade atinge a crueldade extrema, necessariamente um tormento interior que vai além de toda medida, uma intranquilidade eterna, uma dor incurável; com isso, ela procura indiretamente o alívio do qual não é capaz diretamente, procura mitigar o seu sofrimento na visão do sofrimento alheio, o qual simultaneamente vê como uma expressão do próprio poder. O sofrimento alheio se lhe torna agora fim em si, é um espetáculo que lhe regozija: daí origina-se o fenômeno da crueldade propriamente dita, da sede de sangue, tão frequentemente revelado pela história nos Neros e Domicianos, nos Deis africanos, em Robespierre e outros.

Aparentada com a maldade é a vingança, que retalia o mau com o mau, não visando ao futuro, algo característico da punição, mas tão só em função da ocorrência, do já acontecido enquanto tal, portanto desinteressadamen-

I 431 te, logo, não // como meio, mas como fim, para assim regozijar-se com o tormento em si infligido ao ofensor. O que diferencia a vingança da pura maldade, e em certa medida nos leva a desculpar a vingança, é uma aparência de direito, na medida em que aquilo mesmo até agora tido como vingança, se for ordenado por lei, isto é, conforme uma regra predeterminada e conhecida no seio de uma comunidade que a sancionou, é punição, portanto exercício do direito.

Fora o sofrimento descrito e inseparável da maldade, ainda se associa a ela, como brotando de uma única raiz, ou seja, de uma vontade veemente ao extremo, um outro tormento bem diferente e especial, sofrido em qualquer má ação, seja esta na forma de injustiça provocada pelo egoísmo ou de pura maldade, e que, de acordo com o tempo de duração do tormento, se chama REMORSO, ou PESO DE CONSCIÊNCIA.[65] — Ora, quem se lembra e tem em

---

65 No original, *Gewissensbiss* e *Gewissensangst*, respectivamente. Cf. nossas notas 21 e 47 deste livro quarto. (N. T.)

mente o conteúdo até agora exposto deste quarto livro, em especial a verdade apresentada no seu início de que à Vontade de vida, a vida mesma (como simples cópia ou espelho da vontade) é sempre certa, e portanto também se lembra da exposição da justiça eterna, notará que, em conformidade com aquelas considerações, o remorso não pode ter outra significação senão a que adiante se segue, ou seja, seu conteúdo, expresso abstratamente, é o seguinte (no qual distinguiremos duas partes que, entretanto, coincidem totalmente e têm de ser pensadas como completamente unidas).

Por mais que o véu de māyā envolva espessamente os sentidos do indivíduo mau, noutros termos, por mais firmemente que ele se enrede no *principium individuationis*, de acordo com o qual considera-se um indivíduo absolutamente diferente dos demais seres e deles separado por um amplo abismo, conhecimento ao qual adere com todo o seu vigor, visto que somente esse ponto de vista conforma-se ao seu egoísmo e lhe dá sustento, já que este conhecimento é quase sempre corrompido pela vontade — lateja, entretanto, no mais íntimo de sua consciência o pressentimento de que essa ordem das coisas é simples aparência; em si mesma, entretanto, trata-se de algo bem diferente; e não obstante o tempo e o espaço o separarem dos demais indivíduos e dos incontáveis tormentos que padecem, inclusive através dele, e os apresentar como estrangeiros, ainda assim é a Vontade de vida una e em si, alheia à representação e às formas da representação, que

I 432 neles todos aparece, // porém aqui, desconhecendo-se, aponta contra si as próprias armas e, ao procurar o aumento do bem-estar em uma de suas aparências, precisamente por isso impõe os maiores sofrimentos a outrem. O indivíduo mau é justamente toda essa vontade e por conseguinte não é exclusivamente quem atormenta, mas ao mesmo tempo quem é atormentado, de cujo sofrimento é separado e mantido livre tão somente por um sonho enganoso, cujas formas são o espaço e o tempo; sonho que todavia acaba e quem é mau tem em verdade de pagar o prazer com o tormento, e todo sofrimento que ele conhece apenas como possível afeta-o realmente tanto quanto a Vontade de vida, pois só para o conhecimento do indivíduo, por intermédio do *principium individuationis*, é que existem como diferentes a possibilidade e a efetividade, o próximo e o distante no tempo e no espaço, mas não em si mesmos. É essa verdade que, miticamente adaptada ao prin-

O mundo como vontade e como representação

cípio de razão, é expressa no mito da transmigração das almas e assim traduzida na forma da aparência: no entanto, a sua expressão mais pura e livre de quaisquer misturas encontra-se naquele tormento obscuramente sentido e sem consolo chamado peso de consciência. — Porém, este também nasce de um SEGUNDO e imediato conhecimento intimamente associado àquele primeiro, a saber, o da força com a qual a Vontade de vida afirma a si mesma no indivíduo mau, força que vai muito além da sua aparência individual até a completa negação da mesma vontade como ela aparece em outro indivíduo. Consequentemente, o horror íntimo do malvado em relação aos seus próprios atos, o qual ele tenta ocultar de si, contém ao mesmo tempo, junto ao pressentimento da nulidade e mera aparência do *principium individuationis* e da diferença por este posta entre si e outrem, também o conhecimento da veemência da própria vontade, da violência com a qual se entregou e se apegou à vida, precisamente esta vida observada diante de si em seu lado terrível no tormento provocado em alguém por ele oprimido e com quem, entretanto, é tão firmemente enlaçado que, exatamente dessa forma, o que há de mais horrível sai de si mesmo como um meio para completa afirmação da própria vontade. Reconhece a si como aparência concentrada da Vontade de vida, sente até que ponto está entregue à vida e com isto aos inumeráveis

I 433   sofrimentos essenciais a esta, já que a vida tem // tempo sem fim e espaço sem fim para abolir a diferença entre possibilidade e efetividade, e assim transformar todos os tormentos até agora por ele apenas CONHECIDOS em tormentos SENTIDOS. Os milhões de anos de constante renascimento decerto existem só em conceito, bem como só em conceito existem todo o passado e todo o futuro: o tempo preenchido, a forma da aparência da vontade, é apenas o presente, e para o indivíduo o tempo é sempre novo: o indivíduo sempre encontra-se nascido de novo. Pois a vida é inseparável da Vontade de vida e sua única forma é o Agora. A morte (que me seja desculpado repetir a comparação) é como o pôr do sol, quando o astro rei só aparentemente é tragado pela noite, mas em realidade, ele mesmo fonte de toda luz, brilha sem interrupção, trazendo novos dias a novos mundos, sempre nascendo e sempre se pondo. Começo e fim dizem respeito apenas ao indivíduo, mediante o tempo, a forma desta aparência para a representação. Exterior ao tempo encontra-se só a vontade, a coisa em si de Kant, e sua objetidade adequada, as Ideias de Platão. Conseguintemente, o suicídio não fornece salvação alguma: o que cada um QUER em seu íntimo, isto ele deve SER: e o que cada um É, precisamente isto ele QUER. – Portanto, ao lado do conhecimento meramente sentido, da aparência e nulidade das formas da representação que separam os indivíduos, aquilo que dá à consciência moral o seu espinho é o autoconhecimento da própria vontade e de seus graus. O decurso de vida desenha a imagem do caráter empírico, cujo original é o caráter inteligível, e o indivíduo mau horroriza-se justamente com essa imagem, pouco importando se ela é produzida em grandes traços, com o que o mundo expressa a sua repugnância, ou em traços tão diminutos que só o indivíduo mau os vê: porque só a ele concernem imediatamente. O passado, sendo mera aparência, seria indiferente e não poderia angustiar a consciência se o caráter ele mesmo não se sentisse livre de todo tempo e imutável através do tempo, pelo menos enquanto não nega a si mesmo. Eis por que coisas que aconteceram há muito tempo ainda continuam a pesar na consciência. A súplica: "Não me deixeis cair em tentação" significa: "Não me deixeis ver quem sou". – A violência com que o indivíduo mau afirma a vida é-lhe exibida no sofrimento por ele infligido a outrem, fazendo-lhe

I 434   mensurar a distância que se encontra da renúncia e negação da vontade, // única redenção possível para o mundo e seus tormentos. Vê a extensão com que pertence ao mundo e quão firmemente está atado a ele: o sofrimento CONHECIDO dos outros não o pôde comover: está imerso na vida e no sofrimento SENTIDO. Fica em aberto se isto alguma vez irá quebrar e suplantar a veemência de sua vontade.

Essa discussão acerca do sentido e da essência íntima do MAU, que, como mero sentimento, isto é, NÃO como conhecimento claro e abstrato, constitui o conteúdo do PESO DE CONSCIÊNCIA, ganhará ainda mais distinção e completude mediante a consideração do BOM, desenvolvida nos mesmos moldes, como característica da vontade humana, e finalmente da resignação completa e santidade resultante dessa característica quando ela atinge o seu grau mais elevado. Pois os opostos sempre se esclarecem mutuamente e o dia revela simultaneamente a si mesmo e à noite, como Espinosa disse de maneira admirável.

§ 66

Uma moral sem fundação, portanto um simples moralizar, não pode fazer efeito, pois não motiva. Uma moral, entretanto, QUE motiva só pode fazê-lo atuando sobre o amor-próprio. O que, entretanto, deste nasce não tem valor moral algum. Segue-se assim que, mediante moral e conhecimento abstrato em geral, nenhuma virtude autêntica pode fazer efeito, mas esta tem de brotar do conhecimento intuitivo, que reconhece no outro indivíduo a mesma essência que a própria.

Pois a virtude de fato provém do conhecimento, porém não do conhecimento abstrato, comunicável em palavras. Se fosse este o caso, poderia ser ensinada, e, desse modo, ao expressarmos aqui a sua essência e o conhecimento que está em seu fundamento, teríamos eticamente melhorado todo aquele que nos tivesse compreendido. Mas não é o caso. Antes, formar um virtuoso por meio de discursos morais e sermões é tão pouco possível quanto o foi formar um único poeta com todas as estéticas desde Aristóteles. Pois o conceito é infrutífero para a verdadeira essência íntima da virtude, **I 435** assim como o é para a arte, // e apenas como inteiramente subordinado pode servir de instrumento na elaboração e preservação de algo que foi conhecido e estabelecido de outra forma. *Velle non discitur*. De fato, os dogmas abstratos não têm influência sobre a virtude, isto é, sobre a boa disposição: os falsos dogmas não perturbam a esta e os verdadeiros muito dificilmente a promovem. Seria em realidade muito funesto se a principal coisa da vida humana, o seu valor ético, válido pela eternidade, dependesse de algo cuja obtenção está submetida tão ao acaso como dogmas, crenças religiosas ou filosofemas. Os dogmas têm valor para a moral só à medida que o virtuoso, a partir de um outro conhecimento, que logo a seguir discutiremos, possui em si um esquema, uma fórmula segundo a qual informa à própria razão, na maioria das vezes apenas de maneira fictícia, sobre seus atos não egoístas, cuja essência, isto é, ele mesmo, não CONCEBE; e com tal informação habituou-se a contentar-se.

Decerto os dogmas podem ter uma forte influência sobre a CONDUTA, sobre os atos exteriores, assim como o têm o hábito e o exemplo (neste último caso porque o ser humano comum não confia em seu juízo, de cuja fraqueza está consciente, seguindo apenas a experiência própria ou de outrem); mas com isso a disposição de caráter não mudou.* Todo conhecimento abstrato fornece apenas motivos: estes, por sua vez, como mostrado acima, podem apenas mudar a direção da vontade, não ela mesma. Todo conhecimento comunicável só pode fazer efeito sobre a vontade exclusivamente como motivo: por mais que os dogmas guiem a vontade, o que o ser humano verdadeiramente e em geral quer sempre permanece o mesmo: ele simplesmente recebeu outros pensamentos sobre as vias para alcançar esse fim, e motivos imaginários podem guiá-lo como se fossem reais. Eis por que é indiferente em relação ao valor ético de uma pessoa se ela faz grandes doações a pessoas carentes na firme convicção de ser reembolsada dez vezes mais numa vida futura, ou se emprega a mesma soma num investimento que mais tarde lhe renderá com certeza juros seguros e substanciais; // um ser humano que, em nome da sua ortodoxia, entrega o herético às chamas da fogueira é tão assassino quanto o bandido que mata para roubar; sim, consideradas as condições internas, quem massacra os turcos na Terra Prometida é semelhante ao queimador de heréticos, se de fato o faz porque acredita com isso obter um lugar no céu. Pois tais religiosos querem cuidar apenas de si mesmos, do seu egoísmo, exatamente como o bandido, do qual se diferenciam somente pela absurdez dos meios. – De fora, como já dissemos, a vontade só pode ser atingida por motivos; estes, entretanto, só mudam a maneira como ela se exterioriza, jamais ela mesma. *Velle non discitur*.

Contudo, em se tratando dos bons atos cujo praticante apoia-se sobre dogmas, sempre tem-se de distinguir se tais dogmas são realmente o motivo para a conduta ou se não passam, como disse acima, de uma informação ilusória com a qual tenta satisfazer a própria razão acerca de um bom ato oriundo de fonte inteiramente outra e levado a bom termo por ser um humano BOM, sem todavia conseguir explicá-lo apropriadamente, pois não é filósofo, entretanto gostaria de pensar alguma coisa a respeito. Mas a diferença é muito difícil de encontrar, visto que reside no íntimo de sua

---

* São meras *opera operata* [obras feitas em vista de um benefício], diria a Igreja, que nada ajudam se a graça não enviar a crença que conduz ao renascimento. Adiante voltaremos ao assunto.

O mundo como vontade e como representação

disposição. Eis por que quase nunca podemos julgar com acerto moral os atos de outrem e raras vezes os nossos. — Os atos e as maneiras de agir de um indivíduo e de um povo podem ser bastante modificados por dogmas, pelo exemplo e pelo hábito. Porém, em si, todos os atos (*opera operata*) são meras imagens vazias; só a disposição de caráter que conduz a eles fornece-lhes sentido moral. Este, por sua vez, pode em realidade ser o mesmo, apesar da diversidade exterior das aparências. Com o mesmo grau igual de maldade, uma pessoa pode morrer na guilhotina, outra pacificamente no regaço dos seus parentes. Pode ser o mesmo grau de maldade o que se expressa em UM povo nos traços crus do assassinato e do canibalismo, em OUTRO fina e delicadamente *in miniature* nas intrigas da corte, nas opressões e sutis maquinações de todo tipo: mas a essência permanece a mesma. É até possível pensar que um Estado perfeito, ou mesmo um dogma de recompensas e punições após a morte em que se acredite firmemente, previna todo crime: **I 437** // em termos políticos muito seria aí ganho, porém, em termos morais, nada; antes, apenas se turvaria a revelação da imagem especular da vontade através da vida.

Portanto, a autêntica bondade de disposição, a virtude desinteressada e a pura nobreza não se originam do conhecimento abstrato, embora sem dúvida originem-se do conhecimento: a saber, de um conhecimento imediato e intuitivo que não pode ser adquirido nem transmitido por arrazoamentos, um conhecimento que, precisamente por não ser abstrato, não pode ser comunicado, mas tem de brotar em cada um de nós: sua real e adequada expressão, por conseguinte, encontra-se não em palavras, mas exclusivamente nos atos, na conduta, no decurso de vida da pessoa. Nós que aqui procuramos a teoria da virtude, e em consequência temos de expressar abstratamente a essência do conhecimento que reside em seu fundamento, não poderemos, todavia, fornecer nessa expressão aquele conhecimento mesmo, mas apenas o seu conceito, com o que partiremos tão somente de ações, exclusivamente mediante as quais aquele conhecimento torna-se visível, e nos referiremos a tais ações como sua única e adequada expressão, a qual somente podemos apontar e interpretar, ou seja, dizer abstratamente o que de fato ali ocorre.

Antes, porém, de falarmos do autêntico BOM, em oposição ao MAU que já expusemos, é mister tratarmos, como um grau intermediário entre eles, da

429

simples negação do mau: trata-se da JUSTIÇA. O que é justo e injusto já foi acima abordado exaustivamente: por isso aqui podemos dizer em poucas palavras o seguinte: quem reconhece e aceita voluntariamente o simples limite moral entre o que é injusto e o que é justo, mesmo ali onde o Estado ou outro poder não se imponha, quem, consequentemente, de acordo com a nossa explanação, jamais, na afirmação da própria vontade, vai até a negação da vontade que se expõe em outro indivíduo, – é JUSTO. Portanto não infligirá sofrimento a outrem para aumentar o próprio bem-estar, vale dizer, não cometerá crimes e respeitará o direito e a propriedade alheios. – Vemos assim que para aquele que é justo o *principium individuationis* não é mais, como para aquele que é mau, uma barreira absoluta; pois, diferentemente do indivíduo mau, não afirma só a própria aparência da vontade, negando todas as demais aparências como se fossem simples máscaras com essência totalmente diferente da sua; // muito pelo contrário, pelo seu modo de ação, o indivíduo justo mostra que RECONHECE sua essência, a Vontade de vida como coisa em si, também na aparência de outrem dado como mera representação, portanto reencontra a si mesmo nessa aparência em um certo grau, ou seja, desiste de praticar a injustiça, isto é, não inflige injúrias. Exatamente nesse grau a sua visão transpassa o véu de māyā: e iguala a si o ser que lhe é exterior: não o injuria.

I 438

Ao examinar o íntimo dessa justiça, já se descobre a intenção de não ir tão longe na afirmação da própria vontade até a negação das outras aparências da vontade, compelindo-as a servir à própria vontade. Querer-se-á praticar em prol dos outros tanto quanto deles se desfruta. O grau supremo dessa justiça de disposição – sempre associada à autêntica bondade, cuja natureza não é mais meramente negativa – vai tão longe que a pessoa pode até questionar o próprio direito à propriedade herdada e assim desejar manter o seu corpo apenas com as próprias forças, espirituais ou físicas, sentindo todo serviço prestado por outros, todo luxo, como uma repreenda, podendo inclusive entregar-se por fim à pobreza voluntária. Desse modo vemos PASCAL, após assumir orientação ascética, não mais querer serviços de ninguém, apesar dos seus vários serviçais; e, em que pesasse a sua doença crônica, fazia a própria cama e buscava a refeição na cozinha etc. (*Vie de Pascal par sa soeur*, p.19). Correspondendo a todo o exposto reporta-se que muitos

O mundo como vontade e como representação

hindus, inclusive rajás, cercados de riqueza, usam-na apenas para o sustento dos seus parentes, da sua corte e dos seus serviçais, seguindo com estritos escrúpulos a máxima de nada comer senão o que foi semeado e colhido com as próprias mãos. Porém, certo mal-entendido encontra-se no fundamento disso, pois o indivíduo, justamente devido à sua condição de rico e poderoso, pode prestar ao todo da sociedade humana um serviço bastante significativo, de forma a compensar a riqueza herdada, cuja segurança agradece à sociedade mesma. Propriamente falando, a justiça excessiva desses hindus é mais que justiça, a saber, já é efetiva renúncia, negação da Vontade de vida, ascese, // da qual falaremos por último. Por outro lado, viver sem fazer nada, servindo-se das forças de outrem em meio à riqueza herdada e sem realizar coisa alguma, já pode ser visto como algo moralmente injusto, embora segundo as leis positivas tenha de permanecer como algo justo.

I 439

Vimos que a justiça voluntária tem sua origem mais íntima num certo grau de visão que transpassa o *principium individuationis*; enquanto o injusto, ao contrário, permanece completamente envolto neste princípio. Essa "visão que transpassa" dá-se não apenas no grau exigido pela justiça, mas também em graus mais elevados, os quais impulsionam à benevolência, à beneficência positiva, à caridade: e isso é algo que pode acontecer não importa o quão vigorosa e enérgica é em si mesma a vontade que aparece num tal indivíduo. Nele o conhecimento sempre poderá conduzir à equanimidade, ao ensiná-lo a resistir à tentação da injustiça; pode até mesmo produzir graus de bondade, sim, de resignação. Por consequência, o ser humano bom de modo algum deve ser considerado como uma aparência originariamente mais fraca da vontade que a do ser humano mau; na realidade, em quem é bom, o conhecimento domina o ímpeto cego da vontade. Certamente existem indivíduos só aparentemente bondosos devido à fraqueza da vontade neles manifestada: mas o que eles são logo se mostra na sua incapacidade de uma consistente autoabnegação para a prática de um ato justo ou bom.

Se, como exceção rara, encontramos um ser humano dotado de uma considerável fortuna, mas que usufrui muito pouco dela, doando todo o resto aos necessitados, enquanto ele mesmo renuncia a muitos gozos, ao conforto, e se a partir disso tentamos elucidar para nós mesmos os seus atos, notaremos que, tirante no todo os dogmas pelos quais ele mesmo quer tornar

431

concebíveis os seus atos à sua razão, em verdade a expressão simples e geral e o caráter essencial da sua conduta é que ele ESTABELECE MENOS DIFERENÇA DO QUE A USUALMENTE ESTABELECIDA ENTRE SI MESMO E OS OUTROS. Se precisamente esta diferença é aos olhos de muitos tão grande que o sofrimento alheio torna-se para o malvado uma alegria imediata e para o injusto um meio bem-vindo ao próprio bem-estar; se quem é // simplesmente justo limita-se a não causar sofrimento; por fim, se em geral a maioria das pessoas sabe e conhece em sua proximidade inumeráveis sofrimentos de outros seres sem entretanto decidirem-se a aliviá-los, visto que assim sofreriam alguma privação; se, portanto, em todos esses casos, parece instituir-se uma diferença poderosa entre o eu pessoal e o eu alheio — ao contrário, naquele ser humano nobre que aqui temos em mente essa diferença é insignificante; o *principium individuationis*, a forma da aparência, não mais o ata tão firmemente, mas o sofrimento visto em outros o afeta quase tanto como se fosse seu; procura então restabelecer o equilíbrio: renuncia aos gozos, aceita privações para aliviar o sofrimento alheio. Quem é nobre nota que a diferença entre si e outrem, que para o mau é um grande abismo, pertence apenas a uma aparência efêmera e ilusória: reconhece imediatamente e sem cálculos que o Em si da sua aparência é também o Em si da aparência alheia, a saber, aquela Vontade de vida que vive em tudo e constitui a essência de qualquer coisa: sim, que esta essência estende-se até mesmo aos animais e a toda a natureza, logo, ele também não causará tormento a animal algum.*

---

* O direito do ser humano à vida e à força dos animais baseia-se no fato de que, com o aumento da clareza de consciência, cresce em igual medida o sofrimento, e a dor, que o animal sofre através da morte, ou do trabalho, não é tão grande quanto aquela que o ser humano sofreria com a privação de carne, ou de força do animal; o ser humano, pois, na afirmação de sua existência, pode ir até a negação da existência do animal, e a Vontade de vida no todo suporta aí menos sofrimento que no caso inverso. Isso ao mesmo tempo determina o grau de uso que se pode fazer das forças animais, sem cometer injustiça, o que, entretanto, é frequentemente desrespeitado, particularmente em relação aos animais de carga e aos cães de caça; contra o que, portanto, a sociedade protetora dos animais em especial orienta sua atividade. Aquele direito do ser humano, na minha opinião, não se estende à vivissecção, sobretudo em animais superiores. Já o inseto, por outro lado, não sofre tanto através da sua morte quanto o ser humano sofre com a sua picada. — Isto os hindus não conseguem ver.

O mundo como vontade e como representação

Agora lhe é impossível permitir aos outros que padeçam na miséria enquanto ele mesmo possui em abundância inclusive o supérfluo, como alguém que num dia sofrerá de fome, para no seguinte ter ainda mais do que efetivamente pode consumir. Pois àquele que pratica obras // de amor o véu de māyā torna-se transparente e a ilusão do *principium individuationis* o abandona. Reconhece a si mesmo, à sua vontade em cada ser, consequentemente também em quem sofre. Está livre da perfídia com a qual a Vontade de vida, desconhecendo-se a si mesma, aqui em um indivíduo goza volúpias efêmeras e enganadoras, acolá em OUTRO padece por isso na miséria e, dessa forma, inflige e suporta o tormento sem reconhecer que, como Tiestes, devora faminta a própria carne, e lamenta aqui o sofrimento imerecido, enquanto acolá comete crimes sem medo de Nemesis, sempre porque desconhece a si na aparência de outrem e, portanto, não percebe a justiça eterna, pois está enredada no *principium individuationis*, logo, no modo de conhecimento guiado pelo princípio de razão. Ser curado dessa ilusão e engano de māyā, e praticar obras de amor, são uma única e mesma coisa. Estas últimas obras são sintomas inevitáveis e infalíveis daquele conhecimento.

Ao contrário da dor de consciência,[66] cuja origem e significação foram acima elucidadas, a BOA CONSCIÊNCIA é a satisfação sentida após cada ato desinteressado. A boa consciência surge do fato de o ato desinteressado, nascendo do reconhecimento imediato da nossa própria essência em si na aparência de outrem, dar-nos novamente a confirmação do seguinte conhecimento: que o nosso verdadeiro eu não existe apenas na própria pessoa, esta aparência individual, mas em tudo o que vive. Desse modo o coração sente-se dilatado; enquanto no egoísmo, contraído. Pois se o egoísmo concentra a nossa participação na aparência singular do nosso próprio indivíduo e assim o conhecimento torna presentes os inumeráveis perigos que ameaçam continuamente essa aparência e dessa forma a ansiedade e a preocupação transformam-se no fundamental da nossa disposição, ao contrário, o conhe-

---

66 No original *Gewissenspein*. Schopenhauer, como se pode perceber, faz uma variação de compostos em torno da palavra *Gewissen* (consciência moral): *Gewissensangst* (peso, angústia de consciência), *Gewissensbiss* (mordida de consciência, remorso) e agora *Gewissenspein* (dor de consciência). No fundo, todos estes termos remetem àquele incômodo que às vezes nos assalta quando reconhecemos quem de fato somos. (N. T.)

cimento de que a essência em si é intrínseca a todo ser vivo e não apenas à própria pessoa estende nossa empatia a todo ser vivo: e com isso o coração se dilata. Portanto, pela participação diminuída do próprio eu, a preocupação angustiosa em relação ao mesmo é enfrentada e reduzida em sua raiz: daí a jovialidade de ânimo, a calma e confiança proporcionadas pela virtuosa disposição de caráter e boa consciência // e a entrada em cena mais distinta desta, quando uma boa ação certifica a nós mesmos o fundamento daquela disposição. O egoísta sente-se acuado por aparências alienígenas e hostis, e toda a sua esperança repousa sobre o próprio bem-estar. O ser humano bom, ao contrário, vive num mundo de aparências amigáveis: o bem-estar de cada uma destas é seu próprio bem-estar. Por isso, embora o conhecimento da sorte humana em geral não torne a sua disposição alegre, ainda assim o conhecimento permanente de sua essência em todos os viventes lhe dá sem dúvida certa equanimidade e até mesmo jovialidade de ânimo. Pois a participação espalhada por inumeráveis aparências não pode angustiar na mesma medida que a participação concentrada em UMA única aparência. Os acidentes que ocorrem na totalidade dos indivíduos equilibram-se, enquanto os que ocorrem com o indivíduo trazem felicidade ou infelicidade.

Embora outros estabeleçam princípios morais e os ofereçam como preceitos de virtude e leis a serem necessariamente observadas, eu, diferentemente, como já disse, sou incapaz de fazê-lo, pois não posso fazer pairar em frente à vontade nenhum "dever" ou lei; assim, ligada à minha consideração, e que de certa maneira lhe corresponde e é análoga a sua tarefa, é aquela verdade puramente teórica (e toda a minha exposição pode ser vista como um simples desenvolvimento dela) de que a vontade é o Em si de cada aparência, porém ela mesma, enquanto tal, é livre das formas dela, portanto também da pluralidade: verdade que eu, em referência à conduta, não poderia melhor expressar senão pela fórmula dos *Vedas* antes mencionada: *tat tvam asi!* ("Isso és tu!"). Quem é capaz de enunciar tal fórmula para si mesmo com claro conhecimento e firme convicção íntima, referindo-a a cada ser que encontra, decerto assegura a posse de toda virtude e bem-aventurança e encontra-se no caminho reto da redenção.

Entretanto, antes que eu prossiga e no final da minha exposição mostre como o amor, cuja origem e essência reconhecemos na visão que transpassa o *principium individuationis*, conduz à redenção, a saber, à renúncia completa da Vontade de vida, isto é, de todo querer, e como um outro caminho menos suave, no entanto mais comum, leva o ser humano ao mesmo fim, // antes tenho de expressar e explanar uma sentença paradoxal; não apenas porque é paradoxal, mas porque é verdadeira e pertence à totalidade do pensamento que estou expondo. Trata-se da sentença: "Todo amor (ἀγάπη, *caritas*) é compaixão".

I 443

§ 67

Vimos como pela visão que transpassa o *principium individuationis* surge em menor grau a justiça, em maior grau a disposição de caráter propriamente boa, as quais se mostram como amor puro e desinteressado em face dos outros. Lá onde este amor torna-se perfeito, iguala por completo o indivíduo estrangeiro e o seu destino ao próprio indivíduo: além não pode ir, pois não há fundamento algum para preferir outrem a si mesmo. Todavia, pode ocorrer de grande maioria de indivíduos estranhos estarem ameaçados em sua vida, em seu bem-estar, e essa consideração sobrepõe-se à do próprio bem-estar; em tal caso, o caráter que alcançou a bondade suprema e a nobreza de caráter perfeita sacrifica inteiramente seu bem-estar e sua vida em favor do bem-estar de muitos outros: dessa forma morreram Codro, Leônidas, Régulo, Décio Mus, Arnold von Winkelried e todos aqueles que voluntária e conscientemente vão de encontro à morte certa em nome da sua comunidade, da sua pátria. Também encontram-se nesse patamar todos os que padeceram sofrimentos e encontraram a morte na defesa daquilo que guia e pertence de maneira íntegra ao bem da humanidade inteira, ou seja, na defesa de importantes verdades universais e na erradicação de grandes erros: é como morreram Sócrates, Giordano Bruno; é como heróis da verdade encontraram a morte em fogueiras inflamadas pelas mãos dos padres.

Em relação ao paradoxo acima expresso, tenho de lembrar o fato de termos encontrado o sofrimento como essencial e inseparável da vida em seu todo e termos visto como cada desejo nasce de uma necessidade, de uma carência, de um sofrimento, por conseguinte toda satisfação é apenas um sofrimento removido, de forma alguma uma felicidade positiva acrescida; vimos ainda que, em realidade, as alegrias mentem ao desejo, ao afirmarem

I 444 que seriam um bem positivo quando em verdade // são de natureza meramente negativa, tão somente o fim de um padecimento. Portanto, o que a benevolência, o amor e a nobreza de caráter podem fazer pelos outros é sempre apenas o alívio dos seus sofrimentos; conseguintemente, o que os pode mover a bons atos e a obras de amor é sempre e tão somente o CONHECIMENTO DO SOFRIMENTO ALHEIO, compreensível imediatamente a partir do próprio sofrimento e posto no mesmo patamar deste. Daí segue-se o seguinte: o amor puro (ἀγάπη, *caritas*), em conformidade com a sua natureza, é compaixão; e o sofrimento que ele alivia (ao qual pertence todo desejo insatisfeito) tanto pode ser grande quanto pequeno. Em consequência, não hesitaremos ao contradizer KANT diretamente – que só quer reconhecer toda verdadeira bondade e toda virtude se elas provêm da reflexão abstrata, e em verdade do conceito de dever e imperativo categórico, explanando ele a compaixão sentida como uma fraqueza e de modo algum uma virtude –, não hesitaremos, ia dizer, em declarar contra Kant que o mero conceito é infrutífero para a autêntica virtude, assim como o é para a arte: todo amor puro e verdadeiro é compaixão, e todo amor que não é compaixão é amor-próprio. Amor-próprio é ἔρως, compaixão é ἀγάπη. A mistura de ambos é frequente. Até mesmo a amizade autêntica é sempre uma mistura de amor-próprio e compaixão: o amor-próprio reside na satisfação da presença do amigo, cuja individualidade corresponde à nossa, o que constitui quase sempre a maior parte da amizade; já a compaixão se mostra na participação sincera no bem ou no mal-estar do amigo e nos sacrifícios desinteressados feitos em seu favor. Até mesmo Espinosa diz: *Benevolentia nihil aliud est, quam cupiditas ex commiseratione orta.*[67] (*Eth.* III, pr. 27, cor. 3, schol.) Como prova de nossa sentença paradoxal pode-se observar que os tons e as palavras da linguagem, bem como as ternuras do puro amor, coincidem totalmente com o tom da compaixão: de passagem também mencione-se que, em italiano, compaixão e amor puro são expressos com a mesma palavra, *pietà*.

Aqui também é o lugar para a elucidação de uma peculiaridade das mais notáveis da natureza humana, a saber, o CHORO, que, como o riso, pertence às exteriorizações que distinguem o humano do animal. O choro

---

67 "A benevolência nada é senão um desejo nascido da compaixão." (N. T.)

de modo algum é expressão direta de dor, pois ocorre até mesmo onde as

I 445 dores são mínimas. // Do meu ponto de vista, inclusive, nunca se chora imediatamente em virtude de uma dor sentida, mas somente devido à sua repetição na reflexão. A pessoa passa de uma dor sentida, mesmo que ela seja corpórea, para uma mera representação da mesma, e acha então o próprio estado tão digno de compaixão que, se outrem fosse o sofredor, estaria firme e sinceramente convencida a ajudá-lo com plena compaixão e amor: entretanto, somos nós mesmos o objeto da compaixão: com a disposição de caráter mais caridosa, precisamos nós mesmos de ajuda; sentimos que suportamos mais do que poderíamos ver outrem suportar. Nessa notável e complexa disposição, na qual o sofrimento imediatamente sentido só chega à percepção através de um duplo desvio, vale dizer, o sofrimento é representado como alheio, e como tal objeto de compaixão, e depois subitamente percebido imediatamente como nosso de novo – a natureza logra alívio ao servir-se dessa curiosa convulsão física chamada choro. – O CHORO é, por conseguinte, COMPAIXÃO CONSIGO MESMO ou a compaixão que retorna ao seu ponto de partida. É, pois, condicionado tanto pela capacidade de amar e compadecer-se quanto pela fantasia: eis por que pessoas duras de coração ou sem fantasia não choram facilmente, e o choro é sempre visto como signo de certo grau de bondade de caráter, e desarma a cólera, pois sente-se que quem ainda pode chorar também tem de ser necessariamente capaz de amor, ou seja, de compaixão pelo outro, justamente porque a compaixão, conforme descrito, passa a fazer parte daquela disposição que produz o choro. – Em total concordância com a explanação aqui feita é a descrição que Petrarca, ao expressar de maneira ingênua e verdadeira seu sentimento, faz da origem de suas lágrimas:

> *I vo pensando: e nel pensar m'assale*
> *Una pietà si forte di me stesso,*
> *Che mi conduce spesso,*
> *Ad alto lagrimar, ch'i non soleva.*[68]

---

68 "Enquanto ando cheio de pensamentos / Assalta-me uma compaixão tão forte de mim mesmo, / Que com frequência tenho de chorar alto, / Algo que do contrário não estou acostumado." (N. T.)

437

I 446 // O que dissemos também confirma-se no fato de crianças, ao sofrerem um ferimento, só chorarem, na maioria das vezes, quando se lastima o seu acidente, logo, choram não em virtude da dor, mas da representação dela. – Quando nos comovemos e choramos não por sofrimentos próprios, mas alheios, isso ocorre devido ao fato de na fantasia nos colocarmos vivamente no lugar do sofredor, ou, também, mirarmos em seu destino a sorte de toda a humanidade, consequentemente antes de tudo a nossa; portanto, por um longo desvio, sempre choramos de novo por nós mesmos, somos nosso próprio objeto de compaixão. Esse também parece ser um fundamento capital do choro universal, portanto natural, nos casos de morte. Não é uma perda o que chora o enlutado: tais lágrimas egoístas antes o envergonhariam; ao contrário, às vezes o que envergonha em tais ocasiões é não chorar. Em verdade, o enlutado sem dúvida chora primeiramente a sorte do morto; contudo, também chora quando para este, após um longo, duro e incurável sofrimento, a morte foi uma desejável salvação. De fato, em realidade assalta-lhe compaixão pela sorte da humanidade inteira, entregue à finitude, devido à qual toda vida, por mais esforçada e rica em atos que seja, tem de extinguir-se e tornar-se nada: nessa sorte da humanidade, entretanto, o enlutado mira antes de tudo a própria sorte e em verdade tanto mais quanto mais próximo dele estava o morto, por conseguinte acima de tudo a morte do próprio pai. Embora a idade e a doença tivessem transformado a vida do pai num tormento e, através do desamparo, um fardo pesado para o filho, ainda assim a sua morte é chorada intensamente: tudo isso conforme o fundamento acima apresentado.*

§ 68

Após essa digressão sobre a identidade entre o amor puro e a compaixão, sendo que o retorno desta última ao próprio indivíduo ocasiona o fenômeno

---

* Cf. capítulo 47 do segundo tomo. Desnecessário lembrar que toda a ética aqui exposta em esboço, § 61-67, recebeu o seu tratamento mais detalhado e completo no meu escrito sobre o fundamento da moral.

O mundo como vontade e como representação

I 447   do choro, // tomo de novo em mãos o fio condutor da nossa interpretação do significado ético da conduta para, assim, mostrar como, da mesma fonte de onde brota toda bondade, amor, virtude e nobreza de caráter, também nasce aquilo que denomino negação da Vontade de vida.

Se, de um lado, vimos o ódio e a maldade condicionados pelo egoísmo e este basear-se no conhecimento do *principium individuationis*; de outro, encontramos que a visão que transpassa o *principium individuationis* é a origem e essência tanto da justiça quanto, ao atingir um grau mais elevado, do amor e da nobreza de caráter; visão essa que, ao suprimir a diferença entre o próprio indivíduo e os outros, é a única que torna possível, e elucida, a perfeita bondade de disposição, o amor desinteressado e o mais generoso autossacrifício pelos outros.

Se essa visão que transpassa o *principium individuationis*, ou seja, esse conhecimento imediato da identidade da vontade em todas as suas aparências, se dá num elevado grau de distinção, então de imediato mostrará uma influência ainda maior sobre a vontade. Se aquele véu de māyā, o *principium individuationis*, é de tal maneira removido dos olhos de um ser humano que este não faz mais diferença egoística entre a sua pessoa e a de outrem, no entanto compartilha em tal intensidade dos sofrimentos alheios como se fossem os seus próprios e assim é não apenas benevolente no mais elevado grau, mas está até mesmo pronto a sacrificar o próprio indivíduo tão logo muitos outros precisem ser salvos; então, daí, segue-se automaticamente que esse ser humano reconhece em todos os seres o próprio íntimo, o seu verdadeiro si mesmo e desse modo tem de considerar também os sofrimentos infindos de todos os viventes como se fossem seus: assim, toma para si as dores de todo o mundo; nenhum sofrimento é-lhe estranho. Todos os tormentos alheios que vê e raramente consegue aliviar, todos os tormentos dos quais apenas sabe indiretamente, inclusive os que conhece só como possíveis, fazem efeito sobre o seu espírito como se fossem seus. Não é mais a alternância entre o bem e o mal-estar de sua pessoa o que tem diante dos olhos, como no caso da pessoa ainda envolvida pelo egoísmo, mas, com a sua visão que transpassa o *principium individuationis*, tudo lhe é

I 448   igualmente próximo. // Conhece o todo, apreende a sua essência e encontra o mundo condenado a um perecer constante, a um esforço vão, a um conflito íntimo e sofrimento contínuo. Vê, para onde olha, a humanidade e os animais sofredores; vê um mundo que desaparece. E tudo isso é-lhe agora tão próximo quanto para o egoísta a própria pessoa. Como poderia, mediante um tal conhecimento do mundo, afirmar precisamente esta vida por constantes atos da vontade e exatamente dessa forma atar-se cada vez mais fixamente a ela e abraçá-la cada vez mais vigorosamente? Se, portanto, quem ainda se encontra envolvido no *principium individuationis* conhece apenas coisas isoladas e sua relação com a própria pessoa, coisas que renovadamente se tornam MOTIVOS para o seu querer, agora, ao contrário, aquele descrito conhecimento do todo e da essência das coisas torna-se QUIETIVO de todo e qualquer querer. Doravante a vontade efetua uma viragem diante da vida: fica estremecida em face dos prazeres nos quais reconhece a afirmação da vida. O ser humano, então, atinge o estado de voluntária renúncia, resignação, verdadeira serenidade e completa destituição de vontade. — Quando às vezes em meio aos nossos duros sofrimentos sentidos ou devido ao conhecimento vivo do sofrimento alheio e ainda envoltos pelo véu de māyā o conhecimento da nulidade e amargura da vida se aproxima de nós e gostaríamos de renunciar decisivamente para sempre ao espinho de suas cobiças e fechar a entrada a qualquer sofrimento, purificar-nos e santificar-nos, logo, entretanto, a ilusão das aparências nos encanta de novo e seus motivos colocam mais uma vez a vontade em movimento: não podemos nos libertar. As promessas da esperança, as adulações do tempo presente, a doçura dos gozos, o bem-estar que faz a nossa pessoa partícipe da penúria de um mundo sofrente sob o império do acaso e do erro, atraem-nos novamente ao mundo e reforçam os nossos laços de ligação com ele. Por isso Jesus disse: "É mais fácil um camelo passar pelo buraco de uma agulha que um rico entrar no reino dos céus".

Se compararmos a vida a uma via circular de carvão ardente com alguns lugares frios, a qual teríamos de percorrer incessantemente, então a pessoa **I 449** envolvida pela ilusão encontra consolo no lugar frio // em que justamente agora se encontra ou que vê próximo de si, sendo assim encorajada a prosseguir na sua marcha. Porém, o indivíduo cuja visão transpassa o *principium individuationis* e reconhece a essência em si das coisas, portanto do todo, não é

O mundo como vontade e como representação

mais suscetível a um semelhante consolo: vê a si mesmo em todos os lugares simultaneamente, e se retira. – Sua vontade se vira; ele não mais afirma a própria essência espelhada na aparência, mas a nega. O fenômeno no qual isso é revelado é a transição da virtude à ASCESE. Por outros termos, não mais adianta amar os outros como a si mesmo, por eles fazer tanto como se fosse por si, mas nasce uma repulsa pela essência da qual sua aparência é a expressão, vale dizer, uma repulsa pela Vontade de vida, núcleo e essência de um mundo reconhecido como povoado de penúrias. Renega, por conseguinte, precisamente essa essência que nele aparece expressa já em seu corpo, e seus atos desmentem agora a aparência dessa essência e entram em contradição flagrante com ela. Essencialmente aparência da vontade, ele cessa de querer algo, evita atar sua vontade a alguma coisa, procura estabelecer em si a grande indiferença por tudo. – Seu corpo saudável e forte exprime o impulso sexual pelos genitais; porém ele agora nega a vontade e desmente o corpo: não quer satisfação sexual alguma, sob condição alguma. Voluntária e completa castidade é o primeiro passo na ascese ou negação da Vontade de vida. A castidade, assim, nega a afirmação da vontade que vai além da vida individual e anuncia que, com a vida deste corpo também a vontade, da qual o corpo é aparência, se suprime. A natureza, sempre verdadeira e ingênua, assevera que, caso esta máxima se tornasse universal, o gênero humano se extinguiria: ora, após o exposto no segundo livro sobre a ligação de todas as aparências da vontade, acredito poder assumir que, com a aparência mais elevada da vontade, também a mais abaixo dela seria abolida, ou seja, o mundo animal; do mesmo modo que a penumbra também desaparece ao desaparecer a plena luz do dia. Acompanhando a completa supressão do conhecimento, também o resto do mundo desapareceria no nada, pois sem sujeito não há objeto. Gostaria inclusive de citar a seguinte passagem encontrada nos **I 450** *Vedas*: // "Assim como neste mundo crianças famintas apertam-se em torno da sua mãe, assim também todos os seres aguardam o sacrifício sagrado" (*Asiatic Researches*, v. 8, Colebrooke, *On the Vedas*, excerto do *Sāma-Veda*, bem como seus *Miscellaneous Essays*, v.I, p.88). Sacrifício significa resignação em geral, e o restante da natureza tem de esperar sua redenção do ser humano, que é o sacerdote e a vítima sacrificial ao mesmo tempo. Sim, merece ser mencionado como algo extremamente notável que esse pensamento também foi expresso pelo admirável e vertiginoso Ângelus Silesius, no dístico intitulado *Der Mensch bringt Alles zu Gott:*[69]

> *Mensch! Alles liebet dich; um dich ist sehr Gedrange:*
> *Es läuft dir Alles zu, daß es zu Gott gelange.*[70]

Um místico ainda mais magnânimo, Meister Eckhard, cujos escritos maravilhosos são-nos agora (1857) finalmente acessíveis na edição de Franz Pfeiffer, diz-nos o mesmo, p.459, em pleno acordo com o sentido aqui explicitado: "Confirmo isto com Cristo, pois este diz: quando me elevar da terra atrairei todas as coisas comigo (João 12,32). Por isso o ser humano bom deve elevar todas as coisas a Deus, sua primeira origem. Isso nos confirmam os mestres: todas as criaturas foram feitas por causa do humano; o que é provado em todas as criaturas pelo fato de elas se utilizarem umas das outras: o gado, da erva; o peixe, da água; o pássaro, do ar; as feras, da floresta. Assim, todas as criaturas são proveitosas ao ser humano. Um ser humano bom leva uma a uma, todas as criaturas, a Deus". Meister Eckhard quer dizer: como o ser humano, em e consigo mesmo, também redime os animais, serve-se deles nesta vida. — Parece até mesmo que a difícil passagem da Bíblia, Romanos 8, 21-24, pode ser interpretada nesse sentido.

Na mesma direção, não faltam no buddhismo expressões sobre o assunto; por exemplo, quando Buddha, ainda como Bodhisattva, selando seu cavalo pela última vez para fugir da residência paterna rumo ao deserto, fala este verso ao animal: "Há muito tempo tu exististe em vida e em morte; agora, entretanto, deves cessar de carregar e arrastar. Esta é a última vez que me transportas daqui, ó Kantakana, e quando eu tiver cumprido // a lei (tornar-me Buddha) não me esquecerei de ti" (*Foe Koue Ki*, trad. Abel Rémusat, p.233).

I 451

---

69 "O ser humano leva tudo a Deus." (N. T.)

70 "Humano! Tudo te ama; tudo se acerca de ti: / Tudo corre em tua direção, para chegar a Deus." (N. T.)

O mundo como vontade e como representação

A ascese também se mostra na pobreza voluntária e intencional, que se origina não somente *per accidens*, na medida em que a propriedade é doada para aliviar o sofrimento alheio, mas já como um fim em si mesma, devendo então servir como mortificação contínua da vontade, com o que a satisfação dos desejos, as doçuras da vida, não mais estimulam a vontade, contra a qual o autoconhecimento provocou repugnância. Quem chegou num tal ponto ainda sempre sente, como corpo animado pela vida, aparência concreta da vontade, uma tendência natural ao querer de todo tipo: porém o refreia intencionalmente, ao compelir a si mesmo a nada fazer do que em realidade gostaria de fazer, ao contrário, faz tudo o que não gostaria de fazer, mesmo se isto não tiver nenhum outro fim senão justamente o de servir à mortificação da vontade. Como ele mesmo nega a vontade que aparece em sua pessoa, não reagirá quando um outro fizer o mesmo, noutros termos, quando um outro praticar injustiça contra si: nesse sentido todo sofrimento exterior trazido por acaso ou maldade, cada injúria, cada ignomínia, cada dano são-lhe bem-vindos: recebe-os alegremente como ocasião para dar a si mesmo a certeza de que não mais afirma a vontade, mas alegremente toma partido de cada inimigo da aparência da vontade que é a sua própria pessoa. Por consequência, suporta os danos e sofrimentos com a paciência inesgotável e o ânimo brando; paga o mau com o bom, sem ostentação, e de modo algum permite ao fogo da cólera e da cobiça acenderem-se novamente em si. — Tanto quanto à vontade mesma, ele mortifica a sua visibilidade, a sua objetidade, o corpo: alimenta-o de maneira módica para evitar que seu florescimento exuberante e prosperidade novamente animem e estimulem fortemente a vontade, da qual ele é simples expressão e espelho. Assim, pratica o jejum, sim, pratica a castidade, a autopunição, o autoflagelo, a fim de mediante constantes privações e sofrimentos quebrar e mortificar cada vez mais a vontade, que reconhece e abjura como a fonte do sofrimento da própria existência e do mundo. — Se, ao fim, advém a morte, que extingue esta aparência da vontade, cuja essência aqui há muito expirou pela livre negação de si mesma, // exceto no fraco resto que aparece na vitalidade do corpo — então essa morte é muito bem-vinda e alegremente recebida como a redenção esperada. Com essa morte não finda, diferentemente dos outros casos, apenas a aparência; mas, a essência mesma que aqui ainda tinha tão só uma existência débil é, em e através da aparência, suprimida;* o último e delgado laço é rompido. Para quem assim finda, findou o mundo ao mesmo tempo.

Aquilo que eu aqui descrevi em débeis palavras e apenas em expressões gerais não é de modo algum um conto de fadas filosófico só hoje por mim inventado: não, foi a vida invejável de muitos santos e belas almas entre os cristãos, ainda mais entre os hindus e buddhistas, também entre outras confissões religiosas. Por mais diferentes que tenham sido os dogmas impressos em suas faculdades de razão, ainda assim em suas condutas de vida exprimiam-se da mesma forma aquele conhecimento íntimo e imediato, intuitivo, único do qual procede toda virtude e santidade. Pois também aqui se mostra a grande diferença, tão importante em nossa consideração e que a caracteriza em toda parte e tão pouco observada até agora, entre o conhecimento intuitivo e o conhecimento abstrato. Entre os dois há um grande abismo que, em referência ao conhecimento da essência do mundo, só é transposto pela filosofia. Em verdade *in concreto* qualquer humano está consciente de todas as verdades filosóficas: trazê-las, contudo, ao saber abstrato, à reflexão, eis aí o negócio do filósofo,[71] que não deve ir além, nem o pode.

Portanto, aqui talvez tenhamos pela primeira vez expresso abstratamente e purificado de todo elemento mítico a essência íntima da santidade, da autoab-

I 453   negação, // da mortificação da vontade própria, da ascese, como NEGAÇÃO

---

* Este pensamento é expresso numa bela alegoria encontrada no antigo escrito filosófico sânscrito *Sāṃkhya Kārikā*: "A alma ainda permanece algum tempo vestida com o corpo, como a roda do oleiro continua a girar, mesmo após o vaso ter sido concluído, em virtude do impulso antes adquirido. Só quando a alma iluminada se separa do corpo e extingue-se e a natureza cessa para ela é que entra em cena sua completa redenção". COLEBROOKE, *On the philosophy of the Hindus: Miscellaneous Essays*, v.I, p.259. O mesmo em *Sankhya Carica by Horace Wilson*, § 67, p.184.

71 No original *Geschäft des Philosophen*. Ao pé da letra "negócio do filósofo", porém, aqui, obviamente, "negócio" no sentido de atividade; portanto, não deve ser um "negócio" confundido com o trabalho do sofista, efetuado visando à obtenção de ganho. Em realidade, devemos ter em mente que Schopenhauer, a princípio, por desejo do pai, estudou para seguir a carreira comercial e só após a morte do genitor é que se dedicou à filosofia. Como herança dessa formação comercial abundam em seus textos belas e secas metáforas econômicas. (N. T.)

O mundo como vontade e como representação

DA VONTADE DE VIDA que entra em cena após o conhecimento acabado de sua própria essência ter-se tornado o quietivo de todo querer. Por outro lado, isso foi imediatamente conhecido e expresso em atos por todos os santos e ascetas que, apesar do mesmo conhecimento íntimo, empregavam todavia uma linguagem bem diferente, segundo os dogmas uma vez absorvidos em sua razão, e devido aos quais um santo indiano ou cristão ou lamaísta tem de fornecer um relato muito diferente dos seus atos, que todavia é irrelevante em referência à coisa mesma. Um santo pode estar convencido das mais absurdas superstições, ou, ao contrário, ser um filósofo: é indiferente. Apenas a sua conduta o evidencia como santo: pois só ela, em termos morais, procede não do conhecimento abstrato, mas sim do conhecimento imediato do mundo e da sua essência, apreendido intuitivamente, e expresso por ele em dogmas apenas para satisfazer a sua faculdade racional. Nesse sentido é tão pouco necessário o santo ser um filósofo quanto o filósofo ser um santo: assim como não é necessário a uma pessoa perfeitamente bela ser um grande escultor, ou um grande escultor ser ele mesmo uma pessoa bela. Em geral é uma estranha exigência feita a um moralista a de que ele não deve recomendar outra virtude senão a possuída por ele mesmo. Repetir abstratamente de maneira distinta e universal, por conceitos, toda a natureza íntima do mundo e assim depositá-la como imagem refletida nos conceitos permanentes, sempre disponíveis da razão: isso, e nada mais, é filosofia. Recordo aqui a passagem de Bacon de Verulam citada no primeiro livro desta obra.

Assim, minha descrição acima feita da negação da Vontade de vida, ou da conduta da bela alma, da conduta de um santo resignado que voluntariamente penitencia, é meramente abstrata, geral e, por conseguinte, fria. Como o conhecimento do qual procede a negação da vontade é intuitivo e não abstrato, ele encontra a sua expressão perfeita não em conceitos abstratos, mas apenas nos atos e na conduta. Assim, para se compreender por completo o que expressamos filosoficamente como a negação da vontade, é preciso conhecer os // exemplos da experiência e da realidade. Decerto não cruzaremos com eles na experiência cotidiana: *nam omnia praeclara tam difficilia quam rara sunt,*[72] diz Espinosa de maneira admirável. Portanto, a não ser que

I 454

---

72 "Tudo o que é excelente é tão difícil quanto raro." (N. T.)

Arthur Schopenhauer

tenhamos a sorte especial e favorável de testemunhá-lo, temos de contentar-nos com as biografias de tais pessoas. A literatura indiana, a julgar pelo pouco que podemos conhecer do até agora traduzido, é bastante rica em descrições da vida de santos, penitentes, samānas, sannyasis etc. Até mesmo a conhecida *Mythologie des Indous* de Mad. de Polier, de maneira alguma elogiável em outros aspectos, contém muitos excelentes exemplos desse tipo (em especial no capítulo 13 do segundo tomo). Também entre os cristãos não faltam exemplos em favor das elucidações aqui intentadas. Leiam-se as na maioria das vezes pessimamente escritas biografias daquelas pessoas denominadas almas santas ou pietistas, quietistas, entusiastas pios etc. Coleções dessas biografias foram feitas em várias épocas, como a *Vida das almas santas* de Tersteegen, a *História dos renascidos* de Reiz; em nossos dias confira-se a coleção de Kanne, que, misturada ao muito de ruim, contém várias coisas boas, entre as quais a *Vida da Beata Sturmin*. A essa categoria pertence por inteiro a vida de São Francisco de Assis, verdadeira personificação da ascese e modelo de todos os monges mendicantes. Sua vida, descrita por seu contemporâneo São Bonaventura, famoso escolástico, foi de novo publicada, *Vita S. Francisci a S. Bonaventura concinnata* (Soest, 1847), logo após ter aparecido na França uma biografia dele bem cuidada e detalhada, servindo-se de todas as fontes: *Histoire de S. François d'Assise,* de Chavin de Mallan (1845). – Como paralelo oriental a tais escritos monásticos temos o livro de Spence Hardy: *Eastern monachism, an account of the order of mendicants founded by Gotama Budha* (1850), que mostra a mesma coisa, porém sob uma vestimenta diferente. Também se vê aqui o quanto é indiferente se semelhantes casos procedem de uma **I 455** religião teísta ou ateia. – // Antes de tudo, porém, como exemplo especial bem circunstanciado e elucidação factual das concepções por mim expostas, recomendo a autobiografia de Madame Guyon, esta bela e grandiosa alma, cuja lembrança sempre me enche de reverência, autobiografia que deve ser gratificante a todo espírito nobre conhecer, e fazer justiça à excelência de sua disposição de caráter, vendo com indulgência as superstições de sua razão, apesar de eu saber que às pessoas de espírito comum, isto é, a maioria, aquele livro sempre terá um péssimo crédito, pois em geral e em toda parte cada um só pode apreciar aquilo que lhe é de algum modo análogo e para o qual tem ao menos uma fraca inclinação. Isto é válido tanto para o

O mundo como vontade e como representação

aspecto intelectual quanto para o ético. Poderíamos aqui incluir como um exemplo parecido, dando certo desconto, até mesmo a conhecida biografia de Espinosa, se usarmos como chave para ela a sua excelente introdução ao deficiente ensaio *De emendatione intellectus*; pois se trata do introito mais eficiente que conheço como calmante para a tempestade das paixões, e que recomendo. Por fim, inclusive Goethe, por mais grego que fosse, não considerou indigno de sua pena mostrar-nos em límpido espelho da poesia esse lado mais belo da humanidade, quando expôs de forma idealizada a vida da senhorita Klettenberg, em *Confissões de uma bela alma*; mais tarde, na sua própria biografia, também nos deu relatos históricos disso; e ainda nos narrou duas vezes a vida de São Felipe Neri. — A história universal sempre silenciará, e em realidade tem de fazê-lo, acerca das pessoas cuja conduta é a melhor e a única elucidação suficiente desse importante ponto de nossa consideração. Pois o estofo da história universal é de natureza completamente outra, sim, oposta, a saber, não a negação e renúncia da Vontade de vida, mas precisamente sua afirmação e aparecimento em incontáveis indivíduos — nos quais entra em cena, no ponto mais elevado de sua objetivação e com perfeita distinção, a sua discórdia consigo mesma e assim traz-nos diante dos olhos ora a superioridade do indivíduo pela inteligência, ora a violência da maioria mediante a massa, ora o poder do acaso personificado I 456 como sorte, e sempre a vaidade e nulidade // de todo esforço. Nós, entretanto, que neste momento não seguimos o fio das aparências no tempo, mas procuramos investigar a significação ética das ações, e tomamos estas como a única medida para o que nos é significativo e importante, reconheceremos intimoratos, em face da sempre permanente unanimidade do rasteiro vulgo, que o grande e mais significativo acontecimento que o mundo pode exibir não é o conquistador do mundo, mas o ultrapassador do mundo; portanto, em realidade, nada senão a tranquila e despercebida conduta de vida de uma pessoa que chegou àquele conhecimento em virtude do qual renuncia e nega a Vontade de vida, esta que em tudo se esforça e a tudo preenche e impulsiona, cuja liberdade apenas aqui, só nele, entra em cena, pelo que sua conduta é precisamente o contrário da conduta ordinária. Nesse aspecto, pois, as descrições da vida dos indivíduos santos e autoabnegados são para o filósofo — apesar de na maioria das vezes serem muito mal escritas e narradas com uma mescla de superstição e absurdo –, devido ao significado de seu estofo, incomparavelmente mais instrutivas e importantes até mesmo que Plutarco e Lívio.

O conhecimento mais preciso e completo daquilo que, na abstração e na universalidade de nosso modo de exposição, expressamos como negação da Vontade de vida será bastante facilitado pela consideração dos preceitos éticos dados nesse sentido por indivíduos plenamente tomados de semelhante espírito, o que ao mesmo tempo mostrará o quanto nossa visão é antiga, por mais nova que possa ser a pura expressão filosófica da mesma. Em primeiro lugar, o que nos está mais próximo é o cristianismo, cuja ética está totalmente no espírito mencionado, e conduz não apenas ao grau mais elevado de amor humano, mas à renúncia; o gérmen disso já se encontra presente de forma distinta nos escritos dos apóstolos, entretanto só mais tarde desenvolveu-se plenamente e foi *explicite* expresso. Pelos apóstolos encontramos prescrito o amor ao próximo como se fosse a nós mesmos, as boas obras, o pagamento do ódio com o amor e a boa ação, a paciência, a candura; o suportar todas as possíveis afrontas e injúrias sem resistência, a frugalidade na alimentação // para sofrear o prazer, a resistência ao impulso sexual (inclusive completa, quando for possível). Vemos aqui já os primeiros graus da ascese ou negação propriamente dita da vontade: expressão esta que justamente diz aquilo que nos evangelhos é denominado abnegação de si e carregar a própria cruz (Mateus 16, 24-5; Marcos 8, 34-5; Lucas 9, 23-4; 14, 26-7.33). Essa tendência foi gradativamente desenvolvida e deu origem aos penitentes, aos anacoretas, aos monges; mas essa origem, em si pura e santa, justamente por essa razão não podia ser seguida pela grande maioria das pessoas, e, assim, o que daí se desenvolveu só podiam ser hipocrisias e infâmias, pois *abusus optimi pessimus*.[73] No cristianismo mais letrado vemos aquele gérmen ascético desabrochar em vistosa flor nos escritos dos santos e místicos. Estes pregam, junto com o mais puro amor, também completa resignação, voluntária e absoluta pobreza, verdadeira serenidade, indiferença completa pelas coisas mundanas, mortificação da própria vontade e renascimento em Deus, completo esquecimento da própria pessoa e

---

73 "O abuso do melhor é o pior." (N. T.)

O *mundo como vontade e como representação*

imersão na intuição de Deus. Uma exposição completa disso encontra-se na *Explication des maximes des Saints sur la vie intérieure* de Fénélon. Todavia em parte alguma encontramos o espírito do cristianismo tão perfeita e vigorosamente expresso nesse seu desenvolvimento do que nos escritos da mística alemã, portanto em Meister Eckhard e no, com justeza famoso, livro *Teologia alemã*, do qual Lutero diz, no prefácio a ele aditado, que de nenhum livro, excetuando-se a Bíblia e Agostinho, mais aprendeu o que seja Deus, Cristo e o ser humano, – contudo, só obtivemos aquele texto autêntico e verídico no ano de 1851, edição Stuttgart de PFEIFFER. Os preceitos e as doutrinas ali fornecidos são a mais completa apresentação nascida do convencimento mais profundo do que expus como a negação da Vontade de vida. Ali, portanto, tem-se muito mais a aprender sobre o assunto, e não nos discursos sobre ele com convicção judaico-protestante. Textos admiráveis no mesmo espírito, embora não iguais em valor, são a // *Imitação da vida pobre de Cristo* de TAULER, ao lado de sua *Medulla animae*. Ao meu ver, as doutrinas desses autênticos místicos do cristianismo estão para as do Novo Testamento como o espírito vinífero está para o vinho; ou: o que no Novo Testamento nos é, por assim dizer, visível envolto em véu e névoa aparece-nos desvelado nas obras dos místicos com total clareza e distinção. Por fim, também se poderia considerar o Novo Testamento como a primeira, os místicos como a segunda iniciação – αμικρὰ καὶ μεγάλα μυστήρια.[74]

Porém, ainda mais desenvolvido e expresso de maneira multifacetada, exposto mais vivamente do que poderia ocorrer na Igreja cristã e no mundo ocidental, encontramos o que denominamos negação da Vontade de vida justamente nas obras ancestrais da língua sânscrita. Que essa importante visão ética da vida tenha aqui alcançado um desenvolvimento mais amplo e decisivo deve talvez ser atribuído antes de tudo ao fato de essa visão não ter sido limitada por um elemento que lhe seja completamente estranho, como é o caso do cristianismo pela doutrina judaica, em que o sublime fundador do cristianismo teve necessariamente de adaptar-se em parte conscientemente, em parte talvez inconscientemente, ao judaísmo, de modo que o cristianismo é composto de dois elementos bastante heterogêneos,

---

74 "Pequenos e grandes mistérios." (N. T.)

Arthur Schopenhauer

dentre os quais prefiro o puramente ético, nomeando-o exclusivamente cristão, para distingui-lo do dogmatismo judeu com o qual é confundido. Se – como amiúde temeu-se, em especial nos dias atuais – aquela religião excelente e salutar entrar definitivamente em decadência, eu procuraria a razão disso apenas no fato de ela consistir não de um elemento simples, mas de dois elementos originariamente heterogêneos postos em combinação pelo curso mundano dos eventos; ora, daí só poderia resultar a dissolução devida à degeneração provocada por afinidade desigual e reação ao moderno espírito de época; no entanto, após isto, o lado puramente ético ainda teria de permanecer intacto, pois é indestrutível. – Na ética dos hindus (embora seja imperfeito o nosso conhecimento da sua literatura) como a encontramos expressa variada e vigorosamente nos *Vedas*, nos *Purānas*, em obras poéticas, // em mitos e lendas dos seus santos, bem como em aforismos e regras de vida,* vemos prescritos: amor ao próximo com total renúncia a todo amor-próprio; amor em geral não restrito só ao gênero humano, mas englobando todos os viventes; caridade até o ponto de doar aquilo que foi conquistado com o suor diário; paciência ilimitada em relação a toda ofensa; retribuição de todo mau, por pior que seja, com bondade e amor; resignação voluntária e alegre em face de qualquer ignomínia; abstenção completa de alimentação animal; absoluta castidade e renúncia a todo prazer para os que aspiram à verdadeira santidade; despojamento das propriedades, abandono da habitação e dos parentes, profunda e imperturbável solidão absorvida na contemplação silenciosa com voluntária expiação, assim como a terrível e lenta autopunição para a completa mortificação da vontade, o que ao fim pode conduzir à morte voluntária mediante jejum, também mediante o

---

* Cf. por exemplo *Oupnek ´hat, studio Anquetil du Perron*, t. 2, nrs. 138, 144, 145, 146; *Mythologie des Indous par Mad. de Polier*, t. 2, cap. 13, 14, 15, 16, 17. – *Asiatisches Magazin*, de Klaproth, no primeiro tomo: *Über die Fo-Religion*, também *Bhaguat-Geeta* ou *Gespräche zwischen Kreeshna und Arjoon*; no segundo tomo: *Moha-Mudgava*. – Ainda *Institutes of Hindu-Law, or the ordinances of Menu, from the Sanskrit by Wm. Jones*, tradução alemã por Hüttner (1797), em especial os capítulos sétimo e décimo segundo. – Por fim várias passagens do *Asiatic researches*. (Nos últimos quarenta anos a literatura indiana cresceu de uma tal maneira na Europa que, se tentasse agora completar esta nota à primeira edição, encheria muitas páginas.)

O mundo como vontade e como representação

atirar-se aos crocodilos ou o precipitar-se do pico sagrado do alto do Himalaia ou ser sepultado vivo, e também mediante o lançar-se sob as rodas do carro colossal que passeia as imagens de deuses entre o canto, o júbilo e a dança das bailadeiras. Tais preceitos, cuja origem remonta a mais de quatro milênios, são ainda hoje vividos por indivíduos até os maiores extremos,* ainda que aquele povo se encontre degenerado em muitos outros aspectos. O que permaneceu em prática durante tanto tempo, apesar dos mais duros **I 460** sacrifícios exigidos, num povo que compreende tantos milhões, // não pode ser uma fantasia arbitrariamente inventada, mas tem de possuir o seu fundo na essência da humanidade. Mas, apesar de tudo isso, não podemos surpreender-nos suficientemente sobre a coincidência que encontramos ao lermos a vida de um penitente ou santo cristão e a de um penitente indiano. A despeito dos dogmas, dos costumes e das regiões tão fundamentalmente diferentes, a aspiração e a vida interior deles é em absoluto a mesma; também os seus preceitos: por exemplo, Tauler fala da pobreza completa que se deve procurar e que consiste na renúncia total a tudo aquilo que pode proporcionar um consolo ou gozo mundano; evidentemente porque tudo isto fornece nova alimentação à vontade, cuja mortificação completa é intentada: e como contrapartida indiana vemos nos preceitos de Fo ao sannyasi, sem habitação e sem qualquer propriedade, não permanecer com frequência sob a mesma árvore, para assim evitar algum tipo de preferência ou inclinação por ela. Místicos cristãos e grandes mestres da filosofia vedanta concordam no fato de considerarem todas as obras exteriores e as práticas religiosas como supérfluas àquela pessoa que atingiu a perfeição. – Tanta concordância em épocas e povos tão diferentes é uma prova factual de que aqui expressa-se não uma excentricidade ou um distúrbio mental, como a rasteira visão otimista gosta de afirmar, mas um lado essencial da natureza humana e que, se raramente aparece, é tão só em virtude da sua qualidade superior.

---

* Na procissão de Jàgannātha, em junho de 1840, onze hindus atiraram-se sob o carro e foram mortos instantaneamente (carta de um proprietário de terra da Índia Oriental, no *Times* de 30 de dezembro de 1840).

Acabei de mencionar as fontes de onde pode-se obter um conhecimento imediato, haurido na vida, do fenômeno no qual a negação da Vontade de vida se apresenta. Em certa medida este é o ponto mais importante de toda a nossa consideração; todavia, explanei-o apenas de maneira geral, pois o melhor é remeter àqueles que falam a partir da experiência imediata, em vez de aumentar desnecessariamente este livro pela repetição enfraquecida das coisas ditas por eles.

I 461 Quero aqui apenas adicionar algo mais para a descrição geral desse // estado. Vimos acima que o indivíduo mau, pela veemência do seu querer, padece sem cessar um corrosivo tormento interior e, ao fim, quando esgotam-se todos os objetos do querer, sacia a sua sede no espetáculo do tormento alheio; ao contrário, o indivíduo no qual surgiu a negação da Vontade de vida é cheio de alegria interior e verdadeira paz celestial, por mais pobre, destituído de alegria e cheio de privação que seja o seu estado quando visto de fora. Não se tem aqui o ímpeto de vida turbulento, a alegria esfuziante que tem como condição anterior ou posterior o sofrimento veemente, como no caso da conduta típica de quem é apegado à vida; mas se tem uma paz inabalável, uma profunda calma e jovialidade interior, um estado que, se trazido diante dos nossos olhos ou da imaginação, não pode ser visto sem o mais forte dos anelos, pois o reconhecemos de imediato até mesmo como o único justo, que ultrapassa infinitamente todos os demais, e perante o qual nosso espírito melhor sentencia altissonante o grande *sapere aude*.[75] Sentimos que toda satisfação dos nossos desejos advinda do mundo assemelha-se à esmola que mantém hoje o mendigo vivo, porém prolonga amanhã a sua fome; a resignação, ao contrário, assemelha-se à fortuna herdada: livra o herdeiro para sempre de todos os cuidados.

Deve-se recordar do terceiro livro que a alegria estética no belo consiste em grande parte no fato de que nós, ao entrarmos no estado de pura contemplação, somos por instantes libertos de todo querer, isto é, de todos os desejos e preocupações: por assim dizer livramo-nos de nós mesmos, não somos mais o indivíduo que conhece em função do próprio querer incansável, correlato da coisa isolada, para o qual os objetos se tornam motivos, mas somos o sujeito eterno do conhecer, correlato da Ideia, purificado de

---

75 "Ousa saber." (N. T.)

O mundo como vontade e como representação

vontade: sabemos que tais momentos em que somos libertos do ímpeto furioso da vontade, e, por assim dizer, nos elevamos acima da densa atmosfera terrestre, são os mais ditosos que conhecemos. Daí podermos supor quão bem-aventurada deve ser a vida de uma pessoa cuja vontade é neutralizada não apenas por instantes, como na fruição do belo, mas para sempre, sim, inteiramente extinguida, exceto naquela última chama que conserva o corpo e com este será apagada. // Uma tal pessoa que, após muitas lutas amargas contra a própria natureza, finalmente a ultrapassou por inteiro, subsiste somente como puro ser cognoscente, espelho límpido do mundo. Nada mais a pode angustiar ou excitar, pois ela cortou todos os milhares de laços volitivos que a amarravam ao mundo e que nos jogam daqui para acolá, em constante dor, nas mãos da cobiça, do medo, da inveja, da cólera. Ela, então, mira calma e sorridentemente a fantasmagoria deste mundo que antes era capaz de excitar e atormentar o seu ânimo, mas agora paira tão indiferente diante de si como as figuras de xadrez após o fim do jogo, ou as máscaras caídas ao chão na manhã seguinte à noite de carnaval, cujas figuras antes tanto nos haviam intrigado e agitado. A vida com suas figuras flutua diante dela semelhante a uma aparência fugidia, semelhante ao sonho matinal e ligeiro de um semidesperto que já entrevê a realidade e não pode mais ser enganado: igual ao que ocorre neste sonho matinal, a vida com suas figuras desaparece sem transição violenta. A partir destas considerações podemos compreender o sentido das repetições frequentes de Madame GUYON no fim de sua autobiografia: "Tudo me é indiferente: nada mais POSSO querer: constantemente ignoro se existo ou não". — Seja-me aqui permitido, a fim de exprimir como após a mortificação da vontade a morte do corpo (que é apenas aparência da vontade, com cuja supressão ele portanto perde todo significado) não é tida como amarga, mas é muito bem-vinda, citar as próprias palavras daquela santa penitente, embora não sejam elegantemente empregadas: *"Midi de la gloire; jour où il n'y a plus de nuit; vie qui ne craint plus la mort, dans la mort même: parce que la mort a vaincu la mort, et que celui qui a souffert la première mort ne goutera plus la seconde mort"*[76] (*Vie de Madame de Guyon*, t.2, p.13).

---

76 "Zênite da glória; dia no qual não há mais noite; vida que não teme mais a morte, na morte mesma: porque a morte venceu a morte, e aquele que sofreu a primeira morte não sentirá mais a segunda morte." (N. T.)

Contudo, não se deve imaginar que, após a negação da Vontade de vida ter entrado em cena pelo conhecimento tornado quietivo, não há oscilação e assim se pode para sempre permanecer nela como numa propriedade herdada. Não, antes, a negação precisa ser renovadamente conquistada por novas lutas. Pois, visto que o corpo é a vontade mesma apenas // na forma da objetidade, ou como aparência no mundo como representação; segue-se que enquanto o corpo viver, toda a Vontade de vida existe segundo sua possibilidade e constantemente esforça-se para aparecer na realidade efetiva e de novo arder em sua plena intensidade. Por isso, ao encontrarmos na vida de indivíduos santos aquela calma e bem-aventurança que descrevemos como a florescência nascida da constante ultrapassagem da vontade, vemos também como o solo onde se dá essa floração é exatamente a contínua luta contra a Vontade de vida: pois sobre a face da Terra ninguém pode ter paz duradoura. Em consequência, lemos as histórias da vida interior dos indivíduos santos cheias de conflitos espirituais, tentações e abandono da graça, isto é, daquele modo de conhecimento que, ao tornar todos os motivos ineficientes, emudece como quietivo universal qualquer querer e proporciona a mais profunda paz e abre o portão da liberdade. Conseguintemente, também vemos os que uma vez atingiram a negação da Vontade de vida manterem-se com todo empenho neste caminho através de todo tipo de renúncias autoimpostas, mediante um modo de vida duro, penitente e pela procura do desagradável: tudo tendo em vista suprimir a vontade que renovadamente se esforça. Ao fim, como já conhecem o valor da redenção, cuidam angustiosamente para conservar a salvação alcançada, desenvolvem escrúpulos de consciência em cada prazer inocente ou em cada pequena agitação da própria vaidade; vaidade esta que também morre por último e, entre todas as inclinações do ser humano, é a mais difícil de destruir, a mais ativa e a mais tola. – Sob o termo por mim amiúde empregado de ASCESE entendo, no seu sentido estrito, essa quebra PROPOSITAL da vontade, pela recusa do agradável e pela procura do desagradável, o modo de vida penitente voluntariamente escolhido e a autocastidade, tendo em vista a mortificação contínua da vontade.

Tudo isso pode ser observado na prática das pessoas que já atingiram a negação da vontade e tentam mantê-la; por outro lado, o sofrimento em geral trazido pelo destino torna-se um segundo caminho (δεύτερος πλοῦς)

O mundo como vontade e como representação

para atingir a negação: sim, podemos assumir que a maioria das pessoas só chega ao mencionado fim por esta via, e que é o sofrimento pessoalmente sentido, não o meramente conhecido, o que produz com mais frequência a completa // resignação, e na maioria das vezes com a proximidade da morte. Em realidade, só entre alguns poucos o simples conhecimento que transpassa o *principium individuationis* é suficiente para conduzir à negação da vontade, primeiro ao produzir a mais perfeita bondade na disposição de caráter e o amor universal à humanidade, por fim ao permitir reconhecer em todo sofrimento do mundo o próprio sofrimento. Mesmo aqueles que se aproximam deste ponto, o estado tolerável da sua pessoa, a adulação do momento, as promessas da esperança, a satisfação da vontade que se oferece sempre de novo, isto é, a satisfação do prazer, são quase sempre um constante obstáculo à negação da vontade e uma constante sedução para a sua renovada afirmação. Nesse sentido tais tentações sempre foram personificadas na figura do diabo. Por conseguinte, na maioria dos casos a vontade tem de ser quebrada pelo mais intenso sofrimento pessoal, antes de a sua autonegação entrar em cena. Então vemos o ser humano, trazido às raias do desespero após haver sofrido todos os graus de uma aflição crescente sob os reveses mais violentos, subitamente retirar-se em si mesmo, reconhecer a si mesmo e ao mundo, mudar todo o seu ser, elevar-se por sobre a própria pessoa e por todo sofrimento, como se fora purificado e santificado por este, em paz inabalável, em beatitude e sublimidade, livremente renunciando a tudo o que antes queria com a maior veemência, e receber alegremente a morte. Eis aí a mirada argêntea que subitamente surge da flama purificadora do sofrimento; a mirada da negação da vontade, ou seja, da redenção. Mesmo aqueles que eram indivíduos muito maus, vemo-los às vezes purificados até este grau mediante a mais profunda dor: tornam-se outros, completamente convertidos. Seus atos criminosos de outrora não mais angustiam a sua consciência moral; penitenciam tais atos de bom grado com a morte, e livres veem findar a aparência daquela vontade, que agora lhes é estranha e gera repugnância. Acerca dessa negação da vontade advinda da grande infelicidade e do desespero em face de qualquer resgate, temos uma distinta e intuitiva exposição feita pelo magnânimo Goethe em sua obra-prima imortal *Fausto*, exposição esta ao meu ver inigualável poeticamente, ou seja, a história do sofrimento de Gretchen. Esta é um perfeito modelo do segundo caminho que conduz à negação da vontade, que não se dá, como no // primeiro, pelo simples conhecimento adquirido livremente sobre o sofrimento de um mundo inteiro, mas através da dor excessiva sentida na própria pessoa. Em verdade, muitas tragédias ao fim levam seus heróis, violentamente desejosos, a este ponto de completa resignação, quando então, via de regra, findam simultaneamente a Vontade de vida e a sua aparência: mas nenhuma exposição por mim conhecida traz diante dos olhos o essencial daquela conversão de maneira tão distinta e purificada de todo supérfluo quanto a mencionada do *Fausto*.

Na vida real vemos pessoas infelizes que tiveram de amargar grande medida de sofrimento irem de encontro a uma morte vergonhosa, violenta, amiúde uma morte atroz no cadafalso, em completo vigor mental, e também amiúde as vemos convertidas dessa maneira. Não devemos de modo algum assumir que entre o seu caráter e o da maioria dos seres humanos existe uma grande diferença, como parece sugerir a sua sorte, mas temos de atribuir esta última em grande parte às circunstâncias: porém os humanos são culpados e maus em grau considerável. Contudo, vemos muitos dentre eles convertidos da maneira mencionada, após a completa perda de esperança. Mostram agora autêntica bondade e pureza na disposição de caráter, verdadeira aversão pela prática de qualquer ato minimamente mau ou destituído de caridade: perdoam seus inimigos, mesmo aqueles em cujas mãos padeceram inocentemente, e não só com palavras por algum temor hipócrita em face dos juízes do mundo subterrâneo, mas realmente perdoam com íntima seriedade, sem desejarem vingança alguma. Em última instância seu sofrer e morrer tornam-se agradáveis para si, pois a negação da Vontade de vida entrou em cena: com frequência evitam a salvação oferecida, morrem de bom grado, tranquilos, bem-aventurados. A eles revelou-se no excesso de dor o último mistério da vida, vale dizer, por mais que o padecimento e a maldade, o sofrimento e o ódio, o torturado e o torturador se mostrem diferentes segundo o conhecimento que segue o princípio de razão, em si mesmos são uma coisa só, aparências daquela Vontade de vida que objetiva seu conflito consigo mesma via *principium individuationis*: conheceram ambos os lados, a maldade e o padecimento em sua plena intensidade, e, quando

O mundo como vontade e como representação

I 466 notam em última instância a identidade // de ambos, rejeitam-nos simultaneamente, negam a Vontade de vida. Como dissemos, é totalmente indiferente por quais mitos e dogmas esse conhecimento intuitivo, imediato, e essa conversão são transferidos à sua faculdade racional.

Mathias Claudius foi sem dúvida uma testemunha dessa mudança de mentalidade quando escreveu o notável ensaio presente em *Wandsbecker Boten* (I, p.115) sob o título "História da conversão de ***", que tem a seguinte conclusão: "O modo de pensar do ser humano pode passar de um ponto da periferia ao ponto oposto, e de novo voltar ao ponto anterior, se as circunstâncias lhe traçarem tal curso. Essas mudanças não são algo de grandioso e interessante entre os humanos; mas a notável conversão católica, transcendental, em que todo o círculo é irreparavelmente rompido e todas as leis da psicologia tornam-se vãs e vazias, em que a vestimenta da pele é retirada ou ao menos metamorfoseada, e os olhos do ser humano são abertos, é de tal maneira surpreendente que qualquer um que esteja em alguma medida consciente do ar em seu nariz abandonará pai e mãe se puder ouvir e vivenciar alguma coisa certa sobre isso".

Proximidade da morte e falta de esperança não são absolutamente necessárias para semelhante purificação através do sofrimento. Também sem elas e mediante grande desgraça e dor pode o conhecimento da contradição da Vontade de vida consigo mesma impor-se violentamente a nós, com o que a nulidade de todo esforço é percebida. Por isso com frequência se veem pessoas que levavam uma vida bastante agitada no ímpeto das paixões, reis, heróis, aventureiros, subitamente mudarem, entregando-se à resignação e à penitência, tornando-se eremitas e monges. A essa categoria pertencem todas as histórias genuínas de conversão, por exemplo também a de Raimund Lullius, que, finalmente convidado ao quarto da bela dama por quem tanto tempo se enamorou, lá chega e, já antegozando a satisfação de todos os seus desejos, de repente a vê abrir o corselete para mostrar-lhe o peito corroído por um terrível câncer. Deste momento em diante, como se tivesse visto o

I 467 inferno, converte-se, abandona a corte do rei de Mallorca // e vai penitenciar no deserto.* Esta história de conversão é bastante semelhante à do Abade

---

* Brucker, *Hist. Philos.*, t. IV, pars I, p.10.

457

Rancé, que contei brevemente no capítulo 48 do segundo tomo desta obra. Se considerarmos como em ambos os casos a transição do prazer ao horror da vida foi a ocasião para se converterem, então isso nos dá uma explanação do notável fato de que a nação mais mundana, jovial, sensual e alegre da Europa, a França, é aquela na qual foi fundada a de longe mais severa ordem monástica, a dos trapistas, que depois de sua dissolução foi restabelecida por Rancé e, apesar das revoluções, reformas da Igreja e espírito de incredulidade crescente, conserva-se ainda hoje em sua pureza e extrema severidade.

Entretanto, o tipo de conhecimento acima mencionado sobre a índole desta existência pode também de novo esvair-se com o esvaecimento daquilo que o ocasionou, de modo que a Vontade de vida, e com ela o caráter anterior, pode mais uma vez entrar em cena. Assim se deu com o apaixonado Benvenuto Cellini, que foi pela primeira vez convertido dessa maneira quando estava na prisão e outra vez quando de uma grave doença; contudo, após o sofrimento desaparecer, de novo recaiu no antigo estado. Em geral a negação da Vontade de vida de modo algum procede do sofrimento com a necessidade com que o efeito procede da causa, mas a vontade permanece livre. Pois aqui é precisamente o único ponto no qual sua liberdade entra em cena imediatamente na aparência; por isso o espanto tão fortemente expresso por Asmus sobre a "conversão transcendental". Em realidade, para cada sofrimento é possível pensar em uma vontade que o supera em veemência, sendo esta então inconquistável por aquele. Por isso Platão conta no *Fedro* que algumas pessoas, até bem antes da sua execução, festejam, bebem, gozam prazeres sexuais, assim afirmando a vida mesmo na morte. Shakespeare nos apresenta na figura do Cardeal de Beaufort* o terrível fim de um facínora que morre cheio de desespero, pois nem sofrimento nem morte podem quebrar a sua vontade veemente, que ia até o extremo da crueldade.

I 468 // Ora, quanto mais veemente a vontade, tanto mais flagrante é a aparência do seu conflito: logo, tanto mais intenso é o sofrimento. Um mundo que fosse a aparência de uma vontade incomparavelmente mais veemente que a atual exibiria sofrimentos tão mais intensos que, em verdade, seria um INFERNO.

---

* *Henrique VI*, parte 2, ato 3, cena 3.

O mundo como vontade e como representação

Porque todo sofrimento é uma mortificação e um chamado à resignação, possui potencialmente uma força santificadora; e isso explica o fato de grandes desgraças e dores profundas já em si mesmas inspirarem certo respeito. Porém, o sofredor torna-se por inteiro digno de reverência quando, ao considerar o decurso de sua vida como uma cadeia de sofrimentos ou como uma dor intensa e incurável, não olha propriamente o encadeamento das circunstâncias que justamente envolveram a sua vida no luto, nem se detém na grande desgraça particular que o atingiu: – porque até este ponto seu conhecimento ainda segue o princípio de razão e adere à aparência individual; ele ainda quer a vida, apenas não nas condições que encontrou; efetivamente só se torna digno de reverência quando seu olhar eleva-se do particular ao universal, quando considera o próprio sofrimento apenas como exemplo do todo e, assim, para ele, na medida em que em sentido ético se tornou genial, UM caso vale por mil; por conseguinte, o todo da vida apreendido como sofrimento essencial o conduz à resignação. Por isso é digno de reverência quando, no *Torquato Tasso* de Goethe, a princesa expressa o quanto sua vida e a dos seus próximos sempre foi triste e sem alegria, e assim fazendo seus olhos miram apenas o universal.

Um caráter deveras nobre é sempre pensado por nós como se tivesse certo traço de tristeza silenciosa, que de modo algum se deve ao constante desgosto ligado às contrariedades cotidianas (este seria antes um traço ignóbil e faria temer uma disposição de caráter mau); em verdade, trata-se aqui de uma consciência nascida da nulidade de todos os bens e do sofrimento de toda vida, e não apenas do sofrimento pessoal. Sem dúvida, tal conhecimento pode ser primeiro desperto pelo sofrimento vivenciado na própria pessoa, em especial um único grande sofrimento; assim, um único desejo insatisfeito levou Petrarca àquela tristeza resignada em face da vida, **I 469** algo que nos // atrai tão comovedoramente às suas obras; pois a Daphne que perseguia escapou-lhe das mãos, restando-lhe, em vez dela, a láurea imortal da glória. Se, por meio de uma tão grande e irrevogável recusa do destino, a vontade é em certo grau quebrada, então de resto quase nada mais é desejado e o caráter se mostra brando, triste, nobre, resignado. Quando finalmente a aflição não tem mais objeto determinado, mas espalha-se por toda a vida, ocorre aí em certa medida um mergulho em si mesmo,[77] um retraimento, um desaparecimento gradual da vontade, cuja visibilidade, o corpo, é surda e profundamente minada, com o que a pessoa sente uma espécie de desatamento de seus vínculos, tem um leve pressentimento da morte que se proclama enquanto dissolução do corpo e da vontade; por isso tal aflição é acompanhada de uma alegria secreta, e é isto, creio, o que a mais melancólica de todas as nações chamou *the joy of grief*.[78] Aqui, todavia, reside também o perigo do SENTIMENTALISMO, tanto na vida real quanto em sua exposição poética, a saber, quando alguém sempre se entristece e se lastima sem recobrar o ânimo e elevar-se à resignação, com o que perde céu e terra ao mesmo tempo, restando-lhe apenas uma sentimentalidade lacrimosa. Só quando o sofrimento assume a forma do simples e puro conhecer, e este, como QUIETIVO DA VONTADE, produz a resignação, é que se acha o caminho da redenção, sendo, pois, o sofrimento digno de reverência. Dessa perspectiva, ao vermos qualquer pessoa desafortunada, sentimos certo respeito parecido com aquele sentido em face de pessoas dotadas de virtude e nobreza, e simultaneamente o nosso estado mais feliz se apresenta como uma repreenda. Não podemos deixar de ver, de um lado, cada sofrimento, tanto pessoal quanto alheio, como uma possível aproximação da virtude e da santidade, e por outro lado os gozos e as satisfações mundanas, como um distanciamento delas. Isso vai tão longe que todo ser humano que suporta um grande sofrimento corporal ou mental, sim, até mesmo quem esgota com suor na testa todas as suas forças num trabalho corporal, porém o exerce com paciência e sem queixumes, aparece-nos, quando o consideramos

I 470 // com a atenção mais concentrada, algo assim como um doente submetido a uma cura dolorosa e que suporta voluntariamente e até com satisfação as dores que lhe são causadas, pois sabe que, quanto mais sofre, tanto mais a substância maligna é destruída e, dessa forma, a dor presente é a medida de sua cura.

De tudo o que foi dito até agora segue-se que a negação da Vontade de vida ou, o que é o mesmo, a resignação completa, a santidade, sempre

---

77 *In-sich-gehen*, ao pé da letra "ir em si". (N. T.)
78 "O prazer da aflição." (N. T.)

O mundo como vontade e como representação

procede do quietivo da vontade, que é o conhecimento do seu conflito interno e da sua nulidade essencial, a expressarem-se no sofrimento de todo vivente. A diferença que expusemos como dois caminhos reside em se o conhecimento advém do simples e puro sofrimento CONHECIDO e livremente adquirido por intermédio da visão que transpassa o *principium individuationis*, ou do sofrimento SENTIDO imediatamente. Salvação verdadeira, redenção da vida e do sofrimento, é impensável sem a completa negação da vontade. Até então cada um não passa dessa vontade, cuja aparência é uma existência efêmera, um esforço sempre nulo e continuamente malogrado, o mundo tal qual o expusemos como cheio de sofrimento, ao qual todos pertencem irrevogavelmente de maneira igual. Pois encontramos acima que à Vontade de vida a vida é sempre certa e sua única forma verdadeira é o presente, do qual ela não escapa, por mais que nascimento e morte governem na aparência. Um mito indiano exprime isso quando diz: "eles renascerão". A grande diferença ética encontrada nos caracteres tem a seguinte significação: o indivíduo mau encontra-se infinitamente distante de atingir o conhecimento a partir do qual provém a negação da vontade e, por conseguinte, é em verdade EFETIVAMENTE preso de todos os tormentos que aparecem na vida como POSSÍVEIS, pois até mesmo o estado atual e feliz de sua pessoa nada é senão uma aparência mediada pelo *principium individuationis*, ilusão de māyā, sonho feliz de um mendigo. O sofrimento que na veemência e fúria do seu próprio ímpeto volitivo inflige aos outros é a medida do sofrimento cuja experiência em sua pessoa não quebra a vontade nem a conduz à negação

I 471 final. Por outro lado, todo amor puro e verdadeiro, // sim, até mesmo toda justiça livre, já resulta da visão que transpassa o *principium individuationis*, a qual, caso entre em cena com sua plena clareza, produz a completa salvação e redenção, cujo fenômeno é o acima descrito estado de resignação, a paz inabalável que o acompanha e a suprema alegria na morte.

§ 69

Nada mais difere tanto da negação da Vontade de vida exposta suficientemente nos limites do nosso modo de consideração e que constitui o único ato de liberdade da vontade que emerge na aparência, portanto é, como Asmus a define, a conversão transcendental, do que a efetiva supressão da aparência individual da vontade, na efetividade, pelo SUICÍDIO. Este, longe de ser negação da vontade, é um fenômeno que vigorosamente a afirma. Pois a essência da negação da vontade reside não em os sofrimentos, mas em os prazeres, repugnarem. O suicida quer a vida, porém está insatisfeito com as condições sob as quais a vive. Quando destrói a aparência individual, ele de maneira alguma renuncia à Vontade de vida, mas tão somente a viver. Ele ainda quer a vida, quer a existência e a afirmação sem obstáculos do corpo; porém, como a combinação das circunstâncias não o permite, o resultado é um grande sofrimento. A Vontade de vida mesma é encontrada nessa aparência particular tão fortemente travada que não pode desdobrar o seu esforço. Por isso decide-se em acordo com a sua essência em si, que se encontra exterior às figuras do princípio de razão e para a qual toda aparência particular é indiferente; decisão tomada na medida em que a Vontade de vida mesma permanece intocada em meio a todo nascer e perecer, pois é o íntimo vital de todas as coisas. Pois aquela certeza firme, íntima, que permite a todos nós vivermos sem o terror contínuo da morte, vale dizer, a certeza de que à vontade jamais pode faltar a sua aparência, também apoia o ato de suicídio. A Vontade de vida aparece // tanto na morte autoimposta (Śiva) quanto no prazer da conservação pessoal (Vishnu) e na volúpia da procriação (Brahmā). Essa é a significação íntima da UNIDADE DO TRIMURTI, que cada ser humano é por inteiro, embora no tempo ela destaque ora uma ora outra de suas três cabeças. – O suicídio está para a negação da vontade como a coisa isolada está para a Ideia: o suicida nega tão somente o indivíduo, não a espécie. Como à Vontade de vida a vida é sempre certa e a esta o sofrimento é essencial, o suicídio, a destruição arbitrária de uma aparência singular, é uma ação inútil e tola, pois a coisa em si permanece intacta como o arco-íris imóvel em meio à rápida mudança das gotas, que por instantes são o seu sustentáculo. O suicídio é, em realidade, a obra-prima de māyā, na forma do mais gritante índice de contradição da Vontade de vida consigo mesma. Reconhecemos essa contradição nas aparências mais elementares da vontade, na luta contínua de todas as exteriorizações das forças naturais e de todos os indivíduos orgânicos por matéria, tempo e espaço; vimos como

O mundo como vontade e como representação

esse conflito entra em cena aos poucos com distinção terrível nos graus ascendentes de objetivação da vontade; ao fim, no grau mais elevado desta, a Ideia de humanidade, esse conflito atinge o grau no qual não apenas os indivíduos que expõem a mesma Ideia se exterminam uns aos outros, mas o mesmo indivíduo declara guerra a si, e a veemência com a qual ele quer a vida e se revolta contra a travação da mesma, a saber, o sofrimento, o leva a destruir-se, de tal maneira que a vontade individual, mediante um ato volitivo, suprime o corpo, que é apenas a sua visibilidade, e isso antes que o sofrimento quebre a vontade. Precisamente porque o suicida não pode cessar de querer, cessa de viver, e a vontade afirma-se aqui justamente pela supressão de sua aparência, pois não pode mais afirmar-se de outro modo. Ora, como era exatamente o sofrimento, ao qual o indivíduo quer se furtar, o que, enquanto mortificação da vontade, o poderia conduzir à negação de si mesmo e à redenção, segue-se daí que, neste aspecto, o suicida assemelha-se a um doente que após ter começado uma dolorida operação // de cura radical não permite o seu término, preferindo permanecer doente. O sofrimento aproxima-se e, enquanto tal, abre-lhe a possibilidade de negação da vontade, porém ele a rejeita ao destruir a aparência da vontade, o corpo, de tal forma que a vontade permanece inquebrantável. – Eis por que todas as éticas, tanto filosóficas quanto religiosas, condenam o suicídio, embora elas mesmas nada possam fornecer senão estranhos argumentos sofísticos. Entretanto, se uma pessoa, a partir de puros motivos morais, devesse guardar-se do suicídio, o sentido mais íntimo deste autoultrapassamento (não importa os conceitos com os quais sua razão o vista) seria o seguinte: "Eu não quero evitar o sofrimento, pois este pode contribuir para a supressão da Vontade de vida, cuja aparência é tão cheia de penúria; o conhecimento agora em mim já despertado da essência verdadeira do mundo é fortalecido e torna-se o quietivo final da minha vontade e, assim, me redime para sempre".

Reconhecidamente de tempos em tempos repetem-se casos nos quais o suicídio é estendido às crianças: o pai mata os filhos que tanto ama, e em seguida a si próprio. Se tivermos em mente que a consciência moral, a religião e todos os conceitos tradicionais fazem reconhecer no assassinato o pior crime, porém o pai o comete na hora da própria morte, e em verdade sem ter nessa ocasião motivo egoístico algum, então o ato só pode ser explanado como se segue: a vontade do indivíduo se reconhece imediatamente nas crianças, todavia enredada na ilusão que envolve a aparência como se esta fosse a essência em si e, ademais, profundamente abalado pelo conhecimento da miséria de toda vida, ele acredita que ao suprimir a aparência também suprime a essência mesma; portanto, deseja resgatar-se e aos seus filhos (nos quais vê imediatamente a si viver) da existência e das suas penúrias. — Ora, um caminho tão errado quanto este corresponde à suposição de que se pode atingir aquele mesmo fim, ao qual se chega pela voluntária castidade, abortando-se os fins da natureza na fecundação, ou até mesmo quando, na consideração do sofrimento inevitável da vida, provoca-se a morte do recém-nascido em vez de fazer todo o possível para assegurar a vida àqueles que são a esta impelidos. // Pois se a Vontade de vida existe como o exclusivo metafísico ou a coisa em si, violência alguma pode quebrá-la, mas tão somente destruir a sua aparência, neste lugar, neste tempo. A Vontade não pode ser suprimida por nada, senão pelo CONHECIMENTO, por isso o único caminho de salvação é este: que a vontade apareça livremente, a fim de nesta aparência CONHECER a sua essência. Só em virtude deste conhecimento pode suprimir a si mesma e assim também pôr fim ao sofrimento inseparável de sua aparência: isso, entretanto, não é possível por violência, como a destruição do embrião, ou a morte do recém-nascido, ou o suicídio. A natureza conduz a vontade à luz porque só na luz a vontade pode encontrar a sua redenção. Eis por que se deve fomentar de todas as formas os fins da natureza, desde que a Vontade de vida, o seu íntimo, tenha decidido. —

Totalmente diferente do suicídio comum parece ser outro bem especial e que talvez ainda não tenha sido suficientemente constatado. Trata-se da morte livremente escolhida por inanição, resultado do mais elevado grau de ascese, cujo aparecimento, todavia, sempre foi acompanhado por diversos delírios religiosos e até mesmo fanatismos e desse modo obscurecido. Parece, no entanto, que a completa negação da vontade pode atingir um grau em que falta até mesmo a vontade necessária para a conservação da vida vegetativa do corpo por ingestão de alimento. Muito longe de resultar da Vontade de vida, tal tipo de suicídio provém simplesmente de o asceta, já por inteiro resignado, cessar de viver, simplesmente porque cessou por inteiro de querer. Nenhum outro tipo de morte por fome pode no pre-

O mundo como vontade e como representação

sente contexto ser cogitável (a não ser aquela proveniente de uma especial superstição), pois a intenção de diminuir o tormento já seria um grau de afirmação da vontade. Os dogmas que preenchem a razão desse penitente espelham a ilusão de que um ser de natureza superior lhe ordenou o jejum ao qual impele sua tendência interior. Antigos exemplos disso podem ser encontrados em *Breslauer Sammlung von Natur-und Medicin-Geschichten*, setembro de 1799, p.363 et seq.; em *Nouvelles de la république des lettres*, // de Bayle, fevereiro de 1685, p.189 et seq.; em Zimmermann, *Über die Einsamkeit*, I, p.182; na *Histoire de l'académie des sciences* de 1764, um informe de Houttuyn; o mesmo informe é repetido na *Sammlung für praktische Aerzte*, I, p.69. Relatos ulteriores são encontrados no *Journal für praktische Heilkunde*, tomo 10, p.181, e tomo 48, p.95; também na *Zeitschrift für psychische Aerzte*, 1819, caderno 3, p.460; no *Edinburgh medical and surgical Journal*, 1809, tomo 5, p.319. No ano de 1833 todos os jornais noticiaram que o historiador inglês Dr. Lingard morreu de morte livremente escolhida por inanição, no mês de janeiro em Dover (depois se noticiou que não fora ele, mas um parente, que morrera). Porém, na maioria desses relatos, os indivíduos são apresentados como loucos e é impossível estabelecer até que ponto foi este de fato o caso. No entanto, quero apresentar um relato mais recente desse tipo de caso, nem que seja apenas para preservar um dos mais raros exemplos de acontecimento surpreendente, extraordinário, da natureza humana, e que, em certa medida, aparentemente pertence ao domínio no qual gostaria de inseri-lo, do contrário dificilmente explanável. Esse recente relato encontra-se no *Nürnberger Korrespondent*, de 29 de julho de 1813, com os seguintes termos:

"Foi reportado de Berna que se achou numa densa floresta perto de Thürnen uma cabana na qual encontrava-se o cadáver decomposto de um homem morto há aproximadamente um mês. Suas roupas davam pouca informação sobre a sua posição social. Havia camisas finas ao seu lado. O objeto mais significativo era uma Bíblia, intercalada com páginas em branco, parcialmente manuscritas pelo morto. Ali anota o dia de sua partida (sem porém revelar a cidade natal) e em seguida diz que fora impelido ao ermo pelo espírito de Deus, a fim de rezar e jejuar. Durante sua jornada já havia jejuado sete dias, em seguida comera de novo. Instalado em sua cabana, iniciou outro jejum por vários dias. Cada dia era agora indicado com um

risco, tendo-se encontrado cinco destes, após os quais o peregrino pro-
I 476 vavelmente // morreu. Encontrou-se também uma carta para um clérigo
versando sobre um sermão que o morto havia ouvido do mesmo; porém
faltava o endereço." – Entre esta morte voluntária resultante do extremo
da ascese e aquela comum resultante do desespero, deve haver muitos graus
intermédios e combinações que são certamente difíceis de explicar; mas
a mente humana tem profundezas, obscuridades e complicações que são
extremamente difíceis de aclarar e destrinchar.

§ 70

Talvez se pudesse considerar toda a exposição recém-feita sobre o que
denominei negação da vontade, inconsistente com a anterior discussão
sobre a necessidade que concerne à motivação ou a qualquer outra figura
do princípio de razão, em consequência do que os motivos, igual às outras
causas, não passam de causas ocasionais em que o caráter desdobra a sua
essência e a manifesta com a necessidade de uma lei natural, razão pela qual
neguei de forma peremptória a liberdade como *liberum arbitrium indifferentiae*.
Longe de omitir este assunto, relembro-o aqui; em verdade, a liberdade
propriamente dita, isto é, a independência do princípio de razão pertence
tão somente à vontade como coisa em si, não à sua aparência, cuja forma
essencial em toda parte é o princípio de razão, o elemento da necessidade. O
único caso no qual aquela liberdade também pode tornar-se imediatamente
visível na aparência é aquele em que põe fim ao que aparece; ora, devido ao
fato de a mera aparência, o corpo vivo, ser um membro na cadeia das causas, continuando a existir no tempo, que contém apenas aparências, resulta
disso que o corpo entra em contradição com a vontade que se manifesta a
si mesma através desta aparência, na medida em que a vontade nega o que
a aparência expressa. Num tal caso, por exemplo, os genitais, como visibilidade do impulso sexual, estão ali saudáveis, entretanto no mais íntimo
nenhuma satisfação sexual é desejada: o corpo inteiro é apenas expressão visível da Vontade de vida, e, contudo, os motivos correspondentes à vontade
I 477 não fazem mais efeito: // sim, a dissolução do corpo, o fim do indivíduo e

O mundo como vontade e como representação

por aí a grande travação da vontade natural são bem-vindos e desejados. Em realidade, a contradição entre, de um lado, as minhas colocações acerca da necessidade da determinação da vontade por motivos conforme o caráter e, de outro, sobre a possibilidade da completa supressão da vontade quando os motivos tornam-se impotentes, é apenas a repetição na reflexão filosófica da contradição REAL que surge da intervenção imediata da liberdade da vontade em si, que não conhece necessidade alguma, na necessidade da sua aparência. A chave para a solução dessas contradições reside no fato de que o estado no qual o caráter se exime do poder dos motivos não procede imediatamente da vontade, mas de uma forma modificada de conhecimento. Assim, enquanto o conhecimento é envolto no *principium individuationis* e segue de maneira absoluta o princípio de razão, o poder dos motivos é também irresistível; quando, entretanto, se olha transpassando o *principium individuationis*, quando as Ideias, quando a essência da coisa em si é imediatamente reconhecida como a mesma vontade em tudo e, a partir desse conhecimento, resulta um quietivo universal do querer, então os motivos individuais tornam-se sem efeito porque a forma de conhecimento correspondente a eles é obscurecida e posta em segundo plano por um conhecimento por inteiro diferente. Por isso o caráter nunca pode mudar parcialmente, mas tem de, com a consequência de uma lei natural, realizar como um todo no particular a vontade da qual ele é a aparência: mas precisamente este todo, o caráter mesmo, pode ser completamente suprimido pela antes mencionada modificação do conhecimento. Essa supressão é aquela que surpreende Asmus, como antes foi citado, e que ele descreve como "conversão católica, transcendental": esta é justamente a que, na Igreja cristã, é muito apropriadamente denominada RENASCIMENTO, e o conhecimento, do qual provém, EFEITO DA GRAÇA. — Portanto não se trata aqui de uma alteração, mas de uma supressão completa do caráter, e, por mais diferentes que tenham sido os caracteres antes de chegarem a essa supressão, eles mostram, no entanto, após ela,

I 478 // uma grande semelhança na maneira de agir, embora cada um deles FALE diferente, de acordo com os seus conceitos e dogmas.

Nesse sentido, o antigo filosofema sobre a liberdade da vontade, sempre contestado, mas também sempre defendido, não é sem fundamento; também não é sem sentido e referência o dogma da Igreja sobre o efeito da graça e do renascimento. Agora, porém, vemos inesperadamente ambos coincidirem em um e podemos doravante também compreender em que sentido o admirável Malebranche podia afirmar: *"La liberté est un mystère"*,[79] e tinha razão. Pois exatamente aquilo que os místicos cristãos denominam EFEITO DA GRAÇA e RENASCIMENTO é para nós a única e imediata exteriorização da LIBERDADE DA VONTADE. Esta só entra em cena quando a vontade, após alcançar o conhecimento da sua essência em si, obtém dele um QUIETIVO, quando então é removido o efeito dos MOTIVOS, os quais residem em outro domínio de conhecimento cujos objetos são apenas aparências. — Portanto, a possibilidade de a liberdade exteriorizar a si mesma é a grande vantagem do ser humano, ausente no animal, porque a condição dela é a clarividência da razão, que o habilita a uma visão panorâmica do todo da vida, livre da impressão do presente. O animal está destituído de qualquer possibilidade de liberdade, assim como da possibilidade de uma real decisão eletiva com clarividência segundo um prévio e completo conflito de motivos, os quais para esse fim têm de ser representações abstratas. Por conseguinte, exatamente com a mesma necessidade com que a pedra cai para a terra, é que o lobo faminto crava os dentes na carne da presa, sem a possibilidade de conhecer que ele é tanto o caçador quanto a caça. NECESSIDADE É O REINO DA NATUREZA; LIBERDADE É O REINO DA GRAÇA.

Ora, visto que aquela AUTOSSUPRESSÃO DA VONTADE procede do conhecimento, no entanto todo conhecimento e intelecção como tais são independentes do arbítrio, segue-se que também aquela negação do querer, aquela imersão na liberdade, não é obtida por força de resolução, mas procede da relação mais íntima entre o conhecimento e o querer no ser humano; chega, em consequência, subitamente e como de fora voando. // Por isso justamente a Igreja denominou esse acontecimento EFEITO DA GRAÇA: contudo, assim como a Igreja o faz depender da aceitação da graça, assim também o efeito do quietivo é em última instância um ato de liberdade da vontade. Ora, como em consequência de tal efeito da graça toda a essência

I 479

---

79 "A liberdade é um mistério". (N. T.)

O mundo como vontade e como representação

do ser humano é radicalmente mudada e convertida, de tal forma que ele nada quer do que até então veementemente queria e um novo ser humano substitui o antigo; a Igreja denominou RENASCIMENTO essa consequência do efeito da graça. Pois o que ela chama de homem natural, a quem nega toda capacidade para o bom, é justamente a Vontade de vida, que tem de ser negada caso a redenção de uma existência como a nossa deva ser alcançada. Em realidade, por trás da nossa existência encrava-se algo outro, só acessível caso nos livremos do mundo.

Não os indivíduos considerados segundo o princípio de razão, mas a Ideia de humanidade considerada em sua unidade, é o que a doutrina cristã simboliza como a NATUREZA, a AFIRMAÇÃO DA VONTADE DE VIDA, EM ADÃO. O pecado herdado de Adão, isto é, a nossa unidade com ele na Ideia, que se expõe no tempo por meio do laço da procriação, faz de todos nós partícipes do sofrimento e da morte eterna: por outro lado, a doutrina cristã simboliza a GRAÇA, a NEGAÇÃO DA VONTADE, a REDENÇÃO, na forma de Deus tornado homem, que, livre de toda pecaminosidade, isto é, de todo querer-viver, não pode ter-se originado da mais decisiva afirmação da vontade, como nós, nem pode ter um corpo como o nosso, que é inteiramente vontade con- creta, aparência da vontade; mas, nascido da jovem e pura virgem, tem um corpo só aparente. Os docetas, ou seja, certos padres da Igreja, sustentaram (e nisto foram consequentes) esta última tese, defendida em especial por Apeles, contra o qual (e seus seguidores) insurgiu-se Tertuliano. Mas até mesmo Agostinho comenta a passagem Romanos 8, 3: *"Deus filium suum misit in similitudinem carnis peccati"*, portanto: *"Non enim caro peccati erat, quae non de carnali delectatione nata erat: sed tamen inerat ei similitudo carnis peccati, quia mortalis caro erat"* (Liber 83, quaestion. qu. 66).[80] Ele também ensina na sua obra *Opus imperfectum*, I, 47, // que o pecado original é pecado e punição ao mesmo tempo: encontra-se já na criança recém-nascida, porém se mostra apenas quando ela cresce. A origem do pecado, contudo, deve ser inferida da

I 480

---

80 "Deus enviou seu filho na figura da carne pecaminosa." Portanto: "Não era carne pecaminosa, pois não nasceu do desejo carnal; contudo possuía semelhança com a carne pecaminosa, pois era carne mortal." (N. T.)

vontade do pecador. Tal pecador foi Adão, no entanto todos nós existimos nele: Adão foi infeliz, e nele todos nos tornamos infelizes. – Em realidade, a doutrina do pecado original (afirmação da vontade) e a da redenção (negação da vontade) é a grande verdade que constitui o cerne do cristianismo, o resto sendo, na maioria das vezes, apenas vestimentas e invólucro, ou algo acessório. De acordo com isso, devemos sempre conceber Jesus Cristo no universal, como símbolo ou como personificação da negação da Vontade de vida; não individualmente, seja de acordo com a história mítica nos evangelhos, ou segundo a história provavelmente verdadeira que está no fundamento destes. Pois é difícil ficar completamente satisfeito seja com um caso ou com outro. Trata-se aí somente de um veículo para o povo, que sempre exige algo fático, daquela primeira concepção. – Que em nossa época o cristianismo tenha esquecido sua verdadeira significação e degenerado num otimismo rasteiro não nos concerne aqui.

Ademais, é uma doutrina originária e evangélica do cristianismo a que Agostinho, com a aprovação dos mestres da Igreja, defendeu contra as rasteirices dos pelagianos, e que LUTERO procurou restabelecer e purificar de erros, tarefa esta que se tornou o objetivo principal dos seus esforços, como o declara expressamente em seu livro *De servo arbítrio*: refiro-me à doutrina de que a VONTADE NÃO É LIVRE, mas está originariamente propensa ao que é mau; por isso as obras da vontade são sempre pecaminosas e imperfeitas e jamais podem satisfazer à justiça; por fim, tais obras nunca podem nos salvar: só a fé o pode; esta, entretanto, não nasce de resolução ou de pretenso livre-arbítrio, e sim do EFEITO DA GRAÇA, sem a nossa participação, como algo que chega de fora para nós. – Não somente os dogmas antes mencionados, mas também este último dogma genuinamente evangélico, encontram-se entre aqueles que nos dias de hoje uma opinião tosca e raquítica rejeita como absurdo ou desfigura. Em realidade, a despeito de Agostinho e Lutero, tal opinião adequa-se ao senso comum do pelagianismo, que em verdade é o racionalismo dos dias atuais, // e que trata como ultrapassados precisamente aqueles dogmas profundos, essenciais e próprios do cristianismo (no sentido estrito do termo), preferindo, por outro lado, considerar como assunto principal apenas os dogmas de origem e tradição judaica, ligados ao

O mundo como vontade e como representação

I 482 cristianismo apenas por razões históricas.*// — Nós, entretanto, reconhecemos na doutrina acima mencionada a verdade que coincide inteiramente com o resultado das nossas considerações. Noutros termos, vemos que a autêntica virtude e a santidade de disposição têm sua primeira origem não no arbítrio ponderado (obras), mas no conhecimento (fé): exatamente como desenvolvemos a partir do nosso pensamento capital. Se as obras oriundas

---

* A verdade deste caso confirma-se pelo fato de todas as contradições e mistérios inapreensíveis contidos na dogmática cristã e sistematizados de modo consequente por Agostinho, o que conduziu exatamente ao oposto do raquítico pelagianismo, desaparecerem tão logo abstraiam-se os dogmas judeus fundamentais e reconheça-se que o ser humano não é a obra de outrem, mas da própria vontade. Com isso tudo torna-se subitamente claro e correto: não é mais necessária liberdade alguma no *Operari*: pois ela se encontra no *Esse*, e justamente aqui reside também o pecado enquanto pecado original: o efeito da graça, todavia, pertence-nos propriamente. — Por outro lado, de acordo com a visão racionalista dos dias de hoje, muitas doutrinas da dogmática agostiniana baseada no Novo Testamento apresentam-se completamente insustentáveis, até mesmo revoltantes, por exemplo a predestinação. Com isso, rejeita-se o que é genuinamente cristão e retorna-se ao judaísmo. Mas o erro de cálculo ou defeito primário da dogmática cristã reside onde menos se o procura, a saber, precisamente naquilo que é isento de toda prova, e admitido como certo. Se se faz abstração deste dogma, toda a dogmática torna-se racional: pois ele corrompe não apenas a teologia, mas toda ciência. De fato, caso se estude a teologia de Agostinho nos livros *De civitate Dei* (especialmente no 14º livro), vivenciamos algo análogo ao caso em que tentamos manter em pé um corpo cujo centro gravitacional está fora dele: não importa como se o gire ou se mude de lugar, sempre cairá novamente. Do mesmo modo, aqui, apesar de todos os esforços e sofismas de Agostinho, a culpa do mundo e sua miséria sempre recaem em Deus, que criou tudo e está em tudo, e ainda sabia como as coisas funcionariam. Que Agostinho mesmo estava intimamente cônscio da dificuldade e desconcertado por ela, já o demonstrei no meu ensaio *Sobre a liberdade da vontade* (cap. 4, p.66-8, primeira edição). — Do mesmo modo, a contradição entre a bondade de Deus e a miséria do mundo, e entre a liberdade da vontade e a presciência divina, é o tema inesgotável de uma controvérsia quase secular entre cartesianos, Malebranche, Leibniz, Bayle, Klarke, Arnauld, em meio a muitos outros. O único dogma considerado pelos disputantes é a existência de Deus junto com os seus atributos, e todos eles giram incessantemente em círculos, na medida em que tentam harmonizar essas coisas, isto é, tentam resolver uma soma aritmética que nunca chega a um bom resultado, e o resto dela aparece, aqui e ali, após ter sido ocultado. Que a fonte do dilema devia ser procurada na pressuposição fundamental não ocorreu a ninguém, apesar de isso impor-se de maneira palpável. Apenas Bayle mostra que percebeu esse problema.

de motivos e resoluções ponderadas fossem aquelas que conduzissem à bem-aventurança, então a virtude, de qualquer ângulo que se a observasse, nada seria senão um egoísmo prudente, metódico, perspicaz. — Porém, a fé com a qual a Igreja cristã promete a salvação é esta: assim como todos nós, através do pecado original do primeiro humano, participamos do pecado e estamos destinados à morte e à perdição, assim também só pela graça e pelo divino mediador que assume a nossa culpa é que podemos ser redimidos, e isso, em realidade, sem mérito algum nosso (da pessoa), pois o que pode provir do ato intencional das pessoas (determinado por motivos), ou seja, as suas obras, jamais pode por sua natureza mesma nos justificar, precisamente porque é um ato INTENCIONAL, produzido por motivos, portanto *opus operatum*.[81] Essa fé, portanto, implica que o nosso estado originário é essencialmente sem salvação, em relação ao qual, portanto, precisamos de REDENÇÃO; nós mesmos pertencemos em essência ao que é mau e somos tão firmemente atados ao mau que nossas obras, segundo lei e prescrição, isto é, conforme motivos, jamais podem satisfazer suficientemente à justiça nem nos redimir, mas a redenção só pode ser ganha por meio da fé, isto é, por um modo de conhecimento convertido; e essa fé mesma só pode dar--se mediante a graça, portanto, como que chega de fora: isso significa que a salvação é algo completamente alheio à nossa pessoa e aponta para uma negação e supressão necessária à salvação dessa pessoa. As obras e a observância das leis enquanto tais nunca podem justificar, porque sempre são um agir a partir de motivos. LUTERO observa (em *De libertate christiana*) que, após a fé ter entrado em cena, as boas obras seguem-se naturalmente da fé, como se fossem seus sintomas, seus frutos; certamente não como obras que em si mesmo visem à vantagem, // à justificação, à recompensa, mas realizam--se de maneira completamente espontânea e gratuita.— Assim, vimos que, pela visão cada vez mais límpida que transpassa o *principium individuationis*, primeiro resultam a justiça espontânea, em seguida o amor que vai até a supressão completa do egoísmo, por fim a resignação ou negação da vontade.

Recorri aqui aos dogmas da religião cristã, eles mesmos estranhos à filosofia, apenas para mostrar que a ética oriunda da nossa consideração,

---

81 "Obra feita (em vista de um benefício)." (N. T.)

O mundo como vontade e como representação

que é coerente e concordante com todas as partes desta, embora nova e surpreendente em sua expressão, de modo algum o é em sua essência; ao contrário, concorda totalmente com todos os dogmas propriamente cristãos e no essencial já se achava nestes; também concorda com a mesma exatidão com as doutrinas e os preceitos éticos que foram expostos de forma bem diferente nos livros sagrados da Índia. Ao mesmo tempo, a recordação dos dogmas da Igreja cristã serve para esclarecer e elucidar a aparente contradição entre, de um lado, a necessidade de todas as exteriorizações do caráter quando os motivos são dados (reino da natureza), e, de outro, a liberdade que a vontade em si tem para negar-se e, assim, suprimir o caráter (reino da graça) e toda a necessidade dos motivos baseada no caráter.

§ 71

Ao concluir aqui a exposição dos principais fundamentos da ética e, com eles, de todo o desenvolvimento daquele pensamento único cuja comunicação era o meu objetivo, não quero de maneira alguma furtar-me a uma objeção concernente a esta última parte da exposição; ao contrário, pretendo antes mostrar que tal objeção se encontra na essência mesma da coisa e é quase impossível remediar. Trata-se do seguinte: após a nossa consideração finalmente ter chegado ao ponto em que a negação e supressão do querer apresentam-se diante dos nossos olhos na figura perfeita da santidade, tendo-se aí precisamente a redenção de um mundo cuja existência inteira apresenta-se como sofrimento, daí se abriria uma passagem ao NADA vazio.

I 484   // Mas sobre isso tenho antes de observar que o conceito de NADA é essencialmente relativo e sempre se refere a algo determinado que ele nega. Essa qualidade foi atribuída (cite-se, Kant) apenas ao *nihil privativum* que, sinalizado com "-" em oposição a "+", podia, de um ponto de vista contrário, tornar-se "+"; ora, em oposição ao *nihil privativum* foi estabelecido o *nihil negativum*, que em toda relação sempre seria nada, utilizando-se como exemplo a contradição lógica que suprime a si mesma. Porém, numa consideração mais acurada, não existe o nada absoluto, não existe *nihil negativum* propriamente dito, nem sequer ele é pensável; mas qualquer nada deste

473

gênero, considerado de um ponto de vista superior, ou subsumido a um conceito mais amplo, é sempre apenas *nihil privativum*. Qualquer nada o é apenas quando pensado em relação a algo outro, e pressupõe esta relação, portanto também aquele algo outro. Até mesmo uma contradição lógica é apenas um nada relativo. Não é um pensamento da razão, nem por isso é um nada absoluto. Trata-se ali de uma combinação de palavras, de um exemplo do impensável que a lógica necessita para demonstrar as leis do pensamento: por conseguinte, caso alguém, com essa intenção, recorre a um exemplo desse gênero, fixa-se no absurdo como o positivo procurado e pula o sentido como o negativo. Segue-se de tudo o que foi dito que todo *nihil negativum* ou nada absoluto, se subordinado a um conceito mais elevado, aparece como mero *nihil privativum*, ou nada relativo, o qual, portanto, sempre pode trocar o sinal com aquilo que ele nega, de tal maneira que isto é pensado como negação, e o nada mesmo, entretanto, como posição. Isso também concorda com o resultado da difícil investigação dialética sobre o nada empreendida por Platão no *Sofista* (p.277-87, *Bip.*): Τὴν τοῦ ἑτέρου φύσιν ἀποδείξαντες οὖσάν τέ, καὶ κατακεκερματισμένην ἐπὶ πάντα τὰ ὄντα πρὸς ἄλληλα, τὸ πρὸς τὸ ὂν ἑκάστου μόριον αυτῆς ἀντιτιθέμενον, ἐτολμήσαμεν εἰπεῖν, ὡς αὐτὸ τοῦτό ἐστιν ὄντως τὸ μὴ ὄν. (*Cum enim ostenderemus, alterius ipsius naturam esse, perque omnia entia divisam atque dispersam invicem; tunc partem ejus oppositam ei, quod cujusque ens est, esse ipsum revera non ens asseruimus.*)[82]

I 485 // O universalmente tomado como positivo, o qual denominamos SER, e cuja negação é expressa pelo conceito de NADA na sua significação mais geral, é exatamente o mundo como representação que demonstrei como a objetidade, o espelho da vontade. Esta vontade e este mundo são justamente nós mesmos, e a ele pertence a representação em geral como um de seus lados: a forma desta representação é espaço e tempo, de modo que, deste ponto de vista, tudo o que existe tem de estar em algum lugar e num dado tempo. Negação, supressão, viragem da vontade é também supressão e desaparecimento do mundo, seu espelho. Se não miramos mais a vontade

---

82 "Havendo demonstrado que a natureza do *diferente* é, e reparte-se sobre todas as coisas existentes em suas *relações recíprocas*, ousamos dizer que cada parte da natureza oposta ao que é, é realmente, ela mesma, o que *não é*." (N. T.)

O mundo como vontade e como representação

neste espelho, então perguntamos debalde para que direção ela se virou, e em seguida, já que não há mais onde e quando, lamentamos que ela se perdeu no nada.

Se, entretanto, um ponto de vista invertido fosse possível para nós, ele permitiria uma troca de sinais e mostraria que o que existe para nós como o ser, é o nada, e o que para nós é o nada, é o ser. Contudo, enquanto somos a Vontade de vida mesma, esse último, a saber, o nada como o ser, só pode ser conhecido e descrito por nós de maneira negativa, visto que a antiga sentença de Empédocles, de que o igual só pode ser conhecido pelo igual, priva-nos exatamente aqui de todo conhecimento, assim como, inversamente, é sobre ela que se baseia em última instância a possibilidade de todo nosso conhecimento efetivo, isto é, o mundo como representação ou a objetidade da vontade. Pois o mundo é o autoconhecimento da vontade.

Se, todavia, insistíssemos absolutamente em adquirir algum conhecimento positivo daquilo que a filosofia só pode exprimir negativamente como negação da vontade, nada nos restaria senão a remissão ao estado experimentado por todos aqueles que atingiram a perfeita negação da vontade e que se cataloga com os termos êxtase, enlevamento, iluminação, união com Deus etc. Tal estado, porém, não é para ser denominado propriamente conhecimento, porque ele não possui mais a forma de sujeito e objeto, e só é acessível àquele que teve a experiência, não podendo ser ulteriormente comunicado.

I 486 Nós, no entanto, situados firmemente no ponto de vista da filosofia, temos aqui de nos contentar com o // conhecimento negativo, satisfeitos por ter alcançado o último marco-limite do conhecimento positivo. Se, portanto, reconhecemos a essência em si do mundo como a vontade e vimos em todas as aparências apenas a sua objetidade; se seguimos a esta desde o ímpeto sem conhecimento da obscura força natural até a ação mais consciente do ser humano; então de modo algum fugiremos da consequência de que com a livre negação e supressão da vontade também são suprimidas todas aquelas aparências; os contínuos ímpetos e esforços sem alvo, sem repouso em todos os graus de objetidade nos quais e através dos quais o mundo subsiste, as multifacetadas formas seguindo-se umas às outras em gradação, toda a aparência da vontade, por fim até mesmo as formas universais da aparência, tempo e espaço, e também a última forma dela, sujeito e objeto: tudo isso é suprimido com a vontade. Nenhuma vontade: nenhuma representação, nenhum mundo.

Diante de nós permanece apenas o nada. Mas aquilo que se insurge contra este desaparecimento no nada, a saber, nossa natureza, é em verdade apenas a Vontade de vida, que nós mesmos somos, como ela é o mundo diante de nós. Que o nada nos repugne tanto, isto é apenas uma expressão diferente do quanto queremos a vida, e nada somos senão esta vontade, e nada conhecemos senão ela. – Se, entretanto, desviamos os olhos da nossa própria indigência e aprisionamento em direção àqueles que ultrapassaram o mundo, nos quais a vontade, tendo alcançado o pleno conhecimento de si, encontrou-se novamente em todas as coisas e em seguida negou-se livremente, àqueles que meramente esperam ver o último vestígio da vontade desaparecer junto com o corpo por ele animado; então se nos mostra, em vez do ímpeto e esforço sem fim, em vez da contínua transição do desejo para o medo e da alegria para o sofrimento, em vez da esperança nunca satisfeita e que jamais morre, constituinte do sonho de vida do ser humano que quer; em vez de tudo isso, mostra-se a nós aquela paz que é superior a toda razão, aquela completa calmaria oceânica do espírito, aquela profunda tranquilidade, confiança inabalável e serenidade jovial, cujos meros reflexos no rosto, como expostos por Rafael e Correggio, são um completo e seguro evangelho: apenas o conhecimento restou, a vontade desapareceu. Nós, entretanto, miramos esse estado com profundo e doloroso anelo, ao lado do qual, por contraste, // o nosso estado aparece em plena luz na sua condição cheia de tormento e sem salvação. Entretanto, esta consideração é a única que nos pode consolar duradouramente, quando, de um lado, reconhecemos que sofrimento incurável e tormento sem fim são essenciais à aparência da vontade, ao mundo, e, de outro, vemos, pela vontade suprimida, o mundo desaparecer, e pairar diante de nós apenas o nada. Dessa forma, pela consideração da vida e conduta dos santos, cujo encontro nos é raras vezes permitido em nossa experiência, mas cuja vida nos é narrada em suas histórias, e trazida diante dos olhos pela arte com o selo da verdade interior, havemos de dissipar a lúgubre impressão daquele nada, que como o último fim paira atrás de toda virtude e santidade, e que tememos como as

O mundo como vontade e como representação

crianças temem a escuridão; melhor isso, em vez de nos esquivarmos do tema, como o fazem os hindus, através de mitos e palavras vazias de sentido, como "reabsorção em BRAHMAN", ou "NIRVĀNA" dos buddhistas. Antes, reconhecemos francamente: para todos aqueles que ainda estão cheios de vontade, o que resta após a completa supressão da vontade é, certamente, o nada. Mas, inversamente, para aqueles nos quais a vontade virou e se negou, este nosso mundo tão real com todos os seus sóis e vias lácteas é – Nada.

// Apêndice
Crítica da filosofia kantiana

C'est le privilège du vrai génie,
et surtout du génie qui ouvre une carrière,
de faire impunément de grandes fautes.
Voltaire.[1]

---

1 "É privilégio do verdadeiro gênio, e sobretudo do gênio que abre um caminho, cometer impunemente grandes erros." (N. T.)

I 491   // É bem mais fácil demonstrar as falhas e os erros na obra de um grande espírito que oferecer um desenvolvimento claro e completo do seu valor. Pois as falhas são algo individual e finito que, por isso, deixam-se abranger por inteiro. Ao contrário, o selo que o gênio coloca em suas obras indica precisamente que a excelência delas é insondável e inesgotável: daí elas também tornarem-se os mestres nunca envelhecidos de vários séculos seguidos. A obra-prima consumada de um verdadeiro grande gênio sempre exercerá efeito profundo e vigoroso sobre todo o gênero humano, e em tal extensão que não dá para calcular quantos longínquos séculos e países sua influência luminosa pode alcançar. Será sempre assim, pois, por mais rico e cultivado que for o tempo no qual ela mesma nasce, ainda assim o gênio, semelhante a uma palmeira, eleva-se sempre acima do solo no qual se enraíza.

Porém, um efeito de tão profunda penetração e de vasta extensão como esse não pode entrar em cena subitamente, já que há uma grande distância entre o gênio e a humanidade comum. O conhecimento que aquele único ser humano, em UMA geração, hauriu imediatamente da vida e do mundo e assimilou e apresentou aos outros, já pronto e terminado, não pode tornar-se de imediato a propriedade do gênero humano, pois este nem sequer tem tanta força para receber como o gênio tem para dar. No entanto, mesmo após superar a luta contra adversários indignos, que

I 492   recusam a vida ao imortal // já no seu nascimento e gostariam de sufocar em germe a salvação da humanidade (comparáveis à serpente no berço de Hércules), aquele conhecimento ainda tem de primeiro percorrer os desvios das incontáveis interpretações falsas e aplicações distorcidas; tem de

481

superar as tentativas de conciliação com velhos erros; vive assim em luta, até que uma nova e destemida geração cresce e vai ao seu encontro, para, gradualmente, a partir de milhares de canais derivados, receber, em parte já na juventude, o conteúdo daquela fonte, assimilando-o pouco a pouco, tornando-se dessa forma partícipe do benefício que deve fluir daquele grande espírito para a humanidade. Tão lentamente caminha a educação do gênero humano, este fraco e ao mesmo tempo rebelde aprendiz do gênio. — Assim também, só através do tempo se tornará manifesta toda a força e importância da doutrina de Kant, quando, algum dia, o próprio espírito do tempo, aos poucos reformado pelo influxo daquela doutrina e transformado em seu mais importante e íntimo aspecto, dê testemunho vivo do poder daquele espírito gigante. Não quero aqui de modo algum, antecipando-me presunçosamente, assumir o ingrato papel de Calcas e de Cassandra. Apenas me seja permitido, em consequência do que foi dito, considerar as obras de Kant como ainda bem jovens, apesar de hoje em dia muitos as verem como antiquadas, sim, postas de lado como ultrapassadas ou, como se expressam, deixadas para trás; e outros, tornados petulantes pelo exemplo, até mesmo as ignoram e com o maior descaramento continuam a filosofar sobre Deus e sobre a alma, sob os pressupostos do antigo dogmatismo realista e sua escolástica; — que é como se alguém quisesse fazer valer na química moderna as teorias dos alquimistas. — Ademais, as obras de Kant não precisam de meu fraco discurso em seu louvor, mas elas mesmas louvarão eternamente seu mestre e, mesmo que talvez não vivam em letra, com certeza viverão para sempre em espírito sobre a face da Terra.

Decerto que, quando olhamos retrospectivamente para o resultado imediato de seus ensinamentos e para os ensaios e procedimentos no domínio da filosofia durante o período desde então transcorrido, confirma-se um dito certeiro de Goethe: "Como a água deslocada por um navio logo se fecha atrás dele, assim também o erro, quando espíritos proeminentes o colocam de lado // e conquistam um espaço para si, volta a fechar-se rapidamente atrás deles, conforme a natureza" (*Poesia e verdade*, parte 3, p.521). Esse período, todavia, tornou-se apenas um episódio que, computado entre os destinos acima mencionados de cada novo e grande conhecimento, agora está inconfundivelmente próximo de seu fim, desde que a bolha de sabão

O mundo como vontade e como representação

assim tão fortemente inflada acaba por estourar. As pessoas começam a perceber que a verdadeira e séria filosofia ainda se encontra lá onde Kant a deixou. Em todo caso, não reconheço que tenha acontecido algo na filosofia entre ele e mim; por conseguinte, ligo-me imediatamente a ele.

O que intento neste apêndice à minha obra é, propriamente, apenas uma justificação da doutrina por mim nela exposta, visto que em muitos pontos não concorda com a filosofia kantiana, sim, até mesmo a contradiz. Uma discussão sobre isso é porém necessária, pois, manifestamente, minha linha de pensamento, por mais diferente que seja no seu conteúdo da kantiana, fica inteiramente sob a influência dela, a pressupõe necessariamente, parte dela, e confesso que o melhor do meu próprio desenvolvimento se deve à impressão das obras de Kant, ao lado da impressão do mundo intuitivo, dos escritos sagrados dos hindus e à impressão de Platão. — Meus desacordos em relação a Kant, e que são encontrados em minha obra, só posso justificá-los inteiramente pelo fato de nos mesmos pontos eu o acusar de erro, descobrindo as falhas que ele cometeu. Eis por que neste apêndice tenho realmente de proceder polemicamente contra Kant e, em verdade, com seriedade e com todo empenho: pois somente assim pode ocorrer que o erro, aderido à doutrina de Kant, seja removido, e a verdade dela brilhe tanto mais clara e se mantenha tanto mais firme. Por isso não se deve esperar que minha veneração por Kant, decerto profundamente sentida, também se estenda às suas fraquezas e erros, e por conseguinte eu não deva descobri-los senão com a mais cautelosa indulgência; mas com isso minha exposição, através de evasivas, tornar-se-ia fraca e desbotada. Em relação a um vivo seria preciso uma tal indulgência, porque a fraqueza humana só suporta até mesmo a mais justa refutação de um erro sob amenizações e adulações, e mesmo assim com enorme dificuldade, e um // mestre dos séculos e benfeitor da humanidade merece ao menos que se poupe também sua fraqueza humana, para não lhe causar dor alguma. O morto, entretanto, despiu-se dessa fraqueza: seu mérito mantém-se firme: o tempo o purificará cada vez mais de qualquer superestima ou detração. Suas falhas têm de ser postas de lado, tornadas inócuas e depois entregues ao esquecimento. Por isso, nesta polêmica aqui travada contra Kant, tenho em vista tão somente as suas falhas e fraquezas; posto-me com hostilidade diante delas, conduzindo uma guerra impiedosa de exterminação, tendo sempre o cuidado de não as encobrir indulgentemente, mas antes de as pôr na luz mais clara, para assim tanto mais seguramente as aniquilar. Estou consciente, pelas razões acima aduzidas, que aqui não cometi uma injustiça nem uma ingratidão contra Kant. No entanto, para evitar também nos olhos dos outros aquela aparência de malignidade, quero antes ainda trazer à luz do dia minhas profundamente sentidas reverência e gratidão a Kant, enunciando de maneira sucinta seu mérito principal, como este aparece aos meus olhos, e em verdade de pontos de vista tão gerais que não serei obrigado a tocar naqueles pontos que mais tarde terei de contradizer.

* * *

O MAIOR MÉRITO DE KANT É A DISTINÇÃO ENTRE APARÊNCIA E COISA EM SI — com base na demonstração de que entre as coisas e nós sempre ainda está o INTELECTO, pelo que elas não podem ser conhecidas conforme seriam em si mesmas. Ele foi conduzido a este caminho por LOCKE (vejam-se *Prolegômenos a toda metafísica*, § 13, nota 2). LOCKE demonstrou que as qualidades secundárias das coisas, como som, odor, cor, dureza, moleza, lisura e semelhantes, baseadas nas afecções dos sentidos, não pertenceriam ao corpo objetivo, à coisa em si mesma, à qual ele antes atribuía só as qualidades primárias, isto é, aquelas que pressupõem somente o espaço e a impenetrabilidade, portanto extensão, forma, solidez, número, // mobilidade. Porém essa distinção lockeana, fácil de achar e que se circunscreve à superfície das coisas, foi por assim dizer apenas um prelúdio juvenil da kantiana. Esta, de fato, partindo de um ponto de vista incomparavelmente mais elevado, explana tudo aquilo que LOCKE havia admitido como *qualitates primarias*, ou seja, qualidades da coisa em si mesma, como igualmente pertencentes só à aparência das coisas em nossa faculdade de apreensão, e isso precisamente porque as condições delas, espaço, tempo e causalidade, são conhecidas por nós *a priori*. Assim, LOCKE abstraiu da coisa em si a participação que os órgãos dos sentidos têm na sua aparência; KANT, entretanto, ainda abstraiu a participação das funções cerebrais (embora não sob este nome), com o que agora a distinção entre aparência e coisa em si adquiriu

O mundo como vontade e como representação

uma significação infinitamente maior e um sentido muito mais profundo. Para esse fim teve de efetuar a grande separação entre o nosso conhecimento *a priori* e o *a posteriori*, o que antes dele jamais houvera sido feito com o devido rigor e completude, nem com clara consciência: por conseguinte, isso se tornou a matéria principal de suas profundas investigações. — Aqui queremos observar desde já que a filosofia de KANT possui uma tripla relação com a de seus predecessores: em primeiro lugar, uma relação confirmatória e de ampliação com a de LOCKE, como acabamos de ver; em segundo, uma relação corretiva e de uso com a de HUME, que se encontra expressa da maneira mais distinta no prefácio aos *Prolegômenos* (este mais belo e mais compreensível de todos os escritos capitais de Kant, que é muito pouco lido, embora facilite extraordinariamente o estudo de sua filosofia); em terceiro, uma relação decididamente polêmica e destruidora com a filosofia leibniz-wolffiana. Deve-se conhecer todas as três teorias antes de proceder ao estudo da filosofia kantiana. — Se, como mencionado acima, a distinção entre aparência e coisa em si, portanto a doutrina da completa diversidade entre ideal e real, é a pedra de toque da filosofia kantiana, segue-se que a afirmação, que logo depois entra em cena, sobre a identidade absoluta entre esses dois fornece uma triste prova para o dito anteriormente citado de

I 496 Goethe; e tanto mais que não se apoiava sobre nada senão a // intuição intelectual de cabeças de vento,[2] e, de acordo com isso, era apenas um retorno à rudeza da visão comum, mascarada sob a imponência de ar distinto, de um tom bombástico e de galimatias. Ela se tornou o ponto de partida para o contrassenso ainda mais grosseiro do desajeitado e destituído de espírito Hegel. — Ora, se na sua base a separação, na maneira previamente explanada, efetuada por KANT entre aparência e coisa em si em muito superou em profundidade e clarividência tudo o que já existira, também foi infinitamente rica de consequências em seus resultados. Pois, descoberta com inteira autonomia e de maneira totalmente nova, ele apresentou aqui a mesma verdade por um novo lado e um novo caminho, que já Platão incansavelmente repete e na maioria das vezes exprime em sua linguagem do

---

2 No original alemão *Windbeutelei intellektualer Anschauung. Windbeutel* traduzi antes por "cabeça de vento", daí a mesma solução para *Windbeutelei.* (N. T.)

seguinte modo: este mundo que aparece aos sentidos não possui nenhum ser verdadeiro, mas apenas um incessante devir, ele é, e também não é; sua apreensão não é tanto um conhecimento, mas uma ilusão. Isto é também o que Platão expressa miticamente na passagem mais importante de todas as suas obras, já citada no terceiro livro do presente escrito, ou seja, o início do sétimo livro da *República*, quando diz que os seres humanos, firmemente acorrentados numa caverna escura, não viam nem a autêntica luz originária, nem as coisas reais, mas apenas a luz débil do fogo na caverna, e as sombras de coisas reais passando à luz desse fogo atrás de suas costas: eles opinavam, contudo, que as sombras eram a realidade e que a determinação da sucessão dessas sombras seria a verdadeira sabedoria. — A mesma verdade, reapresentada de modo completamente outro, é também uma doutrina capital dos *Vedas* e *Purānas*, a saber, a doutrina de māyā, pela qual não se entende outra coisa senão aquilo que Kant nomeia a aparência em oposição à coisa em si: pois a obra de māyā é apresentada justamente como este mundo visível no qual estamos, um efeito mágico que aparece na existência, uma aparência inconstante e inessencial, em si destituída de ser, comparável à ilusão de ótica e ao sonho, um véu que envolve a consciência humana, um algo do qual é igualmente falso e igualmente verdadeiro dizer que é, ou não é. — Kant, porém, não só expressou a mesma doutrina de um modo totalmente

I 497 novo e original, mas fez dela, mediante a exposição mais calma e sóbria, // uma verdade demonstrada e incontestável; já Platão e os indianos, por seu turno, fundamentaram suas afirmações meramente sobre uma intuição geral do mundo, articulando tais afirmações como enunciados direto de sua consciência e as expondo mais mítica e poeticamente que filosófica e distintamente. Nesse sentido, estão para Kant como os pitagóricos Hiketas, Filolao e Aristarco, que já haviam afirmado o movimento da Terra em torno do Sol estacionário, estão para Copérnico. Tal conhecimento distinto e exposição tranquila e clarividente dessa índole onírica do mundo inteiro são propriamente a base de toda a filosofia kantiana, a sua alma e o seu maior mérito. Ele levou semelhante tarefa a efeito ao desmontar e exibir, peça por peça, toda a maquinaria de nossa faculdade de conhecimento, pela qual institui-se a fantasmagoria do mundo objetivo, com clarividência e habilidade admiráveis. Toda a filosofia ocidental precedente, indizivelmente desconjuntada em face da kantiana, desconheceu aquela verdade e justamente por isso sempre discursou, propriamente dizendo, como se fosse em sonhos. Kant foi o primeiro que subitamente despertou a filosofia de seu sonho. Daí também o último dos dorminhocos (Mendelssohn) o ter chamado de demole tudo.[3] Ele mostrou que as leis a regerem com inexorável necessidade na existência, isto é, na experiência em geral, não devem ser usadas na dedução e explanação da EXISTÊNCIA MESMA, portanto a sua validade é apenas relativa, vale dizer, só começa depois que a existência, o mundo da experiência em geral, já está posto e presente; que, em consequência, tais leis não podem ser nosso fio condutor quando passamos à explanação da existência do mundo e de nós mesmos. Todos os filósofos ocidentais anteriores tiveram a ilusão de que tais leis, segundo as quais as aparências estão conectadas umas às outras, e que eu compreendo — tempo, espaço, causalidade e inferência — sob a expressão de princípio de razão, seriam leis absolutas e não condicionadas por simplesmente nada, *aeternae veritates*;[4] o mundo mesmo existiria só em consequência e em conformidade com elas e, conseguintemente, todo o enigma do mundo deixar-se-ia resolver por meio de seu fio condutor. As hipóteses feitas para este fim, que Kant critica sob o nome de ideias da razão, // serviam propriamente apenas para elevar a simples aparência, a obra de māyā, o mundo das sombras de Platão, à condição de única e suprema realidade, e assim colocar a aparência no lugar da mais íntima e verdadeira essência das coisas, tornando assim impossível o conhecimento verdadeiro desta essência, numa palavra, adormecer ainda mais profundamente os sonhadores. Kant mostrou que aquelas leis, consequentemente o mundo mesmo, são condicionadas pelo modo de conhecer do sujeito; daí se seguia que, por mais longe que se investigasse e inferisse, guiados por esse fio condutor, não se teria dado um só passo adiante no assunto principal, isto é, no conhecimento da essência do mundo em si, exterior à representação, mas apenas se teria movido como o esquilo na roda.

---

3 No original alemão *Alleszermalmer*, que também poder-se-ia traduzir por "tritura tudo". (N. T.)

4 "Verdades eternas." (N. T.)

Pode-se portanto comparar todos os dogmáticos a pessoas que acham que, se caminhassem em linha reta, chegariam ao fim do mundo; Kant, porém, teria circunavegado o mundo e mostrado que, porque ele é redondo, não se pode sair dele por movimento horizontal, no entanto por meio de movimento perpendicular talvez isso não seja impossível. Pode-se também dizer que o ensinamento de Kant propicie a intelecção de que o princípio e fim do mundo devem ser procurados não fora dele, mas dentro de nós mesmos.

Tudo isso, entretanto, repousa sobre a diferença fundamental entre filosofia dogmática e FILOSOFIA CRÍTICA OU TRANSCENDENTAL. Quem quiser tornar isso claro para si, e presente num exemplo, pode fazê-lo da maneira mais breve se ler, como espécime da filosofia dogmática, um ensaio de LEIBNIZ intitulado *De rerum originatione radicali*, impresso pela primeira vez na edição das obras filosóficas de Leibniz por Erdmann, tomo I, p.147. Aqui são muito bem demonstradas *a priori* a origem e a excelente índole do mundo, de maneira realístico-dogmática, utilizando-se as provas ontológica e cosmológica, sobre o fundo das *veritates aeternae*. — Ao lado disso é também admitido que a experiência mostra exatamente o contrário da aqui demonstrada excelência do mundo, o que entretanto significa para a experiência que ela nada entende de tudo isso e deveria manter a boca fechada quando a filosofia falou *a priori*. — Como adversária de todo esse método entra em cena, agora, com KANT, // a FILOSOFIA CRÍTICA, que torna seu problema precisamente as *veritates aeternae* que servem de alicerce para toda essa construção dogmática, investiga a sua origem e em seguida a encontra na cabeça do ser humano, da qual, de fato, brotam a partir das formas pertencentes propriamente a ela, trazidas em si para a finalidade de apreensão de um mundo objetivo. No cérebro, portanto, está a pedreira que fornece o material para aquela orgulhosa construção dogmática. Entretanto, o fato de que a filosofia crítica, para chegar a esse resultado, teve de IR ALÉM das *veritates aeternae* sobre as quais estava baseado todo o dogmatismo de até então, e assim fazer de tais verdades mesmas o objeto de sua investigação, tornou-a filosofia TRANSCENDENTAL. Daí resulta, ademais, que o mundo objetivo como o conhecemos não pertence à essência das coisas em si mesmas, mas é

O mundo como vontade e como representação

sua mera APARÊNCIA, condicionado exatamente por aquelas mesmas formas que se encontram *a priori* no intelecto humano (isto é, o cérebro), portanto nada contém senão aparências.

Kant, decerto, não chegou ao conhecimento de que a aparência é o mundo como representação e a coisa em si é a vontade. Todavia mostrou que o mundo aparente é condicionado tanto pelo sujeito quanto pelo objeto e, isolando as formas mais gerais de sua aparência, isto é, da representação, demonstrou que conhecemos tais formas e as abrangemos segundo a sua legalidade inteira não apenas partindo do objeto, mas também partindo do sujeito, porque as mesmas são propriamente, entre objeto e sujeito, a fronteira comum a ambos; e concluiu que, ao seguirmos tal fronteira, não penetramos no interior do objeto nem do sujeito, por conseguinte, nunca conhecemos a essência do mundo, a coisa em si.

Kant, no entanto, não deduziu a coisa em si de modo correto, como logo a seguir mostrarei, mas por meio de uma inconsequência, pela qual teve de pagar com o sofrer de frequentes e irresistíveis ataques a essa parte capital de seu ensinamento. Ele não reconheceu diretamente na vontade a coisa em si, porém deu um passo grande e desbravador em direção a este conhecimento, na medida em que expôs a inegável significação moral da **I 500** ação humana como // completamente diferente, e não dependente, das leis da aparência, nem explanável segundo estas, mas como algo que toca imediatamente a coisa em si: este é o segundo ponto de vista capital em relação a seu mérito.

Como terceiro ponto podemos considerar a completa demolição da filosofia escolástica, com cujo nome gostaria aqui de designar em geral todo o período que se inicia com o pai da Igreja Agostinho e termina logo antes de Kant. Pois a característica principal da escolástica é de fato aquela muito corretamente apontada por TENNEMANN, a saber, a tutela da religião nacional predominante sobre a filosofia, à qual em realidade nada resta senão provar e adornar os principais dogmas que lhe são prescritos por aquela: os escolásticos propriamente ditos, até Suarez, confessam isso sem reservas: os filósofos que se seguem o fazem mais inconscientemente, ou em alguma medida de maneira confessa. Costuma-se fazer a filosofia escolástica estender-se só até cerca de cem anos antes de Descartes e, em seguida, com este, começar uma época completamente nova de investigação livre, independente de qualquer doutrina teológica positiva; contudo, uma tal investigação não pode de fato ser atribuída a Descartes e seus seguidores,* mas apenas uma ilusão disso // e, em todo caso, um esforço nessa direção. Descartes foi um espírito extremamente notável e, se levarmos em consideração o seu tempo, muito realizou. Caso, porém, coloque-se de lado essa consideração e se o avalie de acordo com a louvada emancipação de pensamento de todos os grilhões a ele creditada e a inauguração de um

I 501

---

* Bruno e Espinosa devem ser aqui completamente excetuados. Cada um deles se mantém por si mesmo e sozinho e não pertence ao seu século nem ao seu continente, os quais a um recompensou com a morte, ao outro com perseguição e ignomínia. Sua existência e morte miseráveis neste Ocidente comparam-se à de uma planta tropical na Europa. O verdadeiro torrão natal de seu espírito eram as margens do sagrado Ganges. Lá teriam levado uma vida tranquila e honrada, entre pessoas de mentalidade semelhante. — Bruno expressa clara e belamente, nos seguintes versos, com os quais abre o livro *Della causa principio ed uno*, pelo qual foi levado à fogueira, como se sentia solitário em seu século e mostra ao mesmo tempo um pressentimento de seu destino, que fez que hesitasse em defender a sua causa, até que prevaleceu aquele impulso tão forte nos espíritos nobres para a comunicação do que foi conhecido como verdadeiro:

Ad partum properare tuum, mens aegra, quid obstat;
Seclo haec indigno sint tribuenda licet?
Umbrarum fluctu terras mergente, cacumen
Adtolle in clarum, noster Olympe, Jovem.

[Ó minha mente amargurada, o que obsta o teu parto;
Ofereces ainda a tua obra a este século indigno?
Ainda que as sombras pairem sobre a terra,
Teu cume, ó minha montanha, ergue-se ao éter.]

Quem lê este seu escrito capital, e os seus demais escritos italianos, antes raros mas agora acessíveis a todos em uma edição alemã, achará como eu que, entre todos os filósofos, apenas ele se aproxima em alguma coisa de Platão, no vigoroso dom e força de orientação poética ao lado do filosófico, mostrados com especial dramaticidade. Pense-se o ser terno, espiritual, pensante, tal qual ele se nos apresenta neste seu escrito, nas mãos dos padres rudes e furiosos que foram seus juízes e algozes, e agradeça-se ao tempo que trouxe um século mais iluminado e brando, de modo que a posteridade, cuja execração deveria atingir aqueles fanáticos diabólicos, já é a presente geração.

novo período de imparcial e autônoma investigação, somos obrigados a achar que ele, como seu ceticismo ainda carente de verdadeira seriedade, e que assim se deixa vencer de maneira tão rápida e fácil, faz o semblante de querer livrar-se de uma vez por todas de todas as amarras das opiniões cedo implantadas e pertencentes ao seu tempo e à sua nação; entretanto, o faz só em aparência e por um instante, para logo assumi-las de novo e mantê-las ainda mais firmemente; e assim ocorreu com todos os seus seguidores até Kant. Bem aplicável a um livre e autônomo pensador desse feitio são os seguintes versos:

> Er scheint mir, mit Verlaub von Ewr Gnaden,
> Wie eine der langbeinigen Cikaden,
> Die immer fliegt und fliegend springt –
> Und gleich im Gras ihr altes Liedchen singt.[5]

Kant também teve razões para aparentar como se ELE também pensasse apenas assim. Porém, o suposto pulo, que era concedido, pois já se sabia que conduz de volta à relva, tornou-se desta vez um voo, e agora aqueles que ficam embaixo podem apenas segui-lo com os olhos, sem poder mais apanhá-lo.

Kant, assim, ousou evidenciar com sua doutrina a indemonstrabilidade de todos aqueles dogmas tantas vezes pretensamente demonstrados. A teologia especulativa e a psicologia racional a ela conectada receberam dele o golpe de morte e desde então desapareceram da filosofia alemã. Com isso não podemos nos // deixar enganar pelo fato de aqui e ali a palavra ser conservada após ter-se abandonado a coisa, ou de um pobre professor de filosofia ter diante dos olhos o medo de seu senhor e assim abandonar a verdade. A grandeza desse mérito de Kant só pode ser medida por quem atentou para a influência perniciosa daqueles conceitos sobre a ciência natural e sobre a filosofia em todos os escritores, mesmo os melhores, dos

---

5 "Parece-me, com o perdão de Vossa Graça, / Como uma dessas cigarras de longas pernas, / Que sempre voa e voando pula, / E logo na relva está a cantar a sua velha canção." (N. T.)

Arthur Schopenhauer

séculos XVII e XVIII. Nos escritos alemães de ciências naturais é notável a mudança de tom e do fundo metafísico que entrou em cena desde Kant: antes dele estava-se como ainda agora se está na Inglaterra. — Esse mérito de Kant liga-se ao fato de a perseguição irrefletida das leis da aparência, a elevação das mesmas a verdades eternas e, com isso, da aparência fugidia à essência propriamente dita do mundo, numa palavra, o REALISMO, não perturbado em sua ilusão por reflexão alguma, ter-se tornado por inteiro predominante em toda a anterior filosofia antiga, medieval e moderna. BERKELEY, que, como também MALEBRANCHE antes dele, havia reconhecido a unilateralidade, sim, a falsidade desse realismo, foi incapaz de demoli-lo, porque seu ataque limita-se a UM ponto. Ficou portanto reservado a KANT auxiliar a visão idealista fundamental a obter o domínio na Europa, pelo menos em filosofia, visão essa que é a de toda a Ásia não islamizada e, em essência, até mesmo da sua religião. Portanto, antes de Kant estávamos NO tempo; agora o tempo está em nós, e assim por diante.

Também a ética foi tratada por aquela filosofia realista segundo as leis da aparência, que ela tomava por absolutas, válidas inclusive para a coisa em si; com isso a ética era fundada ora sobre doutrinas da felicidade, ora sobre a vontade do criador do mundo, por fim também sobre o conceito de perfeição, o qual, em e por si, é totalmente vazio e destituído de conteúdo, pois designa uma mera relação que adquire significação só a partir das coisas às quais é aplicado, pois "ser perfeito" nada mais quer dizer senão "corresponder a algum conceito pressuposto e dado", conceito portanto que tem de ser estabelecido anteriormente e sem o qual a perfeição é uma incógnita indefinida, consequentemente, se enunciada sozinha, nada diz.

I 503   Nesse sentido, // caso se queira fazer do conceito de "humanidade" um pressuposto tácito e, de acordo com isso, colocar como princípio moral o empenho por uma humanidade mais perfeita, com isso se diz apenas: "Os seres humanos devem ser como eles devem ser" — e com isso se é tão sábio quanto antes. De fato, "perfeito" é quase só sinônimo de "numericamente perfeito", na medida em que diz: em um caso ou em um indivíduo dado todos os predicados contidos no conceito de sua espécie aparecem como seu suporte, portanto estão efetivamente presentes. Por conseguinte, o conceito de "perfeição", quando usado absolutamente e *in abstracto*, é uma palavra va-

O mundo como vontade e como representação

zia de pensamento, como também o é a conversa sobre "o ser perfeitíssimo" e semelhantes. Tudo isso é mera verborragia. Contudo, no século XVIII esse conceito de perfeição e imperfeição tornou-se moeda corrente; sim, era o gonzo em torno do qual girava quase todo discurso moral e teológico. Estava na ponta da língua de todo mundo, até que, por fim, foi praticado um verdadeiro excesso. Vemos inclusive os melhores escritores do tempo, por exemplo Lessing, enredados da maneira mais deplorável possível nas perfeições e imperfeições e debatendo-se com elas. Aqui qualquer pessoa que pensa tinha de sentir, ao menos obscuramente, que esse conceito é desprovido de todo conteúdo positivo, pois, semelhante a um sinal algébrico, indica uma mera relação *in abstracto*. — Kant, como já dito, apartou totalmente da aparência e de suas leis o grande, inegável significado ético das ações e mostrou este significado ético como concernente imediatamente à coisa em si, à essência mais íntima do mundo, enquanto a aparência, isto é, tempo, espaço e tudo o que os preenche, e neles se ordena segundo a lei de causalidade, deve ser visto como um sonho inconsistente e inessencial.

Esse pouco por mim dito e que de modo algum esgota o assunto pode ser suficiente como testemunho do meu reconhecimento pelo grande mérito de Kant, aqui prestado para minha própria satisfação e também porque a justiça exigia que aquele mérito devesse ser relembrado à memória de todos os que queiram seguir comigo no desvelamento, sem indulgência, de seus erros, ao qual passo agora.

* * *

I 504   // Que as grandes realizações de Kant também tivessem de ser acompanhadas de grandes erros já se deixa dimensionar, apenas historicamente, pelo fato de que, embora ele tivesse levado a efeito a maior revolução na filosofia e colocado um fim à escolástica (que, entendida no sentido mais amplo antes indicado, durou catorze séculos), para então iniciar-se efetivamente uma nova era mundial na filosofia, ainda assim o resultado imediato da entrada em cena de Kant foi quase sempre apenas negativo, não positivo. Na medida em que não estabeleceu um sistema novo e acabado ao qual seus partidários pudessem aderir ao menos por um curto espaço de tempo, todos notaram que algo muito grandioso acontecera, contudo ninguém sabia direito o quê. Certamente viram que toda a filosofia até então fora um sonho infrutífero do qual o novo tempo agora acordava; porém, onde deveriam segurar-se, isso não sabiam. Surgiu um grande vazio, uma grande necessidade: a atenção geral, mesmo do grande público, foi estimulada. Motivadas por isso, porém não impelidas por um impulso interno e por um sentimento de força (que se exteriorizam até mesmo nos momentos mais desfavoráveis, como em Espinosa), algumas pessoas sem nenhum talento destacado fizeram ensaios diversos, fracos, disparatados, às vezes insanos, aos quais o público, agora estimulado, concedeu sua atenção e, com uma grande paciência que só se encontra na Alemanha, emprestou seus ouvidos.

O mesmo deve ter ocorrido outrora na natureza, como aqui, quando uma grande revolução modificou toda a superfície da Terra, mares e continentes trocaram seus lugares e foi aplainado o campo para uma nova criação. Passou muito tempo até que a natureza pudesse produzir uma nova série de formas duradouras, harmonizando-se consigo mesma e com as demais: estranhas e monstruosas organizações apareceram que, desarmônicas consigo mesmas e entre si, não puderam subsistir por muito tempo, cujos restos, porém, ainda hoje presentes, trouxeram-nos o memorial daquelas oscilações e ensaios da natureza que se formava novamente. – Que, então, uma crise inteiramente semelhante àquela e uma era de abortos monstruosos fosse produzida por Kant na filosofia já permite concluir, como todos sabemos, que seu mérito **I 505** não foi completo, // mas foi investido de muitos defeitos e teve de ser negativo e unilateral. Queremos agora rastrear tais defeitos.

* * *

Antes de tudo pretendemos tornar claro a nós, e pôr à prova, o pensamento fundamental em que repousa o intento de toda a *Crítica da razão pura.* – Kant adotou o ponto de vista de seus predecessores, os filósofos dogmáticos, e, em conformidade com isso, partiu, com eles, das seguintes pressuposições: 1) metafísica é ciência daquilo que está para além da possibilidade de toda experiência; 2) uma tal coisa jamais pode ser encontrada segundo princípios fundamentais eles mesmos primeiro hauridos da experiência (*Prolegômenos,* § 1): só aquilo que sabemos ANTES, portanto INDEPENDENTE DE toda experiência, pode alcançar mais do que a experiência possível; 3) em

O mundo como vontade e como representação

nossa razão podem ser encontrados efetivamente alguns princípios fundamentais desse tipo, concebidos sob o nome "conhecimentos da razão pura". – Até aí vai Kant com seus predecessores; doravante, no entanto, separa-se deles, os quais dizem: "Estes princípios fundamentais ou conhecimentos da razão pura são expressões da possibilidade absoluta das coisas, *aeternae veritates*, fontes da ontologia: estão acima da ordem do mundo, como o *fatum* dos antigos estava acima dos deuses". Kant, ao contrário, diz: são meras formas de nosso intelecto, leis não da existência das coisas, mas de nossas representações delas, valem por conseguinte só para nossa apreensão das coisas e, portanto, não podem ser extensíveis para além da possibilidade da experiência, que era justamente aquilo intentado conforme a pressuposição I. Pois precisamente a aprioridade dessas formas do conhecimento, já que as mesmas só podem repousar em sua origem subjetiva, corta-nos para sempre o conhecimento da essência em si das coisas e limita-nos a um mundo de meras aparências, de maneira que jamais podemos conhecer *a priori*, para não mencionar *a posteriori*, as coisas tais como podem ser em si mesmas. Portanto a metafísica é impossível, e em seu lugar temos a crítica da razão pura. Em face do antigo dogmatismo Kant é aqui plenamente

I 506 vitorioso; por isso todos os ensaios dogmáticos surgidos // desde então tiveram de trilhar caminhos bem diferentes dos anteriores: passarei agora à justificação do meu caminho, de acordo com o objetivo expresso da presente crítica. De fato, pelo exame mais preciso da argumentação acima, tem-se de admitir que sua primeiríssima hipótese fundamental é uma *petitio principii*, que se encontra na proposição (claramente estabelecida em especial nos *Prolegômenos*, § I): "A fonte da metafísica não pode jamais ser empírica, seus princípios e conceitos fundamentais nunca podem ser hauridos da experiência, nem interna nem externa". Para fundamentação desta afirmação cardeal, todavia, nada é invocado senão o argumento etimológico da palavra metafísica. Em verdade, contudo, a coisa se passa assim: o mundo e nossa própria existência apresentam-se a nós, necessariamente, como um enigma; ora, sem mais, é admitido que a solução desse enigma não pode provir da compreensão profunda do mundo mesmo, mas tem de ser procurada em algo completamente diferente dele (pois este é o significado de "para além da possibilidade de toda experiência"); e que, daquela solução, teria de ser excluído tudo o que de alguma maneira pudéssemos conhecer de modo IMEDIATO (pois este é o significado de experiência possível, tanto interna quanto externa); a solução do enigma tem antes de ser procurada somente naquilo que podemos obter indiretamente, a saber, por meio de deduções a partir de princípios universais *a priori*. Ora, depois que se excluiu dessa maneira a principal fonte de todo conhecimento e se obstruiu o reto caminho para a verdade não é surpreendente que os ensaios dogmáticos tenham fracassado e Kant pudesse demonstrar a necessidade desse fracasso, pois se tinha admitido previamente metafísica e conhecimento *a priori* como idênticos. No entanto, em vista disso, teria sido preciso primeiro demonstrar que o estofo para a solução do enigma do mundo não pode absolutamente estar contido nele mesmo, mas tem de ser procurado só exteriormente ao mundo, em algo que podemos atingir somente pelo fio condutor daquelas formas de que somos *a priori* conscientes. Porém, enquanto isto não é provado, não temos razão alguma para estancar a nós mesmos a mais rica de todas as fontes de conhecimento, a experiência interna e externa, e // operar unicamente com formas vazias de conteúdo. Digo, por isso, que a solução do enigma do mundo tem de provir da compreensão do mundo mesmo; que, portanto, a tarefa da metafísica não é sobrevoar a experiência na qual o mundo existe, mas compreendê-la a partir de seu fundamento, na medida em que a experiência, externa e interna, é certamente a fonte principal de todo conhecimento; que, em consequência, a solução do enigma do mundo só é possível através da conexão adequada, e executada no ponto certo, entre experiência externa e interna, e pela ligação, por aí efetuada, dessas duas fontes tão heterogêneas de conhecimento, embora apenas dentro de certos limites, inseparáveis de nossa natureza finita, por conseguinte, de tal forma que chegamos à correta compreensão do mundo mesmo, sem no entanto atingir uma explanação conclusiva de sua existência que suprimiria todos os seus problemas ulteriores. Portanto, *est quadam prodire tenus*,[6] e meu caminho encontra-se no meio entre a doutrina da onisciência dos dogmatismos anteriores e o desespero da crítica kantiana. As verdades importan-

---

6 "Pode-se avançar até um certo ponto." (N. T.)

tes descobertas por Kant, contudo, com as quais os primeiros sistemas metafísicos foram demolidos, forneceram os dados e os materiais ao meu sistema. Compare-se com o que disse no capítulo 17, segundo tomo desta obra, sobre meu método. – É o suficiente sobre o pensamento fundamental de Kant: agora queremos considerar a execução e o detalhe.

* * *

O estilo de Kant porta, sem exceção, a marca de um espírito superior, a especificidade autêntica e sólida de uma força de pensamento inteiramente incomum; a característica desse estilo talvez se possa apropriadamente descrever como SECURA BRILHANTE, em virtude da qual concebe os conceitos firmemente, escolhe-os com grande segurança e depois consegue jogá-los daqui para acolá com a maior liberdade, para assombro do leitor. A mesma secura brilhante encontro de novo no estilo de Aristóteles, embora de forma bem mais simples. – Apesar disso, a exposição de Kant é amiúde pouco distinta, indeterminada, insuficiente e, às vezes, obscura. Decerto tal obscuridade tem de ser em parte desculpada pela dificuldade do tema e **I 508** pela // profundidade dos pensamentos; porém, quem é claro para si mesmo até o fundo e sabe de maneira inteiramente distinta o que pensa e quer, jamais escreverá de modo indistinto, jamais estabelecerá conceitos oscilantes, indeterminados e nem recolherá para designação deles expressões extremamente difíceis, complicadas, de línguas estrangeiras, para depois usá-las continuamente, como fez Kant ao tirar palavras e fórmulas da filosofia antiga, até mesmo da escolástica, e combiná-las umas às outras para os seus propósitos, como por exemplo "unidade sintética transcendental da apercepção", e em geral "unidade da síntese", usadas todas as vezes em que apenas "unificação" seria suficiente. Além disso, uma tal pessoa não explanará de novo o que já foi explanado, como por exemplo faz Kant com o entendimento, as categorias, a experiência e outros conceitos capitais. Em geral, não fará repetições incessantes para si mesmo, nem deixará em cada nova exposição do pensamento, já cem vezes ocorrida, mais uma vez obscuras precisamente as mesmas passagens; mas dirá sua opinião de uma vez por todas, com distinção, com fundamento, exaustivamente, e assim a deixará. *Quo enim melius rem aliquam concipimus, eo magis determinati sumus ad* *eam unico modo exprimendam*,[7] diz Descartes em sua quinta carta. Mas a maior desvantagem da exposição ocasionalmente obscura de Kant é que ela fez efeito como *exemplar vitiis imitabile*,[8] sim, ela foi erroneamente interpretada como autorização perniciosa. O público foi forçado a ver que o obscuro nem sempre é sem sentido: de imediato o sem sentido refugiou-se atrás da apresentação obscura. FICHTE foi o primeiro que se apossou desse novo privilégio e fez uso vigoroso dele; SCHELLING no mínimo o igualou, e uma horda de escrevinhadores famintos, destituídos de espírito e sem honestidade, logo os sobrepujou. Entretanto o maior atrevimento em servir à mesa um não senso mal cozido, em empastelar redes de palavras delirantes e vazias de sentido, como até então se tinha ouvido apenas em hospícios, entrou em cena finalmente com HEGEL e tornou-se o instrumento da mais canhestra mistificação geral que já existiu, com um resultado que parecerá digno de fábulas à posteridade e que permanecerá como um monumento da estupidez alemã. Em vão JEAN PAUL escreveu seus belos parágrafos "alta dignificação da insanidade filosófica // na cátedra e da insanidade poética no teatro" (*Ästhetische Nachschule*); Goethe também já havia escrito em vão:

> *So schwätzt und lehrt man ungestört,*
> *Wer mag sich mit den Narr'n befassen?*
> *Gewöhnlich glaubt der Mensch, wenn er nur Worte hört,*
> *Es müsse sich dabei doch auch was denken lassen.*[9]

Mas voltemos a KANT. Não se pode deixar de confessar que lhe falta totalmente a grandiosa simplicidade antiga, a ingenuidade, *ingénuité, candeur*. Sua filosofia não tem analogia alguma com a arquitetura grega, que apresenta proporções grandes, simples, a revelarem-se de uma vez ao olhar: antes, lembra muito fortemente a arquitetura gótica. Pois uma característica

---

7 "Quanto melhor concebemos uma coisa, tanto mais estamos determinados a exprimi--la de uma única maneira." (N. T.)

8 "Um exemplo que induz à imitação dos seus vícios." (N. T.)

9 "Assim se tagarela e se ensina imperturbável; / Quem quer se ocupar com os loucos? / Normalmente crê a pessoa, quando ouvem apenas palavras, / Que nelas também há algo para pensar." (N. T.)

inteiramente peculiar do espírito de Kant é uma satisfação singular pela SI-METRIA, que ama a multiplicidade variegada, para ordená-la e repetir a ordem em subordens, e assim por diante, exatamente como nas igrejas góticas. Sim, às vezes ele leva isto até a brincadeira, e então, por amor a essa inclinação, vai tão longe que pratica violência manifesta contra a verdade, lidando com esta como lidavam os jardineiros góticos com a natureza, cujas obras são aleias simétricas, quadrados e triângulos, árvores piramidais e esféricas e sebes retorcidas em curvas regulares. Quero provar isto com fatos.

Após Kant ter tratado espaço e tempo isoladamente – e ter concluído todo esse mundo da intuição que preenche o espaço e o tempo, no qual existimos e vivemos, com as palavras que nada dizem "o conteúdo empírico da intuição nos é DADO" –, ele chega logo, com UM salto, ao FUNDAMENTO LÓGICO DE SUA FILOSOFIA INTEIRA, À TÁBUA DOS JUÍZOS. Desta deduz uma dúzia bem exata de categorias, simetricamente dispostas sob quatro títulos, as quais posteriormente tornam-se o temível leito de Procusto, no qual força a entrar violentamente todas as coisas do mundo e tudo aquilo que se passa no ser humano, não evitando prática violenta alguma, não desprezando sofisma algum, só para poder em toda parte repetir a simetria daquela tábua. A primeira coisa que deduz simetricamente dela é a tábua fisiológica pura dos princípios fundamentais e universais da ciência da natureza, a **I 510** saber, axiomas da intuição, // antecipações da percepção, analogias da experiência e postulados do pensamento empírico em geral. Destes princípios fundamentais, os dois primeiros são simples, mas os dois últimos abrem-se simetricamente, cada um, em três brotos. As simples categorias são aquilo que ele denomina CONCEITOS, porém aqueles princípios fundamentais da ciência da natureza são JUÍZOS. Em consequência do seu fio condutor supremo de toda sabedoria, vale dizer, a simetria, é a vez agora de as séries provarem a si mesmas fecundas nas CONCLUSÕES e, de fato, elas o fazem, de novo simétrica e cadenciadamente. Pois, assim como mediante a aplicação das categorias à sensibilidade, a experiência junto com seus princípios fundamentais *a priori* crescera para o ENTENDIMENTO, assim também mediante a aplicação das CONCLUSÕES às categorias, tarefa esta desempenhada pela RAZÃO segundo seu pretenso princípio de procurar o incondicionado, nascem as IDEIAS da razão. Isso se passa assim: as três categorias da relação dão apenas três espécies possíveis de premissas maiores aos silogismos, os quais, consequentemente, são divididos também em três espécies, cada uma das quais devendo ser vista como um ovo, no qual a razão choca uma ideia, a saber, no silogismo categórico a ideia de ALMA, no hipotético a ideia de MUNDO, no disjuntivo a ideia de DEUS. No meio, isto é, na ideia de mundo, repete-se mais uma vez a simetria da tábua das categorias, pois seus quatro títulos produzem quatro teses, cada uma das quais tem sua antítese como contrapeso simétrico.[10]

Expressamos nossa admiração pela combinação de fato altamente perspicaz que produziu este elegante edifício; mais adiante, entretanto, iremos investigá-lo em suas fundações e partes. – Antes, porém, é preciso fazer as seguintes considerações.

* * *

É assombroso como Kant, sem mais reflexão, segue seu caminho, indo atrás de sua simetria, tudo ordenando segundo ela, sem jamais levar em conta neles mesmos um dos objetos assim tratados. Quero explicar-me mais detalhadamente. Após ele levar em consideração o conhecimento intuitivo só na // matemática, negligencia por completo o conhecimento intuitivo restante, no qual o mundo coloca-se perante nós, e atém-se tão somente ao pensamento abstrato; o qual, entretanto, recebe toda a sua significação e valor primeiro do mundo intuitivo, infinitamente mais significativo, mais universal, mais rico em conteúdo que a parte abstrata de nosso conhecimento. De fato, e este é o ponto principal, Kant nunca chegou a distinguir claramente o conhecimento intuitivo do conhecimento abstrato, e justamente por isso, como veremos depois, enreda-se em contradições insolúveis consigo mesmo. – Após ter concluído todo o mundo dos sentidos com a expressão que nada diz "ele é dado", faz agora, como dito, da tábua lógica dos juízos a pedra de toque do seu edifício. Mas aqui também, em momento algum, reflete sobre o que se encontra propriamente diante dele. Essas formas do juízo são decerto PALAVRAS e COMBINAÇÕES DE PALAVRA. Deveria, portanto, ter sido primeiro perguntado o que tais palavras desig-

---

10 No original alemão, *symmetrischen Pendant*. (N. T.)

nam imediatamente: ter-se-ia descoberto que são CONCEITOS. A pergunta a fazer em seguida versaria sobre a natureza dos CONCEITOS, e, a partir da resposta, dever-se-ia observar qual relação eles têm com as representações intuitivas nas quais o mundo existe: com isso a intuição e a reflexão seriam separadas. Teria sido então investigado não só como a intuição pura *a priori* e apenas formal, mas também como seu conteúdo, a intuição empírica, chega à consciência; depois ter-se-ia mostrado qual o papel que o ENTENDIMENTO desempenha nisso, portanto, em geral, o que é o ENTENDIMENTO e, em contrapartida, o que é propriamente a RAZÃO, cuja crítica estava ali sendo escrita. É bastante notável que ele não determine esta última uma vez sequer de forma ordenada e suficiente; só ocasionalmente fornece sobre ela explanações incompletas, incorretas, tal qual exigidas pelo contexto, em total contradição com a regra de Descartes antes citada.* // Por exemplo, na p.11 (V, 24) da *Crítica da razão pura*, ela é a faculdade dos princípios *a priori*; na p.299 (V, 356) é dita de novo a faculdade dos PRINCÍPIOS e é oposta ao entendimento, que é a faculdade das REGRAS! Doravante se deveria pensar que entre princípios e regras existe uma ampla diferença, que nos justifica admitir para cada um deles uma faculdade particular. No entanto é dito que essa grande diferença deve residir meramente no fato de que aquilo conhecido *a priori* pela pura intuição, ou pelas formas do entendimento, é uma REGRA, e apenas o que resulta *a priori* de meros conceitos é um princípio. Voltaremos depois a esta distinção arbitrária e inadmissível quando tratarmos da dialética. Na p.330 (V, 386) a razão é a faculdade de inferir: o simples julgar (p.69; V, 94) é frequentemente definido como a operação do entendimento. Com isto, porém, ele diz propriamente: julgar é a operação do entendimento quando o fundamento do juízo for empírico, transcendental ou metalógico (ensaio *Sobre o princípio de razão*, § 31, 32, 33); mas se este fundamento for lógico, como aquele em que consiste a inferência, age aqui uma faculdade de conhecimento bem especial e muito mais

---

* Observe-se aqui que em toda parte cito a *Crítica da razão pura* conforme a paginação DA PRIMEIRA EDIÇÃO, pois na edição Rosenkranz da obra completa tal paginação é sempre acrescentada: além disso, acrescento a paginação da quinta edição precedida de V; todas as demais edições, desde a segunda, são como a quinta, portanto também na paginação.

aprimorada, a razão. Sim, mais ainda, na p.303 (V, 360) explana-se que as consequências imediatas de uma proposição seriam ainda assunto do entendimento, e só aquelas nas quais é usado um conceito mediador seriam tarefa da razão; como exemplo cita que, da premissa "todos os homens são mortais", seria retirada pelo simples entendimento a conclusão "alguns homens são mortais"; ao contrário, a conclusão "todos os sábios são mortais" exigiria uma faculdade completamente diferente e muito mais aprimorada, a razão. Como foi possível que um grande pensador produzisse algo assim?! Na p.553 (V, 581) a razão, subitamente, é a condição permanente de todas as ações arbitrárias. Na p.614 (V, 642) ela consiste em que podemos prestar conta de nossas afirmações; nas p.643, 644 (V, 671, 672) consiste em unir os conceitos do entendimento em ideias, assim como o entendimento une a diversidade dos objetos em conceitos. Na p.646 (V, 674) a razão nada é senão a faculdade de deduzir o particular do universal. //

I 513

O ENTENDIMENTO é também sempre redefinido de modo novo em sete passagens da *Crítica da razão pura*. Na p.51 (V, 75) é a faculdade de produzir representações elas mesmas; na p.69 (V, 94) é a faculdade de julgar, ou seja, de pensar, isto é, conhecer por conceitos; na p.137, quinta edição, é genericamente a faculdade de conhecimento; na p.132 (V, 171) é a faculdade das regras, porém na p.158 (V, 197) é dito que ele "não é somente a faculdade das regras, mas a fonte dos princípios fundamentais segundo a qual tudo se encontra sob regras", e, não obstante, fora anteriormente oposto à razão, porque exclusivamente esta seria a faculdade dos princípios; na p.160 (V, 199) o entendimento é a faculdade dos conceitos, mas na p.302 (V, 359) é a faculdade da unidade das aparências por meio de regras.

Não precisarei defender minhas definições sobre aquelas duas faculdades de conhecimento contra um tal discurso verdadeiramente confuso e infundado (embora proceda de Kant), pois minhas explanações estão firmemente estabelecidas, são precisas, determinadas, simples e sempre concordam com o uso linguístico de todos os povos de todas as épocas. Fiz tais citações de Kant apenas como prova de minha censura de que ele persegue um sistema simétrico, lógico, sem refletir suficientemente sobre o objeto que ele assim trata.

O mundo como vontade e como representação

Ora, se Kant, como disse acima, tivesse investigado seriamente em que extensão se dão a conhecer essas duas faculdades diferentes de conhecimento, uma das quais é a distintiva da humanidade, e o que, conforme o uso linguístico de todos os povos e filósofos, chama-se razão e entendimento, não teria dividido a razão em prática e teórica, sem outra autoridade senão o *intellectus theoreticus* e *practicus* dos escolásticos (que usam os termos em sentido totalmente diferente) e jamais teria feito da razão prática a fonte das ações virtuosas. Da mesma maneira, antes de ter separado tão cuidadosamente os conceitos do entendimento (pelos quais entende em parte suas categorias, em parte todos os conceitos comuns) e os conceitos da razão (suas chamadas ideias) e feito deles o material de sua filosofia, cuja maior parte trata apenas de validade, aplicação, origem de todos esses conceitos; — antes disso, **I 514** digo, ele deveria ter verdadeiramente investigado o que é // em geral um CONCEITO. Infelizmente, porém, também essa investigação tão necessária foi omitida; o que muito contribuiu para a mistura nociva de conhecimento intuitivo com abstrato, que logo demonstrarei. — A mesma falta de atenção suficiente, com a qual passa por cima de questões do tipo "o que é intuição?", "o que é reflexão?", "o que é conceito?", "o que é entendimento?", faz que também passe por cima das seguintes investigações igualmente necessárias: "o que é OBJETO,[11] o qual distingo de REPRESENTAÇÃO?",[12] "o que é existência?", "o que é objeto?",[13] "o que é sujeito?", "o que é verdade, ilusão, erro?". — No entanto ele persegue, sem refletir ou olhar em redor, seu esquema lógico e sua simetria. A tábua dos juízos deve e tem de ser a chave de toda sabedoria.

* * *

Estabeleci acima como o principal mérito de Kant o fato de ter distinguido a aparência da coisa em si, de ter explicado todo este mundo visível

---

11 No original, *Gegenstand*, ou seja, "objeto empírico", vale dizer, aquilo que está (*steht*) diante de mim (*gegen*). (N. T.)

12 Ou seja, *Vorstellung*, que está (*stellt*) em frente a mim (*vor*), portanto um termo cuja acepção é quase idêntica à de *Gegenstand*. (N. T.)

13 Aqui, *Objekt*, ou seja, objeto na sua acepção mais geral, que inclui o objeto empírico *Gegenstand*. (N. T.)

como aparência e, portanto, recusado às suas leis toda validade para além da aparência. Em todo caso, é notável que Kant não tenha deduzido aquela existência da aparência, meramente relativa, a partir de uma verdade tão simples, próxima e inegável, a saber, "NENHUM OBJETO SEM SUJEITO", para, já na raiz, expor que o objeto, visto que sempre existe apenas em relação ao sujeito, é dependente deste, por este condicionado e, em consequência, é mera aparência que não existe em si, incondicionadamente. Já Berkeley, em relação a cujo mérito Kant não é justo, fez daquela importante proposição a pedra de toque de sua filosofia e assim instituiu um monumento imortal para si, embora ele mesmo não tivesse extraído as consequências pertinentes daquela proposição e, assim, foi em parte incompreendido, em parte insuficientemente levado em consideração. Explanei na minha primeira edição o desvio efetuado por Kant desse princípio berkeleyano, como motivado pela aversão explícita em face do idealismo decidido; enquanto eu, por outro lado, encontrava tal idealismo distintamente expresso em muitas passagens da *Crítica da razão pura*; em conformidade com isso, acusei Kant de contradição consigo mesmo. Tal censura estava fundamentada, // na medida em que se conhecia, como era o meu caso naquela ocasião, a *Crítica da razão pura* apenas na segunda edição, ou nas cinco edições subsequentes, impressas a partir desta. Quando, porém, mais tarde li a obra magna de Kant na primeira edição, já tornada uma raridade, vi, para minha grande alegria, desaparecerem todas aquelas contradições, e descobri que Kant, apesar de não ter usado a fórmula "nenhum objeto sem sujeito", todavia, com a mesma ênfase que BERKELEY e eu, explica o mundo posto diante de nós no espaço e no tempo como simples representação do sujeito que o conhece; consequentemente, por exemplo, sem reserva diz na p.383: "Caso se retire o sujeito pensante, todo o mundo dos corpos, que não é senão a aparência na sensibilidade de nosso sujeito e uma espécie de representação dele, tem de desaparecer." Contudo toda a passagem das p.348-92, na qual Kant expõe seu idealismo decidido com extrema beleza e distinção, foi por ele suprimida na segunda edição e, em contrapartida, foi introduzida uma série de declarações conflitantes. Nesse sentido, o texto da *Crítica da razão pura*, tal qual circulou do ano de 1787 até o ano de 1838, tornou-se um livro desfigurado e corrompido, autocontraditório, cujo sentido, exatamente por isso, não podia ser completamente claro e compreensível a ninguém. Os detalhes sobre isso, bem como minhas conjecturas sobre os motivos e fraquezas que poderiam ter levado Kant a uma semelhante desfiguração de sua obra imortal, expus numa carta ao Sr. Prof. Rosenkranz, cuja passagem principal da mesma foi acolhida em seu prefácio ao segundo tomo da edição por ele preparada das obras completas de Kant, ao qual, portanto, eu aqui remeto. Em consequência de minhas representações, o Sr. Prof. Rosenkranz foi convencido no ano de 1838 a restabelecer em sua forma originária a *Crítica da razão pura*, pois a imprimiu no mencionado segundo tomo de acordo com a PRIMEIRA edição de 1781, conquistando com isso um mérito inestimável na filosofia, sim, talvez tenha resgatado do ocaso a obra mais importante da língua alemã, e por isso sempre lhe devemos ser gratos. Que ninguém imagine conhecer a *Crítica da razão pura* e possuir um conceito

I 516 distinto da // doutrina de Kant caso a tenha lido apenas na segunda edição, ou nas seguintes baseadas nesta; isto é absolutamente impossível: pois leu apenas um texto mutilado, corrompido, em certa medida inautêntico. É meu dever, aqui, expressá-lo enfaticamente, como advertência a todos.

Com a decisiva visão idealista fundamental expressa tão distintamente na primeira edição da *Crítica da razão pura*, encontra-se todavia em inegável contradição o modo como Kant introduz a COISA EM SI; e, sem dúvida, essa é a principal razão para ele, na segunda edição, suprimir a citada passagem principal idealista e autodefinir-se como alguém diretamente opositor do idealismo berkeleyano, com o que, entretanto, tão somente incorporou inconsequências à sua obra, sem poder remediar o principal defeito dela. Este é, como é bem conhecido, a introdução da COISA EM SI pelo modo como escolheu, cuja inadmissibilidade foi demonstrada em detalhes por G. E. Schulze em *Enesidemo* e logo reconhecida como o ponto fraco do seu sistema. A questão pode ser esclarecida em bem poucas palavras. Kant fundamentou a pressuposição da coisa em si, embora encoberta por torções conceituais variadas, sobre uma conclusão conforme a lei de causalidade, a saber, que a intuição empírica, ou mais corretamente a SENSAÇÃO em nossos órgãos dos sentidos, da qual ela procede, tem de possuir uma causa externa. Entretanto, de acordo com sua própria e acertada descoberta, a lei de causalidade é por nós conhecida *a priori*, conseguintemente uma função do nosso intelecto, portanto de origem SUBJETIVA; além disso, a própria sensação dos sentidos, sobre a qual aplicamos a lei de causalidade, é também inegavelmente SUBJETIVA; por fim, até mesmo o espaço, no qual, por meio dessa aplicação, situamos a causa da sensação como objeto, é uma forma de nosso intelecto dada *a priori*, por conseguinte é da mesma maneira SUBJETIVA. Portanto, toda a intuição empírica permanece por inteiro assentada em fundação SUBJETIVA, como um simples processo em nós; e nada por completo diferente e independente disso pode ser trazido como uma COISA EM SI, ou exibido como um pressuposto necessário. De fato, a intuição empírica é e permanece nossa mera representação – é o mundo como representação. Só podemos alcançar a essência em si deste mundo tomando // um caminho bem diferente, por mim trilhado, mediante consulta à consciência de si, a qual anuncia a vontade como o em si de nossa própria aparência: mas, então, a coisa em si torna-se algo *toto genere*[14] diferente da representação e de seus elementos, como já o mostrei.

Como dito, o já antes demonstrado grande defeito do sistema kantiano nesse ponto é uma prova do belo provérbio indiano: "Nenhum lótus sem caule". Aqui o caule é a dedução errônea da coisa em si: contudo, só o modo de dedução, não o reconhecimento de uma coisa em si para a aparência dada. Neste último ponto, quem se equivocou foi FICHTE; o que foi possível porque não estava comprometido com a verdade, mas com o alarde em vista da promoção dos seus interesses pessoais. Com isso foi suficientemente atrevido e impensado a ponto de negar por completo a coisa em si e estabelecer um sistema no qual não apenas, como em Kant, a parte meramente formal da representação, mas também a parte material, o conteúdo completo dela, foi pretensamente deduzida *a priori* do sujeito. Nisso contou muito acertadamente com a falta de juízo e a estupidez do público, que tomou sofismas ruins, meras trapaças e insensata conversa fiada como provas, de tal maneira que conseguiu desviar de Kant para si a atenção do público e assim dar à filosofia alemã o rumo ao qual foi conduzida mais adiante por Schelling, e finalmente atingiu seu alvo na absurda pseudossabedoria hegeliana.

---

14 "Em gênero inteiro." (N. T.)

O mundo como vontade e como representação

Volto agora ao grande erro de Kant, já tocado acima, a saber, o fato de ele não ter separado de modo apropriado o conhecimento intuitivo do conhecimento abstrato, nascendo daí uma irremediável confusão, que agora temos de considerar detalhadamente. Caso tivesse separado rigorosamente as representações intuitivas dos conceitos, estes pensados meramente *in abstracto*, tê-los-ia conservado à parte e sempre teria sabido, em cada situação, com qual dos dois estava lidando. Porém este não foi o caso. E a censura a isso ainda não se tornou pública, portanto talvez seja inesperada. Seu "objeto[15] da experiência", sobre o qual fala constantemente, o objeto[16] propriamente dito das categorias, // não é a representação intuitiva, mas também não é o conceito abstrato, é diferente de ambos e, no entanto, é os dois ao mesmo tempo, vale dizer, um completo disparate. Por mais inacreditável que possa parecer, faltou-lhe clareza de consciência ou boa vontade para pôr-se de acordo consigo mesmo e assim explanar distintamente a si e aos demais se o seu "objeto da experiência, isto é, do conhecimento dado pela aplicação das categorias" é a representação intuitiva no espaço e no tempo (minha primeira classe de representações) ou meramente o conceito abstrato. Por mais estranho que seja, paira diante dele constantemente um híbrido entre os dois, daí advindo a infeliz confusão que tenho agora de trazer à luz e para cujo fim tenho de atravessar toda a doutrina dos elementos em geral.

I 518

* * *

A ESTÉTICA TRANSCENDENTAL é uma obra tão extraordinariamente meritória que, sozinha, teria bastado para eternizar o nome de Kant. Suas provas têm uma força de convicção tão plena que computo suas proposições entre as verdades incontestáveis e sem dúvida fazem parte das mais ricas em consequência; portanto devem ser consideradas como o que há de mais raro no mundo, uma descoberta real e grandiosa na metafísica. O fato, por Kant rigorosamente demonstrado, de uma parte de nosso conhecimento nos ser consciente *a priori* não admite nenhuma outra explanação a não ser a de que essa parte é constituída pelas formas de nosso intelecto: em realidade, antes

---

15 No original, *Gegenstand*. (N. T.)
16 No original, *Objekt*. (N. T.)

de uma explanação isto é simplesmente a expressão distinta do fato mesmo; pois *a priori* significa apenas "não adquirido pelo caminho da experiência, portanto não vindo de fora para nós"; ora, aquilo presente no intelecto sem ter vindo de fora é justamente o que lhe pertence originariamente, seu ser próprio. E, se aquilo presente no próprio intelecto consiste no modo e na maneira universais como todos os seus objetos têm de se lhe apresentar, isso equivale a dizer que essas são as formas de seu conhecer, ou seja, o modo e a maneira para sempre estabelecidos de como ele desempenha as suas funções.

I 519 Eis por que // "conhecimento *a priori*" e "formas próprias do intelecto" são, no fundo, apenas duas expressões para a mesma coisa, portanto, em certa medida, sinônimas.

Por conseguinte, da doutrina da estética transcendental não saberia descartar coisa alguma, apenas acrescentar. Em especial, que Kant não foi até o fim com os seus pensamentos, pois não rejeitou todo o método euclidiano de demonstração, mesmo após ter dito, p.87 (V, 120), que todo conhecimento geométrico tem evidência imediata a partir da intuição. É bastante notável que inclusive um de seus opositores, em verdade o mais arguto deles, G. E. Schulze (*Kritik der theoretischen Philosophie*, II, 241), tenha concluído que, a partir do ensinamento de Kant, resultaria um tratamento completamente diferente daquele usual na geometria, com o que acredita conduzir uma prova apagógica contra Kant, mas, de fato, começa sem sabê--lo a guerra contra o método euclidiano. Remeto ao § 15 do primeiro livro da presente obra.

Após a detalhada discussão, na estética transcendental, sobre as FORMAS universais de toda intuição, seria de esperar recebermos algum esclarecimento sobre o CONTEÚDO delas, a maneira como a intuição EMPÍRICA chega à nossa consciência e como nasce o nosso conhecimento de todo este mundo, tão real e importante para nós. Porém quanto a isso todo o ensinamento de Kant não contém propriamente nada senão a expressão vazia e tantas vezes repetida "o empírico da intuição é DADO de fora". — Também aqui, das PURAS FORMAS DA INTUIÇÃO, Kant chega por um salto ao PENSAMENTO, À LÓGICA TRANSCENDENTAL. Logo no início desta (*Crítica da razão pura*, p.50; V, 74), quando não pode deixar de tocar no conteúdo material da intuição empírica, dá o primeiro passo em falso, comete o πρῶτον ψεῦδος.[17] "Nosso conhecimento", diz Kant, "possui duas fontes, a saber, receptividade das impressões e a espontaneidade dos conceitos: a primeira é a capacidade de receber representações, a segunda a capacidade de conhecer um objeto por meio destas representações: pela primeira um OBJETO nos é dado, pela // segunda ele é pensado". Isso é falso: pois, do contrário, a IMPRESSÃO – unicamente para a qual possuímos mera receptividade, que portanto vem de fora, e só ela seria propriamente "DADA" – seria já uma REPRESENTAÇÃO, sim, até mesmo um OBJETO. Mas a impressão não passa de uma mera SENSAÇÃO no órgão dos sentidos, e só pela aplicação do ENTENDIMENTO (isto é, da lei de causalidade) e das formas da intuição do espaço e do tempo é que o nosso INTELECTO converte essa mera SENSAÇÃO em uma REPRESENTAÇÃO, que, doravante, existe como OBJETO no espaço e no tempo e não pode ser distinguida deste último (o objeto), exceto se perguntarmos pela coisa em si; do contrário, é idêntica ao objeto. Expus em detalhes este processo no ensaio *Sobre o princípio de razão*, § 21. Com isso está cumprida a tarefa do entendimento e do conhecimento intuitivo e, para tal, não foi preciso conceito algum nem pensamento; eis por que também o animal possui essas representações. Se conceitos e pensamentos são acrescentados, aos quais, decerto, pode-se atribuir espontaneidade, o conhecimento INTUITIVO é totalmente abandonado e uma classe por inteiro diferente de representações, a saber, não intuitivas, conceitos abstratos, entra na consciência. Eis aí a atividade da RAZÃO que, no entanto, tem todo o conteúdo de seu pensamento unicamente a partir da intuição que o precede e da comparação dele com outras intuições e conceitos. Porém Kant traz o pensamento já para a intuição e, assim, assenta a fundação para a mistura nociva entre conhecimento intuitivo e abstrato, a qual aqui estou ocupado em condenar. Ele deixa a intuição nela mesma incompreensível, puramente sensível, portanto inteiramente passiva, e só pelo pensamento (categorias do entendimento) permite que um OBJETO seja apreendido: com isso, repita-se, traz O PENSAMENTO PARA A INTUIÇÃO. Mas eis que, de novo, o objeto do PENSAMENTO é um objeto particular, real; com isso o

---

17 Primeiro passo em falso, ou seja, erro fundamental, originário, erro numa premissa. (N. T.)

pensamento perde o seu caráter essencial de universalidade e abstração e, em vez de conceitos universais, recebe coisas individuais por objeto, com o que Kant leva de novo A INTUIÇÃO PARA O PENSAMENTO. Daí nasce a dita mistura nociva, e as consequências desse primeiro passo em falso estendem-se por sobre toda a sua teoria do conhecimento. // Através de toda esta, a mistura completa da representação intuitiva com a abstrata tende a um híbrido de ambas, que ele apresenta como o objeto do conhecimento por meio do entendimento e suas categorias e denomina esse conhecimento EXPERIÊN- CIA. É difícil acreditar que Kant mesmo tenha pensado alguma coisa bem determinada e verdadeiramente distinta com esse objeto do entendimento: e isso vou prová-lo agora, mediante a contradição monstruosa que atravessa toda a lógica transcendental e que é a verdadeira fonte da obscuridade que a envolve.

A saber, na *Crítica da razão pura*, p.67-9 (V, 92-94); p.89, 90 (V, 122, 123); mais adiante V, 135, 139, 153, ele repete e insiste: o entendimento não é uma faculdade de intuição, seu conhecimento não é intuitivo, mas discursivo; o entendimento é a faculdade de julgar (p.69; V, 94), e um juízo é conhecimento imediato, representação de uma representação (p.68; V, 93); o entendimento é a faculdade de pensar, e pensar é o conhecimento por conceitos (p.69; V, 94); as categorias do entendimento não são de maneira alguma as condições sob as quais objetos são dados na intuição (p.89; V, 122), e a intuição não precisa das funções do pensamento de maneira algu- ma (p.91; V, 123); nosso entendimento só pode pensar, não intuir (V, 135, 139). Depois, nos *Prolegômenos*, § 20: intuição, percepção, *perceptio*, pertence meramente aos sentidos; o julgamento é exclusividade do entendimento; e no § 22: a tarefa dos sentidos é intuir, a do entendimento pensar, isto é, julgar. — Finalmente, na *Crítica da razão prática*, quarta edição, p.247 (edição Rosenkranz p.281), o entendimento é discursivo, suas representações são pensamentos, não intuições. — Todas essas são as próprias palavras de Kant.

Disso se segue que este mundo intuitivo existiria para nós mesmo se não tivéssemos entendimento algum, que ele chega em nossa cabeça de uma maneira completamente inexplicável, o que Kant indica com frequência justamente pelo emprego de sua estranha expressão de que a intuição seria DADA, sem mais explanações sobre tal expressão indeterminada e figurada.

O mundo como vontade e como representação

I 522 // No entanto tudo o que foi citado é contradito da forma mais gritante por todo o resto da sua doutrina do entendimento, das categorias deste, da possibilidade da experiência como ele a apresenta na lógica transcendental. A saber: na p.79 (V, 105) da *Crítica da razão pura*, o entendimento, por suas categorias, traz unidade ao diverso da INTUIÇÃO, e os conceitos puros do entendimento referem-se *a priori* aos objetos da INTUIÇÃO. Na p.94 (V, 126) são "as categorias condição da experiência, seja da INTUIÇÃO ou do pensamento que nela é encontrado". Em V, 127, o entendimento é o criador da experiência. Em V, 128, as categorias determinam a INTUIÇÃO dos objetos. Em V, 130, tudo aquilo que representamos como unido no objeto (que, com certeza, é algo intuitivo, e não uma abstração) só foi unido por uma ação do entendimento. Em V, 135, o entendimento é de novo explanado como a faculdade de ligar *a priori* e trazer o diverso das representações dadas sob a unidade da apercepção: no entanto, de acordo com qualquer uso da linguagem, a apercepção não é o pensamento de um conceito, mas é INTUIÇÃO. Em V, 136, encontramos até um princípio supremo da possibilidade de toda intuição em relação ao entendimento. Em V, 143, encontra-se, inclusive num título, que toda intuição sensível é condicionada pelas categorias. Ali mesmo a FUNÇÃO LÓGICA DO JUÍZO traz até mesmo o diverso das INTUIÇÕES dadas sob uma apercepção em geral, e o diverso de uma intuição dada fica necessariamente sob as categorias. Em V, 144, unidade chega à INTUIÇÃO por intermédio das categorias através do entendimento. Em V, 145, o pensamento do entendimento é muito estranhamente explicado dizendo-se que ele sintetiza, liga e ordena o diverso da INTUIÇÃO. Em V, 161, a experiência só é possível através das categorias e consiste na conexão de percepções que, todavia, são precisamente intuições. Em V, 159, as categorias são o conhecimento *a priori* de objetos da INTUIÇÃO em geral. — Ademais, aqui e em V, 163 e 165, é expressa uma doutrina capital de Kant: QUE O ENTENDIMENTO PRIMEIRO TORNA POSSÍVEL A NATUREZA na medida

I 523 em que lhe prescreve leis *a priori* e a regula segundo // sua legalidade, e assim por diante. Porém a natureza é de fato algo intuitivo, e não uma abstração; o entendimento, por conseguinte, teria de ser uma faculdade de intuição. Em V, 168, é dito que os conceitos do entendimento são os princípios da possibilidade da experiência, e esta é a determinação das aparências no

511

espaço e no tempo em geral; aparências, todavia, que decerto existem na intuição. Finalmente, nas p.189-211 (V, 232-265) há a longa prova (cuja inexatidão é em detalhe mostrada no meu ensaio *Sobre o princípio de razão*, § 23) de que a sucessão objetiva e também a simultaneidade dos objetos da experiência não são percebidas sensorialmente, mas só pelo entendimento são trazidas à natureza, a qual se torna primeiro possível dessa forma. Com certeza, porém, a natureza, a sequência dos acontecimentos e a simultaneidade dos estados são algo puramente intuitivo, e não meramente pensado em abstrato.

Desafio todo aquele que partilha comigo da veneração por Kant a conciliar tais contradições e mostrar que Kant tenha pensado algo completamente distinto e definitivo com sua doutrina do objeto da experiência e a maneira como este, mediante a atividade do entendimento e de suas doze categorias, é determinado. Estou convencido de que a contradição demonstrada e que se estende por toda a lógica transcendental é a verdadeira razão da grande obscuridade da sua exposição. De fato, Kant estava vagamente cônscio da contradição, lutava internamente contra ela, mas não quis ou não podia trazê-la à clara consciência, e por isso a velou a si e aos outros, contornando-a com todo tipo de subterfúgios. Disso talvez também se possa derivar o fato de ele fazer da faculdade de conhecimento uma maquinaria tão estranha, complicada, com tantas engrenagens como o são as doze categorias, a síntese transcendental da imaginação, a do sentido interno, a da unidade transcendental da apercepção, fora o esquematismo dos puros conceitos do entendimento, e assim por diante. E, não obstante esse grande aparato, não é feita sequer uma tentativa de explanar a intuição do mundo exterior, que é todavia de fato a coisa principal em nosso conhecimento; mas, ao contrário, essa exigência impositiva é sempre bem miseravelmente // recusada pela mesma expressão figurada e que nada diz: "A intuição empírica nos é dada". Na p.145 da quinta edição somos ainda informados de que a intuição é dada pelo objeto: por conseguinte, este tem de ser algo diferente da intuição.

Caso agora nos esforcemos em sondar a opinião mais íntima de Kant, não expressa por ele distintamente, descobriremos que, de fato, aquele objeto diferente da INTUIÇÃO, e que no entanto não é de maneira alguma

O mundo como vontade e como representação

um CONCEITO, é para ele o objeto propriamente dito do entendimento, sim, que a estranha pressuposição de um semelhante objeto irrepresentável deve ser realmente aquilo mediante o que a intuição primeiro se torna experiência. Acredito que um preconceito antigo e arraigado, que carece de toda investigação, é em Kant o último fundamento da assunção de um tal OBJETO ABSOLUTO, que em si, isto é, também sem sujeito, é objeto. Decerto não é o OBJETO INTUÍDO, mas é adicionado pelo conceito à intuição como algo que lhe corresponde, para assim a intuição ser experiência e adquirir valor e verdade, os quais consequentemente só consegue por via da relação a um conceito (em oposição diametral a nossa exposição, segundo a qual o conceito só adquire valor e verdade a partir da intuição). O adendo pelo pensamento desse objeto não diretamente representável à intuição é, pois, a tarefa propriamente dita das categorias. "Só através da intuição o objeto é dado e depois é pensado conforme a categoria" (*Crítica da razão pura*, primeira edição, p.399). Isto se torna particularmente claro em uma passagem, p.125 da quinta edição: "Agora se pergunte se conceitos *a priori* também não precedem enquanto condições sob as quais exclusivamente algo é, embora NÃO INTUÍDO, todavia PENSADO como OBJETO em geral", ao que Kant responde afirmativamente. Aqui se mostra claramente a fonte do erro e da confusão que envolve esse tema. Pois o OBJETO enquanto tal existe sempre apenas para e na INTUIÇÃO: esta, por sua vez, só pode ser consumada através dos sentidos ou, na sua ausência, pela imaginação. Por outro lado, o que é PENSADO é sempre um conceito universal, não intuitivo, que pode ser o **I 525** conceito de // um objeto em geral; porém, apenas mediatamente, via conceitos, o pensamento se refere a OBJETOS, os quais eles mesmos sempre são, e permanecem, INTUITIVOS. Pois nosso pensamento não serve para conferir realidade às intuições: esta elas já a têm, desde que são capazes dela (realidade empírica) por si mesmas; o nosso pensamento serve para abranger o elemento comum e o resultado das intuições e assim os conservar e poder facilmente manipulá-los. Kant, entretanto, prescreve ao PENSAMENTO os próprios objetos, para dessa forma tornar a experiência e o mundo objetivo dependentes do ENTENDIMENTO, sem no entanto permitir que este seja uma faculdade de INTUIÇÃO. Nessa relação, decerto distingue o intuir do pensar, porém faz das coisas particulares em parte objetos da intuição, em parte do pensamento. Em realidade, entretanto, as coisas particulares só são objetos da intuição: nossa intuição empírica é de imediato OBJETIVA; exatamente porque procede do nexo causal. As coisas, e não representações diferentes destas, são imediatamente seu objeto. As coisas particulares são intuídas como tais no entendimento e através dos sentidos: a impressão UNILATERAL sobre estes é de imediato complementada pela imaginação. Por outro lado, logo que passamos ao PENSAMENTO, abandonamos as coisas particulares e lidamos com conceitos universais sem intuitividade, mesmo se depois aplicarmos os resultados de nosso pensamento às coisas particulares. Se estabelecemos isto, evidencia-se a inadmissibilidade da assunção de que a intuição das coisas só adquire realidade e se torna experiência mediante o pensamento dessas mesmas coisas via aplicação das doze categorias. Ao contrário, na intuição mesma já é dada a realidade empírica, portanto a experiência: a intuição, porém, só pode ser estabelecida por intermédio da aplicação do conhecimento do nexo causal – única função do entendimento – à sensação dos sentidos. A intuição é, consequentemente, de fato intelectual, justamente o que Kant nega.

A assertiva de Kant aqui criticada encontra-se, além das passagens antes citadas, também expressa com clareza surpreendente na *Crítica da faculdade de juízo*, § 36, logo no início; igualmente nos *Princípios metafísicos da ciência da natureza* // em nota à primeira explanação da "fenomenologia". Contudo, com uma ingenuidade que Kant, nesse ponto duvidoso, seria o último a arriscar-se, encontramo-la distintamente exposta no livro de um kantiano, a saber, no *Grundriss einer allgemeinen Logik* de Kiesewetters, terceira edição, parte I, p.434, e parte 2, §§ 52 e 53 da discussão; igualmente na *Denklehre in rein Deutschen Gewande* (1825). Aí se mostra muito bem como os discípulos sem autonomia de pensamento de todo grande pensador tornam-se a lente de aumento de seus erros. Uma vez concluída, Kant avançou aos poucos e cuidadosamente na sua exposição da doutrina das categorias; os discípulos, ao contrário, foram deveras atrevidos, com o que puseram a nu a falsidade da coisa.

Em consequência do que foi dito, o objeto das categorias em Kant não é exatamente a coisa em si, mas seu parente mais próximo: é o OBJETO EM SI, é um objeto que não precisa de sujeito algum, é uma coisa particular, e

O mundo como vontade e como representação

no entanto não se encontra no tempo e no espaço, porque não é intuitiva, é objeto do pensamento, e todavia não é conceito abstrato. Portanto, Kant faz uma tripla distinção: 1) a representação; 2) o objeto da representação; 3) a coisa em si. A primeira é tarefa da sensibilidade, a qual, em Kant, ao lado da sensação, também compreende as formas puras da intuição, ou seja, espaço e tempo. O segundo é tarefa do entendimento, que o adiciona ao PESAMENTO por meio de suas doze categorias. A terceira reside para além de toda cognoscibilidade (como prova de tudo isso cf. p.108 e 109 da primeira edição da *Crítica da razão pura*). Só que a distinção entre a representação e o objeto da representação é infundada: o que Berkeley já demonstrara, e resulta de toda a minha exposição no primeiro livro, em especial capítulo 1 dos suplementos, sim, de fato resulta da própria visão idealista fundamental de Kant na primeira edição. Caso, entretanto, não se queira computar o objeto da representação à representação, e assim identificá-los, então ter-se-ia de transformá-lo em coisa em si: ao fim, isso depende do sentido atribuído à palavra objeto. Sempre, porém, fica estabelecido que, para a reflexão clara, nada mais se encontra senão representação e coisa em **I 527** si. A inserção injustificada daquele // andrógino, o objeto da representação, é a fonte dos erros de Kant: com sua eliminação, entretanto, cai por terra também a doutrina das categorias como conceitos *a priori*, pois estas em nada contribuem para a intuição, e não devem valer para a coisa em si, mas, por elas, apenas pensamos aqueles "objetos da representação" e assim convertemos a representação em experiência. Pois toda intuição empírica já é experiência: empírica, porém, é toda intuição que parte da sensação dos sentidos: esta sensação é relacionada pelo entendimento, por intermédio de sua única função (conhecimento *a priori* da lei de causalidade), à causa dela, que justamente dessa forma se expõe no espaço e no tempo (formas da intuição pura) como objeto da experiência, objeto material, durando no espaço via tempo, mas, enquanto tal, também sempre permanece representação, do mesmo modo que o espaço e o tempo. Se quisermos ir para além dessa representação, chegaremos à pergunta sobre a coisa em si, cuja resposta é o tema da minha obra inteira, bem como de qualquer metafísica em geral. Com o erro aqui discutido liga-se o erro anteriormente condenado, a saber, que Kant não fornece teoria alguma sobre o surgimento da intuição empírica, porém, sem mais nem menos, a trata como algo DADO, identificando-a com a mera sensação dos sentidos, ainda juntando a esta as formas da intuição, o espaço e o tempo, compreendendo-os sob o nome de sensibilidade. Entretanto, desses materiais de modo algum nasce uma representação objetiva; antes, esta exige sem exceção referência da sensação à sua causa, logo, aplicação da lei de causalidade, portanto, entendimento; pois, sem este, a sensação sempre permanece subjetiva e não situa objeto algum no espaço, mesmo se este a acompanhar. Mas em Kant não era permitido ao entendimento ser aplicado à intuição. O entendimento devia apenas PENSAR, em vista de permanecer no interior da lógica transcendental. A esse liga-se de novo um outro erro de Kant: ele deixou, para mim, a tarefa de fornecer a única prova válida do apriorismo corretamente conhecido da lei de causalidade, noutras palavras, a prova a partir da possibilidade da própria intuição empírica objetiva. Em vez dela, fornece uma prova manifestamente **I 528** falsa, como já discuti no meu ensaio *Sobre o princípio de razão*, § 23. – // A partir do que foi dito acima, torna-se claro que o "objeto da representação" de Kant (2) é composto do que roubou em parte da representação (1), em parte da coisa em si (3). Se de fato a experiência só se realizasse porque nosso entendimento aplicaria doze diferentes funções para PENSAR através de outros tantos conceitos *a priori* aos objetos que antes eram simplesmente intuídos, então seria preciso que toda coisa real possuísse nela mesma toda uma série de determinações que, dadas *a priori*, justamente como espaço e tempo, não se poderiam absolutamente afastar do pensamento, mas pertenceriam essencialmente à existência da coisa, embora não fossem dedutíveis das propriedades do espaço e do tempo. Porém, só encontramos uma única determinação dessa espécie: a causalidade. Nesta repousa a materialidade, pois a essência da matéria consiste no fazer-efeito e esta é absolutamente causalidade (cf. t. II, cap. 4). É unicamente a materialidade, entretanto, que distingue a coisa real da imagem da fantasia, a qual é somente representação. Pois a matéria, como permanente, confere à coisa permanência através de todo tempo, segundo sua matéria, enquanto as formas mudam em conformidade com a causalidade. Todo o restante na coisa são ou determinações do espaço, ou do tempo, ou propriedades empíricas, todas as quais refluem para a sua atividade eficiente,[18] portanto são determinações completas da causalidade. A causalidade, no entanto, já entra como condição da intuição empírica que, por conseguinte, é operação do entendimento, o qual torna possível a intuição; porém o entendimento fora da lei de causalidade em nada contribui para a experiência e sua possibilidade. O que ocupa as velhas ontologias, tirante o que foi aqui mencionado, nada é senão relações das coisas entre si, ou com nossa reflexão, e *farrago* acumulado.[19]

Um indício da falta de fundamento da doutrina das categorias já é dado pela sua própria exposição. Nesse sentido, que distância entre a ESTÉTICA transcendental e a ANALÍTICA transcendental! Lá, que clareza, determinidade, segurança, firme convicção enunciada abertamente e comunicada de maneira infalível! Tudo é cheio de luz, nenhum canto escuro é deixado: Kant ali sabe o que quer e sabe que tem razão. AQUI, ao contrário, tudo é obscuro, confuso, indeterminado, // vacilante, incerto, a exposição é temerosa, cheia de desculpas e remissões ao que vem em seguida, ou até mesmo tergiversações. Também toda a segunda e terceira seções da dedução dos conceitos puros do entendimento mudaram completamente na segunda edição, porque não satisfizeram a Kant mesmo, e se tornaram totalmente diferentes daquilo que eram na primeira edição, embora não mais claras. Vê-se de fato Kant em luta contra a verdade, para levar a bom termo a sua opinião doutrinária já formada. Na ESTÉTICA transcendental todas as proposições são efetivamente demonstradas a partir de fatos inegáveis da consciência; na ANALÍTICA transcendental, ao contrário, quando a consideramos mais de perto, encontramos meras afirmações de algo que é assim e assim tem de ser. Portanto, aqui, como em toda parte, a exposição traz a marca do pensamento do qual procedeu, pois o estilo é a fisiognomia do espírito. — Ainda se deve observar: quando Kant deseja dar um exemplo em vista de um esclarecimento mais apurado, quase sempre serve-se da categoria de causalidade, quando então o que é dito apresenta-se de maneira correta, justamente porque a lei de causalidade é a real, mas também a única forma do entendimento, e as restantes onze categorias são apenas janelas

---

18 No original, *Wirksamkeit*, ou seja, eficácia. (N. T.)
19 Farragem, coisas misturadas. (N. T.)

cegas. Na primeira edição, a dedução das categorias é mais simples e mais ágil que na segunda. Ele se esforça em expor como, após a intuição dada pela sensibilidade, o entendimento, por meio do pensamento das categorias, institui a experiência. Daí as expressões recognição, reprodução, associação, apreensão, unidade transcendental da apercepção, repetidas exaustivamente e, todavia, sem adquirirem clareza. Bastante notável, entretanto, é o fato de ele, nessa discussão, não tocar uma vez sequer naquilo que primeiro teria de ocorrer a qualquer um, a referência da sensação dos sentidos à sua causa externa. Se não quisesse admiti-lo, que o negasse expressamente; mas até isso não o fez. Então faz manobras furtivas: e todos os kantianos foram atrás dele, exatamente da mesma maneira. O motivo secreto disso é que ele reserva o nexo causal, sob o nome "fundamento da aparência", para a sua falsa dedução da coisa em si; mesmo que, mediante a relação à causa, a intui- I 530 ção se tornasse intelectual, o que não podia admitir. // Além do mais, parece ter-se assustado com o fato de, caso se fizesse a admissão do nexo causal entre sensação dos sentidos e objeto, este último tornar-se-ia de imediato a coisa em si, introduzindo o empirismo lockeano. Semelhante dificuldade seria entretanto posta de lado pela clareza de consciência que nos relembraria que a lei de causalidade é de origem subjetiva, tanto quanto a sensação dos sentidos mesma; ademais, também o próprio corpo, na medida em que aparece no espaço, já pertence às representações. Porém Kant impediu-se de conceder isso devido ao seu temor em face do idealismo berkeleyano.

Ora, como operação essencial do entendimento, por meio de suas doze categorias, é repetidas vezes citada "a ligação do diverso da intuição": no entanto nunca é suficientemente explanado, nem mostrado, o que é esse diverso da intuição antes da ligação no entendimento. Ora, o tempo e o espaço, este nas suas três dimensões, são *continua*, isto é, todas as suas partes não são originariamente separadas, mas ligadas; eles são as formas universais de nossa intuição; assim, tudo o que se expõe (é dado) neles também já aparece originariamente como *continuum*, noutros termos, suas partes já entram em cena ligadas e não necessitam de ligação adicional do diverso. Se, porém, se desejasse interpretar aquela unificação do diverso da intuição dizendo que refiro as diversas impressões sensoriais de um objeto somente a este único, portanto, por exemplo, quando vejo um sino reconheço que aquilo a

O mundo como vontade e como representação

afetar meu olho como amarelo, minhas mãos como liso e duro, meu ouvido como sonoro, é apenas um e mesmo corpo — então isso é, antes, uma consequência do conhecimento *a priori* do nexo causal (esta real e única função do entendimento) em virtude do qual todas aquelas diferentes impressões dos órgãos dos sentidos me conduzem tão somente a uma causa comum das mesmas, ou seja, à natureza do corpo diante de mim, de maneira que meu entendimento, a despeito da diferença e pluralidade dos efeitos, apreende a unidade da causa como um objeto único que se expõe intuitivamente dessa forma. — Na bela recapitulação de seu ensinamento, que Kant dá na *Crítica da razão pura*, // p.719-26 (V, 747-754), ele explica as categorias talvez mais claramente que em qualquer outro lugar, vale dizer, como "a mera regra da síntese do que a percepção pode dar *a posteriori*". Parece que algo pairava diante dele, semelhante ao fato de, na construção do triângulo, os ângulos darem a regra da composição das linhas: pelo menos nesta imagem pode-se melhor esclarecer o que ele diz da função das categorias. O prefácio aos *Princípios metafísicos da ciência da natureza* contém uma longa nota que, igualmente, fornece uma explicação das categorias, asseverando que elas "em nada diferem das ações formais do entendimento no julgamento", a não ser pelo fato de, no último, sujeito e predicado sempre poderem trocar de posição; em seguida, na mesma passagem, o juízo é em geral definido como "uma ação mediante a qual representações dadas primeiro tornam-se conhecimento de um objeto". Ora, em conformidade com isso, os animais, por não julgarem, também não poderiam conhecer objeto algum. Em geral há, de acordo com Kant, apenas conceitos de OBJETOS, não intuições. Eu, ao contrário, digo: objetos existem primariamente apenas para a intuição, e conceitos são sempre abstrações dessa intuição. Por isso o pensamento abstrato tem de orientar-se exatamente segundo o mundo encontrado na intuição, pois só a referência a este fornece conteúdo aos conceitos, e não podemos admitir para os conceitos outra forma determinada *a priori* senão a capacidade para a reflexão em geral, cuja essência é a formação de conceitos, isto é, de representações abstratas, não intuitivas — o que constitui a única função da RAZÃO, como mostrei no primeiro livro desta obra. Peço, portanto, que atiremos onze categorias janela afora e conservemos tão somente a de causalidade, porém reconhecendo que sua atividade já é condição da intuição, a qual portanto não é meramente sensual, mas intelectual, e que o objeto assim intuído, o objeto da experiência, é uno com a representação, da qual ainda deve ser distinguida só a coisa em si.

Após os estudos repetidos da *Crítica da razão pura* em diversas idades de minha vida, uma convicção se me impôs acerca da gênese da lógica transcendental, // que aqui comunico como bastante proveitosa para a compreensão da mesma. Única descoberta baseada em apreensão objetiva e suprema clarividência humana é o *apperçu* de que tempo e espaço são por nós conhecidos *a priori*. Gratificado com este achado feliz, Kant quis seguir com tal filão ainda mais longe, e seu amor pela simetria arquitetônica forneceu-lhe o fio condutor. Assim como decerto encontrara uma intuição pura *a priori* como condição subjacente à INTUIÇÃO empírica, assim também acreditou que certos CONCEITOS PUROS, como pressuposição em nossa faculdade de conhecimento, estariam no fundamento dos CONCEITOS empiricamente adquiridos, com o que o pensamento empiricamente real só seria possível mediante um pensamento puro *a priori*, o qual, porém, em si não teria objetos, mas teria de tirá-los da intuição; nesse sentido, assim como a ESTÉTICA TRANSCENDENTAL demonstra um fundamento *a priori* para a matemática, teria também de havê-lo para a lógica, com o que aquela primeira adquirira simetricamente um *pendant* numa LÓGICA TRANSCENDENTAL. A partir daí Kant não estava mais livre, não estava mais no estado de investigação e observação puras daquilo que se encontra presente na consciência, mas era conduzido por uma pressuposição, perseguia um objetivo, o de encontrar o que havia pressuposto, e assim erigir sobre a estética transcendental, tão afortunadamente descoberta, uma lógica transcendental análoga a ela, portanto correspondendo-lhe simetricamente, ao modo de um segundo andar. Para isso, então, ocorreu-lhe a tábua dos juízos, da qual formou, tão bem quanto pôde, a TÁBUA DAS CATEGORIAS como doutrina dos doze conceitos puros *a priori* que deveriam ser a condição de nosso PENSAMENTO dessas mesmas COISAS, cuja INTUIÇÃO é condicionada *a priori* pelas duas formas da sensibilidade; portanto, correspondia agora simetricamente à SENSIBILIDADE PURA um ENTENDIMENTO PURO. Após tudo isso, ocorreu-lhe ainda uma outra consideração, a qual lhe deu um meio de aumentar a plausibilidade da coisa, ao assumir a conjetura do ESQUEMATISMO dos conceitos

O mundo como vontade e como representação

puros do entendimento, com o que, entretanto, precisamente dessa forma torna-se evidente da maneira mais nítida a origem, para ele inconsciente, de seu procedimento. De fato, quando intentava encontrar para cada função empírica da faculdade de conhecimento uma apriorística função análoga, // notou que, entre nosso intuir empírico e nosso pensar empírico realizado por conceitos abstratos, não intuitivos, ainda tem lugar uma bem frequente, embora nem sempre feita, intermediação, quando tentamos vez ou outra retornar do pensar abstrato para o intuir; mas meramente tentamos, só para de fato nos convencermos de que o nosso pensamento abstrato não se distanciou muito do solo seguro da intuição, sobrevoando-o, ou tornando-se um mero palavrório; mais ou menos como se, ao andarmos na escuridão, aqui e ali estendêssemos a mão à parede que nos guia; retornamos assim à intuição, mesmo que só por tateios e momentaneamente, ao solicitar na fantasia uma intuição correspondente ao conceito que nos ocupa naquele momento, intuição que, contudo, nunca consegue ser completamente adequada ao conceito, mas é um simples REPRESENTANTE provisório dele: sobre este assunto já discorri o suficiente em meu ensaio *Sobre o princípio de razão*, § 28. Ora, Kant denomina ESQUEMA um fantasma fugido dessa espécie, em oposição à imagem perfeita da fantasia, e diz que este é, por assim dizer, um monograma da imaginação e afirma que, assim como um tal esquema fica no meio entre nosso pensamento abstrato de conceitos obtidos empiricamente e nossa intuição clara que ocorre pelos sentidos, também devem existir *a priori* similares ESQUEMAS DOS CONCEITOS PUROS DO ENTENDIMENTO entre a faculdade de intuição *a priori* da sensibilidade pura e a faculdade de pensamento *a priori* do entendimento puro (portanto as categorias). Descreve peça por peça tais esquemas como monogramas da imaginação pura *a priori* e, a cada um deles, assinala a categoria correspondente no estranho "Capítulo do esquematismo dos conceitos puros do entendimento", célebre por sua extrema obscuridade, porque ninguém até hoje compreendeu coisa alguma nele; obscuridade que, no entanto, aclara-se quando tal capítulo é considerado do ponto de vista aqui indicado, onde, mais do que em qualquer outro lugar, aparece à luz do dia a intencionalidade do procedimento kantiano e a decisão, tomada antecipadamente, de encontrar o que correspondesse à analogia e pudesse servir à simetria arquitetônica: sim, aqui o caso atingiu uma tal dimensão que beira o cômico. // Pois, ao admitir esquemas de conceitos puros (SEM CONTEÚDO) *a priori* do entendimento (categorias) análogos aos esquemas empíricos (ou representantes de nossos conceitos reais pela fantasia), passa-lhe despercebido que falta por completo a finalidade desses esquemas. Pois a finalidade deles, no pensamento empírico (real), refere-se unicamente ao CONTEÚDO MATERIAL de tais conceitos: uma vez que estes são extraídos da intuição empírica, auxiliamo-nos e nos orientamos lançando, durante o pensamento abstrato, vez ou outra um breve olhar retrospectivo à intuição, da qual os conceitos são tirados, para nos assegurarmos de que nosso pensamento ainda possui conteúdo real. Isto, todavia, pressupõe necessariamente que os conceitos a ocupar-nos se originaram da intuição, são um simples olhar retrospectivo ao seu conteúdo material, sim, um mero meio de ajuda para a nossa fraqueza. Mas este, obviamente, é necessariamente omitido quando se trata de conceitos *a priori* que, enquanto tais, ainda não possuem conteúdo algum, pois não se originaram da intuição, mas vêm de dentro ao encontro dela, para primeiro dela receber um conteúdo; logo, ainda não possuem nada para o que pudessem olhar retrospectivamente. Estendo-me nesse tópico porque precisamente ele lança luz sobre a origem misteriosa do filosofar kantiano, o qual, portanto, consiste em Kant, após ter feito a feliz descoberta das duas formas *a priori* da intuição, doravante esforçar-se, guiado pelo fio condutor da analogia, em demonstrar um análogo *a priori* para cada determinação de nosso conhecimento empírico e, por fim, estende isso aos esquemas, inclusive a um simples fato psicológico, momento no qual a aparente profundeza e dificuldade da exposição servem justamente para escamotear ao leitor que o conteúdo dela permanece inteiramente indemonstrável, uma mera assunção arbitrária: aquele, porém, que por fim penetrou no sentido de uma tal exposição facilmente é levado a considerar a compreensão laboriosamente adquirida como a convicção da verdade do assunto. Por outro lado, se Kant tivesse também aqui permanecido um puro observador destituído de prejuízos, como na descoberta das intuições *a priori*, teria descoberto que aquilo acrescido à pura intuição do espaço e do tempo, quando daí advém uma intuição empírica, é por um lado a sensação, por outro // o conhecimento da causalidade que transforma a mera sensação em intuição objetiva, mas, exatamente por isso, não é algo emprestado ou aprendido da intuição objetiva, mas existe *a priori* e é justamente a forma e função do entendimento puro, mas também a sua única forma e função, todavia tão rica em consequências que sobre ela repousa todo o nosso conhecimento empírico. — Se, como foi dito frequentes vezes, a refutação de um erro só se completa quando é demonstrado psicologicamente o modo como ele se originou, então acredito tê-lo feito acima em relação à doutrina kantiana das categorias e seus esquemas.

* * *

Após Kant ter introduzido erros tão grandes nas primeiras linhas básicas de uma teoria da faculdade de representação, chegou a uma série de assertivas bastante complicadas. A elas pertence em primeiro lugar a unidade sintética da apercepção: uma coisa muito estranha, muito estranhamente apresentada. "O EU PENSO tem de poder acompanhar todas as minhas representações." Tem de — poder: esta é uma enunciação problemático-apodítica, ou, traduzindo-se, uma proposição que tira com uma mão aquilo que dá com a outra. E qual é o sentido desta proposição, a equilibrar-se numa corda bamba? — Que todo representar é um pensamento? — Não. Isto seria terrível, pois então só haveria conceitos abstratos, nada de intuição pura, destituída de reflexão e de vontade, como a do belo, a mais profunda apreensão da essência verdadeira das coisas, isto é, de suas Ideias platônicas. Além disso, os animais teriam de ser capazes de pensar, ou então não representariam uma vez sequer. — Ou a proposição talvez deva significar: nenhum objeto sem sujeito? Mas isso seria uma forma muito ruim de expressar-se e chegaria tarde demais. Ao sumarizarmos as afirmações de Kant, notamos que aquilo que ele entende por unidade sintética da apercepção é, por assim dizer, o centro inextenso da esfera de todas as nossas representações, cujos raios convergem para ela. É aquilo que denominei sujeito do conhecer, o correlato de todas as representações, e é, ao mesmo tempo, aquilo que, no capítulo 22 // do segundo tomo, descrevi e elucidei em detalhes como o foco no qual convergem os raios da atividade do cérebro. Remeto o leitor a este capítulo, para não me repetir.

* * *

Que eu rejeite a doutrina inteira das categorias, e a inclua entre as assunções infundadas com que Kant sobrecarregou a teoria do conhecimento, resulta da crítica dessas categorias acima feita; resulta igualmente da demonstração das contradições da lógica transcendental, que tinham seu fundamento na confusão entre conhecimento intuitivo e abstrato; além disso, também da demonstração da falta de um conceito distinto e determinado da natureza do entendimento e da razão, no lugar do que encontramos nos escritos de Kant apenas enunciados incoerentes, discordantes, defeituosos, incorretos acerca daquelas duas faculdades do espírito. Resulta finalmente das explanações que eu mesmo dei dessas mesmas faculdades do espírito no primeiro livro desta minha obra e em seus suplementos, mais detalhadamente ainda no ensaio *Sobre o princípio de razão*, §§ 21, 26 e 34; explanações estas bem determinadas, distintas, que se revelam claramente a partir da consideração da natureza do nosso conhecimento, concordando plenamente com os conceitos daquelas duas faculdades de conhecimento que aparecem no uso linguístico e nos escritos de todos os tempos, de todos os povos, embora não trazidos à distinção. Sua defesa contra a exposição bem diferente de Kant já foi em grande parte feita no descobrimento dos erros desta mesma exposição. – No entanto, já que a tábua dos juízos que Kant coloca no fundamento de sua teoria do pensamento, sim, de toda a sua filosofia, é nela mesma basicamente correta, resta-me ainda demonstrar como essas formas universais de todos os juízos surgem em nossa faculdade de conhecimento, e assim fazê-las entrar em concordância com a minha exposição das mesmas. – Atribuirei nesta elucidação aos conceitos de entendimento e razão sempre o sentido que a minha própria explanação lhes conferiu, a qual portanto pressuponho familiar ao leitor.

I 537 // Uma diferença essencial entre o método de Kant e aquele que sigo reside no fato de ele partir do conhecimento mediato, refletido, enquanto eu, ao contrário, parto do conhecimento imediato, intuitivo. Kant é comparável a uma pessoa que mede a altura de uma torre pela sua sombra; eu, porém, assemelho-me a alguém que aplica a mensuração diretamente à torre. Por isso a filosofia é para ele uma ciência A PARTIR de conceitos, para mim uma ciência EM conceitos hauridos do conhecimento intuitivo – a única fonte de toda evidência –, apreendidos e fixados em conceitos universais. Ele salta

O mundo como vontade e como representação

por cima deste mundo todo que nos cerca, intuitivo, multifacetado, rico de significação, e atém-se às formas do pensamento abstrato; ainda que nunca expresso, tem por pressuposto fundamental que a reflexão é o éctipo da intuição e, assim, que todo o essencial da intuição tem de ser exprimido na reflexão, e, na verdade, em formas e linhas básicas bem concentradas, portanto facilmente abrangíveis. Por conseguinte, o essencial e a legalidade do conhecer abstrato nos dariam em mãos todos os fios que põem em movimento diante dos olhos o multicolorido teatro de marionetes do mundo intuitivo. — Se Kant tivesse expressado distintamente este supremo princípio de seu método e o seguido de maneira consequente, ao menos, então, teria de separar puramente o intuitivo do abstrato, e não precisaríamos lutar com contradições e confusões insolúveis. Da maneira, porém, como resolveu sua tarefa, vê-se que aquele princípio fundamental de seu método apenas pairava indistintamente diante de si; por conseguinte, após um estudo aprofundado de sua filosofia, é ainda preciso adivinhá-lo.

Todavia, no que tange ao método estabelecido e à máxima fundamental mesma, há muito em seu favor, e se trata de um pensamento brilhante. Já a natureza de toda ciência consiste em sumarizarmos o diverso infindo das aparências intuitivas em comparativamente poucos conceitos abstratos, a partir dos quais ordenamos um sistema, no qual temos em pleno poder de nosso conhecimento todas aquelas aparências, explicamos o acontecido e podemos determinar o que vai acontecer no futuro. As ciências, no entanto, dividem entre si o amplo domínio das aparências conforme as espécies **I 538** particulares, diversificadas delas. // Ora, foi um pensamento audacioso e feliz aquele de isolar o absolutamente essencial dos conceitos enquanto tais, abstraídos de seu conteúdo, para observar, das formas assim encontradas de todo pensamento, o essencial a todo conhecimento intuitivo, consequentemente ao mundo como aparência em geral; e, porque isso seria encontrado *a priori* em virtude da necessidade das formas do pensamento, seguir-se-ia sua origem subjetiva, o que serviria justamente aos fins de Kant. — Contudo, antes de prosseguir, teria sido preciso investigar qual é a relação que a reflexão tem com o conhecimento intuitivo (e isto naturalmente pressupõe a pura separação entre ambos, negligenciada por Kant); como a reflexão realmente reproduz e representa o conhecimento intuitivo, se de forma totalmente pura ou já transformado, e em parte desfigurado pela acolhida em suas (da reflexão) formas próprias; se a forma do conhecimento abstrato, reflexivo torna-se mais determinada pela forma do conhecimento intuitivo ou pela natureza inevitavelmente pertencente ao primeiro, ou seja, ao conhecimento reflexivo, de tal maneira que também aquilo que é bastante heterogêneo no conhecimento intuitivo, tão logo entrou no conhecimento reflexivo, não mais se distingue, e, inversamente, muitas distinções percebidas no modo de conhecimento reflexivo originaram-se dele mesmo e de forma alguma indicam diferenças correspondentes no conhecimento intuitivo. Como resultado dessa investigação ter-se-ia verificado que o conhecimento intuitivo, ao ser acolhido na reflexão, sofre quase tanta modificação quanto os alimentos aos serem assimilados no organismo animal, cujas formas e misturas são por ele mesmo determinadas, e não se reconhece mais na nova composição a antiga constituição do alimento; ou (porque isto é dizer um pouco mais) ao menos ter-se-ia verificado que a reflexão de maneira alguma se relaciona com o conhecimento intuitivo como o espelho d'água com os objetos refletidos, mas, quando muito, como as sombras desses objetos com eles mesmos, sombras estas que apenas reproduzem alguns contornos externos e unem as mais diversas coisas na mesma figura, expondo o mais variado mediante o mesmo contorno, de maneira que, partindo deste, // é impossível construir segura e completamente as figuras das coisas.

I 539

A totalidade do conhecimento reflexivo ou a razão possui apenas uma forma capital, e esta é o conceito abstrato, peculiar à razão mesma, sem conexão direta com o mundo intuitivo que, por isso, existe para os animais inteiramente sem o conhecimento reflexivo e, mesmo se este mundo fosse totalmente outro, a forma da reflexão não deixaria de se adaptar bem a ele. A unificação dos conceitos em juízos possui, entretanto, certas formas determinadas e regulares, as quais, encontradas pela indução, constituem a tábua das categorias. Semelhantes formas são, em grande parte, dedutíveis do próprio modo de conhecimento reflexivo, portanto imediatamente da razão, ou seja, na medida em que se originam das quatro leis do pensamento (por mim denominadas verdades metalógicas) e do *dictum de omni et nullo*.[20]

---

20 "O que é dito sobre tudo e sobre coisa alguma." (N. T.)

Outras dessas formas, contudo, têm seu fundamento no modo intuitivo de conhecer, portanto no entendimento, todavia nem por isso dão alguma indicação de outras tantas formas particulares do entendimento, mas são dedutíveis inteiramente da única função que o entendimento possui, vale dizer, o conhecimento imediato de causa e efeito. Finalmente, ainda outras dessas formas originaram-se do encontro e da ligação dos modos de conhecer reflexivo e intuitivo ou, propriamente dizendo, da assimilação deste último no primeiro. Passarei agora em revista individualmente os momentos do juízo e demonstrarei a origem de cada um deles a partir das fontes mencionadas; daí se segue, por si mesmo, que uma dedução das categorias vinda deles cai por terra e a admissão delas é tão infundada quanto sua exposição foi considerada confusa e contraditória consigo mesma.

1) A chamada QUANTIDADE dos juízos origina-se da natureza dos conceitos enquanto tais, portanto tem seu fundamento meramente na razão, sem conexão imediata alguma com o entendimento e o conhecimento intuitivo. – Como exposto no primeiro livro desta obra, é de fato essencial aos conceitos enquanto tais que eles tenham uma extensão, uma esfera, e que a mais ampla e mais indeterminada encerre a mais limitada e determinada; esta, por conseguinte, pode ser separada, e em verdade de duas maneiras: **I 540** quando apenas a descrevemos como // parte indeterminada do conceito mais amplo em geral, ou quando a determinamos e a separamos completamente por meio da atribuição de um nome especial. O juízo, que é a execução dessa operação, chama-se no primeiro caso particular, no segundo universal; por exemplo, uma e a mesma parte da esfera do conceito de árvore pode ser isolada por um juízo particular e por um juízo universal, isto é, "algumas árvores dão bugalhos" ou "todos os carvalhos dão bugalhos". – Vê-se que a diferença entre as duas operações é muito pequena; sim, que a sua possibilidade depende da riqueza de palavras da língua. Apesar disso, Kant declarou que essa diferença revela duas ações, funções, categorias fundamentalmente diferentes do entendimento puro que, por meio delas, determina *a priori* a experiência.

Finalmente ainda, pode-se também usar um conceito para, através dele, chegar a uma representação determinada, singular, intuitiva, da qual, e ao mesmo tempo de muitas outras, ele mesmo é extraído: o que ocorre por meio do juízo particular. Um tal juízo indica apenas os limites entre o conhecimento abstrato e o conhecimento intuitivo, passando-se imediatamente do juízo a este: "Esta árvore aqui dá bugalhos". — Kant fez também deste uma categoria especial.

Depois de tudo o que foi dito precedentemente, não há mais aqui necessidade alguma de polêmica.

2) Do mesmo modo, a QUALIDADE dos juízos reside inteiramente dentro do domínio da razão, não é uma silhueta de alguma lei do entendimento tornando possível a intuição, isto é, não dá indicação alguma sobre isso. A natureza dos conceitos abstratos, que é precisamente a natureza objetivamente apreendida da razão mesma, traz consigo, como também foi explicado no primeiro livro, a possibilidade de unificar e separar suas esferas; sobre tal possibilidade, como sua pressuposição, repousam as leis universais do pensamento, a saber, as leis da identidade e da contradição, às quais, visto que se originam puramente da razão e não são mais ulteriormente explanáveis, atribuí verdade METALÓGICA. Elas determinam que o unificado tem de permanecer unificado; o separado, separado; portanto, o que é posto não pode ser ao mesmo tempo suprimido; pressupõem, pois, // a possibilidade da ligação e da separação das esferas, noutros termos, o julgamento. Este, entretanto, segundo a FORMA, encontra-se única e exclusivamente na razão, e essa forma, assim como o CONTEÚDO dos juízos, não foi pega do conhecimento intuitivo do entendimento, no qual, por consequência, nenhum correlato ou análogo dela deve ser procurado. Ora, após a intuição ter se originado pelo entendimento e para o entendimento, ela existe de forma acabada, não sujeita a qualquer dúvida ou erro, logo, não conhece afirmação nem negação, pois enuncia a si mesma e não tem, como o conhecimento abstrato da razão, seu valor e conteúdo na mera relação a algo fora de si conforme o princípio de razão do conhecer. Ela é, portanto, pura realidade; toda negação é alheia a sua natureza e só pode ser-lhe acrescentada por reflexão, mas justamente por isso permanece sempre no domínio do pensamento abstrato.

Aos juízos afirmativos e negativos, Kant, servindo-se de um encaracolado dos velhos escolásticos, junta ainda os juízos infinitos, um tapa-buraco

O mundo como vontade e como representação

inventado com astúcia, que não exige mais explicação alguma, uma janela cega como as muitas que usou em favor de sua simetria arquitetônica.

3) Sob o muito amplo conceito de relação, Kant reuniu três qualidades completamente diferentes dos juízos, as quais, portanto, temos de examinar isoladamente para conhecer a sua origem.

a) O JUÍZO HIPOTÉTICO em geral é a expressão abstrata daquela forma mais universal de todo o nosso conhecimento, o princípio de razão. Que este tem quatro significações completamente diferentes que se originam, em cada um dos casos, de uma faculdade de conhecimento diversa, como também essas significações concernem a classes diversas de representação, já o evidenciei em 1813 no meu ensaio sobre o mesmo princípio. Daí se segue de maneira suficientemente clara que a origem do juízo hipotético em geral, esta forma universal de pensamento, não pode ser, como o quer Kant, o entendimento e a sua categoria de causalidade – que, de acordo com a minha exposição, é a única forma de conhecimento do entendimento puro; mas a lei da causalidade apresenta apenas uma das configurações do prin-cípio de razão, princípio este que abrange todo conhecimento // puro ou aprioarístico, e que em cada uma de suas significações tem como expressão essa forma hipotética do juízo. – Vemos aqui bem nitidamente como co-nhecimentos, que segundo sua origem e sua significação são completamente diversos, ainda assim, quando pensados *in abstracto* pela razão, aparecem em uma e mesma forma de ligação dos conceitos e dos juízos e, portanto, nessa forma não mais se distinguem. Para distingui-los tem-se de voltar ao conhecimento intuitivo, abandonando por completo o abstrato. Eis por que o caminho trilhado por Kant, partindo do ponto de vista do conhecimento abstrato para encontrar os elementos e o mecanismo mais interior inclusive do conhecimento intuitivo, era por inteiro equivocado. Ademais, todo o meu ensaio introdutório sobre o princípio de razão deve, em certa medida, ser visto apenas como uma elucidação elementar da significação da forma hipotética do juízo. Logo, não mais me deterei aqui sobre o assunto.

b) A forma do JUÍZO CATEGÓRICO nada é senão a forma do juízo em geral, no sentido mais estrito. Pois, falando rigorosamente, julgar significa apenas pensar a ligação ou a incompatibilidade das esferas de conceito: por isso as ligações hipotética e disjuntiva não são propriamente formas especiais de juízo, já que são aplicadas somente a juízos já prontos, nos quais a ligação dos conceitos permanece inalteravelmente a categórica; elas, porém, conectam de novo esses juízos, na medida em que a forma hipotética expressa sua dependência uma da outra, e a disjuntiva sua incompatibilidade. Meros conceitos, entretanto, têm apenas UMA forma de relação uns com os outros, a saber, as relações expressas no juízo categórico. A determinação mais completa, ou subespécies dessa relação, é a intersecção ou o completo separar-se das esferas conceituais, isto é, a afirmação e a negação, de que Kant fez categorias especiais sob um título bem diferente, o de QUALIDADE. A intersecção e a separação têm, por sua vez, subespécies conforme as esferas se interseccionam total ou parcialmente, determinação esta que constitui a QUANTIDADE dos juízos, de que Kant fez de novo um título bem especial de categorias. Assim, ele separou o que é bastante aparentado, sim, // idêntico, as modificações facilmente imperceptíveis das únicas relações possíveis entre meros conceitos e, por outro lado, unificou o que é bastante diferente, sob este título de relação.

Juízos categóricos têm como princípio metalógico as leis do pensamento de identidade e de contradição. Mas o FUNDAMENTO da conexão das esferas conceituais que atribui VERDADE ao juízo, que é justamente apenas esta conexão, pode ser de espécie muito diferente: como resultado disso, a verdade do juízo é, então, lógica, ou empírica, ou metafísica, ou metalógica, como foi exposto no meu ensaio introdutório, §§ 30-33, e aqui não precisa ser repetido. Por aí se vê como os tipos de conhecimento imediato podem ser bem diferentes, todos eles expondo-se *in abstracto* mediante a ligação das esferas de dois conceitos como sujeito e predicado, e como não se pode de maneira alguma estabelecer uma única função do entendimento como correspondente a ela, produzindo-a. Por exemplo, os juízos: "a água ferve", "o seno mede o ângulo", "a vontade decide", "ocupação distrai", "a distinção é difícil" expressam por meio da mesma forma lógica as mais variadas espécies de relação, do que mais uma vez obtemos a confirmação do quão equivocado é começar adotando o ponto de vista do conhecimento abstrato para dele analisar o conhecimento imediato, intuitivo. – De um conhecimento propriamente dito do entendimento, em meu sentido, nasce ademais o juízo categórico só lá onde, através deste, exprime-se uma cau-

O mundo como vontade e como representação

salidade; esse também é o caso de todos os juízos que indicam uma qualidade física; pois, quando digo "este corpo é pesado, duro, fluido, verde, alcalino, orgânico e assim por diante", isso sempre indica seu fazer-efeito, portanto um conhecimento que é possível apenas pelo entendimento puro. Ora, após tal conhecimento, como muitos diferentes dele (por exemplo a subordinação de conceitos altamente abstratos), foi expressado *in abstracto* por meio de sujeito e predicado, transmitiram-se de volta essas meras relações conceituais ao conhecimento intuitivo e supôs-se que o sujeito e o predicado do juízo teriam de ter um correlato próprio e especial na intuição, vale dizer, substância e acidente. Porém mais adiante tornarei evidente que o **I 544** conceito de // substância não tem nenhum outro verdadeiro conteúdo senão o do conceito de matéria. Acidentes, entretanto, são sinônimos de tipos de efeito, de modo que o suposto conhecimento de substância e acidente é sempre ainda o conhecimento de causa e efeito do entendimento puro. Agora, como, por seu turno, surge propriamente a representação da matéria, isso já foi discutido em parte em nosso primeiro livro, § 4, e ainda mais claramente no ensaio *Sobre o princípio de razão*, na conclusão do § 21, p.77; em parte, ainda, o veremos com mais detalhes na investigação do princípio de permanência da substância.

c) Os JUÍZOS DISJUNTIVOS originam-se da lei do pensamento do terceiro excluído, que é uma verdade metalógica: são, por conseguinte, inteiramente propriedade da razão pura, não têm sua origem no entendimento. A dedução a partir deles da categoria de comunidade ou AÇÃO RECÍPROCA é, pois, um exemplo bem gritante dos atos de violência que Kant às vezes se permitiu contra a verdade, meramente para satisfazer seu prazer pela simetria arquitetônica. A inadmissibilidade daquela dedução já foi muitas vezes censurada com acerto e provada a partir de diversos fundamentos, especialmente por G. E. SCHULZE em sua *Kritik der theoretischen Philosophie* e por BERG em sua *Epikritik der Philosophie*. — Que verdadeira analogia, pergunto, existe de fato entre a determinação problemática de um conceito por predicados que se excluem mutuamente e o pensamento da ação recíproca? Ambos são até mesmo por inteiro opostos, pois no juízo disjuntivo o posicionamento real de um dos dois termos da divisão é simultaneamente uma supressão necessária do outro. Por seu turno, quando se pensam duas coisas na relação de ação recíproca, o posicionamento de uma é justamente também um posicionamento necessário da outra, e vice-versa. Por isso é incontestável o verdadeiro análogo lógico entre a ação recíproca e o *circulus vitiosus*, no qual, assim como ostensivamente na ação recíproca, o fundado é também o fundamento, e ao inverso. Ora, assim como a lógica recusa o *circulus vitiosus*, do mesmo modo o conceito de ação recíproca deve ser banido da metafísica. Doravante pretendo provar minuciosamente que não há ação recíproca alguma no sentido estrito do termo e este conceito, por mais que seu // uso seja apreciado, exatamente devido à indeterminação do pensamento, no entanto, considerado mais de perto, mostra-se vazio, falso, nulo. Antes de tudo, tenha-se em mente o que é causalidade em geral e tome-se como auxílio minha exposição sobre o assunto no ensaio introdutório, § 20, bem como no meu escrito premiado *Sobre a liberdade da vontade*, cap. 3, p.27 et seq., e por fim no quarto capítulo do segundo tomo da presente obra. Causalidade é a lei segundo a qual os ESTADOS da matéria que entram em cena determinam suas posições no tempo. Na causalidade trata-se apenas de estados, sim, propriamente dizendo só de MUDANÇAS, e não da matéria enquanto tal, nem da permanência sem mudança. A MATÉRIA enquanto tal não está sob a lei de causalidade, já que não vem a ser, nem perece: tampouco a COISA toda, como se costuma dizer; mas exclusivamente os ESTADOS da matéria. Ademais, a lei de causalidade nada tem a ver com a PERMANÊNCIA, visto que lá onde nada MUDA não há FAZER-EFEITO nem causalidade alguma, mas um estado contínuo de repouso. Se um tal estado muda, então o novo que surgiu é de novo permanente, ou não o é e produz de imediato um terceiro estado: a necessidade com que isso acontece é precisamente a lei de causalidade, uma modalidade do princípio de razão, e, portanto, não pode mais ser explanada, porque precisamente o princípio de razão é o princípio de toda explanação e de toda necessidade. A partir daí fica claro que o ser-causa e o ser-efeito é algo que se encontra em rigorosa conexão e relação necessária com a SEQUÊNCIA DO TEMPO. Só no caso em que o estado A precede no tempo o estado B, e sua sucessão não é casual, mas necessária, noutros termos, não é mera sequência, mas consequência – apenas neste caso o estado A é causa, e o estado B é efeito. O conceito de AÇÃO RECÍPROCA contém, todavia, que ambos são causa e ambos são efeito um do outro. Isto, entretanto, equivale

O *mundo como vontade e como representação*

a dizer que cada um dos dois é o anterior, mas também o posterior; portanto, um não pensamento. Que ambos os ESTADOS sejam simultâneos e, em verdade, necessariamente simultâneos, não pode ser aceito, pois eles, como necessariamente copertencentes e concomitantes, constituem UM só estado, para cuja permanência seria decerto exigida a // presença constante de todas as suas determinações, mas assim não se trataria mais de mudança e causalidade, mas de duração e repouso; e nada mais é dito senão que, se for mudada UMA determinação do estado inteiro, o novo estado resultante não pode ser de subsistência, mas se torna causa da alteração de todas as outras determinações do primeiro estado, com o que justamente se introduz um novo, terceiro estado. E tudo isso acontece conforme a simples lei de causalidade, sem estabelecer uma nova, a da ação recíproca.

Também afirmo terminantemente que o conceito de AÇÃO RECÍPROCA não pode ser ilustrado por um único exemplo sequer. Tudo o que se desejasse apresentar como tal é ou um estado de repouso, para o qual o conceito de causalidade, que tem significação só em relação às mudanças, não encontra aplicação alguma, ou é uma sucessão alternada de estados homônimos a se condicionarem, para cuja explanação basta a simples causalidade. Um exemplo do primeiro tipo é fornecido pelos pratos da balança postos em equilíbrio por pesos iguais: aqui não há fazer-efeito algum, pois não há mudança alguma: trata-se de um estado de repouso: a gravidade atrai igualmente distribuída, como em qualquer corpo apoiado no centro gravitacional, porém não pode exteriorizar sua força mediante um efeito. Que a retirada de UM peso produza um segundo estado que, ao mesmo tempo, se torne causa de um terceiro, a queda do outro prato, acontece segundo a simples lei de causa e efeito e não requer categoria especial do entendimento, muito menos uma denominação especial. Já um exemplo do segundo tipo é fornecido pela combustão contínua de um fogo. A reação do oxigênio com o corpo combustível é causa do calor, e este, por sua vez, é causa da ocorrência renovada daquela reação química. Mas isto nada é senão uma cadeia de causas e efeitos, cujos membros, embora se alternando, são HOMÔNIMOS: a combustão A causa o calor livre B, este uma nova combustão C (isto é, um novo efeito, homônimo à causa A, mas não individualmente o mesmo que ela), esta um novo D (que realmente não é idêntico ao efeito B, mas é o mesmo apenas segundo o conceito, isto é, HOMÔNIMO a ele) e assim

I 547   // por diante. Um bom exemplo daquilo que na vida comum se chama ação recíproca é oferecido por uma teoria do deserto formulada por Humboldt (*Asichten der Natur*, segunda edição, t. II, p.79), a saber, nos desertos de areia não chove, mas chove nas montanhas densas de vegetação que os delimitam. A causa não é a atração das montanhas sobre as nuvens. Porém, a coluna de ar aquecido, elevando-se da planície arenosa, impede que as partículas de vapor se desfaçam e impele as nuvens para o alto; sobre as montanhas, a corrente de ar que se eleva verticalmente é mais fraca; as nuvens descem e se segue a precipitação no ar mais frio. Assim, a falta de chuva e a ausência de vegetação do deserto encontram-se em ação recíproca: não chove porque a superfície aquecida da areia irradia mais calor; o deserto não se torna estepe ou pradaria porque não chove. Mas, manifestamente, temos aqui, igual ao exemplo acima, tão somente uma sucessão de causas e efeitos homônimos e absolutamente nada essencialmente diferente de simples causalidade. O mesmo se passa na oscilação do pêndulo, sim, também na autoconservação do corpo orgânico, onde cada estado produz de maneira igual um outro novo, o qual é do mesmo tipo daquele pelo qual foi produzido, porém individualmente é novo: embora aqui a coisa seja mais complicada, na medida em que a cadeia não mais consiste em dois tipos de membro, porém em diversos tipos, de forma que um membro homônimo só retorna após muitos outros terem se interposto. Mas sempre vemos diante de nós apenas uma aplicação da única e simples lei de causalidade, que fornece a regra à sequência dos estados, e não algo que precise ser apreendido mediante uma nova e especial função do entendimento.

Ou por acaso se desejaria alegar como prova do conceito de ação recíproca que ação e reação são iguais? Mas isto encontra-se precisamente naquilo em que tanto insisti e demonstrei pormenorizadamente no ensaio sobre o princípio de razão, vale dizer, que a causa e o efeito não são dois corpos, mas dois estados sucessivos de corpos, consequentemente cada um dos dois estados também implica todos os corpos concernentes; desse modo o efeito, isto é, o novo estado que aparece, por exemplo em caso de

I 548   impacto, estende-se a ambos os corpos na mesma proporção: // com isso o corpo impelido sofre uma mudança tão grande quanto o que o impele (cada

O mundo como vontade e como representação

um na proporção de sua massa e velocidade). Se agrada a alguém chamar a isso de ação recíproca, então sem exceção todo efeito é ação recíproca, e nenhum novo conceito surge daí, muito menos uma nova função do entendimento, mas temos só um sinônimo supérfluo de causalidade. Exatamente uma tal visão, contudo, é expressa por Kant nos *Princípios metafísicos da ciência da natureza*, em que a prova do quarto princípio da mecânica começa: "Todo efeito exterior no mundo é ação recíproca". Como pode encontrar-se *a priori* no entendimento para a simples causalidade e para a ação recíproca funções distintas, ou, como até mesmo a sucessão real de coisas só pode ser possível e cognoscível por meio da causalidade, e a sua coexistência por meio da ação recíproca? Ora, caso todo efeito fosse ação recíproca, sucessão e simultaneidade também seriam o mesmo, consequentemente tudo no mundo existiria ao mesmo tempo. – Se houvesse verdadeira ação recíproca, o *perpetuum mobile*[21] seria possível e até mesmo certo *a priori*: mas, antes, a afirmação de que ele é impossível baseia-se na convicção *a priori* de que não há verdadeira ação recíproca, nem forma do entendimento para ela.

Também Aristóteles nega a ação recíproca no sentido estrito do termo, pois observa que duas coisas podem ser causa recíproca uma da outra, porém apenas caso se entenda isso em sentido diferente para cada uma delas, por exemplo, que uma faça efeito sobre a outra como motivo, e esta, entretanto, sobre aquela como causa de seu movimento. Encontramos as mesmas palavras em duas passagens: *Physic.*, *Lib* II, c. 3, e *Metaph.*, *Lib.* V, c. 2. Ἔστι δέ τινα καὶ ἀλλήλων αἴτια· οἷον τὸ πονεῖν αἴτιον τῆς εὐεξίας, καὶ αὕτη τοῦ πονεῖν· ἀλλ᾽ οὐ τὸν αὐτὸν τρόπον, ἀλλὰ τὸ μὲν ὡς τέλος, τὸ δὲ ὡς ἀρχὴ κινήσεως. (*Sunt praeterea quae sibi sunt mutuo causae, ut exercitium bonae habitudinis, et haec exercitii: at non eodem modo, sed haec ut finis, illud ut principium motus.*)[22] Se ele admitisse uma ação recíproca em sentido estrito, tê-la-ia introduzido aqui, visto que em ambas as passagens está ocupado em enumerar todos os tipos possíveis // de causa. Em *Analyt. Post.*, *Lib* II, c. 11, fala de um círculo de causas e efeitos, mas não de uma ação recíproca.

I 549

---

21 "Motor perpétuo." (N. T.)

22 "Há coisas que são causa uma da outra; assim, por exemplo, a ginástica é causa do vigor físico, e este é causa da ginástica, mas não no mesmo sentido, porém, um como fim, outro como início do processo." (N. T.)

4) As categorias de MODALIDADE têm vantagem sobre todas as demais porque aquilo que é expresso por cada uma corresponde de fato à forma do juízo da qual é deduzida; com as outras categorias raramente este é o caso, já que na maioria das vezes são deduzidas das formas do juízo com a mais arbitrária violência.

Que, portanto, os conceitos de possível, real e necessário são os que dão ensejo à forma problemática, assertórica e apodítica do juízo, eis algo perfeitamente verdadeiro. Que, entretanto, aqueles conceitos sejam formas especiais originárias, não mais deriváveis do entendimento, eis algo não verdadeiro. Antes, elas provêm da única forma originária e por conseguinte conhecida por nós *a priori* de todo conhecimento, o princípio de razão; em verdade, imediatamente a partir deste provém o conhecimento da NECESSIDADE; por outro lado, só quando a reflexão é aplicada a esse conhecimento nascem os conceitos de contingência, possibilidade, impossibilidade, realidade, logo, todos estes conceitos de modo algum originaram-se de UMA faculdade do espírito, o entendimento, mas nasceram através do conflito entre o conhecimento abstrato e o intuitivo, como em instantes se verá.

Afirmo que ser-necessário e seguir-se a partir de um fundamento dado são conceitos absolutamente intercambiáveis e integralmente idênticos. Jamais podemos conhecer ou sequer pensar algo como necessário senão quando o consideramos como consequência de um fundamento dado: o conceito de necessidade não contém absolutamente nada além dessa dependência, desse estar posto por um outro, desse inevitável seguir-se a partir dele: origina-se e subsiste, portanto, única e exclusivamente por meio do uso do princípio de razão. Em consequência, há, segundo as diferentes figuras deste princípio, uma necessidade física (do efeito a partir da causa), uma lógica (pelo fundamento do conhecimento, nos juízos analíticos, silogismos e assim por diante), uma matemática (segundo o fundamento do ser no espaço e no tempo) e por fim uma necessidade prática, com a qual não queremos indicar alguma determinação por um suposto imperativo categórico, // mas a ação necessária que entra em cena por via de um determinado caráter empírico em conformidade com os motivos apresentados. — Tudo o que é necessário, todavia, é apenas relativo, a saber, sob a pressuposição

O mundo como vontade e como representação

do fundamento do qual se segue: nesse sentido, necessidade absoluta é uma contradição. — De resto, remeto ao meu ensaio *Sobre o princípio de razão*, § 49.

O oposto contraditório, isto é, a negação da necessidade, é a CONTINGÊNCIA. O conteúdo deste conceito é, pois, negativo: ausência da conexão expressa pelo princípio de razão. Consequentemente, também o contingente é sempre apenas relativo: a saber, em relação a algo que NÃO é seu fundamento. Cada objeto, não importa sua espécie, por exemplo cada evento no mundo real, é sem exceção necessário e contingente ao mesmo tempo: NECESSÁRIO em relação àquilo que é sua causa, CONTINGENTE em relação a todo o resto. Em verdade, o contato do objeto no tempo e no espaço com todo o resto é uma mera coincidência, sem ligação necessária: daí as palavras CONTINGENTE, σύμπτωμα, *contingens*. Tão pouco pensável quanto uma necessidade absoluta é um acaso absoluto. Porque do contrário este último seria um objeto que não estaria com nenhum outro na relação de consequência a partir de um fundamento. A inconcebilidade de uma tal coisa é simplesmente o conteúdo negativamente expresso do princípio de razão, que portanto teria primeiro de ser abolido, a fim de pensar algo absolutamente contingente. No entanto, este perderia toda significação, pois o conceito de contingente adquire significação tão somente em sua referência àquele princípio e significa que dois objetos não estão entre si na relação de fundamento a consequência.

Na natureza, como representação intuitiva, tudo o que acontece é necessário, pois procede de uma causa. Se, contudo, observarmos este acontecimento singular em sua relação a todo o resto que não é sua causa, reconhecemo-lo como contingente: isto, entretanto, já é uma reflexão abstrata. Se, ainda, abstrairmos de um objeto da natureza sua relação causal com tudo o mais, portanto sua necessidade e sua contingência, então um tal conhecimento compreende o conceito de REAL, conceito este em que se considera apenas o EFEITO, // sem buscar a causa, em relação à qual se deveria chamá-lo NECESSÁRIO e, em relação a todo o resto, CONTINGENTE. Tudo isso baseia-se em última instância no fato de a modalidade do juízo não indicar tanto a constituição objetiva das coisas quanto a relação de nosso conhecimento com essa constituição. Ora, como na natureza tudo procede de uma causa, todo REAL é também NECESSÁRIO: mas ainda assim só na medida em que está NESTE TEMPO e NESTE LUGAR: pois só até aí estende-se a determinação pela lei de causalidade. Se, todavia, deixarmos a natureza intuitiva e passarmos ao pensamento abstrato, então de fato podemos na reflexão representar todas as leis da natureza que nos são conhecidas em parte *a priori*, em parte só *a posteriori*, e essa representação abstrata contém tudo o que na natureza está em ALGUM tempo, em ALGUM lugar, porém com abstração de qualquer lugar e tempo determinados; e precisamente assim, por essa reflexão, entramos no vasto reino da POSSIBILIDADE. Mas o que não encontra lugar inclusive aqui é o IMPOSSÍVEL. É manifesto que possibilidade e impossibilidade existem apenas para a reflexão, para o conhecimento abstrato da razão, não para o conhecimento intuitivo, embora sejam as puras formas deste conhecimento que fornecem à razão a determinação do possível e do impossível. Conforme as leis da natureza, das quais partimos no pensamento do possível e do impossível, forem conhecidas *a priori* ou *a posteriori*, a possibilidade ou impossibilidade é metafísica, ou apenas física.

Dessa exposição, que não precisa de prova alguma, porque se apoia imediatamente no conhecimento do princípio de razão e no desenvolvimento dos conceitos de necessário, real e possível, resulta claramente como é no todo infundada a assertiva kantiana de três funções especiais do entendimento para aqueles três conceitos; mais uma vez ele não se deixou aqui perturbar por nenhum escrúpulo na execução de sua simetria arquitetônica.

Em acréscimo a tudo isso há ainda o grande erro de ele, decerto seguindo os passos da filosofia anterior, ter confundido os conceitos de necessário e contingente. // A filosofia anterior havia usado a abstração ao praticar o seguinte abuso. Era manifesto que algo se segue necessariamente quando seu fundamento é posto, isto é, não pode não ser, portanto é necessário. Mas aí se ativeram exclusivamente a esta última determinação e disseram: necessário é o que não pode ser de outro modo ou cujo oposto é impossível; porém, descuidaram do fundamento e da raiz de semelhante necessidade, passando despercebidas toda a relatividade e toda a necessidade dali resultante; criaram assim a ficção totalmente impensável de uma NECESSIDADE ABSOLUTA, isto é, de um algo cuja existência seria tão inevitável quanto o seguir-se a partir de um fundamento, porém esse algo mesmo não seria consequência de um fundamento e, por conseguinte, não dependeria de nada. Tal adição é uma petição absurda, pois contradiz o princípio de razão. Partindo, porém, dessa ficção, declararam, em oposição diametral à verdade, que tudo aquilo estabelecido por um fundamento é contingente – visto que olhavam para o relativo de sua necessidade e a comparavam com aquela ficção inteiramente apanhada no ar, contraditória consigo mesma em seu conceito, de uma necessidade ABSOLUTA.* Esta determinação fundamentalmente invertida do contingente é conservada por Kant e fornecida como explicação: *Crítica da razão pura*, V, p.289-91; 243 (V, 301); 419, 458, 460 (V, 447, 486, 488). Aqui ele chega a cair na mais flagrante contradição consigo mesmo, quando na p.301 diz: "Todo contingente tem uma causa", e acrescenta: "Contingente é aquilo cujo não ser é possível". Todavia, o que tem uma causa é // impossível não ser: logo, é necessário. – De resto, a origem de toda essa falsa explanação acerca do necessário e do contingente já se encontra em Aristóteles, em *De generatione et corruptione*, II, c. 9 e 11, no qual o necessário é explicado como aquilo cujo não ser é impossível; a ele se contrapõe aquilo cujo ser é impossível; e entre os dois encontra-se aquilo que pode ser e também não ser, portanto aquilo que nasce e perece, e este seria então o contingente. Em conformidade com o dito acima, é claro que essa explanação, como tantas outras de Aristóteles, surgiu do permanecer em conceitos abstratos, sem retorno ao concreto e intuitivo, no qual, todavia, encontra-se a fonte de todos os conceitos abstratos na qual estes têm de ser continuamente controlados. "Algo cujo não ser é impossível" pode decerto ser pensado *in abstracto*: no entanto, se formos ao concreto, real, intuitivo, nada encontramos para comprovar o pensamento, mesmo só como

---

* Cf. *Vernünftige Gedanken von Gott, Welt und Seele*, § 577 até 579, de Christian Wolff. – É estranho que ele só declare contingente o necessário segundo o princípio de razão do devir, ou seja, o que acontece a partir de causas; por outro lado, reconhece como necessário aquilo que o é segundo as demais figuras do princípio de razão, por exemplo, o que se segue da *essentia* (definição), portanto os juízos analíticos e, além disso, também as verdades matemáticas. Como justificativa disso declara que só a lei de causalidade dá séries sem fim, mas os outros tipos de fundamento dão apenas séries finitas. Contudo, de modo algum este é o caso das figuras do princípio de razão no espaço e no tempo, mas vale somente para o fundamento lógico do conhecer; todavia, para este, ele sustentou a necessidade matemática. Compare-se com o meu ensaio *Sobre o princípio de razão*, § 50.

Arthur Schopenhauer

algo possível, senão o mencionado seguir-se a partir de um fundamento dado, cuja necessidade, todavia, é relativa e condicionada.

Adiciono nesta oportunidade ainda algumas observações concernentes aos conceitos de modalidade. – Como toda necessidade repousa sobre o princípio de razão e, por isso mesmo, é relativa, todos os juízos APODÍTICOS são originariamente e em sua última significação HIPOTÉTICOS. Tornam-se CATEGÓRICOS apenas pela introdução de uma ASSERTÓRICA menor, portanto na conclusão. Se esta menor é ainda indecidida e a indecidibilidade é expressa, tem-se o juízo PROBLEMÁTICO.

O que em geral (como regra) é apodítico (uma lei da natureza) é sempre problemático só em relação a um caso particular, porque primeiro tem de entrar em cena a condição que subsume o caso à regra. E, inversamente, o que no particular como tal é necessário (apodítico, toda mudança particular, necessária mediante sua causa) é de novo em geral, e expresso universalmente, apenas problemático, porque a causa que entra em cena concerne somente ao caso particular, e o juízo apodítico, sempre hipotético, enuncia apenas leis universais, não casos individuais diretamente. – Tudo isso tem seu fundamento // no fato de a possibilidade só existir no domínio da reflexão e para a razão, o real só no domínio da intuição e para o entendimento, o necessário para ambos. Em verdade, a distinção entre necessário, real e possível existe propriamente dizendo apenas *in abstracto* e segundo o conceito; no mundo real, em contrapartida, todos os três coincidem em um só. Pois tudo o que acontece, acontece NECESSARIAMENTE, porque acontece a partir de causas, e estas por sua vez têm causas, de maneira que todo o curso dos eventos do mundo, grandes ou pequenos, é uma concatenação estrita do que aparece necessariamente. Em conformidade com isso, todo real é ao mesmo tempo necessário, e em verdade não há diferença alguma entre realidade e necessidade; assim como não há diferença entre realidade e possibilidade: pois o que não aconteceu, isto é, não se tornou real, também não era possível, porque as causas, sem as quais jamais apareceria, também não apareceram, nem o podiam, na grande concatenação de causas: era, portanto, algo impossível. Todo evento, pois, é necessário, ou impossível. Tudo isso, no entanto, só vale para o mundo empiricamente real, ou seja, para o complexo de coisas singulares, logo, para a totalidade do singular

O mundo como vontade e como representação

enquanto tal. Por outro lado, se considerarmos pela razão as coisas em geral, apreendendo-as *in abstracto*, então novamente separam-se necessidade, realidade e possibilidade: logo, reconhecemos como possível em geral tudo aquilo que é conforme às leis *a priori* pertencentes ao nosso intelecto, e como possível neste mundo aquilo que corresponde às leis empíricas da natureza, mesmo nunca tendo se tornado real, e com isso diferenciamos distintamente o possível do real. O real é em si mesmo sempre também necessário, mas enquanto tal é apreendido apenas por quem conhece a sua causa: abstraído desta é, e é chamado de, contingente. Semelhante consideração nos fornece também a chave para aquela *contentio* περὶ δυνάτων[23] entre o megárico Diodoro e o estoico Crísipo, que Cícero relata no livro *De fato*. Diodoro diz: "Apenas o que se torna real foi possível; e todo real é também necessário". – Crísipo, em contrapartida, diz: "Há muito possível que nunca se torna real; pois apenas o necessário se torna real". – Podemos elucidar

I 555 essa querela com os seguintes termos. A realidade efetiva é a conclusão // de um silogismo, para o qual a possibilidade dá as premissas. Para tal não só a premissa maior, mas também a menor, é requerida: somente as duas dão a plena possibilidade. A maior dá uma possibilidade meramente teórica, geral, *in abstracto*: porém esta em si mesma ainda não torna nada possível, capaz de tornar-se efetivamente real. Para isso é ainda requerida a menor, como a que dá a possibilidade para o caso particular, subsumindo-o à regra. Precisamente dessa forma o caso se torna realidade efetiva. Por exemplo:

> *Ma.*: O fogo é capaz de destruir qualquer casa (portanto, também a minha casa).
> *Me.*: O fogo pega em minha casa.
> *Conc.*: O fogo destrói minha casa.

Pois toda proposição geral, portanto toda premissa maior, determina as coisas em relação à realidade efetiva só sob uma pressuposição, portanto hipoteticamente: por exemplo, o poder de destruir pelo fogo tem como pressuposição o pegar fogo. Esta pressuposição é introduzida pela menor. A maior sempre carrega o canhão, contudo só quando a menor acende a mecha

---

23 "Querela dos possíveis." (N. T.)

Arthur Schopenhauer

segue-se o disparo, justamente a conclusão. Isso vale em toda parte para a relação da possibilidade com a realidade efetiva. Eis por que a conclusão, que é a asserção da realidade, sempre se segue NECESSARIAMENTE; e daí resulta que todo real é também necessário, o que ainda pode ser visto no fato de ser-necessário significar simplesmente seguir-se de um fundamento dado: este é, na realidade efetiva, uma causa: logo, todo real é necessário. Em conformidade com tudo isso, vemos os conceitos de possível, real e necessário coincidirem, e não apenas o último pressupõe o primeiro, mas também o inverso. O que os mantém separados é a limitação de nosso intelecto pela forma do tempo, pois o tempo é o mediador entre possibilidade e realidade. A necessidade do evento singular deixa-se compreender plenamente pelo conhecimento do conjunto de suas causas, mas a coincidência de todas essas causas diferentes e independentes umas das outras nos aparece como CONTINGENTE, sim, mesmo sua independência uma da outra é justamente o conceito de contingência. Contudo, visto que cada uma delas foi a con-

I 556 sequência necessária de SUA causa, cuja // cadeia é sem começo, mostra-se dessa forma que a contingência é uma aparência meramente subjetiva, nascendo da limitação do horizonte de nosso entendimento, e em verdade uma aparência tão subjetiva quanto o horizonte ótico no qual o céu toca a terra.

Ora, como a necessidade é idêntica ao seguir-se a partir de um fundamento dado, ela também tem de aparecer em cada figura do princípio de razão como uma necessidade particular, e também ter seu oposto na possibilidade e impossibilidade, que sempre nasce somente por meio do emprego da consideração abstrata da razão ao objeto. Daí oporem-se aos quatro tipos de necessidade acima mencionados outros tantos tipos de impossibilidade; logo: física, lógica, matemática, prática. Em acréscimo pode-se observar que, quando nos mantemos inteiramente dentro dos limites dos conceitos abstratos, a possibilidade sempre adere ao conceito mais geral, a necessidade ao mais estrito: por exemplo "um animal PODE ser um pássaro, peixe, anfíbio e assim por diante" — "um rouxinol TEM DE ser um pássaro, este um animal, este um organismo, este um corpo". — Propriamente dizendo, porque a necessidade lógica, cuja expressão é o silogismo, vai do geral ao particular e nunca inversamente. — Ao contrário, na natureza intuitiva (nas representações da primeira classe) tudo é necessário pela lei de causalidade;

e só a reflexão que entra em cena pode apreendê-lo ao mesmo tempo como contingente, comparando-o com aquilo que não é sua causa, portanto como pura e simplesmente real, pela abstração de toda conexão causal: apenas nessa classe de representações o conceito de REALIDADE tem de fato lugar, como já a derivação da palavra referente ao conceito de causalidade o indica. Na terceira classe de representações, a da pura intuição matemática, se ficarmos inteiramente circunscritos a ela, há apenas necessidade. A possibilidade nasce também aqui meramente através da referência aos conceitos da reflexão: por exemplo, "um triângulo PODE ser retangular, obtusângulo, equiângulo; TEM DE ter três ângulos, que somam dois retos". Portanto, aqui chegamos ao POSSÍVEL somente passando do intuitivo ao abstrato.

I 557   Após essa exposição, que pressupõe a recordação tanto do que foi dito no meu ensaio sobre o princípio de razão quanto no // primeiro livro do presente escrito, espero não haver mais dúvida alguma sobre a origem verdadeira e bem diferente daquelas formas do juízo colocadas pela tábua diante dos nossos olhos, muito menos sobre a inadmissibilidade e completa ausência de fundamento da hipótese de doze funções especiais do entendimento para explicação dessas formas. Muitas observações isoladas e fáceis de fazer dão indicações acerca deste último tópico. Assim, é requerido grande amor à simetria e muita confiança num fio condutor dela extraído para admitir que um juízo afirmativo, um categórico e um assertórico são três coisas fundamentalmente diferentes, e desse modo justifiquem a admissão, para cada um deles, de uma função bem própria do entendimento.

A consciência da insustentabilidade de sua doutrina das categorias transpareceu a Kant mesmo, quando, na segunda edição, abandona várias longas passagens (a saber, p.241, 242, 244-46, 248-53) da terceira seção da analítica dos princípios (*phaenomena et noumena*), as quais exibiam bastante abertamente a fraqueza daquela doutrina. Por exemplo, ali mesmo (p.241) diz que não definiu as categorias individualmente porque não as podia definir, mesmo se quisesse, pois não são passíveis de definição alguma; – esqueceu o que dissera na p.82 da mesma primeira edição: "Abstenho-me deliberadamente da definição das categorias, embora a tenha em minha posse". – Isto era, então, *sit venia verbo*,[24] vento. Deixou porém ficar esta última

---

24 "Com o perdão da palavra." (N. T.)

passagem. Assim, todas aquelas passagens, depois sabiamente omitidas, deixam transparecer que nada de distinto pode ser pensado nas categorias e que toda esta doutrina tem pés de barro.

Semelhante tábua das categorias é tida como o fio condutor segundo o qual toda consideração metafísica, sim, toda consideração científica deveria orientar-se (*Prolegômenos*, § 39). De fato, ela não apenas é o fundamento de toda a filosofia kantiana e o tipo conforme o qual sua simetria é executada em toda parte, como acabei de mostrar acima, mas também tornou-se de fato o leito de Procusto no qual Kant força a entrada de toda consideração possível, com uma prática de violência // que agora vou examinar ainda mais de perto. O que não fizeram com uma tal oportunidade os *imitatores, servum pecus!?*[25] Já o vimos. Aquela prática de violência, portanto, é exercida ao colocar totalmente de lado e ao esquecer a significação das expressões indicada por títulos, formas de juízo e categorias, retendo-se apenas as expressões mesmas. Estas têm sua origem em parte em Aristóteles *Analyt. Priora*, I, 23 (περὶ ποιότητος καὶ ποσότητος τῶν τοῦ συλλογισμοῦ ὅρων: *de qualitate et quantitate terminorum syllogismi*);[26] são todavia escolhidas arbitrariamente, pois se poderia certamente indicar a extensão dos conceitos de outro modo que pela palavra QUANTIDADE, embora justamente esta palavra combine melhor com o seu objeto do que os demais títulos de categoria. Já a palavra QUALIDADE foi manifestamente escolhida pelo hábito de contrapor a qualidade à quantidade; pois, para afirmação e negação, o termo qualidade é, de fato, tomado de maneira bastante arbitrária. Mas em toda consideração efetuada por Kant, cada quantidade no tempo e no espaço, cada qualidade possível das coisas, fisicamente, moralmente e assim por diante é posta sob aqueles títulos de categoria, embora entre tais coisas e aqueles títulos das formas do juízo e do pensamento não haja o mínimo nexo comum, exceto a nomenclatura casual e arbitrária. Temos de ter em mente todo o elevado respeito de resto devido a Kant para não exteriorizarmos em duras palavras a indignação provocada por esse procedimento. — O exemplo seguinte nos é logo fornecido pela tábua fisiológica pura dos princípios universais da ciên-

---

25 "Imitadores, rebanho servil." (N. T.)
26 "Sobre a qualidade e quantidade dos termos do silogismo." (N. T.)

O mundo como vontade e como representação

cia da natureza. O que, pergunto, no mundo inteiro tem a ver a quantidade dos juízos com o fato de toda intuição possuir uma grandeza extensiva? O que tem a ver a qualidade dos juízos com o fato de toda sensação ter um grau? — Antes, a intuição repousa no fato de o espaço ser a forma de nossa intuição externa; já a sensação nada é senão uma percepção empírica e, além disso, totalmente subjetiva, haurida meramente da consideração da índole de nossos órgãos sensoriais. — Depois, na tábua que coloca o fundamento para a psicologia racional (*Crítica da razão pura*, p.344; V, 402), a SIMPLICI-

I 559   DADE // da alma é citada sob a qualidade: tal simplicidade, contudo, é precisamente uma propriedade quantitativa, sem referência alguma à afirmação ou negação no juízo. Porém a quantidade deveria ter sido preenchida pela UNIDADE da alma, que já está compreendida na simplicidade. Com isso a modalidade é ridiculamente forçada a entrar em cena, a saber, a alma está em correspondência com POSSÍVEIS objetos; a correspondência, no entanto, pertence à relação, porém esta já está ocupada pela substância. Depois, as quatro ideias cosmológicas, que são o estofo das antinomias, são reconduzidas aos títulos das categorias. Sobre isso voltaremos mais adiante, ao examinar essas antinomias. Muitos exemplos ainda mais gritantes são fornecidos pela tábua das CATEGORIAS DE LIBERDADE! na *Crítica da razão prática*; sem falar da *Crítica da faculdade de juízo*, no primeiro livro, que passa em revista o juízo de gosto segundo os quatro títulos das categorias; finalmente há os *Princípios metafísicos da ciência da natureza*, inteiramente retalhados conforme a tábua das categorias — o que possivelmente ocasionou aquilo que há de falso misturado aqui e ali ao verdadeiro e excelente desta importante obra. Veja-se apenas, no final do primeiro capítulo, como a unidade, a pluralidade, a totalidade das direções da linha devem corresponder às categorias, assim denominadas segundo a quantidade dos juízos.

* * *

O princípio de PERMANÊNCIA DA SUBSTÂNCIA é deduzido das categorias de subsistência e inerência. Conhecemos isso, todavia, apenas a partir da forma do juízo categórico, isto é, a partir da ligação de dois conceitos como sujeito e predicado. Quão violento é, portanto, fazer aquele grande princípio metafísico depender desta simples forma puramente lógica! Mas isso aconteceu apenas *pro forma* e por amor à simetria. A prova aqui dada em favor desse princípio descarta inteiramente sua suposta origem no entendimento e na categoria, e é conduzida a partir da pura intuição do tempo. No entanto, também esta prova é completamente incorreta. É falso que no mero tempo haja uma SIMULTANEIDADE e uma DURAÇÃO: estas representações resultam // primeiro da unificação do ESPAÇO com o TEMPO, como já mostrei no ensaio *Sobre o princípio de razão*, § 18, e detalhei ainda mais no presente escrito, § 4. Tenho de pressupor ambas as discussões para a compreensão do que se segue. É falso que em toda mudança o tempo mesmo PERMANECE: antes, o tempo mesmo é precisamente o que flui: um tempo que permanece é uma contradição. A prova de Kant é inadmissível, por mais que a tenha sustentado com sofismas, sim, ele cai ali na mais palpável contradição. Assim, após ter estabelecido falsamente a SIMULTANEIDADE como um modo do tempo (p.177; V, 219), diz de maneira inteiramente correta (p.183; V, 226): "A SIMULTANEIDADE não é um modo do tempo, pois neste parte alguma é simultânea, mas todas são sucessivas". – Em verdade, na simultaneidade o espaço está tão implicado quanto o tempo. Pois se duas coisas são simultâneas e no entanto não são unas, então são diferentes através do espaço; por sua vez, se dois estados de UMA coisa são simultâneos (por exemplo, o brilho e o calor do ferro), são dois efeitos coevos de UMA coisa, logo, pressupõem a matéria, e esta o espaço. Em termos estritos, o simultâneo é uma determinação negativa que meramente indica o fato de duas coisas, ou estados, não serem diferentes quanto ao tempo, portanto sua diferença deve ser procurada em outra parte. – Mas o nosso conhecimento da permanência da substância, isto é, da matéria, decerto tem de repousar numa intelecção *a priori*, pois está acima de toda dúvida, conseguintemente não pode ser haurido da experiência. Eu o derivo de que o princípio de todo devir e perecer, a lei de causalidade, da qual somos conscientes *a priori*, concerne essencialmente apenas às MUDANÇAS, ou seja, aos ESTADOS sucessivos da matéria, portanto é limitado à forma, deixando a MATÉRIA intocada, a qual está presente em nossa consciência como o fundamento de todas as coisas, não submetida a nenhum devir ou perecer, por conseguinte sempre existente e sempre permanente. Uma fundamentação mais profunda da permanência da substância, extraída da análise de nossa

O mundo como vontade e como representação

representação intuitiva do mundo empírico em geral, encontra-se em nosso primeiro livro, § 4, no qual foi mostrado que a essência da MATÉRIA consiste na total UNIFICAÇÃO DE // ESPAÇO E TEMPO, unificação esta só possível por meio da representação da causalidade, consequentemente apenas para o entendimento, que nada mais é senão o correlato subjetivo da causalidade; portanto, também a matéria não é conhecida de outra forma senão como algo que faz efeito, vale dizer, como causalidade integral. Ser e fazer efeito são nela unos, o que já a palavra WIRKLICHKEIT[27] indica. Unificação íntima de espaço e tempo – causalidade, matéria, efetividade – é algo uno, e o correlato deste uno é o entendimento. A matéria tem de carregar em si as propriedades contraditórias dos dois fatores a partir dos quais resulta. É a representação da causalidade que elimina o contraditório deles e torna apreensível sua coexistência ao entendimento, através do qual e só para o qual a matéria é, e a faculdade de entendimento inteira consiste no conhecimento da causa e do efeito: para ele, por consequência, unificam-se na matéria o fluxo instável do tempo, que aparece como mudança dos acidentes, com a imobilidade rígida do espaço, que se apresenta como a permanência da substância. Pois se a substância perecesse como os acidentes, a aparência seria completamente desfeita no espaço e pertenceria só ao tempo: o mundo da experiência se dissolveria mediante a anulação, aniquilação da matéria. – Assim, da parte que o ESPAÇO possui na matéria, isto é, em todas as aparências da efetividade – na medida em que ele é o oposto e o reverso do tempo e, portanto, não conhece em si e fora da união com este mudança alguma –, o princípio de permanência da substância, reconhecido por cada um com certeza *a priori*, tem de ser deduzido, e não do mero tempo, ao qual, para este propósito, Kant atribuiu falsamente uma PERMANÊNCIA.

A inexatidão da prova (que então se segue) da aprioridade e necessidade da lei de causalidade a partir da mera sucessão dos eventos já demonstrei detalhadamente no *Ensaio sobre o princípio de razão*, § 23; posso, então, aqui apenas remeter a ela.* Exatamente o mesmo ocorre // com a prova da ação

---

27 "Efetividade, realidade efetiva." (N. T.)

  * Pode-se de bom grado comparar a minha refutação da prova kantiana com os ataques anteriores à mesma por FEDER, *Über Zeit, Raum und Kausalität*, § 28; e por G. E. SCHULZE, *Kritik der theoretischen Philosophie*, t.2, p.422-42.

recíproca, cujo conceito tive de expor previamente como nulo. — Também sobre a modalidade, cujo detalhamento dos princípios então se segue, já foi suficientemente falado. —

Teria ainda muitas particularidades a refutar no prosseguimento ulterior da analítica transcendental, todavia temo esgotar a paciência do leitor, e deixo-as portanto para a sua reflexão. Mas sempre de novo se nos apresenta na *Crítica da razão pura* aquele erro principal e fundamental de Kant, que acima censurei detidamente: a completa ausência de distinção entre o conhecimento abstrato, discursivo, e o intuitivo. Isso espalha uma contínua sombra sobre toda a teoria kantiana da faculdade de conhecimento e nunca permite ao leitor saber em algum momento sobre o que de fato se fala, de tal maneira que, em vez compreender, sempre apenas suspeita, procura compreender o que foi dito a cada vez alternadamente acerca do pensamento e da intuição, porém sempre ficando em suspense. Aquela inacreditável ausência de lucidez sobre a essência das representações intuitiva e abstrata leva Kant, no capítulo "da distinção de todos os objetos em fenômenos e númenos", como logo mais adiante discutirei em detalhe, à monstruosa afirmação de que sem pensamento, portanto sem conceitos abstratos, não haveria de modo algum conhecimento de um objeto, e que a intuição, visto que não é pensamento, também não é conhecimento algum e em geral não passa de uma mera afecção da sensibilidade, uma mera sensação! Mais ainda, que intuição sem conceito é totalmente vazia; conceito sem intuição, entretanto, é sempre ainda alguma coisa (p.253; V, 309). Isto é exatamente o oposto da verdade: pois os conceitos obtêm toda significação, todo conteúdo, exclusivamente a partir de sua referência às representações, das quais foram abstraídos, extraídos, isto é, formados pelo abandono de todo inessencial; por isso, se deles é retirado o alicerce da intuição, são vazios e nulos. Intuições, ao contrário, têm em si mesmas grande e imediata significação (nelas, de fato, objetiva-se a // coisa em si): fazem o papel de si mesmas, expressam a si, não têm conteúdo meramente emprestado, como os conceitos. Pois sobre elas impera o princípio de razão apenas como lei de causalidade, e determina, enquanto tal, apenas sua posição no espaço e no tempo, sem condicionar todavia seu conteúdo e seu significado, como no caso dos conceitos, em relação aos quais o referido princípio vale como fundamento

O mundo como vontade e como representação

do conhecer. De resto, parece, é como se Kant, exatamente aqui, quisesse propriamente distinguir a representação intuitiva da abstrata: ele repreende Leibniz e Locke: o primeiro por ter reduzido tudo às representações abstratas, o segundo às representações intuitivas. No entanto, distinção alguma é alcançada e, embora Locke e Leibniz efetivamente tenham cometido esse erro, Kant mesmo cai num terceiro, que inclui os dois erros anteriores, a saber, ter misturado intuitivo e abstrato numa tal extensão que daí nasce um híbrido monstruoso, uma não coisa, da qual não é possível representação distinta alguma, e que, por conseguinte, só podia confundir, aturdir e pôr em conflito os discípulos.

Certamente é no mencionado capítulo "da distinção de todos os objetos em fenômenos e númenos", mais do que em qualquer outro lugar, que se encontram separados pensamento e intuição; porém a forma dessa distinção é aqui fundamentalmente falsa. Assim é dito (p.253; V, 309): "Se elimino todo pensamento (através de categorias) de um conhecimento empírico, não permanece conhecimento algum de um objeto, pois por mera intuição nada é pensado, e o fato de esta afecção da sensibilidade estar em mim não constitui referência alguma de tal representação a algum objeto". — Em certa medida, esta sentença contém todos os erros de Kant em uma casca de noz, pois torna claro que ele apreendeu falsamente a relação entre sensação, intuição e pensamento, identificando a intuição, cuja forma deve ser o espaço, e em verdade segundo todas as três dimensões, com a simples sensação subjetiva nos órgãos dos sentidos; e só admite o conhecimento de um objeto primeiramente através do pensamento, diferente da intuição. Eu, ao contrário, digo: objetos são antes de tudo objetos da intuição, não do pensamento, e todo conhecimento de OBJETOS é originariamente // e em si mesmo intuição; esta, entretanto, de modo algum é mera sensação, mas já nela o entendimento se mostra ativo. PENSAMENTO, adicionado somente ao ser humano, não aos animais, é mera abstração da intuição, não fornece conhecimento algum fundamentalmente novo, não põe objetos que antes já não existissem, mas muda apenas a forma do conhecimento já adquirido pela intuição, ou seja, torna-a conhecimento abstrato em conceitos, com o que sua intuitividade é perdida, mas por outro lado sua combinação se torna possível e isto amplia consideravelmente sua aplicabilidade. O ESTOFO

Arthur Schopenhauer

de nosso pensamento, por sua vez, nada é senão nossas intuições mesmas, e não algo que não estivesse contido na intuição e fosse adicionado a ela primeiro pelo pensamento: por conseguinte, o estofo de tudo o que ocorre em nosso pensamento tem de ser passível de verificação na intuição, do contrário seria um pensamento vazio. E embora esse estofo seja elaborado e transformado de diversas maneiras pelo pensamento, tem contudo de ser passível de restauração, e tem de ser possível ao pensamento retornar a ele; – como um pedaço de ouro é finalmente reduzido a partir de todas as suas soluções, oxidações, sublimações e ligas e apresenta-se de novo em estado de régulo e não diminuído. Não poderia ser assim se o pensamento tivesse acrescentado algo, sim, a coisa principal ao objeto.

Todo o capítulo seguinte sobre a anfibologia é meramente uma crítica da filosofia leibniziana, e como tal correto em seu todo, embora inteiramente arranjado em suas partes só por amor à simetria arquitetônica, que também aqui fornece o fio condutor. Assim, para extrair a analogia com o órganon aristotélico, é instituída uma tópica transcendental, que consiste em dever ponderar cada conceito segundo quatro acepções, em vista de averiguar a qual faculdade de conhecimento pertence. Essas quatro acepções, entretanto, são assumidas de forma totalmente arbitrária, e dez outras mais poderiam ser introduzidas com igual direito: seu número corresponde, todavia, aos títulos das categorias; e logo ao bel-prazer as principais doutrinas leibnizianas são divididas entre elas. Mediante uma tal crítica são também, em **I 565** certa medida, // estampadas como erros naturais da razão aquilo que eram tão somente falsas abstrações de LEIBNIZ, o qual, em vez de aprender com os grandes filósofos contemporâneos seus, Espinosa e Locke, preferiu pôr à mesa suas próprias invenções estranhas. No capítulo da anfibologia da reflexão é, por fim, dito que possivelmente poderia haver um tipo de intuição completamente diferente da nossa, à qual porém nossas categorias seriam aplicáveis; por isso os objetos daquela suposta intuição seriam os NÚMENOS, coisas que podem ser apenas PENSADAS por nós, mas, como nos falta a intuição, a qual em verdade é totalmente problemática, que atribuiria significação àquele pensamento, segue-se que também o objeto daquele pensamento seria só uma possibilidade no todo indeterminada. Mostrei acima, através de passagens citadas, que Kant, na maior contradição consigo mesmo,

O mundo como vontade e como representação

estabelece as categorias ora como condição da representação intuitiva, ora como função do pensamento meramente abstrato. Aqui elas apresentam-se exclusivamente nesta última significação, e até parece que ele gostaria de atribuir-lhes somente um pensamento discursivo. Se, de fato, esta é sua opinião, então necessariamente no início da lógica transcendental, antes de especificar tão extensamente as diferentes funções do pensamento, ele deveria caracterizar o pensamento em geral e, consequentemente, distingui-lo da intuição; deveria ter mostrado qual conhecimento é dado pelo simples intuir e qual novo conhecimento é adicionado no pensar. Com isso se teria sabido do que ele propriamente fala; ou que falasse de modo completamente diferente, a saber, primeiro da intuição e depois do pensamento; mas, em vez disso, ele agora sempre se ocupa de uma coisa intermediária entre ambos, que é uma não coisa. Se fosse diferente, não haveria aquela grande lacuna entre a estética transcendental e a lógica transcendental, em que ele, após a exposição da mera forma da intuição, dispõe seu conteúdo, toda a percepção empírica, com a frase "ela é DADA", sem perguntar-se como a mesma é instituída, SE COM OU SEM ENTENDIMENTO; porém, com um salto, passa para o pensamento abstrato, e nem sequer para o pensamento em geral, e sim de imediato para certas formas do pensamento; não diz palavra alguma sobre o que é o pensamento, o que é o conceito, qual a relação do conhecimento

I 566 abstrato e discursivo com o concreto e intuitivo, qual a diferença entre o // conhecimento do ser humano e o do animal, e o que é a razão.

Justamente aquela distinção despercebida por Kant entre conhecimento intuitivo e abstrato foi a que os antigos filósofos designavam por φαινόμενα e νοούμενα,* cuja oposição e incomensurabilidade tanto os ocupou nos filosofemas dos eleatas, na doutrina platônica das Ideias, na dialética dos megáricos, e mais tarde a escolástica na disputa entre nominalismo e realismo, cuja semente, de desenvolvimento tardio, já estava contida na orientação oposta de espírito de Platão e Aristóteles. Kant, entretanto, que de maneira irresponsável descuidou completamente da coisa para a descrição da qual

---

* Cf. Sexto Empírico, *Empir. Pyrrhon. Hypotyp.*, I, c. 13, νοούμενα φαινομένοις ἀντετίθη Ἀναξαγόρας (*intelligibilia apparentibus opposuit Anaxagoras*). (Anaxágoras opôs o que é inteligível ao que é aparente.)

aquelas palavras φαινόμενα e νοούμενα já haviam sido empregadas, apodera-se agora destas palavras, como se ainda estivessem sem dono, e assim com elas designa suas coisas em si e suas aparências.

* * *

Após ser obrigado a rejeitar a doutrina das categorias de Kant, do mesmo modo como ele rejeitou a de Aristóteles, quero aqui indicar um terceiro caminho para alcançar o que é intencionado. O que ambos procuravam sob o nome de categorias eram os conceitos mais universais sob os quais se tinha de subsumir todas as coisas, por mais diferentes que fossem, e, assim, por meio deles, seria ao fim pensado todo o existente. Exatamente por isso Kant as concebeu como as FORMAS de todo pensamento.

A gramática é para a lógica o que a roupa é para o corpo. Aqueles conceitos supremos, baixo fundamental da razão, alicerce de todo pensamento mais especial, sem cuja aplicação portanto pensamento algum pode avançar, não deveriam, pergunto, residir ao fim naqueles conceitos que justamente devido à sua universalidade excedente (transcendentalidade) têm sua expressão não em palavras isoladas, mas em classes completas de palavras, já que // em cada uma delas, não importa qual seja, um deles já esta pensado e, de acordo com isso, sua designação teria de ser procurada não no léxico, mas na gramática? Portanto, em última instância, não deveriam aquelas distinções dos conceitos ser aquilo em virtude do que a palavra a expressá-las é um substantivo, ou um adjetivo, um verbo, ou um advérbio, um pronome, uma preposição, ou qualquer outra partícula, em suma, *partes orationis*?[28] Pois indiscutivelmente estas designam a forma que todo pensamento assume em primeira instância e na qual se move de imediato: precisamente por isso são as formas essenciais da linguagem, suas partes constituintes fundamentais, de modo que não podemos pensar linguagem alguma que não consista ao menos em substantivos, adjetivos e verbos. A essas formas fundamentais estariam subordinadas as formas do pensamento expressas por meio de suas flexões, logo, por declinação e conjugação; e aqui, no mais importante, é inessencial se pedimos ajuda ao artigo e ao pronome para sua designação.

---

28 "Partes oracionais." (N. T.)

Ora, queremos examinar ainda mais de perto o tema, e de novo lançamos a pergunta: quais são as formas do pensamento?

1) O pensamento consiste inteiramente de juízos: juízos são os fios de toda a sua textura, visto que sem o uso de um verbo ele não sai do lugar, e todas as vezes que usamos um verbo, julgamos.

2) Todo juízo consiste no conhecimento da relação entre sujeito e predicado, que ele separa ou une com variadas restrições. Ele os une pelo conhecimento da identidade efetiva de ambos, que só pode ocorrer com conceitos intercambiáveis; depois no conhecimento de que um deles é sempre pensado no outro, embora não o contrário, – na proposição universal afirmativa; até chegar ao conhecimento de que um às vezes é pensado no outro, na proposição particular afirmativa. As proposições negativas seguem o caminho inverso. Em conformidade com isso, em todo juízo deve ser possível encontrar sujeito, predicado e cópula, esta última afirmativa ou negativa, mesmo que cada um destes não seja designado por um nome próprio, como todavia ocorre na maioria dos casos. Amiúde UMA palavra designa predicado e cópula, como: "Caio envelhece"; às vezes UMA palavra designa todos aqueles três, como: *concurritur*, isto é "os exércitos se defrontam".

I 568 Daí ficar claro que não se deve procurar as formas // do pensamento tão direta e imediatamente nas palavras, nem mesmo nas partes do discurso, já que o mesmo juízo pode ser expresso em diferentes línguas, e até na mesma língua, por diferentes palavras e inclusive por diferentes partes do discurso, e no entanto o pensamento permanece o mesmo, consequentemente também sua forma: pois o pensamento não pode ser o mesmo com uma forma diferente do pensar. Entretanto, a formação da palavra pode perfeitamente ser diferente quando se trata do mesmo pensamento e da mesma forma dele, uma vez que a palavra é somente a roupagem externa do pensamento, o qual, em contrapartida, é inseparável de SUA forma. Portanto, a gramática esclarece apenas a roupagem das formas do pensamento. As partes do discurso, por conseguinte, podem ser derivadas das formas originárias do pensar, independentes de todas as línguas: expressar tais formas, com todas as suas modificações, é a sua destinação. São o instrumento, a vestimenta das formas do pensamento, que precisam estar perfeitamente ajustadas à articulação dos seus membros, de modo que esta seja ali reconhecível.

3) Estas formas verdadeiras, inalteráveis, originárias do pensamento são com certeza aquelas da TÁBUA LÓGICA DOS JUÍZOS de Kant, só que nesta se encontram janelas cegas em favor da simetria e da tábua de categorias, janelas que, portanto, têm de ser eliminadas; igualmente a falsa ordenação. Assim:

a) QUALIDADE: afirmação ou negação, isto é, ligação ou separação de conceitos: duas formas. Isto depende da cópula.

b) QUANTIDADE: o conceito de sujeito é tomado inteiro ou em parte: totalidade ou pluralidade. Ao primeiro pertencem também os sujeitos individuais: Sócrates significa "todos os Sócrates". Logo, apenas duas formas. Isto depende do sujeito.

c) MODALIDADE: tem de fato três formas. Determina a qualidade como necessária, real ou contingente. Por conseguinte, depende igualmente da cópula.

Estas três formas do pensamento nascem das leis de pensamento da contradição e da identidade. Por sua vez, do princípio de razão e do terceiro excluído nasce a:

d) RELAÇÃO: ela só entra em cena quando se julga sobre juízos prontos, e só pode consistir no estabelecimento da dependência de um juízo de outro (mesmo // na pluralidade de ambos), por conseguinte ligando-os na proposição HIPOTÉTICA; ou no estabelecimento de que juízos se excluem mutuamente, por consequência separando-os na proposição DISJUNTIVA. Isto depende da cópula, que aqui separa ou liga os juízos prontos.

As PARTES DO DISCURSO e as formas gramaticais são modos de expressão das três partes constituintes do juízo, portanto do sujeito, do predicado e da cópula, bem como das possíveis relações entre estes, portanto das formas do pensamento recém-enumeradas, e das determinações e modificações mais próximas delas. Substantivo, adjetivo e verbo são, consequentemente, partes essenciais e fundamentais da linguagem em geral, razão pela qual têm de ser encontrados em todas as línguas. Todavia, pode-se pensar numa linguagem em que adjetivo e verbo sempre estivessem fundidos um no outro, como às vezes o estão em todas as línguas. Provisoriamente pode-se dizer que substantivo, artigo e pronome destinam-se à expressão do SUJEITO; adjetivo, advérbio, preposição, à expressão do PREDICADO; o verbo — que, com exceção do *esse*,[29] já contém em si o predicado –, à expressão da CÓPULA. A gramática filosófica tem de ensinar o mecanismo exato da expressão das formas do pensamento, como a lógica tem de ensinar as operações com as formas mesmas do pensamento.

OBSERVAÇÃO. Como advertência contra um desvio e como esclarecimento do acima dito, menciono a *Vorläufig Grudlage zur Sprachphilosophie*, 1835, de S. STERN, como uma tentativa totalmente malsucedida de construir as categorias a partir das formas gramaticais. A saber, ele confundiu inteiramente o pensamento com a intuição e, por conseguinte, quis deduzir das formas gramaticais as supostas categorias da intuição, em vez das categorias do pensamento, portanto, quis pôr as formas gramaticais em relação direta com a INTUIÇÃO. Afundou no grande erro de que a LINGUAGEM se refere imediatamente à INTUIÇÃO, em vez de se referir imediatamente só ao PENSAMENTO enquanto tal, portanto aos CONCEITOS ABSTRATOS, e somente por meio destes à intuição, com a qual todavia têm uma relação que acarreta uma mudança completa de forma. O que existe na intuição, portanto também as relações nascidas do tempo e do espaço, torna-se certamente um objeto do pensamento; logo, deve haver formas de linguagem para expressá-lo, contudo sempre // *in abstracto*, como conceitos. O primeiro material do pensamento são sempre os conceitos e apenas a estes se referem as formas da lógica, nunca DIRETAMENTE à intuição. Esta determina sempre apenas a verdade material, nunca a formal das proposições, verdades formais que se regulam exclusivamente segundo as regras lógicas.

I 570

* * *

Volto à filosofia kantiana e chego à DIALÉTICA TRANSCENDENTAL. Kant abre esta com a definição de RAZÃO, faculdade que deve desempenhar nela o papel de protagonista, pois, até então, estavam em cena apenas sensibilidade e entendimento. Já falei acima, dentre as diferentes definições kantianas de razão, também sobre a aqui por ele dada, a saber, "que ela é a faculdade dos princípios". Aqui é ensinado que todos os conhecimentos *a priori* até agora considerados, que tornam possível a matemática pura e a ciência pura da

---

29 "Ser." (N. T.)

natureza, dão meras REGRAS, não PRINCÍPIOS; porque provêm das intuições e formas do conhecimento, não dos meros CONCEITOS, que são exigidos caso se trate de princípios. Em conformidade com isso, o princípio deve ser um conhecimento A PARTIR DE MEROS CONCEITOS e todavia SINTÉTICO. Mas isto é absolutamente impossível. De meros conceitos nunca podem provir outras proposições senão ANALÍTICAS. Se conceitos devem ser ligados sinteticamente e no entanto *a priori*, tal ligação tem de necessariamente ser intermediada por um terceiro termo, por uma intuição pura da possibilidade formal da experiência, do mesmo modo que os juízos sintéticos *a posteriori* são intermediados pela intuição empírica: consequentemente, uma proposição sintética *a priori* nunca pode provir de meros conceitos. Em geral, entretanto, nunca estamos conscientes *a priori* de nada senão do princípio de razão em suas diferentes figuras, por isso nenhum outro juízo sintético *a priori* é possível senão os que provêm daquilo que dá conteúdo a esse princípio.

Entrementes Kant entra finalmente em cena com um pretenso princípio da razão correspondente à sua exigência, mas também somente com este UM, a partir do qual decorrem subsequentemente outros corolários. Trata-se do princípio estabelecido e elucidado por Chr. Wolf em sua *Cosmologia*, sec. I, c. 2, § 93, e em sua // *Ontologia*, § 178. Assim como, antes, sob o título de anfibologia, meros filosofemas leibnizianos foram tomados como desvios naturais e necessários da razão e como tais foram criticados, exatamente o mesmo ocorre agora com os filosofemas de Wolf. Kant ainda apresenta este princípio da razão com indistinção, indeterminação, fragmentariamente, sob luz crepuscular (p.307; V, 364, 322; V, 379). Claramente enunciado, porém, ele é o seguinte: "Se o condicionado é dado, então tem de necessariamente também ser dada a totalidade das suas condições, logo, também o INCONDICIONADO, unicamente pelo qual aquela totalidade torna-se completa". A verdade aparente deste princípio é percebida do modo mais vivo se representamos as condições e os condicionados como elos de uma cadeia suspensa, cuja extremidade superior, contudo, não é visível e, portanto, poderia prolongar-se ao infinito; mas como a cadeia não cai, mantendo-se suspensa, tem de haver UM elo acima que é o primeiro, fixado de alguma maneira. Em suma: a razão gostaria de possuir um ponto de apoio

O mundo como vontade e como representação

para a cadeia causal que retrocede ao infinito; isto lhe seria cômodo. Queremos, entretanto, pôr à prova este princípio não em imagens, mas em si mesmo. Certamente ele é sintético, pois analiticamente nada se segue do conceito de condicionado senão aquilo que se segue do conceito de condição. Contudo, ele não possui verdade *a priori*, nem *a posteriori*, mas obtém clandestinamente sua ilusão de verdade de uma maneira bastante sutil e que doravante denuncio. Imediatamente e *a priori* temos os conhecimentos expressos pelo princípio de razão em suas quatro figuras. Desses conhecimentos imediatos já são derivadas todas as expressões abstratas do princípio de razão, que são, portanto, mediatas; seus corolários ainda mais. Já discuti acima como o conhecimento ABSTRATO frequentemente une diversos conhecimentos INTUITIVOS em UMA forma ou em UM conceito, de tal maneira que não são mais distinguíveis: neste sentido, o conhecimento abstrato está para o conhecimento intuitivo como a sombra está para os objetos reais, cuja grande diversidade é reproduzida por meio de UM contorno que compreende a todos eles. O pretenso princípio da razão faz uso dessa sombra. Para inferir do princípio de razão o incondicionado, que o contradiz diretamente, // Kant abandona com esperteza o conhecimento imediato, intuitivo do conteúdo do princípio de razão em suas figuras individuais e serve-se somente de conceitos abstratos extraídos dele, e que só têm valor e significação através dele, para, de qualquer forma, fazer entrar de contrabando seu incondicionado na vasta esfera daqueles conceitos. Seu procedimento se torna mais claro mediante roupagem dialética, por exemplo: "Se o condicionado existe, também tem de ser dada a sua condição, e em realidade por inteiro, portanto completamente, logo a totalidade de suas condições, consequentemente, se elas constituem uma série, tem de ser dada a série inteira, portanto também o seu primeiro começo, logo, o incondicionado". – Aí já é falso que as condições para um condicionado enquanto tal possam constituir uma SÉRIE. Antes, para cada condicionado, a totalidade de suas condições tem de estar contida em seu fundamento MAIS PRÓXIMO, do qual procede imediatamente, e que só assim é razão SUFICIENTE. Por exemplo, as diferentes determinações do estado que é causa, as quais têm de estar todas reunidas antes que o efeito entre em cena. Mas a série, por exemplo, a cadeia de causas, só nasce do fato de considerarmos aquilo que

I 572

há pouco era a condição como, doravante, sendo outra vez o condicionado, quando então de imediato recomeça desde o início toda a operação, e o princípio de razão entra em cena mais uma vez com sua exigência. Nunca, porém, pode dar-se para um condicionado uma SÉRIE propriamente sucessiva de condições que existisse meramente como tal e em virtude daquilo que, ao fim, é ultimamente condicionado; ao contrário, ela é sempre uma série alternante de condicionados e condições: a cada elo posto atrás, a cadeia é interrompida e a exigência do princípio de razão é inteiramente satisfeita. Tal exigência recomeça no momento em que a condição se torna o condicionado. Assim, o princípio de razão SUFICIENTE exige tão somente a completude da CONDIÇÃO MAIS PRÓXIMA, nunca a completude de uma SÉRIE. Mas este mesmo conceito de completude da condição deixa indeterminado se tal completude deve ser simultânea ou sucessiva; e, desde que a última seja a escolhida, nasce a exigência de uma SÉRIE completa de condições que se seguem umas às outras. Meramente por uma abstração arbitrária é uma série de causas e efeitos vista como uma série de puras causas // que existiriam apenas em virtude do último efeito e, por conseguinte, seria a sua razão SUFICIENTE. Numa consideração mais detida e clarividente, que desça da generalidade indeterminada da abstração ao real particular e determinado, encontra-se, ao contrário, que a exigência de uma razão SUFICIENTE estende-se só até a completude das determinações da causa MAIS PRÓXIMA, não à completude da série. A exigência do princípio de razão extingue-se por completo em cada razão suficiente dada. Recomeça, porém, tão logo esta razão é considerada novamente como consequência: mas nunca exige imediatamente uma série de razões. Se, ao contrário, em vez de irmos à coisa mesma, mantemo-nos dentro dos conceitos abstratos, aquelas distinções desaparecem. Neste caso, uma cadeia de causas e efeitos alternantes, ou de fundamentos e consequências lógicas, é tomada por uma cadeia de puras causas ou fundamentos do último efeito, e a COMPLETUDE DAS CONDIÇÕES, através da qual uma razão se torna SUFICIENTE, aparece como uma completude da pretensa SÉRIE de puras razões que só existiriam em virtude da última consequência. Aí, então, entra em cena bastante atrevidamente o princípio abstrato da razão com sua exigência do incondicionado. No entanto, para reconhecer a invalidade da mesma não é preciso crítica alguma

O *mundo como vontade e como representação*

da razão via antinomias e a solução destas, mas apenas uma crítica da razão entendida em meu sentido, a saber, uma investigação da relação do conhecimento abstrato com o intuitivo, por meio da descida da generalidade indeterminada do primeiro para a determinidade firme do segundo. Segue-se daí que o essencial da razão não consiste de maneira alguma na exigência de um incondicionado: pois tão logo ela proceda com plena clarividência tem por si mesma de encontrar que um incondicionado é literalmente uma incoisa.[30] A razão, como uma faculdade de conhecimento, lida sempre apenas com objetos; contudo, todo objeto para o sujeito está necessária e irrevogavelmente submetido e entregue ao princípio de razão *a parte ante*, mas também *a parte post*.[31] A validade do princípio de razão está tão arraigada na forma da consciência que é absolutamente impossível representar algo objetivo // sem que deste se pudesse mais exigir um "porquê"; portanto, não se pode postular um absoluto Absoluto, como uma venda nos olhos. Que a comodidade faça esta ou aquela pessoa deter-se em algum lugar e arbitrariamente assumir tal absoluto em nada adianta contra aquela inabalável certeza *a priori*, mesmo que, ao fazê-lo, assuma um ar e feições pomposas. De fato, todo o discurso sobre o absoluto, este tema quase exclusivo das filosofias ensaiadas desde Kant, nada é senão a prova cosmológica *incognito*. Noutros termos, esta prova, em consequência do processo que lhe foi movido por Kant, foi declarada desprovida de todos os direitos e fora da lei. Ora, não podendo mais mostrar sua verdadeira face, aparece por isso sob toda sorte de disfarces, aqui distintamente sob o manto da intuição intelectual ou do pensamento puro, ali como vagabundo suspeito que consegue o que quer em parte mendigando, em parte ameaçando com os mais rudes filosofemas. Se os senhores querem absolutamente ter um absoluto, gostaria de pôr-lhes um à mão, e que satisfaz todas as exigências de uma tal coisa, e bem melhor do que suas esgarçadas figuras de nuvens: trata-se da

---

30 Jogo de palavras entre *Unbedingt*, incondicionado, que também se poderia traduzir por incoisificado, e *Unding*, não coisa, incoisa; ou seja, em ambas as palavras alemãs o termo *Ding*, coisa, está embutido e negado pelas palavras compostas, *Unbedingt* e *Unding*, de que fazem parte. Literalmente, portanto, o incondicionado é uma incoisa, não coisa; em síntese, um absurdo, disparate manifesto. (N. T.)

31 Tanto em relação ao que precede quanto ao que se segue. (N. T.)

matéria. Esta é incriada e imperecível, portanto verdadeiramente independente e *quod per se est et per se concipitur*:[32] tudo provém de seu seio e para ele retorna: que mais se pode exigir de um absoluto? — Mas àqueles aos quais a crítica da razão não surtiu efeito algum dever-se-ia antes bradar:

> *Seid ihr nicht wie die Weiber, die beständig*
> *Zurück nur kommen auf ihr erstes Wort,*
> *Wenn man Vernunft gesprochen stundenlang?*[33]

Que o regresso a uma causa incondicionada, a um primeiro começo, não esteja de modo algum fundado na natureza da razão está de resto provado em termos concretos pelo fato de as religiões originárias do nosso gênero, que possuem ainda hoje o maior número de seguidores sobre a face da Terra, isto é, o brahmanismo e o buddhismo, não conhecerem e não tolerarem tais assertivas, mas remeterem ao infinito a série das aparências mutuamente condicionadas. Confira-se em relação a esse ponto a observação presente mais abaixo, na crítica da primeira antinomia; além disso, pode-se ainda consultar *Doctrine of Buddaism* de Upham (p.9) e em geral todo e qualquer relato sobre as religiões // da Ásia. Não se deve identificar judaísmo e razão. —

I 575

Kant, que não quer de maneira alguma afirmar seu pretenso princípio da razão como objetivamente válido, mas só como subjetivamente necessário, o deduz, mesmo enquanto tal, apenas mediante um fútil sofisma (p.307; V, 364), a saber: porque procuramos subsumir toda verdade por nós conhecida sob uma mais geral até onde é possível, isso nada mais seria senão precisamente a caçada pelo incondicionado que pressupomos. Em verdade, entretanto, por meio de uma tal tentativa nada fazemos senão aplicar e usar apropriadamente nossa razão — isto é, a faculdade do conhecimento abstrato e universal, que distingue o ser humano com clareza de consciência, dotado de linguagem e pensamento, do animal escravo do presente — para fins de simplificação do nosso conhecimento por meio de uma visão de conjun-

---

32 "O que existe por si e se concebe por si." (N. T.)

33 "Não sereis como as mulheres, que sempre / Voltam à sua primeira palavra, / Mesmo após passarmos horas chamando-lhes à razão?" (N. T.)

O mundo como vontade e como representação

to. Pois o uso da razão consiste justamente em conhecermos o particular mediante o universal, o caso mediante a regra e esta mediante a regra mais universal, assim buscando o ponto de vista mais universal: por intermédio de semelhante visão panorâmica o nosso conhecimento torna-se tão facilitado e aperfeiçoado que daí nasce a grande diferença entre o curso da vida animal e o da humana e, ainda, entre a vida do ser humano culto e a do rude. Decerto a série dos FUNDAMENTOS DO CONHECIMENTO, existente apenas no domínio do que é abstrato, logo da razão, encontra sempre um fim no indemonstrável, isto é, em uma representação que não mais está condicionada segundo esta figura do princípio de razão, portanto no fundamento intuitivo *a priori* ou *a posteriori* da premissa maior da cadeia de raciocínio. Na minha dissertação *Sobre o princípio de razão*, § 50, já mostrei que, nesse caso, a série dos fundamentos do conhecimento passa propriamente à série dos fundamentos do devir, ou do ser. Ora, só pode querer tornar válida essa circunstância, em vista de demonstrar um incondicionado segundo a lei de causalidade, mesmo que seja apenas como exigência, quem ainda não distinguiu as figuras do princípio de razão; mas, atendo-se à expressão abstrata, confundiu-as todas. Kant, contudo, procurou fundamentar essa confusão

I 576 até mesmo em um mero jogo de palavras, a saber, entre // *Universalitas* e *Universitas*,[34] p.322 (V, 379). Mas é radicalmente falso dizer que nossa busca por fundamentos supremos do conhecer, por verdades mais gerais, origine-se da pressuposição de um objeto incondicionado em sua existência, ou tenha algo em comum com isso. Como deveria, pergunto, também ser essencial à razão pressupor algo que ela tem de reconhecer como uma incoisa, tão logo reflita? Antes, a origem daquele conceito de incondicionado não tem de ser demonstrada em nada senão na inércia do indivíduo, que, por meio disso, quer desobrigar-se de todas as perguntas ulteriores, sejam alheias ou próprias, embora sem justificativa alguma.

Kant mesmo nega validade objetiva a esse pretenso princípio da razão, embora conceda-lhe uma necessária pressuposição subjetiva e, assim, introduza em nosso conhecimento um conflito insolúvel que logo torna mais distinto. Para esta finalidade, desdobra aquele princípio da razão, p.322 (V,

---

34 "Universalidade" e "totalidade". (N. T.)

561

379), de acordo com o seu adorado método simétrico-arquitetônico. Das três categorias de relação originam-se três tipos de silogismo, cada um dos quais fornece o fio condutor para a procura de um incondicionado especial, dos quais, por conseguinte, há três: alma, mundo (como objeto em si e totalidade integral), Deus. Aqui, logo se nota uma grande contradição, da qual Kant, todavia, não toma conhecimento, pois era muito perigosa para a sua simetria: dois destes incondicionados são por sua vez eles mesmos condicionados pelo terceiro, ou seja, alma e mundo por Deus, o qual é sua causa producente; aqueles, portanto, de modo algum têm em comum com este o predicado da incondicionalidade, ponto central aqui, mas apenas o predicado de ser inferido segundo princípios da experiência que estão acima e além do domínio da possibilidade da experiência.

Posto isto de lado, nos três incondicionados — aos quais, conforme Kant, deve chegar toda razão, seguindo suas leis essenciais — encontramos de novo os três objetos principais em torno dos quais girou toda a filosofia sob influência do cristianismo, dos escolásticos a Christian Wolf. Por mais acessíveis e correntes que se tenham tornado tais conceitos por via de todos aqueles filósofos e agora pelos da razão pura, de maneira alguma é por aí certo que semelhantes conceitos, // sem revelação, tivessem de provir do desenvolvimento de toda razão, como um produto próprio à sua natureza. Para decidir isso seria necessário pedir ajuda à investigação histórica e pesquisar se os povos antigos e não europeus, em especial os hindustânicos, e muitos dos mais antigos filósofos gregos, de fato também chegaram àqueles conceitos; ou se somos apenas nós que, bastante benevolentes, os atribuímos a eles, da mesma forma que os gregos reencontravam por toda parte seus deuses, ou quando de maneira totalmente falsa traduzimos o Brahmā dos hindus e o Tien dos chineses como "Deus"; ou se, antes, ao contrário, não seria o caso de o teísmo propriamente dito ser encontrado apenas na religião judaica e nas duas religiões dela provenientes, cujos seguidores, exatamente por isso, teriam abrangido os adeptos de todas as outras religiões da Terra sob o nome de pagãos — uma alcunha, diga-se de passagem, extremamente parcial e rude, que deveria ser banida pelo menos dos escritos dos mestres eruditos, já que confunde e mistura brahmânicos, buddhistas, egípcios, gregos, romanos, germanos, gauleses, iroqueses, patagônicos, caribenhos,

O mundo como vontade e como representação

taitianos, australianos e muitos outros. Para padres, uma tal expressão é cabível; no mundo dos mestres eruditos, porém, a porta de saída deve ser-lhe mostrada. Ela pode viajar para a Inglaterra e fixar residência em Oxford. – Que o budismo em particular, esta religião a mais numerosamente praticada sobre a face da Terra, não contém absolutamente teísmo algum, sim, até sente repugnância por ele, eis uma coisa totalmente estabelecida. No que tange a Platão, sou da opinião de que ele deve aos judeus as suas quedas periódicas no teísmo. Por isso NUMENIUS (conforme Clem. Alex., *Strom.*, I, c. 22, Euseb. *Praep.evang.*, XIII, 12, e Suidas, sob "Numenius") chamou Platão de *Moses graecizans*:[35] Τὶ γάρ ἐστι Πλάτων, ἤ Μωσῆς ἀττικίζων;[36] e o censura por ter roubado (ἀποσύλησας) suas doutrinas sobre Deus e a criação dos escritos mosaicos. CLEMENTE amiúde repete que Platão conheceu e usou Moisés, por exemplo em *Strom.* I, 25; V, c. 14, § 90 et seq.; em *Paedagog.*, II, 10, e III, 11; bem como em *Cohortatio ad gentes*, c. 6, em que, após no capítulo precedente ter repreendido, como um frade capuchinho, todos os filósofos

I 578 gregos e deles zombado // por não terem sido judeus, louva exclusivamente Platão e irrompe em júbilo sonoro pelo fato de que ele, assim como aprendeu sua geometria dos egípcios, sua astronomia dos babilônios, magia dos trácios e muita coisa dos assírios, aprendeu seu teísmo dos judeus: Οἶδά σου τοὺς διδασκάλους κἄν ἀποκρύπτειν ἐθέλῃς — δόξαν τὴν τοῦ θεοῦ παρ' αὐτῶν ὠφέλησαι τῶν Ἑβραίων (*tuos magistros novi, licet eos celare velis, — illa de Deo sententia suppeditata tibi est ab Hebraeis*).[37] Uma cena tocante de reconhecimento. – Mas descubro uma estranha confirmação do assunto no que se segue. Segundo Plutarco (em *Marius*), e ainda melhor segundo Lactantius (I, 3, 19), Platão agradece à natureza por ter nascido um humano, e não um animal, um homem, e não uma mulher, um grego, e não um bárbaro. Ora, nas *Gebeten der Juden*, de Isaak Euchel, traduzidas do hebraico, segunda edição, 1799, p.7, há uma prece matutina na qual se agradece a Deus por se ter nascido um judeu, e não um pagão, uma pessoa livre, e não uma escrava, um homem, e não uma mulher. – Uma tal investigação histórica teria

---

35 "Moisés que fala grego." (N. T.)

36 "Quem é Platão senão um Moisés que fala grego?" (N. T.)

37 "Conheço teus mestres, embora os queira ocultá-los; deves diretamente aos hebreus tua crença em Deus." (N. T.)

livrado Kant da necessidade desagradável, na qual ele agora cai, quando faz aqueles três conceitos originarem-se necessariamente da natureza da razão e, contudo, verificar que são insustentáveis e não podem ser fundados; com isso faz da nossa razão mesma uma sofista, ao dizer, p.339 (V, 397): "São procedimentos sofísticos não dos seres humanos, mas da própria razão pura, dos quais nem o mais sábio pode escapar e, talvez, só com muito esforço pode evitar o erro, embora nunca possa livrar-se da aparência que incessantemente dele zomba e o atormenta". Em conformidade com isso, as "ideias da razão" kantianas seriam para se comparar ao foco, no qual os raios refletidos por um espelho côncavo convergem a algumas polegadas de sua superfície, em consequência do que, por um inevitável processo do entendimento, um objeto se nos apresenta ali mesmo, o que porém é uma coisa sem realidade.

Muito infeliz, entretanto, foi a escolha do nome IDEIAS para aquelas três pretensas produções necessárias da razão pura teórica. Nome esse extraído a fórceps de Platão, que com ele denotava as formas // imperecíveis que, pluralizadas através do tempo e do espaço, tornam-se imperfeitamente visíveis nas inumeráveis coisas individuais e perecíveis. Em consequência disso, as Ideias de Platão são inteiramente intuitivas, como também o indica tão precisamente a palavra que ele escolheu, a qual só poderia ser adequadamente traduzida por "coisas intuíveis" ou "visibilidades". Kant apropriou-se do termo para designar aquilo que está situado tão longe de toda possibilidade da experiência que até mesmo o pensamento abstrato só pode alcançá-lo pela metade. A palavra Ideia, primeiramente introduzida por Platão, conservou desde então, por vinte e dois séculos, sempre a significação na qual ele a empregou, pois não apenas todos os filósofos da Antiguidade, mas também todos os escolásticos, inclusive os padres da Igreja e os teólogos da Idade Média, empregaram-na exclusivamente naquela significação platônica, ou seja, no sentido da palavra latina *exemplar*; como SUAREZ expressamente o indica na sua vigésima quinta *Disputatio*, sect. I. – Que mais tarde ingleses e franceses foram induzidos por meio da pobreza de suas línguas ao uso indevido daquela palavra é bastante ruim, porém não determinante. O uso indevido de Kant da palavra IDEIA, ao infiltrar-lhe uma nova significação que tem em comum com as Ideias de Platão apenas o fato de não ser objeto da experiência, mas que também se prende por esse fio tênue a todas as quimeras possíveis, é portanto absolutamente injustificável. Ora, como o abuso de poucos anos não pode ser levado em consideração contra a autoridade de muitos séculos, sempre emprego o termo Ideia em sua significação platônica antiga, originária.

* * *

A refutação da PSICOLOGIA RACIONAL é muito mais detalhada e profunda na primeira edição da *Crítica da razão pura* que na segunda e seguintes; por isso certamente temos aqui de fazer uso da primeira edição. Essa refutação tem no seu todo muito mérito e muito de verdadeiro. No entanto sou definitivamente da opinião de que só pelo amor à simetria é que Kant deduz como necessário o conceito de alma a partir daquele paralogismo, mediante a aplicação da exigência do // incondicionado ao conceito de SUBSTÂNCIA, que é a primeira categoria de relação e, em conformidade com isso, afirma que, dessa forma, nasceria em toda razão especulativa o conceito de uma alma. Se este conceito de fato tivesse sua origem na pressuposição de um sujeito último de todos os predicados, ter-se-ia de admitir uma alma não apenas no ser humano, mas também necessariamente em cada coisa sem vida, pois esta requer igualmente um sujeito último de todos os seus predicados. Em geral, entretanto, Kant serve-se de uma expressão completamente inadmissível quando fala sobre algo que poderia existir apenas como sujeito e não como predicado (por exemplo *Crítica da razão pura*, p.323; V, 412; *Prolegômenos*, § 4 e 47), embora já na *Metafísica* de Aristóteles, IV, cap. 8, encontre-se um precedente para isso. Não há nada que exista como sujeito e predicado, pois tais expressões pertencem exclusivamente à lógica e indicam a relação dos conceitos abstratos entre si. No mundo intuitivo seu correlato ou substituto devem ser substância e acidente. Mas, então, não precisamos mais procurar aquilo que existe sempre só como substância e nunca como acidente, mas já o temos diretamente na matéria. Esta é a substância para todas as propriedades das coisas, que, enquanto tais, são seus acidentes. Ela é, efetivamente, caso se queira conservar a expressão de Kant recém-censurada, o sujeito último de todos os predicados das coisas empiricamente dadas, ou seja, aquilo que resta após a remoção de todas as suas propriedades de qualquer tipo: e isso vale tanto para o humano quanto para o animal, tanto para as plantas quanto para as pedras, e é tão evidente que, para não vê-lo, necessita-se de um deliberado não querer ver. Que a matéria seja, efetivamente, o protótipo do conceito de substância, logo o mostrarei. – Sujeito e predicado, entretanto, estão para substância e acidente antes como o princípio de razão suficiente na lógica está para a lei de causalidade na natureza, e a confusão ou identificação destes últimos é tão inadmissível quanto a daqueles primeiros. Não obstante, a última confusão ou identificação foi levada ao seu mais alto grau por Kant nos *Prolegômenos*, § 46, em vista de fazer nascer o conceito de alma a partir do sujeito último de todos os predicados e a partir da forma do silogismo categórico. Para pôr a nu o // procedimento sofístico desse parágrafo é preciso apenas ter em mente que sujeito e predicado são determinações puramente lógicas que dizem respeito única e exclusivamente aos conceitos abstratos e, em realidade, segundo sua relação no juízo: substância e acidente, ao contrário, pertencem ao mundo intuitivo e à sua apreensão no entendimento, entretanto, encontram-se aí apenas como idênticos com matéria e forma ou qualidade. Sobre isso me estenderei um pouco mais.

A oposição que deu ensejo à assunção de duas substâncias fundamentalmente diferentes, corpo e alma, é em verdade a oposição entre objetivo e subjetivo. Se o ser humano apreende a si mesmo objetivamente na intuição externa, encontra um ser espacialmente extenso e em geral inteiramente corpóreo; se, em contrapartida, apreende a si na mera consciência de si, portanto de maneira puramente subjetiva, encontra um simples ser querente e que representa, livre de todas as formas da intuição, portanto sem nenhuma das propriedades pertencentes aos corpos. Doravante forma o conceito de alma, bem como todos os conceitos transcendentes por Kant denominados ideias, ao aplicar o princípio de razão, a forma de todo objeto, àquilo que não é objeto, e aqui, em verdade, ao sujeito do conhecer e do querer. Noutros termos, considera conhecer, pensar e querer como efeitos cuja causa procura e, não podendo admitir o corpo como causa, admite então para eles uma causa por inteiro diferente do corpo. Nesses moldes, o primeiro e o último dos dogmáticos demonstram a existência da alma: a saber, Platão no *Fedro*, e também Wolff, ou seja, a partir do pensar e do querer como efeitos que levam àquela causa. Apenas quando o conceito de um ser imaterial, simples, indestrutível nasceu desse modo através da hipóstase de uma causa correspondente a um efeito, a escola o desenvolveu e o demonstrou a partir do conceito de SUBSTÂNCIA. No entanto, este mesmo conceito a escola já havia formado expressamente em vista desse uso, por meio do seguinte truque digno de nota.

Com a primeira classe de representações, isto é, o mundo real, intuitivo, é dada também a representação da matéria, porque a lei de causalidade vigente naquela classe determina a mudança de estados, os quais eles mesmos pressupõem algo de permanente, de que são a mudança. Já acima, na discussão sobre o princípio de permanência // da substância, mostrei, com remissão a passagens prévias, que essa representação da matéria nasce quando, no entendimento, unicamente para o qual tal representação existe, tempo e espaço são intimamente unificados por meio da lei de causalidade (sua única forma de conhecimento); e a participação do espaço nesse produto apresenta-se como a permanência da MATÉRIA, enquanto a participação do tempo apresenta-se como mudança dos seus ESTADOS. Puramente por si, a matéria só pode ser pensada *in abstracto*, e não pode ser intuída, visto que aparece à intuição sempre já em forma e em qualidade. Ora, desse conceito de MATÉRIA, a SUBSTÂNCIA é por sua vez uma abstração, consequentemente um *genus* mais elevado, e nasceu porque do conceito de matéria só se permitiu ficar o predicado da permanência, abstraindo-se porém todas as suas propriedades restantes e essenciais, extensão, impenetrabilidade, divisibilidade e assim por diante. Dessa maneira, igual a todo *genus* mais elevado, o conceito de SUBSTÂNCIA contém MENOS EM SI do que o conceito de MATÉRIA; mas nem por isso, em compensação, contém, como normalmente ocorre com o *genus* superior, MAIS SOB SI, visto que não inclui outros *genera* inferiores ao lado da matéria; ao contrário, esta permanece a única e verdadeira subespécie do conceito de substância, a única coisa demonstrável mediante a qual seu conteúdo é realizado e obtém uma prova. Portanto, o fim para o qual a razão comumente produz, via abstração, um conceito mais elevado, para nele pensar simultaneamente várias espécies que são diferentes mediante determinações secundárias, absolutamente não tem lugar aqui: consequentemente, aquela abstração é ou destituída de finalidade e admitida como sem função, ou tem uma secreta segunda intenção. Esta vem a lume quando, sob o conceito de substância, uma segunda subespécie é coordenada à matéria, que é sua autêntica subespécie, a saber, a substância imaterial, simples, indestrutível – alma. Mas a sub-repção deste conceito ocorreu porque, antes, na formação do conceito mais elevado de SUBSTÂNCIA, procedeu-se ilegítima e ilogicamente. A razão, no seu procedimento legal, sempre forma um conceito genérico mais elevado simplesmente porque coloca vários conceitos de espécie um ao lado do outro e, comparando-os, procede discursivamente; pela omissão de suas diferenças e retenção de suas concordâncias obtém o conceito genérico que a todos inclui, todavia contém menos: daí se segue que os conceitos de espécie sempre // têm de preceder o conceito genérico. No presente caso, entretanto, passa-se o contrário. Tão somente o conceito de matéria existia antes do conceito genérico SUBSTÂNCIA que, sem ocasião, conseguintemente sem justificação, foi formado superfluamente a partir do primeiro mediante omissão arbitrária de todas as suas determinações, menos uma. Só depois, ao lado do conceito de matéria, foi colocada a segunda subespécie ilegítima, e assim contrabandeada. Para a formação desta, entretanto, de nada mais se precisou senão de uma negação expressa daquilo que previamente já se havia tacitamente omitido no conceito genérico mais elevado, vale dizer, extensão, impenetrabilidade, divisibilidade. Desse modo, o conceito SUBSTÂNCIA foi formado meramente para ser o veículo da sub-repção do conceito de substância imaterial. Ele, por conseguinte, encontra-se bem longe de poder valer como uma categoria ou função necessária do entendimento: antes, trata-se de um conceito inteiramente supérfluo, pois seu único e verdadeiro conteúdo já está contido no conceito de matéria, ao lado do qual contém ainda apenas um grande vazio que não pode ser preenchido por nada senão, sub-repticiamente, introduzindo-se a secundária SUBSTÂNCIA IMATERIAL, visto que foi formado unicamente para abrigar esta subespécie. Eis por que o conceito de substância, rigorosamente falando, deve ser rejeitado por completo e, no seu lugar, posto em toda parte o de matéria.

* * *

O mundo como vontade e como representação

As categorias eram para cada coisa possível um leito de Procusto, mas os três tipos de silogismo o são apenas para as três chamadas ideias. A ideia de alma foi forçada a encontrar sua origem na forma categórica do silogismo. Agora chega a vez da série das representações dogmáticas sobre a totalidade do mundo, na medida em que é pensado como objeto em si entre dois limites, o do menor (átomo) e o do maior (limites do mundo no tempo e no espaço). Ora, isso tem de proceder da forma do silogismo hipotético. Para isso não é necessária nenhuma violência em particular. Pois o juízo hipotético tem sua forma extraída do princípio de razão, e da aplicação displicente, incondicionada de tal princípio, e em seguida do abandono arbitrário do mesmo, surgem, de fato, todas // aquelas chamadas ideias, e não unicamente as cosmológicas. Assim, de acordo com o princípio de razão, sempre é buscada apenas a dependência de um objeto em relação a outro, até que por fim o cansaço da imaginação cria o ponto de chegada da viagem: com isso, afasta-se dos olhos que todo objeto, sim, toda a série dos mesmos e inclusive o princípio de razão estão em dependência muito mais próxima e maior, a saber, na dependência do sujeito cognoscente – para cujos objetos, isto é, representações, aquele princípio é unicamente válido –, visto que a mera posição deles no espaço e no tempo é determinada pelo princípio de razão. Portanto, como a forma do conhecimento, da qual são aqui derivadas somente as ideias cosmológicas, a saber, o princípio de razão é a origem de todas as hipóstases sofísticas; neste caso, então, não se precisou de nenhum sofisma; no entanto, precisou-se de muitos outros para classificar aquelas ideias sob os quatro títulos das categorias.

I) As ideias cosmológicas, em referência ao tempo e ao espaço, portanto dos limites do mundo em ambos, são audaciosamente vistas como determinadas pela categoria de QUANTIDADE, com a qual manifestamente não têm nada em comum, exceto a indicação acidental, na lógica, da extensão do conceito-sujeito no juízo pela palavra QUANTIDADE, uma expressão figurada, no lugar da qual uma outra poderia muito bem ter sido escolhida. Todavia, isto é suficiente para o amor de Kant à simetria, a fim de usar o afortunado acaso dessa denominação e aí atar os dogmas transcendentes da extensão do mundo.

2) De maneira ainda mais audaciosa Kant liga à QUALIDADE, isto é, à afirmação ou negação em um juízo, as ideias transcendentes sobre a matéria, para o que não existe como fundamento sequer uma semelhança casual de palavras, pois é precisamente à quantidade, e não à QUALIDADE, da matéria que se refere sua divisibilidade mecânica (não química). Mas, e isto é ainda mais significativo, toda essa ideia de divisibilidade não pertence de modo algum às inferências segundo o princípio de razão, do qual, entretanto, como conteúdo da forma hipotética, devem fluir todas as ideias cosmológicas. Pois a afirmação sobre a qual Kant finca o pé, vale dizer, de que a relação das partes ao todo é a relação da condição ao condicionado, portanto uma relação conforme o princípio de razão, é sem dúvida um sutil, porém infundado, sofisma. // Ao contrário, aquela relação apoia-se sobre o princípio de contradição. Pois o todo não existe pelas partes, nem estas por ele, mas ambos existem necessariamente juntos, visto que são uma única e mesma coisa e sua separação é tão somente um ato arbitrário. Nisso se baseia, de acordo com o princípio de razão, o fato de que, se as partes são abstraídas, também o todo é abstraído, e vice-versa; mas nunca no fato de que as partes, como FUNDAMENTO, condicionam o todo como CONSEQUÊNCIA, e assim nós, conforme o princípio de razão, necessariamente seríamos levados a procurar as últimas partes, para, a partir delas como o seu fundamento, compreender o todo. – Quão grandes dificuldades o amor à simetria aqui supera.

3) Ao título de RELAÇÃO pertenceria, então, de maneira bastante apropriada, a ideia da primeira causa do mundo. Kant, entretanto, tem de reservá-la para o quarto título, o de modalidade, pois do contrário nada restaria; ele, então, força aquela ideia sob a modalidade, dizendo que o contingente (isto é, toda consequência a partir de seu fundamento, conforme sua explanação totalmente oposta à verdade) torna-se o necessário através da primeira causa. – Por consequência, como terceira ideia, e em favor da simetria, entra em cena o conceito de LIBERDADE, com o qual, porém, como é distintamente dito na observação à tese da terceira antinomia, só se quer propriamente aludir a ideia de causa do mundo, única que aqui cabe. A terceira e quarta antinomias são no fundo tautológicas.

Por cima de tudo isso, porém, acho e mantenho que a antinomia inteira é um mero duelo diante do espelho, uma luta aparente. Tão somente as afirmações das ANTÍTESES apoiam-se realmente sobre as formas de nossa faculdade de conhecimento, vale dizer (caso nos expressemos objetivamente), assentam-se sobre as leis necessárias, *a priori* certas, mais universais da natureza. Exclusivamente suas provas, portanto, são deduzidas de razões objetivas. Por seu turno, as afirmações e provas das TESES não têm outro fundamento senão subjetivo, repousam totalmente sobre a fraqueza do indivíduo que raciocina, cuja imaginação se cansa num regresso infinito e, assim, põe fim a este por pressuposições arbitrárias que ela procura embelezar o mais que pode; contudo, neste caso, a faculdade de juízo do indivíduo

I 586   é paralisada por // prejuízos prévios e firmemente arraigados. Em virtude disso, a prova da tese, em todas as quatro antinomias, é sempre apenas um sofisma, enquanto a da antítese é uma inferência inevitável da faculdade de razão a partir das leis do mundo como representação por nós conhecidas *a priori*. Também apenas com muito esforço e artifício Kant foi capaz de manter a tese e fazer que ela desferisse ataques aparentes contra seu adversário, dotado de força originária. Ora, seu primeiro e usual artifício é, aqui, não realçar o *nervus argumentationis*,[38] como normalmente se faz quando estamos conscientes da verdade de um princípio, para assim o apresentar isolado, nu e distinto diante dos olhos, sempre que possível; mas, ao contrário, introduzir o mesmo argumento de ambos os lados, encoberto e misturado sob um monte de frases supérfluas e prolixas.

As teses e antíteses que dessa forma entram em conflito lembram o δίκαιος e o ἄδικος λόγος,[39] que Sócrates, nas NUVENS de Aristófanes, faz que se apresentem lutando. Todavia, tal semelhança estende-se apenas à forma, não ao conteúdo, como gostariam de afirmar aqueles que atribuem a essas questões da filosofia teórica que são as mais especulativas de todas uma influência sobre a moralidade e assim veem seriamente a tese como o δίκαιος e a antítese como o ἄδικος λόγος. No entanto, não levarei em conta aqui esses pequenos, limitados e pervertidos espíritos, mas, concedendo a honra não a eles, e sim à verdade, porei a nu, como sofismas, as provas fornecidas por Kant das teses isoladas, enquanto as provas das antíteses são conduzi-

---

38 "Nervo da argumentação." (N. T.)
39 "Causa justa e causa injusta." (N. T.)

Arthur Schopenhauer

das de modo honesto, correto, a partir de razões objetivas. – Pressuponho que nesta investigação o leitor tenha diante de si as antinomias kantianas.

Caso se quisesse admitir a prova da tese na primeira antinomia, então se provaria demais, na medida em que semelhante prova valeria tanto para o tempo ele mesmo quanto para a mudança nele, por conseguinte seria provado que o tempo mesmo deve ter tido um começo, o que é um contrassenso. Ademais, o sofisma consiste nisto: em vez da falta de começo na série dos estados, o que primariamente era a questão, subitamente é introduzida a falta de fim (infinitude) da mesma e, então, é provado o que ninguém duvida, // ou seja, que esta estaria em contradição lógica com a completude, e que, apesar disso, todo presente é o fim do passado. Mas o término de uma série sem começo pode sempre ser PENSADO sem prejuízo de sua falta de começo, bem como, inversamente, é possível o começo de uma série sem fim. Porém, contra o argumento, de fato correto da antítese, a saber, que as mudanças do mundo pressupõem absoluta e necessariamente uma série infinita de mudanças PARA TRÁS, nada é evocado. A possibilidade de que a série causal finde algum dia num estado de repouso absoluto, isto o podemos pensar, mas de maneira alguma a possibilidade de um começo absoluto.*

Em relação aos limites espaciais do mundo é provado que, se este deve chamar-se uma TOTALIDADE DADA, necessariamente tem de ter limites: a

---

* Que a assunção de um limite do mundo no tempo de maneira alguma é um pensamento necessário da razão, isto pode ser demonstrado até historicamente, visto que os hindus não ensinam uma vez sequer tal coisa, sequer na religião popular, quanto mais nos *Vedas*; mas procuram expressar mitologicamente a infinitude deste mundo que aparece, este tecido sem consistência e insubstancial de māyā, por meio de uma monstruosa cronologia, destacando ao mesmo tempo, de modo engenhoso, o relativo de todos os períodos de tempo no seguinte mito (Polier, *Mythologie des Indous*, v.2, p.585). As quatro idades, na última das quais nós vivemos, compreendem juntas 4.320.000 anos. Cada dia do criador Brahmā tem 1.000 de tais períodos das quatro idades, e sua noite, por sua vez, tem 1.000 períodos. O ano de Brahmā tem 365 dias e igual número de noites. Ele vive, sempre criando, 100 dos seus dias e, quando morre, de imediato nasce um outro Brahmā, e assim de eternidade em eternidade. A mesma relatividade do tempo é expressa também pelo mito especial narrado por Polier (*Werk*, 2) a partir dos *Purānas*, no qual um rāja, após uma visita de alguns instantes a Vishnu no seu céu, descobre no seu retorno à terra que muitos milhões de anos transcorreram, e um novo período apareceu, porque cada dia de Vishnu é igual a 100 retornos dos quatro períodos.

consequência é correta, porém, precisamente o seu primeiro membro era o que deveria ser demonstrado; no entanto, permanece sem prova. Totalidade pressupõe limites, e limites pressupõem totalidade: mas aqui os dois são arbitrariamente pressupostos. — Para esse segundo ponto, todavia, a antítese não fornece prova tão satisfatória quanto para o primeiro, visto que a lei de causalidade só nos oferece determinações necessárias em relação ao tempo, não ao espaço, // e em verdade nos providencia *a priori* a certeza de que tempo algum preenchido poderia jamais limitar-se por um tempo prévio vazio, e de que mudança alguma poderia ser a primeira; contudo, não nos dá *a priori* certeza de que um espaço preenchido não poderia ter um vazio ao seu lado. No entanto, a dificuldade de pensar o mundo como limitado no espaço reside em que o espaço mesmo é necessariamente infinito e, por isso, um mundo limitado, finito no espaço, por maior que o mundo fosse, tornar-se-ia uma grandeza infinitamente pequena, desproporção na qual a imaginação encontra um obstáculo insuperável, pois lhe sobra apenas a escolha de pensar o mundo como infinitamente grande ou como infinitamente pequeno. Já os antigos filósofos perceberam isso: Μητρόδωρος ὁ καθηγητὴς Ἐπικούρου, φησὶν ἄτοπον εἶναι ἐν μεγάλῳ πεδίῳ ἕνα στάχυν γεννηθῆναι καὶ ἕνα κόσμον ἐν τῷ ἀπείρῳ. (*Metrodorus, caput scholae Epicuri, absurdum ait, in magno campo spicam unam produci, et unum in infinito mundum.*) *Stob. Ecl.*, I, *c*. 23.[40] — Eis por que muitos deles ensinaram (como se segue naturalmente): ἀπείρους κόσμους ἐν τῷ ἀπείρῳ (*infinitos mundos in infinito*).[41] Este é também o sentido do argumento kantiano para a antítese, embora o tenha desfigurado por uma exposição escolástica e enrolada. O mesmo argumento também se poderia usar contra os limites do mundo no tempo, caso já não existisse um argumento bem melhor no fio condutor da causalidade. Mais adiante, na assertiva de um mundo limitado no espaço, nasce a pergunta sem resposta sobre a prerrogativa que a parte preenchida do espaço teria diante do espaço infinito que permaneceu vazio. Uma exposição detalhada e digna de leitura em favor e contra a finitude do mundo é dada por

---

40 "Metrodoro, o mestre de Epicuro, ensina que é absurdo nascer apenas uma espiga num vasto campo, e apenas um mundo no infinito." (N. T.)

41 "Que existe um número infinito de mundos no espaço infinito." (N. T.)

Arthur Schopenhauer

Giordano Bruno no quinto diálogo de seu livro *Del infinito, universo e mondi*. Além disso, o próprio Kant afirma, de maneira séria e a partir de razões objetivas, a infinitude do mundo no espaço, em seu *Naturgeschichte und Theorie des Himmels*, II, cap. 7. Aristóteles também professa a mesma coisa, *Phys.*, III, cap. 4, capítulo este bastante digno de leitura, junto com os subsequentes, em vista dessa antinomia.

I 589   Na segunda antinomia a tese comete uma // nada sutil *petitio principii*, petição de princípio, ao iniciar com os seguintes termos: "Toda substância COMPOSTA consiste de partes simples". Do ser composto, aqui arbitrariamente admitido, decerto a tese facilmente demonstra em seguida as partes simples. Mas justamente a proposição "toda matéria é composta", ponto central da questão, resta indemonstrada, porque é precisamente uma assunção sem fundamento, pois o oposto do simples não é o composto, mas o extenso, o que tem partes, o divisível. Mas, aqui, é em realidade implicitamente admitido que as partes existiam antes do todo e foram juntadas, com o que teria nascido o todo: exatamente isto é o que diz a palavra "composto". No entanto, isso pode ser tão pouco afirmado quanto o contrário. A divisibilidade implica meramente a possibilidade de desmembrar o todo em partes, de forma alguma que este tenha sido composto de partes e, dessa maneira, nascido. A divisibilidade simplesmente afirma as partes *a parte post*; o ser composto as afirma *a parte ante*. Pois entre as partes e o todo não há essencialmente relação temporal alguma: antes, condicionam-se reciprocamente e são, nesse sentido, sempre simultâneos: pois só enquanto ambos existem subsiste o que é extenso espacialmente. Por consequência, o que Kant diz na nota à tese, a saber, "de fato não se deveria denominar o espaço *compositum*, mas *totum*",[42] e assim por diante, vale absolutamente também para a matéria, como aquilo que é simplesmente o espaço tornado perceptível. — Por outro lado, a divisibilidade infinita da matéria, afirmada pela antítese, segue-se *a priori* irrefutavelmente daquela do espaço por ela preenchido. Esta proposição nada tem contra si: por isso também Kant, p.513 (V, 541), ao falar seriamente, na primeira pessoa, e não mais como porta-voz do ἄδικος λόγος, apresenta-a como verdade objetiva. Da mesma forma, nos *Princípios*

---

42 "Composto", "todo". (N. T.)

metafísicos da ciência da natureza (p.108, I.ed.) encontra-se a proposição "a matéria é divisível ao infinito", como verdade estabelecida, no cume da demonstração do primeiro teorema da mecânica, após este entrar em cena e ser demonstrado na dinâmica como quarto teorema. Aqui, porém, Kant põe a perder a prova da antítese pela maior confusão no exposto e por uma inútil torrente de palavras, na astuta intenção de que a evidência da antítese não pusesse muito na // sombra os sofismas da tese. — Os átomos não são necessariamente pensamentos da razão, mas meramente uma hipótese para explicação da diversidade do peso específico dos corpos. Que, entretanto, podemos também explicar a isso de outra maneira, e até bem melhor e mais simplesmente, do que pela atomística, Kant mesmo o mostrou na dinâmica de seus *Princípios metafísicos da ciência da natureza*; antes dele, contudo, o fez Priestley em *On Matter and Spirit*, sect. I. Sim, até mesmo em Aristóteles, *Phys.*, IV, 9, pode-se encontrar o pensamento fundamental disso.

O argumento da terceira tese é um sofisma extremamente sutil, e é propriamente o pretenso princípio kantiano da razão pura, inteiramente inalterado e não modificado. Quer-se demonstrar a finitude da série das causas a partir do fato de que uma causa, para ser SUFICIENTE, tem de conter a soma completa das condições, da qual resulta o estado seguinte, o efeito. Nessa completude das determinações, presentes SIMULTANEAMENTE no estado que é causa, o argumento introduz a completude da SÉRIE das causas que primeiro se tornou realidade só por meio daquele estado mesmo; e, porque completude pressupõe um estado de estar fechado, e este por sua vez finitude, o argumento infere daí uma primeira causa que fecha a série, portanto uma causa incondicionada. Mas o truque é patente. Para conceber o estado *A* como causa suficiente do estado *B*, pressuponho que ele contenha a completude das determinações para isso exigidas, por meio de cuja coexistência se segue inevitavelmente o estado *B*. Com isso, então, minha exigência dele como causa SUFICIENTE está completamente satisfeita e ela não possui ligação direta alguma com a questão de como o estado *A* ele mesmo teria chegado à realidade: ao contrário, isso pertence a uma consideração inteiramente diferente, em que vejo o mesmo estado *A* não mais como causa, mas ele mesmo de novo como efeito, com o que um outro estado tem de relacionar-se com ele da mesma forma que ele próprio se relacionou com *B*. A pressuposição da finitude da série de causas e efeitos, por conseguinte de um primeiro começo, de modo algum aparece ali como necessária, tampouco quanto a presença do momento presente tem de pressupor um começo do próprio tempo; mas aquela pressuposição // só é adicionada pela preguiça do indivíduo que especula. Que aquela pressuposição encontre-se na asserção de uma causa como RAZÃO SUFICIENTE é, portanto, astucioso e falso, como o mostrei acima detalhadamente na consideração do princípio kantiano da razão, o qual coincide com esta tese. Para elucidação da afirmativa desta falsa tese, Kant não se enrubesceu de fornecer, na nota à mesma, seu levantar-se da cadeira como exemplo de um começo incondicionado: como se não lhe fosse tão impossível levantar-se sem motivo quanto uma esfera rolar sem causa. A falta de consistência em seu apelo aos filósofos da Antiguidade, motivado pelo sentimento de fraqueza, não preciso demonstrá-la, nem mesmo referindo-me a Ocellus Lucanus, aos eleatas, e assim por diante, para não mencionar os hindus. Contra o argumento da antítese, igual aos casos precedentes, não há nada a objetar.

A quarta antinomia é, como já observei, propriamente tautológica com a terceira. Também a prova da tese é no essencial a mesma que aquela da precedente. Sua afirmação, de que cada condicionado pressupõe uma SÉRIE completa de condições, série esta que portanto finda com o incondicionado, é uma *petitio principii* para ser resolutamente negada. Todo condicionado nada pressupõe senão sua condição: que esta, por sua vez, seja condicionada dá ensejo a uma nova consideração, que não está imediatamente contida na primeira.

Uma certa plausibilidade não se pode negar à antinomia: todavia, é notável que parte alguma da filosofia kantiana sofreu tão pouca contestação, sim, encontrou tanta aceitação quanto esta doutrina excessivamente paradoxal. Quase todos os partidos filosóficos e manuais doutrinários a admitiram e repetiram, até mesmo com reelaboração, enquanto quase todos os outros ensinamentos de Kant foram objeto de controvérsia, sim, nunca faltaram algumas cabeças tortas para rejeitar até mesmo a estética transcendental. A aprovação unânime que, por sua vez, a antinomia encontrou pode ao fim provir do fato de certas pessoas considerarem com contentamento interior o ponto em que justamente o entendimento consegue sossegar, na medida em

I 592 que esbarra em algo que, ao mesmo tempo, é e não é, e assim // teriam realmente diante de si a sexta maravilha da Filadélfia, no cartaz de Lichtenberg.[43]

Ora, se investigarmos o sentido próprio da DECISÃO CRÍTICA do conflito cosmológico em Kant, que então se segue, nota-se: seu sentido não é aquilo pelo que ele o toma, ou seja, a solução do conflito pela declaração de que ambos os lados, partindo de falsas pressuposições, são injustificados na primeira e na segunda antinomias, porém justificados na terceira e na quarta: mas, ao contrário, é, de fato, a confirmação das antíteses mediante a elucidação de seu enunciado.

Em primeiro lugar, Kant afirma nessa solução, de maneira manifestamente errônea, que ambos os lados partiram da pressuposição como premissa maior de que com o condicionado também estaria dada a SÉRIE completa (portanto fechada) de suas condições. Meramente a TESE colocou essa proposição – o princípio de Kant da razão pura – no fundamento de suas afirmações; a antítese, ao contrário, negou-o expressamente em toda parte e manteve o contrário. Ademais, Kant ainda põe a cargo desses dois lados a pressuposição de que o mundo existe em si mesmo, ou seja, independentemente do seu vir a ser conhecido e das formas deste; porém, inclusive esta pressuposição é de novo afirmada apenas pela tese e encontra-se tão pouco no fundamento das afirmações da antítese que é até mesmo inconciliável com ela. Contradiz diretamente o conceito de uma série infinita que ela seja totalmente dada: é-lhe portanto essencial existir tão somente em referência ao próprio transcorrer, não independente dele. Por seu turno, na pressuposição de limites determinados também está a de uma totalidade que subsiste por si, independentemente do término de seu processo de mensuração. Portanto, apenas a tese faz a falsa pressuposição de uma totalidade do mundo que subsiste por si, isto é, um mundo dado antes de qualquer conhecimento e ao qual o conhecimento apenas vai aderir. Já a antítese, entretanto, entra em conflito desde o início com essa pressuposição, pois a infinitude das séries que ela afirma meramente segundo a direção do princípio de razão só pode existir enquanto o regresso é efetuado, não independentemente dele. Ora, assim como o objeto em geral pressupõe

---

43 Lichtenberg, *Vermischte Schriften*: Göttingen, 1844, III, p.187. (N. T.)

o sujeito, também o objeto, determinado enquanto uma cadeia SEM FIM de condições, // necessariamente pressupõe no sujeito o modo de conhecimento que lhe é correspondente, a saber, o CONSTANTE PERSEGUIR dos membros daquela cadeia. Mas isso é justamente o que Kant apresenta como solução do conflito e repete frequentemente: "A infinitude da grandeza do mundo existe apenas PELO regresso, não ANTES dele". Esta sua solução da antinomia é, por conseguinte, propriamente falando, tão só a decisão em favor da antítese, em cuja afirmação já está contida aquela verdade, de tal modo que é por completo irreconciliável com as afirmações da tese. Se a antítese tivesse afirmado que o mundo consiste de séries infinitas de fundamentos e consequências, e, ainda assim, existe independentemente da representação e de sua série regressiva, por consequência em si mesmo, constituindo por isso uma totalidade dada, então a antítese teria contradito não somente a tese, mas também a si mesma: pois um infinito não pode ser dado INTEIRAMENTE, nem uma série SEM FIM, senão na medida em que esta é percorrida infinitamente; muito menos pode um sem limite constituir uma totalidade. Portanto, apenas à tese cabe aquela pressuposição, da qual Kant afirma que teria conduzido ao erro de ambas as partes.

Era já ensinamento de Aristóteles que um infinito nunca pode ser *actu*, isto é, real e dado, mas apenas *potentia*. Οὐκ ἔστιν ἐνεργείᾳ εἶναι τὸ ἄπειρον – ἀλλ' ἀδύνατον τὸ ἐντελεχείᾳ ὄν ἄπειρον (*Infinitum non potest esse actu: — sed impossibile, actu esse infinitum*). *Metaph.* K, 10.[44] – Também: Κατ' ἐνέργειαν μὲν γὰρ οὐδέν ἐστιν ἄπειρον, δυνάμει δὲ ἐπὶ τὴν διαίρεσιν (*Nihil enim actu infinitum est, sed potentia tantum, nempe divisione ipsa*). *De generat. et corrupt.*, I, 3.[45] – Ele expõe isso mais detalhada e longamente na *Phys.*, III, 5 e 6, quando, em certa medida, fornece a solução perfeitamente correta de todas as oposições antinômicas. Aristóteles expõe, no seu estilo conciso, as antinomias e depois diz: "é preciso um mediador (διαιτητοῦ)", após o que fornece a solução de que o infinito do mundo no espaço, ou no tempo e na divisão, nunca está ANTES do regresso, ou do progresso, mas sim NELE mesmo. – Consequentemente, essa verdade já está contida no corretamente concebido conceito

---

44 "O infinito não pode existir em ato ... o infinito existente em ato é impossível." (N. T.)
45 "Pois não existe o infinito em ato, mas só em potência, em relação à divisão." (N. T.)

de infinito. Assim, compreendemos mal a nós mesmos caso pretendamos pensar o infinito, não importa o seu tipo, como algo objetivamente subsistente, pronto, independente do regresso.

I 594   // Quando, procedendo de maneira inversa, tomamos como ponto de partida aquilo que Kant fornece como a solução da antinomia, a afirmação da antítese já se segue diretamente disso. A saber: se o mundo não é uma totalidade incondicionada e não existe em si, mas apenas na representação, e se as séries de fundamentos e consequências dele não existem ANTES do regresso das representações, mas primeiro ATRAVÉS desse regresso, o mundo não pode conter séries determinadas e finitas, visto que sua determinação e limitação teriam de ser independentes da representação que só depois chega como adição: ao contrário, todas as suas séries têm de ser sem fim, ou seja, não podem ser esgotadas por representação alguma.

Na p.506 (V, 534) Kant quer demonstrar, a partir do equívoco de ambos os lados, a idealidade transcendental da aparência, e começa: "Se o mundo é uma totalidade existente em si, ele é ou finito ou infinito". – Isto, contudo, é falso: uma totalidade existente em si não pode de maneira alguma ser infinita. – Antes, ao contrário, aquela idealidade poderia ser inferida da infinitude das séries no mundo, do seguinte modo: se as séries dos fundamentos e consequências no mundo são absolutamente sem fim, o mundo não pode ser uma totalidade dada independentemente da representação, pois uma semelhante totalidade sempre pressupõe limites determinados, assim como, ao contrário, séries infinitas pressupõem regresso infinito; consequentemente, a pressuposta infinitude das séries tem de ser determinada pela forma de fundamento e consequência, e esta pelo modo de conhecimento do sujeito, portanto o mundo, assim como é conhecido, existe apenas na representação do sujeito.

Se Kant mesmo tinha consciência ou não de que sua decisão crítica do conflito é propriamente uma afirmação em favor da antítese, eis algo que não posso decidir. Pois isto depende de saber se aquilo que Schelling em algum lugar chamou muito apropriadamente sistema de acomodação estende-se mais longe ainda ou se o espírito de Kant já se encontra aqui preso numa acomodação inconsciente à influência de seu tempo e de seu ambiente.

* * *

I 595 // A solução da terceira antinomia, cujo objeto é a ideia de liberdade, merece uma consideração especial, na medida em que, para nós, é notável que Kant seja obrigado, precisamente aqui, em conexão com a ideia de LIBERDADE, a falar detalhadamente da COISA EM SI, que até então fora vista apenas no pano de fundo. Isso nos é bastante compreensível após termos reconhecido a coisa em si como a VONTADE. Em geral este é o ponto em que a filosofia de Kant conduz à minha, ou em que esta brota daquela como um galho do tronco. Os leitores se convencerão disso quando lerem com atenção na *Crítica da razão pura*, p.536 e 537 (V, 564), e depois ainda compararem com esta passagem a introdução à *Crítica da faculdade de juízo*, p.XVIII e XIX da terceira edição, ou p.13 da edição Rosenkranz, em que é até mesmo dito: "O conceito de liberdade pode tornar representável uma coisa em si (que é de fato a vontade) em seu objeto,[46] mas não na intuição; ao contrário, o conceito de natureza pode tornar de fato representável seu objeto[47] na intuição, mas não como coisa em si." Em especial, porém, leia--se o § 53 dos *Prolegômenos*, sobre a solução das antinomias e, em seguida, responda-se honestamente a questão de se tudo que é ali dito não soa como um enigma para o qual a minha doutrina é a palavra-chave. Kant não foi até o fim com seu pensamento: eu apenas levei a bom termo o seu trabalho. Em conformidade com tudo isso, aquilo que Kant fala só das aparências humanas, eu o transmiti a todas as aparências em geral, as quais se diferenciam das humanas só segundo o grau, ou seja, a essência em si delas é algo absolutamente livre, quer dizer, é uma vontade. O quão fecunda é esta intelecção, unida com a doutrina de Kant da idealidade do espaço, do tempo e da causalidade, isso se segue da minha obra.

Kant jamais fez da coisa em si um tema de exame crítico especial ou de uma inferência clara. Sempre que precisa, logo vai buscar a coisa em si pela conclusão de que a aparência, portanto o mundo visível, de fato deve ter um fundamento, uma causa inteligível que não é aparência e, por conseguinte, não pertence a nenhuma experiência possível. Isso ele o faz após ter inces-

---

46 No original, *Objekt*, ou seja, objeto na sua acepção mais geral. (N. T.)

47 No original, *Gegenstand*, ou seja, objeto aparente que está situado (*steht/stand*) diante de mim (*gegen*). (N. T.)

O mundo como vontade e como representação

santemente insistido que as categorias, portanto também a de causalidade,
têm um uso absolutamente restrito à // experiência possível, seriam meras
formas do entendimento servindo para soletrar as aparências do mundo
dos sentidos, além do qual, ao contrário, não teriam significação alguma,
e assim por diante; por isso proíbe rigorosamente sua aplicação às coisas
além da experiência e, com justeza, denuncia, e ao mesmo tempo põe por
terra, todo dogmatismo anterior como resultante da violação dessa lei. A
inacreditável inconsequência ali cometida por Kant foi logo notada por seus
primeiros adversários e por eles utilizada para ataque, contra os quais a sua
filosofia não podia oferecer resistência alguma. Pois, com certeza, aplicamos
completamente *a priori* a lei de causalidade, antes de qualquer experiência, às
mudanças sentidas em nossos órgãos sensórios: mas exatamente por isso tal
lei é de origem subjetiva, igual a essas sensações mesmas e, por conseguinte,
não conduz à coisa em si. A verdade é que pelo caminho da representação
jamais se pode ir além da representação: esta é um todo fechado e não tem,
em seus próprios recursos, um fio condutor para a essência da coisa em
si, *toto genere* diferente dela. Se fôssemos apenas seres com representação, o
caminho para a coisa em si nos seria por completo vedado. Só o outro lado
do nosso próprio ser pode nos dar esclarecimento sobre o outro lado do ser
em si das coisas. Este caminho foi por mim percorrido. Todavia, a inferência
da coisa em si feita por Kant, proibida por ele mesmo, ainda recebe dele
algumas atenuações, como se segue. Ele não põe, como a verdade o exigiria,
o objeto pura e simplesmente como condicionado pelo sujeito, e vice-versa,
mas só o modo de aparecimento do objeto como condicionado pelas formas
de conhecimento do sujeito, as quais, em consequência, também surgem
a priori na consciência. O que, porém, diferentemente disso, é conhecido
meramente *a posteriori* é para Kant já efeito imediato da coisa em si, a qual
se torna aparência apenas pela passagem através daquelas formas dadas *a
priori*. Dessa perspectiva, é em certo sentido compreensível como lhe passou
despercebido que já o ser-objeto em geral pertence à forma da aparência e é
tão condicionado pelo ser-sujeito em geral quanto o modo de aparição do
objeto o é pelas formas de conhecimento do sujeito; assim, se uma coisa em
si deve ser admitida, // não pode sequer ser objeto, o que todavia ele sempre
pressupõe, mas tal coisa em si se encontra num domínio *toto genere* diferente

581

daquele da representação (do conhecer e do ser conhecido) e justamente por isso também não poderia sequer ser inferida segundo as leis de conexão dos objetos entre si.

No que tange à demonstração da coisa em si, passou-se com Kant exatamente a mesma coisa que na demonstração da apriroridade da lei de causalidade. As duas doutrinas são corretas, porém sua prova é falsa; portanto fazem parte das conclusões corretas a partir de premissas falsas. Conservei as duas doutrinas, no entanto as fundamentei de modo completamente diferente.

Não introduzi sub-repticiamente a coisa em si nem a inferi segundo leis que a excluem, na medida em que estas já pertencem à sua aparência, nem cheguei a ela por caminhos tortuosos; ao contrário, demonstrei-a diretamente ali onde está imediatamente, a saber, na vontade que se manifesta imediatamente a cada um como em si de sua própria aparência.

Esse conhecimento imediato da própria vontade é também aquele do qual surge na consciência humana o conceito de LIBERDADE, pois certamente a vontade, como criadora do mundo, coisa em si, é livre do princípio de razão e, dessa forma, de toda necessidade, logo, perfeitamente independente, livre, sim, onipotente. Isto, em verdade, vale apenas para a vontade em si, não para as suas aparências, os indivíduos, que, mediante ela mesma, são inalteravelmente determinados como suas aparências no tempo. Contudo, na consciência comum não clareada pela filosofia, a vontade é de imediato confundida com sua aparência, e aquilo que pertence exclusivamente à vontade é atribuído à aparência: daí nasce a ilusão da liberdade incondicionada do indivíduo. Eis por que Espinosa, com razão, diz que também a pedra lançada, caso tivesse consciência, acreditaria voar livremente. Pois o em si da pedra também é, com certeza, a vontade única e livre, mas, como em todas as suas aparências, também aqui, ao aparecer como pedra, já está completamente determinada. Sobre tudo isso já foi dito o suficiente na parte principal deste escrito.

Kant, ao ignorar e deixar passar despercebida essa origem imediata do

I 598 conceito // de liberdade em cada consciência humana, estabelece na p.533 (V, 561) a origem daquele conceito numa especulação bastante sutil, pela qual precisamente o incondicionado, ao qual a razão deve sempre tender,

O mundo como vontade e como representação

ocasiona a hipóstase do conceito de liberdade e, nesta ideia transcendente de liberdade, deveria fundar-se antes de tudo também o conceito prático dela. Na *Crítica da razão prática*, § 6, e p.185 da quarta edição (p.235 da edição Rosenkranz), de novo infere esse último conceito, embora de maneira modificada, do fato de o imperativo categórico o pressupor: assim, aquela ideia especulativa seria apenas a primeira fonte do conceito de liberdade para uso dessa pressuposição, sendo que agora ele recebe propriamente significado e aplicação. Todavia, nenhum dos dois é o caso. Pois a ilusão de uma liberdade perfeita do indivíduo em suas ações particulares é mais vívida justamente na convicção da pessoa mais tosca que nunca ponderou; por conseguinte, não é fundada em especulação alguma, embora com frequência seja para aí transportada. Por outro lado, somente filósofos, e em realidade os mais profundos deles, bem como os escritores mais pensantes e iluminados da Igreja, estão livres dessa ilusão.

Em conformidade com tudo o que foi dito, segue-se que a fonte verdadeira do conceito de liberdade de maneira alguma é essencialmente uma inferência da ideia especulativa de uma causa incondicionada ou de um imperativo categórico que a pressuponha, mas surge imediatamente da consciência, na qual cada um reconhece a si mesmo, sem mais, como VONTADE, isto é, aquilo que, como coisa em si, não tem o princípio de razão por forma, aquilo mesmo que não depende de nada, mas, ao contrário, de que tudo depende; contudo, ao mesmo tempo, cada um não se reconhece, com crítica filosófica e clareza de consciência, como aparência determinada desta vontade já surgida no tempo, ou seja, poder-se-ia assim dizer, como um distinto ato volitivo daquela Vontade de vida mesma e, por isso, em vez de reconhecer toda sua existência como ato de liberdade própria, ao contrário, antes procura a esta em suas ações particulares. Aqui remeto o leitor ao meu escrito premiado sobre a liberdade da vontade.

Se Kant, como ele aqui pretende e também só aparentemente o fez em ocasiões anteriores, simplesmente inferiu a coisa em si, e além disso com a **I 599** grande inconsequência de uma conclusão por ele mesmo // absolutamente proibida, que acaso estranho seria que, precisamente aqui, no momento em que pela primeira vez chega mais perto da coisa em si e a ilumina, logo reconhecesse nela a VONTADE, a vontade livre que dá sinais de si no mundo

Arthur Schopenhauer

só através de aparências temporais! – Ora, eu de fato assumo, embora não o possa demonstrar, que Kant, todas as vezes em que falava da coisa em si, na profundeza mais escura de seu espírito sempre já pensava indistintamente na vontade. Uma prova disso é dada no prefácio da segunda edição da *Crítica da razão pura*, p.XXVII e XXVIII da edição Rosenkranz, e p.677 dos suplementos.

Ademais, é exatamente a solução intentada da pretensa terceira antinomia o que dá oportunidade a Kant para expressar o pensamento mais profundo de toda a sua filosofia. Nesse sentido, leia-se toda a "sexta seção da antinomia da razão pura", sobretudo a discussão sobre a diferença entre o caráter empírico e o inteligível, p.534-50 (V, 562-578), que conto entre aquilo que de mais excelso já foi dito pelo ser humano (como elucidação suplementar dessa passagem considere-se uma que lhe é paralela na *Crítica da razão prática*, p.169-79 da quarta edição, ou p.224-31 da edição Rosenkranz). No entanto, é de lamentar ainda mais que isto não esteja aqui no lugar certo, na medida em que, de um lado, isso não é encontrado no caminho indicado pela exposição, e portanto poderia ser deduzido de maneira diferente, de outro, não satisfaz o objetivo para o qual ali se encontra, vale dizer, a solução da pretensa antinomia. Infere-se, a partir da aparência, o seu fundamento inteligível, a coisa em si, pelo uso inconsequente e já criticado à exaustão da categoria de causalidade, para além de toda aparência. Para este caso a vontade humana (que Kant, de modo extremamente inadequado e por uma violação imperdoável de todo uso da linguagem, intitula razão) é estabelecida apelando-se a um dever incondicionado, o imperativo categórico, postulado sem mais nem menos.

Em vez de tudo isso, o procedimento claro e aberto teria sido partir imediatamente da vontade, reconhecida sem intermediação alguma, e demonstrá-la como o em si da nossa própria aparência, // e, após realizar a exposição do caráter empírico e do inteligível, demonstrar como todas as ações, embora tornadas necessárias por motivos, contudo, tanto por seu agente quanto pelo julgador independente, são única, necessária e absolutamente atribuídas ao próprio agente como pura e simplesmente dependentes dele, ao qual culpa e mérito são atribuídos de acordo com o que aconteceu. – Só este seria o caminho direto para o conhecimento daquilo que não é

I 600

O mundo como vontade e como representação

aparência, consequentemente também não é encontrado segundo as leis da aparência, mas é aquilo que se manifesta pela aparência, torna-se cognoscível, objetiva-se, a Vontade de vida. Em seguida esta teria de ser exposta, meramente por analogia, como o em si de cada aparência. Mas então, de certo, não poderia ser dito (p.546; V, 574) que na natureza destituída de vida, sim, na natureza animal mesma, nenhuma outra faculdade é pensável senão a sensivelmente condicionada; o que, na linguagem de Kant, quer dizer propriamente que a explanação segundo a lei de causalidade também esgotaria a essência mais íntima das aparências, com o que, então, muito inconsequentemente, a coisa em si é neles abolida. — Através das passagens incorretas e da inferência tortuosa nelas feitas, que a exposição da coisa em si recebeu de Kant, também todo o conceito de coisa em si foi falseado. Pois, encontrada pela investigação de uma causa incondicionada, a vontade, ou coisa em si, entra aqui em cena relacionada à aparência como uma causa ao seu efeito. Esta relação, contudo, tem lugar apenas internamente à aparência, portanto já a pressupõe e não pode ligar a aparência com aquilo que reside fora desta e desta é *toto genere* diferente.

Além do mais, o objetivo visado, a solução da terceira antinomia pela decisão de que os dois lados, cada um em sentido diferente, têm razão, não foi alcançado. Pois tanto a tese quanto a antítese de maneira alguma falam da coisa em si, mas pura e simplesmente da aparência, do mundo objetivo, do mundo como representação. É este, e absolutamente nada mais, o que a tese, mediante o sofisma mostrado, quer demonstrar que conteria causas incondicionadas, e é também em relação a este mundo que a antítese nega, com razão, que contenha causas incondicionadas. Por isso toda a exposição da liberdade transcendental da vontade // na medida em que é coisa em si, dada aqui como justificativa da tese, por mais excelente que seja, é, todavia, propriamente dizendo, apenas uma μετάβασις είς άλλο γένος.[48] Pois a exposta liberdade transcendental da vontade não é de modo algum a causalidade incondicionada de uma causa, afirmada pela tese, porque uma causa tem de ser essencialmente aparência, não algo *toto genere* diferente e que se encontra além de toda aparência.

I 601

---

48 "Transição para outro gênero." (N. T.)

Arthur Schopenhauer

Quando se fala de causa e efeito, jamais é permitido recorrer à relação da vontade com sua aparência (ou do caráter inteligível com o empírico), como aqui acontece, pois se trata aí de algo completamente diferente da relação causal. Entrementes, é também dito aqui na solução da antinomia, e de acordo com a verdade, que o caráter empírico do ser humano, como toda outra causa na natureza, é invariavelmente determinado e que as ações acontecem necessariamente conforme a magnitude dos influxos externos; por isso, não obstante toda liberdade transcendental (isto é, a independência da vontade em si das leis de conexão do seu aparecimento), pessoa alguma possui o poder de iniciar por si só uma cadeia de ações – algo que, entretanto, foi afirmado pela tese. Portanto, também a liberdade não possui causalidade alguma, visto que apenas a vontade é livre, a qual reside fora da natureza ou aparência, que justamente é apenas sua objetivação, mas não está numa relação de causalidade com ela, relação esta que se encontra em primeiro lugar internamente às aparências, logo, já as pressupõe, não podendo incluí-las nem ligá-las com aquilo que expressamente não é aparência. O mundo mesmo deve ser explanado unicamente a partir da vontade (pois ele é precisamente ela mesma na medida em que aparece), e não pela causalidade. Mas, NO MUNDO, a causalidade é o único princípio de explicação e tudo acontece exclusivamente segundo leis da natureza. Portanto, o bom argumento encontra-se inteiramente do lado da antítese, que se atém ao ponto em discussão e se serve do princípio de explicação válido para isto e, portanto, não precisa de apologia alguma; a tese, ao contrário, deve ser extraída por uma apologia, que logo passa para algo bem diferente do ponto em discussão // e, depois, para ali transporta um princípio explicativo que não podia ser lá aplicado.

I 602

A quarta antinomia, como já disse, é em seu sentido mais íntimo tautológica com a terceira. Na solução dela Kant desenvolve ainda mais a insustentabilidade da tese; porém, para sua verdade e pretensa compatibilidade com a antítese, não aporta fundamento algum, como também, inversamente, não é capaz de opor coisa alguma contra a antítese. Ele introduz a asserção da tese apenas na forma de um favor; no entanto, ele mesmo a chama (p.562; V, 590) uma pressuposição arbitrária, cujo objeto em si poderia muito bem ser impossível, e mostra somente um empenho no todo impotente em criar,

O *mundo como vontade e como representação*

em qualquer parte, um lugarzinho seguro diante da força avassaladora da antítese, revelando assim apenas a nulidade de toda a pretensão de sua uma vez tão cara antinomia necessária da razão humana.

* * *

Segue-se o capítulo do ideal transcendental, que nos transporta de súbito para a rígida escolástica da Idade Média. Crê-se ouvir o próprio Anselmo de Canterbury falar. O *ens realissimum*, o continente de todas as realidades, o conteúdo de todas as proposições, entra em cena; e na verdade com a pretensão de ser um pensamento necessário da razão! – Eu, de minha parte, tenho de confessar que um tal pensamento é impossível à minha razão, que sou incapaz de pensar algo determinado com as palavras que o designam.

De resto, não duvido que Kant foi constrangido a esse capítulo estranho, tão indigno de sua pessoa, meramente pelo seu amor doentio pela simetria arquitetônica. Os três objetos capitais da filosofia escolástica, que, se entendidos em sentido amplo, como disse, podem ser vistos como indo desaguar em Kant – a alma, o mundo e Deus –, deviam ser deduzidos das três possíveis premissas maiores de silogismo, embora seja manifesto que eles se originaram e podem originar-se única e exclusivamente pelo emprego incondicionado do princípio de razão. Ora, após a alma ter sido forçada a entrar no juízo categórico // e o juízo hipotético ter sido usado para o mundo, nada sobrou para a terceira ideia senão a premissa maior disjuntiva. Felizmente, nesse sentido, já se encontrava um trabalho preparatório, a saber, o *ens realissimum* dos escolásticos, junto com a prova ontológica da existência de Deus, rudimentarmente estabelecida por Anselmo de Canterbury e em seguida aperfeiçoada por Descartes. Isso foi utilizado com alegria por Kant, inclusive com alguma reminiscência de um antigo trabalho, em latim, de juventude. Todavia, o sacrifício realizado por Kant neste capítulo em nome de seu amor à simetria arquitetônica foi exageradamente grande. A despeito de toda verdade, isto é preciso dizer, a representação grotesca de um continente de todas as realidades possíveis foi transformada num pensamento essencial e necessário da razão. Para sua dedução, Kant lança mão da falsa alegação de que nosso conhecimento de coisas particulares nasceria de uma limitação progressiva de conceitos universais, conseguintemente também de um mais universal de todos, que conteria toda a realidade DENTRO DE SI. Aqui ele está em contradição tanto com seu próprio ensinamento quanto com a verdade, pois é exatamente em sentido inverso que nosso conhecimento, saindo do particular, se amplia ao universal, e todos os conceitos universais nascem mediante abstração de coisas reais, particulares, conhecidas intuitivamente, e isso pode ir até o mais universal de todos os conceitos, o qual então inclui tudo sob si, mas quase nada DENTRO DE SI. Kant, portanto, colocou aqui por completo de ponta-cabeça o procedimento de nossa faculdade de conhecer e, em virtude disso, poderia muito bem ser acusado de ter dado ensejo a um charlatanismo filosófico tão célebre em nossos dias que, em vez de reconhecer nos conceitos pensamentos abstraídos de coisas, ao contrário, torna o conceito o primeiro elemento do conhecer e vê nas coisas apenas conceitos concretos, trazendo dessa maneira, ao mercado, uma bufonaria filosófica que, naturalmente, tinha de encontrar grande aceitação. —

Mesmo que assumamos que a razão de cada um tem de, ou pelo menos poderia, chegar sem revelação ao conceito de Deus, isso manifestamente acontece só sob o fio condutor da causalidade: algo tão evidente que não requer prova alguma. Eis por que também Chr. Wolff diz (*Cosmologia generalis,* **I 604** praef., // p.I): *Sane in theologia naturali existentiam Numinis e principiis cosmologicis demonstramus. Contingentia universi et ordinis naturae, una cum impossibilitate casus, sunt scala, per quam a mundo hoc adspectabili ad Deum ascenditur.*[49] E antes dele Leibniz já havia dito, referindo-se à lei de causalidade: *Sans ce grand principe nous ne pourrions jamais prouver l'existence de Dieu (Théod., § 44).*[50] E também da mesma forma em sua controvérsia com Clarke, § 126: *J'ose dire que sans ce grand principe on ne saurait venir à la preuve de l'existence de Dieu.*[51] Em contrapartida, o pensamento exposto neste capítulo está tão longe de ser um pensamento essencial e necessário à razão que antes, ao contrário, deve ser considerado

---

49 "Demonstramos conclusivamente na teologia natural a existência do ser supremo a partir de princípios cosmológicos. O aspecto contingente do universo e da ordem da natureza, junto com a impossibilidade de um (puro) acaso, são os degraus pelos quais ascendemos deste mundo visível a Deus." (N. T.)

50 "Sem este grande princípio jamais poderíamos provar a existência de Deus." (N. T.)

51 "Ouso dizer que sem este grande princípio não se poderia chegar à prova da existência de Deus." (N. T.)

O mundo como vontade e como representação

como um espécime real da produção monstruosa de uma época que, por estranhas circunstâncias, caiu nos absurdos e aberrações mais extravagantes, como foi a escolástica: um movimento sem igual na história universal, o qual nunca mais pode retornar. Essa escolástica, quando alcançou o seu estágio de perfeito amadurecimento, certamente forneceu a prova capital da existência de Deus a partir do conceito de *ens realissimum*, e as outras provas foram usadas apenas acessoriamente ao lado dela. Isso, porém, não passa de método didático, sem nada demonstrar acerca da origem da teologia no espírito humano. Kant tomou aqui o procedimento da escolástica pelo da razão (o que, em geral, ele fez frequentemente). Se fosse verdade que a ideia de Deus nasce segundo leis essenciais da razão a partir do silogismo disjuntivo sob a forma de uma ideia do mais real dos seres, com certeza esta ideia também teria sido encontrada nos filósofos da Antiguidade. Mas do *ens realissimum* não há vestígio algum entre os filósofos antigos, embora alguns deles decerto falem sobre um criador do mundo, mas apenas como doador de forma à matéria existente sem ele, δημιουργός,[52] e inferido por eles única e exclusivamente segundo a lei de causalidade. É verdade que Sexto Empírico (*Adv. Math.*, IX, § 88) cita uma argumentação de CLEANTO, que alguns tomam pela prova ontológica. Todavia, não se trata disso, mas de uma mera conclusão a partir da analogia, a saber, porque a experiência ensina que na Terra UM ser é sempre mais excelente que outro, e que de fato o ser humano, // como o mais excelente, fecha a série, porém ainda possui muitas falhas, segue-se daí que necessariamente têm de existir seres ainda mais excelentes e, por último, o mais excelente de todos (κράτιστον, ἄριστον), e este seria Deus.

I 605

* * *

Sobre a refutação detalhada da teologia especulativa, que então se segue, devo resumidamente observar que tanto ela quanto em geral toda a crítica das três chamadas ideias da razão, portanto toda a dialética da razão pura, em verdade é, em certa medida, o fim e alvo da obra inteira; todavia, tal parte polêmica não possui propriamente, como a parte precedente, isto é, a

---

52 "Demiurgo." (N. T.)

estética e a analítica transcendentais, um interesse filosófico inteiramente universal, permanente, puro, mas antes um interesse local e temporal, na medida em que se encontra em relação específica com os momentos principais da filosofia dominante na Europa até Kant, cuja completa demolição por meio dessa polêmica deu a Kant mérito imortal. Ele eliminou o teísmo da filosofia; pois, na filosofia, enquanto uma ciência, e não uma doutrina de fé, só pode haver lugar para o que é dado empiricamente ou estabelecido por provas sólidas. Naturalmente aqui só se trata da filosofia real, considerada seriamente, dirigida à verdade, de maneira alguma da filosofia de brinquedo[53] das universidades, na qual, como sempre, a teologia especulativa desempenha o papel principal, e na qual, também como sempre, a alma entra em cena sem cerimônia como uma pessoa bem conhecida. Pois aí se trata da filosofia dotada de salários e honorários, sim, até mesmo de títulos e honras de conselheira palaciana que, de sua altura, olha orgulhosamente para baixo e por quarenta anos não nota gentinha como eu e gostaria, no fundo do coração, de livrar-se do velho KANT com suas *Críticas*, para então brindar sonora e vivamente uma longa vida a Leibniz. — Além disso, deve-se aqui observar que, assim como Kant, e isto ele mesmo o admite, foi incentivado à sua doutrina da aprioridade do conceito de causalidade pelo ceticismo de HUME em relação a este conceito, talvez igualmente a crítica de Kant a toda teologia especulativa tenha sua ocasião na crítica de HUME a **I 606** toda teologia popular, por este exposta // na sua tão digna de leitura *Natural history of religion*, bem como nos *Dialogues on natural religion*, sim, talvez Kant quisesse em certa medida complementar tais obras. Pois o primeiro destes escritos humeanos é propriamente uma crítica à teologia popular, cujo estado deplorável intenta mostrar, enquanto, de outro lado, quer apontar para a teologia racional ou especulativa como genuína e merecedora de respeito. Kant, no entanto, revela a falta de fundamento desta última, deixando, por outro lado, a teologia popular intocada e até mesmo a estabelece numa forma mais enobrecida, como uma fé alicerçada num sentimento moral. Mais tarde, os filosofastros a distorceram em percepções da razão, consciências

---

53 No original, *Spassphilosophie*: *Spass* significa divertimento, brincadeira, algo feito por alguém que provoca risos etc. (N. T.)

de Deus ou intuições intelectuais do suprassensível, da divindade e coisas semelhantes; enquanto Kant, ao demolir velhos e veneráveis erros e reconhecer a periculosidade da coisa, apenas quis aqui introduzir, pela teologia moral, um par de fracos apoios, para que assim a ruína não o atingisse e ele pudesse ganhar tempo para retirar-se.

No que tange à execução da tarefa, não havia necessidade alguma, em vista da refutação da prova ONTOLÓGICA da existência de Deus, de uma crítica à razão, pois também sem a pressuposição da estética e da analítica transcendentais é bastante fácil tornar claro que aquela prova ontológica nada é senão um jogo sutil e astuto com conceitos, sem nenhuma força de convencimento. Já no *Organon* de Aristóteles encontra-se um capítulo no todo suficiente para a refutação da prova ontológica, como se tivesse sido intencionalmente escrito justamente para isso: trata-se do sétimo capítulo do segundo livro dos *Analyt. Post.* Entre outras coisas, lá está dito expressamente: τὸ δὲ εἶναι οὐκ οὐσία οὐδενί, ou seja, *existentia nunquam ad essentiam rei pertinet.*[54]

A refutação da prova COSMOLÓGICA é uma aplicação a um caso dado da doutrina da crítica até ali exposta, e nada há a dizer contra. — A prova FÍSICO-TEOLÓGICA é uma mera amplificação da prova cosmológica que aquela pressupõe e encontra sua refutação detalhada só na *Crítica da faculdade de juízo*. Em referência a isso remeto aqui o meu leitor à rubrica "Anatomia comparada" no meu escrito sobre a *Sobre a vontade na natureza*.

KANT, como disse, ocupa-se em sua crítica destas provas tendo em mente // tão somente a teologia especulativa e limita-se à escola. Se, por outro lado, também tivesse em vista a vida e a teologia popular, teria acrescentado às três provas ainda uma quarta, que para a grande massa é propriamente a única eficaz e que, do modo mais condizente à terminologia de Kant, poderia ser denominada prova KERAUNOLÓGICA.[55] É aquela que se baseia no sentimento de necessidade e ajuda, de impotência e dependência do ser humano em face das forças da natureza, infinitamente superiores, insondáveis e muitas vezes ameaçadoras; ao que ainda se associa a inclinação natural

I 607

---

54 "A existência não pertence à essência de uma coisa." (N. T.)
55 "Para a multidão." (N. T.)

do ser humano a personificar tudo, e, por fim, a esperança em conseguir algo por súplicas e oferendas. Em cada empreendimento humano há algo que não está em nosso poder e não pode entrar em nosso cálculo: o desejo de ganhar isto para si é a origem dos deuses. *Primus in orbe Deos fecit timor*[56] é uma antiga e verdadeira sentença de Petrônio. Sobretudo HUME critica essa prova e ele se apresenta em todos os aspectos, nos escritos acima mencionados, como precursor de Kant. – Ora, aqueles a quem Kant colocou em permanente embaraço através de sua crítica da teologia especulativa foram os professores de filosofia. Recebendo seus soldos de governos cristãos, não podiam renunciar aos principais artigos de fé.* Como esses senhores ajudaram a si mesmos? Eles afirmaram justamente que a existência de Deus se compreende por si mesma. – Ah, sim! Após o mundo antigo, às expensas de sua consciência moral, ter feito // milagres para prová-la, e o novo mundo, às expensas de seu entendimento, ter colocado em campo as provas ontológica, cosmológica e físico-teológica, decerto para esses senhores tais coisas se compreendem por si mesmas. A partir desse Deus, que se compreende por si mesmo, explicam depois o mundo: eis aí sua filosofia.

I 608

Até KANT havia realmente um dilema estabelecido entre materialismo e teísmo, vale dizer, entre a assunção de que um acaso cego, ou uma inteligência ordenadora de fora segundo fins e conceitos, tinha produzido o mundo, *neque dabatur tertium.*[57] Por isso ateísmo e materialismo eram a mesma coisa: daí a dúvida se poderia existir um ateu, isto é, uma pessoa que pudesse

---

56 "O temor foi a primeira origem dos deuses na Terra." (N. T.)

* Kant disse: "É um disparate esperar esclarecimento da razão e no entanto prescrever-lhe de antemão o lado para o qual ela tem de necessariamente inclinar-se" (*Crítica da razão pura*, p.747; V, 775). Por seu turno, a seguinte ingenuidade é obra de um professor de filosofia de nosso tempo: "Se uma filosofia nega a realidade das ideias fundamentais do cristianismo, ou é falsa, ou, MESMO SE VERDADEIRA, INUTILIZÁVEL" – *scilicet*, isto é, pelos professores de filosofia. Foi o finado professor Bachmann quem, na *Jena'schen Litteraturzeitung*, julho de 1840, n. 126, tão indiscretamente divulgou a máxima de todos os seus colegas. Entrementes, é uma característica digna de nota da filosofia universitária como, caso a verdade não se resigne e se adapte, é-lhe mostrada a porta sem cerimônia, com a observação: "Para fora, verdade! Não podemos te UTILIZAR. Devemos-te algo? Tu nos pagas? Então, fora!".

57 "Não havia terceira possibilidade." (N. T.)

O mundo como vontade e como representação

realmente confiar ao acaso cego a tão extraordinária ordenação finalista da natureza, em especial a orgânica: veja-se por exemplo os *Essays* de Bacon (*Sermones fideles*), *essay 16, On atheism*. Na opinião da grande massa e dos ingleses, que nestas questões pertencem inteiramente à grande massa (*mob*), a questão ainda se encontra no mesmo estágio, inclusive em relação aos seus eruditos mais famosos. Apenas se veja a *Ostéologie comparée* de R. Owen, de 1855, prefácio, p.11-2, páginas nas quais ainda está diante do velho dilema entre, de um lado, Demócrito e Epicuro e, de outro, uma inteligência em que *la connaissance d'un être tel que l'homme a existé avant que l'homme fit son apparition.*[58] Toda finalidade tem de provir de uma INTELIGÊNCIA: duvidar disso nunca lhe ocorreu, mesmo em sonho. De fato, na preleção lida em 5 de setembro de 1853 na Académie des Sciences sobre esse prefácio, um pouco modificado, diz com infantil ingenuidade: *La téléologie, ou la théologie scientifique*[59] (*Comptes rendus*, set. 1853), eis aí para ele imediatamente uma única e mesma coisa! Se algo na natureza é conforme fins, é uma obra da intenção, da ponderação, da inteligência. Ora, que tem a ver com um tal inglês e com a Académie des Sciences a *Crítica da faculdade de juízo* ou até mesmo meu livro *Sobre a vontade na natureza*? Com sua tamanha profundidade não conseguem esses senhores olhar para baixo. Tais *illustres confrères* desprezam de fato a metafísica e a *philosophie allemande*. Atêm-se à filosofia de velhas senhoras que tricotam. A validade daquela premissa maior disjuntiva, // daquele dilema entre materialismo e teísmo, assenta-se na asserção de que o mundo existente diante de nós é o das coisas em si, por conseguinte não existiria outra ordem de coisas senão a empírica. Porém, depois que o mundo e a sua ordenação tornou-se, via Kant, mera aparência, cujas leis encontram-se principalmente nas formas de nosso intelecto, a existência e a essência das coisas e do mundo não precisam mais ser explanadas conforme analogia das mudanças percebidas ou efetuadas por nós NO mundo, nem aquilo que apreendemos como meio e fim teria nascido em consequência de um tal conhecimento. Portanto, Kant, privando o teísmo de seu fundamento mediante a importante distinção entre

I 609

---

58 "O conhecimento de um ser como o homem já existia antes que o homem fizesse sua aparição." (N. T.)
59 A teleologia ou a teologia científica. (N. T.)

aparência e coisa em si, abriu, por outro flanco, o caminho para explanações completamente diversas e mais profundas sobre a existência.

No capítulo sobre os fins últimos da dialética natural da razão é alegado que as três ideias transcendentais são de valor enquanto princípios reguladores para o avanço do conhecimento da natureza. Mas dificilmente Kant pode ter levado a sério uma tal afirmação. No mínimo é o oposto, ou seja, aquelas pressuposições são restritivas e fatais a toda investigação da natureza; e isto está fora de dúvida para qualquer investigador da natureza. Em vista de prová-lo num exemplo, basta ponderar se a hipótese de uma alma, como substância imaterial, simples, pensante teria sido necessária ou prejudicial no mais alto grau às verdades tão belamente expostas por CABANIS ou às descobertas de FLOURENS, Marshall HALLS e Charles BELL. Sim, Kant mesmo diz (*Prolegômenos*, § 44) "que as ideias da razão são contrárias e prejudiciais às máximas do conhecimento racional da natureza".

Decerto não é um dos menores méritos de Frederico, o Grande, o fato de, sob seu governo, Kant ter podido desenvolver e publicar a *Crítica da razão pura*. Dificilmente sob qualquer outro governo um professor assalariado teria ousado semelhante coisa. Já ao sucessor do grande Rei, Kant teve de prometer não mais escrever.

* * *

I 610   // Poderia aqui considerar-me dispensado de uma crítica da parte ética da filosofia kantiana, uma vez que já forneci, 22 anos mais tarde, uma crítica bem detalhada e profunda nos *Dois problemas fundamentais da ética*. No entanto, como o que se manteve aqui da primeira edição não poderia ser suprimido, em virtude da integridade, o mantido pode servir como introdução adequada à crítica posterior e muito mais profunda, à qual, portanto, remeto o leitor quanto ao principal.

Em consequência do amor à simetria arquitetônica, a razão teórica tinha também de possuir um *pendant*. O *intellectus practicus* da escolástica, que por sua vez brota do νοῦς πρακτικός de Aristóteles (*De anima*, III, 10, e *Polit.*, VII *c.* 14: ὁ μὲν γὰρ πρακτικός ἐστι λόγος ὁ δὲ θεωρητικός),[60] dá a senha.

---

60 "A razão é por um lado prática, por outro, teórica." (N. T.)

O mundo como vontade e como representação

Com isso, todavia, algo bem diferente é indicado; não, como lá, a razão direcionada à técnica, mas, aqui, em Kant, a razão prática entra em cena como fonte e origem do inegável significado ético da ação humana, bem como de toda virtude, de toda nobreza e de todos os graus alcançáveis de santidade. Tudo isso, pois, viria da mera RAZÃO e nada exigiria senão esta. Agir racionalmente e agir virtuosa, nobre e santamente seriam uma única e mesma coisa; e agir egoísta, maldosa e viciosamente seria pura e simplesmente agir de maneira irracional. Entrementes, todos os tempos, todos os povos, todas as línguas sempre distinguiram muito bem as duas coisas e as tomaram como completamente diferentes, como também todos aqueles que até os dias de hoje nada sabem sobre a linguagem da nova escola, isto é, o mundo inteiro com exceção de uma pequena minoria de eruditos alemães: de resto, todos os outros entenderam sob conduta virtuosa e decurso de vida racional duas coisas completamente diferentes. Dizer que o sublime fundador da religião cristã, cujo decurso de vida nos é apresentado como o modelo de toda virtude, foi o MAIS RACIONAL de todos os humanos é um modo de falar muito indigno, até mesmo uma blasfêmia, quase como se fosse dito que seus preceitos apenas conteriam a melhor instrução para uma inteira VIDA RACIONAL. Ademais, quem, em conformidade com preceitos, em vez

I 611   de pensar // em si e em suas necessidades futuras, sempre pensa todas as vezes em aliviar a maior carência presente dos outros, sem considerações ulteriores, inclusive doando todas as suas posses aos pobres, para depois, despido de todo recurso, prosseguir pregando aos outros a virtude que ele próprio praticou: isto todos respeitam com justeza, mas quem se aventura a louvá-lo como o ápice da RACIONALIDADE? Finalmente, quem louvará como um ato extremamente RACIONAL o fato de Arnold von Winkelried, com nobreza magnânima, ter reunido as lanças inimigas contra seu próprio corpo em vista de obter a vitória e a salvação para seus patrícios? — Em contrapartida, caso vejamos uma pessoa que, desde a juventude, objetivou com rara ponderação alcançar os meios para uma vida livre de preocupações, para o sustento da mulher e dos filhos, para um bom nome entre as pessoas, para sua honra e distinção exteriores e, sem perder jamais de vista o seu objetivo, não se deixou perturbar nem desviar pela excitação de gozos presentes, ou pela gratificação de enfrentar a arrogância dos poderosos, ou pelo desejo de vingar insultos sofridos e humilhações imerecidas, ou pela força da atração de inúteis ocupações espirituais estéticas ou filosóficas e viagens a terras dignas de serem vistas, mas que, com grande consequência, trabalha somente em direção aos seus mencionados fins: quem ousaria negar que um tal filisteu é extraordinariamente RACIONAL, mesmo se tivesse permitido a si empregar alguns meios não louváveis, no entanto sem perigo? Sim, mais ainda: se um vilão adquire, com artimanha calculada e segundo um plano bem traçado, honrarias e até mesmo coroas e tronos, e depois, com a mais sutil astúcia, enreda estados vizinhos, subjuga-os um a um e torna-se um conquistador do mundo, não se deixando desviar por qualquer consideração ao direito ou à humanidade, mas com rigorosa consequência pisa e esmaga o que se opõe ao seu plano e atira sem compaixão milhões na infelicidade de todo tipo, milhões em sangue e morte, todavia recompensa regiamente e protege a todo momento seus seguidores e ajudantes, sem jamais esquecê-los, e assim atinge o seu alvo: // quem não reconhece que uma tal pessoa tinha de executar seu trabalho de maneira completamente racional, e, assim como para o esboço de seus planos exigia-se um entendimento poderoso, também para a sua execução exigia-se um pleno domínio da faculdade de razão, sim, dizendo propriamente, da RAZÃO PRÁTICA? – Por acaso são IRRACIONAIS as prescrições que o esperto e consequente, ponderado e perspicaz Maquiavel dá ao príncipe?*

Assim como maldade é bastante compatível com faculdade de razão, e de fato é temível só nesta combinação, assim também, inversamente, às vezes nobreza de caráter vai de par com comportamento irracional. Pode-se

---

* Seja dito de passagem que o problema de Maquiavel era a solução da questão relacionada a como o príncipe poderia INCONDICIONALMENTE manter-se no trono, a despeito dos inimigos internos e externos. Seu problema de modo algum era de natureza ética, a saber, se um príncipe, enquanto homem, deveria ou não querer tal coisa, mas puramente político, ou seja, de como, SE quisesse, poderia executá-lo. Ele dá a solução para isso como se prescrevesse uma instrução para o jogo de xadrez, em que seria insensato pedir resposta à pergunta se seria moralmente aconselhável em geral jogar xadrez. Censurar Maquiavel pela imoralidade de seu escrito é tão fora de propósito quanto o seria censurar um professor de esgrima por não ter iniciado sua aula com uma preleção moral contra assassinato e homicídio.

O mundo como vontade e como representação

atribuir a este o feito de Coriolano, que, depois de ter empregado durante anos sua força para vingar-se dos romanos, agora, enfim chegado o tempo, enternece-se com a súplica do senado e com o choro de sua mãe e de sua mulher, renunciando à vingança tão longa e laboriosamente preparada, e até mesmo, na medida em que chama com isso para si a justa cólera dos volscos, morre por aqueles romanos, cuja ingratidão conhecia e com tanto empenho quisera punir. – Por fim, em nome da completude, seja mencionado que razão pode muito bem unir-se com falta de entendimento. Este é o caso quando uma máxima estúpida é escolhida, contudo levada a efeito de maneira consequente. Um exemplo desse tipo foi dado pela princesa Isabel, filha de Filipe II, ao prometer não vestir uma camisa limpa enquanto Ostende não fosse conquistada, mantendo a palavra por três anos. Em geral pertencem a este caso todas as promessas cuja origem é a falta // de intelecção segundo a lei de causalidade, isto é, cuja origem é a carência de entendimento. Não obstante, é racional cumpri-las se uma vez se foi tão limitado em entendimento a ponto de prometê-las.

I 613

Em conformidade com o exposto, vemos escritores surgidos logo antes de KANT colocarem a consciência como sede dos impulsos morais, em oposição à razão: assim, ROUSSEAU diz no quarto livro do *Emílio*: *La raison nous trompe, mais la* conscirence *ne trompe jamais*; e mais adiante: *il est impossible d'expliquer par les conséquences de notre nature le principe immédiat de la* conscience *indépendant de la raison même*. E depois: *Mes sentimens naturels parlaient pour l'intérêt commun, ma* raison *rapportait tout à moi [...]. On a beau vouloir établir la vertu par la* raison *seule, quelle solide base peut-on lui donner?* Nas *Rêveries du Promeneur, 4ème*, diz: *Dans toutes les questions de morale difficiles je me suis toujours bien trouvé de les résoudre par le dictamen de la* conscience, *plutôt que par les lumières de la* raison.[61] – Já ARISTÓTELES diz expressamente (*Eth. Magna*, I, 5) que as

---

61 "A *razão* nos engana, mas a *consciência* jamais nos engana"; – "é impossível explicar pelas consequências de nossa natureza o princípio imediato da *consciência* independente da *razão* mesma." – "Meus sentimentos naturais falavam em favor do interesse comum, minha razão referia tudo a mim [...]." – "Em vão se quis estabelecer a virtude somente pela *razão*, que base sólida podemos lhe dar?" – "Em todas as difíceis questões de moral, sempre achei melhor resolvê-las pelo ditame da *consciência*, em vez de pelas luzes da *razão*." (N. T.)

virtudes têm a sua sede ἀλόγῳ μορίῳ τῆς ψυχῆσ (*in parte irrationali animi*),[62] e não λόγον ἔχοντι (*in parte rationali*).[63] Em conformidade com isso, diz Stobeu (*Ecl.*, II, c. 7), referindo-se aos peripatéticos: Τὴν ἠθικὴν ἀρετὴν ὑπολαμβάνουσι περὶ τὸ ἄλογον μέρος γίγνεσθαι τῆς ψυχῆς, ἐπειδὴ διμερῆ πρὸς τὴν παροῦσαν θεωρίαν ὑπέθεντο τὴν ψυχήν, τὸ μὲν λογικὸν ἔχουσαν, τὸ δ' ἄλογον. Καὶ περὶ μὲν τὸ λογικὸν τὴν καλοκἀγαθίαν γίγνεσθαι, καὶ τὴν φρόνησιν, καὶ τὴν ἀγχίνοιαν, καὶ σοφίαν, καὶ εὐμάθειαν, καὶ μνήμην, καὶ τας ὁμοίους·περὶ δὲ τὸ ἄλογον, σωφροσύνην, καί δικαιοσύνην, καί ἀνδρείαν, καὶ τὰς ἄλλας τὰς ἠθικὰς καλουμένας ἀρετάς. (*Ethicam virtutem circa partem animae ratione carentem versari putant, cum duplicem, ad hanc disquisitionem, animam ponant, ratione praeditam, et ea carentem. In parte vero ratione praedita collocant ingenuitatem, prudentiam, perspicacitatem, sapientiam, docilitatem, memoriam et reliqua; in parte vero ratione destituta temperantiam, justitiam, fortitudinem, et reliquas virtutes, quas ethicas*

I 614 *vocant.*)[64] E CÍCERO explica extensamente (*De Nat. Deor.*, III, c. 26-31) // que a faculdade de razão é o meio e instrumento necessário para todos os crimes.

Defini a RAZÃO como a FACULDADE DE CONCEITOS. Toda esta classe específica de representações universais, não intuitivas, simbolizadas e fixadas apenas por palavras, é o que distingue os seres humanos dos animais e nos dá o domínio sobre a Terra. Se o animal é o escravo do presente e não conhece outros motivos senão os imediatos e sensíveis, e por isso quando estes lhe são dados, é tão necessariamente atraído ou repelido, como o ferro pelo magneto, no ser humano, ao contrário, nasceu com o dom da razão a clareza de consciência. Esta lhe permite, mirando o passado e o futuro, ter uma visão de conjunto do todo de sua vida e do curso do mundo, torna-o independente do momento presente, permite-lhe ponderar e executar obras de maneira planejada, com deliberação, tanto para o mal quanto para o bem. Mas o que o ser humano faz, fá-lo com plena autoconsciência: sabe

---

62 "Na parte irracional da alma." (N. T.)

63 "Na parte racional." (N. T.)

64 "Acreditam que a virtude ética concerne à parte irracional da alma, pois, no que tange à presente consideração, admitem que a alma consiste em duas partes, uma racional e outra irracional; pertencem à parte racional: honradez, prudência, sagacidade, sabedoria, docilidade, memória e semelhantes; à parte irracional, em contrapartida, pertencem: temperança, justiça, bravura e o restante das assim chamadas virtudes éticas." (N. T.)

O mundo como vontade e como representação

exatamente como sua vontade decide e o que escolher em cada ocasião, e qual outra escolha seria possível de acordo com o caso, e, a partir desse querer autoconsciente, aprende a conhecer a si mesmo, espelhando-se nos próprios atos. Em todas essas referências às ações humanas, a razão deve ser chamada PRÁTICA: ela é teórica só na medida em que os objetos com os quais se ocupa não têm relação alguma, mas apenas um interesse teórico, com a conduta de quem pensa, algo que bem poucas pessoas são capazes. O que, nesse sentido, se chama RAZÃO PRÁTICA é muito aproximadamente designado pela palavra latina *prudentia*, prudência, que, segundo Cícero (*De Nat. Deor.*, II, 22), é uma contração de *providentia*, providência. Por outro lado, *ratio*, razão, quando empregada para indicar força espiritual, significa na maioria das vezes razão teórica propriamente dita, embora os antigos não observem com rigor a diferença. — Em quase todos os seres humanos a razão tem uma orientação quase que exclusivamente prática: se esta é abandonada, o pensamento perde o controle sobre a ação, quando então se diz: *scio meliora, proboque, deteriora sequor*, ou *le matin je fais des projets, et le soir je fais des sottises*:[65] nesse sentido, se o ser humano não permite que sua conduta seja guiada pelo próprio pensamento, mas pela impressão do presente, // quase ao modo animal, é chamado IRRACIONAL (sem com isto se lhe atribuir ruindade moral), embora, propriamente dizendo, não lhe falte a faculdade de razão, porém é carente no emprego dela em relação à sua conduta; em certa medida, pode-se dizer que sua razão é simplesmente teórica, mas não prática. Com isso, pode-se por um lado ver um ser humano realmente bom, como aqueles que não podem ver um infeliz sem ajudá-lo, mesmo se com autossacrifício, mas por outro lado deixam suas dívidas não quitadas. Um semelhante caráter irracional é quase incapaz de praticar grandes crimes, pois o planejamento, a dissimulação e o autocontrole sempre necessários a isto lhe são impossíveis. Mas também dificilmente atingirá um elevado grau de virtude: pois mesmo se, por natureza, é bastante inclinado ao bom; ainda assim não lhe faltam tendências individuais viciosas e maldosas, às quais todo ser humano está submetido e têm de necessariamente tornar-se

I 615

---

65 "Conheço e aprovo o melhor, mas sigo o pior." — "Pela manhã faço projetos, e à noite faço besteiras." (N. T.)

Arthur Schopenhauer

atos se a razão, mostrando-se prática, não lhe opuser máximas inalteráveis e propósitos firmes.

Por fim, a RAZÃO mostra-se inteiramente no todo como PRÁTICA nos caracteres realmente racionais, os quais, justamente por isso, são denominados na vida comum filósofos práticos, caracterizando-se por um equilíbrio de ânimo incomum tanto nos acontecimentos desagradáveis quanto agradáveis, e por uma disposição equânime e perseverança firme nas decisões a tomar. De fato, trata-se aí de prevalência neles da razão, isto é, do conhecimento mais abstrato que intuitivo e, por conseguinte, do sobrevoo da vida em geral no todo e em sua grandeza, por meio de conceitos, o que torna tais pessoas de uma vez por todas conhecedoras da ilusão das impressões momentâneas, da inconstância de todas as coisas, da brevidade da vida, da vacuidade relacionada aos prazeres, da alternância da sorte e das grandes e pequenas insídias creditáveis ao acaso. Nada lhes acontece inesperadamente e aquilo conhecido *in abstracto* não as surpreende, nem desconcerta quando efetivamente em casos particulares vem de encontro a elas na vida real. Ocorre o contrário com os caracteres não tão racionais, contra os quais o presente, o intuitivo, o real, exerce uma tal violência que os conceitos frios e sem cor retiram-se inteiramente para o pano de fundo da consciência, e eles, esquecendo-se de resoluções e máximas, // estão à mercê dos afetos e das paixões de todo tipo. Já discuti no final do primeiro livro que, na minha concepção, a ética estoica nada é originariamente senão uma indicação para uma vida propriamente racional, na acepção aqui indicada. Tal modo de vida é também repetidamente louvado por Horácio em muitas passagens. Ligado a isso também encontra-se o seu *nil admirari*,[66] e igualmente o délfico Μηδὲν ἄγαν.[67] É completamente errado traduzir *nil admirari* por "não se admirar". Esta sentença de Horácio não concerne tanto ao teórico, mas sim ao prático, e quer realmente dizer: "Não avalie de maneira incondicional um objeto, não se altere com nada, não acredite que a posse de alguma coisa pode levar à felicidade: todo indizível apetite por um objeto é apenas uma quimera enganadora, da qual podemos bem nos livrar pela posse obtida, mas igualmente

---

66 "Não deixar nada nos perturbar" (ou seja, procurar serenidade e paz de espírito). (N. T.)
67 "Nada em excesso." (N. T.)

com muito maior facilidade pelo conhecimento clarificado". Nesse sentido também Cícero emprega o *admirari*, em *De Divinatione*, II, 2. O que Horácio quer dizer é portanto ἀθαμβία e ἀκατάπληξις, também ἀθαυμασία,[68] que já Demócrito louvava como o bom supremo (cf. Clemente de Alexandria, *Strom.*, II, 21, e compara-se com Strabo, I, p.98, 105). – De fato, não se trata de virtude ou vício em semelhante razoabilidade na conduta, mas, esse uso prático da razão constitui a prerrogativa própria do ser humano diante do animal, e somente a esse respeito tem sentido e é admissível falar sobre uma dignidade do humano.

Em todos os casos descritos e concebíveis a distinção entre ações racionais e irracionais remete à questão de saber se os motivos são conceitos abstratos ou representações intuitivas. Justamente por isso a definição por mim fornecida da razão concorda precisamente com o uso linguístico de todos os tempos e povos, algo que não se deve tomar como casual ou arbitrário, mas ser visto como proveniente justamente da distinção, da qual cada ser humano está consciente, das diferentes faculdades do espírito. O ser humano fala conforme essa consciência, embora certamente não a eleve à clareza da definição abstrata. Nossos antepassados não fizeram as palavras sem lhes atribuir um sentido determinado, // e assim elas ficariam esperando possíveis filósofos chegarem séculos mais tarde e lhes determinar naquilo que deveriam ser pensadas; ao contrário, indicaram por elas conceitos bem determinados. As palavras, portanto, não mais estão sem dono; sujeitá-las a um sentido totalmente diferente do que foi tido até agora significa abuso, concessão de uma licença para cada um poder usá-la no sentido que lhe aprouver, com o que, daí, resulta inevitavelmente uma confusão sem fim. LOCKE mesmo expôs detalhadamente que a maioria das discórdias na filosofia não passa do falso uso das palavras. Para esclarecimento, lance-se apenas um olhar ao escandaloso abuso que hoje em dia os filosofastros pobres de pensamento praticam com as palavras substância, consciência, verdade, entre outras. Também as declarações e definições de todos os filósofos, em todos os tempos, sobre a razão, excetuando-se os filósofos modernos, não concordam menos com minha definição que os

---

68 "Nada de medo, – nada de comoção, – imperturbabilidade." (N. T.)

conceitos prevalecentes entre todos os povos acerca daquela prerrogativa do ser humano. Veja-se o que Platão, no quarto livro da *República* e em inumeráveis passagens esparsas, chama λόγιμον ou λογιστικὸν τῆς ψυχῆς;[69] veja-se também o que Cícero diz sobre isso em *De Nat. Deor.*, III, 26-31, e Leibniz e Locke nas passagens já citadas no primeiro livro. Não haveria aqui fim para as citações se quiséssemos mostrar como todos os filósofos antes de Kant falaram sobre a razão no sentido por mim atribuído, embora não soubessem explanar a sua natureza com perfeita determinidade e distinção para assim remetê-la a um único ponto. Em síntese, o que se entendia por razão, antes da entrada em cena de Kant, mostram-no no todo dois ensaios de Sulzer no primeiro volume da sua miscelânea de escritos filosóficos, um intitulado *Zergliederung des Begriffes der Vernunft*, outro *Über den gegenseitigen Einfluss von Vernunft und Sprache*. Em contrapartida, quando se lê o que é dito nos dias atuais sobre a razão – sob a influência do erro kantiano, depois aumentado como uma avalanche –, obrigatoriamente teremos de admitir que todos os sábios da Antiguidade, bem como todos os filósofos anteriores a Kant, absolutamente não possuíam faculdade de razão, pois as agora descobertas percepções imediatas, intuições, apreensões, pressentimentos

I 618 da razão, // permaneceram-lhes tão desconhecidas como o é a nós o sexto sentido dos morcegos. De resto, no que me concerne, tenho de confessar: em minha limitação não consigo apreender ou representar de qualquer outro modo senão como sexto sentido dos morcegos aquela faculdade de razão que percebe diretamente, ou apreende, ou intui intelectualmente o suprassensível, o absoluto, junto com as longas narrativas que acompanham tudo isso. É preciso, porém, dizer em favor da invenção ou descoberta de uma semelhante razão que percebe imediatamente tudo que lhe agrada que a mesma é um incomparável *expédient* para da maneira mais fácil alguém sair do mundo com suas ideias fixas favoritas, apesar da crítica de Kant à razão. A invenção e a aceitação obtidas por esse expediente fazem honra à época.

Contudo, apesar de o essencial à RAZÃO (τό λόγιμον, ἡ θρόνησις, *ratio, raison, reason*) ter sido corretamente conhecido, no todo e em geral, por todos os filósofos nas diversas épocas – embora não definido de maneira

---

69 "A parte racional da alma." (N. T.)

O *mundo como vontade e como representação*

suficientemente precisa e remetido a um único ponto –, por outro lado, não lhes era claro o que ENTENDIMENTO (νοῦς, διάνοια, *intellectus*, *esprit*, *intellect*, *understanding*) significava; daí o terem com frequência confundido com a razão e, por isto mesmo, não alcançaram uma definição completa, pura e simples de sua natureza. Entre os filósofos cristãos o conceito de razão recebeu uma significação subsidiária e inteiramente estranha, em contraste à revelação, e com isso em mente muitos afirmaram com justeza que o conhecimento da obrigação da virtude também é possível a partir da simples razão, vale dizer, também sem revelação. Até mesmo sobre a exposição e o uso linguístico de Kant essa consideração teve influência. Porém, esse contraste, propriamente dizendo, tem significação positiva, histórica e é por conseguinte um elemento estranho à filosofia, do qual ela tem de permanecer livre.

I 619   Seria de esperar que Kant, em suas críticas da razão teórica e da razão prática, tivesse partido de uma exposição da natureza da razão em geral e, após ter assim determinado o *genus*, avançasse // para a definição de ambas as *species*, demonstrando como uma única e mesma razão se exterioriza de duas maneiras tão diferentes, de fato anunciando-se como a mesma pela conservação da característica principal. Mas, em relação a isso, nada se encontra em suas páginas. Já demonstrei quão insuficientes, hesitantes e desarmônicas são as definições por ele dadas esporadicamente aqui e ali na *Crítica da razão pura* acerca da faculdade tema de sua crítica. Na *Crítica da razão pura* já se encontra a razão PRÁTICA sem ser anunciada, e depois a vemos lá na crítica que lhe é expressamente dedicada, como uma coisa já estabelecida, sem mais prestação de contas, sem o uso linguístico de todos os tempos e povos, o qual é pisoteado; sequer há a permissão de que as determinações conceituais dos maiores filósofos anteriores sejam ouvidas. No geral, pode-se inferir de passagens específicas que a opinião de Kant vai no seguinte sentido: o conhecimento de princípios *a priori* é uma característica essencial à razão; ora, como o conhecimento do significado ético da conduta não é de origem empírica, logo, também é um *principium a priori* e, em conformidade com isso, deriva da razão, a qual, neste sentido, é PRÁTICA. – Já discorri suficientemente sobre a falsidade dessa definição de razão. Mas, fora isso, quão superficial e infundado é usar aqui a singular

603

qualidade de ser independente da experiência para combinar as coisas mais heterogêneas, deixando de perceber as suas outras diferenças fundamentais, essenciais, incomensuráveis! Pois, embora Kant não tenha confessado, também admite que o conhecimento do significado ético da conduta brota de um imperativo presente em nós, de um DEVER incondicionado; no entanto, quão fundamentalmente diferente seria tal imperativo das FORMAS DE CONHECIMENTO em geral demonstradas na *Crítica da razão pura* como conhecidas *a priori* por nós, em virtude de cuja consciência podemos expressar previamente um TEM DE incondicional, válido para toda experiência possível a nós. No entanto, a diferença entre esse TEM DE, forma necessária de todo objeto previamente determinado no sujeito, e aquele DEVER da moralidade é tão imensa e evidente que se pode fazer valer a sua coincidência, no que diz respeito ao caráter não empírico da forma de conhecimento, como uma alegoria espirituosa, mas não como uma justificação filosófica // para identificação da origem de ambos.

Ademais, o lugar de nascimento desse filho da razão prática, o DEVER ABSOLUTO ou imperativo categórico, não é a *Crítica da razão prática*, mas já a *Crítica da razão pura*, p.802 (V, 830). O nascimento é violento e levado a efeito apenas por intermédio do fórceps de um PORTANTO, que, de modo ousado e atrevido, poder-se-ia até dizer desavergonhadamente se intromete entre duas proposições inteiramente estranhas uma à outra, sem ligação alguma, em vista de combiná-las como fundamento e consequência. Assim, Kant parte da proposição de que somos determinados não só por motivos intuitivos, mas também por abstratos, e o expressa do seguindo modo: "Não apenas o que estimula, isto é, o que afeta imediatamente os sentidos, determina o arbítrio humano, mas também possuímos uma faculdade de ultrapassar as impressões de nossa faculdade sensível de desejar, através de representações daquilo que, até mesmo da maneira mais remota, é útil ou nocivo. Semelhantes ponderações acerca daquilo que é digno de desejo em relação a toda a nossa condição, isto é, em relação ao que é bom e útil, repousam sobre a razão." (Perfeitamente correto; quem dera ele pudesse falar sempre tão racionalmente sobre a razão!) "A razão, PORTANTO (!), dá leis, que são imperativos, isto é, leis objetivas da liberdade e dizem o que deve acontecer, embora talvez nunca aconteça." (!) – Dessa forma, sem nenhu-

O mundo como vontade e como representação

ma outra credencial, o imperativo categórico pula para dentro do mundo, intentando aí mesmo exercer sua regência com seu DEVER incondicionado – cetro de ferro de pau. Pois no conceito de DEVER existe absoluta e essencialmente, como condição necessária, a referência à punição ameaçadora, ou à recompensa prometida, de que não pode ser separado sem suprimir a si e perder toda sua significação: por isso um DEVER INCONDICIONADO é uma *contradictio in adjecto*.[70] Este erro tinha de ser censurado, por mais que esteja tão intimamente aparentado com o grande mérito de Kant na ética, baseado justamente no fato de tê-la livrado de todos os princípios fincados no mundo da experiência, a saber, de todo eudemonismo direto ou indireto, bem como de ter mostrado, em sentido próprio, que o reino da virtude não é deste mundo. Esse mérito é tanto maior quando se considera que

I 621 todos os filósofos antigos, exceção feita a Platão, // portanto peripatéticos, estoicos, epicuristas, quiseram, por meio de diferentes estratagemas, identificar virtude e felicidade, tornando-as dependentes uma da outra segundo o princípio de razão ou segundo o princípio de contradição. Desta repreenda não está isento filósofo algum dos novos tempos até Kant. Por isso seu mérito aqui é muito grande: todavia a justiça exige que também se lembre aqui que, em parte, sua exposição e desenvolvimento amiúde não correspondem à tendência e ao espírito de sua ética, como logo veremos, em parte também, ele não é o primeiro a purificar a virtude de todos os princípios eudemonísticos, pois já Platão, em especial na sua *República*, cuja tendência principal é justamente essa, ensina expressamente: a virtude deve ser escolhida apenas por si mesma, mesmo se infelicidade e vergonha estiverem inevitavelmente associadas a ela. Por seu turno, o cristianismo prega, mais ainda, uma virtude inteiramente sem utilidade, praticada não em vista de recompensa numa vida após a morte, mas de forma completamente gratuita, pelo amor a Deus, visto que as obras não justificam, mas apenas a fé, que, por assim dizer, como seu simples sintoma, acompanha a virtude e por isso se apresenta espontaneamente e entra em cena por si mesma. Leia-se Lutero, *De libertate Christiana*. Não quero levar em conta os indianos, em cujos livros sagrados a esperança de uma recompensa pelas próprias obras

---

70 "Contradição nos termos." (N. T.)

é em toda parte descrita como o caminho da treva, que jamais pode levar à bem-aventurança. Tão pura não é, ao nosso ver, a doutrina kantiana da virtude; ou antes, a exposição ficou bem aquém do espírito, sim, caiu em inconsequências. No seu SOBERANO bom se encontra a virtude matrimoniada com a felicidade. O "dever", originariamente tão incondicionado, postula a seguir uma condição, para propriamente livrar-se da contradição interna, sujeitado à qual não poderia viver. A felicidade no soberano bom não deve ser propriamente o motivo para a virtude: no entanto, lá está ela como uma mercadoria contrabandeada, cuja presença torna todo o resto um mero contrato fictício: não é propriamente a recompensa da virtude, mas um dom voluntário ao qual a virtude, após o trabalho concluído, estende furtivamente as mãos abertas. Podemos nos convencer disso // pela *Crítica da razão prática* (p.223-66 da quarta edição, ou p.264-95 da edição Rosenkranz). Toda a teologia moral kantiana também possui a mesma tendência. Justamente por isso a moral anula a si mesma, pois toda virtude praticada de algum modo em função de uma recompensa repousa sobre um egoísmo astuto, metódico, que longe enxerga.

I 622

O conteúdo do "dever" absoluto, lei fundamental da razão prática, é, pois, o famoso: "Age de tal maneira que a máxima de tua vontade possa sempre valer ao mesmo tempo como princípio de uma legislação universal". – Semelhante princípio fornece, a quem demanda um regulativo para a própria vontade, a tarefa de procurar um princípio para a vontade de todos. – Surge, em seguida, a questão de como se pode encontrar semelhante regulativo. Obviamente devo, para descobrir a regra de minha conduta, levar em conta não apenas a mim mesmo, mas ainda o conjunto de todos os indivíduos. Com isso, em vez de meu bem-estar, o bem-estar de todos sem distinção se torna o meu fim. No entanto, este permanece sempre bem--estar. Descubro, então, que todos só podem sentir-se igualmente bem se cada um fizer do egoísmo alheio o limite do próprio egoísmo. Daí se segue naturalmente que não devo injuriar ninguém, porque, se este princípio for assumido como universal, também não serei injuriado. Este, porém, é o único fundamento pelo qual eu, ainda não tendo um princípio moral, mas apenas procurando um, posso desejá-lo como lei universal. Mas, manifestamente, dessa forma, o desejo pelo bem-estar, noutras palavras, o

O mundo como vontade e como representação

egoísmo, permanece a fonte do princípio ético. Como base da ciência do Estado isso seria excelente, mas como base da ética é sem valor. Pois quem almeja estabelecer um regulativo para a vontade de todos — exatamente o que é proposto por aquele princípio moral — precisa ele mesmo necessariamente de um regulativo, do contrário tudo lhe seria indiferente. Esse regulativo, todavia, só pode ser o próprio egoísmo. Apenas sobre este a conduta de outrem exerce influência, por conseguinte, apenas por meio dele, levando-o em consideração, pode alguém ter uma vontade concernindo à conduta de outrem e assim esta não lhe ser indiferente. Kant mesmo, muito ingenuamente, dá isto a conhecer, p.123 da *Crítica da razão prática* (edição Rosenkranz, p.192), em que assim expõe a // procura da máxima da vontade: "Se cada um olhasse a necessidade do outro com total indiferença e TU PERTENCESSES a uma tal ordem de coisas, terias nisto consentido?" – *Quam temere in nosmet legem sancimus iniquam!*[71] seria o regulativo do consentimento requerido. Igualmente na *Fundamentação da metafísica dos costumes*, p.56 da terceira edição, p.50 da edição Rosenkranz: "Uma vontade que resolvesse não prestar assistência a ninguém na necessidade entraria em contradição consigo mesma, pois podem ocorrer casos nos quais NECESSITA DO AMOR E DA AJUDA DOS OUTROS", e assim por diante. Este princípio da ética que, por consequência, examinado mais de perto, nada é senão uma expressão indireta e floreada do antigo e simples princípio *quod tibi fieri non vis, alteri ne feceris,*[72] refere-se primária e imediatamente ao passivo, ao sofrimento, e só assim, por meio disso, ao agir. Por conseguinte, como dissemos, é muito útil como fio condutor para a instituição do ESTADO, o qual é dirigido à prevenção do SOFRER INJUSTIÇA e gostaria de proporcionar a cada um e a todos a maior soma de bem-estar; contudo, na ética — em que o objeto de investigação é o AGIR enquanto AGIR em sua significação imediata para o AGENTE, não a sua consequência, o sofrimento, ou a sua referência a outros — aquela consideração não é de modo algum admissível, na medida em que, no fundo, cai outra vez no princípio de felicidade, portanto no egoísmo.

---

71 "Quão facilmente sancionamos a lei que fala contra nós mesmos!" (N. T.)

72 "Não faz a outrem o que não desejes que façam a ti." (N. T.)

Eis por que não podemos compartilhar da alegria que Kant sentiu ao achar que seu princípio da ética não é de modo algum um princípio material, isto é, um princípio que põe um objeto como motivo, e assim tal princípio seria meramente formal ao corresponder simetricamente às leis formais que a *Crítica da razão pura* nos ensinou. Decerto, em vez de uma lei, é apenas a fórmula para descobri-la. Mas em parte tínhamos esta fórmula já resumida e apresentada claramente no *quod tibi fieri non vis, alteri ne feceris*, em parte a análise da fórmula mostra que única e exclusivamente a consideração da própria felicidade lhe dá o seu conteúdo, portanto só pode servir ao egoísmo racional, ao qual também todas as constituições legais agradecem sua origem.

I 624 Um outro erro que, por ofender a sensibilidade de cada um, // é com frequência censurado e foi satirizado por Schiller num epigrama[73] é o pedante preceito de que um ato, para ser verdadeiramente bom e meritório, tem de ser executado única e exclusivamente a partir do respeito à lei reconhecida e segundo uma máxima conhecida pela razão *in abstracto*, mas não por inclinação, não a partir da benevolência sentida em relação aos outros, não a partir da simpatia terna, compaixão ou sentimentos do coração, os quais (segundo a *Crítica da razão prática*, p.213; edição Rosenkranz, p.257) são até mesmo nocivos às pessoas bem-pensantes, porque confundem suas máximas deliberadas; ao contrário, o ato tem de ser praticado de mau grado e por autoconstrangimento. Que se leve aí em conta que a esperança da recompensa não deve exercer influência alguma, para medir-se o grande absurdo da exigência. Porém, e isto é ainda mais significativo, tudo isso é diretamente oposto ao espírito da virtude: não o ato, mas a boa vontade nele, o amor, do qual provém e sem o qual é uma obra morta, constitui ali o elemento meritório. Por isso o cristianismo ensina, com justeza, que todas as obras exteriores são sem valor, caso não provenham daquela genuína disposição de caráter que consiste na verdadeira boa vontade e amor puro; também ensina que não são as obras executadas (*opera operata*), mas a fé,

---

73 Repetindo, o epigrama se chama escrúpulo de consciência, e soa: *Gerne dien' ich den Freunden, doch thu' ich es leider mit Neigung, / Und so wurmt es mir oft, dass ich nicht tugenhhaft bin.* (De bom grado sirvo aos amigos, mas infelizmente o faço com inclinação, / E então amiúde corrói-me o interior, visto que não sou virtuoso.) (N. T.)

O mundo como vontade e como representação

a disposição autêntica de caráter, exclusivamente concedida pelo Espírito Santo, não produzida pela vontade livre e deliberada que apenas tem a lei em vista, aquilo que torna alguém bem-aventurado e redimido. – Com aquela exigência kantiana, de que toda ação virtuosa deva acontecer friamente e sem inclinação alguma a partir do respeito puro e ponderado à lei, e de acordo com as suas máximas abstratas e em verdade contra a inclinação, é precisamente como se afirmássemos que toda autêntica obra de arte teria de nascer mediante um emprego bem ponderado de regras estéticas. Uma coisa é tão pervertida quanto a outra. A questão, já antes tratada por Platão e Sêneca, se a virtude pode ser ensinada, deve ser respondida negativamente. Por fim temos de reconhecer – o que também deu origem à doutrina cristã da eleição pela graça – que no principal e em seu interior a virtude é em certa medida inata como o gênio e, assim, os professores de estética, com todas as suas forças reunidas, são tão incapazes de atribuir a alguém a capacidade de // produções geniais, isto é, de autênticas obras de arte, quanto o são todos os professores de ética e pregadores da virtude de transformar um caráter não nobre num caráter virtuoso e nobre. Impossibilidade muito mais óbvia que a transformação do chumbo em ouro. A procura de uma ética e de um princípio supremo dela que teriam influência prática e efetivamente iriam transformar e melhorar o gênero humano assemelha-se à procura da pedra filosofal. – Mas já falei suficientemente no fim do quarto livro da presente obra sobre a possibilidade de uma completa mudança na mentalidade humana (renascimento), não por conhecimento abstrato (ética), mas por conhecimento intuitivo (efeito da graça). O conteúdo de tal livro me isenta em geral da necessidade de aqui demorar-me mais tempo no assunto.

Que Kant de forma alguma tenha penetrado na significação própria do conteúdo ético das ações, por fim ele mesmo o mostra em sua doutrina do soberano bom como a unificação necessária entre virtude e felicidade. Unificação na qual a virtude tornaria a felicidade merecedora de dignidade. Porém, já aqui a censura lógica o atinge, pois o conceito de dignidade, que aqui atribui a medida, previamente pressupõe uma ética como sua própria medida, portanto não se pode partir dele. Em nosso quarto livro concluímos que toda virtude autêntica, após ter atingido o seu mais elevado grau, ao fim leva a uma plena renúncia, na qual todo querer encontra o seu término:

a felicidade, ao contrário, é um querer satisfeito; virtude e felicidade são, assim, fundamentalmente incompatíveis. Quem tiver sido esclarecido e convencido por minha exposição não precisa de nenhuma discussão extra sobre a completa perversão da visão kantiana do soberano bom. E independentemente de minha exposição positiva não tenho aqui nenhuma exposição negativa a dar.

O amor de Kant à simetria arquitetônica entra em cena diante de nós também na *Crítica da razão prática*, quando lhe dá todo o mesmo talhe da *Crítica da razão pura*, servindo-se de novo dos mesmos títulos e formas, com evidente arbítrio, o qual é visível especialmente na tábua das categorias da liberdade.

* * *

I 626   // Uma das obras mais tardias de Kant é a DOUTRINA DO DIREITO, e é tão fraca que, embora a rejeite inteiramente, considero supérflua uma polêmica contra ela, pois parece não ser a obra desse grande homem, mas o rebento de um filho comum da Terra, que há de morrer de morte natural por sua própria fraqueza. Renuncio, portanto, em relação à *Doutrina do direito*, ao procedimento negativo e remeto-me ao positivo, logo, aos poucos traços fundamentais da mesma estabelecidos no nosso quarto livro. No momento só cabem algumas poucas observações gerais sobre a doutrina. Os erros que censurei quando da consideração da *Crítica da razão pura* como inerentes em toda parte a Kant são encontrados na doutrina do direito num tal excesso que amiúde se acredita ler uma paródia satírica do estilo kantiano, ou ao menos ouvir o discurso de um kantiano. Dois erros básicos, contudo, encontram-se ali. Ele quer (e muitos o quiseram depois) separar rigorosamente a doutrina do direito da ética. Todavia, não torna a primeira dependente de uma legislação positiva, isto é, coerção arbitrária, mas deixa subsistir por si mesmo, de maneira pura e *a priori*, o conceito de direito. Só que isso não é possível, porque a conduta, fora do seu significado ético e da sua referência física aos outros, portanto da coerção exterior, de modo algum admite um terceiro ponto de vista, mesmo se meramente possível. Em consequência, quando Kant diz: "Dever jurídico é aquele que PODE ser objeto de coerção", este PODE deve ser entendido ou fisicamente, e assim todo direito é positivo e arbitrário, e portanto toda arbitrariedade que se pode impor é direito; ou este PODE deve ser entendido eticamente e estamos aqui de novo no domínio da ética. Em Kant, conseguintemente, o conceito de direito oscila entre o céu e a terra, sem chão algum no qual possa pisar. No meu caso, ele pertence à ética. Em segundo lugar, sua determinação do conceito de direito é completamente negativa, logo, insuficiente:* "Direito é aquilo compatível com // a coexistência das liberdades dos indivíduos um ao lado do outro segundo uma lei universal". — Liberdade (aqui a empírica, isto é, física, não a liberdade moral da vontade) significa o não ser impedido e é portanto mera negação; por sua vez, coexistência tem exatamente a mesma significação. Com isso permanecemos em simples negações e não obtemos conceito positivo algum. De fato, jamais saberemos do que se trata, a não ser que o saibamos de maneira diferente. — Na discussão, as mais absurdas opiniões são desenvolvidas, como a de que no estado de natureza, isto é, fora do Estado, não haveria direito algum à propriedade. Isso significa propriamente: todo direito é positivo, e assim o direito natural está fundado no direito positivo, quando o inverso deveria ser o caso. Mais adiante, encontra-se a fundamentação da aquisição legal pela posse; a obrigação ética para instituir a constituição civil; o fundamento do direito penal, e assim por diante: tudo aquilo que, como disse, não acredito merecer refutação alguma. Entrementes, tais erros kantianos exerceram uma influência muito prejudicial ao confundir e obscurecer verdades há muito tempo conhecidas e expressas, dando ensejo a teorias estranhas, centenas de páginas e muitas disputas. Decerto isso não pode perdurar, e em breve veremos como a verdade e a razão sadia de novo abrirão o seu caminho: desta última tendência dá testemunho, em oposição a tantas teorias disparatadas, especialmente o *Naturrecht* de J. C. F. Meister, embora não o considere um modelo de perfeição alcançada.

* * *

---

* Embora o conceito de direito seja propriamente um conceito negativo, em oposição ao de injustiça, que é o ponto de partida positivo, a explanação de tais conceitos não pode ser totalmente negativa.

Após tudo o que foi dito até agora só posso ser bastante breve em relação à CRÍTICA DA FACULDADE DE JUÍZO. É admirável como Kant, a quem a arte sempre permaneceu muito estranha e que, segundo tudo indica, pouca receptividade possuía para o belo, sim, provavelmente nunca teve oportunidade de ver uma obra de arte significativa, e por fim até mesmo parece que não teve notícia alguma do gigante que o ombreava, Goethe, único homem de seu século e de sua nação para ser colocado ao seu lado – é admirável, ia dizer, como, apesar de tudo isso, // Kant foi capaz de prestar com mérito à consideração filosófica sobre a arte e sobre o belo um serviço duradouro. Mérito que consiste no fato de, por mais que se tivesse feito considerações sobre o belo e sobre a arte, ainda assim sempre se considerava a coisa apenas do ponto de vista empírico, baseando-se em fatos; investigava-se qual propriedade diferenciava o objeto chamado BELO, de qualquer espécie, dos outros objetos da mesma espécie. Por esse caminho, primeiro se alcançaram princípios bem específicos, em seguida gerais. Procurou-se separar o autêntico belo artístico do inautêntico e descobrir quais eram as características dessa autenticidade que depois podiam servir como regras. O que agradava como belo, o que não, o que devia ser imitado, almejado, o que devia ser evitado, quais regras, ao menos negativamente, deviam ser fixadas, em síntese, qual o meio para suscitar a satisfação estética, ou seja, quais eram as condições presentes no OBJETO propícias a isso – eis aí, quase exclusivamente, o tema de todas as considerações sobre a arte. Aristóteles percorreu tal caminho, no qual ainda encontramos nos tempos recentes Hume, Burke, Winkelmann, Lessing, Herder e muitos outros. Em realidade, a generalidade dos princípios estéticos descobertos conduzia em última instância ao sujeito, e notou-se que, quando o efeito sobre este era apropriadamente conhecido, podia-se também determinar *a priori* a sua causa presente no objeto, e só nesses moldes a consideração podia atingir a segurança de uma ciência, o que ocasionou aqui e ali discussões psicológicas. E especial com essa intenção, Alexandre Baumgarten elaborou uma estética geral de todo belo, em que partiu do conceito de perfeição do conhecimento sensível, portanto intuitivo. Com o estabelecimento desse conceito, todavia, a parte subjetiva foi logo abandonada, e se caminhou rumo à parte objetiva e à prática a ela relacionada. – Ora, aqui também foi reservado a Kant o mérito de investigar séria e profundamente O ESTÍMULO MESMO em virtude do qual declaramos BELO o objeto que o ocasiona, para, se possível, descobrir suas partes constituintes e as condições destas em nossa mente. A investigação de Kant, por conseguinte, tomou direção inteiramente subjetiva. Este // era manifestamente o caminho correto, pois, para explanar uma dada aparência em seus efeitos e determinar a fundo a natureza de sua causa, primeiro tem-se de conhecer de forma precisa o próprio efeito. Porém, o mérito de Kant não vai muito além de ter mostrado o caminho correto e, assim, ter dado, por uma tentativa isolada, um exemplo de como mais ou menos se deveria proceder. De fato, o que nos legou não pode ser considerado como verdade objetiva e ganho real, mas apenas forneceu o método da investigação, pavimentou o seu caminho, sem ter ido ao fim.

Em referência à crítica da faculdade de juízo estética, antes de tudo se nos impõe a observação de que Kant mantém o método que é peculiar a toda a sua filosofia (por mim considerado em detalhe mais acima), quero dizer, o partir do conhecimento abstrato para fundamentação do intuitivo, de tal modo que o primeiro serve, por assim dizer, de *camera obscura*, na qual o segundo é fixado e examinado. Ora, assim como na *Crítica da razão pura* as formas do juízo deviam dar informação sobre o conhecimento de todo o nosso mundo intuitivo, também na crítica da faculdade de juízo estética Kant não parte do belo mesmo, intuitivo, imediato, mas do JUÍZO sobre o belo, do chamado, e muito feiamente, juízo de gosto. Este é para ele o problema. Em especial lhe chama atenção a circunstância desse juízo ser manifestamente a expressão de um processo que ocorre no sujeito, no entanto tão universalmente válido como se concernisse a uma propriedade do objeto. Eis o que o impressionou, não o belo mesmo. Ele parte, sempre, apenas da declaração de um outro, do juízo sobre o belo, não do belo mesmo. É como se o conhecesse apenas e tão somente de ouvir dizer, não imediatamente, parecido a um cego que, altamente perspicaz, poderia, do que ouviu dizer das cores, compor uma doutrina sobre as mesmas. E de fato devemos considerar os filosofemas de Kant sobre o belo quase que exclusivamente em tais moldes. Então acharemos que sua teoria é bastante engenhosa e aqui e ali faz observações pertinentes e universalmente verdadeiras, porém a solução propriamente dita do problema é tão insuficiente, permanece tão

I 630 profundamente abaixo // da dignidade do objeto, que jamais nos poderia ocorrer tomá-la como verdade objetiva. Por isso até mesmo me isento de sua refutação, aqui também remetendo à parte positiva de meu escrito.

Em relação à forma de todo o livro, deve-se observar que ela se originou da intelecção de encontrar no conceito de FINALIDADE a chave para o problema do belo. Tal intelecção é deduzida, o que em geral não é difícil, como o aprendemos a partir dos sucessores de Kant. Com isso nasce aquela combinação barroca entre conhecimento do belo e conhecimento da finalidade dos corpos naturais em UMA faculdade de conhecimento, chamada FACULDADE DE JUÍZO, e o tratamento desses dois objetos heterogêneos em um livro. Com estas três faculdades de conhecimento, razão, faculdade de juízo e entendimento são subsequentemente feitas diversas brincadeiras simétrico-arquitetônicas, mania que se mostra de diversas formas no livro já no talhe da *Crítica da razão pura* violentamente adaptado a todo ele, em especial na antinomia, puxada pelos cabelos, da faculdade de juízo estética. Poder-se-ia também ali fazer uma acusação de grande inconsequência, pois, após ter sido incansavelmente repetido na *Crítica da razão pura* que o entendimento é a faculdade de julgar, e após as formas de seus juízos terem sido transformadas em pedra fundamental de toda filosofia, entra agora em cena uma faculdade de juízo inteiramente peculiar e por completo diferente daquela outra. De minha parte, no entanto, o que chamo de faculdade de juízo, a saber, a capacidade em transmitir o conhecimento intuitivo ao abstrato, e de novo aplicar o conhecimento abstrato de maneira correta ao intuitivo, foi discutido na parte positiva deste meu escrito.

De longe o que há de mais excelente na *Crítica da faculdade de juízo* é a teoria do sublime. Ela é incomparavelmente mais bem-sucedida que a teoria do belo e dá não apenas, como esta, o método geral da investigação, mas também um trecho do correto caminho, de maneira que, embora não forneça a solução propriamente dita do problema, chega bem perto dela.

I 631 Na crítica da faculdade de juízo TELEOLÓGICA pode-se, // devido à simplicidade do assunto, reconhecer mais do que em qualquer outra parte o raro talento kantiano em girar um pensamento daqui para acolá, expressá-lo de diversas formas, até que surja um livro. Todo o livro quer dizer apenas uma coisa: embora os corpos organizados necessariamente apareçam a nós como se fossem compostos segundo um conceito prévio de finalidade, de modo algum temos a autorização de assumir isto objetivamente. Pois nosso intelecto, ao qual as coisas são dadas de fora, e que portanto jamais conhece o interior delas (mediante o qual nascem e existem), mas só o seu lado exterior, não pode tornar apreensível uma certa índole própria aos produtos orgânicos da natureza, a não ser por analogia, na medida em que os compara com as obras humanas produzidas intencionalmente, cuja índole é determinada por um conceito de finalidade. Essa analogia é suficiente para nos tornar compreensível a concordância de todas as suas partes com o todo e assim serve como fio condutor para sua investigação, mas de maneira alguma a analogia pode ser tomada como fundamento de explanação da origem e da existência de tais corpos. A necessidade de assim os conceber é de origem subjetiva. – É aproximadamente assim que eu resumiria o ensinamento de Kant. No principal ele já o expôs na *Crítica da razão pura*, p.692-702 (V, 720-730). No entanto, também no reconhecimento DESTA verdade encontramos em David Hume o merecidamente célebre precursor de Kant: também Hume já havia contestado severamente aquela assertiva na segunda parte de seu *Dialogues Concerning Natural Religion*. A diferença entre a crítica humeana e a kantiana referente àquela assertiva consiste principalmente no fato de Hume a criticar como uma hipótese apoiada na experiência, enquanto Kant, ao contrário, como apriorística. Ambos têm razão e suas exposições se complementam. Sim, o essencial do ensinamento kantiano sobre o tema já encontramos expresso no comentário de Simplício à física de Aristóteles Ἡ δὲ πλάνη γέγονεν αὐτοῖς ἀπὸ τοῦ ἡγεῖσθαι, πάντα τὰ ἕνεκά του γινόμενα κατὰ προαίρεσιν γενέσθαι καὶ λογισμόν, τὰ δὲ φύσει μὴ οὕτως ὁρᾶν γινόμενα. (*Error iis ortus est ex eo, quod credebant, omnia, quae propter finem aliquem fierent, ex proposito et ratiocinio // fieri, dum videbant, naturae opera non ita fieri.*) *Schol. in Arist. ex. edit. Berol.* p.354.[74] Kant tem plena razão no assunto: também era necessário que, após ter sido mostrado que o conceito de causa e efeito não se aplica ao todo da natureza em geral segundo sua existência,

I 632

---

74 "[Demócrito e Epicuro] erram ao pensar que tudo o que acontece em virtude de um fim só pode basear-se num propósito e numa deliberação, enquanto por outro lado notavam que os produtos da natureza não surgiam dessa maneira." (N. T.)

também fosse mostrado que, conforme sua índole, a natureza não pode ser pensada como efeito de uma causa guiada por motivos (conceito de finalidade). Caso se pense na grande plausibilidade da prova físico-teológica, que até mesmo VOLTAIRE considerava irrefutável, era da maior importância mostrar que o subjetivo de nossa apreensão, para o qual Kant reivindicou espaço, tempo e causalidade, estende-se também ao nosso julgamento dos corpos naturais e, por conseguinte, a necessidade que sentimos em pensá--los como surgidos premeditadamente segundo conceitos de finalidade, logo, por uma via ONDE A REPRESENTAÇÃO DOS MESMOS TERIA PRECEDIDO SUA EXISTÊNCIA, é de origem tão subjetiva quanto a intuição do espaço a expor-se objetivamente, a qual, entretanto, não pode valer como verdade objetiva. A discussão kantiana do assunto, tirante a prolixidade e repetição cansativas, é admirável. Com razão afirma que jamais chegaremos a explicar a índole dos corpos orgânicos a partir de simples causas mecânicas, entre as quais entende o efeito não intencional e regular de todas as forças universais da natureza. Contudo, ainda uma lacuna se encontra ali. Kant nega essa possibilidade de explicação só no que tange à finalidade e à intencionalidade aparente dos corpos ORGÂNICOS. Nós, entretanto, achamos que também onde isso não tem lugar, os fundamentos de explanação não podem ser transferidos de UM domínio da natureza para outro, mas, tão logo entramos em um novo domínio, eles nos abandonam e, no lugar deles, entram em cena novas leis fundamentais, cuja explanação não se pode de maneira alguma esperar daquelas pertencentes ao domínio anterior. Assim, no domínio do mecânico propriamente dito regem as leis de gravidade, coesão, rigidez, fluidez, elasticidade, as quais em si (abstração feita da minha explanação de todas as forças da natureza como graus de objetivação da vontade) existem

I 633   como exteriorizações de forças não mais explicáveis, // mas constituem elas mesmas os princípios de toda ulterior explicação, que consiste meramente numa remissão a elas. Caso deixemos esse domínio e passemos às aparências do quimismo, eletricidade, magnetismo, cristalização, aqueles princípios não são mais utilizáveis, sim, aquelas leis não valem mais. Essas forças são dominadas por outras, e as aparências entram em contradição direta com elas, segundo novas leis fundamentais, que, precisamente como as primeiras, são originárias e inexplicáveis, isto é, não mais remissíveis a leis mais

O mundo como vontade e como representação

universais. Assim, por exemplo, jamais conseguiremos explicar, segundo as leis do mecanismo propriamente dito, a solução de um sal na água, para não mencionar as aparências mais complicados da química. No segundo livro do presente escrito tudo isso foi exposto detalhadamente. Uma elucidação desse tipo, ao que me parece, teria sido de grande serventia na crítica da faculdade de juízo teleológica, e teria espalhado muita luz sobre o ali dito. Semelhante elucidação teria sido especialmente favorável à excelente indicação kantiana de que um conhecimento mais profundo da essência em si, cuja aparência são as coisas na natureza, indicaria, tanto no fazer-efeito mecânico (conforme leis) quanto no fazer-efeito aparentemente intencional da natureza, um único e mesmo princípio último, o qual poderia servir como fundamento comum para a explicação de ambos. Espero ter fornecido um tal princípio mediante o estabelecimento da vontade como a coisa em si propriamente dita; em geral, de acordo com isso, em nosso segundo livro e em seus suplementos, mas sobretudo no meu escrito *Sobre a vontade na natureza*, talvez tenha-se tornado mais clara e profunda a intelecção na essência íntima da aparente finalidade e na harmonia e consonância de toda a natureza. Eis por que nada mais tenho a falar aqui sobre o assunto. —

O leitor a quem interessa esta minha *Crítica da filosofia kantiana* não pode deixar de ler o suplemento dela, sob o título "Ainda algumas elucidações da filosofia kantiana", presente no segundo ensaio do primeiro tomo do meu *Parerga e paralipomena*. Pois é preciso ter em mente que meus escritos, poucos que sejam, // não foram compostos ao mesmo tempo, mas sucessivamente, no decorrer de uma longa vida e com amplos intervalos; logo, não se deve esperar que tudo o que disse sobre um tema também apareça reunido num único lugar.

Índice onomástico

A

Adão, 324, 381, 469, 470
Agamenon, 177
Agostinho, 147, 232, 449, 469, 470,
  471, 489
Alfieri, 218, 220
Anacreonte, 288
Anaxágoras, 551
Anselmo de Canterbury, 587
Apeles, 469
Apolo, 260
Apolo de Belvedere, 205
Aquiles, 275
Aristóteles, XXXV, 55, 56, 85, 127,
  166, 171, 214, 220, 244, 301, 339,
  383, 401, 427, 497, 535, 539, 544,
  551-2, 565, 574, 575, 578, 591,
  594, 597, 612, 615
Arjuna, 328

B

Baco, 260
Bacon, Francis, 98, 123, 593
Baumgarten, 612
Bayle, 465, 471
Bellori, 275
Berkeley, XXXIX, 4, 45, 492, 504, 515
Bodhisattva, 442

Böhme, Jacob, 66, 170, 254, 358
Brahmā, 318, 562
Brahman, 477
Bruno, Giordano, 30-1, 329, 435, 490,
  574
Buddha, 442
Burke, 612
Byron, 209, 220, 290

C

Calderón (de la Barca), 20, 293-4, 412
Cervantes, 277
Champolion, 280
Cícero, 105, 220, 349, 541, 598, 599,
  601, 602
Cleantes, 106
Copérnico, 486
Corneille, 295
Correggio, 268, 274, 276, 476

D

Dante, 230, 377
Demócrito, 30, 143, 220, 593, 601,
  615
Descartes, XV, 4, 143, 164, 338, 345,
  489, 490, 498, 501, 587
Diógenes, 136, 151
Duns Skotus, 100

Arthur Schopenhauer

E

Eckermann, 324
Empédocles, 171, 257, 475
Epicteto, 105, 105, 347
Epicuro, 30, 34, 227, 573, 593, 615
Erdmann, 488
Eros, 383
Espinosa, 9, 31, 90, 96, 100, 102, 147, 206, 329, 338, 345, 426, 436, 445, 447, 490, 494, 582
Estobeu, 102, 106, 339
Euclides, 61, 82, 83, 84, 85, 86, 88, 218
Euler, 49, 148

F

Fichte, XXXVI, 30, 37, 38, 39, 144, 498, 506

G

Goethe, V, XLII, 25, 67, 94, 143, 169, 214, 218, 220, 223, 228, 255, 262, 264, 278, 289, 324, 329, 382, 447, 455, 459, 482, 485, 498, 612
Gozzi, 211
Gracian, 278
Guyon, 446, 453

H

Hamlet, 239, 278, 293, 295, 309, 376
Haydn, 305
Hegel, XVI, XVII, XXXVII, 485, 498
Helvétius, 257
Heráclito, 9
Hércules, 260, 481
Herder, 47, 612
Hesíodo, 383
Hobbes, 19, 324, 352, 386, 396, 405
Homero, 211, 263, 278, 281, 291
Horácio, 220, 239, 293, 369, 600, 601
Hume, 16, 46, 80, 485, 590, 592, 612, 615

I

Ifigênia, 219
Íxion, 226, 227

J

Jacobi, 84, 200
Jesus, 440, 470

K

Kant, XIX, XXVIII, XXIX, XXXIV, XXXIX, XXXIX, XLII, 4, 5, 6, 7, 9, 12, 13, 15, 19, 36, 38, 39, 45, 51, 71, 75, 79, 80, 84, 91, 93, 99, 101, 102, 115, 124, 139, 140, 141, 151, 156, 166, 173, 178, 181, 196, 197, 198, 199, 200, 201, 202, 231, 234, 313, 315, 316, 334, 335, 338, 389, 390, 400, 403, 425-6, 436, 436, 473, 482, 483, 484, 485, 486, 487, 488, 489, 491, 492, 493, 494, 495, 496, 497, 498, 499, 500, 502, 503, 504, 505, 506, 507, 508, 509, 510, 511, 512, 513, 514, 515, 516, 517, 518, 519, 520, 521, 522, 523, 524, 525, 527, 528, 529, 531, 535, 539, 543, 544, 545, 546, 548, 549, 550, 551, 554, 555, 556, 557, 559, 560, 561, 562, 564, 565, 566, 569, 570, 571, 574, 575, 576, 577, 578, 579, 580, 581, 582, 583, 584, 587, 588, 590, 591, 593, 594, 597, 602, 603, 604, 605, 607, 608, 609, 610, 611, 612, 613, 614, 615, 616
Kepler, 78, 79, 84, 123
Krishna, 328, 329
Kleist, 277

L

Lamarck, 165
Laocoonte, 261-2, 263, 264
Laplace, 173

O mundo como vontade e como representação

Lavoisier, 25
Leibniz, 44, 57, 100, 200, 296, 306, 471, 485, 488, 549, 550, 588, 590, 602
Lessing, 261, 262, 493, 612
Lívio, 448
Locke, 44, 484, 485, 549, 550, 601, 602
Lucrécio, 371

M
Malebranche, XXXIX, 468, 471, 492
Maquiavel, 596
Māyā, IX, X, XVIII, XIX, XX, 9, 20, 293, 316, 328, 383, 408-9, 424, 430, 433, 439-40, 461-2, 486-7, 572
Marte, 263
Minerva, 263, 276
Münchhausen, 32

N
Nemesis, 275, 433
Newton, 25, 57, 143, 148, 166

O
Ofélia, 223, 295
Ovídio, 356

P
Parmênides, 84, 127, 383
Pascal, 430
Paulo, 239, 340
Perséfone, 278
Petrarca, XLII, XLV, 437, 459
Píndaro, 20
Pitágoras, 77, 84, 86, 307, 414
Platão, XVII, XXIX, XXXV, 9, 20, 37, 75, 84, 93, 97, 102, 129, 150, 151, 193, 195, 196, 197, 198, 199, 200, 201, 202, 203, 209, 214, 220, 244, 245, 247, 270, 278, 300, 313, 316, 331, 366, 398, 405, 414, 426, 458,

474, 483, 485, 486, 487, 490, 551, 563, 564, 566, 602, 605, 609
Plutarco, 448, 563

R
Racine, 219
Rafael, XX, 264, 268, 309, 476
Raimund Lullius, 457
Robespierre, 423
Rochefoucault, 386
Rosenkranz, 13, 181, 335, 501, 505, 510, 580, 583-4, 606-8
Rossini, 303
Rousseau, 220, 307, 597
Ruysdael, 228

S
Schelling, XVII, XXXVI, 167, 498, 506-7, 579
Schiller, XXI, 71, 285, 608
Schleiermacher, 61
Schulze, 505, 508, 531, 547
Sêneca, 10, 68, 220, 340, 347, 405, 609
Sexto Empírico, 55, 84, 307, 551, 589
Shakespeare, 20, 258, 294, 458
Śiva, 318-9, 384, 462
Sócrates, 188, 245, 307, 435, 554, 571
Sófocles, 20, 263, 294
Suarez, 74, 131, 145, 177, 489, 564

T
Tales, 30, 188
Tântalo, 226
Tiestes, 433
Tischbein, 359
Torricelli, 86

U
Ungolino, 377
Upanishads, IX, XXIX, 238, 327, 412

Arthur Schopenhauer

V

Vedas, XXIX, 9, 20, 102, 238, 412, 413, 434, 441, 450, 486, 572
Virgílio, 262, 263
Vishnu, IX, 318, 462
Voltaire, 293, 294, 479, 616

W

Wieland, 220

Winkelmann, 612
Wolff, 57, 539, 566, 588

X

Xerxes, 328

Z

Zenão, 105, 106, 339

Índice de assuntos

A

Abnegação, 448

Absoluto, XXXVI, 30, 99, 155, 173, 314-5, 420-1, 451, 473-4, 513, 537, 559, 559-60, 572, 604, 606

Absurdo, XXXIII, XLIV, 17, 45, 165-6, 263, 275, 284, 321, 354, 376, 378, 448, 470, 474, 559, 573, 608

Ação, XVIII-XIX, 10, 23, 24, 26, 43, 46, 59, 65, 66, 70, 71, 73, 95, 99-101, 116-8, 121, 125, 126, 129, 132-4, 136, 138, 145-6, 175, 176, 199, 231, 258-9, 263, 264, 266, 283, 285, 295, 304, 313, 330, 334-5, 337-8, 340-1, 347, 357, 364, 379, 393-6, 414, 423, 430, 434, 448, 462, 475, 489, 511, 519, 531-6, 547, 595, 599, 609

Acaso, 21, 46, 72, 81, 104, 146, 155, 174, 212, 221, 237, 276, 291, 292-3, 294, 322, 365, 374, 376, 398, 407-8, 410, 427, 443, 447, 534, 569, 583, 588-92, 596, 600

Acidente, 12, 209, 438, 531, 565, 566

Afeto, 71, 118, 125, 219, 253, 260-1, 289, 343, 348

Afinidade, XLI, 197, 357

Afirmação da vontade, 379-4, 387-8, 393-5, 397, 441, 465, 469-70

Agir, 8, 70-71, 87, 99, 117-8, 124-6, 135-37, 155, 187, 189, 219, 254, 313, 326, 332-4, 337-42, 343-4, 347, 353, 390-1, 397, 429, 467, 472, 595, 607

Alegoria, 273-80, 444, 604

Alegria, XV, XXI, XXIV, 26, 104, 231-2, 249, 252, 255, 289, 293, 296, 302, 346, 354, 363, 366-69, 371-72, 377, 386, 409, 410, 422, 432, 452, 459-61, 476, 504, 587, 608

Alma, XIX, XXXV, XLIII, 148, 209, 296, 300, 304, 338, 444, 445-7, 482, 486, 500, 545, 562, 565, 566, 568-9, 587, 590, 594, 598, 602

Amizade, 60, 436

Amor, 60, 148, 211, 288, 311, 362, 365, 383, 401, 416, 427, 433, 435-9, 448, 450, 455, 461, 472, 499, 520, 543, 546, 550, 565, 569-70, 587, 605, 608-10

Anarquia, 398

Angústia, 105, 179, 234, 261, 344, 359, 365, 433

Animal, XIX, 13, 23, 25, 31, 35, 43-4, 46, 81, 99, 100-2, 114, 123, 126-7,

135-7, 143, 145-6, 149, 152-3, 159, 165-6, 169, 171-2, 174-6, 179, 180-1, 185, 190, 198-9, 210, 222, 236, 282, 299, 300, 325, 334, 344-8, 359-61, 364, 383, 401, 413, 432, 436, 441-2, 450, 468, 509, 526, 542, 551, 560-3, 566, 585, 598, 599, 601

Antecipação, 42, 257-8, 368

Antinomia, 34, 35, 560, 570, 572, 574, 576-80, 584-7, 614

Aparecimento, IX, X, XLV, 14, 36, 115, 125-6, 129, 137, 139, 142-3, 146, 149, 152, 154-64, 166, 172-3, 176, 178, 181-3, 185, 187, 191, 207, 210, 247, 253, 256, 259, 273, 298, 317-22, 340, 344, 357, 370, 380, 397, 447, 464, 581, 586

Aparência, IX, X, XIV, XVIII, XIX, XX, XXXIII, XXXIV, 7-11, 25-8, 36-8, 67, 95-7, 113-5, 117-9, 121-42, 144, 146, 149-91, 195, 197-202, 204, 209-15, 218-9, 222, 235, 237-9, 246-7, 256, 258, 282-6, 293, 302, 304-5, 307, 315-21, 323, 325-8, 330-5, 337-8, 348-9, 351, 354, 356, 358-61, 370, 372, 378-381, 384-90, 394-5, 400-1, 408-11, 414-7, 422-6, 429-34, 439-41, 443-4, 447, 453-9, 461-9, 475-6, 484-7, 489, 491-3, 495, 502-4, 506, 511-2, 518, 525, 542, 547, 552, 560, 564, 579-86, 593-4, 613, 616-7

Apercepção, 215, 497, 511-12, 518, 523

Apetite, 43, 148, 241, 357, 378, 600

Apreensão, XIX, 26, 68, 150, 199, 204, 217, 227, 230, 237, 240, 246, 250-1, 253, 269-71, 278, 330-1, 333, 344, 373, 484, 486, 488, 495, 518, 520, 523, 566, 616

Arbitrário, 105, 569-70, 601, 610

Arbítrio, 13, 345, 468-70, 604, 610

Argúcia, 25, 89, 211

Aritmética, 33, 64, 65, 89-90, 92, 143, 296, 299, 471

Arquitetura, 235, 244-6, 248-52, 296, 498

Arrependimento, 342-4, 348, 353, 372

Arte, XV-XVII, XX-XXI, XXXVII, 41, 51, 56-7, 67-8, 70-1, 177, 193, 213-4, 216, 218, 221, 224, 230, 240-3, 244-6, 247, 251-2, 256, 257, 263-5, 266-7, 268-78, 280-2, 292, 296-8, 301-3, 308-9, 314, 317, 333, 352, 362-3, 371-2, 376, 427, 436, 476, 609, 612

Artefato, 39, 244

Artifício, 56, 571

Artista, 51, 225, 227, 241, 251, 256-7, 262, 264, 269, 271, 273, 287, 292, 301, 309

Ascese, XVI, 431, 441-4, 446, 448, 454, 464, 466

Ásia, 492, 560

Assassinato, 399, 429, 463, 596

Assimilação, XVII, 169-70, 172, 174, 527

Astronomia, 57, 78, 91, 139, 563

Astúcia, 186, 341, 343, 391, 393, 395, 529, 596

Ateísmo, 420, 592

Atenção, XIII, XLIII, 41, 66, 84, 106, 111, 115, 147, 167, 216, 218, 227, 233, 250, 282, 313, 346, 365, 371, 414, 460, 494, 503, 506, 580, 613

Atividade, XXXIV, 14, 27-8, 62-3, 66, 134, 136, 198, 217, 236, 272, 301, 337, 360, 432, 444, 509, 512, 517, 519, 523

Ato originário, 181

O mundo como vontade e como representação

Ato, XXI, 31, 117-8, 125-6, 145, 147, 180-4, 189-91, 234, 259, 320, 325, 335, 338, 342, 343, 347-9, 351, 353, 358, 381-2, 388, 392, 394-6, 399, 407, 414, 416, 428, 431, 433, 456, 458, 462-3, 468, 472, 570, 583, 595, 608

Átomo, 34, 569

Atributo, 318, 384

Audição, 46, 118, 231, 297, 327

Autoabnegação, 333, 349, 354, 431, 444

Autoconhecimento, 212, 308, 315, 351, 356, 396, 426, 443, 475

Autoconsciência, 598

Autoridade, XXXIV, 56, 270, 503, 565

B

Baixo fundamental, 186, 229, 552

Beleza, XX, XXIII, XLI, 67, 170, 231-5, 239-41, 243, 249-52, 255-65, 372, 504

Belo, XV, XVII, XX-XXIII, 55, 224-6, 233-6, 240-3, 245-6, 249-2, 255-8, 260, 265, 270, 274, 277, 292, 309, 359, 363, 417-8, 422, 447, 452-3, 485, 506, 523, 612-4

Bem-aventurança, XXI, 107, 229, 375, 434, 454, 472

Bhagavad Gītā, IX, 328

Bom, XIV, XVII, XX, XXXIII, XLIV, 43, 49, 55, 62, 67-8, 107, 130, 161, 164, 168, 215, 230, 233, 236, 261, 268, 282, 288, 300, 314, 328, 378, 401, 417-21, 428-9, 431, 434, 442, 455-6, 471, 517, 534, 547, 580, 586, 595, 599, 604, 608

Bondade, 101, 429, 430-1, 436, 437, 439, 450, 455-6, 471

Brahmanismo, 560

Buddhismo, XVIII, XXI, 442, 560

C

Cabeça de vento, 200, 485

Cabeça, XXXIII, XXXIX-XLI, 46, 55, 116, 148, 168, 171, 197, 205, 217, 222, 290, 359, 485, 488, 510, 588

Calma, XXXIV, 41, 100, 206, 237, 289, 292, 328, 350, 393, 434, 452-4, 486

Canto, XXXV, 66, 303, 451, 517

Cão, 27, 222

Característica, 27, 48, 61-3, 65, 67, 74, 123, 127, 221, 233, 259, 264, 275, 419, 426, 489, 497, 498, 592, 603

Caráter adquirido, 350, 353, 356

Caráter empírico, 124-5, 181-4, 332, 335-6, 338, 339, 348-9, 351, 352-3, 356, 380, 426, 536, 584-6

Caráter inteligível, 125, 181-4, 189, 313, 333, 335-7, 339, 348-51, 356, 426, 586

Carência, 26, 27, 44, 76, 93, 218, 226, 265, 354, 358, 361, 365, 370-1, 408, 421, 435, 595, 597

Caridade, 401-2, 431, 450, 456

Casual, 125, 166, 169, 210, 259, 532, 544, 570, 601

Categoria, 513, 517, 521, 528-9, 531, 533, 544-6, 565, 568-9, 584

Causa ocasional, 160, 381

Causa, 10, 15-8, 23-9, 45, 49, 62, 79, 90-1, 93-5, 97, 103-4, 113, 116-7, 121-2, 130, 134-5, 137, 143-7, 152, 155, 160-5, 173, 177, 183, 189-91, 218, 221, 231, 264, 308, 321, 333, 338, 341, 344-6, 349, 369, 381, 410, 458, 490, 505-6, 516, 518-9, 527, 531-40, 542-3, 547, 558-67, 570-1, 575-6, 580, 583, 585-6, 612-3, 615-6

Causalidade, XVII, XIX-XX, XXI, 3, 6, 8-9, 11-3, 15-9, 22-4, 26, 29, 31-

8, 40, 42, 47, 59, 78-80, 92, 94-5,
115, 117, 119, 121-2, 132, 135,
139-41, 144, 147, 154-59, 168,
171, 172, 175, 183, 186, 187, 195,
197-9, 204, 219, 246-7, 308, 319,
348, 351, 391, 484, 487, 493, 505-
6, 509, 515-8, 519, 522, 529, 532-
5, 538, 539, 542-3, 547-8, 561,
566-7, 573, 580-2, 584-6, 588-90,
597, 616

Cérebro, XVIII, 23, 32, 136, 153, 175,
203, 235, 383, 488-9, 523

Ceticismo, 15, 16, 122, 590

Cético, 122

Choro, 436-9, 597

Ciência da natureza, 13, 25, 33, 34, 35,
79, 91-92, 95, 111-13, 213, 499,
514, 519, 535, 545, 575

Ciência, XIX, I, 13, 25, 33-5, 43, 46,
52, 53, 56, 59, 59, 65, 67, 72-7,
79, 82-4, 88, 91-2, 95, 111-3, 141,
144, 213-4, 217, 225, 269, 271,
275, 352, 359, 400, 471, 491, 494,
499, 514, 519, 524-5, 535, 545,
555, 575, 590, 607, 612

Civilização, 43

Clareza de consciência, 176, 253, 258,
300, 432, 507, 560, 583, 598

Clarividência, 3, 176, 257, 309, 356,
468, 485-6, 559

Coerção, 262, 394, 610

Coexistência, 11, 12, 140, 182, 334,
535, 547, 575, 611

Coisa em si, XIV, XVIII, XIX, 5, 22,
36, 38, 38, 95, 128-32, 139-44,
149, 151, 156, 157, 165, 177, 181,
183-4, 188-91, 196-9, 201-2, 208-
9, 212, 283, 304, 318, 321, 323,
326-7, 331-6, 337, 349, 379, 381,
385, 408, 410-1, 415, 425, 430,
462, 464, 466-7, 484-6, 489, 492-

3, 515, 518, 520, 548, 580-2, 583-
5, 594, 617

Coluna, 249, 534

Comédia, 374, 386

Cômico, 70, 72, 162, 522

Compaixão, 341, 376, 414, 435-8,
596, 608

Conceito, XVII, XX, XXXIV, XXXVI,
7, 12, 23, 31, 40, 43, 45, 47-51, 56,
57, 60, 61, 62, 63, 66-67, 69-74,
76-7, 85, 87, 89, 93, 98-100, 107,
111, 129-32, 140, 148-9, 187, 196,
216, 244, 247, 267, 269-71, 273-
8, 280-1, 300-3, 304-6, 314, 321,
332, 334, 353, 388-9, 394, 400,
412, 418-20, 425-9, 436, 473-4,
492-3, 502-3, 505, 507, 509, 511,
513-15, 521, 524, 526-35, 536-7,
539-40, 542-3, 548-50, 551, 554,
557-8, 561, 565-70, 577, 578-80,
582, 585, 588-9, 590, 603, 605,
609-10, 612-6

Condicionado, XXVIII, 4, 17, 32, 36,
60, 80, 140, 197, 386, 437, 489,
504, 557-58, 570, 576-77, 581

Conhecimento, XVI, XVIII-XXI,
XXVII, XXXIX, XLII, 3, 5, 6, 8, 12-
5, 17, 18, 20, 22-5, 27, 31-3, 35-8,
40-5, 47, 48, 52-4, 56, 57, 59-68,
70, 72-7, 79-83, 85-8, 90-5, 97-
100, 103, 104-5, 112-3, 116-25,
128-35, 137-8, 140-2, 146-7, 149,
151, 155-6, 161-2, 165, 167, 174-
5, 179, 181, 187, 188, 191, 195-9,
201-19, 222, 223-9, 231-5, 239,
246-50, 252-4, 256, 260-1, 269-70,
282, 284-7, 289-90, 293, 296, 298,
303, 305, 308, 309-11, 314, 316-9,
321, 323, 327-30, 333, 336, 338-
44, 347-8, 354, 356-7, 359, 360-1,
363-4, 367, 369-70, 371, 373,

O mundo como vontade e como representação

379-84, 385, 387-8, 391-2, 396-7, 408-12, 414-5, 421-2, 434-6, 439-41, 444-8, 450-2, 454-9, 461, 463-4, 467-8, 471-2, 481, 485-6, 589, 495-6, 500, 501-3, 507-9, 511-2, 515, 519-20, 522-31, 536-8, 546-8, 551, 557-62, 567, 569, 577, 584, 587, 593-4, 600-1, 603, 612-3

Consciência moral, 277, 344, 348, 388, 390, 396, 414, 426, 433, 455, 463, 592

Consciência, 3, 6, 13, 22, 24, 35, 40, 42-3, 47, 60-2, 71, 73, 76, 80, 90, 98, 99, 119-22, 128, 131-2, 135, 139, 147, 148, 176, 188-90, 199-201, 203, 206-7, 215, 225-6, 229-30, 233-4, 237-9, 242, 253, 258, 261, 277, 289, 293, 300, 302, 308, 321, 325-7, 333-6, 342, 344-5, 348, 350-3, 358, 359, 368, 380-1, 385-6, 388-90, 395-6, 409, 414-6, 423-6, 432-4, 454-5, 459, 463, 485-6, 501, 506-9, 512, 518, 520, 543, 546, 559-60, 579, 581-3, 592, 597-8, 601, 604, 608

Consolo, XXXVI, XLV, 41, 309, 326, 354, 365, 425, 440-1, 451

Contemplação estética, XX, XXI, 233, 237, 241-2, 380

Contentamento, 68, 105, 108, 320, 354, 367, 370-1, 376, 420-1, 576

Contingência, 536-7, 542

Contingente, 125, 142, 396, 537-9, 541-3, 554, 570, 588

Contradição, XIX, XXVI, 17, 34-5, 55, 59, 83, 87-9, 97, 107-8, 291, 314, 333, 349, 354, 387, 412, 419-20, 441, 457, 462, 466-7, 471-4, 501, 510, 512, 528, 530, 537, 539, 546, 550, 554, 562, 570, 605-6, 528

Cor, 101, [expressão latina]/ cor, 222, 241, 276, 436, 484, 600

Coração, 34, 92, 101, 279, 288-90, 304, 356, 372, 394, 433, 437, 590, 608

Corpo, XIX, XX, XXI, XXIV, 5, 10, 13, 22-5, 27, 107, 114, 116-28, 134-5, 137-8, 145-6, 148, 170, 171-3, 177, 203-5, 231-4, 238-9, 248, 256, 264, 272, 304, 318, 321, 346, 357, 360-61, 367, 379-81, 383, 387-91, 393-7, 421-2, 430, 441-4, 453-4, 460, 462-3, 464, 466, 469, 471, 476, 484, 518-9, 531, 533-4, 542, 552, 566, 595

Crença, XXVI, 275, 343, 414, 428, 563

Criança, 14, 143, 156, 267-9, 290, 339, 469

Crime, 294, 404, 429, 463

Cristal, 128, 138, 154, 167, 180, 300, 321

Cristianismo, XLII, 102, 108, 269, 280, 448-9, 470-71, 562, 592, 605, 608

Crueldade, 104, 403, 422-3, 458

Cuidado, XXIII, 41, 162, 176, 186, 226, 325, 361, 362, 416, 484

Culpa, 62, 181, 278, 294, 408, 411-2, 415, 471-2, 584

Cultura, 54, 55, 212, 268, 314

Curiosidade, XXIV, 337

Curioso, 377

D

Dança, XVII, 302, 365, 451

Decifração, 119, 254

Decisão, 43, 101, 117, 161, 279, 336-7, 344-7, 348-50, 353, 468, 521, 577-8, 579, 585

Decurso de vida, XXXVIII, XLV, 133, 161, 184, 190, 240, 300, 335, 348-9, 363, 373, 376, 380, 426, 429, 595

Dedução, 39, 75, 81, 181, 402-3, 487, 506, 517-8, 527, 531, 587

Demência, 220, 222

Demônio, 313, 352

Demonstração, 39, 61, 65, 76-7, 80, 83, 86-9, 198, 376, 484, 508, 524, 575, 582

Desejo, XV, XXIII, XXXVII, 86, 103-4, 162, 191, 226, 234, 275, 301, 326, 348, 351, 357, 363, 369-70, 414, 422, 435-6, 444, 459, 469, 476, 592, 604, 606

Despotismo, 398, 402

Destino, XVII, XXX, 38, 161, 211, 293-95, 322, 350, 355, 360, 362, 374, 378, 408, 435, 438, 454, 459, 490

Determinação, XXXIX, XLII, 10, 12, 13, 44, 65-7, 81, 88, 123, 140, 159, 159, 175, 184-5, 190, 197, 234, 247, 300, 316, 336, 337, 345, 350, 393, 397, 402, 405, 467, 486, 511, 516, 522, 530-1, 533, 536, 538-9, 546, 579, 611

Determinidade, 63-4, 71, 303-4, 517, 559, 602

Deus, XIX, 39, 106, 150, 162, 205, 245, 280, 284, 318, 378, 384, 420, 442, 448-9, 465, 469-1, 471, 475, 482, 500, 587-91, 592, 605

Dever, 99, 289, 314, 400, 434, 436, 501, 505, 550, 560, 584, 610

Devir, XIX, 8, 18, 21, 87, 92, 157, 316, 486, 539, 546, 561

Diabo, 455

Digestão, 53, 134, 170, 272

Dignidade, XVI, 107, 260-2, 263, 378, 601, 609, 614

Direito, 33, 75, 88, 92, 139, 158, 170, 186, 295, 352, 389-91, 394-7, 400, 402-5, 494, 550, 596, 610-1

Discurso, 46, 56, 222, 284, 378, 482, 493, 502, 553-4, 559, 610

Disposição, 43, 118, 226-8, 232, 236, 240, 270, 286-8, 289-90, 294, 317, 326, 347, 353, 366, 370, 399-401, 419, 423, 427-8, 429, 434-5, 437-9, 446, 455-6, 459, 471, 600, 608-9

Dissimulação, 68, 153, 181, 253, 286, 599

Dito espirituoso, 70, 72

Doença, 83, 222, 365, 413, 421, 430, 438, 458

Dogma, 4, 151, 196, 278, 339, 343, 353, 381, 412, 429, 468, 470-1

Dogmatismo, XVII, 38, 450, 482, 488, 495, 581

Dor, XX, 14, 23, 60, 103-5, 118, 125, 223, 227, 231, 262, 264-5, 302, 327, 344, 346-7, 352-4, 359, 361, 363-71, 386-8, 395, 398, 403, 414-5, 419, 422-3, 432-3, 437-8, 453, 455-9, 460, 483

Drama, 20, 246, 250, 288, 290-2, 416

Duração, 12, 140, 160, 205, 224, 239, 262, 321, 328, 360, 423, 533, 546

E

Efetividade, 10, 11-2, 13, 16, 71-2, 118, 215-16, 225, 246, 413, 462, 547

Egoísmo, XIX, 67, 122, 177, 216, 293, 326, 341, 371, 385-8, 393, 397-8, 400-1, 406, 421-4, 428, 433, 439, 472, 606-8

O mundo como vontade e como representação

Eletricidade, 137, 142, 144, 146, 152, 154, 160, 165-7, 189, 358, 616

Emanação, 316

Emblema, 276

Empirismo, 84, 518

Engano, 18, 28, 84, 91-4, 175-6, 306, 336, 367, 393, 407, 433

Enlevamento, 475

Entablamento, 248-9

Entendimento, XVIII, XIX, 13-5, 17, 18, 23-9, 31, 34, 40, 42, 45, 51, 59, 61, 62, 65-6, 68, 70, 72, 76-7, 79, 84, 91, 93-4, 116-8, 157, 176, 183, 199, 201, 218-9, 221, 231-2, 264, 298, 308, 326, 497, 501-3, 509-19, 520-31, 534-8, 540, 542-3, 546-7, 551, 555, 566-8, 576, 581, 592, 596-7, 603, 614

Ereção, 135

Erro, XL, 4, 18, 28, 29, 34, 38-42, 43, 53, 57, 61, 75, 84, 93-4, 104, 145, 164, 177, 201, 212, 226, 241, 268, 293, 294, 303, 333, 337, 340, 345, 353, 368-9, 376, 400, 408, 440, 471, 482-3, 503, 507, 509, 513, 515-6, 523, 528, 538, 548-9, 564, 578, 605, 608

Erudito, 52

Escolástica, 38, 131, 151, 238, 482, 489, 493, 497, 551, 573, 587-89, 594

Escravo, 560, 598

Escritor, 386

Escultor, 261, 445

Escultura, 215, 241, 249, 251, 253-5, 257, 260-3, 264, 276, 284

Espaço, XVII, XIX, XLIV, 3, 5-14, 17, 23-5, 29, 31, 33, 36, 38-42, 47, 57, 64, 74, 78, 79-80, 82, 85, 87-99, 112-5, 121, 126, 131-2, 135, 138-44, 146, 148-52, 154, 156-7,

159, 167, 170, 172-5, 180, 183, 187, 195, 197-9, 204, 210, 212-3, 218, 238-9, 243, 249-51, 258, 308, 319, 324, 335, 343, 351, 360, 372-4, 381, 384-5, 393, 408, 411, 424-5, 462, 474-6, 482, 484, 487, 493, 499, 504, 506-7, 509, 512, 515, 516, 518-20, 522, 536-7, 539, 544-7, 548-9, 555, 564, 567, 569, 573-4, 616

Espécie, XV, XX, XXI, 67, 73, 81, 108, 129-30, 147, 153-4, 163, 169, 170, 174-5, 177, 180-2, 184-5, 187, 190, 198-200, 205, 207, 219, 223, 227, 230, 242, 249, 254-6, 259-60, 267, 300, 319-20, 347, 351, 356, 361, 379, 383, 408, 460, 462, 492, 504, 516, 521, 530, 537, 568, 512

Espelhamento, 98

Espelho, 156, 177, 191, 206, 214, 284, 287-9, 291, 308, 317-8, 322, 333, 348, 350, 371, 384, 408, 424, 443, 447, 453, 474-5, 526, 564, 570

Espírito, XXIII, XXIX, XXX, XXXVI, XXXVIII-XLI, 17, 38, 41, 44, 45, 56, 59, 85, 102, 105, 109, 148-50, 155, 200, 206, 211-2, 214, 218, 220, 227-8, 241, 257, 262, 265, 268-70, 262-5, 284, 297, 304, 315, 317, 324, 373-4, 389, 416, 439, 446, 448-52, 465, 476, 481-2, 497-9, 517, 524, 536, 551, 579, 584, 589, 600-1, 605-6, 608-9

Esquecimento, 214, 227, 230, 448, 483

Esquema, 54, 89, 258, 427, 503, 521

Essência, 4, 8-12, 18, 21-2, 33, 36-40, 44-8, 53, 56, 59, 82-3, 90, 95, 97, 102, 108, 111, 114-6, 119, 121-6, 128-31, 135, 137-8, 142, 144-52,

629

Arthur Schopenhauer

154-8, 160, 163-4, 167, 170, 173,
175-7, 180, 181, 184, 188-90, 195,
198-9, 209, 214, 221, 223-6, 237,
243, 246-8, 250-1, 254, 257, 263,
269, 272, 275, 277, 282-5, 289,
291-4, 297, 298, 301-6, 307-9,
313-8, 326, 328-30, 333-4, 338,
341, 356-61, 371, 375-6, 379-80,
383, 385-6, 389, 391, 401, 408-9,
414-7, 420-1, 426-30, 432-4, 439-
41, 443-5, 451, 462-4, 466, 472-3,
475, 487-9, 492-3, 495, 506, 516,
519, 523, 547-8, 580-1, 585, 591,
593, 617

Estado estético, 234

Estado, XV, XX-XXI, XXXV, XL, 11,
12, 31, 34, 35, 43, 108, 113, 134,
138, 147, 173, 189, 227-8, 232-6,
242, 243, 254, 255, 262, 278, 285-
90, 325, 345-6, 354, 357-8, 362,
367, 372, 375, 379-81, 384, 391,
396, 398-403, 405-7, 413-4, 416,
429-30, 437, 440, 452, 455, 458,
460-1, 467, 472, 475, 476, 520,
532-4, 550, 557, 572, 575, 590,
607, 611

Estética, XV, XVI, XX, XXI, XXV, 51,
224-5, 230-3, 235, 237, 241-2, 244,
246, 249, 250, 252-3, 255, 306,
308, 380, 452, 507, 508, 517, 520,
576, 590-1, 609, 612-4

Estilo, XVI, XXIII, 497, 517, 578, 610

Estímulo, 24, 26, 116-7, 126, 134-7,
161, 174, 241, 269, 288, 301-5,
351, 363, 375, 383, 613

Estoico, 105, 107-108, 262, 541

Eternidade, 203, 323-4

Ética, XVIII, XXI, XXI, XXV, 7, 24,
51, 99-100, 102, 106-8, 124, 133,
137, 277, 307, 314, 329-30, 335,
339, 345, 356, 369, 380, 412, 415,

417, 420, 438, 447-9, 450, 461,
492, 596, 598, 600, 605, 607-11

Etiologia, 112-5, 141-2, 144, 146,
152, 158, 162-5, 213

Eu, XIII, XX, XXIII, XXVII, XXIX,
XXX, XXXVI, XXXVIII, XXXIX,
XLIII, XLIV, 30, 39, 57, 123-4,
129, 130, 146, 150, 197, 208-9,
221, 284, 322, 324, 329, 332, 339,
342-3, 391, 415, 418, 432, 432-5,
442, 450, 463, 483, 487, 490, 504-
5, 519, 523-4, 546, 549, 580, 584,
587, 590, 606

Excitação, 347, 374, 595

Excitante, 240-1

Existência, XIV, XV, XXI, 4, 6, 8-11,
16, 18, 35, 38, 80, 47, 59, 77, 99,
123, 126, 130, 134, 137, 144, 160,
168, 171, 173, 181, 188, 197, 199,
204, 209-11, 224, 254, 293, 294,
300, 309, 313, 318, 320, 322, 325,
332-3, 338, 345, 350, 358, 360-4,
370, 374, 376, 380-1, 385, 399,
408, 411, 413, 432, 443, 458, 461-
2, 464, 469, 471, 473, 486-7, 490,
495-6, 503-4, 516, 538, 561, 566,
583, 587-8, 593-4, 615-16

Experiência, XIII, XIX, XLII, 1, 3, 7,
8, 15, 16, 21, 27, 44, 45, 59, 73,
77, 79-80, 90, 91, 103-4, 107, 114,
133, 155, 162, 197-9, 201, 213-5,
218, 223, 256-8, 282, 303, 328,
334-5, 339, 350-3, 366, 375-6,
386, 397, 406, 415, 419, 422, 428,
445, 452, 461, 475-6, 487-8, 494-
7, 499, 507-10, 511-4, 516-8, 520,
527, 546-7, 556, 562, 564, 580,
589, 604-5, 615

Explanação, 17, 22, 61, 69, 72, 76, 87,
93, 95, 112-4, 124, 126-7, 130,
141, 144-5, 157-8, 162-3, 165,

O mundo como vontade e como representação

185, 196, 232, 239, 262, 297, 298, 315, 336, 389, 395, 402, 405, 418-9, 421, 430, 437, 458, 487, 496, 507-8, 514, 524, 532-3, 539, 570, 585, 611, 615-6

Explicação, 12, 32, 33, 44, 69, 162, 281, 297, 422, 519, 529, 539, 543, 575, 586, 616-7

Expressão, XXI, XXVI, XLII, 6, 13, 21, 25, 29, 66-9, 71, 75, 97, 106-7, 115, 120, 127, 129, 131, 139-40, 147, 151, 170, 172-3, 178, 180-1, 182, 186, 198-9, 202, 206, 217, 243-4, 251, 255, 258-9, 259-64, 266, 269, 273, 277, 282-3, 288, 302-3, 306, 315, 317-8, 318, 327, 330, 335, 341, 347, 350, 364, 375, 379, 381-2, 387, 408, 418-9, 420-3, 425, 429, 432, 437, 441, 443, 445, 448, 466, 473, 476, 487, 500, 510, 512, 542, 552, 554, 555, 561-3, 565, 569, 607, 613

Êxtase, 475

F

Fábula, XL, XLII, 278, 409

Faculdade de conhecimento, XIX, 13, 35, 42, 63, 199, 214, 216, 486, 501-2, 520-21, 524, 529, 548, 550, 548, 550, 614

Faculdade de juízo, 27, 74, 76-7, 79, 104, 162, 218, 234, 345, 376, 514, 545, 571, 580, 591, 593, 612-4, 617

Faculdade, XIII, XV, 13, 26, 27, 29, 35, 42, 44, 62-3, 68, 74, 76-7, 79, 99, 101, 104, 130, 153, 162, 176, 181, 199, 214, 216-8, 221, 234, 234, 271, 301, 317, 327, 330, 345, 376, 398, 406, 411, 445, 457, 484,

486, 501-2, 510, 511-2, 514, 520-3, 524, 529, 536, 545, 547-8, 550, 555, 559-60, 571, 580, 585, 588, 591, 593, 596-99, 602-4, 612-4, 617

Fanatismo, 420

Fantasia, 46, 47, 60, 215, 216, 229-30, 235, 263, 277, 280-1, 303, 322-5, 375, 437-8, 451, 516, 521-2

Fantasma, 7, 115, 144, 216, 238, 321, 328, 521

Fatalismo, 355

Fazer efeito, 10-12, 16, 17, 22, 63, 70, 74, 121-2, 143, 169, 217, 247, 428, 516, 531, 532-3, 547, 617

Fé, XXXV, 378, 381, 420, 470-2, 590-2, 605, 608

Feio, 241

Feiura, 258, 260, 265, 355

Felicidade, 102-5, 191, 226, 228, 239, 295, 301-2, 358, 366, 369-72, 387, 406, 410, 420, 422, 434-5, 492, 600, 605-6, 607, 610

Ficção, 43, 538-9

Filisteu, 596

Filosofia, XIII-XVIII, XIX, XXII-XXV, XXVII-XXIX, XXXIII, XXXIV--XXXVI, XXXVII, XXXIX-XLIII, XLV, 4, 5, 30, 31, 35-9, 43, 44, 51-4, 56, 57, 84, 96-8, 111, 122, 129, 146-87, 163-4, 167, 188, 196, 200, 238, 306-7, 313-7, 329, 376, 402, 444-5, 451, 572, 475-9, 482-3, 485-9, 491-4, 497-9, 503-6, 524, 538, 544, 550, 555, 562, 571, 576, 580, 581-2, 587, 590-4, 601, 603, 613, 614, 617

Finalidade, XLII, 127, 143, 180, 181-3, 185, 241, 249-59, 259, 280, 387, 402, 522, 561, 568, 593, 614-7

Física, 74, 86-7, 91, 96, 106, 113-4, 127, 139, 142-3, 148, 152, 163-5, 170, 174, 261, 278, 307, 346, 367, 391, 392, 437, 531, 536, 538, 542, 610-1, 615

Fisiognomia, 153, 517

Fisiognomonia, 66, 67

Fisiologia, 33, 53, 91, 113-4, 126-7, 139

Fisionomia, 66, 260

Foco, 235, 383, 523, 564

Força, XXXVIII, XLI, 13, 25, 42, 56, 60, 78, 95, 114, 116, 118, 123, 126, 128, 129-31, 135-7, 138, 143, 149, 152-4, 155-6, 158-9, 162-3, 165-7, 170, 173-4, 180-1, 189-91, 206, 210, 215, 228-9, 256, 271, 299, 309, 333-4, 337, 351, 361, 370, 374-5, 378, 388, 392-4, 399, 410, 415, 419, 425, 432, 459, 468, 475, 481-2, 490, 494, 497, 499, 507, 544, 570-1, 587, 591, 596-7, 599

Forma, XIII, XIV, XVIII-XX, XXVI, XXVII, XXXVIII, 3, 6, 9, 10, 14, 16, 21, 24, 27, 29, 32, 35, 36, 38, 40, 45, 49, 51, 53, 56, 57, 62, 65, 71, 73-5, 79-82, 85, 87-9, 92-4, 95, 97, 99, 111-2, 114, 119-20, 122, 124-5, 127-9, 131-2, 136, 140-6, 149-50, 156, 161-6, 171-2, 178, 180-1, 183-4, 187-8, 190, 195-6, 202-8, 210-7, 225, 241, 244, 247, 248-9, 252, 255-7, 258, 264-5, 271, 293, 297-9, 304, 307-8, 314, 316, 318-25, 328, 330-6, 338, 343-5, 348, 350, 352, 356-7, 358-9, 365-6, 368, 370-2, 381, 386-7, 392, 393, 396-7, 400, 404-6, 408-12, 415, 420, 423-7, 431-5, 440, 444, 447-8, 454, 460-3, 466-7, 469, 473, 474-6, 482, 484, 497-501, 505-6, 511-3, 515, 517,

519-21, 523-5, 526-8, 529-30, 534-5, 536, 541-2, 545-6, 547-9, 550, 557, 559, 562, 565-6, 567-71, 574-5, 579, 581-3, 586, 588-90, 604-5, 606, 609, 613-4

Formação, 45, 54, 73, 137, 172, 174, 180, 284, 300, 390, 444, 519, 568

Formiga, 133-4, 171-2, 186

Fundamento, XIV, XLIII, 7, 12, 16-8, 28, 29, 32, 32, 38-40, 47-51, 53, 55, 59, 65, 67, 69, 73, 76, 78, 80, 82, 87-8, 90-4, 96-8, 107, 111, 124-6, 132-3, 141, 144-6, 152, 158, 161, 163, 184, 189-91, 196, 202, 213, 218-9, 221, 231, 250, 255, 262, 316, 326, 331-3, 335, 361, 381, 387, 390-1, 395, 402-4, 427, 429, 431, 438, 438, 467, 470, 497, 499-501, 513, 518-20, 524-7, 530-1, 542-3, 544-5, 546, 548, 557, 561, 570-1, 574, 577, 679-80, 584, 586, 590, 593, 604, 606, 611, 615, 617

Futuro, 3, 8, 42, 99, 117, 176, 186, 321-4, 328, 346, 360, 366, 368, 391, 403-4, 406, 409-10, 416, 418, 423, 425, 598

G

Genialidade, 214-5, 219-21, 229, 271

Gênio, 67-8, 211, 213-19, 220, 223-5, 257-8, 270-5, 284, 287-8, 301, 309, 313, 359, 373, 479, 481-2, 609

Genitais, 127, 182, 235, 383, 387, 441, 466

Geometria, 9, 33, 61, 64, 86, 89-90, 92, 143, 508, 563

Gosto, XLIII, 71, 116, 249, 265, 284, 376, 422

Governo, XXXV, 594

Gozo, 226, 398, 422, 451

O mundo como vontade e como representação

Graça, XL, 259-61, 264-5, 339, 428,
454, 467-9, 609
Gramática, 552-5
Gravidade, 13, 27, 78, 95, 114, 128,
138, 142, 145, 147, 152, 154, 158,
160, 167-8, 170, 173, 189-90, 210,
244, 247-9, 250, 296, 357, 533, 616
Guerra, XX, 187, 386, 395, 406, 416,
463, 483, 508
Guna, rajas-, sattva-, tamas-, 373

H

Harmonia, 27, 60, 84, 98, 179, 183, 186,
231, 244, 255, 298, 299, 307, 617
Hidráulica, 135, 251, 292
Hindus, 254, 375, 383, 431, 432, 444,
450-1, 483, 562, 572, 576
Hipótese, 79, 92, 173, 258, 366-7,
495, 543, 575, 594, 615
História, XXV, XXXIII, 33, 74, 96,
112, 210-2, 266-8, 282-7, 291,
300, 372, 375-7, 386, 420, 423,
446-7, 456-7, 470, 589
Homem natural, 469
Homogeneidade, 34, 75
Honra, XXXIII, 60, 100, 352, 420,
571, 595, 602
Humanidade, XXXIII, 41, 108, 211,
218, 221, 240, 259-60, 265-7, 272,
282-93, 364, 378, 417, 435, 438,
440, 447, 451, 455, 463, 469, 481-
3, 492, 503, 596
Humano, ser, XV, XXXVIII, 3, 7, 29,
40, 41-6, 59, 66, 73, 95, 98-103,
106, 107, 123, 129, 132, 133, 138,
145, 147, 149, 150, 152, 153, 161,
163, 165, 167, 169, 176, 178-81,
184, 189, 205, 210, 228, 235, 243,
255, 256, 259, 277, 282, 287, 296,
300, 301, 303, 307, 313, 314, 317,
319, 321, 324, 325, 332-5, 338-40,

344-8, 351, 352, 354, 359, 361,
362, 363, 372, 373, 375, 377-80,
382, 383, 389, 404, 409, 413, 422,
427-8, 431, 432, 434-5, 439-42,
449, 454-5, 457, 460, 462, 468-9,
471, 475-6, 481, 488, 499, 549,
555, 560-1, 565-6, 584, 586, 589,
591-2, 598-9, 601-2

I

Idade Média, 56, 564, 587
Ideal, XXXIV, 33, 102, 108, 170, 241,
257, 258-60, 278, 285, 485, 587
Idealismo, 15, 30, 504-5, 518
Idealista, 492, 505, 515
Ideia, XV, 47, 151, 154-6, 158, 166,
168-72, 174, 178-85, 189, 193,
196-9, 201-3, 206-11, 213-9, 224-
7, 230, 233, 242-7, 250-2, 255-7,
259-60, 263, 265-9, 270-1, 273-4,
281-5, 287, 291-2, 296, 299, 325,
332, 381-2, 417, 422, 452, 462-3,
469, 500, 564-5, 569-70, 580, 583,
587-9
Identidade, XLI, 8, 13, 25, 30, 35, 59,
69-70, 72, 76, 117-9, 129, 138,
155, 156, 167-8, 180, 201, 290,
414, 438-9, 457, 485, 528, 530,
553, 554
Igreja, XXXV, 252, 268, 428, 449,
458, 467-73, 489, 564, 583
Iluminação, 250, 274, 291, 475
Ilusão fixa, 222
Ilusão, XV, XXXIII, 9, 17, 28, 29, 84,
89, 91, 93-4, 104, 136, 175-6, 222,
230, 324, 327-8, 335-7, 342, 368,
410, 433, 440, 461, 464-5, 486-7,
490, 503, 582, 600
Imaginação, 138, 406, 452, 512-4,
521, 569, 571, 573
Imitação, 256, 305, 354, 449, 498

Imortalidade, XIX, 320, 327

Imperativo categórico, 400, 436, 536, 583-4, 604

Ímpeto, 103, 137, 174, 175, 181, 190, 208, 226-8, 235, 289, 317, 319, 329, 409, 411, 421, 422-3, 431, 452, 457, 461, 475-6

Impulso, XIV, XVII, XXXVI, 127, 133-4, 153, 175-6, 217, 319-20, 335, 345, 351, 353, 358, 365, 381-3, 387, 441, 444, 448, 466, 490, 494

Inato, XXXIX, 225

Inclinação, 71, 148, 248, 284, 287, 337, 349, 350, 446, 451, 499, 591, 608-9

Incondicionado, 146, 314, 499, 556-8, 559-60, 565, 576, 582, 584, 587, 604-6

Inconsciente, XIV, 272, 305, 324, 521, 579

Índia, 4, 251, 412, 414, 451, 473

Individuação, 195

Indivíduo, XVIII, XXVIII, XLIV, 68, 76, 113, 116-7, 121-2, 127-8, 131-2, 136-8, 149, 151, 153-4, 175, 177, 180, 189-90, 196, 199, 201-4, 206-8, 210-11, 213, 214, 218-19, 221, 223-4, 225-7, 228-30, 232, 234, 237-9, 242-3, 247, 250, 254-6, 259-60, 266-7, 270, 285-7, 293, 298, 299, 302, 316, 318, 321, 325-8, 331, 335, 338, 347, 357, 360, 366, 373, 376, 379-85, 388-9, 391, 392-4, 396-8, 408-9, 415, 416, 424-7, 429-30, 439-40, 447, 452, 461, 466, 492, 561, 571, 576, 582

Indução, 79, 91-4, 335, 526

Infelicidade, 104-5, 228, 239, 268, 294-5, 366-7, 434, 455, 596, 605

Inferno, XV, XXI, 278, 295, 361, 377, 413, 457, 458

Infinito, 8, 11, 34, 47, 150, 157, 158, 173, 190, 213, 303, 315, 316, 319, 326, 358, 360, 373, 409, 556, 560, 573-5, 578-9

Ingenuidade, 181, 294, 498, 514, 592, 593

Ingênuo, 143, 181

Inimigo, XVI, 41, 90, 399, 443

Injustiça, 239, 295, 388-404, 421, 423, 430, 431-2, 443, 484, 607, 611

Injusto, 60, 266, 399, 402, 430-32

Inocência, XL, 182

Inorgânico, XVII, 24, 35, 74, 137, 153, 168, 178, 183, 187, 244, 246

Insensatez, 27, 54

Instinto, 27, 133, 135, 153, 177, 187

Intelecção, XX, XXXIII, XXXIV, XLI, 8, 25, 80, 82-3, 86, 88, 104, 116, 121, 134, 137, 146, 162, 179, 183, 209, 218, 221, 266, 275, 294, 313, 328, 339-40, 343, 350, 351-2, 368-9, 468, 488, 580, 597, 614, 617

Intelecto, XXXIX, 199, 221, 336, 337, 345, 484, 489, 495, 506, 506-9, 541-2, 593, 615

Inteligência, 45, 359, 413, 447, 592-3

Intenção, XXXIV, XXXV, 57, 67, 70, 211, 259, 271-2, 274, 280, 283, 287, 309, 343, 399, 413, 447, 592-3

Interessante, 39, 105, 165, 204, 364, 375, 457

Interesse, 53, 56, 102, 111, 214, 227, 235-6, 254, 289, 361, 392, 590, 597, 599

Intuição empírica, 79-80, 84, 91, 323, 501, 505-6, 508, 512-4, 515-7, 520, 22, 556

Intuição estética, XX, 255

Intuição intelectual, XXXVI, 485, 559

Intuição, XV, XX, XXXVI, 3, 5, 7, 10, 13-16, 18, 19, 22-5, 27, 28, 30, 41,

O mundo como vontade e como representação

45, 63-5, 67, 72, 74-81, 84, 89-94, 116-8, 124, 139, 149, 201, 203, 206, 209, 214, 216, 221, 225, 227-8, 229-31, 243, 247, 250, 254-5, 264, 267-8, 273-4, 276-7, 281, 285, 288, 289, 303-4, 308, 323, 449, 485-6, 499, 501, 503, 505-6, 508-25, 528, 531, 540, 546, 548-9, 550-1, 555-6, 559, 566-7, 580, 616

Irracional, XIV, XVI, XVIII, 29, 219, 300, 595, 596-99

J

Jàgannātha, 451

Jardinagem, 244, 252

Jogo, XXXIV, XLIII, 41, 59, 72-3, 165-6, 184, 191, 216, 233, 238, 248, 261, 289, 309, 346, 374, 453, 559, 561, 591, 596

Júbilo, 105, 302, 366, 368, 422, 451, 563

Judaísmo, 268, 449, 471, 560

Judeu, 268, 450, 563

Juízo, 18, 28, 29, 53, 74, 76-7, 79, 93, 104, 120, 162, 218, 234, 270, 276-7, 282, 314, 338, 345, 354, 376, 427, 501-6, 511, 514, 519, 527-31, 536-7, 540, 543. 544-5, 553-4, 556, 566, 569, 571, 580, 587, 591, 593, 612, 614, 617

Justiça, 293-4, 384, 393-6, 399-400, 406-12, 414-7, 424, 430-1, 433, 435, 439, 446, 461, 470, 472, 493, 598, 605

Justo, 60, 71, 292, 391, 394, 402, 405 430-2, 504

L

Lei natural, 24, 79, 114, 116, 126, 155-6, 163, 338, 466-7

Lei, 5, 8, 11, 15-9, 22, 23, 25, 26, 31, 33-5, 37-9, 52, 55, 59, 78-80, 92, 94-5, 112-6, 119, 122, 124, 126, 133-4, 140, 142, 147, 154-5, 159, 159, 163, 169, 172, 182, 186, 189, 204, 212, 219, 298-300, 330, 334, 338, 348, 386, 389, 396-98, 401, 403-5, 412, 416, 425, 434, 442, 466-7, 472, 493, 505-6, 528, 529, 531-4, 538-9, 540-2, 546, 547-8, 559, 561, 566-7, 573, 581-2, 585, 588-9, 597, 606-9, 611

Lembrança, XXXIX, 19, 222, 233-6, 236, 289, 330, 371, 446

Liberdade, XVIII, XIX, XXI, 132, 137, 181, 314, 330, 332-9, 344-5, 348-9, 356, 379, 384, 400, 405, 447, 454, 458, 462, 466-8, 471-3, 497, 532, 545, 570, 580, 582-4, 586, 604, 610-1

Língua, XIV, XXII-XXIII, 10, 42, 59, 61, 111, 244, 249, 283, 449, 493, 505, 527, 553

Linguagem, XIII, XXI, 6, 10, 17, 36, 43, 46, 59, 73, 160, 254, 265, 296, 300-3, 304-6, 412-3, 436, 445, 485, 511, 552, 554-5, 560, 584, 595

Livro, XIII, XVIII, XX-XXII, XXV-XXX, XXXVII, 1, 4, 5, 7, 21, 22, 27, 31, 34, 36, 37-42, 44-7, 67-8, 80, 84, 86, 95, 99, 107, 109, 111, 117, 119-120, 122, 125, 139, 151, 157, 160, 161, 171, 177-8, 181, 186, 187, 193, 195, 196, 200, 203, 212, 215, 229, 247, 254, 258, 259, 261, 269, 278, 287, 297, 307-11, 314, 317, 320, 325, 331, 333-4, 338, 349, 357-8, 365, 371-2, 384, 397, 405, 416, 418, 420-3, 424, 441, 445-6, 449, 452, 470-1, 486, 490, 504, 508, 515, 519, 524, 528,

635

531, 541, 543, 545, 547, 574, 591, 593, 597, 600, 602, 609-10, 614, 617

Lógica, 33, 49, 56, 59, 73, 75, 76, 79, 82, 85, 87, 88, 90, 92, 100, 102, 120, 141, 473-4, 500, 508-12, 516, 520-4, 530-2, 536, 542-5, 551, 552, 554-5, 565-9, 572, 609

Louco, 220-3

Loucura, 27, 42, 219-24

Luxo, 430

Luz, XXVI, XXXIV, XL, XLIII, 26, 40, 76, 94, 118, 135, 138, 142-3, 149, 160, 175-6, 178, 184-6, 220, 223, 229, 230-1, 235, 244, 247-8, 250, 266, 279, 281, 287, 293, 314, 325, 339, 358, 380, 389, 405, 425, 441, 464, 476, 484, 486, 507, 517, 521-2, 556, 617

M

Macrocosmo, 188, 385-6

Mãe, 36, 174, 254, 269, 441, 457, 597

Magnetismo, 142, 144-5, 152, 158, 167, 616

Mahāvākya, 254, 412

Mal, XVIII, XXVI, 15, 16, 57, 72, 130, 151, 169, 189 255, 284, 290, 354, 363, 371, 379, 403, 406-7, 412, 413, 415-8, 431, 436, 439, 447, 498, 579

Maldade, 101, 161, 293-5, 343, 371, 376, 387, 392, 403, 409, 415, 422, 423, 429, 439, 443, 456, 596

Manifestação, 161, 171, 180, 190-1, 243, 246, 254, 258, 260, 262, 282, 291, 348, 351, 386, 415

Máquina, 65-6, 83, 158, 163, 190

Matemática, 8, 59, 64, 72, 74-6, 78, 82-6, 90-2, 96, 100, 111-2, 141,

167, 213, 218, 256, 285, 397, 402, 500, 520, 536, 539, 542-3, 555

Matemático, 61, 75, 218, 23-8, 285

Matéria, XX, XXXIV, 4, 9-4, 22, 31-5, 40, 42, 47, 79-81, 96, 112-4, 128, 134, 140, 143, 152, 157-9, 165-6, 168-70, 172-3, 178, 187, 189-90, 244-46, 252, 256, 292, 299, 304, 315, 320-1, 343, 357-8, 368, 377, 421, 462, 485, 516, 531-2, 546-7, 560, 565-70, 574-5, 589

Materialismo, 31-3, 34, 37, 39, 143, 592, 593

Mau, 68, 84, 161, 249, 272, 342, 376, 415, 404, 414, 417-9, 421-3, 425-9, 430, 432, 443, 450, 470, 472, 598

Máxima, XIII, XVIII, 75, 101, 275, 431, 441, 525, 592, 597, 606-8

Mecânica, 53, 65-6, 96, 113-4, 142-3, 157-8, 162, 535, 570, 575

Mediocridade, XXXV, 284

Medo, 324, 327, 344, 399, 453, 491, 601

Melancolia, 222, 367

Melodia, 178, 231, 299-301, 305-7, 372

Memória, 27, 51, 65, 73-4, 82-3, 89, 218, 222-3, 293, 493, 598

Mentira, 17, 286-7, 391-3, 394, 395

Metafísica, XVIII-XXI, XXV, 87, 91, 120, 139, 162, 277, 306-7, 323, 383, 484, 494-6, 565, 593, 607

Método analítico, 86

Microcosmo, 188, 385-6

Milagre, XLIV, 119, 290

Mistério, 43, 114, 456, 468

Místico, XVIII, 66, 150, 288, 442

Mito, 220, 382, 412-13, 420, 425, 461, 572

Mitologia, 226, 413

O mundo como vontade e como representação

Modo de conhecimento do indivíduo, 210
Modo de conhecimento estético, 225-6
Modo de conhecimento intuitivo, 231
Modo de conhecimento, 13, 57, 72-3, 90, 187, 199, 207, 210, 213, 217, 224-7, 231, 250, 256, 344, 412, 433, 454, 472, 526-9, 578, 579
Monarquia, 398-9
Moral, 7, 39, 60, 71, 99-101, 106, 277, 279, 307, 314, 335, 338, 344, 348, 387-3, 395, 396-7, 399-400, 402-4, 414, 426-30, 433, 438, 455, 463, 489, 492-3, 590, 592, 596-7, 599, 606-7, 611
Mordida de consciência, 388, 433
Morfologia, 112-3, 164, 213
Morte, XIV, XIX-XX, 34, 43, 43, 101, 107, 136, 170, 195, 222, 302, 318-29, 358, 360, 362, 365, 373-4, 377-84, 386, 393-4, 405, 408, 412-3, 416, 425, 429, 43, 435, 438, 442-4, 450, 453, 455-8, 460-2, 463-6, 469, 472, 490-1, 596, 605, 610
Motivação, 8, 25, 33, 119, 124, 147, 189, 212, 219, 334, 345-6, 391, 466
Motivo, XX, 17, 24, 26, 43, 83, 123-4, 126, 132-8, 145-147, 163, 174-6, 189, 218, 263, 280, 338, 344, 347, 356, 367, 379, 380, 387, 392, 394, 396, 399, 402-3, 420, 423, 428, 463, 518, 535, 576, 606, 608
Movimento, XXXIV, 12, 24, 25, 26, 34, 78-9, 93, 114, 117, 118, 121, 124, 125-6, 135-7, 143, 146-8, 157-8, 162-3, 164, 172-3, 174, 189, 190, 210-1, 228, 258, 260, 264, 280, 286, 298-302, 315, 323, 362, 440, 486, 488, 525, 535, 589
Mulher, XLII, 413, 563, 595-7

Mundo, XXI, XIV-XXII, XXVII, XXXIII-XXXV, XLV, 1, 3-7, 9, 12-8, 20-4, 27, 30, 33, 35-40, 45, 46-8, 56, 76-7, 90, 94, 96-8, 100, 104-6, 108-9, 112, 115-6, 120-3, 130-1, 137-9, 144, 146, 150, 157, 160-1, 164-5, 167, 171, 173, 178, 179-81, 183-7, 188, 191-3, 195-9, 203, 207-13, 214, 217, 225, 228, 230, 232, 237, 247, 253, 255, 265, 267, 269, 271-2, 278, 291-4, 296-300, 301-11, 314-8, 321, 325-30, 332-3, 338, 341, 346, 350, 353, 356-60, 363, 371, 374-80, 382-6, 397, 407-13, 420, 425, 434, 439-41, 443-5, 447, 449, 452-6, 458, 461, 463, 469, 471-3, 474-77, 481, 483, 486-9, 492-3, 495-6, 499-501, 504, 506, 508-10, 512, 513, 525-6, 535, 541, 547, 562, 565-7, 569-70, 577, 583-4, 585-9, 592-4, 595-6, 598, 602, 605
Música, XVII, 51, 178, 213, 264, 296-8, 300-8, 372

N

Nada, XXI, XVII, XIX, XXI, XXIX, XXX, XXXV, XXXVII, XXXVIII, XLV, 6, 8, 9, 12-4, 17, 20, 22, 24, 31, 32, 35, 36, 39, 40, 45, 47, 52, 55, 63, 65-8, 78, 83, 90, 96-8, 105, 107-8, 112, 114-7, 123, 128, 130, 132, 135-6, 141, 146, 148, 150, 156, 158, 159, 162, 164, 179, 188-9, 196, 197-9, 204, 207-8, 214, 229, 233, 237-40, 244, 256, 259, 262, 269, 271, 279, 287, 297-8, 306, 315, 317-8, 320-2, 326-8, 336-7, 352-3, 354-5, 361, 365-6, 370, 372, 375, 377, 383, 385, 394-5, 414, 422, 428-9, 431, 436, 438,

441-3, 445, 447, 453, 459-64, 469,
472, 474-7, 485, 487-89, 492, 495,
499-500, 502, 506, 508, 512, 515,
517, 519, 522, 523, 529, 532-4,
536, 539, 541, 544-5, 547, 549-50,
556, 559-1, 565, 568-70, 572, 574-
6, 583, 585, 587-9, 591, 595, 600,
603, 607, 617
Não ser, 197, 204, 538-9
Nascer, 14, 79, 197-8, 316, 318-9,
323, 413, 462, 566, 573, 609
Natureza, XIV-XVI, XVIII-XXI,
XXVIII, XXXIV, XXXVII, XXXIX,
XLI, 13, 25, 27, 30, 32-35, 42, 53,
57, 59, 63, 66, 69, 71, 79, 82, 88,
90-2, 95, 98, 101, 104, 106, 111-5,
119, 122, 127-30, 132-3, 137-9,
141-5, 147-8, 150-6, 157, 160-7,
170-2, 174-6, 178-84, 185-9, 191,
195, 203-5, 209-10, 213, 215-7,
223, 225, 227-9, 232-4, 235-7,
244-6, 248, 250, 252-8, 262, 271,
282, 287, 289, 291, 298, 299,
302-3, 307, 313, 317, 319-20, 324-
6, 331-2, 337-8, 342, 347, 348,
352-3, 358, 361, 363-4, 366, 368,
371-3, 378, 381, 383-5, 391, 396,
398-401, 402-3, 406, 412, 414-5,
430, 432-7, 441, 444, 445, 447,
451, 453, 464-5, 468-9, 472-3,
475-6, 482, 494, 496, 499, 501,
511, 512, 514, 519, 524, 527, 528,
535, 537-8, 540-1, 542, 545, 556,
562-4, 566, 571, 575, 580, 585-6,
588, 591-4, 596-7, 599, 602-3, 611,
613, 615-7
Necessário, XXVI, 5, 7, 14, 16, 35, 38,
30, 43, 51, 52, 64, 68, 75, 126, 130,
157, 174, 181, 188, 209, 227, 230,
236-8, 242, 263, 271, 283, 297,
315, 322, 334, 336, 338, 347, 351,

353, 398-9, 417, 445, 506, 532,
536-42, 560, 562, 565, 570, 572,
587-8
Necessidade, XV, XXI, XXVI, XXXIX,
11, 35, 39, 49, 54, 64, 77-9, 82, 86-
8, 90-1, 94, 101, 114, 122, 132-7,
142, 147, 170, 176, 179-81, 212,
226, 229-30, 237, 249-51, 270,
295, 304, 330-4, 336-7, 344, 345,
348-9, 354-7, 361-5, 370, 372,
375, 379-80, 393, 435, 458, 466-8,
473, 487, 494, 496, 525, 528, 532,
536-7, 538-3, 547, 564, 582, 591,
607, 609, 615-6
Negação da Vontade, XV, XVIII, XIX,
XXI, 311, 329, 356, 382, 387-8,
390, 392, 393-4, 396, 421, 426,
430-1, 439, 441, 445-8, 449, 452,
454-6, 458, 460-3, 464-5, 469-79,
472, 475
Negação, XVI, XVIII, XIX, XXI, 51,
143, 166, 212, 311, 315, 329-30,
332, 356, 379, 381-2, 387-8, 390,
392-4, 395-6, 400, 421, 425-6,
430-1, 432, 441, 443-5, 447-9,
452, 454-6, 458, 460-3, 464-6,
469-70, 472-5, 528-30, 537, 544-
5, 554, 568-70, 611
Negócio, XIV, 19, 444
Nervo, 571
Nihil negativum, 473-4
Nihil privativum, 473-4
Nirvāna, 413, 477
Nunc stans, 203, 324

O

Objetidade, 117, 118, 120, 127, 128,
131, 147, 149, 152, 164, 165, 166,
167, 168, 170, 171, 174, 178, 179,
180, 183, 185, 186, 190, 191, 195,

O mundo como vontade e como representação

196, 201, 202, 203, 206, 207, 208, 209, 210, 211, 213, 233, 234, 242, 243, 246, 247, 248, 249, 250, 252, 253, 269, 282, 283, 293, 298, 304, 318, 319, 328, 332, 378, 379, 408, 426, 443, 454, 474, 475

Objetividade, 117, 214, 227, 229, 253

Objetivo, XIV, XXVIII, 31, 32, 33, 36, 102, 105, 114, 142, 144, 230, 232, 241, 250, 253-5, 258, 274, 278, 288, 290, 291-2, 302, 308, 314, 321, 372, 377, 383-400, 401-6, 414, 419, 470, 473, 484, 486-8, 495, 513, 520, 559, 566, 584-5, 595

Ocasião, 41, 69, 81, 119, 124, 135, 159, 160, 176, 226, 245, 319, 325, 342, 367, 383, 421, 443, 458, 463, 504, 568, 590, 599

Ocidente, XVIII, 197, 268, 420, 490

Ódio, 60, 211, 239, 270, 365, 439, 448, 456

Olho cósmico, 219, 228, 326

Ontologia, 495, 556

Opera, 59, 234, 428-9, 608, 615 [ópera – 303-5]

Opinião, XLI, XLII, 41, 44, 67, 75, 123, 165, 221, 245, 258, 261, 262, 313, 316, 347, 356, 378, 392, 432, 470, 497, 512, 517, 563, 565, 593, 603

Orgânico, XIX, 34, 35, 145, 147, 159, 183, 187, 236, 243-4, 272, 531, 534

Organismo, XXVI, 23, 34, 126, 145, 165, 169-70, 172, 176, 179-81, 183, 190, 271, 367, 526, 542

Orgulho, 62

Oriente, 268

Originalidade, XLI, 272

Otimismo, XV, 378-9, 470

P

Padre, 68, 563-4

Paladar, 231, 327

Palavra, XXI, XXXIV, XXXV, XLI, 3, 10, 43, 59, 60-1, 72, 77, 116-7, 121, 129-30, 134, 151, 155, 204, 213, 254, 275, 293, 317, 339, 343-4, 347-9, 355, 357, 364, 377, 404, 412, 417-9, 433, 436, 487, 491, 495, 500, 515, 543-4, 547, 551-3, 560, 564, 569, 574, 580, 597, 599

Paralogismo, 565

Particular, XXXIX, 49, 52, 53, 55, 62, 71, 73-5, 80-1, 87, 93, 97, 104, 106, 126, 150, 152, 154-5, 162-3, 184, 189, 204, 207, 213, 218, 232, 234, 243, 265, 267, 277, 283-4, 287, 304, 320, 327-8, 334, 338, 352-4, 356, 369, 384, 386, 397, 403, 406, 416, 459, 462, 467, 501-2, 509, 514, 527-8, 540-2, 553, 558, 561, 563, 569, 588

Passado, 3, 8, 36, 42, 99, 143, 176, 222, 229, 296, 321-4, 328, 344, 360, 403, 409, 425-6, 572, 598

Passageiro, 262, 346, 358, 363, 422

Paz, 102, 226-7, 325, 370, 452, 454-5, 461, 476, 600

Pecado, 294, 382, 412, 469-72

Pedantismo, 55, 70-71

Pensamento, XXI, XIV, XVI-XVIII, XXI, XXII, XXV, XXVII, XXIX, XXXVI, 6, 8, 21, 25, 43, 49, 52, 53, 55, 81, 84, 86, 94-6, 98, 101-2, 130, 169, 188, 201, 206, 221-3, 232-3, 267, 269, 275, 278, 297, 314, 325, 327, 330-1, 338, 346-7, 351, 354, 366, 376, 378, 380, 397-8, 408, 405, 408, 421, 435, 442, 444, 471, 473-4, 483, 490, 493, 494, 497, 499-500, 508-11, 513-5,

516-7, 519-22, 524-6, 529, 530-3, 538-9, 544, 548-9, 551-5, 559-60, 564, 572, 575, 580, 584, 587-8, 599, 601, 614

Perdão, 271, 378, 491, 543

Perecer, 79, 197-98, 318-9, 323, 439, 462, 546

Perfeição, 55, 75, 163, 224, 243, 264, 307, 492-3, 611-2

Permanência, 11-3, 80, 157, 320, 326, 516, 531-3, 545-7, 567

Personalidade, 152, 214, 224, 255

Peso de consciência, 344, 350, 389, 423-5, 426

Pessoa, XVI, 57, 65-8, 88, 104, 115, 122, 132, 147, 188, 214-5, 219, 229, 232-3, 240, 261, 264-5, 271, 287, 327, 329, 334, 342, 346, 350-2, 353, 368-9, 376-8, 390, 392, 394, 403-5, 409-10, 413, 418, 421-8, 430, 433-4, 439-40, 443, 445, 448, 451-3, 455-6, 459-61, 472, 493, 497, 524, 559, 563, 574, 586-7, 590, 592, 595-6

Pintura, 69, 94, 241, 245-6, 252-5, 261, 264-8, 283, 285, 287, 291, 304

Planeta, 78, 123, 172, 179, 298, 406

Planta, 24, 128, 137, 149, 154, 159, 160, 169, 180-2, 185, 190, 210, 258, 320, 358-9, 490

Pluralidade, XVIII, XX, 5, 6, 131-2, 140, 148-51, 154, 156, 159, 175, 177, 180, 183, 195-9, 202, 208, 213, 269, 271, 298, 334, 385, 393, 396, 400, 408, 434, 519, 545, 554

Pobre, XLII, XLIII, 268, 380, 449, 452, 491

Pobreza, 236, 265, 380, 430, 443, 448, 451, 564

Poder, XVI-XVIII, XXI, XXV, XXVIII, XL, XLII, 42, 48, 59, 65, 69, 76, 90, 97, 106, 136, 138-139, 145, 151, 160, 162, 176, 180, 206, 253, 272, 282, 293, 297, 304, 315-6, 319, 323, 325, 327-8, 330, 333, 339-42, 349, 352-3, 358, 368, 376, 378-9, 391-2, 396, 399, 404, 418, 420-1, 430, 441, 447, 467, 482, 491, 499, 505, 513, 523, 525, 541, 568, 583, 586, 592, 601, 604, 614

Poema, XV, 220, 249, 371

Poesia, XVI, XX, 94, 213, 243, 245, 250-1, 258, 277-9, 280-5, 287-8, 291-2, 304, 371-2, 447, 482

Poeta, 220, 224, 280, 283-5, 287-9, 291-2, 294, 372, 427

Polaridade, 167

Ponderação, 27, 66, 100-1, 176, 328, 337, 343, 347, 593, 595

Possibilidade, XLII, 6, 7, 9, 12, 15, 23, 26, 49, 57, 75, 79-80, 91-3, 139, 143, 153, 176, 212, 231, 256-8, 267, 278, 307, 308, 321, 344, 364, 381, 384, 425, 454, 463, 467-8, 475, 494-6, 511, 516-7, 527-8, 536, 538, 540-3, 556, 562, 564, 572, 574, 592, 609, 161

Prazer, XIV, 14, 23, 25, 54, 91, 118, 125, 154, 231, 250, 329, 342, 352-4, 366, 370-1, 374, 381, 424, 448, 450, 454-5, 458, 460, 462, 531

Preconceito, 87, 376, 513

Prejuízo, 4, 41, 572

Preocupação, 365-6, 368, 374, 433

Presente, XIV, XXII, XXVII, XXVIII, XXXVII, 3, 7, 8, 13, 19, 19, 27, 36, 36, 41, 43, 47, 60, 63, 82, 99-100, 103, 119, 125, 133, 150, 160, 162, 175-6, 180, 186, 203, 215, 219, 221-3, 229, 253, 258, 268-9, 297,

O mundo como vontade e como representação

298, 305, 314, 316, 321-3, 325, 328, 335, 337, 343, 345-6, 347, 350, 353, 360, 365, 368, 388, 395, 404, 409-11, 412, 416, 425, 440, 448, 457, 461, 468, 486-8, 490, 495, 508, 520, 532, 543, 546, 560, 568, 572, 576, 595, 598-600, 604, 612, 617

Princípio de razão, XVII-XX, XXVII, 1, 3, 5, 10, 14, 19, 21, 24, 28, 30, 33, 36, 40, 42, 46, 47 53, 78, 82, 85, 87, 90, 92, 94, 97, 112, 115, 117, 119-20, 124-5, 131-3, 137, 140-5, 149, 152, 157-8, 161, 162, 181, 183-4, 185, 188-9, 193, 195-6, 202-9, 213-4, 216-9, 224, 225-7, 229, 234, 242-3, 247, 250, 256, 266, 283, 290, 315-8, 321-3, 331-5, 338, 348, 351, 381, 409-11, 412, 418, 420, 421, 433, 459, 462, 466, 467, 469, 487, 501, 509, 512, 516, 521, 524, 528-9, 531-2, 534-41, 542-3, 546-7, 548, 554, 556-9, 561, 566, 569-70, 577, 583, 587, 605

Principium individuationis, 131, 149, 174, 247, 293, 298, 348, 385-7, 397, 408-10, 430, 432, 433-5, 455, 461, 467

Procriação, 164, 190, 383, 462, 469

Promessa, 395, 413

Pronome, 552, 554

Proporção, XLV, 72, 78, 103, 134, 243, 259, 259, 309, 341, 359, 534

Propriedade, 7-9, 23, 51, 86, 149, 273, 275, 281, 389-1, 395, 402-3, 405, 430, 443, 454, 481, 531, 545, 611-3

Psicologia, 457, 491, 545, 565

Público, XIV, XXIX, 200, 216, 284, 399, 401, 494, 498, 506

Punição, 363, 399, 403-7, 414, 416, 423, 469, 605

Purānas, 9, 20, 450, 486, 572

Puro sujeito do conhecimento, 205-8, 225, 228, 233, 250, 270, 422

Q

Qualidade, XXIII, 6, 12, 60, 80, 116, 142, 145-7, 191, 215, 232, 247, 299, 331, 383, 451, 473, 528, 530-1, 544-5, 554, 566-7, 570-71, 604

Qualitas occulta, 86, 95, 148, 152, 163

Querer, XV, XX, XXI, 8, 53, 96, 103, 107, 117-9, 124, 135-6, 146-7, 177, 181-2, 189-91, 203, 214, 217, 226-36, 237, 241, 246, 250, 253, 255, 260, 265-6, 269, 270, 278, 289-90, 301, 308, 314, 317, 321, 329, 334, 338-9, 340-1, 345, 347-8, 352, 354, 356-7, 361-3, 371-3, 379-80, 384, 387, 392, 399, 401, 408, 420-3, 430, 435, 440, 443, 445, 452-4, 463, 464, 467, 469, 473, 561, 566, 596, 599, 609

Quietivo, 269, 293, 309, 330, 356, 387, 440, 445, 454, 460-1, 463, 467-8

Química, 34, 57, 74, 96, 113-4, 142, 145, 155, 167-9, 174, 281, 482, 533, 570, 617

R

Raça, 36, 279, 284, 329, 340, 393, 414

Racional, XIV-XVI, XXXVI, 30, 44, 45, 51, 53, 56, 59, 62, 84, 100-2, 106-7, 130, 148, 177, 181, 214, 219, 269-71, 327, 330, 337, 348, 445, 457, 471, 491, 545, 565, 590, 594-8, 600, 602, 608

Racionalismo, 84, 470

Razão, XIV-XX, XXVII, XXVIII, XL-XLII, 1, 3, 5-10, 14-9, 21, 24-30, 33, 36-49, 53-62, 66, 68-9, 71-3,

641

76-8, 82, 84-5, 87, 90, 92-104,
106-7, 112, 115, 117-20, 124-5,
131-3, 137, 140-9, 151-3, 158-62,
166, 175-6, 181, 183-4, 185, 188-
9, 193, 195-6, 199-209, 213-19,
221, 223-4, 225-7, 229, 234, 242-
3, 247, 250, 256, 266, 270, 283,
290, 300-1, 303, 305, 314-8, 321-
3, 328, 330-5, 337-8, 343, 345-6,
347, 366, 381, 397, 404-6, 409-13,
418, 420-1, 425, 427, 428, 432-3,
444-6, 450, 456, 459, 462-6, 465-
9, 474, 476, 487, 494, 496, 500-5,
509-13, 515-7, 519-21, 524-6,
527, 531-3, 534, 537-43, 545-6,
548-50, 551, 554-62, 564-72, 575-
7, 580, 582-92, 594-5, 596-608,
610, 613-6
Realidade, XVIII, XIX, 4, 5, 8, 10,
15-21, 28, 41, 63, 70-1, 76, 84,
99-100, 112, 119, 122-3, 131, 142,
156, 172, 187, 198, 210, 215, 225,
274, 300, 304-5, 315, 319, 321-2,
324, 336, 338, 343, 346-7, 351,
361, 361, 366, 372, 375, 380, 396,
398, 409, 421, 425, 427-9, 431,
435, 438, 443-4, 445-7, 453-5,
458, 462, 467, 468-74, 487, 508,
513, 529, 537, 540-3, 547, 557,
564, 566, 575-6, 577-80, 582, 587,
592, 613
Realismo, XL, 15, 492, 551
Realista, 16, 482, 492
Reconhecimento, XXXIII, 12-3, 257,
433, 493, 506, 563, 615
Recordação, 60, 157, 222, 229, 422,
473, 543
Redenção, XVI, 177, 269, 308, 317,
378, 381, 384, 421, 426, 434, 441,
443, 454-5, 460-1, 463-4, 469-70,
472, 473

Reflexão, XIV, XXXVI, 13, 18, 21, 41,
42, 47, 48, 66-8, 76-7, 101, 118,
128, 153, 175, 178, 196, 238-9,
254, 261, 271, 297, 301, 325, 328,
334, 350-1, 354, 365, 385, 436-7,
444, 467, 492, 500-1, 503, 515,
517, 519, 523-6, 528, 536-8, 540,
543, 548
Religião, XLIII, 43, 276, 340, 412,
446, 450, 463, 472, 489, 492, 562-
3, 572, 595
Remorso, 41, 68, 388, 389, 423, 424,
433
Renascimento, XXIX, XXXIX, 413,
425, 428, 448, 467-9, 609
Repouso, 172-3, 267, 358, 361, 372,
374, 475, 532-3, 572
Representação, XIII, XX, XXII, 1, 3-6,
9, 12-4, 16-8, 22-3, 29, 33, 35-7,
40, 41, 46, 47, 48, 60, 62, 63, 69,
77, 80, 97, 108, 111-112, 115-117,
119, 120-125, 128, 130-131, 133-
135, 137, 139-142, 144, 146, 149,
157, 162-4, 166-7, 177, 178, 183,
188, 191-3, 195, 201-2, 207-8,
222, 230, 232, 237-9, 247, 253,
274, 281-2, 297, 305, 308-16,
317-8, 322, 332-3, 346, 376, 383,
385-6, 397, 424, 425, 430, 437-8,
454, 474-5, 487, 489, 503-7, 509,
514-6, 520, 522, 528, 531, 537-8,
547, 549, 561, 567, 571, 578-82,
585, 587, 616
Reprodução, 59, 134, 271, 320, 383, 518
República, 278, 366, 398, 486, 602,
605
Resignação, 177, 261, 269, 293, 309,
413, 426, 431, 440-1, 448, 450,
452, 455-7, 459-61 472
Responsabilidade, 408
Retórica, 37, 265

O mundo como vontade e como representação

Revelação, 44, 254, 280, 429, 562, 588, 603

Rima, 281-2

Riqueza, XXXVIII, 246, 278, 341, 352, 367, 380, 431, 527

Riso, 31, 69, 72, 436

Ritmo, XXIII, 281-2

Romance, 228, 291, 603

S

Salvação, 223, 230, 313, 378, 426, 438, 454, 456, 461, 464, 472, 476, 481, 595

Sannyasi, 378, 446, 451

Santidade, XLI, 68, 108, 177, 286, 317, 333, 426, 444, 450, 460, 471, 473, 476, 595

Santo, XXI, 147, 232, 309, 445, 451, 609

Sátira, 284

Satisfação, XIV, XV, XLV, 41, 60, 65, 82, 106, 136, 153, 190-1, 213, 224-6, 230, 232, 240, 246-8, 253, 255, 294, 296, 301, 320, 328, 350, 357-59, 361, 363, 368-72, 379, 380-2, 387, 396, 414, 418, 420-2, 435, 436, 441-3, 452, 455, 457, 460, 466, 493, 499, 612

Saúde, XXI, 60, 170

Sem fundamento, 124-6, 132-3, 141, 145-6, 152, 158, 161, 184, 189-91

Sensação, 14, 23, 43, 61, 83, 125, 197, 231, 253, 289-90, 506, 509, 514, 518, 522, 545, 548-9

Sensibilidade, 13, 23, 31, 40, 42, 62, 91, 118, 203, 278, 367, 394, 499, 504, 515, 516, 518, 520-1, 548-9, 555, 608

Sentido, XIV, XIX, XXI-XXIII, XXVI, XXXVIII, XL, 8, 13-4, 17-8, 21-6, 30, 33, 37-9, 45-8, 52, 60-1, 65, 71-2, 74-5, 80, 87, 90-1, 94, 98-9, 102, 104, 106, 111, 113, 115, 117, 119, 122, 124-5, 131-2, 134-6, 139-41, 148-9, 151-5, 156, 159, 160-1, 163-4, 178, 183, 185, 188-9, 197-8, 200-2, 209, 216, 223-4, 231-2, 234, 238, 240, 241, 247-8, 250, 253-5, 258, 264, 267-8, 274, 283-5, 292-4, 297, 304-7, 309, 311, 313-4, 323-4, 332-4, 336, 341, 344, 351, 354, 359-60, 364-5, 367, 373, 377, 379, 382, 394, 396, 400, 402, 403, 406, 408, 413, 414, 421, 423, 425-6, 429, 437, 442-5, 448, 453-5, 459-61, 463, 467, 470, 474, 477, 485-6, 492-3, 498, 503, 504, 512, 515, 517, 520, 522-4, 529-30, 535-7, 557, 559, 564, 573-4, 577, 581, 584, 585-8, 599, 601-5

Sentimento, XX, XXI, XXIII, 23, 37, 60-2, 97, 100, 118, 128, 147, 150, 170, 231-7, 239-40, 253, 262, 272, 290, 300, 302-3, 314, 318, 320, 328, 334, 336, 345, 354, 367, 388-9, 414, 426, 437, 494, 576, 590-1

Serenidade, 101, 380, 440, 448, 476, 600

Silêncio, XXI, XXI, XLIV, 253, 270, 421

Silogismo, 51, 53-4, 500, 541, 542, 544, 562, 566, 569, 587-9

Símbolo, 90, 230, 276, 280, 309, 318, 384, 470

Simetria, XLI, 250, 499-500, 503, 520, 521, 529, 531, 538, 543-4, 546, 550, 554, 562, 565, 569, 570, 587, 594, 610

Simpatia, XXXIII, 364, 608

Simultaneidade, 11, 12, 512, 535, 546

Sinfonia, 394

Sistema penitenciário, 363

643

Sofisma, 122, 499, 560, 569-72, 575, 585

Sofista, XXXV, 444, 474, 564

Sofrimento, XIV, XV, XIX, XX, 42, 103-5, 107-8, 121, 170, 179, 191, 206, 220, 223, 226, 230, 293-5, 301-2, 309, 328, 341, 346-7, 358, 360-8, 369-70, 372, 374-7, 381-2, 384, 387-8, 396-9, 403, 406, 408-11, 415-6, 421-6, 430, 432-3, 435, 437-40, 443, 452, 454-5, 464, 469, 473, 476, 607

Solidão, 216, 229, 236, 265, 309, 363, 450

Sonho, 8, 9, 19-21, 31, 115, 228, 322, 363, 373, 410-1, 424, 453, 461, 476, 486-7, 493, 594

Sublime, XXXIV, 206, 224-5, 230, 232-40, 242, 289, 410, 449, 595, 614

Substância, XIV, 9, 12, 31, 111, 157, 531, 545-7, 565-8, 574, 594, 601

Substantivo, 281, 552, 554

Sucessão, 9, 11, 12, 35, 40, 47, 101, 140, 180-2, 198-9, 242, 252, 254, 300, 324, 412, 486, 512, 532-5, 547

Suicídio, 101, 107, 325, 346, 363, 367, 377, 426, 462-4

Sujeito, XXVIII, 3-6, 8, 10, 13, 15-8, 21-4, 29-35, 37, 38-40, 42, 49, 97, 100, 112, 115-7, 119-21, 128, 131, 139, 140, 141, 144, 149, 164, 175, 188, 195-6, 202-3, 205-9, 213-4, 224, 226-7, 229-30, 233-5, 237-9, 240-3, 246, 250, 253, 270, 289-90, 298, 318, 321-3, 326, 331, 334, 336, 368, 385-6, 422, 441, 452, 475, 487, 489, 503-6, 513, 514, 519, 524, 530, 545, 553-4, 559, 565-6, 569, 578, 579, 581, 604, 612-3

Summum bonum, 421

Superstição, 177, 448, 465

Sustentáculo, 5, 35, 116, 157, 186, 188, 209, 237, 238-9, 299, 323, 385, 462

T

Tat tvam asi, 254, 412, 434

Tato, XLI, 14, 23, 28, 60, 99, 118, 231

Tédio, XV, 191, 236, 301, 360-3, 365, 370-4, 380, 406

Teleologia, 27, 187, 593

Temor, XLIII, 43, 106, 211, 234, 324-5, 328, 362, 384, 456, 518, 592

Temperamento, 366

Temperatura, 158

Tempo, XVII, XVIII-XXI, XXIII, XXV, XXVI, XXIXXXX, XXXIII, XXXIV, XXXVI, XL, XLIV, 3, 5-14, 17, 21, 29-31, 33, 35-8, 40-2, 45, 47, 50, 59, 63-5, 68, 70, 74, 77, 79-80, 82, 84-5, 89, 94, 96, 99, 104, 112-5, 117, 119, 121, 124-6, 131-2, 135, 139-46, 148-52, 154, 156-60, 162, 167, 170, 173-4, 180-1, 183-7, 189-91, 195-200, 203-7, 209-14, 216-8, 221, 222, 226-7, 229, 232, 234, 243, 253, 255, 258, 261, 307, 274-5, 280-4, 293, 300, 307-8, 316, 318-9, 322-8, 333, 335, 337-8, 342-4, 350-1, 358-62, 367, 369, 372-5, 379, 381, 383-5, 387, 391, 393, 396, 404, 407-10, 413, 415, 418, 420, 423-6, 432, 440-2, 447, 448, 451, 457, 460, 462-4, 466, 469, 474-6, 481-4, 487, 490-4, 499, 504, 507, 509, 512, 515-6, 518-20, 522-3, 527-8, 532-3, 535-40, 542-4, 546-8, 555, 564, 567, 569, 572-3, 576, 577, 578-80, 583, 591, 592, 597, 606, 609, 611, 616, 617

Tendência, 138, 148, 215, 275, 278, 340, 401, 443, 448, 465, 605-6

O mundo como vontade e como representação

Teologia, XLII, 449, 471, 491, 588-9, 593, 606

Teoria, XVII, XX, XXI, 42, 51, 57, 64, 70, 72, 143, 148, 164, 234, 246, 249, 349-51, 395, 399, 404-5, 429, 510, 515, 523-4, 534, 548, 613

Tom, XXXVIII, 37, 78, 288, 298-302, 308, 372, 436, 485, 492

Tormento, 226, 230, 236, 246, 255, 359, 361, 373, 408-9, 411, 413-5, 422-4, 433, 438, 452, 465, 477

Tragédia, XVII, 292-6, 374

Trágico, 295

Traição, 393

Tranquilidade, 102, 105, 108, 226, 246, 253, 302, 354, 476

Transcendental, 4, 17, 30, 120, 199, 336, 458, 462, 467, 488, 497, 501, 507-12, 516-8, 520-4, 548, 550, 555, 576, 579, 585-7

Transcendente, 77, 583

Transitoriedade, XXXIII, 320

Transitório, 223, 408

Transmigração, 413, 425

Tristeza, XXI, 289, 367, 459

U

União com Deus, 475

Unidade, XXV, XXXVIII, 44, 70, 98, 106, 119, 132, 154, 163, 167, 179-80, 182-3, 187, 243-4, 269-71, 285, 291, 321, 334, 350, 382, 393, 414, 462, 469, 497, 502, 511-2, 518-9, 523, 545

Universal, XX, XLIII, 3, 5, 7, 16, 23, 27, 29, 36, 37, 40, 44, 52, 64, 74-5, 79-80, 87, 93, 97-8, 104, 114, 131-2, 140, 149, 156-7, 163-4, 167, 171, 180, 189, 195, 202, 204-5, 211-3, 256, 303, 266, 267, 288,

296, 303-6, 314, 361, 372, 376, 384, 386, 389, 400, 414, 441, 445, 447, 454-5, 459, 467, 470, 500, 502, 513, 527-9, 553, 588-9, 606, 611

Upanishads, XXIX, 209, 238, 327, 412

V

Vedas, XXIX, 102, 209, 278, 327, 412, 413, 434, 441, 450, 486, 572

Vegetal, 13, 166, 172, 174, 181, 232, 246, 252, 299, 317

Verbo, 77, 233, 543, 552, 554

Verdade, XX, XXIII, XXVI, XXX, XXXI, XXXIV, XXXV, XXXVII, XXXVIII, XL, XLIII, 3, 4, 17, 22, 26, 28, 31-3, 37, 41, 42, 44, 47, 52-6, 59-61, 65, 75, 76-93, 95, 98, 102, 108, 112, 120, 126, 148, 150, 153, 160, 164, 171, 175, 178, 181, 189, 193, 197, 201, 209, 213, 216, 220, 223, 226, 229, 244-5, 254, 258, 263-4, 269, 274-6, 279, 283-5, 287, 290, 291, 294, 306, 319, 322, 345, 366, 372, 385-6, 389, 392, 399, 404, 412-3, 415-6, 424, 432, 434-6, 438, 444, 456, 459, 461, 463, 466, 470, 476, 482-7, 491, 495-6, 499, 503-4, 506, 508, 513, 517, 522, 525, 527-8, 531-3, 537-9, 540, 542-6, 548-9, 555-6, 560, 566, 570-1, 573, 574, 578, 581-2, 586-7, 592, 601, 609, 613-6

Vergonha, 60, 381, 605

Vício, 601

Vida, XIII-XVII, XX-XXI, XXX, XXXI, XXXIII, XXXVI, XXXVIII, XXXIX, XLI, XLV, 19, 20, 21, 25, 42-5, 60, 65, 68, 71, 84, 96, 99-108, 126, 133, 136, 142-3, 146, 148, 159-61,

165-6, 170-1, 173, 178, 180-1, 184-5, 186, 190, 198, 201, 211, 214-5, 217, 220-3, 225-6, 235, 240, 248, 254-6, 258, 266, 269, 271-2, 275-6, 279-80, 284, 286-7, 290-6, 300-1, 303-4, 309-11, 317-30, 335, 338, 340-3, 347-9, 350-1, 356-65, 368-9, 371-87, 389, 394-7, 402, 403-5, 408-13, 415-6, 420-1, 422-30, 432, 434-5, 438-42, 444-54, 456-64, 466-70, 475-6, 481, 490, 520, 534, 561, 565, 583-5, 590-1, 595, 599, 600, 605, 617

Vingança, 403-4, 414-6, 423, 456, 597

Violência, 102, 391-6, 425-6, 447, 464, 499, 531, 536, 544, 569, 600

Virtude, 22, 48, 51, 67-70, 96, 98-9, 101-2, 105-8, 113-5, 121, 124, 135-6, 157-8, 161, 171, 177-9, 187, 197, 199, 208, 239, 264, 271, 281, 286, 305-6, 313, 323-5, 332, 335-6, 338, 341-2, 352, 381-3, 385, 388-9, 408, 410, 415, 419-20, 427-9, 434, 436-8, 441-5, 447, 451, 460, 471, 476, 497, 519, 525, 558, 571, 588, 594-5, 597-9, 601, 603-6, 609-10, 613, 615

Visão, XXVIII, XXXIV, 9, 14, 15, 20, 24, 28, 37, 74, 79, 100, 107, 113, 118, 148, 169, 173, 182-3, 203, 206, 213, 215, 231, 237-9, 242, 244-5, 249-50, 255, 264, 267, 276, 289-90, 293-4, 297, 307-6, 314-6, 318, 326-7, 331, 339, 350, 369-7, 371, 373, 380, 381, 403-4, 409, 416, 422, 430, 434, 439-40, 448-9, 451, 461, 468, 471, 472, 485, 492, 505, 515, 535, 560-1, 598, 610

Vítima, 409

Vontade de vida, XX, 171, 181, 293, 311, 318-9, 323, 325-8, 329, 356, 373, 378, 381-5, 387, 389, 396-7, 408-10, 318-9, 323, 325-8, 356, 356-8, 461-4, 466, 469-70, 475-6, 583-5

Vontade, XX, XIV, XVI-XXIII, XXVII, XXXIII, XLIII, 5, 14, 22, 23, 25, 31, 32, 36, 43, 67-8, 100, 104-5, 109, 116-40, 145-61, 162-4, 166-85, 186, 188-91, 195-6, 201-19, 226, 227-61, 265, 269, 280, 282, 286-7, 289-90, 291-3, 296, 298-311, 314-5, 317-9, 320-6, 328-9, 331, 334-5, 337-61, 363, 372-3, 378-96, 399, 403, 408-11, 414-32, 434, 439-45, 447-73, 476-7, 489, 492, 506-7, 530, 580, 582-6, 591, 593, 599, 606-7, 609, 611, 616

Voz, XLIV, 237, 263-4, 299-300, 307, 321, 325, 420, 574

SOBRE O LIVRO

Formato: 16 x 23 cm
Mancha: 27,8 x 48 paicas
Tipologia: Venetian 301 12,5/16
Papel: Off-white 80 g/m² (miolo)
Couché fosco encartonado 120 g/m² (capa)
1ª edição: 2004
2ª edição: 2015

EQUIPE DE REALIZAÇÃO
Edição de texto
Giuliana Gramani (Preparação de texto)
Carmen Simões da Costa (Revisão)

Capa
Andrea Yanaguita

Editoração eletrônica
Eduardo Seiji Seki (Diagramação)

Assitência editorial
Alberto Bononi